V&R

Schriften des Hannah-Arendt-Instituts
für Totalitarismusforschung

Herausgegeben von Günther Heydemann

Band 48

Vandenhoeck & Ruprecht

Jörg Müller

Strafvollzugspolitik und Haftregime in der SBZ und in der DDR

Sachsen in der Ära Ulbricht

Vandenhoeck & Ruprecht

Bibliografische Information der Deutschen Nationalbibliothek

Die Deutsche Nationalbibliothek verzeichnet diese Publikation in der
Deutschen Nationalbibliografie; detaillierte bibliografische Daten sind
im Internet über http://dnb.d-nb.de abrufbar.

ISBN 978-3-525-36959-3
ISBN 978-3-647-36959-4 (E-Book)

Umschlagabbildung:
Ehemalige Haftanstalt Hoheneck bei Stollberg
Foto: artemis GmbH

mit 4 Diagrammen und 3 Organigrammen

© 2012, Vandenhoeck & Ruprecht GmbH & Co. KG, Göttingen /
Vandenhoeck & Ruprecht LLC, Bristol, CT, U.S.A.
www.v-r.de
Alle Rechte vorbehalten. Das Werk und seine Teile sind urheberrechtlich geschützt.
Jede Verwertung in anderen als den gesetzlich zugelassenen Fällen bedarf der
vorherigen schriftlichen Einwilligung des Verlages.
Printed in Germany.

Satz: Hannah-Arendt-Institut, Dresden
Druck und Bindung: ⊕ Hubert & Co, Göttingen

Gedruckt auf alterungsbeständigem Papier.

Vorwort

Das vorliegende Buch ist die überarbeitete Fassung meiner Dissertation, die im März 2010 von der Philosophischen Fakultät der Technischen Universität Dresden angenommen wurde. Nach den langen Jahren der Arbeit an Magisterarbeit und Dissertation gibt es eine Reihe von Menschen, denen Dank gebührt: An erster Stelle sind hier mein Erstgutachter Prof. Dr. Karl-Heinz Schlarp und vor allem mein Zweitgutachter Dr. Klaus-Dieter Müller von der Dokumentationsstelle der Stiftung Sächsische Gedenkstätten zu nennen, die meine Arbeit seit der Magisterarbeit durch zahlreiche Hinweise und Anregungen bereichert haben. Zudem möchte ich mich bei Prof. Dr. Winfried Müller für die Bereitschaft zur Übernahme eines weiteren Gutachtens und seine Anmerkungen bedanken.

Ohne ein Promotionsstipendium der Bundesstiftung zur Aufarbeitung der SED-Diktatur wäre die Arbeit nicht möglich gewesen. Dafür mein besonderer Dank – speziell an Dr. Ulrich Mählert, der immer ein offenes Ohr für die Probleme der Stipendiaten hat und die Arbeit zu Beginn in die richtigen Bahnen leitete. Mein Dank gilt auch den anderen Stipendiaten der Stiftung für den Austausch während und nach den Frühjahrs-Kolloquien. Die Gustav-Radbruch-Stiftung hat die Arbeit dankenswerterweise mit einem Sachzuschuss gefördert. Dank gebührt auch Dr. Tobias Wunschik und Dr. Hubertus Knabe, die das Konzept der Arbeit kritisch kommentiert haben. Weiterhin gilt mein Dank Dr. Clemens Vollnhals, Anna-Sophie Heinze und Michael Thoß vom Hannah-Arendt-Institut für Totalitarismusforschung, in dessen Schriftenreihe die Arbeit erscheinen konnte. Damit auch ein Dank an den Verlag Vandenhoeck & Ruprecht und Dr. Ulrike Blech.

Nicht unerwähnt sollen die stets hilfsbereiten Mitarbeiterinnen und Mitarbeiter der besuchten Archive und Bibliotheken bleiben. Während der Recherche war ich auf zahlreiche Unterkünfte angewiesen. Für die immer freundliche Aufnahme möchte ich mich bei Dr. Werner Schwanke und Dr. Jens Köhler, Antje Metze und Dr. Alexander Hergt, Matthias Koselleck, Katja Förster und Sebastian Bartsch sowie bei Katharina Frohberg bedanken. Während des Studiums und der Arbeit an der Dissertation waren der Austausch mit Dr. Matthias Neumann und Dr. Ralph Kaschka eine besondere Bereicherung.

Schließlich gilt mein besonderer Dank meinen Eltern und meiner Frau Antje, die mich allzeit vorbehaltlos unterstützt, aufgebaut und ermuntert haben.

Marburg, im November 2011   Jörg Müller

Inhalt

I.	**Einleitung**	11
1.	Aufbau und Fragestellungen	11
2.	Forschungsstand und Quellen	16
3.	Zum Begriff politischer Häftling	21
II.	**Strafvollzug unter Justizverwaltung – Versuch einer Reform**	27
1.	Ziele und Konzepte zur Ausgestaltung eines reformierten Strafvollzugs	27
1.1	Erste Richtlinien und Konzepte aus Sachsen	27
1.2	Erziehung und Resozialisierung: Das Reformprogramm von Gentz	34
1.3	Änderungen in der Zielsetzung: Sicherheit und Häftlingsarbeit	39
2.	Situation und Haftbedingungen im Justizstrafvollzug	45
2.1	Verpflegung, materielle Ausstattung und die Personalfrage	45
2.2	Der Hungerwinter 1946/47	56
2.3	Hemmnisse im Reformvollzug	66
2.4	Die Personalfrage als Dauerproblem	80
2.5	Erfolge der Reformarbeit	83
2.6	Stagnation und Fortschritte im sächsischen Justizstrafvollzug	87
3.	Fazit	94
III.	**Polizeihaftanstalten**	101

IV.	**Die Übernahme des Strafvollzugs durch das Innenministerium**	**107**
1.	Die Entwicklung bis zur Gründung der DDR	107
2.	Kompetenzgerangel bis zur vollständigen Übernahme durch die Volkspolizei	112
3.	Gründe der Übernahme	120
V.	**Strafvollzug unter der Ägide des Innenministeriums**	**127**
1.	Funktion, Ziele und Aufgaben	127
2.	Organisation und Verwaltung	143
3.	Haftregime und Strafvollzug in der Praxis	155
3.1	„Schärfstes Haftregime" nach der Übernahme durch die Volkspolizei	155
3.2	Der „17. Juni" im Strafvollzug: Milderungen nach dem „Neuen Kurs"	172
3.3	Produktionssteigerung als oberstes Ziel: Beginn der allgemeinen Häftlingsarbeit	178
3.4	Kurzes „Tauwetter" und erneute Verschärfungen im Haftregime	192
3.5	Desolate Lage trotz „ideologischer Offensive": Das Gefängniswesen bis zum Mauerbau	206
3.6	Der Rechtspflegeerlass 1963 und seine Auswirkungen	230
3.7	Verschärfte Strafvollzugspolitik als Reaktion auf „Liberalisierungen" und das Strafvollzugsgesetz	252
4.	Ausblick: Zwischen Zuspitzungen und Verbesserungen im Haftregime – DDR-Strafvollzugspolitik bis Mitte der siebziger Jahre	272
5.	Die Haftbedingungen im Überblick – Aussagen über die Haftwirklichkeit	287
5.1	Baulicher Zustand der Gefängnisse	287
5.2	Materielle Versorgung der Häftlinge	290
5.3	Hygienische Bedingungen	291
5.4	Medizinische Versorgung	295
5.5	Verpflegung	297
5.6	Häftlingsarbeit	302

5.7	Haftalltag	306
5.8	Kontakte zur Außenwelt	311
5.9	Seelsorgerische Betreuung	314
5.10	Misshandlungen im Strafvollzug	316
5.11	Widerständiges Verhalten	321
6.	Fazit	322

VI. Zusammenfassung 335

VII. Anhang 349

1.	Dokument: Referat von Herbert Grünstein am 28. Juni 1967	349
2.	Diagramme und Organigramme	353
3.	Quellen- und Literaturverzeichnis	360
4.	Abkürzungsverzeichnis	374
5.	Personenregister	377

I. Einleitung

1. Aufbau und Fragestellungen

Die vorliegende Arbeit analysiert mit dem Strafvollzug der Sowjetischen Besatzungszone und der DDR einen zentralen Bereich des SED-Staates, welcher ein wesentliches Segment im Unterdrückungsapparat der zweiten deutschen Diktatur bildete. Es wird untersucht, wie sich dieses Haftsystem seit Kriegsende entwickelte und veränderte, welche Intentionen, Funktionen und Ziele mit ihm jeweils verbunden waren und wie die tatsächliche Strafvollzugspolitik und das Haftregime aussahen. Ziel dieser Studie ist eine umfassende Darstellung der vorherrschenden Haftwirklichkeit im DDR-Strafvollzug und der Strafvollzugspolitik im Verlauf dreier Jahrzehnte.

Dabei umfasst der erste Hauptteil die Genese des Strafvollzugs in der Sowjetischen Besatzungszone (SBZ) unter Verwaltung der Deutschen Zentralverwaltung für Justiz (DJV), wobei der Fokus auf den sächsischen Gefängnissen unter Justizverwaltung liegt. Der zweite Hauptteil setzt sich mit dem Strafvollzug der DDR in den fünfziger und sechziger Jahren auseinander, welcher dem Ministerium des Innern (MdI) unterstand. Daran anschließend erfolgt ein Ausblick auf die siebziger Jahre. Der im Wesentlichen auf die Ära Ulbricht beschränkte Untersuchungszeitraum ist der beschränkten Quellenlage geschuldet, da die generell unvollständige Überlieferung im Bundesarchivbestand MdI, Verwaltung Strafvollzug besonders bezüglich der siebziger und achtziger Jahre enorm bruchstückhaft ist bzw. gänzlich fehlt.[1] Diese Lücken konnten durch die Bestände der sächsischen Staatsarchive in Dresden, Leipzig und Chemnitz nur partiell gefüllt werden. Eine weitere Eingrenzung erfährt die Arbeit bei den Haftbedingungen vor Ort. Aufgrund der zentralen Leitung des Strafvollzugs von Berlin aus, erfolgt die Analyse der Strafvollzugspolitik für die gesamte DDR. Bei der Darstellung konkreter Haftbedingungen und Haftregime einzelner Strafvollzugseinrichtungen konzentriert sich die Arbeit auf die Haftanstalten des Landes Sachsen bzw. nach der Auflösung der Länder 1952 auf die drei sächsischen

---

1 Risse, Ministerium des Innern, S. XV. Christoph Flügge, Mitte der neunziger Jahre Leiter der Justizvollzugs-Abteilung der Berliner Senatsverwaltung, war angesichts der massiven Aktenvernichtungen im Zeitraum zwischen Friedlicher Revolution und Wiedervereinigung sogar der Meinung, es wäre künftig, wenn nicht „unmöglich", so doch aber sehr schwer, „ein zuverlässiges Bild der Geschichte des Strafvollzuges der DDR sowie eine Darstellung der Struktur der Organisation, der Verantwortlichkeiten der handelnden Personen, der Größe der Anstalten, der wahren Gefangenenzahlen, der besonderen Vorkommnisse wie Meutereien, Suizide, Todesfälle, Ausbrüche etc. und der internen Weisungen zu zeichnen. Auch dürfte der Nachwelt für immer verborgen bleiben, ob es im System jemals interne Auseinandersetzungen gegeben hat, welchen Einfluss welche Personen oder Gruppen hatten und wie auf Kritik von außen und auf internationale Entwicklungen reagiert worden ist." Vgl. Flügge, Wie war es wirklich, S. 102. Auch wenn Flügge im Nachhinein ein etwas zu pessimistisches Bild zeichnete, sind die Aussagen bezüglich der Quellenlage bezeichnend.

Bezirke Dresden, Leipzig und Karl-Marx-Stadt. Diese Eingrenzung war zum einen wegen der Vielzahl der Hafteinrichtungen (Anfang der fünfziger Jahre über 200, Mitte der siebziger Jahre über 80, Ende der achtziger Jahre etwa 70) vonnöten, zum anderen verfügten die sächsischen Bezirke sowohl über eine große Dichte an Haftanstalten als auch mit den Gefängnissen in Bautzen, Waldheim und Torgau über Einrichtungen, die beispielhaft für die politische Inhaftierung in der DDR sind. Bei der Betrachtung des Justizstrafvollzugs ab 1945 und des seit Beginn der fünfziger Jahre dem Innenministerium unterstellten Strafvollzugs der DDR wird nur auf den Vollzug von Strafen mit Freiheitsentzug eingegangen. Andere Formen des Freiheitsentzugs werden nicht berücksichtigt.

Obwohl bis zum Inkrafttreten des Strafgesetzbuchs vom 12. Januar 1968 das DDR-Strafrecht formal zwischen Zuchthaus-, Gefängnis- und Haftstrafen unterschied, kam der Unterschied zwischen Gefängnis- und Zuchthausstrafe in der Praxis keine Bedeutung zu, weshalb auch hier nicht etwaige unterschiedliche Haftregime thematisiert werden.[2] Außerdem sind weder die Speziallager[3] der östlichen Besatzungsmacht, der dem Innenministerium unterstellte Jugendstrafvollzug und Untersuchungshaftvollzug, noch die Untersuchungshaft unter Ägide des Ministeriums für Staatssicherheit (MfS) oder der Militärstrafvollzug Thema dieser Arbeit.

Im Strafvollzug unter Leitung des Justizressorts galten angesichts der immensen allgemeinen Notlage nach Kriegsende die größten Anstrengungen der Verantwortlichen der Aufrechterhaltung des Anstaltsbetriebs. Die Gefängnisse waren vielerorts beschädigt und zumeist auch geplündert. Litt schon die Bevölkerung Hunger und kämpfte ums bloße Überleben, war die Lage in den Gefängnissen noch dramatischer. Da die allgemeinen Haftbedingungen im ostdeutschen Strafvollzug der unmittelbaren Nachkriegszeit und generell der SBZ-Zeit ein Desiderat sind, soll im ersten Hauptteil der Arbeit vor allem die Lage in den Gefängnissen unter Justizverwaltung ausführlich analysiert werden. Dabei steht der Strafvollzug in Sachsen im Mittelpunkt, da die umfassenden Hinterlassenschaften der Strafvollzugsabteilung des sächsischen Justizministeriums bisher kaum bearbeitet wurden. Fragen nach der Unterbringung und der Ernährung der Häftlinge sowie deren Haftalltag sind in diesem Abschnitt zentral. In der Sowjetischen Besatzungszone war die Verwaltung des Strafvollzugs Ländersache. Generell orientierte sich der Justizstrafvollzug am Reformvollzug der Weimarer Republik. Sowohl in personeller als auch in prinzipieller Hinsicht wurde an Reformbestrebungen im Strafvollzug der Weimarer Republik angeknüpft –

---

2 Fricke/Klewin, Bautzen II, S. 276, Anm. 8.
3 Zu den sowjetischen Speziallagern siehe etwa Mironenko/Niethammer/Plato, Sowjetische Speziallager; Ritscher/Hofmann/Hammermann, Die sowjetischen Speziallager; sowie neuerdings Greiner, Verdrängter Terror. Greiner sieht „keinen Grund, die Speziallager nicht bei dem Namen zu nennen, der ihnen zusteht: Konzentrationslager" (ebd., S. 472).

man versuchte also, den Strafvollzug im Sinne einer Humanisierung zu reformieren. Folglich muss geprüft werden, welche Auswirkungen dies auf das Haftsystem hatte. Da das Reformprogramm des Chefs der Abteilung Strafvollzug der Deutschen Justizverwaltung, Dr. Werner Gentz, die Grundlage für den Justizstrafvollzug bildete, wird es – wie auch andere Reformvorstellungen – am Anfang des II. Kapitels ausführlicher erörtert. Allgemein galt die Personalfrage als Schlüssel zu einem reformierten Strafvollzug. Zudem plädierte Gentz entschieden gegen das Prinzip der Abschreckung als Ziel des Strafvollzugs – doch fand er damit letztlich vor allem in Karlshorst wenig Gehör. Nicht zuletzt deshalb scheiterten die ehrgeizigen Pläne der Justiz. Dennoch konnten im Strafvollzug unter Führung der Justiz einige Erfolge der Reformbestrebungen verzeichnet werden. Besonders im Vergleich mit dem Strafvollzug unter Verwaltung des Innenressorts werden die fortschrittlichen Ansätze des Justizstrafvollzugs deutlich. Im Anschluss an diesen ersten Hauptteil der Arbeit folgt im exkursiven Kapitel III ein kurzer Blick auf die Haftanstalten und Arbeitslager, die schon während der SBZ-Zeit der Volkspolizei unterstanden hatten, sowie auf die sächsische Kommandohaft. In Kapitel IV wird die Übernahme des Justizstrafvollzugs durch das Innenministerium der DDR thematisiert und die Gründe dieser Übernahme analysiert.

Neben dem Justizstrafvollzug liegt der zweite Schwerpunkt der Arbeit auf dem DDR-Strafvollzug. DDR-Strafvollzug meint hier ausschließlich den Strafvollzug unter Verwaltung durch das Innenministerium. In Kapitel V wird nach der Funktion des Haftregimes im System der Repression gefragt. Welche Funktion und welchen Zweck, welche Aufgaben und Inhalte hatte der Strafvollzug im SED-Regime, welche Ziele wurden mit dem Haftregime verfolgt? Von Beginn an kam dem Strafvollzug der DDR „eine Schlüsselrolle zur Machtsicherung der Partei zu",[4] er war „Symbol und Werkzeug des Staates zur Kontrolle und Repression".[5] Dem Innenministerium ging es in den fünfziger Jahren darum, Feinde der Gesellschaft „unschädlich" zu machen – ergo um Isolation und Abschreckung. Auch das Motiv der Vergeltung als Zweck des Strafvollzugs, das im Strafvollzug unter Justizverwaltung noch entschieden abgelehnt worden war, wurde nun wieder virulent. Der Strafvollzug hatte aus Sicht der Verantwortlichen eine Unterdrückungs- und eine Erziehungsfunktion, wobei erstere bedeutete, „Verbrecher" von der Gesellschaft zu isolieren und den Strafvollzug so zu gestalten, dass er eine abschreckende Wirkung entfaltete. Die Erziehungsfunktion äußerte sich in dem Ziel, den Rechtsbrecher zur Einhaltung der Gesetze und anderer Regeln des „sozialistischen gesellschaftlichen Lebens" zu erzie-

---

4 Grasemann, Strafvollzug, S. 621.
5 Décarpes, DDR-Strafvollzug, S. 91.

hen. Die „gesellschaftlich-nützliche Arbeit" wurde dabei als „Kernstück der Erziehung im Strafvollzug" angesehen. Man hatte die Gefangenenarbeit voll in die Volkswirtschaft einkalkuliert und räumte der Steigerung der Arbeitsproduktivität höchste Priorität ein. Ab den sechziger Jahren – auch im Zuge des Strebens nach internationaler Anerkennung – rückte dann offiziell die Erziehungsfunktion mit dem Ziel einer besseren Reintegration entlassener Häftlinge in die Gesellschaft in den Mittelpunkt. Weil der Blick auf Ziele und Funktionen des DDR-Strafvollzugs den gesamten Untersuchungszeitraum umfasst, kommt es wie in den vorangegangenen Kapiteln II und IV auch in Kapitel V zu Brüchen in der Chronologie, da die Abhandlung zusammengehörender Teile im Ganzen erfolgt. So werden in Kapitel V.1 schon Entwicklungen deutlich, welche bei der konkreten Untersuchung des Haftregimes in Kapitel V.3 eingehender geschildert und beleuchtet werden.

Anschließend wird die Organisation des Strafvollzugssystems dargestellt: Wie wurde der Strafvollzug in der DDR verwaltet? Welche Hierarchien und welche Strafvollzugseinrichtungen gab es? In diesem Zusammenhang wird auch der Einfluss, den das Ministerium für Staatssicherheit auf den Strafvollzug des Innenministeriums hatte, untersucht.

Das Kernstück des V. Kapitels bildet die ausführliche Darstellung der Strafvollzugspolitik und des Haftregimes der DDR bis zur Mitte der siebziger Jahre. Vor allem zu Beginn der fünfziger Jahre, als die Volkspolizei den Strafvollzug übernommen hatte, herrschte in den Haftanstalten das härteste Haftregime in der gesamten Zeit der DDR – die Häftlinge hatten unter den schlimmsten Haftbedingungen zu leiden. Die Übernahme des Strafvollzugs durch das Innenministerium war insbesondere eine Absage an die „Humanitätsduselei" des Justizstrafvollzugs – ein humaner Umgang mit Klassen- und Staatsfeinden der DDR war schon aus politischen und ideologischen Gründen für die SED-Diktatur nicht mehr hinnehmbar. Zudem wurde intern das Haftsystem der Besatzungsmacht als Vorbild verklärt. Das nun in den Haftanstalten herrschende Regime war ebenso wie der sowjetische Strafvollzug durch militärische Umgangsformen, Willkür und Schikanen sowie Häftlingsarbeit im Dienste der Planwirtschaft geprägt. Trotz des propagierten Bruchs zeigten sich damit auch Parallelen zum Strafvollzug der NS-Zeit. Gleichwohl wurzelte das DDR-Strafvollzugssystem tiefer: Militärische Disziplin und Willkür seitens des Personals, das den Häftlingen in der Regel feindlich gegenüberstand, waren bereits für den Strafvollzug im Kaiserreich sowie das Haftregime der meisten Gefängnisse der Weimarer Republik kennzeichnend. Besonders zu Beginn der fünfziger Jahre trieb das SED-Regime im Zuge des Klassenkampfs von oben den „Aufbau des Sozialismus" mit allen Mitteln rücksichtslos voran und verfolgte eine Politik, Staat, Wirtschaft und Gesellschaft binnen kürzester Frist umzuformen, zu sowjetisieren. Die Gesellschaft und die Menschen wurden als formbare Objekte und nicht einmal im Ansatz als Subjekte betrachtet. Ebenso war auch der Strafvollzug von einem menschenverachtenden Haftregime geprägt. Nach dem Motto „Wer nicht für uns ist, ist gegen uns" produzierte die politische Justiz große Zahlen politischer Gefangener, sodass sich die Gefängnisse immer schneller füllten und die daraus resultierende massive Überbelegung der Haftanstalten die Haftbedingungen zusätzlich verschärfte. In welchem Ausmaß sich die politischen und gesellschaftlichen Veränderungen auch in den Haftanstalten niederschlugen, welche Auswirkungen der „Neue Kurs" 1953, der Volksaufstand vom 17. Juni 1953, das kurze „Tauwetter" 1956, die Verschärfung des politischen Klimas infolge des Ungarn-Aufstands und die „ideologische Offensive"[6] Ende der fünfziger Jahre auf das Haftsystem hatten, soll hier analysiert werden.

Die sechziger Jahre waren nach dem Mauerbau von einer Mäßigung und Zivilisierung des Systems geprägt, was sich auch in dem nach und nach geltenden Motto „Wer nicht gegen uns ist, ist für uns" ausdrückte. Im Folgenden wird untersucht, inwieweit diese Entwicklung im Zuge der Konsolidierung der DDR nach der mit dem Mauerbau „ausgesprochenen kollektiven Haftstrafe"[7] auch mit einer Mäßigung und schrittweisen Verbesserung im Haftsystem korrelierte. Welchen Einfluss in dieser Phase die ab 1961 beginnende Arbeit der Zentralen Erfassungsstelle Salzgitter, die ab September 1963 einsetzenden periodischen Häftlingsfreikäufe, die beginnende Entspannungspolitik sowie die Aufnahme in die UNO 1973 und die Unterzeichnung der KSZE-Schlussakte 1975 auf das Haftsystem hatten, soll herausgearbeitet werden. Inwieweit folgte der Strafvollzug den Änderungen des politischen Kurses der SED? Entsprechend wird auf die Rückkopplung zwischen den politischen Kurswechseln der SED, der politischen Justiz und dem Haftregime über den gesamten Untersuchungszeitraum hinweg eingegangen. Das Haftregime spiegelte dabei das Verhältnis des Staates zu seinen Bürgern, die Ausrichtung des politischen Systems sowie die von der SED bestimmte politische Kultur wider. Mithin muss danach gefragt werden, wann und aus welchen Gründen sich die Strafvollzugspolitik änderte. Wie sah die Umsetzung der die Strafvollzugspolitik durchsetzenden Richtlinien in den Haftanstalten aus? Inwieweit trat die Zentrale Missständen entgegen und wie erfolgte die Umsetzung solcher Anordnungen? In diesem Zusammenhang gilt es, Diskrepanzen zwischen Anweisung und Umsetzung aufzuzeigen und nach Anspruch und Wirklichkeit im Strafvollzugssystem der DDR zu fragen. Zudem ist auf die fortbestehende Konkurrenz zwischen Innenministerium und Generalstaatsanwaltschaft einzugehen, die eine - wenngleich begrenzte - Aufsichtsfunktion über den Strafvollzug innehatte. Gerade in den fünfziger Jahren forderte die Generalstaatsanwaltschaft mehrmals Veränderungen des Haftregimes, wurde dabei aber brüsk vom Ministerium des Innern - gedeckt von der SED-Spitze - zurückgewiesen.

Abschließend erfolgt ein Blick auf die allgemeinen Haftbedingungen - Kapitel V.5 -, die die raue Haftwirklichkeit in den DDR-Gefängnissen vergegenwärtigen. So werden die einzelnen Faktoren herausgearbeitet, welche die Haftbedingungen kennzeichneten: der bauliche Zustand der Strafvollzugseinrichtungen,

---

6 Weber, Geschichte der DDR, S. 281.
7 Werkentin, Politische Strafjustiz, S. 385.

die sanitären Anlagen und die hygienischen Bedingungen vor Ort sowie die medizinische Betreuung der Häftlinge, die stets unter einem besonderen Mangel an Medikamenten, Ärzten, geschultem Personal und technischer Ausrüstung litt. Bei der Betrachtung der Verpflegung der Häftlinge spannt sich der Bogen vom blanken Hunger zu Beginn des Untersuchungszeitraums bis zu einer mengenmäßig ausreichenden, allerdings qualitativ schlechten Verpflegung. Besonders charakteristisch für die den Haftalltag dominierende Häftlingsarbeit war der mangelhafte Unfallschutz und die unzureichende medizinische Betreuung, welche die ohnehin prekären Arbeitsbedingungen noch weiter verschlimmerten. Die Differenzierung zwischen arbeitenden und nicht arbeitenden Gefangenen bestimmte den Haftalltag in jeder Hinsicht, wobei die nicht arbeitenden Häftlinge vielfältig benachteiligt wurden. Daher stellt sich die Frage, ob die Häftlingsarbeit im DDR-Strafvollzugssystem als Zwangsarbeit zu kennzeichnen ist. Schließlich werden die Möglichkeiten der Häftlinge zu Kontakten mit den Angehörigen und dem Leben außerhalb der Gefängnisse sowie deren seelsorgerische Betreuung thematisiert. Ein wesentliches Element der schlechten Haftbedingungen war das von der obersten Strafvollzugsbehörde bewusst geförderte, häufig feindliche Verhältnis zwischen Strafvollzugspersonal und Häftlingen. Bezüglich des Anstaltspersonals lassen sich mehrere Konstanten während der gesamten DDR-Zeit ausmachen: So waren ein chronischer Personalmangel, ein überalterter Personalbestand und die niedrige Allgemeinbildung symptomatisch. Obwohl man eine Dichotomisierung politischer und krimineller Häftlinge vermeiden sollte, ist dennoch nach Unterschieden in der Behandlung dieser Häftlingsgruppen zu fragen. Da es sich bei den in den fünfziger Jahren in Bautzen, Torgau und Hoheneck Inhaftierten zum großen Teil um politische Häftlinge handelt, und deren Erlebnisse auch die Erinnerungsliteratur jener Zeit prägen, liegt der Fokus bezüglich der Haftbedingungen auf eben diesen politischen Insassen. Prinzipiell wurden alle Häftlinge als Feinde gesehen – vor allem in den fünfziger Jahren. Zwar gab es keine direkten staatlichen Anweisungen zur Ungleichbehandlung politischer und krimineller Häftlinge, dennoch kamen die kriminellen Häftlinge eher als Helfer der Vollzugsorgane in Frage als die politischen – vor allem nach konkreten Anweisungen Ende der fünfziger Jahre, politische Häftlinge von Hausarbeiterstellen und Funktionen in Einsatzbetrieben zu entfernen.

2. Forschungsstand und Quellen

Die Kenntnisse über den ostdeutschen Strafvollzug waren in beiden deutschen Staaten gering. In der DDR durften ehemalige Häftlinge nichts über ihre Erfahrungen in der Haftzeit erzählen, sodass nur Gerüchte kursierten. In der Bundesrepublik gab es bis zur Friedlichen Revolution im Herbst 1989 nur wenige Forscher, die sich für den Strafvollzug der DDR interessierten. Ausnahmen bildeten dabei die Forschungen von Gerhard Finn[8] und Karl Wilhelm Fricke,[9] der auch die politische Justiz des SED-Staates beleuchtete.[10] Bedingt durch die Quellenlage war ein Blick „hinter die Kulissen" bis 1989 allerdings kaum möglich. Die Aussagen ehemaliger Häftlinge, die bis zum 13. August 1961 in die Bundesrepublik geflüchtet oder nach dem Mauerbau freigekauft worden waren, bildeten daher eine wichtige Grundlage für die wenigen Forscher, die sich mit diesem Thema beschäftigten.[11] Durch den Mainstream der DDR-Forschung und die Entspannungspolitik zwischen der Bundesrepublik und der DDR wurden Autoren, die den Strafvollzug und die politische Justiz der DDR thematisierten, häufig als „kalte Krieger" bezeichnet und fanden deshalb oft wenig Gehör.[12] Ihre Stimmen wurden vielfach als störend empfunden, zudem nahm das Interesse der bundesdeutschen Öffentlichkeit an den Opfern der DDR-Justiz immer weiter ab.[13] Friedrich-Christian Schroeder bestätigte eine „penetrante Zurückhaltung"[14] des Westens hinsichtlich eines kritischen Umgangs mit dem Justizsystem und dem Strafvollzug in der DDR. Generell war dies aber keine bundesdeutsche Besonderheit. So bemerkte Jorge Semprún 1980, dass „die soziologischen und politischen Wurzeln der westlichen Taubheit den östlichen Realitäten gegenüber [...] immer sehr stark"[15] gewesen seien. Jedoch muss berücksichtigt werden, dass ein nicht ganz unwesentlicher Grund des Schweigens der Bundesregierungen darin lag, dass man den Häftlingsfreikauf nicht durch die DDR desavouierenden Aussagen über deren Strafvollzug gefährden wollte und man glaubte, den Betroffenen durch stille Hilfe besser helfen zu können als durch die öffentliche Thematisierung der Missstände im DDR-Haftwesen.

Aufgrund der seit der Wiedervereinigung erheblich verbesserten Quellenlage stieg die Forschungstätigkeit auf dem Gebiet der DDR-Geschichte in beachtlichem Maße an. Vor allem das politische Strafrecht und die politische Justiz gerieten dabei in den Blickpunkt. Den alten Standardwerken von Karl Wilhelm Fricke[16] und Wolfgang Schuller[17] konnten neue quellengestützte Arbeiten von

---

8 Finn, Die politischen Häftlinge der Sowjetzone; Finn/Fricke, Politischer Strafvollzug in der DDR.
9 Fricke, Zur Menschen- und Grundrechtssituation.
10 Fricke, Politik und Justiz in der DDR.
11 Siehe etwa Der Strafvollzug in der Sowjetzone; Politische Gefangene in der DDR (KgU-Archiv 11/56).
12 Oleschinski, „Nur für den Dienstgebrauch"?, S. 8, Anm. 7.
13 So sagte etwa die letzte Bundesministerin für Innerdeutsche Beziehungen, Dorothee Wilms: „In den 60er und 70er Jahren wollte man in Westdeutschland nicht an die Unrechtsprozesse [von Waldheim] erinnern. Es ging um die Verbesserung der Beziehungen zur DDR, da wollte man die ehemaligen politischen Gefangenen nicht mehr hören." Rene Sagor, „Wir wollten sie als Mitwisser nach Hause schicken" - Ehemalige politische Gefangene aus Waldheim sprachen mit Bundestagsabgeordneten. In: Dresdner Neueste Nachrichten vom 25.9.1992.
14 Schroeder, Westdeutsche Wahrnehmung der DDR-Justiz, S. 46 f.
15 Semprún, Was für ein schöner Sonntag!, S. 156.
16 Fricke, Politik und Justiz.
17 Schuller, Geschichte und Struktur.

Falco Werkentin[18] für die Ära Ulbricht und Johannes Raschka[19] für die Ära Honecker zur Seite gestellt werden.[20] Des Weiteren waren die Untersuchungshaftanstalten des Ministeriums für Staatssicherheit[21] sowie die Strafvollzugsanstalt Bautzen II für die Forscher von besonderem Interesse. Letztere wurde zwar vom Innenministerium verwaltet, unterstand aber als „Sonderhaftanstalt" des MfS dessen besonderer Kontrolle.[22] Traurige Berühmtheit erlangte die Anstalt als Haftort besonders „staatsgefährdender" Häftlinge und prominenter Gefangener wie Georg Dertinger, Walter Janka, Wolfgang Harich, Karl Wilhelm Fricke, Rudolf Bahro oder Erich Loest. Da die Geschichte von Bautzen II gut dokumentiert ist,[23] soll in dieser Arbeit nur am Rande auf dieses Gefängnis eingegangen werden. Über den Strafvollzug unter Justizverwaltung sind nur wenige Aufsätze erschienen, die zumeist die Organisationsstruktur sowie die Übernahme durch das DDR-Innenministerium dokumentieren.[24] Diese Aspekte stehen auch bei Hermann Wentkers Betrachtungen des Justizstrafvollzugs im Mittelpunkt.[25] Einblicke in die tatsächlichen Haftbedingungen in den Gefängnissen in der Zeit der Sowjetischen Besatzungszone blieben dagegen bislang ein Desiderat.

Auch über den „normalen Strafvollzug" der DDR existieren neuere Arbeiten, zumeist Aufsätze. Neben Brigitte Oleschinski, die recht früh sehr erhellende grundsätzliche Aussagen zum Strafvollzug der DDR lieferte,[26] waren es ab Mitte der neunziger Jahre Michael Buddrus,[27] Klaus-Dieter Müller[28] und vor allem Tobias Wunschik,[29] die das Strafvollzugssystem der DDR und die Haftbedingungen politischer Häftlinge erforscht haben. Wunschik, der viele Aspekte des DDR-Strafvollzugs erstmalig beleuchtete, machte dabei unter anderem deutlich,

---

18 Werkentin, Politische Strafjustiz.
19 Raschka, Justizpolitik im SED-Staat.
20 Siehe zur politischen Justiz weiterhin u. a. Baumann/Kury, Politisch motivierte Verfolgung; Beckert, Schau- und Geheimprozesse; Im Namen des Volkes?; Engelmann/Vollnhals, Justiz im Dienste der Parteiherrschaft; Pohl, Justiz in Brandenburg; Rottleutner, Steuerung der Justiz; Weber, Justiz und Diktatur; Wentker, Justiz in der SBZ/DDR.
21 Siehe etwa Beleites, Abteilung XIV; ders., Untersuchungshaftvollzug; ders., „Feinde bearbeiten wir!"; ders., Schwerin, Demmlerplatz; Herz/Fiege, Untersuchungshaft und Strafverfolgung; Knabe, Die deutsche Lubjanka; ders., Gefangen in Hohenschönhausen; Möbius, MfS-Untersuchungshaftanstalt Magdeburg-Neustadt; Sperk, MfS-Untersuchungshaftanstalt „Roter Ochse"; Weinke/Hacke, U-Haft am Elbhang.
22 Siehe Kapitel IV.2, Anm. 58.
23 Fricke/Klewin, Bautzen II; Stasi-Gefängnis Bautzen II; Zeidler, MfS-Sonderhaftanstalt Bautzen II.
24 Mehner, Aspekte zur Entwicklung; Oleschinski, Abteilung Strafvollzug; dies., Strafvollzug in Deutschland; Schönefeld, Struktur des Strafvollzugs.
25 Wentker, Justiz in der SBZ/DDR.
26 Oleschinski, „Nur für den Dienstgebrauch"?; dies., Schlimmer als schlimm.
27 Buddrus, Zur Situation des Strafvollzugs.
28 Müller, Haftbedingungen.
29 Siehe etwa Wunschik, „Organ Strafvollzug"; ders., Strafvollzug als Aufgabe der Deutschen Volkspolizei; ders., Strafvollzugspolitik des SED-Regimes; ders., Regenmantel für Dertinger; ders., „Häftlinge aller Länder vereinigt euch!"; ders., Hinter doppelten Mauern; ders., Politischer Strafvollzug; ders., Selbstbehauptung und politischer Protest.

dass es trotz größerer Betonung der Erziehungsfunktion im Strafvollzug – mit dem Ziel einer besseren Reintegration entlassener Häftlinge in die Gesellschaft im Zuge des Strebens der DDR nach internationaler Anerkennung – nicht zu grundlegenden Änderungen in der Haftpraxis kam. Der Grund hierfür lag bei der Verwaltung Strafvollzug im Innenministerium, die prinzipiell einen durch Härte gekennzeichneten, repressiven Strafvollzug favorisierte. Zudem wurden Studien zu einzelnen Haftanstalten[30] oder Einzelaspekten des Strafvollzugs in der DDR publiziert.[31] Leonore Ansorgs Abhandlung über die Strafvollzugsanstalt Brandenburg zeichnet die Haftbedingungen politischer Häftlinge und deren Entwicklung von einer Mehrheit zu einer Minderheit innerhalb der Häftlingsgesellschaft nach.[32] Eine umfassende Arbeit, die dabei auf mehr als eine spezielle Strafvollzugseinrichtung oder einen Teilaspekt des ostdeutschen Strafvollzugssystems eingeht, blieb bislang aus. Die vorliegende Arbeit untersucht nun erstmals ausführlich die Haftbedingungen im – vornehmlich sächsischen – Justizstrafvollzug und geht im Anschluss daran detailliert der Strafvollzugspolitik der DDR und dem Haftregime in deren Gefängnissen auf den Grund, wobei auch hier die sächsischen Haftanstalten im Mittelpunkt der Untersuchung stehen. Da jedoch der Strafvollzug zentral angeleitet wurde, lassen sich die Beobachtungen in der Regel auf den Republikmaßstab verallgemeinern. Aufgrund des wiederholten Rückbezuges auf die Politik der SED-Diktatur wird deutlich, dass der totalitäre Herrschafts- und Gestaltungsanspruch selbst im Strafvollzug nicht gänzlich durchgesetzt werden konnte.

Bei der Bearbeitung wurden vor allem staatliche Quellen,[33] aber auch Zeitzeugenberichte in Form von Hafterinnerungen ehemaliger politischer Gefangener herangezogen. Beide Quellengattungen waren dabei aufgrund ihrer Entstehungsbedingungen, Funktionen und ihrer Spezifik gleichermaßen kritisch zu bewerten. Die Grundlage für den ersten Hauptteil der Arbeit bilden vor allem der kaum bearbeitete umfangreiche Aktenbestand der Strafvollzugsabteilung des Ministeriums der Justiz der Landesregierung Sachsen bzw. der Hauptabteilung Justiz beim Ministerpräsidenten für die Jahre 1945 bis 1952 sowie die Hinterlassenschaften der Berliner Hauptabteilung Strafvollzug der Deutschen Justizverwaltung bzw. des Ministeriums der Justiz (MdJ) im Berliner Bundesarchiv. Der zweite Hauptteil basiert auf den im Berliner Bundesarchiv zugänglichen Archivalien der Berliner Zentrale im Ministerium des Innern, der Verwaltung Strafvollzug und des Ministers des Innern und Chefs der DVP. Des Weiteren waren die Akten der Generalstaatsanwaltschaft, des Politbüros und des Sekreta-

---

30 Fricke, Strafvollzug in Bautzen; sowie Klewin, Bautzen. Zu weiteren Haftorten siehe Haase/Oleschinski (Hg.), Torgau-Tabu; Bremberger, Zentralgefängnis Cottbus; Ammer, Strafvollzug in der Strafvollzugsanstalt Brandenburg; Ansorg, Strafvollzugsanstalt Brandenburg-Görden; Kaven, DDR-Strafvollzug in Bützow-Dreibergen; Bersch/Hesse, DDR-Frauenstrafvollzug in Bützow-Dreibergen.
31 Bastian/Neubert, Schamlos ausgebeutet; Beckmann/Kusch, Gott in Bautzen; Borchert, Erziehung im DDR-Strafvollzug; Eberle, GULag DDR?
32 Ansorg, Politische Häftlinge.
33 Einführend zu den staatlichen Quellen des Strafvollzugssystems der DDR siehe Sélitrenny, Die schriftlichen Hinterlassenschaften.

riats des ZK der SED sowie der ZK-Abteilung für Sicherheitsfragen von Belang. Hinzu kamen die bislang kaum ausgewerteten Akten der Bezirksbehörden der Volkspolizei (BDVP), denen der Strafvollzug die meiste Zeit unterstellt war. Da die Arbeit vor allem die sächsischen Haftanstalten im Fokus hat, waren die Unterlagen der Strafvollzugsabteilungen der BDVP Dresden im Sächsischen Hauptstaatsarchiv Dresden, der BDVP Leipzig im Staatsarchiv Leipzig sowie der BDVP Karl-Marx-Stadt im Staatsarchiv Chemnitz von besonderem Interesse. Die Akten, welche die Bundesbeauftragte für die Unterlagen des Staatssicherheitsdienstes der ehemaligen DDR (BStU) im Zuge eines Forschungsantrags bezüglich des Einflusses des MfS auf den Strafvollzug zur Verfügung stellte, waren für die Arbeit eher nebensächlich und zeigten nur in geringem Umfang, wie die MfS-Arbeit den Strafvollzug beeinflusste. Trotz wiederholter Anfragen und Präzisierungen der Antragsstellung wurden kaum relevante Akten vorgelegt.[34]

Eine zweite für die Arbeit relevante Quellengattung bilden die persönlichen Erinnerungen ehemaliger politischer Häftlinge, die eine umfangreiche Memoirenliteratur[35] geschaffen haben.[36] Ein regelrechter „Boom" in der Häftlingsliteratur ist ab 1989/90 zu verzeichnen, als ehemalige Häftlinge, die zumeist in die DDR entlassen worden waren, erstmals über ihre Erfahrungen im Strafvollzug der DDR berichten konnten.[37] Entlassenen Häftlingen war es in der DDR verboten, selbst gegenüber ihren Angehörigen über ihre Erfahrungen im Gefängnis zu berichten. Da der Fokus der Arbeit auf die sächsischen Haftanstalten gerichtet ist, werden in der Arbeit vornehmlich Berichte von ehemaligen Gefangenen berücksichtigt, die in sächsischen Gefängnissen inhaftiert waren. Schließlich konnte ich insbesondere im Kapitel V.5 auf Ergebnisse meiner Magisterarbeit zurückgreifen, die sich mit den Haftbedingungen politischer Häftlinge beschäftigte.[38]

Zum Zwecke der besseren Verständlichkeit und Einordnung der Quellen war oftmals ein umfangreicheres Zitieren erforderlich. Auch ist es die besondere

---

34 Die vorgelegten Akten fielen zum Großteil aus dem Bearbeitungszeitraum und waren in aller Regel lediglich Kopien von Dienstanweisungen der Strafvollzugsverwaltung des MdI. Der Vorgang wurde im Frühjahr 2009 abgeschlossen (Schreiben der BStU, Außenstelle Dresden, vom 14.5.2009).
35 Zum Umgang mit den Erinnerungen und Berichten ehemaliger Häftlinge siehe besonders Eberhardt, Verschwiegene Jahre.
36 Zu der in der Bundesrepublik vor der friedlichen Revolution erschienenen Häftlingsliteratur siehe Bilke, Unerwünschte Erinnerungen. Hier nur eine geringe Auswahl vor 1989/90 in der Bundesrepublik erschienener Hafterinnerungen, bzw. Bücher, die Hafterinnerungen enthalten: Bechler, Warten auf Antwort; Binski (Hg.), Zwischen Waldheim und Workuta; Flade, Deutsche gegen Deutsche; Kempowski, Im Block; ders., Ein Kapitel für sich; Klein, Jugend zwischen den Diktaturen; Loest, Durch die Erde ein Riß; Lolland/Rödiger (Hg.), Gesicht zur Wand; Schacht (Hg.), Hohenecker Protokolle.
37 Siehe etwa Das Gelbe Elend; Crüger, Verschwiegene Zeiten; Fichter, Verflucht sei die Menschenwürde; Janka, Schwierigkeiten mit der Wahrheit; Just, Zeuge in eigener Sache; Klemke, Geiseln der Rache; Knechtel/Fiedler (Hg.), Stalins DDR; Kockrow, „Nicht schuldig!"; Riemann, Schleife an Stalins Bart.
38 Müller, Die Haftbedingungen politischer Häftlinge.

Sprache der staatlichen Quellen, die ein längeres wortwörtliches Wiedergeben sinnvoll erscheinen lässt. Häufig stehen die Aussagen dieser Dokumente für sich und bedürfen oftmals keines Kommentars – vor allem im Wissen um die Haftwirklichkeit, wie sie sich aus den Häftlingsberichten ergibt. Dass sich Aussagen wiederholen, ist teilweise unvermeidlich, da sich über die Jahre die Probleme des Strafvollzugs und die Lageberichte der Strafvollzugsverwaltung nicht fundamental änderten. Somit schlägt sich auch in der Arbeit nieder, dass auf kontinuierliche Probleme immer wieder gleich reagiert wurde und sich ebenso Formulierungen und Floskeln in den Berichten wiederholen.

3. Zum Begriff politischer Häftling

Laut Bundesverwaltungsgericht wird als politischer Häftling bezeichnet, wer „aus politischen Gründen" inhaftiert wurde. Demnach ist „nicht nur der politische Widerstandskämpfer" gemeint, „sondern auch derjenige, dessen Haft nach Grund und Dauer durch die politischen Verhältnisse" bedingt war.[39] Politische Häftlinge sind Personen, die aus von ihnen nicht zu vertretenden Gründen arretiert wurden: Nach „freiheitlich-demokratischer Auffassung" sind die Gründe dieser Inhaftierung dann nicht zu vertreten, „wenn nach den in freiheitlichen Demokratien anerkannten Grundsätzen das Verhalten des Häftlings den Freiheitsentzug nicht gerechtfertigt hätte, mag er auch nach den in einem volksdemokratisch regierten Gebiet verfolgten Grundsätzen veranlasst gewesen sein".[40] Als Politische Häftlinge gelten auch Personen, die aufgrund politisch-ideologisch initiierter Gesetze verurteilt wurden.[41] Nach dem Mauerbau war vor

---

39 Leitsatz zum Urteil des Bundesverwaltungsgerichts vom 9. 9. 1959 (BVerwGE Band 12, S. 132). Hier zit. nach Fricke, Zur Menschen- und Grundrechtssituation, S. 18.
40 Leitsatz zum Urteil des Bundesverwaltungsgerichts vom 10. 5. 1961 (BVerwGE Band 12, S. 236). Hier zit. nach ebd.
41 Im Bearbeitungszeitraum waren das nach dem Krieg vor allem das Kontrollratsgesetz Nr. 10 vom 20. 12. 1945 sowie die Kontrollratsdirektive Nr. 38 (KD 38) vom 12. 10. 1946, die die einheitliche Grundlage der Entnazifizierung in allen vier Besatzungszonen bildeten. Die KD 38 diente der Umsetzung des Gesetzes Nr. 10, da hier einheitliche Richtlinien verfasst wurden, nach denen die im Gesetz Nr. 10 umrissenen Straftäter zur Verantwortung gezogen werden konnten. Vor allem Artikel III A III des II. Abschnitts der KD 38 wurde politisch missbraucht und diente der Verfolgung politischer Gegner, denn er besagte: „Aktivist ist auch, wer nach dem 8. Mai 1945 durch Propaganda für den Nationalsozialismus oder Militarismus oder durch Erfindung und Verbreitung tendenziöser Gerüchte den Frieden des deutschen Volkes oder den Frieden der Welt gefährdet oder möglicherweise noch gefährdet." Zudem hatte man mit dem SMAD-Befehl Nr. 160 „eine wegen ihrer unklaren, vielfacher Auslegung fähigen Tatbestandsdefinitionen den politischen Missbrauch geradezu begünstigende juristische Handhabe gegen vermeintliche Saboteure und andere ‚Klassenfeinde'" (Fricke, Politik und Justiz, S. 33). Schließlich war SMAD-Befehl Nr. 201 vom 16. 8. 1947, der „den Beginn der Sowjetisierung der Verhältnisse in der politischen Strafjustiz" (Wentker, Justiz in der SBZ/DDR, S. 431) markiert, Grund politischer Inhaftierung. Mit Artikel 6 Absatz 2 der ersten Verfassung der DDR vom 7. 10. 1949 erhielten die DDR-Gerichte das „Instrument zur strafrechtlichen Sicherung des Regimes" (Fricke, Politik und Justiz, S. 168). Arti-

allem der Wille, das Land mittels Ausreise oder Flucht zu verlassen, Grund politischer Haft.[42] Nicht nur politisch oder religiös fundierte Gegnerschaft zur DDR, sondern auch unpolitische Handlungsweisen konnten eine politische Inhaftierung nach sich ziehen. So führten auch Wirtschaftsstrafbestimmungen, die dem „Klassenkampf" des SED-Regimes gegen eine soziale Schicht dienten – dem bäuerlichen und gewerblichen Mittelstand –, vor allem in den fünfziger Jahren zu politischer Haft.[43] Zweck war hier die Beseitigung von „Klassenfein-

kel 6, der „Boykotthetze gegen demokratische Einrichtungen" und „Kriegshetze" pönalisierte, war der politische Paragraph, nach dem in den fünfziger Jahren die meisten politischen Häftlinge verurteilt wurden. In einem Ergänzungsteil zum Besonderen Teil des Gesetzes zur Ergänzung des Strafgesetzbuches (Strafergänzungsgesetz – StEG) vom 11.12.1957 wurde das politische Strafrecht normiert, indem Artikel 6 Absatz 2 durch die Einführung von elf einzelnen Tatbeständen in Gesetzesform gegossen wurde: § 13 Staatsverrat, § 14 Spionage, § 15 Sammlung von Nachrichten, § 16 Verbindung zu verbrecherischen Organisationen oder Dienststellen, § 17 Staatsgefährdende Gewaltakte, § 18 Angriffe gegen örtliche Organe der Staatsmacht, § 19 Staatsgefährdende Propaganda und Hetze, § 20 Staatsverleumdung, § 21 Verleitung zum Verlassen der DDR, § 22 Diversion, § 23 Schädlingstätigkeit und Sabotage. „Republikflüchtige" wurden seit 1958 wegen Verstoßes gegen das neu gefasste Passgesetz verurteilt. Im Strafgesetzbuch vom 12.1.1968 wurden im politischen Strafrecht einige Paragraphen ausgeweitet sowie auch neue Straftatbestände eingeführt. Im Vergleich zu den alten Paragraphen wurden die Mindeststrafen bei den neuen erhöht oder teilweise gar verdoppelt, was eine Verschärfung des politischen Strafrechts bedeutete und der Abschreckung der Regimegegner und mithin dem Diktaturschutz dienen sollte. Das politische Strafrecht fand sich im besonderen Teil des StGB und differenzierte zwischen den im Ersten Kapitel verankerten „Verbrechen gegen die Souveränität der DDR, den Frieden, die Menschlichkeit und die Menschenwürde" (§§ 85 bis 92), den im Zweiten Kapitel verankerten „Staatsverbrechen" (§§ 96 bis 111) sowie den „Straftaten gegen die staatliche Ordnung" – Achtes Kapitel und §§ 210 bis 250. Besonders der Zweite Abschnitt mit den §§ 212 bis 224 („Straftaten gegen die staatliche und öffentliche Ordnung") war in diesem Kapitel für das politische Strafrecht von Bedeutung. § 213 StGB (Ungesetzlicher Grenzübertritt) wurde einer der wichtigsten politischen Paragraphen, mit dem die „Republikflucht" geahndet wurde. Das StGB von 1968 wurde 1974, 1977 und 1979 zum Teil massiv verschärft (Wunschik, Politische Häftlinge, S. 282 f.).

42 Seit 1969 und in den siebziger Jahren lag der Anteil der wegen Republikflucht Verurteilten an den politischen Häftlingen bei etwa 75 Prozent. Vgl. Häftlinge, politische, S. 361.

43 Dazu diente unter anderen die am 23.9.1948 erlassene Wirtschaftsstrafverordnung (vgl. ZVOBl. 1948, S. 439), die das Bundesverfassungsgericht 1960 als ein „Instrument der Durchsetzung des kommunistischen Wirtschaftssystems und der Konfiskation von Eigentum aus politischen Gründen und zum Zwecke der Eliminierung von ,Staatsfeinden'" bezeichnete. Vgl. Fricke, Zur Menschen- und Grundrechtssituation, S. 19. Fricke zit. hier aus dem Beschluss des Bundesverfassungsgerichts vom 31.5.1960. In: Recht in Ost und West, 6/1960, S. 197. Weitere Wirtschaftsstrafbestimmungen, die politisch missbraucht wurden, waren das Gesetz zum Schutze des innerdeutschen Handels vom 21.4.1950 (vgl. Handelsschutzgesetz, GBl. 1950, S. 327), das aufgrund der hohen Mindeststrafen zu besonders harten Strafen führte und die Verordnung zum Schutze des innerdeutschen Warenverkehrs vom 26.7.1951 (vgl. GBl. 1951, S. 705). Daneben trat das am 2.10.1952 beschlossene Gesetz zum Schutz des Volkseigentums und anderen gesellschaftlichen Eigentums – kurz: Volkseigentumsschutzgesetz (vgl. VESchG, GBl. 1952, S. 982). Seine Einführung wurde durch öffentliche Veranstaltungen propagiert, auf denen der offizielle Stellenwert des Gesetzes klar definiert wurde: „Verbrechen gegen das Volkseigentum [stehen] ihrer Schwere nach neben den Verbrechen gegen

den" mittels Enteignung. Wirtschaftsverbrechen wurden mit Staatsverbrechen gleichgestellt. Die Schaffung der Wirtschaftsstrafgesetze war demnach nicht zuletzt politisch motiviert. Ziel war die Sicherung der Herrschaft des SED-Regimes, dem jegliche demokratische Legitimation fehlte und das nur durch die rigorose Verfolgung vermeintlicher politischer Gegner sein Fortbestehen zu wahren glaubte. Resultierend aus dem zentralistischen Gestaltungswillen der SED-Spitze war ein weiteres Ziel die Durchsetzung der „Revolution von oben", die völlige soziale Umwälzung der bestehenden Gesellschaft nach sowjetischem Vorbild und mithin die Vernichtung des bäuerlichen und gewerblichen Mittelstandes mittels Zwangskollektivierung und Enteignung.[44] Die Opfer dieser Politik, die aufgrund der Wirtschaftsstrafbestimmungen der SBZ/DDR verurteilt wurden, waren nicht aufgrund ihrer politischen Gegnerschaft zum herrschenden SED-Regime verhaftet worden, sondern wegen ihrer Zugehörigkeit zu einer sozialen Schicht, die beseitigt werden sollte. Sie kamen in Haft, „obwohl sie keine bewusste Opposition betrieben hatten und sich mit dem politischen System arrangiert hätten, wäre die SED hierzu bereit gewesen".[45] Damit zeigt sich, dass die persönliche Motivlage kein hinreichendes Merkmal politischer Inhaftierung war. „Vielmehr war es der diktatorisch verfasste Staat, der unabhängig davon das Handeln der Personen als politisch erklärte. Ihm kam die Deutungshoheit darüber zu, was als Verbrechen gegen den Staat zu definieren sei."[46] So sah das SED-Regime die Zeugen Jehovas allein deshalb als Gegner an, weil sie von ihrem Glauben nicht ablassen wollten, obwohl sie grundsätzlich nicht im Widerstand zur DDR standen.[47] Daher sind auch sogenannte „Republikflüchtlinge" und Ausreisewillige als politische Häftlinge anzusehen, da die DDR sie als Staatsfeinde betrachtete und aus politischen Gründen strafrechtlich verfolgte.[48] Zweifelsfrei waren politische Häftlinge diejenigen, die sich dem SED-Regime

unseren Staat" Vgl. Fricke, Politik und Justiz, S. 201. Fricke zit. hier Benjamin, Hilde: Volkseigentum ist unantastbar! In: NJ, 1953, S. 62.
44 Beispielhaft für die politische Justiz der SED zum Zweck der Enteignung sei die „Aktion Rose" genannt, in deren Zuge vom 10.2. bis zum 11.3.1953 an der Ostseeküste Eigentümer von Hotels, Pensionen, Taxi-Unternehmen und anderen privaten Gewerbebetrieben betroffen waren. Insgesamt wurden 621 Objekte beschlagnahmt, darunter 440 Hotels und Pensionen, in einem Gesamtwert von ca. 30 Millionen Mark. Zudem wurde Privatvermögen im Gesamtwert von ca. 1,95 Millionen Mark eingezogen sowie Wertsachen und Schmuck im Wert von etwa 0,3 Millionen Mark. Vgl. Werkentin, Politische Strafjustiz, S. 59–67.
45 Werkentin, Reichweite politischer Justiz, S. 184.
46 Ansorg, Politische Häftlinge, S. 13.
47 Siehe generell zu den Zeugen Jehovas in der DDR etwa Dirksen, „Keine Gnade". Die Zeugen Jehovas hatten in der DDR mit unter den schlimmsten Haftbedingungen zu leiden. Da sie bestrebt waren, die anderen Häftlinge zu missionieren, wurden sie von den übrigen Häftlingen bis Ende der fünfziger Jahre isoliert untergebracht, verweigerten die Arbeit und waren daher vielen Arreststrafen sowie den Benachteiligungen in vielfältiger Hinsicht unterworfen, die die nicht arbeitenden Häftlinge erwarteten. Zudem wurden sie bewusst provoziert und schikaniert – sei es über die Verpflegung oder über das Verbot, in der Bibel zu lesen. Vgl. Politische Gefangene in der DDR, S. 62 f.
48 Ansorg, Politische Häftlinge, S. 12–14.

widersetzt hatten,[49] doch wurde deren Anteil zunehmend geringer. Daher reicht das „Spektrum politischer Gefangener [...] von aktiven Oppositionellen über ökonomische und weltanschauliche Gegner bis hin zu Antragstellern auf Ausreise oder Anhängern einer jugendlichen Subkultur. Dabei ist es unerheblich, ob sich der einzelne politische Häftling auch als solcher verstanden hat, ob seine Motive und Absichten politisch begründet waren, vielmehr schrieb ihm der Staat eine politische Gegnerschaft zu."[50] Dabei gab es in der DDR nach offizieller Lesart keine politischen Gefangenen, da Justizminister Max Fechner mit der Rundverfügung 125/51 vom 3. September 1951 das Verbot der Bezeichnung „politische Häftlinge" angeordnet hatte – Begründung: „Heute wird niemand seiner Gesinnung wegen inhaftiert. Wer unsere antifaschistisch-demokratische Ordnung angreift, wer den Aufbau unserer Friedenswirtschaft stört, begeht eine strafbare Handlung und wird seiner Verbrechen wegen bestraft. Strafgefangene dieser Art sind deshalb auch keine ‚politischen' Gefangenen, sondern kriminelle Verbrecher."[51] Zwar wurden politische Häftlinge als kriminelle Gefangene verleumdet, intern war man sich des Unterschieds jedoch bewusst. So wurden etwa in den statistischen Jahresberichten der Strafvollzugsverwaltung von Ende 1953 bis Ende 1960 die wegen „Staatsverbrechen" Inhaftierten extra aufgeführt.[52] Auch die Differenzierung im Strafvollzug zeugt von der internen Unterscheidung nach Delikten. So war die Verurteilung wegen „Staatsverbrechen" Kriterium der Zuordnung zur Vollzugskategorie.

Offiziell wurde in der DDR nur ausnahmsweise eine politische Inhaftierung eingeräumt. So sprach das „Neue Deutschland" anlässlich der Jubelamnestie zum 23. Jahrestag der DDR 1972 von einer „umfassenden Amnestie für politische und kriminelle Straftäter"[53] und Erich Honecker bemerkte 1981 in einem Zeitungsinterview, dass es seit „der letzten Amnestie im Jahre 1979 [...] bei uns keinen einzigen politischen Gefangenen mehr"[54] gebe – eine amtliche Bestätigung politischer Inhaftierung in drei Jahrzehnten SED-Herrschaft.

Kritischer erscheint die Anwendbarkeit des Begriffs für die SBZ-Zeit. Hier muss bedacht werden, dass es sich bei der Erwähnung „politischer Gefangener" seitens der Justiz durchaus auch um Funktionsträger, Mitläufer und Parteigänger des NS-Systems oder gar NS-Verbrecher handeln konnte. In der Regel waren diese in den Speziallagern der Besatzungsmacht interniert, jedoch befanden sich auch im Justizstrafvollzug „politische Häftlinge" in diesem Sinn – also „braune

---

49 Siehe zu Opposition und Widerstand u. a. Neubert, Geschichte der Opposition in der DDR; Henke/Steinbach/Tuchel, Widerstand und Opposition in der DDR.
50 Ansorg, Politische Häftlinge, S. 14.
51 Landesregierung Sachsen-Anhalt, Hauptabteilung Justiz vom 16.10.1951, Betr.: Gebrauch der Bezeichnung „Politische Häftlinge", Bezug: Rundverfügung 125/51 des MdJ vom 3.9.1951, hier zit. nach Werkentin, Politische Justiz, S. 352, Anm. 82.
52 Vgl. Werkentin, Politische Strafjustiz, S. 409 sowie Diagramm 4 im Anhang.
53 „Beschluss über eine Amnestie aus Anlass des 23. Jahrestages der Gründung der Deutschen Demokratischen Republik". In: Neues Deutschland vom 7.10.1972 zit. nach Finn/Fricke, Politischer Strafvollzug in der DDR, S. 117.
54 Honecker, Reden und Aufsätze, S. 547.

Bestandteile".⁵⁵ Daher ist der Begriff des politischen Häftlings dieser Zeit nicht identisch mit dem der späteren fünfziger Jahre und der Jahre danach – vor allem der siebziger und achtziger Jahre.

Die Frage des Gesamtvolumens politischer Inhaftierung ist nicht endgültig geklärt: Schröder und Wilke, die zu den „politischen Kerndelikten [...] alle ‚Staatsverbrechen', ‚ungesetzlichen Grenzübertritt', mit kleinen Einschränkungen ‚Staatsverleumdung', ‚Widerstand gegen die Staatsgewalt' und mit noch größeren Einschränkungen ‚Asozialität' und ‚Rowdytum'" zählen, sprechen dementsprechend von 170 000 bis 280 000 „potentiellen Strafgefangenen mit politischem Einschlag", wobei Verurteilungen nach Paragraph 249 – „asoziales Verhalten" – mit 130 000 Verurteilten den größten Anteil stellen.⁵⁶ Gerhard Finn gibt – ohne die 1950 von den Besatzern übernommenen Häftlinge – 180 000 aus politischen Gründen Verurteilte an.⁵⁷ Falco Werkentin schätzt die Zahl der politischen Häftlinge in der gesamten Zeit der DDR auf 200 000 bis 250 000 Personen,⁵⁸ während Brigitte Oleschinski von etwa 200 000 Personen ausgeht.⁵⁹ Auch nach Berechnungen von Klaus-Dieter Müller sind etwa 200 000 Personen durch Gerichte der DDR verurteilt worden.⁶⁰ Daneben gab es die Häftlinge, die von den Sowjetischen Militärtribunalen (SMT) verurteilt worden waren: Während Kowalczuk/Wolle die Gesamtzahl ebenjener für den Zeitraum von 1945 bis 1955⁶¹ auf 40 000 bis 50 000 Personen beziffern⁶² und auch Müller recht hohe Zahlen nennt – 50 000 bis 60 000 von den Sowjetischen Militärtribunalen verurteilte Zivilisten und 30 000 deutsche Kriegsgefangene, die wegen Kriegsverbrechen beschuldigt und verurteilt wurden⁶³ – relativierten Hilger, Schmeitzner und Schmidt in einem Projekt des Hannah-Arendt-Instituts für Totalitarismusforschung später diese hohen Zahlen und ermittelten, dass zwischen 1945 und 1955 Sowjetische Militärtribunale 35 000 deutsche Zivilisten verurteilt haben,⁶⁴ eine Zahl, die auch Greiner so übernimmt.⁶⁵ Der Anteil der tatsächlichen NS- und Kriegsverbrecher an den Tribunalverurteilten ist schwer auszumachen, jedoch nahm er immer mehr ab, sodass er selbst nach sowjetischer Einschätzung im März 1953 bei lediglich 27,2 Prozent lag.⁶⁶

---

55 Beleites, Zweigleisig erinnern? S. 282.
56 Schröder/Wilke, Politische Gefangene der DDR, S. 1162 f.
57 Finn, Politische Häftlinge, S. 276.
58 Werkentin, Zur Dimension politischer Inhaftierungen, S. 152.
59 Oleschinski, „Nur für den Dienstgebrauch"?, S. 7.
60 Müller, Haftbedingungen, S. 24.
61 Am 16.9.1955 wurde der letzte DDR-Bürger von einem SMT verurteilt. Vier Tage später, am 20.9.1955, wurde im Vertrag über die Beziehungen zwischen der UdSSR und der DDR das Ende der Arbeit der SMT in der DDR beschlossen.
62 Kowalczuk/Wolle, Roter Stern über Deutschland, S. 83.
63 Müller, Haftbedingungen, S. 23 f.
64 Sowjetische Militärtribunale, Band 2.
65 Greiner, Verdrängter Terror, S. 91.
66 Werkentin, Politische Strafjustiz, S. 368.

II. Strafvollzug unter Justizverwaltung – Versuch einer Reform

1. Ziele und Konzepte zur Ausgestaltung eines reformierten Strafvollzugs

1.1 Erste Richtlinien und Konzepte aus Sachsen

Nach der deutschen Kapitulation hatte der Alliierte Kontrollrat als oberstes Regierungsorgan der Besatzungsmächte auch die oberste Rechtsprechung inne. Dies beinhaltete auch die Kontrolle über die Untersuchungshaft und den Strafvollzug. Nachdem das Kontrollratsgesetz Nr. 1 vom 20. September 1945 das NS-Recht aufgehoben hatte, war die Direktive Nr. 19 des Alliierten Kontrollrats vom 12. November 1945[1] erstes zentrales Dokument bezüglich des Strafvollzugs in Deutschland nach dem Zweiten Weltkrieg. Davor hatten die militärischen Befehlshaber vorläufige Regelungen bezüglich des Strafvollzugs vor Ort erlassen. Die Direktive hatten amerikanische „hochqualifizierte Experten für das Gefängniswesen"[2] unter Federführung Myrl Alexanders und unter Hinzuziehung deutscher Fachgrößen verfasst, die an die Reformbestrebungen im Strafvollzug der Weimarer Republik anknüpften.[3] Zonenübergreifend wurden nun die beiden „Grundprinzipien des deutschen Gefängnisverwaltungswesens"[4] festgelegt: Zum einen war dies die „genaue Ausführung der verhängten Strafen". Besonderes Augenmerk sollte auf die Qualität und die Ausbildung des Personals gerichtet sein, welches „von jedem Verdacht des Nazismus frei" zu sein habe. Die Gleichheit aller Häftlinge „ohne Gewährung individueller Begünstigungen und ohne Rücksicht auf Rasse, Farbe, Glaubensbekenntnis oder gesellschaftliche Stellung" wurde ebenso betont wie die individuelle Behandlung und richtige Klassifizierung der Gefangenen hinsichtlich „Behausung, Art der Arbeit und Ausbildung" sowie des Umgangs mit anderen Häftlingen. Zur individuellen Beurteilung eines jeden Häftlings wurde die „Führung einer alle maßgebenden Einzelheiten enthaltenden Kartothek" angeordnet und schließlich eine „strenge, wenn auch gerechte Disziplin der Sträflinge ohne Anwendung körperlicher Strafen" verlangt.

Die „Rehabilitierung und Umbildung des Verurteilten" sollte das zweite Grundprinzip des neuen Strafvollzugs sein. Paragraph 3 legte die Erfordernisse für dessen Umsetzung dar. Dabei war die „Entwicklung eines Programms nützlicher und körperlicher Arbeit" zentral, denn körperliche Arbeit könne die kriminelle Veranlagung des Häftlings „kurieren". Neben Arbeiten zur Aufrecht-

---

1 Amtsblatt des Alliierten Kontrollrats, Nr. 2 vom 30.11.1945, S. 46 f.
2 Krebs, Begegnungen mit Harald Poelchau, S. 70.
3 Ders., Die Durchführung der Kontrollratsdirektive Nr. 19, S. 17.
4 Zitat hier und im Folgenden: Direktive Nr. 19 des Alliierten Kontrollrats vom 12.11.1945. In: Amtsblatt des Alliierten Kontrollrats, Nr. 2 vom 30.11.1945, S. 46 f.

erhaltung des Anstaltsbetriebs und der Warenproduktion sollte die Arbeitskraft der Häftlinge auch anderen Zweigen zur Verfügung stehen – vornehmlich staatlichen Zwecken, etwa dem Straßenbau. In den zu errichtenden Schulen und Werkstätten sollten die Gefangenen – insbesondere junge Ersttäter – zu gesetzestreuen Bürgern erzogen werden, die ihren Lebensunterhalt durch eigene Arbeit verdienten und sich so ihren Platz in der Gesellschaft schaffen. Diesem Ziel sollte auch durch die Vergabe von Büchern und Zeitschriften sowie der Ermöglichung individueller Studien Rechnung getragen werden. Betont wurde daneben die Bedeutung ärztlicher Versorgung, Hygiene und Sauberkeit. Auch die Rolle von Psychologie und Psychiatrie bei der Behandlung der Häftlinge wurde hier erwähnt. Des Weiteren sollten die Anstalten Möglichkeiten zur Förderung und Aufrechterhaltung des physischen wie psychischen Zustands der Gefangenen schaffen, Belobigungen aussprechen, um die Häftlinge zu ermutigen, Begünstigungen (Briefwechsel, Besuch) ausdehnen als auch den freiwilligen Gottesdienst sicherstellen. Abschließend wurden die Pflicht zur Anerkennung der Rechte der Häftlinge sowie das Prinzip unterstrichen, dass niemand so betrachtet werden durfte, „dass keine Hoffnung auf Besserung besteht". Diese Direktive war vor allem von dem Willen geprägt, einen humanistischen Gegenentwurf zum vorangegangenen nationalsozialistischen Repressionsvollzug zu etablieren. Die Beteiligung auch von deutschen Fachkräften wie Albert Krebs, 1928 bis 1933 Anstaltsleiter der thüringischen „Modellanstalt" Untermaßfeld und nach dem Krieg bis 1965 Leiter der Abteilung Strafvollzug im hessischen Justizministerium, sicherte die Anknüpfung an diese Entwicklung. Wobei, so Kai Naumann, einschränkend betont werden muss, dass es auch die Reformer der Weimarer Republik[5] mit ihren visionären Ideen in der Praxis nicht leicht hatten, „denn die Anstaltsleiter und Vollzugsbeamten der Weimarer Zeit waren, ebenso wie die Richter und Staatsanwälte, gegen viele Reformvorhaben feindlich eingestellt".[6] Explizit räumt Naumann mit Verklärungen des Weimarer Reformvollzugs auf: „Der Reformstrafvollzug der Weimarer Republik, der später häufig als Vorbild gerühmt wurde, war in der Realität auf zwei bis drei Justizvollzugsanstalten beschränkt, die übrigen sechzig bis siebzig Anstalten im Deutschen Reich nahmen nur oberflächliche Veränderungen vor – übrigens auch in Ermangelung einer hinreichenden personellen und finanziellen Ausstattung." Damit benennt Naumann die Probleme, die die Reformbestrebungen auch in der Nachkriegszeit und – mit Einschränkungen – bis in die Gegenwart erschweren sollten. Auch Wachsmann bemerkt, dass es in der Weimarer Strafvollzugspraxis „nicht zu radikalen Veränderungen" kam, sondern vielfach Kontinuitäten zur Kaiserzeit festzustellen waren, was insbesondere durch das bei-

---

5 Naumann nennt diesbezüglich die sogenannten linken Lisztianer (nach dem Strafrechtslehrer Franz von Liszt, 1851–1919) Gustav Radbruch, Gustav Aschaffenburg, Hans W. Gruhle, Moritz Liepmann, Berthold Freudenthal und Rudolf Sieverts.
6 Zitat hier und im Folgenden: Kai Naumann, Strafvollzug im Dritten Reich und danach. Fritz Bauer und die Reform der Freiheitsstrafe. In: Forum Justizgeschichte e. V. (Hg.), URL: http://www.forumjustizgeschichte.de/Kai-Naumann.186.0.html, Stand: 2.9.2011.

behaltene Anstaltspersonal begründet war. Einzig Thüringen, Sachsen und Hamburg bemühten sich um einen moderneren Strafvollzug: Daher war die vielfach gerühmte Haftanstalt Untermaßfeld in Thüringen „eine ‚Modellanstalt', die praktisch keine Nachahmer fand".[7] Schließlich waren viele Angehörige des öffentlichen Dienstes der Weimarer Republik gegenüber kritisch, wenn nicht gar feindlich eingestellt, weshalb „der Gedanke eines helfenden, die Wiedereingliederung fördernden Vollzuges, wie er in den von Radbruch initiierten Reichsratsgrundsätzen seinen Ausdruck gefunden hatte, in der Praxis des Anstaltslebens nur bruchstückhaft verwirklicht worden war".[8]

Gut einen Monat vor der Kontrollratsdirektive Nr. 19 hatte am 16. Oktober der Chef der Deutschen Zentralverwaltung für Justiz (DJV), Dr. Eugen Schiffer,[9] die Leitgedanken zur Reformierung des Strafvollzugs den Landes- und Provinzialverwaltungen übermittelt.[10] Durchgängig wurden darin die Forderungen der Kontrollratsdirektive Nr. 19 sinngemäß vorweggenommen.[11] Tatsächlich hatte Dr. Werner Gentz, Leiter der für den Strafvollzug zuständigen Abteilung der DJV, diese Leitgedanken verfasst.[12] Gentz beabsichtigte eine sowohl an den Reformgedanken der Weimarer Republik als auch an den Erfahrungen der „demokratischen Länder" angelehnte Umgestaltung des Strafvollzugs.[13] Im Mittelpunkt stand der Erziehungsgedanke mit dem Ziel der Wiedereingliederung des Häftlings in die Gesellschaft. Der Resozialisierung müsse „das gesamte Anstaltsgeschehen dienen". Nach einer sorgfältigen psychologischen und sozialen Diagnose bedürfe es einer klassifizierten Unterbringung, bei der die unterschiedlichen Häftlingsgruppen möglichst in unterschiedlichen Haftanstalten mit abgestuften Sicherheitsvorkehrungen untergebracht werden sollen. „Nur für verhältnismäßig wenig Gefangene bedarf es allseitiger Sicherung durch Mauern

---

7 Wachsmann, Gefangen unter Hitler, S. 31 ff.
8 Kaiser/Schöch, Strafvollzug, S. 29.
9 Eugen Schiffer (1860–1954), liberaler Politiker und Jurist, war als Nationalliberaler ab 1911 MdR. 1919 gehörte er zu Gründern der DDP und fungierte als deren Fraktionsvorsitzender sowohl in der Nationalversammlung als auch im Reichstag, 1919/20 Reichsfinanzminister, Justizminister und Vizekanzler. MdR bis 1924. In der NS-Zeit wurde er aufgrund seiner jüdischen Abstammung politisch und rassisch verfolgt. Nach Kriegsende war er 1945 Mitbegründer der LDP und Präsident der DJV von 1945 – zur Zeit der Amtsübernahme schon im hohen Alter von 85 Jahren – bis 1948, als er von diesem Amt wegen Differenzen mit der Besatzungsmacht zurücktrat. Schiffer war bis 1949 Mitglied der Volkskammer und siedelte 1950 in den Westen über und wurde dort FDP-Mitglied. Vgl. Wer war wer in der DDR?, S. 739 f.
10 Chef der DJV, Eugen Schiffer, an Landes- und Provinzialverwaltungen, Betr.: Strafvollzug vom 16.10.1945 (BArch, DP 1/HA SV/II/110, unpag.).
11 Krebs, Durchführung der Kontrollratsdirektive Nr. 19, S. 26.
12 Oleschinski, Abteilung Strafvollzug, S. 89, Anm. 8. Trotzdem wurden die von Gentz verfassten Leitlinien zur Strafvollzugsreform im internen Schriftverkehr als Richtlinien Schiffers bezeichnet, so wie daher auch in dieser Arbeit im Anschluss an ihre Erörterung.
13 Zitat hier und im Folgenden: Chef der DJV, Eugen Schiffer, an Landes- und Provinzialverwaltungen, Betr.: Strafvollzug vom 16.10.1945 (BArch, DP 1/HA SV/II/110, unpag.).

und Gitter. Bei der Mehrzahl ist die mit Misstrauen geladene Atmosphäre fester Häuser dem Erziehungsgedanken abträglich." Stattdessen wurde für „einfach gestaltete Arbeitslager mit gruppenweiser Unterbringung von je 20 bis 25 Personen in einem Wohnkomplex" plädiert. Das „öde Absitzen der Strafzeit" sollte einem Persönlichkeitsaufbau weichen. Der zentrale Satz in Gentz' Konzeption lautete: „Der Gefangene muss vom Objekt des Strafvollzuges zum Subjekt desselben werden." Daher solle der Strafvollzug nicht bestimmt werden durch „Kasernendrill, sondern Gruppenpädagogik und Gemeinschaftsbildung". Ziel war eine Selbstverwaltung der Gefangenen in Selbstverwaltungsgruppen. Im Laufe der Haft sollten „der straffe psychische Zwang und die ständige Aufsicht" entsprechend den Fortschritten des Häftlings im Persönlichkeitsaufbau kontinuierlich abnehmen. Bei der Rücknahme der ständigen Aufsicht zwecks Entfaltung der „geistigen und seelischen Kräfte der Gefangenen" ging Gentz so weit, dass er auch die Flucht von Gefangenen in Kauf nahm, da es „weniger schädlich" sei, „wenn gelegentlich ein Gefangener das ihm gewährte Vertrauen missbraucht und entweicht, als wenn hunderten von Gefangenen das Vertrauen versagt bleibt, das allein sie für die Mitarbeit am Erziehungsplan der Anstalt gewinnen kann". Ein Satz, der das Vertrauen der Sowjetischen Militäradministration, die später kontinuierlich den Vorrang der Sicherheit im Strafvollzug betonte, in die Arbeit der Justizverwaltung kaum gestärkt haben dürfte.

Zu den umfangreichen Reformplänen Gentz' gehörte die Beschneidung der Hausordnung auf wenige Grundvorschriften, da ein Mehr an Vorschriften zwangsläufig ein Mehr an Verstößen produziere. Auch der Zwang zum unterwürfigen Verhalten der Häftlinge gegenüber den Strafvollzugsbeamten solle im neuen Strafvollzug der Vergangenheit angehören. Selbst bei den „am schwersten zu beeinflussenden Gefangenen" solle das Ziel der Wiedereingliederung nicht aus den Augen verloren werden.[14] Wohl wissend, dass ein solcher Strafvollzug in hohem Maße von der Qualität der Strafvollzugsbeamten abhängt und mit dem vorhandenen Personal kaum realisierbar war, stellte Gentz die besonders hohen Anforderungen an das zukünftige Personal zusammen: Erforderlich sei „ein großes Maß von Opferwilligkeit, Menschenliebe, Geduld und gesundem Menschenverstand [...] sowie an geistiger und körperlicher Spannkraft". Um einer Überalterung des Personals vorzubeugen, sollten über 45-Jährige nicht mehr eingestellt werden. Das zu festen Rechtsnormen auszuweitende Disziplinar- und Beschwerdewesen sollte dem Häftling des Weiteren Schutz vor Willkür garantieren. Bei der Häftlingsarbeit seien handwerkliche Arbeiten zu präferieren sowie Arbeitsgemeinschaften zur Schaffung von Wettbewerb zu bilden. Für die arbeitsfreie Zeit müsse der Anstaltsunterricht ausgebaut und die Freizeit der Häftlinge pädagogisch ausgestaltet werden, etwa durch die Förderung der musikalischen, zeichnerischen und technischen Begabungen der Häftlinge.

---

14 Damit war Gentz zu der Zeit weiter als Artikel 137 der DDR-Verfassung vom 7. Oktober 1949, der die Grundlage der DDR-Strafvollzugspolitik bildete und der besagte, dass nur für die „Besserungsfähigen" der Strafvollzug auf dem „Gedanken der Erziehung" beruhe. Vgl. GBl. 1949, S. 16.

"Jeder religiöse Zwang soll vermieden werden", jedoch ohne die seelsorgerische Betreuung zu behindern. In den Freistunden solle zugunsten von sportlicher Betätigung „auf den stumpfsinnigen Einzelspaziergang verzichtet werden". Den Haftanstalten räumte Gentz einen „maßgeblichen Einfluss auf die Dauer der Haftzeit" ein, indem Gefangene, bei denen der Erziehungszweck erreicht sei, zumindest auf Probe, entlassen werden konnten. Dazu müsse man die Fortschritte in der Erziehung der Insassen permanent kontrollieren, dieses gutachterlich festhalten sowie die Häftlinge auch noch nach ihrer Entlassung sozialpädagogisch betreuen und mit Hilfe von Organen der öffentlichen Wohlfahrtspflege zu ihrem Schutz beaufsichtigen.

Großen Wert solle auf die Verbindung der Häftlinge mit der Außenwelt gelegt werden. Hierbei waren zum einen Hafturlaub zwecks Besuchs der Familie vorgesehen und zum anderen die Mitwirkung „freier Helfer aus allen Kreisen der Bevölkerung" angestrebt, die den Häftlingen „unterrichtend, beratend, helfend" zur Seite stehen sollten. Dass Gentz den Strafvollzug alles andere als von der Außenwelt abschirmen wollte, zeigt die Maßgabe, eine möglichst breite Öffentlichkeit für den Strafvollzug, die Gefangenenbetreuung und die Entlassenenfürsorge zu gewinnen. Zur demokratischen Kontrolle des Strafvollzugs und mithin des Haftregimes solle der Öffentlichkeit selbst die Möglichkeit zum Besuch der Haftanstalten gegeben werden.

Zur Realisierung dieses Strafvollzugs hatte Schiffer bei der ihm unterstellten Justizverwaltung eine eigene Strafvollzugsabteilung für die Bearbeitung aller den Strafvollzug betreffenden Fragen geschaffen, die „in direkter Zuordnung zur SMAD-Zentrale"[15] arbeitete. Chef dieser Abteilung IV A (Strafvollzug) war, wie erwähnt, Dr. Werner Gentz, der in der Weimarer Republik Ministerialrat des preußischen Justizministeriums gewesen war und sich schon zu dieser Zeit um die Reform des Strafvollzugs bemüht hatte.[16] Schiffer wies nun an, nach dem Vorbild der 1923 in Preußen entstandenen Strafvollzugsämter auch in den Landes- und Provinzialverwaltungen eigene Strafvollzugsabteilungen zu bilden, die aufgabenmäßig von den Staatsanwaltschaften und Strafgerichten zu trennen seien.

Der Personalfrage maß Schiffer die größte Bedeutung bei. Am Anfang stand hier eine durchgreifende Entnazifizierung des Anstaltspersonals. Die Bestätigung sämtlicher Anstaltsleiter sowie deren Stellvertreter behielt sich Schiffer selbst vor. Dabei war ihm neben der politischen Betätigung vor und nach 1933 auch die fachliche Eignung der Anstaltsleiter wichtig. Neben dem leitenden Personal sollten auch alle weiteren Angestellten, die Mitglieder der NSDAP oder einer ihr angeschlossenen Massenorganisation waren, entlassen werden und auch politisch nicht belastete Angestellte auf ihre Menschlichkeit hin überprüft werden, da „Beamte jeden Rangs, die durch Grausamkeit oder Unbeherrschtheit bei der Behandlung von Gefangenen aufgefallen sind, [...] im Strafvollzug

---

15 Oleschinski, Strafvollzug in Deutschland, S. 67.
16 Siehe Gentz, Der moderne Strafvollzug, 129–153; ders., Die praktische Ausgestaltung, S. 55–101.

nicht weiter geduldet werden"[17] könnten. Schiffer machte deutlich, dass er generell die Einstellung von in der NS-Zeit länger inhaftierten Männern und Frauen bevorzuge, da bei diesen Opfern das „Verständnis für die Situation des Gefangenenseins, die eine Grundvoraussetzung für die richtige Behandlung der Gefangenen ist, eher erwartet werden kann als bei Personen, die solche Erfahrungen nicht hinter sich haben". Es sollte sich jedoch zeigen, dass dies eine sehr optimistische Ansicht war, denn ehemalige Häftlinge der NS-Zeit hatten auch gelernt, wie man mit politischen Gegnern im Gefängnis umgeht.

Erhard Starke, Oberregierungsrat in Dresden und bereits in den zwanziger Jahren am sächsischen Reformvollzug beteiligt, sah ebenfalls in der Personalfrage den Schlüssel zu einem neuen Strafvollzug auf sozialpädagogischer Grundlage. Starke zeichnete das Idealbild geeigneten Personals: Nur durch Persönlichkeiten, die vom Erziehungsgedanken des Strafvollzugs überzeugt und in Psychologie und Pädagogik bewandert seien sowie in der Führung und Behandlung von Menschen praktische Erfahrungen vorweisen könnten, ließen sich die hohen Ziele des neuen Strafvollzugs verwirklichen – und nicht durch Verordnungen und Gesetze. Diese Personen seien unbürokratisch an die Spitze des Strafvollzugs zu stellen, auf dass sie Impulse geben. Pathetisch formulierte Starke, dass die Leitlinien Schiffers den Boden des neuen Strafvollzugs bereitet hätten, „ihn zu besäen und zu bepflügen, ist in die Hand geeigneter, aufbauwillig eingestellter Menschen zu legen".[18]

In Sachsen befassten sich verschiedene Stellen mit der grundlegenden Neugestaltung des Strafvollzugs. In den Hinterlassenschaften der Justizabteilung der sächsischen Landesregierung finden sich einige prinzipielle Überlegungen. Übergreifend wird der Grundgedanke der Erziehung ebenso betont wie die Erkenntnis, dass der neue Strafvollzug mit der Qualität des Personals stehe und falle. Gemäß des Chemnitzer Reformpädagogen Dr. Kurt Schumann gelten Abschreckung, Besserung und Sicherung als Zwecke der Strafe. Die Abschreckung müsse auf die Warnung vor der Strafanstalt beschränkt bleiben und einzig der Rückfallverhütung dienen. Auf dem Strafzweck der Besserung basiere die Erziehung im Strafvollzug, deren Ziel die völlige Resozialisierung des Straftäters sei. Da bei den sogenannten Gewohnheitsverbrechern sowohl Abschreckung als auch Besserung versagen würden, komme hier der wichtigste Strafzweck zur Geltung – die Sicherung. Die „Notwendigkeit der sicheren Verwahrung asozialer und antisozialer Menschen"[19] war für Schumann unzweifelhaft. Er plädierte für eine Differenzierung innerhalb weniger großer Anstalten anstelle „einzelner selbständiger Anstalten mit besonderer Zweckbestimmung". Schumann betonte außerdem den alleinigen Rückfall verhütenden Zweck der

---

17 Zitat hier und im Folgenden: DJV-Präsident Schiffer an Landes- und Provinzialverwaltungen, Betr.: Strafvollzug vom 4. 10. 1945 (SächsHStA, LRS/MdJ/858/Bl. 42).
18 Stellungnahme des Oberregierungsrats Erhard Starke, Betr.: Strafvollzug vom 30. 11. 1945 (SächsHStA, LRS/MdJ/858/Bl. 85).
19 Zitat hier und im Folgenden: Dr. Kurt Schumann, Aufbauende Kriminalpolitik vom 5. 7. 1945 (SächsHStA, LRS/MdJ/1075, unpag.).

Ziele und Konzepte 33

Erziehung, deren wichtigstes Mittel die Arbeit sei. Zur effektiven Gestaltung des Arbeitseinsatzes sei es nötig, auf die individuellen Fähigkeiten der Häftlinge einzugehen und sie diesen entsprechend zu der Arbeit einzuteilen, bei der sie am meisten leisten könnten. Gegenteiliges bedeute eine Verschwendung von Material und Mittel. So könnten schließlich ein Verzicht auf die bislang immer nötige reichhaltige Bezuschussung des Strafvollzugs erreicht, wenn nicht gar Gewinne erzielt werden. Bezüglich der Vollzugsform hielt Schumann die Übernahme des Stufenstrafvollzugs[20] in der bisherigen Form für fraglich und sprach sich für eine Rückkehr zum alten sächsischen „Disziplinarklassensystem" aus, wonach der Häftling in eine Normalstufe (II) eingewiesen wird und bei guter Führung eine Stufe I erreichen oder bei renitentem Verhalten in eine Stufe III herabgestuft werden könne.

Die Waldheimer Anstaltsleitung befürwortete die sofortige Wiedereinführung des Stufenstrafvollzugs sowie ein Wiederinkrafttreten der sächsischen Strafvollzugsordnung vom 21. Juni 1924,[21] die in den von Schiffer verkündeten Richtlinien vom Oktober 1945 weitgehend berücksichtigt war. Die Leitung der Untersuchungshaftanstalt Bautzen hoffte, bald wieder die derzeit von der Besatzungsmacht belegten Anstalten Bautzen benutzen zu können, um dort an den sächsischen Strafvollzug von 1924 bis 1927 anzuknüpfen. Grundgedanke des neuen Strafvollzugs solle der Persönlichkeitsaufbau sein – Enderfolg: die „Zurückführung der Gestrauchelten wieder in die Volksgemeinschaft".[22] Der Oberverwalter der Bautzener Untersuchungshaftanstalt plädierte im Sinne des früheren Stufenstrafvollzugs und anders als Schumann für eine vorübergehende Einzelhaft bei Antritt der Strafe, die dann, je nach Führung, in eine Gemeinschaftshaft und schließlich zur unvergitterten Haft in einem Wohnraum übergehen solle. Dabei müsse der Wechsel in die einzelnen Stufen mit diversen Vergünstigungen einhergehen. Ausreichend Lektüre zur Selbstbeschäftigung sollten

---

20 Der in den zwanziger Jahren eingeführte Stufenstrafvollzug bestand aus drei Stufen: Zunächst kamen alle Häftlinge in die Stufe I (Beobachtungsstufe). Erwies sich hier, dass die Erziehung bei dem jeweiligen Häftling anschlägt, kam er in Stufe II (Behandlungsstufe). Bei erfolgreicher Erziehung stand die Verlegung in die dritte Stufe (Bewährungsstufe) an, die mit mehr Verantwortung auf ein Leben in Freiheit vorbereiten sollte. Vgl. Wentker, Justiz in der SBZ/DDR, S. 204 f. Die Erwartungen, die an den Stufenstrafvollzug gestellt wurden, konnte die Praxis gleichwohl nicht erbringen. Zum einen waren personelle und finanzielle Voraussetzungen nicht geschaffen worden und zum anderen „erwies sich der Stufenstrafvollzug nicht als ein Weg der Erziehung zur Freiheit, sondern lediglich als ‚ein vorzügliches Mittel der inneranstaltlichen Disziplin'", weshalb Kaiser/Schöch bilanzieren, dass „sich dieses Konzept [insgesamt] als Fehlschlag erwiesen" hat. Vgl. Kaiser/Schöch, Strafvollzug, S. 27.
21 Siehe dazu Schmeitzner, Strafvollzug in Bautzen, S. 78–81. Diese Strafvollzugsordnung war durch „den mit dem Aufbau demokratisch-republikanischer Strukturen verbundenen Wertewandel auch im Gefängniswesen" (S. 81) gekennzeichnet und führte dazu, dass das Haftregime in den sächsischen Justizgefängnissen „liberalere und sozialere Züge" (S. 78) bekam.
22 Oberverwalter der UHA Bautzen an Justizabteilung der Landesverwaltung Sachsen, Betr.: Strafvollzug vom 27.12.1945 (SächsHStA, LRS/MdJ/854/Bl. 21 f.).

die Häftlinge ebenso wie schulische und musikalische Fortbildung anregen und zur Erziehung beitragen.

Dass es sich hierbei nicht nur um hehre Ziele handelte, sondern man mit der Umsetzung eines neuen Strafvollzugs in der Untersuchungshaftanstalt Bautzen bereits begonnen hatte, zeigt die Selbsteinschätzung der bisherigen Arbeit. Demnach entspreche der Stand der Anstalt durchaus den im Oktober erlassenen Richtlinien Schiffers. So gebe es neben Einzelzellen auch Gemeinschaftsräume für bis zu acht Häftlinge, in denen Stubenälteste die Selbstverwaltung organisierten. Die Entfernung der Gitter von den Fenstern bzw. der Wegfall der Gefängnismauern kämen aber zum damaligen Zeitpunkt verfrüht. Besondere Bedeutung wurde auch hier der Auswahl der Beamten zugemessen. Es wurde sogar die Hoffnung gehegt, dass Begriffe wie „Wärter" und „Wächter" aus dem Volksmund verschwinden und der Gefängnisbeamte an Ansehen gewinnen könnte, wenn er sich nur seiner Verantwortung voll und ganz bewusst werde. Bemerkenswert – vor allem im Hinblick auf spätere Regelungen – erscheint die Befreiung von der Verpflichtung, nach Normerfüllung weiterarbeiten zu müssen, die Benutzung eigener Kleidung und Wäsche sowie eigenen Bettzeugs (und zwar nicht in Ermangelung anstaltseigener Textilien), oder auch die Möglichkeit, Besuch ohne Aufsicht empfangen zu dürfen.

In Sachsen gab es also eine rege Diskussion um die künftige Ausgestaltung des Strafvollzugs. Da viele der Verantwortlichen bereits in der Zwischenkriegszeit im Strafvollzug tätig gewesen waren, fanden sich vermehrt direkte Bezüge zu den Weimarer Reformbestrebungen. Voller Optimismus sollte nun dort angeknüpft werden, wo man dem eigenen Selbstverständnis nach 1933 unterbrochen worden war.

1.2 Erziehung und Resozialisierung: Das Reformprogramm von Gentz

Bereits 1945 hatte Werner Gentz einen Entwurf über die Strafvollzugsreform in Berlin und einen „Strafvollzugsprogramm" genannten Perspektivplan für die Arbeit der neu formierten Abteilung IV A (Strafvollzug) bei der Deutschen Justizverwaltung verfasst, wobei er weitgehend und teilweise mit identischem Wortlaut auf die Reformvorschläge aus den zwanziger Jahren zurückgegriffen hatte.[23] Zudem, so Gentz an anderer Stelle, erarbeitete er sein Reformprogramm „im Anschluss an liberale Gedankengänge des amerikanischen und englischen Strafvollzuges und die soziale Aufbauarbeit im russischen Strafvollzugswesen".[24] Schließlich erschien 1948 der Aufsatz „Reform des Strafvollzuges", in dem Gentz detailliert die Ziele, Mittel und Maßnahmen zur Umsetzung der Reformbestrebungen darlegte.[25]

---

23 Siehe Wentker, Justiz in der SBZ/DDR, S. 205.
24 Exposé über den Strafvollzug für den Stadtbereich Berlin von Werner Gentz vom 26.10.1949 (BArch, DP 1/HA SV/III/123/unpag.).
25 Siehe dazu auch Wentker, Justiz in der SBZ/DDR, S. 205–207.

Gentz wandte sich mit aller Entschiedenheit gegen die Abschreckung als Zweck der Freiheitsstrafe, da jener Effekt stark überschätzt werde. Vor allem sei es aber ethisch nicht akzeptabel, wenn um der Abschreckung anderer willen gegen eine Person eine Strafe verhängt werde, die „nicht aus seiner Person und Tat *allein* Ziel und Begrenzung empfängt".[26] Bevor man sich Gedanken über die Ausgestaltung des Strafvollzugs mache, so Gentz, stehe die Forderung, so vielen Menschen wie möglich die Erfahrung eines Gefängnisaufenthalts zu ersparen, denn: „Wir strafen nicht nur falsch, sondern viel zu viel in Deutschland."[27] Nur die für die Gesellschaft gefährlichen Täter seien von dieser zu isolieren – und zwar so lange, bis keine Gefährdung mehr bestehe. In allen anderen Fällen genüge es, wenn der Täter den von ihm verursachten materiellen wie immateriellen Schaden durch persönlichen Einsatz wiedergutmache – sprich: Wiedergutmachung durch Arbeit.[28] Diesem Ansatz war man in der Sowjetischen Besatzungszone durch die Verordnung über Arbeitsverwendung zu Freiheitsstrafen verurteilter Personen vom 1. September 1947[29] bereits gefolgt. Denjenigen, die zu einer Freiheitsstrafe von maximal einem Jahr verurteilt worden und nicht bzw. kaum vorbestraft waren, wurde die Möglichkeit gegeben, „durch freiwillige Leistung hierfür besonders zu bestimmender Arbeit ihren Willen zur Wiedergutmachung und ihre Fähigkeit zu sozialer Einordnung zu beweisen und damit die Vollstreckung der gegen sie erkannten Freiheitsstrafe abzuwenden".[30] Die Dauer dieser Bewährungsarbeit richtete sich nach der Höhe der Freiheitsstrafe, während für die Auswahl der Arbeit die Landesämter für Arbeit und Sozialfürsorge zuständig waren. Die Bewährungsarbeiter waren den freien Arbeitern gleichgestellt – auch tariflich; ihre Verurteilung war, um Stigmatisierungen zu vermeiden, nur dem Arbeitsamt sowie dessen Beauftragten vor Ort bekannt. Die Strafe wurde dem Bewährungsarbeiter erst erlassen, wenn er durch Einsatz und Verhalten das in ihn gesetzte Vertrauen gerechtfertigt hatte.

In den wenigen Monaten seit Inkraftsetzung der Verordnung, so Gentz, seien bereits mehrere Tausend Verurteilte durch die Bewährungsarbeit vom Gefängnis verschont geblieben. Der Erfolg hatte die Erwartungen übertroffen – weniger als fünf Prozent der Bewährungsarbeiter hatten ihre Chance nicht genutzt und die Haftstrafe antreten müssen. Der besondere Wert dieser Verordnung vom 1. September 1947 für die Strafvollzugsreform lag nach Gentz' Auffassung darin, dass auf diesem Weg die Haftanstalten entlastet würden, da die Zahl der zu kurzen Haftstrafen Verurteilten deutlich gesunken wäre. Vor allem in Brandenburg und Sachsen-Anhalt war die Bewährungsarbeit typisch, wobei Bewährungsarbeit keinen Strafvollzug darstellte und aus dem Mangel an Haftraum geboren war. Die Bewährungsarbeit verlor jedoch seit 1950 in Folge der besseren Verfügbarkeit von Haftraum und dem starken Rückgang der hohen Alltags-

---

26 Gentz, Reform des Strafvollzuges, S. 234. Hervorhebung im Original.
27 Ebd., S. 237.
28 Siehe zur Frage der Häftlingsarbeit Poelchau, Arbeit statt Strafe?, S. 191–194.
29 ZVOBl. vom 22.9.1947, S. 173–175.
30 Gentz, Reform des Strafvollzuges, S. 238.

kriminalität rasch an Bedeutung. Prinzipiell wurde die Bewährungsarbeit von der Besatzungsmacht wegen der Parallelen zur sogenannten Besserungsarbeit in der Sowjetunion befürwortet, jedoch bemängelte die Sowjetische Militäradministration ebenso wie SED und Polizei, die auf Zwangsarbeitslager[31] setzte, den mangelnden Strafcharakter der Bewährungsarbeit.[32]

Im Kern hatte Gentz das Programm seiner Strafvollzugsreform in fünf Stichpunkten zusammengefasst: Klassifizierung, Individualisierung, Vitalisierung, Kollektivierung und Humanisierung. Während Klassifizierung und Individualisierung die Voraussetzungen für einen effektiven Strafvollzug nach Gentz' Plänen darstellten, waren Vitalisierung, Kollektivierung und Humanisierung der Inhalt dieses Strafvollzugs und mithin das Ziel der Strafvollzugsreform.

Klassifizierung: Gentz forderte eine Reihe von Sonderanstalten für die diversen Gefangenentypen und vor allem auch verschiedene Anstaltstypen. Nur für wirkliche Schwerverbrecher brauche man eine „auf maximale Sicherheit abgestellte Anstalt".[33] Jedoch sei der prozentuale Anteil dieser gefährlichen Kriminellen derart gering, dass für die gesamte Sowjetzone eine Anstalt ausreiche. Für die Masse der Häftlinge genügten Lager und Anstalten halboffenen Stils. Schließlich bedürfe es für eine letzte Gruppe lediglich der Unterkunft und einer losen Arbeitsaufsicht, aber keinerlei weiterer Sicherungsmaßnahmen.

Individualisierung: Darunter verstand Gentz die eingehende Beschäftigung mit dem Häftling: die „Diagnose seiner Persönlichkeit", welche die Voraussetzung der Erstellung eines spezifischen Erziehungsplans sei. Möglichen Einwänden aufgrund des personal- und kostenintensiven Aufwands und der Frage, ob dies nicht zuviel Aufwand für einen Verbrecher sei, entgegnete Gentz: Eine „solche Meinung ist ressentimentbehaftet. Wer im Gefangenen den ‚minderwertigen' Menschen sieht, braucht nur noch einen kleinen Schritt zu tun und er ist beim ‚Untermenschen' hitlerscher Prägung".[34]

Vitalisierung: Gentz ging es darum, „die Monotonie der Strafzeit aufzubrechen, Ziele zu setzen, Anreize zu geben, Verantwortungen zu schaffen, mit Vertrauen zu operieren".[35] Der Vollzug sollte durch sie gelockert und den Häftlingen der Übergang in das Leben in Freiheit erleichtert werden. Voraussetzungen für die Vitalisierung des Strafvollzugs seien Klassifizierung und Individualisierung; realisierbar sei sie nur durch Gefangenenkollektive.

Kollektivierung: Aufgabe des Strafvollzugs sei, dass die Häftlinge einer Haftanstalt zu einer Verantwortungsgesellschaft zusammenwachsen und von bloßen Objekten des Strafvollzugs „im Rahmen einer fortschreitenden Selbstverwaltung zu Mitträgern des Vollzuges werden".[36] Gentz argumentierte, Häftlinge werden sich eher einer Hausordnung fügen, an der sie selbst mitgearbeitet

---

31   Vgl. Kapitel III.
32   Pohl, Justiz in Brandenburg, S. 76 f.
33   Gentz, Reform des Strafvollzuges, S. 241.
34   Ebd., S. 243.
35   Ebd., S. 244.
36   Ebd., S. 245.

haben und die zudem noch Rechte der Gefangenen enthalte. Denn: „Demokratie im Anstaltsgefüge erzieht zu Demokratie überhaupt."[37] Deshalb sei eine von den Häftlingen wie der Anstaltsleitung legitimierte Gefangenenvertretung nötig, die in allen Bereichen des Anstaltslebens Mängel anspreche und konstruktive Kritik anbringe. Dabei richte sich das Maß der Selbstverwaltung nach dem Anstaltstypus – also dem Typus ihrer Insassen.

Wichtigster Faktor des Anstaltslebens sei die Arbeit, da jedes Bemühen um Resozialisierung vom Erfolg des Arbeitsproblems abhänge. Mit der oben erwähnten Verordnung vom 1. September 1947 war eine wichtige Voraussetzung bereits geschaffen worden, da die Gefängnisarbeit durch sie in die allgemeine Wirtschaftsplanung mit einbezogen wurde. Im Folgenden wurden die Bewährungsarbeiter von den Arbeitsämtern an den Stellen eingesetzt, wo ein Mangel an Arbeitskräften herrschte und sie dem wirtschaftlichen Wiederaufbau am zweckdienlichsten waren. Zudem solle die Bewährungsarbeit mit der Wirtschaft abgestimmt und von den Gewerkschaften kontrolliert werden. Allerdings stand man 1948 noch am Anfang der Pläne und Gentz kritisierte es als ökonomisch unverantwortlich, dass in den Haftanstalten Tausende arbeitswillige Häftlinge beschäftigungslos in den Zellen sitzen oder „mit lächerlichem Trödelwerk beschäftigt werden".[38] Da die Häftlingsarbeit mit dem „Arbeitsethos des Sozialismus" durchdrungen werden solle, müsse man die Häftlinge sowohl am Arbeitsertrag als auch an der Arbeitsgestaltung beteiligen. Gute Arbeitsleistungen sollten mit einer verkürzten Haftzeit belohnt werden und die Arbeitsgruppe, welche die Produktion steigere, müsse ebenso prämiert werden. Zudem, so Gentz weiter, sollen die Arbeitsgruppen innerhalb der Anstalt und in einer zweiten Ebene die Anstalten untereinander in Wettbewerb treten. Ziel dieser angestrebten Entwicklung auf dem Gebiet der Gefängnisarbeit sei schließlich das Arbeitskollektiv, welches eine „Zwischenstufe zwischen Anstaltshaft und Freiheit" darstelle. In seinen zukunftsweisenden Plänen ging Gentz soweit, dass der Häftling am Ende seiner Haft vor die Wahl gestellt werden solle, diesem Arbeitskollektiv freiwillig weiter anzugehören. Benötigt werde jedoch ein „Stamm der Bleibenden", der „die Tradition des Kollektivs"[39] sichere und hinzukommende Häftlinge aufnehme.

Humanisierung: Damit war das Anheben des kulturellen Niveaus in den Haftanstalten gemeint. „Kulturpflege in den Anstalten meint Unterricht der Gefangenen, vor allem berufskundlicher, lebenspraktischer Art, meint politische und gewerkschaftliche Schulung, meint Pflege aller schöpferischen Anlagen" und „nicht zuletzt auch Gelegenheit zu sauberer Freude an Lektüre, Musik und Sport."[40] Des Weiteren müssten die Anstalten mit Zeitungen und Büchern für die Anstaltsbibliotheken versorgt werden. Eine besondere Rolle spielten in die-

---

37 Ebd.
38 Ebd., S. 247.
39 Ebd., S. 248.
40 Ebd., S. 249.

sem Punkt die Volkshochschulen, die Kurse und Fernunterricht anbieten sollten. Möglichen Kritiken, ob Häftlinge denn all das verdienten, entgegnete Gentz, dies sei die verkehrte Frage, denn: „Nicht *das* entscheidet, sondern ob sie es *nötig haben*",[41] und zwar nötig für ihre Resozialisierung. Dies sei im ureigensten Interesse der Gesellschaft unbedingt zu bejahen. Tatsächlich sollten im Vergleich zu den anderen vier Punkten der Gentzschen Strafvollzugsreform im Punkt der Humanisierung des Strafvollzugs in der Zeit, als dieser unter Justizverwaltung stand, die größten Erfolge erreicht werden.

Kritisch räumte Gentz nach Darlegung seines Konzepts für eine Reform des Strafvollzugs ein, dass es zur Verwirklichung dieser Pläne eines dazu fähigen Beamtenapparats bedürfe und genau darin das womöglich am schwierigsten zu lösende Problem bestehe. Auch bei Gentz lag der bis heute entscheidende Punkt jeglicher Reformbestrebungen im Strafvollzug demnach in der Personalfrage als der Kardinalfrage des Strafvollzugs. Gentz' Ziel war die Schaffung eines Stabs von Personen, der die Qualitäten für die Erreichung der sehr weitgesteckten Ziele besitze. Dazu bedürfe es „vieler Mühe, sorgfältiger Auswahl, eindringlicher Schulung, steter Überwachung, nicht zuletzt auch einer materiellen Besserstellung".[42]

Damit schnitt Gentz das zweite große Problem des Strafvollzugs an: das Finanzierungsproblem. Tatsächlich konnte die Schaffung eines fähigen Personalbestands in der gesamten Zeit der DDR nie zur Zufriedenheit der Verantwortlichen erreicht werden. Durch den Mangel an Personal mussten bei der sorgfältigen Auswahl immer wieder Abstriche gemacht werden und die mangelnde Schulung des Anstaltspersonals blieb ein stets wiederkehrender Kritikpunkt in den Jahresberichten. Auch die Frage der materiellen Besserstellung stellte sich kontinuierlich. Nur sehr langsam und schrittweise kam es diesbezüglich zu Bewegungen, sodass der Dienst im Strafvollzug auch von diesem Blickpunkt aus unattraktiv blieb.

In einem letzten Punkt thematisierte Gentz die demokratische Kontrolle des Strafvollzugs. Der Strafvollzug wehre sich traditionell gegen jegliche Einflüsse von außen. Doch sei diese Isolierung fast nirgends schädlicher als ebendort, da die Folge der Isolierung Stagnation sei. Daher müsse der Strafvollzug demokratisch kontrolliert werden. Zum einen ergäben sich für die Volkssolidarität bei der ihr angedachten Gefangenenfürsorge tiefe Einblicke in die Anstaltswelt. Zum anderen müsse die Kontrolle des Strafvollzugs aber vorrangig durch die Ausschüsse der Volkskontrolle des FDGB und die Ausschüsse der Länderparlamente erfolgen. Die Volkskontrollausschüsse seien dabei auf lokaler Ebene für die Kontrolle der Haftanstalten zuständig und die Parlamentsausschüsse im Landesmaßstab tätig. Die Mitglieder der Parlamentsausschüsse müssten sich durch Kontrollen der Haftanstalten ein Bild von der Lage und den Mängeln machen, um diejenigen Anträge und Gesetzesvorlagen einbringen zu können, welche die Strafvollzugsreform ermöglichten.

41 Ebd. Hervorhebungen im Original.
42 Ebd., S. 250.

Ein abschließender Forderungskatalog nannte die notwendigen Maßnahmen zur Realisierung der Strafvollzugsreform: etwa Klassifizierung in allen Haftanstalten der SBZ, Ausbau der Häftlingsarbeit, Vorbereitung der Gefangenenselbstversorgung, Planung und Ausbau von Arbeitskollektiven und Bildung von Kontrollausschüssen. Daneben forderte Gentz die Ersetzung der bislang üblichen Unterscheidung in Zuchthaus- und Gefängnisstrafe durch die einheitliche Strafe „Freiheitsentzug" sowie die Übertragung des Jugendstrafvollzugs an die Jugendämter der Volksbildungsverwaltung.

Unterstützt wurde Gentz in seinen Reformbestrebungen nicht nur von Justizverwaltungschef Schiffer sowie dessen Nachfolger Max Fechner, sondern zu diesem Zeitpunkt auch von der SED, sodass seine Ideen und Konzepte „als parteioffizielle Meinung" in Wort und Schrift verbreitet wurden.[43] So schrieb Fechner im August 1948, dass man sich über die Prinzipien des Strafvollzugs im Wesentlichen einig sei: Resozialisierung auf „Grundlage kollektiver Arbeit und unter weitgehender Selbstverwaltung".[44] Die Umsetzung scheitere aber „noch an den vielen materiellen Schwierigkeiten", die es zu überwinden gelte. Bei der Realisierung des „so dringend notwendigen Reformwerks" forderte Fechner eine enge Kooperation mit der Deutschen Verwaltung des Innern, der Deutschen Wirtschaftskommission, den Verwaltungen für Arbeit, Sozialfürsorge und Volksbildung sowie ferner die Mitwirkung der Gewerkschaften, Frauen- und Jugendorganisationen und der Volkssolidarität. Zur Bewerkstelligung dieser breiten Mitarbeit plädierte Fechner zum einen für die bereits von Gentz geforderte Schaffung von örtlichen Kontrollausschüssen bei den diversen Haftanstalten und zum anderen für die Bildung von Kontrollausschüssen für Strafvollzugsfragen bei den Landtagen.

1.3 Änderungen in der Zielsetzung: Sicherheit und Häftlingsarbeit

Während in den von Eugen Schiffer im Oktober 1945 verkündeten Richtlinien auch bei den „am schwersten zu beeinflussenden Gefangenen"[45] am Ziel der Resozialisierung festgehalten wurde, hatte sich die offizielle Sichtweise drei Jahre später im Zuge der „forcierten Stalinisierung der SBZ"[46] insofern verschärft, als dass nun „bewusste Feinde unserer Gesellschaftsordnung"[47] vom Ziel des Strafvollzugs – der Wiedereingliederung des Gefangenen in die Gesellschaft – explizit ausgenommen waren. Diese neue Sichtweise verkündete der

---

43 Wentker, Justiz in der SBZ/DDR, S. 206 f.
44 Zitat hier und im Folgenden: Neue Justiz, Sonderheft, Die Juristenkonferenz in der sowjetischen Besatzungszone Deutschlands – Juni–August 1948 vom August 1948 (BArch, DP 1/HA SV/II/69/Bl. 128).
45 Chef der DJV, Eugen Schiffer, an die Landes- und Provinzialverwaltungen, Betr.: Strafvollzug vom 16.10.1945 (BArch, DP 1/HA SV/II/110, unpag.).
46 Mählert, Kleine Geschichte der DDR, S. 43.
47 ZK der SED, Abteilung Justiz, Mitteilungsblatt Nr. 2 vom Oktober 1948 (BArch, DP 1/HA SV/II/68, unpag.).

sächsische Justizminister Johannes Dieckmann den sächsischen Anstaltsleitern auf einer Arbeitstagung Ende November 1948. Dort betonte Dieckmann die besondere Verantwortung des Strafvollzugs und hob die in Sachsen geleistete Arbeit hervor, die in der ganzen SBZ Anerkennung finde. Besonders im letzten Halbjahr habe man richtungsgebende Arbeit geleistet, obwohl man erst am Anfang einer „neuen und neuartigen Entwicklung des Strafvollzuges"[48] stehe, dessen Zielrichtung aber bereits klar sei. So gelte es eben, die Häftlinge durch „differenzierte und neue Methoden" zu vollwertigen Mitgliedern der Gesellschaft zu machen. Dieckmann betonte jedoch, dass hoffnungslos asoziale und kriminelle Straftäter sowie „bewusste Gegner der neuen demokratischen Gesellschaftsordnung" von diesem neuen Strafvollzug ausgenommen seien. Da der Justizstrafvollzug seit 1948 stärker unter den Druck von SMAD und Innenressort geraten war,[49] musste auch Gentz Zugeständnisse machen. So hob er 1949 hervor, dass kurzfristig Bestrafte, Unerziehbare und politische Gefangene vom reformierten Strafvollzug auszuschließen seien: „Bei diesen Gefangenen ist der Strafzwang auf die durch die Umstände gebotene Isolierung zu beschränken, sie stehen also auch außerhalb des Rahmens des Erziehungsstrafvollzuges." Als politische Gefangene bezeichnete er diejenigen Häftlinge, „denen das Gericht im Strafurteil den politischen Charakter ihrer Straftat zuerkennt, sowie diejenigen, hinsichtlich deren die Strafvollzugsbehörde in Würdigung der Persönlichkeit des Täters, seiner Stellung im öffentlichen Leben und der Umstände der Straftat zur Überzeugung vom politischen Charakter ihres Deliktes gelangt".[50]

Die Haltung der Sowjetischen Militäradministration zum Strafvollzug der Justizverwaltung und der von ihr betriebenen Reformierung desselben war recht differenziert. Wentker hat herausgearbeitet, dass die SMAD – jedenfalls bis 1947 – zwischen Sympathie und Unterstützung für die Reformbestrebungen Gentz' und „grundsätzlichem Unverständnis für deren Anliegen"[51] schwankte. Ab 1948, so Oleschinski, erschwerte die SMAD durch ihre eindimensionale Betonung der Sicherheit der Anstalten und ihrem „schier unersättlichem Verlangen" nach „aktualisierten, ausführlichen Berichten über die Zahl der vorgekommenen Entweichungen"[52] die Reformbemühungen der Justizverwaltung, ja „konterkarierte"[53] sie. Vor allem die Konflikte zwischen den Justizabteilungen der Länderregierungen und den diesen zugeordneten Kommandanturen der Besatzungsmacht behinderten die Aufbauarbeit.[54]

Die Sowjetische Militäradministration in Sachsen (SMAS) verschärfte Ende 1948 den Ton, als bei einer Tagung der sächsischen Anstaltsleiter die Ausfüh-

---

48 Zitat hier und im Folgenden: Protokoll der Anstaltsleitertagung in Dresden am 20.11.1948 (SächsHStA, LRS, MdJ/895/Bl. 73).
49 Vgl. Kapitel IV.2.
50 Arbeitsprogramm für den Strafvollzug von 1949 (BArch, DP 1/HA SV/III/123).
51 Wentker, Justiz in der SBZ/DDR, S. 216 ff.
52 Oleschinski, Abteilung Strafvollzug, S. 86 f.
53 Wentker, Justiz in der SBZ/DDR, S. 216.
54 Ebd.

Ziele und Konzepte 41

rungen des Chefs der Rechtsabteilung der SMAS,[55] Oberstleutnant Lyssiak, neben einer Anerkennung der unter Minister Dieckmann und dem Leiter der Abteilung Strafvollzug, Hermann Hentschel, erreichten Fortschritte im Strafvollzug Sachsens auch offene Kritik enthielten: Der Strafcharakter des Strafvollzuges dürfe nicht in Frage gestellt werden. Dazu trage aber die nach russischer Meinung allzu kulante Praxis der Haftunfähigkeitserklärungen und Gnadenerweise bei – gerade bei Wirtschaftsverbrechern. Die hier von Lyssiak klar betonte Linie, Wirtschaftsverbrecher als „politische Verbrecher" zu betrachten, da „die politische Neuordnung auf der wirtschaftlichen Neuordnung beruhe"[56] und die Wirtschaftsverbrecher die Wirtschaftsordnung verletzten, bedeutete eine eindeutige Verschärfung des Kurses.

Um die an sie gestellten Aufgaben und hehren Ziele erfüllen zu können, forderten die sächsischen Anstaltsleiter eine Erhöhung der Haushaltsmittel und Materialien statt diese auch weiterhin zu beschränken. Zudem beschlossen sie unabhängig von der Abteilung Gentz' bei der DJV in Berlin die Einsetzung einer Kommission zur Ausarbeitung eines differenzierten Strafvollzugs. Dies zeigt zum einen das Selbstbewusstsein der sächsischen Verantwortlichen, die, nach eigenem Verständnis, den humanen Strafvollzug nach 1945 auf Grundlage des zwischen 1923 und 1933 in Sachsen praktizierten Strafvollzugs aufgebaut hatten.[57] Zum anderen wird deutlich, dass der Strafvollzug Ländersache war und Gentz' Abteilung in Berlin bei weitem nicht die Macht der späteren Hauptabteilung Strafvollzug der Volkspolizei innehatte.

Die eben erwähnte Kommission kam Mitte Dezember 1948 zu dem Ergebnis, dass der „althergebrachte [...] Strafvollzug in Stufen den Zeiterfordernissen der Gegenwart"[58] nicht entspreche, da hierfür die Voraussetzungen fehlten. Noch immer befänden sich viele Anstalten im Aufbau und es mangele allenthalben an qualifiziertem Personal. Zudem bringe die momentane Übergangszeit „besondere Verbrecherkategorien" hervor, für die es eines Sonderstrafvollzugs

---

55 Die Anordnung des Rats der Volkskommissare der UdSSR Nr. 1326/301 vom 6.6.1945 und der SMAD-Befehl Nr. 1 vom 10.7.1945 waren die Grundlage für die Bildung der Rechtsabteilung, die unter anderem auch die Tätigkeit der Strafvollzugsbehörde kontrollieren sollte. War bis Mitte 1947 die Arbeit beim Alliierten Kontrollrat primär, verlagerte sich von da an „der Schwerpunkt auf die Tätigkeit innerhalb der SBZ. Verstärkt wurde die Kontrolle der deutschen Justizorgane und ihre Orientierung auf die aktive Beteiligung an den Umgestaltungen in der SBZ". Mit SMAD-Befehl Nr. 0342 vom 1.10.1947 waren bei den Landesverwaltungen der Sowjetischen Militäradministration Rechts-Unterabteilungen gebildet worden, denen drei Mitarbeiter angehörten. Diese Abteilungen waren „selbständige Abteilungen, die disziplinarisch dem Chef der SMA-Landesverwaltung, in fachlichen Rechtsfragen aber dem Chef der Rechtsabteilung" der SMAD unterstanden. Vgl. Perkow, Rechtsabteilung, S. 464–469.
56 Protokoll der Anstaltsleitertagung in Dresden am 20.11.1948 (SächsHStA, LRS/MdJ/895/Bl. 78).
57 Referat des Ersten Staatsanwalts, Schaudt, auf der Landesdienstbesprechung am 6.12.1949 (SächsHStA, LRS/MdJ/895/Bl. 27).
58 Zitat hier und im Folgenden: Niederschrift über die Sitzung der Kommission für differenzierten Strafvollzug in Dresden am 14.12.1948 (SächsHStA, LRS/MdJ/1075, unpag.).

bedürfe. Daher schlug die Kommission eine Differenzierung der Häftlinge in drei Gruppen vor, die per Rundverfügung Nr. 798 vom 18. Januar 1949 für alle sächsischen Strafanstalten verbindlich wurde. Im sogenannten differenzierten Strafvollzug wurden die Häftlinge nun in die Gruppen A (Bewährungsgruppe), B (Sicherungsgruppe) oder C (Absonderungsgruppe) eingeteilt. Die Behandlung in Gruppe A – Erstbestrafte unter drei Jahren Haft, ausgenommen „Naziverbrecher und solche Gefangene, deren Tat sich gegen den Aufbau der neuen demokratischen Gesellschaftsordnung richtete"[59] und stark Fluchtverdächtige – solle durch Arbeit in Belegschaften und Außenkommandos, Selbstverwaltung und Mitbestimmung, Teilnahme an kulturellen Veranstaltungen und umfangreichen Erziehungs- und Bildungsmaßnahmen, sowie durch „Förderung im Hinblick auf Bewährungsarbeit und sonstige Gnadenerweise" gekennzeichnet sein. Demgegenüber sollten die Gefangenen der Gruppe B – Vorbestrafte und Erstbestrafte mit mehr als drei Jahren Haft, „ferner alle Wirtschaftsverbrecher, deren Strafe zwei Jahre überschreitet, alle Saboteure und antidemokratischen Elemente" – in der Regel nur in den Anstalten arbeiten, sich lediglich eingeschränkt selbst verwalten, nur an bestimmten Erziehungsmaßnahmen teilnehmen und bloß ausnahmsweise in den Genuss von Vergünstigungen kommen. Die Häftlinge der Absonderungsgruppe wiederum – „Asoziale, Schwerstbestrafte, Kapitalverbrecher", Ausbrecher sowie gemeinschaftsstörende und für die Erziehung in den Gruppen A und B ungeeignete Häftlinge – sollten vor allem schwere körperliche Arbeiten in den Anstalten verrichten, waren von der Selbstverwaltung und sämtlichen Vergünstigungen ausgeschlossen und durften nur an „gesellschaftlichen Erziehungsmaßnahmen" teilnehmen.

Strafvollzug in der Absonderungsgruppe war im Grunde reiner Verwahrungsvollzug und auf die Abschöpfung der Arbeitskraft der Häftlinge reduziert. Das Hauptaugenmerk bei der Gruppe B wurde auf die Sicherheit gelegt. Bis auf die eingeschränkte Selbstverwaltung waren keine Elemente des Reformstrafvollzugs Gentz' mehr vorhanden. Nur die Häftlinge der Gruppe A sollten einem reformierten Strafvollzug unterzogen werden. Andererseits war das System keineswegs starr: So war das Aufrücken in die Gruppe A bei guter Arbeit und Erziehungserfolgen ebenso möglich wie die Rückstufung in die Absonderungsgruppe bei schlechter Führung. Dennoch konnten bei diesem sächsischen Modell auch die eigentlich vom Erziehungsziel auszuschließenden Häftlinge – „antidemokratische Elemente" und Wirtschaftsverbrecher, die nach Weisung der SMAS als politische Häftlinge zu betrachten und somit vom Erziehungsstrafvollzug auszuschließen waren – in den Reformvollzug gelangen. Dieses Beispiel zeigt die – nicht nur organisatorische – Uneinheitlichkeit im Strafvollzug der Sowjetischen Besatzungszone.

Im Zuge der Zentralisierung forderte die SMAD eine einheitliche Regelung. Daraufhin erließ Justizchef Fechner Anweisungen, den Strafvollzug nach glei-

---

59 Zitat hier und im Folgenden: Rundverfügung Nr. 798 der Abt. Strafvollzug des Sächsischen Justizministeriums, Betr.: Differenzierung der Strafgefangenen sowie Änderung des Strafvollstreckungsplanes vom 18. 1. 1949 (SächsHStA, LRS/MdJ/1090, unpag.).

chem Muster zu organisieren.⁶⁰ Auch der sächsische Staatsanwalt Louis Schaudt veranlasste nun einheitliche Richtlinien für alle relevanten Fragen des Strafvollzugs. Schaudt erklärte, der Prozentsatz derjenigen Verbrecher, vor denen die Bevölkerung mit allen Mitteln geschützt werden müsse, sei sehr gering. Es solle dennoch nicht der Eindruck entstehen, die neuen Methoden des Strafvollzugs dienten einzig dem Wohlergehen der Häftlinge – ein von der Besatzungsmacht wiederholt geäußerter Kritikpunkt. Vielmehr sei es Aufgabe des Strafvollzugs, die richtige Synthese aus den von Gentz formulierten Prämissen „Schutz der Gesellschaft vor gefährlichen Störern" und „Schutz des Störers selbst vor dem Absinken in eine endgültig gesellschaftswidrige Grundhaltung"⁶¹ zu finden. Die Verwirklichung dieser Aufgabe sei der fortschrittliche, humane Strafvollzug – human, weil er im Interesse der Gesellschaft sowie im Interesse der Einzelpersönlichkeit liege. Auch hier kommt die seit 1948/49 durch den Druck des Innenressorts verursachte Tendenz der Justiz zum Ausdruck, zunehmend die Sicherheit der Anstalten zu betonen. Zudem bekräftigte sie verstärkt die Eingliederung der Häftlinge in den Arbeitsprozess als eine der wichtigsten Aufgaben im Strafvollzug, da die geregelte Arbeit das beste Erziehungsmittel sei. Obwohl „Tütenkleben und Federnschleißen" besser als keine Arbeit seien, sollten Arbeiten gefunden werden, die der Erfüllung des Zweijahresplans und dem „Neuaufbau unserer Friedenswirtschaft" dienten. Bereits vor Jahresfrist hatte das sächsische Anstaltspersonal eine größere Beteiligung der Gefangenen am Zweijahresplan gefordert,⁶² den die SED Ende Juni 1948 präsentiert hatte. Diese sicherlich von der SED initiierte Forderung war im Zuge der Umstellung auf die Planwirtschaft ab der zweiten Jahreshälfte 1948 und der Propagierung des Zweijahresplans erfolgt.

Schaudt betonte die positiven Erfahrungen mit der Häftlingsarbeit. Teilweise sei die Nachfrage der Betriebe nach Gefangenen größer als das Angebot gewesen. Die Arbeitsleistungen der Häftlinge seien absolut vollwertig, sodass sogar Aktivisten der Arbeit ausgezeichnet worden waren. Diese Erfahrungen, so Schaudt, bestätige die Strafvollzugsverwaltung in ihrem Kurs, das Prinzip der Umerziehung durch Arbeit als Maxime des Strafvollzugs beizubehalten. Schaudt schlussfolgerte gar, dass „mit den neuen Formen des Strafvollzuges die Käfigunterbringung zum größten Teil wegfallen kann".⁶³ Da man mit den Arbeitslagern die „beste Erfahrung" gemacht hatte, war die Vorgabe nun, entweder weitere Arbeitslager zu errichten oder „produktive, tariflich bezahlte Arbeit"

---

60 Chef der DJV, Max Fechner, an die Justizministerien der Landesregierungen, Betr.: Einheitliche Organisation des Strafvollzugs in der SBZ vom 11.5.1949 (SächsHStA, LRS/MdJ/853/Bl. 98).
61 Zitat hier und im Folgenden: Referat des Ersten Staatsanwalts, Schaudt, auf der Landesdienstbesprechung am 6.12.1949 (SächsHStA, LRS/MdJ/895/Bl. 27–31).
62 Anlage zum Schreiben der Abt. SV des MdJ der LRS, Betr.: Wettbewerb der Vollzugsanstalten und Gefängnisse bis zum 31.3.1949 vom 14.12.1948 (SächsHStA, LRS/MdJ/852/Bl. 93).
63 Zitat hier und im Folgenden: Referat des Ersten Staatsanwalts, Schaudt, auf der Landesdienstbesprechung am 6.12.1949 (SächsHStA, LRS/MdJ/895/Bl. 31–37).

innerhalb der geschlossenen Anstalten durchführen zu lassen. Wie bis dahin bereits teilweise geschehen, sollten die Anstalten mit diversen Firmen Arbeitsverträge abschließen. Die Firmen selbst errichteten dann Lager oder Unterkünfte, die von den großen Anstalten mitbetreut wurden. Schaudt unterstrich dabei zum einen, dass der Initiative der einzelnen Vollzugsanstalten großer Spielraum gelassen werde, gleichzeitig warnte er aber auch, dass die erste Aufgabe des Strafvollzugs – der Schutz der Gesellschaft – nicht vernachlässigt werden dürfe und daher der Auswahl der für die Arbeitslager bestimmten Häftlinge größte Sorgfalt gewidmet werden müsse. Da die Freiheiten im Lager größer waren und die Fluchtgefahr ungleich höher, sollten nur Häftlinge, die den differenzierten Strafvollzug nach Rundverfügung Nr. 798 größtenteils durchlaufen hatten, in den Arbeitslagern eingesetzt werden. Hier wird die durch die Politik der SMAD bewirkte Akzentverschiebung deutlich, da bei Schaudt nicht Resozialisierung erstes Ziel im Strafvollzug war, sondern der Schutz der Gesellschaft und damit die Sicherheit der Anstalten. „Bei allem humanen Strafvollzug darf auf keinen Fall ganz entfallen das Moment der Sühne, eine gewisse Wiedergutmachung, die zum Nutzen der Gesellschaft geleistet und vom Bestraften als Vergeltung für seinen Verstoß gegen die gesellschaftlichen Ordnungsregeln empfunden wird." Durch die modernen Methoden im sächsischen Strafvollzug, so Schaudt, – die Art des Arbeitseinsatzes, die kulturelle und gesellschaftspolitische Beeinflussung durch Vorträge und Veranstaltung, die Behandlung durch versiertes Personal – seien vielfach Wandlungen der Häftlinge festgestellt worden. Dazu trage auch der Anreiz der vorzeitigen Entlassung bei: „Dem gebesserten, arbeitsbereiten und arbeitsbewährten, resozialisierten Gefangenen kann dann die Belohnung der vorzeitigen Entlassung gegen Auflage von Bewährungsfrist gegeben werden." Während also zum einen der Sühnegedanke in den Strafvollzug zurückkehrte, zeugten die letzten Bemerkungen Schaudts wiederum deutlich vom Einfluss der Strafvollzugsreformer. Darin zeigen sich zum einen die durch die Besatzungsmacht erzwungenen Zugeständnisse und mithin Änderungen in der Zielsetzung des Strafvollzugs hin zur Betonung der Sicherheit der Anstalten und des Ausbaus der Häftlingsarbeit als „Wiedergutmachung zum Nutzen der Gesellschaft" und andererseits das Festhalten an den Prinzipien Gentz', der trotz aller Schwierigkeiten an der Reformierung des Strafvollzugs festhielt, die immer wieder auch Erfolge zeigte.

Bemerkenswert ist, dass Schaudt noch im Dezember 1949 äußerte, die große Linie des Strafvollzugs sei durch die Kontrollratsdirektive Nr. 19 festgelegt und nicht etwa durch Artikel 137 der DDR-Verfassung von 1949, der nur aus einem Satz bestand und festlegte: „Der Strafvollzug beruht auf dem Gedanken der Erziehung der Besserungsfähigen durch gemeinsame produktive Arbeit."[64] Beispielhaft sah in diesem Artikel der Bautzener Anstaltsleiter Ende 1949 euphorisch eine jahrhundertelange Entwicklung von der Bibel an als abgeschlossen. Im Artikel 137 der DDR-Verfassung seien sämtliche Zwecktheorien – Vergel-

---

64 GBl. 1949, S. 16.

tung, Sühne, Abschreckung – „als Sinn des Strafvollzuges eliminert. Fortan soll in leuchtenden Lettern über dem Strafvollzug das große Wort ‚Erziehung' stehen!"[65] – Aufbruchsstimmung im Strafvollzug der jungen DDR.[66]

2. Situation und Haftbedingungen im Justizstrafvollzug

2.1 Verpflegung, materielle Ausstattung und die Personalfrage

Harald Poelchau,[67] enger Mitarbeiter Gentz', schrieb über die Lage in den Haftanstalten der Sowjetischen Besatzungszone ganz bezeichnend: „Das Maß an Hunger und Elend in den Gefängnissen in jener Zeit kann sich nur der vorstellen, der noch Konzentrationslager gesehen hat."[68]

Wie die Lage in den Gefängnissen der Justiz nach Kriegsende tatsächlich war und welche Zustände dort herrschten – darüber stehen kaum Zeitzeugenberichte zur Verfügung. Doch vermitteln die Hinterlassenschaften der zuständigen Abteilungen in Berlin und Dresden sowie der Haftanstalten selbst ein anschauliches und oftmals schonungsloses Bild der Lage und Haftbedingungen in den Gefängnissen.

Im Strafvollzug der Nachkriegszeit war, ebenso wie für die Bevölkerung auch, die Verpflegung das größte Problem. Ein Rundschreiben der Dresdner Justizabteilung gibt einen Einblick in die Zustände im sächsischen Strafvollzug ein halbes Jahr nach Kriegsende. Die Verwaltung sah sich wegen der offensichtlichen Verhältnisse in den Haftanstalten genötigt, darauf hinzuweisen, dass die Gefangenen die ihnen zustehende Verpflegung „im vollen Umfange erhalten und dass nicht irgendwelche Stellen unberechtigte Abzüge davon machen".[69] Durch unsachgemäße Lagerung waren zudem auch Lebensmittel – insbesondere Brot – verdorben. Der Anstaltsarzt der Untersuchungshaftanstalt Radebeul berichtete im November 1945 von sich häufenden „glaubhaften" Klagen der Häftlinge über schwere Entkräftung. Die momentan gereichten Mengen an Verpflegung seien „auf Dauer ganz unzureichend [...], sodass ein lebensbedrohlicher, allmählicher Kräfteschwund unvermeidbar sein wird". Aus Protest darüber drohten die Häftlinge bereits mit Hungerstreiks und Selbstmord. Mit seinem

---

65 Der Strafvollzug in der Verfassung der DDR, Ausarbeitung des Bautzener Anstaltsleiters Erhard Starke o. D. [Ende 1949] (SächsHStA, LRS/MdJ/854/Bl. 123).
66 Vgl. dazu Kapitel V.1.
67 Harald Poelchau, geb. 1903, war von 1946 bis 1949 mit dem Titel „Vortragender Rat" Referent für Gefängniswesen bei der DJV. Der evangelische Theologe und religiöse Sozialist, der bei Paul Tillich promoviert hatte, war von 1933 bis 1945 Gefängnispfarrer in Berlin-Tegel und Seelsorger politischer Gegner der Nazis, von denen er Unzählige in den Tod begleitete. Selbst Mitglied des Kreisauer Kreises entging er der Verhaftung.
68 Poelchau, Die Ordnung der Bedrängten, S. 104.
69 Landesverwaltung Sachsen, Justiz, Rundschreiben an alle Gerichtsgefängnisse und Vollzugsanstalten vom 31.10.1945 (SächsHStA, LRS/MdJ/856/Bl. 33).

Appell wandte sich der Arzt an die Landesverwaltung und die Sowjetische Militäradministration, da nur diese in der Lage seien, die „jetzige sehr ernste Notlage [...] zu bekämpfen".[70]

Die Häftlinge wurden nach der untersten Stufe des Lebensmittelkartensystems verpflegt, welches sich aus zwei Ortskategorien und sechs Gruppen zusammensetzte: Gruppe I für Schwerstarbeiter bekam die höchsten Rationen, Gruppe VI (Hausfrauen und Rentner) die geringsten. Damit erhielten die Häftlinge nach Stand November 1945 täglich 200 g Brot, 10 g Nährmittel, 15 g Zucker und 300 g Kartoffeln, kein Fleisch und kein Fett.[71] Ab 1. Januar 1946 war der Verköstigungssatz in Sachsen „einheitlich auf 0,75 RM je Kopf und Hafttag" festgelegt worden.[72] Dass die Verpflegung völlig unzureichend war, gestand auch die Justizverwaltung ein. Bei einer Revision der Cottbuser Haftanstalt räumte sie ein, dass die Verpflegung nach Gruppe VI „nicht zu verantworten" sei, da der freien Bevölkerung Zulagen zugestanden wurden, die diese mit Rücksicht darauf erhielt, „dass ohne sie die Stufe 6 zur Ernährung nicht ausreicht". Doch erhielten die Häftlinge diese Zulagen eben nicht, weshalb die Kontrollgruppe zu dem Schluss kam: „Es ist unmenschlich, sie verhungern zu lassen und grenzt an Nazimethoden."[73] Im Januar 1947 wurden die Kartengruppen V und VI schließlich abgeschafft. Allerdings war die Einstufung der Lebensmittelkarten bis dahin nicht starr. Im Sommer 1946 stellte die Berliner Strafvollzugsverwaltung bei einer Besichtigung der sächsischen Haftanstalten fest, dass es große Unterschiede bei der Lebensmittelkarteneinstufung gab: So erhielten in Leipzig-Kleinmeusdorf alle Häftlinge ohne Unterscheidung zwischen arbeitenden und nicht arbeitenden Gefangenen Verpflegung nach Kartengruppe VI, in Hoheneck dagegen nach Kartengruppe III, wobei die Sowjetische Militäradministration die Verpflegung nach Kartengruppe III empfohlen hatte.[74]

Die Ernährung hatte sich im Juni 1946 im Vergleich zum Oktober des Vorjahres insofern verbessert, als dass die Gefangenen die ihnen zustehenden Mengen an Lebensmitteln erhielten. Ein wesentlicher Beitrag zur Verbesserung der Verpflegungslage war die Möglichkeit der Häftlinge, sich von ihren Angehöri-

---

70 Anstaltsarzt der UHA Radebeul, Dr. med. Naumann, vom 6.11.1945 (SächsHStA, LRS/MdJ/1236, unpag.).
71 Lebensmittelmangel bedroht die Stadt. Hg. vom Sächsisches Staatsministerium des Innern, URL: http://www.sachsen.de/de/bf/staatsregierung/ministerien/smi/smi/kulturfoerderung/fundv/WebSite/s5.htm, Stand: 09.10.2007. Dagegen sah die Zuteilung der Gruppe I wie folgt aus: 450g Brot, 40g Nährmittel, 25g Zucker, 500g Kartoffeln und zusätzlich 40g Fleisch und 20g Fett.
72 Rundverfügung Nr. 81 der Landesverwaltung Sachsen, Justiz, an alle Justizbehörden des Landes, Betr.: Beköstigung der Gefangenen auf eigene Rechnung eines Justizangestellten vom 13.12.1945 (BArch, DP 1/HA SV/II/87/Bl. 71).
73 Niederschrift über die Besichtigung des Gefängnisses in Cottbus am 15.1.1946 (BArch, DP 1/HA SV/II/106/1, unpag.).
74 Reisebericht über die Besichtigungsfahrt der Abteilung IV A durch die Anstalten der Justizverwaltung des Landes Sachsen in der Zeit vom 21.–27.7.1946 (SächsHStA, LRS/MdJ/933, unpag.).

gen zusätzliche Lebensmittel schicken zu lassen.[75] In Anbetracht der Lebensmittelengpässe sprach sich der Leiter des sächsischen Strafvollzugsamtes gar für Lockerungen in der Regelung des Paketempfangs aus. In Zwickau sahen die Bestimmungen für Untersuchungshäftlinge einen wöchentlichen und für Strafgefangene einen monatlichen Paketempfang (2,5 kg je Paket) vor.[76]

Die ungenügende materielle Ausstattung der Gefängnisse war ein weiterer Aspekt der katastrophalen Haftbedingungen. Alle Anstalten hatten große Fehlposten an Bett- und Leibwäsche, Kleidung und Einrichtungsgegenständen aller Art. Die östliche Besatzungsmacht hatte beim Einmarsch vielerorts die Gefängnisse geöffnet, wodurch nicht nur politische Häftlinge in Freiheit kamen, sondern auch Kriminelle, die „alles mitgehen [ließen], was nicht niet- und nagelfest war".[77] Daneben war das Fehlen von „Bekleidungs-, Lagerungsgegenständen und Zelleninventar" vor allem auch der „Inanspruchnahme von Haftraum durch die Besatzungsmacht"[78] geschuldet. Diese hatte nicht nur die „besten Anstalten"[79] Sachsens – u. a. Dresden I, Bautzen I und II, Leipzig I, Waldheim, Zwickau, Chemnitz und Freiberg –, sondern auch andere Haftanstalten in Beschlag genommen. Erhard Hübener, Präsident der Provinz Sachsen, schrieb an die Justizverwaltung: „Am dringendsten werden benötigt Decken, Matratzen, Bettzeug und Gefangenenkleidung, daneben Essnäpfe, Löffel, Waschbecken, Eimer, Handfeger und Büchsen aller Art."[80] Zur „Befriedigung des dringlichsten Bedarfs" wandte sich die DJV Hilfe suchend an die sächsischen Webereien, denen sie die benötigten Textilien auflistete: 16 000 Bettlaken, 16 000 Deckenbezüge, 14 000 Kopfkissenbezüge, 6 500 Jacken für Männer, 7 500 Hosen, 5 500 Westen, 4 500 Mützen, 16 000 Hemden, 16 000 Unterhosen, 19 000 Handtücher, 4 000 Arbeitsschürzen, 1 000 Arbeitskittel, 1 500 Arbeitsblusen, ferner 8 000 Wolldecken.[81] Die Demontage einer sächsischen Weberei, die einen Großauftrag für die Lieferung von Bekleidung für die sowjetzonalen Justizvollzugsanstalten erhalten hatte, verschärfte die Lage zusätzlich.[82]

---

75   Bericht der Justizabteilung der Landesverwaltung Sachsen für die SMAS über den Strafvollzug vom 24.6.1946 (SächsHStA, LRS/MdJ/853/Bl. 115 f.).
76   Reisebericht über die Besichtigungsfahrt der Abteilung IV A durch die Anstalten der Justizverwaltung des Landes Sachsen in der Zeit vom 21.-27.7.1946 (SächsHStA, LRS/MdJ/933, unpag.).
77   Löwenthal, Der neue Geist von Potsdam, S. 184.
78   Landesverwaltung Sachsen, Justiz, an DJV, Betr.: Beschaffung von Lagerungs-, Bekleidungsgegenständen und Geräten für Justizvollzugsanstalten vom 14.5.1946 (BArch, DP 1/HA SV/II/88, unpag.).
79   Bericht der Justizabteilung der Landesverwaltung Sachsen für die SMAS über den Strafvollzug vom 24.6.1946 (SächsHStA, LRS/MdJ/853/Bl. 115).
80   Schreiben des Präsidenten der Provinz Sachsen an die DJV der SBZ, Betr.: Justizvollzugsanstalten vom 25.4.1946 (BArch, DP 1/HA SV/II/88, unpag.).
81   Schreiben der DJV an verschiedene sächsische Webereien vom 29.5.1946 (BArch, DP 1/HA SV/II/88, unpag.).
82   Vgl. BArch, DP 1/HA SV/II/88.

Ein Bericht der Justizabteilung der Landesverwaltung Sachsen über eine Besichtigung der Haftanstalten zeigt, mit welch fundamentalen Problemen der Strafvollzug knapp ein Jahr nach Kriegsende zu kämpfen hatte. Die Leitungen der Haftanstalten waren nur provisorisch eingesetzt worden, da ein „erheblicher Mangel an wirklich geeigneten Leitern"[83] verzeichnet wurde. Da die Stellen schnell besetzt werden mussten, es aber an Fachkräften mangelte, hatte man auf „unausgebildete Leute" zurückgreifen müssen.[84] Allerdings verfügten einige Anstaltsleiter über eine „Ausbildung" ganz anderer Art: Harald Poelchau berichtet, dass er auf seinen zahlreichen Revisionsfahrten Gefängnisdirektoren angetroffen habe, die über eine „reiche Erfahrung" verfügten, „denn sie hatten oft jahrelang in ihren eigenen Gefängnissen gesessen, allerdings nicht immer, wie sie vorgaben, aus politischen Gründen".[85] Die Auswahl der Anstaltsleiter wurde daher als vorläufig bezeichnet. Einzig die Leitung der Strafvollzugsanstalt Zwickau (Schloss Osterstein) wurde als „vorbildlich" bezeichnet. Vor allem das weit reichende System von Vergünstigungen in der Zwickauer Haftanstalt wurde hervorgehoben, „deren gestaffelter Entzug ein erheblich wirkungsvolleres, insbesondere erziehungsmäßig nachhaltigeres Mittel zur Wahrung guter Disziplin darstellt"[86] als Hausstrafen wie der Arrest. Dieser wurde in Zwickau nur bei Entweichungen verhängt, weil der Arrest angesichts der momentanen Ernährungslage zu ernsten gesundheitlichen Schädigungen führen könne, so der Zwickauer Anstaltsleiter Locherer, der zur NS-Zeit selbst in politischer Haft saß. Er war nach Ansicht der Berliner Strafvollzugsabteilung der richtige Mann, um die Anstaltsleiter der gesamten Sowjetzone auszubilden, „denen vielfach das praktische Geschick für ihr Amt mangelt". Durch praktische Schulungen sollte Locherer den „Geist seines Strafvollzuges" vermitteln.

Die Haftanstalt Zwickau war bei einer Belegungsfähigkeit von 1 000 Personen zur Zeit der Besichtigung mit 856 Personen[87] voll belegt, da die Anstalt auf Druck der SMAS 300 Betten für kranke Zivilisten hatte abtreten müssen. Die Trennung der verschiedenen Häftlingsgruppen bereitete große Probleme und den Häftlingen standen nur 79 Beamte gegenüber. Trotzdem übertreffe die Anstalt „vollzugsmäßig" die anderen sächsischen Haftanstalten, was an der Leitung der Anstalt liege. Positiv hervorgehoben wurde, dass der Zwickauer Strafvollzug – ganz den Richtlinien Schiffers entsprechend – die Häftlinge zu „akti-

---

83 Reisebericht über die Besichtigungsfahrt der Abteilung IV A durch die Anstalten der Justizverwaltung des Landes Sachsen in der Zeit vom 21.–27. 7. 1946 (SächsHStA, LRS/ MdJ/933, unpag.).
84 Bericht der Justizabteilung der Landesverwaltung Sachsen für die SMAS über den Strafvollzug vom 24. 6. 1946 (SächsHStA, LRS/MdJ/853/Bl. 115).
85 Poelchau, Die Ordnung der Bedrängten, S. 104.
86 Zitat hier und im Folgenden: Reisebericht über die Besichtigungsfahrt der Abteilung IV A durch die Anstalten der Justizverwaltung des Landes Sachsen in der Zeit vom 21.–27. 7. 1946 (SächsHStA, LRS/MdJ/933, unpag.).
87 Von diesen 865 Personen waren 383 Strafgefangene, 414 U-Häftlinge, 16 Schutzhäftlinge und 43 Polizeihäftlinge – der Frauenanteil lag bei ca. 11 %.

ver Lebensgestaltung, statt zu Stumpfheit führt". Im Gegensatz zu anderen sächsischen Haftanstalten waren gut zwei Drittel der Gefangenen zum Zeitpunkt der Besichtigung im Arbeitseinsatz.[88] Geduscht wurde einmal wöchentlich, die Häftlinge bezeichneten das Essen auf Nachfrage als „zureichend", während der Freistunde gingen die Häftlinge zu zweit nebeneinander und durften sich dabei auch unterhalten. Besonders die „gute Zusammenarbeit mit der Öffentlichkeit, vor allem dem Frauenausschuss der Stadt Zwickau", lobte die Berliner Strafvollzugsabteilung. Hier arbeitete die Zwickauer Gefängnisleitung ganz nach den von Schiffer im Oktober 1945 verkündeten Richtlinien, denen zufolge eine möglichst breite Öffentlichkeit für die Fragen des Strafvollzugs gewonnen werden sollte.

Ganz anders wurde die Situation in der Haftanstalt Hoheneck eingeschätzt: „Die erheblichen Missstände in der Anstalt [...] beruhen zum Teil auf der mangelhaften Energie des Leiters." Dieser habe zwar viel Verständnis für den einzelnen Häftling, aber kein Durchsetzungsvermögen bei seinen Untergebenen. Den nur 39 Beamten – etwa ein Drittel weniger als vorgesehen – standen 512 Häftlinge gegenüber.[89] Unterricht fand nicht statt und auch die Verpflegung war schlechter als in Zwickau. Hausstrafen bestanden nur aus Arrest, der offenbar „ganz mechanisch verhängt" wurde. Da der Anstaltsleiter nur Beamte einstellen ließ, die sich grundsätzlich zu einem „entschiedenen politischen Standpunkt, d. h. zum Beitritt zu einer politischen Partei, entschließen", waren alle Beamten SED- und FDGB-Mitglieder. Damit war Hoheneck seiner Zeit voraus: Noch Mitte 1948 waren aus SED-Sicht lediglich knapp 60 Prozent des Personals aller Justizvollzugsanstalten Mitglieder der SED und 36 Prozent parteilos. Auch ein Jahr später hatte sich an den Zahlen kaum etwas geändert. Erst nach Gründung der DDR und dem Kurswechsel im Strafvollzug hatte sich die Zahl der SED-Mitglieder unter den Strafvollzugsbediensteten Anfang Januar 1950 auf 78 Prozent erhöht, parteilos waren nur noch 16 Prozent (LDP: 3,7 %; CDU: 1,7 %).[90]

Die mangelnde Qualifikation betraf nicht nur die Anstaltsleitungen, sondern auch das Wachpersonal. Bereits im Oktober 1945 waren die Anstaltsleitungen angewiesen worden, der Bewachung der Häftlinge „besondere Aufmerksamkeit zu widmen" und durch eine vernünftige Zeiteinteilung die Übermüdung der Wachkräfte zu vermeiden, da schlafende Posten nicht hinnehmbar und „Entweichungen schon mit Rücksicht auf die Schwierigkeiten der Fahndung und des

---

88 Die Häftlinge arbeiteten in den Bereichen Tischlerei, Schuhmacherwerkstatt, Außenarbeit und waren mit dem Annähen von Knöpfen, mit Netzestricken und kleinere Zellenarbeiten beschäftigt.
89 Davon waren 247 Jugendliche, von denen 100 auf einem Dachboden in zwei Reihen nebeneinander auf Strohstellen schlafen mussten und 200 den Tag ohne Arbeit in einem großen Saal an Bänken sich gegenübersitzend verbrachten.
90 Parteimäßige Zusammensetzung des Strafvollzugspersonals (BArch, DO 1/25289, unpag.).

Wiederergreifens"[91] zu unterbinden seien. Aufgrund dessen, dass das Personal „vielfach ungeeignet" war, „kam es zu Fällen von Korruptionen und Durchstechereien".[92] Durch die „ungenügende Ausbildung des zumeist neuen Aufsichtspersonals", welches zudem „zu wenig gefängnis-technische Erfahrung" besaß und „viel zu vertrauensselig"[93] war, häuften sich die Ausbrüche vor allem im Außenarbeitseinsatz. Hier mangelte es nicht nur an Wachpersonal – und auch an Wachhunden – sondern auch an Schusswaffen, was immer wieder zu Beschwerden bei der Justizverwaltung führte: „Wegen der noch immer fehlenden Bewaffnung kann der Aufsichtsführende ja nicht einmal einen Schreckschuss abgeben."[94] Obwohl diese mehrfach bei der Besatzungsmacht intervenierte, änderte sich an der Situation nichts.

Die fähigsten Anstaltsleiter wurden angewiesen, auch ein Auge auf die bedürftigsten Anstalten zu haben, da dort „eine fortschrittliche Behandlung"[95] der Häftlinge laut Justizabteilung bislang nicht möglich gewesen war. Das lag auch an dem andauernden Mangel an Personal. Dieser resultierte unter anderem aus der Tatsache, dass der Gefangenentransport in Sachsen ebenfalls vom Strafvollzugspersonal erledigt werden musste und nicht – wie in den anderen Ländern der SBZ – Aufgabe der Schutzpolizei war. Aufgrund des allgemeinen Mangels an einsatztauglichen Kraftfahrzeugen mussten diese Transporte mit der Bahn erfolgen und waren dementsprechend „umständlich und zeitraubend".[96] Ein weiterer Grund war die starke Überbelegung der Anstalten: Zum einen waren, wie erwähnt, neben anderen auch die beiden großen Anstalten Waldheim und Bautzen in Händen der Sowjets, wodurch ein erheblicher Haftraummangel entstand. Zum zweiten dauerte die Untersuchungshaft übermäßig lange, da die sprunghaft angestiegene Kriminalität zu einer Überlastung der unterbesetzten Staatsanwaltschaften führte. Zudem verliefen die Ermittlungsarbeiten der überlasteten Polizei recht schleppend. Zusätzlich wurde auch noch Haftraum von der Polizei beansprucht (Zwickau, Leipzig-Kleinmeusdorf).[97]

Selbst die nötige Trennung der verschiedenen Häftlingsgruppen – „Inhaftierte, Strafgefangene, Jugendliche, Leute in Kommandohaft und Polizeihaft"[98] – konnte aufgrund der Überbelegung bis dato nicht erfolgen. So waren bei einer

91 Rundschreiben Landesverwaltung Sachsen, Justiz an alle Gerichtsgefängnisse und Vollzugsanstalten vom 31.10.1945 (SächsHStA, LRS/MdJ/856/Bl. 33).
92 Bericht der Justizabteilung der Landesverwaltung Sachsen für die SMAS über den Strafvollzug vom 24.6.1946 (SächsHStA, LRS/MdJ/853/Bl. 115).
93 Landesverwaltung Sachsen, Justiz, an DJV, Betr.: Entweichungen von Gefangenen vom 6.7.1946 (BArch, DP 1/HA SV/II/57, unpag.).
94 Ebd.
95 Bericht der Justizabteilung der Landesverwaltung Sachsen für die SMAS über den Strafvollzug vom 24.6.1946 (SächsHStA, LRS/MdJ/853/Bl. 115).
96 Reisebericht über die Besichtigungsfahrt der Abteilung IV A durch die Anstalten der Justizverwaltung des Landes Sachsen in der Zeit vom 21.–27.7.1946 (SächsHStA, LRS/MdJ/933, unpag.).
97 Vgl. Kapitel III.
98 Bericht der Justizabteilung der Landesverwaltung Sachsen für die SMAS über den Strafvollzug vom 24.6.1946 (SächsHStA, LRS/MdJ/853/Bl. 115).

Kontrolle in Zwickau und Leipzig-Kleinmeusdorf Kommandohäftlinge, Untersuchungsgefangene, Strafgefangene und von der Gesundheitspolizei eingewiesene Personen und hier wiederum Männer, Frauen und Jugendliche nebeneinander untergebracht. „Eine Trennung in so zahlreiche Kategorien innerhalb einer Anstalt ist nicht durchführbar"[99] – so die nüchterne Erkenntnis der Kontrollkommission.

Die Trennung der einzelnen Häftlingsgruppen wurde im Sommer 1946 durch die Forderung der Sowjetischen Militäradministration erschwert, Betten für kranke Zivilisten zur Verfügung zu stellen. Wie erwähnt, hatte die Haftanstalt Zwickau bereits 300 Betten abgetreten und nun forderte die Besatzungsmacht die Ausweitung dieses Kontingents auf 1 000 Betten, was dem Klima zwischen der Strafvollzugsabteilung und den Sowjets nicht besonders zuträglich war. Die Strafvollzugsabteilung kommentierte, dass „solche Maßnahmen die ordentliche Unterbringung der Straf- und Untersuchungshäftlinge, die notwendige Trennung der verschiedenen Gruppen, die Aufrechterhaltung der Disziplin [...] erschweren oder gar unmöglich machen".[100] Für großen Unmut sorgte auch die Forderung der Besatzungsmacht nach Arbeitskräften zur Nachtzeit, um etwa Güterwaggons zu entladen. Zum einen war hier die Fluchtgefahr am größten und zum anderen musste häufig auch auf Untersuchungshäftlinge zurückgegriffen werden, um das von den Sowjets geforderte Kontingent erfüllen zu können, wodurch die gesonderten Beschäftigungsbestimmungen für Untersuchungshäftlinge nicht eingehalten werden konnten.[101]

Die sächsische Justizabteilung hatte klare Vorstellungen, was zur Änderung der verheerenden Lage getan werden müsse. Der SMAS teilte man mit: „Jede Anstalt muss einen ausgebildeten Leiter bekommen",[102] der in der Lage sei, einen fortschrittlichen Strafvollzug durchzuführen. Dabei sei auch das Vermögen, sich pädagogischer und psychologischer Fragen anzunehmen, von Bedeutung – was ebenso für das Aufsichtspersonal gelte. Bezüglich der Häftlingsarbeit solle vor allem der Arbeit im Freien – Straßenbau, Aufbauarbeiten und Landwirtschaft – der Vorzug gegeben werden. Hierfür sei die bislang ungenügende Zahl an Aufsichtskräften ein Hindernis gewesen. Auch müssten die handwerklichen Betriebe ausgebaut werden, die der Ausbildung der Häftlinge und der Produktion von fehlenden Einrichtungsgegenständen dienen könnten, so die Justizabteilung.[103]

Um das fundamentale Problem des Raummangels zu lösen, trat die Justiz an die Besatzungsmacht mit der Bitte heran, die beschlagnahmten Anstalten so

---

99 Reisebericht über die Besichtigungsfahrt der Abteilung IV A durch die Anstalten der Justizverwaltung des Landes Sachsen in der Zeit vom 21.–27. 7. 1946 (SächsHStA, LRS/MdJ/933, unpag.).
100 Bericht der Justizabteilung der Landesverwaltung Sachsen, Betr.: Strafvollzug vom 11. 7. 1946 (SächsHStA, LRS/MdJ/861/Bl. 17).
101 Ebd., Bl. 18.
102 Bericht der Justizabteilung der Landesverwaltung Sachsen für die SMAS über den Strafvollzug vom 24. 6. 1946 (SächsHStA, LRS/MdJ/853/Bl. 116).
103 Ebd.

schnell wie möglich zurückzugeben. Trotz wiederholter nachdrücklicher Forderungen biss sie diesbezüglich bei den Besatzern immer wieder auf Granit. Als besonders fatal erwies sich die ab Mitte Juni 1946 erfolgte komplette Inanspruchnahme der größten sächsischen Haftanstalt, Waldheim, durch die Besatzungsmacht, nicht zuletzt deshalb, weil damit ein Großteil der als Reserve für alle sächsischen Strafanstalten dort eingelagerten Einrichtungsgegenstände an die Sowjets überging. Ganz offen sprach hier die sächsische Strafvollzugsabteilung von einer „störenden Inanspruchnahme".[104]

Um im Strafvollzug für „normale Verhältnisse" zu sorgen und den „jetzt geltenden Auffassungen" und den Forderungen der SMA zu entsprechen, wurde das Strafvollzugswesen von anderen Abteilungen abgetrennt und ab 1. Juli 1946 von Landgerichtsdirektor Dr. Georg Marwitz geleitet. Zur Beseitigung des Fachkräftemangels im Strafvollzug wurden Schulungskurse in den Anstalten abgehalten. Der bauliche Zustand der Haftanstalten wurde im Sommer 1946 mit Ausnahme von Chemnitz,[105] Plauen und einigen kleineren Gerichtsgefängnissen, wo die Folgen der Bombardements noch deutlich sichtbar waren, als weitgehend normal bezeichnet. Allen Widrigkeiten zum Trotz sei die Disziplin „im Allgemeinen gut gewesen. Schwerere Disziplinlosigkeiten sind nur selten zu verzeichnen, ebenso wenig Meutereien und ähnliches."

Sowohl die Überbelegung, der Mangel an Kleidung und Decken als auch die allgemeinen Lebensmittelengpässe waren für den schlechten Gesundheitszustand mitverantwortlich. Das ärztliche Personal bestand in der Regel aus Vertragsärzten, also nicht festangestellten Ärzten, von denen es aber zu wenige gab. Trotz der großen Schwierigkeiten, welche die Beschaffung von Medikamenten bereitete, wurde die ärztliche Versorgung als „überall befriedigend"[106] bezeichnet. Dasselbe galt für die Freizeitgestaltung, bei der Vorträge, Musik und Bücher im Mittelpunkt standen. Die sächsischen Gefängnisbibliotheken seien „durchaus brauchbar und ausbaufähig", so die Berliner Strafvollzugsabteilung im Sommer 1946, während das Lesen politischer Tageszeitungen stärker in den Vordergrund gerückt werden müsse. Anstaltslehrer und Fürsorger fehlten zu dieser Zeit im sächsischen Strafvollzug noch vollständig, weshalb Gefangenen- und Entlassenenfürsorge sowie der Häftlingsunterricht beschönigend als „ausbaufähig" eingeschätzt wurden.[107]

---

104 Zitat hier und im Folgenden: Bericht der Justizabteilung der Landesverwaltung Sachsen, Betr.: Strafvollzug vom 11.7.1946 (SächsHStA, LRS/MdJ/861/Bl. 17 f.).
105 „In [...] Chemnitz liegt der erhaltene Teil des nur notdürftig winterfest gemachten Gefängnisses mitten unter Trümmern, die Gefangenen haben keine Möglichkeit der Bewegung in freier Luft, da ein umgrenzter Hofraum nicht vorhanden ist und die Gefängnisaufseher überdies unbewaffnet sind." Vgl. Löwenthal, Der neue Geist von Potsdam, S. 184.
106 Zitat hier und im Folgenden: Reisebericht über die Besichtigungsfahrt der Abteilung IV A durch die Anstalten der Justizverwaltung des Landes Sachsen in der Zeit vom 21.-27.7.1946 (SächsHStA, LRS/MdJ/933, unpag.).
107 Bericht Justizabteilung der Landesverwaltung Sachsen, Betr.: Strafvollzug vom 11.7.1946 (SächsHStA, LRS/MdJ/861/Bl. 19).

Dem weiteren Ausbau des Strafvollzugs stand nicht nur die wirtschaftliche Notlage ein Jahr nach Kriegsende entgegen, auch durch die Nichtbewilligung von Haushaltsmitteln wurde er „wesentlich gehemmt".[108] So lehnte etwa die Sowjetische Militäradministration 138 neu beantragte Personalstellen für das dritte Quartal 1946 ab. Auch andere Positionen des Haushaltsplans erschienen mit Blick auf die ständig steigenden Häftlingszahlen unzulänglich, sodass das Strafvollzugsamt feststellen musste: „Das Verlangen der SMA, Überschreitungen des Haushaltsplans ohne vorherige Genehmigung zu vermeiden, ist bei den dauernd steigenden Anforderungen, die der Strafvollzug stellt und der ungenügenden Bemessung der hierzu notwendigen Mittel nicht durchführbar." Schließlich wurde die Justizverwaltung um Unterstützung gebeten. Doch auch für das vierte Quartal 1946 konstatierte die Dresdner Strafvollzugsverwaltung eine Hemmung der Entwicklung im Strafvollzug aufgrund fehlender Haushaltsmittel.[109] Die Bewachung der Häftlinge war aufgrund der knappen Mittel weiterhin unzureichend – auch wenn sich die Qualität des Aufsichtspersonals gebessert hatte –, da ungeeignete Kräfte ausgewechselt worden waren und in den größeren Anstalten Schulungstage zur Ausbildung des Personals stattfanden. Die Leitung in Hoheneck berichtete im Oktober 1946, dass nun mehr geeignete Aufsichtskräfte zur Verfügung stünden, da zunehmend ehemalige Wehrmachtssoldaten aus der Kriegsgefangenschaft heimkehrten und eine größere Anzahl an Bewerbungen zum Dienst in der Haftanstalt eingegangen sei.[110]

Das war offenbar nicht überall der Fall, denn der Personalmangel bestimmte weiterhin das Bild im Strafvollzug. Ende Oktober 1946 sprachen der sächsische Ministerialdirektor Ulich und Ministerialrat Richter bei Gentz in Berlin vor und berichteten über „die unhaltbar gewordenen Zustände im sächsischen Strafvollzug".[111] Da die Belegungsmöglichkeiten „restlos erschöpft" seien und gleichzeitig die Häftlingsziffern permanent anstiegen, sei Sachsen „nicht mehr in der Lage, der Gefangenenzahl Herr zu werden". Am 1. Oktober 1946 waren die größeren sächsischen Gefängnisse mit 3 167 Gefangenen belegt, obwohl deren Belegungskapazität eigentlich nur 2 680 Plätze aufwies.[112] Da die sowjetische

---

108 Zitat hier und im Folgenden: Angaben der sächsischen SV-Abteilung für den nächsten Vierteljahresbericht an die Deutsche Justizverwaltung vom 16.9.1946 (SächsHStA, LRS/MdJ/861/Bl. 35).
109 Bericht LRS, MdJ, SV-Abteilung an DJV, Betr.: Das Strafvollzugswesen im Bundeslande Sachsen für die Monate Oktober bis Dezember 1946 vom Januar 1947 (SächsHStA, LRS/MdJ/861/Bl. 107).
110 Bericht zur Rundverfügung Nr. 239 vom 18.6. und 12.9.1946 vom 3.10.1946 (SächsHStA, LRS/MdJ/861/Bl. 46).
111 Zitat hier und im Folgenden: Gesprächsprotokoll der Unterredung zwischen Gentz, Ministerialdirektor Ulich und Ministerialrat Richter aus Dresden vom 25.10.1946 (BArch, DP 1/HA SV/Nr. II/90, unpag.).
112 Ein Großteil der Häftlinge in den sächsischen Haftanstalten war Ende 1946 aufgrund der schlechten Ernährungs- und Versorgungslage straffällig geworden. Mehr als die Hälfte wurde wegen Eigentumsdelikten verurteilt. Das Gros dieser Verurteilungen betraf daher auch die städtische Bevölkerung, die am meisten unter den schwierigen Versorgungsverhältnissen zu leiden hatte. Drei Viertel der Häftlinge waren Arbeiter und Hand-

Besatzungsmacht bei der Räumung der Anstalt Waldheim sämtliche Einrichtungsgegenstände mitgenommen hatte,[113] habe sich „die Situation für die Unterbringung von Gefangenen katastrophal verschlechtert". Lediglich 230 Häftlinge konnten in Waldheim untergebracht werden. Doch ein anderes Problem bereitete den Dresdner Verantwortlichen noch mehr Kopfzerbrechen: Die Anstalten hatten keine Kohlevorräte für den Winter und den Häftlingen stand „bestenfalls" eine Decke pro Person zur Verfügung. „Die Aufrechterhaltung des Strafvollzugsbetriebes ist dadurch in Frage gestellt worden", lautete das dramatische Fazit. „In den ungeheizten Räumen die Gefangenen unter diesen Umständen festzuhalten, könne nicht verantwortet werden und trage auch die Gefahr von Meutereien in sich." Die Probleme hatten nicht zuletzt ihre Ursache in den „starken Abstrichen" am Etat des Strafvollzugs, der sich am mittlerweile völlig überholten Stellenplan des Vorjahres orientierte. Da sich seitdem die Häftlingszahl verdreifacht hatte, reichte das vorhandene Personal nicht mehr aus, um die Häftlinge zu bewachen, „geschweige denn zu nutzbringender Arbeit" einzusetzen.[114] Auch der bauliche Zustand der Haftanstalten stagnierte aufgrund des allgemeinen Rohstoffmangels.

Größere Probleme mit den Häftlingen hatten die Justizbeamten offenbar nicht: „Die Disziplin ist überall befriedigend. Widersetzlichkeiten sind verhältnismäßig geringfügig."[115] Trotz der großen Schwierigkeiten bei der Versorgung mit Lebensmitteln wurde erstaunlicherweise der Gesundheitszustand der Häftlinge bis Ende 1946 den Umständen entsprechend als „zufriedenstellend" eingeschätzt. Lediglich die Freizeitgestaltung sei in den größeren Haftanstalten „als befriedigend anzusehen", wobei vor allem die Weihnachtsfeiern „zur Erziehung und zur Wiedereingliederung" in die Gesellschaft beigetragen hätten, so die gewagte Einschätzung. Tatsächlich konnte von einer systematischen Erziehung der Häftlinge jedoch kaum gesprochen werden, denn von „der geplanten Erweiterung der erzieherischen und fürsorgemässigen Maßnahmen für die Gefangenen musste mangels vorhandener Planstellen abgesehen werden". Auch die Unterrichtung der Häftlinge kam nicht voran, da es an Räumlichkeiten, Mitteln und Lehrern fehlte.

Ein weiteres Problem stellte die Beschäftigung der Gefangenen dar: „Arbeit zu beschaffen, war fast unmöglich, da es weder Transportmittel noch Roh-

---

werker; darauf folgte die Gruppe der selbständigen Handel- und Gewerbetreibenden. Die ländliche Bevölkerung stellte in dieser Zeit nur zu einem Bruchteil die Häftlinge. Vgl. Bericht LRS, MdJ, SV-Abteilung an DJV, Betr.: Das Strafvollzugswesen im Bundeslande Sachsen für die Monate Oktober bis Dezember 1946 vom Januar 1947 (SächsHStA, LRS/MdJ/861/Bl. 108).
113 Vgl. BArch, DP 1/HA SV/Nr. II/88.
114 Bericht zur Rundverfügung Nr. 239 vom 18.6. und 12.9.1946 vom 3.10.1946 (SächsHStA, LRS/MdJ/861/Bl. 46).
115 Zitat hier und im Folgenden: Bericht LRS, MdJ, SV-Abteilung an DJV, Betr.: Das Strafvollzugswesen im Bundeslande Sachsen für die Monate Oktober bis Dezember 1946 vom Januar 1947 (SächsHStA, LRS/MdJ/861/Bl. 108).

material gab" – so die nüchterne Bilanz Harald Poelchaus.[116] Hinzu kamen Raummangel, der Wegfall und die Demontage vieler Betriebe, von denen die Anstalten vor dem Krieg Aufträge erhalten hatten, sowie der Mangel an Arbeitsgeräten. Wenn Häftlinge überhaupt zum Arbeitseinsatz kamen, mussten sie mit Arbeiten wie Federnschleißen, Flecht- und Papierarbeiten, Knöpfestanzen und ähnlichem beschäftigt werden. Die Häftlinge saßen daher zum Großteil beschäftigungslos in den Zellen – ein Zustand, der schon deshalb angemahnt wurde, da Arbeit „in Hülle und Fülle" vorhanden sei und die Arbeitskraft der Häftlinge daher „für die Allgemeinheit nutzbar gemacht"[117] werden müsse. Doch konnte die Forderung, den Strafvollzug auszuweiten und besonders den Außenarbeitseinsatz auszudehnen, aus vielerlei Gründen nur begrenzt erfüllt werden. So fehlte es an Kleidung und Schuhen, welche nur geringfügig beschafft werden konnten, sowie an Material und teilweise auch an Werkzeug. Die durch die Demontagen verursachte Arbeitslosigkeit erschwerte die Beschäftigung von Haflingern vor Ort zusätzlich. „Die Arbeitslosigkeit in den Anstalten ist erschreckend. Mehr als die Hälfte der Gefangenen ist ohne jede Beschäftigung",[118] stellte die Berliner Strafvollzugsabteilung im Sommer 1946 fest und empfahl daher, sich auf den Anstaltsgeländen eher dem intensiven Gartenbau als dem Anbau von Feldfrüchten zu widmen, da ersterer mehr Arbeitskräfte binde. Zwar erkannte auch die Sowjetische Militäradministration das Problem und drängte die Justizverwaltung „mehr darauf zu achten, dass alle Gefangenen mit nutzbringender Arbeit beschäftigt würden", doch entgegnete Gentz, dass dem das Fehlen „auch an den einfachsten Materialien"[119] entgegenstehe. Zudem, so Gentz weiter, seien mit Stand vom 1. Mai 1946 etwa die Hälfte aller Gefangenen der größeren selbständigen Anstalten Untersuchungsgefangene, die man nicht zur Arbeit zwingen könne. In den kleinen Gerichtsgefängnissen waren Anfang April etwa zwei Drittel der Inhaftierten Untersuchungsgefangene.

Eineinhalb Jahre nach Kriegsende war man nach wie vor damit beschäftigt, den Anstaltsbetrieb wenigstens einigermaßen aufrechtzuerhalten und das Überleben der Häftlinge zu gewährleisten. Litt bereits die Bevölkerung angesichts der mannigfaltigen Verpflegungs- und Versorgungsengpässe große Not und kämpfte um die nackte Existenz, so traf dies auf die Häftlingsgesellschaft in besonderer Weise zu. Es fehlte an allem: Verpflegung, Medikamenten, Kleidung, Zelleninventar, Heizmaterial, Beschäftigungsmöglichkeiten. Die Anstalten selbst waren vielerorts durch die Kriegseinwirkungen baufällig und konnten angesichts des allgemeinen Materialmangels nur notdürftig in Betrieb gehalten werden.

---

116 Poelchau, Die Ordnung der Bedrängten, S. 104.
117 Landesverwaltung Sachsen, Justiz, Rundschreiben an alle Gerichtsgefängnisse und Vollzugsanstalten vom 31.10.1945 (SächsHStA, LRS/MdJ/856/Bl. 33).
118 Reisebericht über die Besichtigungsfahrt der Abteilung IV A durch die Anstalten der Justizverwaltung des Landes Sachsen in der Zeit vom 21.–27.7.1946 (SächsHStA, LRS/MdJ/933, unpag.).
119 Zitat hier und im Folgenden: Teilabschrift aus dem Vermerk über die Besprechung am 12.6.1946 (BArch, DP 1/HA SV/II/64, unpag.).

Noch bis zum Ende der vierziger Jahre kam es immer wieder zu Stromsperren. Prekär war vor allem auch das Fehlen von Glühbirnen, was die hohen Zahlen von Gefangenenentweichungen begünstigte. So gab es teilweise nur eine Glühbirne für einen ganzen Anstaltshof oder auch unbeleuchtete Flure, Anstaltshöfe und vor allem Zellen.[120] Auf natürliches Licht angewiesen, saßen die Häftlinge daher oft monatelang in den Abendstunden im Dunkeln. Aufgrund der oftmals verblendeten Fenster verbrachten viele Häftlinge ihre Haftzeit in dunklen bzw. halbdunklen Verliesen.

An eine Umsetzung der von Gentz und Schiffer erstrebten Reformen im Strafvollzug war angesichts der existenziellen Schwierigkeiten kaum zu denken. Der Personalmangel war dem Empfinden Poelchaus nach sogar „fast noch schlimmer als diese materiellen Mängel", denn: „Strafvollzug, wenn er sinnvoll gehandhabt werden soll, ist eine Erziehungs- und damit eine Personenfrage."[121] Da jedoch vielfach fachfremde und ungeeignete Personen eingestellt worden waren, konnte eine wirkliche Umerziehung der Häftlinge nicht geleistet werden. Zumal das Gros der Gefangenen aufgrund der Notlage kriminell geworden und meist zu kurzen Haftstrafen verurteilt worden war, in denen eine nachhaltige Erziehung und Resozialisierung nicht möglich war. Bislang wurde höchstens durch die Freizeitgestaltung versucht, auf die Gefangenen einzuwirken. Für eine den neuen Zielen entsprechende Häftlings- und Entlassenenfürsorge, für Unterricht und Ausbildung fehlten die Mittel und geeignetes Personal. Bezüglich der Personalsituation war die Lage in den drei westlichen Besatzungszonen vergleichbar. Namentlich für die US-Zone stellte Krebs fest, dass der Mangel an qualifiziertem Personal das größte Hindernis bei der Umsetzung der in der Kontrollratsdirektive Nr. 19 genannten Ziele war.[122]

2.2 Der Hungerwinter 1946/47

Der Winter 1946/47 war einer der kältesten im Mitteleuropa des 20. Jahrhunderts. Die durch die kriegsbeschädigte Infrastruktur ohnehin schon schwierige Versorgungslage wurde noch zusätzlich erschwert. Schneemassen und Eis brachten den Verkehr vielerorts zum Erliegen. Der „Hungerwinter", der in ganz Deutschland die Not vergrößerte und Hunderte Todesopfer forderte, führte auch zur Zuspitzung der Lage im Strafvollzug. Die Verpflegungsnormen mussten noch einmal drastisch gesenkt werden – mit dramatischen Folgen.

Da bei der SED-Kreisleitung Stollberg Ende 1946 mehrere Beschwerden bezüglich des Gesundheitszustands der Gefangenen der Strafanstalt Hoheneck eingegangen waren,[123] sah sich diese veranlasst, die Anstalt zu besichtigen.

---

120 Vgl. BArch, DP 1/HA SV/II/90.
121 Poelchau, Die Ordnung der Bedrängten, S. 104.
122 Krebs, Die Durchführung der Kontrollratsdirektive Nr. 19, S. 20.
123 Beschwerden gingen auch anderen Stellen zu: So ist ein Brief an die Landesverwaltung Dresden überliefert, in dem Frau P. nach dem Besuch ihres Sohnes in Hoheneck

Selbst die dortige Anstaltsleitung zeigte sich über die gesundheitliche Verfassung der Häftlinge „äußerst bestürzt".[124] Der schlechte Gesundheitszustand betraf dabei „mindestens 70-90 % der Gefangenen". Gewichtsverluste von bis zu 20 kg innerhalb kurzer Zeit waren bei einem großen Teil der Häftlinge zu verzeichnen, die Todesrate „übernormal groß". Die SED-Kreisleitung monierte zum einen, dass die Essensrationen an sich zu gering seien, „um die Gefangenen auf der vollen Höhe ihres Gesundheitszustandes zu erhalten", zum anderen dauere die Bearbeitung von Anträgen auf Strafunterbrechung bei den betreffenden Staatsanwaltschaften wegen deren Arbeitsüberlastung oftmals zu lange. Daher sah sich der Hohenecker Anstaltsleiter gezwungen, auch ohne Genehmigung der Staatsanwaltschaften Strafunterbrechungen zu gewähren. Zur hohen Sterblichkeitsrate in Hoheneck trug auch der desolate Gesundheitszustand im Moment des Haftantritts im erheblichen Maße bei. Zu den wenigen Häftlingen mit „erträglichem" Gesundheitszustand gehörten diejenigen, deren Angehörige die Möglichkeit hatten, Lebensmittel in die Anstalt zu schicken. Die SED-Kreisleitung kritisierte zudem die allgemeine Beschäftigungslosigkeit der Häftlinge. Darin erkannte sie überhaupt „eine große Lücke im Strafvollzug" und die Gefahr, „dass die Gefangenen gefährdeter aus der Anstalt entlassen werden, als wie sie eingeliefert werden". Den Ernst der Lage erkennend stellte man die Forderung an den Dresdner Landesvorstand der SED, dass eine regelmäßige Beschäftigung für die Häftlinge gegeben sein müsse, „wenn nicht der Strafvollzug überhaupt seinen Sinn verlieren soll". Abschließend bemerkten die Kontrolleure der SED-Kreisleitung, dass die Zustände in Hoheneck in der Bevölkerung „eine gewisse Erregung" verursacht hätten. „Die Gefahr, dass die geschilderten Zustände eine politische Belastung unserer Partei mit sich bringen, ist äußerst groß." Das war das eigentliche Problem für die SED – daher der drastische Aufruf zum Handeln.

Aus diesem Grunde erschien wenig später in der Stollberger Ausgabe der „Volksstimme" ein Bericht über eine „unangemeldete" Besichtigung der Anstalt durch Vertreter der Blockparteien und der Gewerkschaften. Da „schlimmste Gerüchte über die Behandlung der Häftlinge"[125] in Hoheneck in Stollberg und

---

schreibt, sie habe ihn nicht wieder erkannt, da er „bis zum Skelett" abgemagert sei. „Die Menschen werden zu Gefängnisstrafen verurteilt, welche aber zu Körperstrafen gesteigert werden." Vgl. Frau P. an Landesverwaltung Dresden, Betr.: Zustände in Hoheneck vom 23.11.1946. SächsHStA, LRS/MdJ/1033/Bl. 24. In einem Antwortschreiben gestand der sächsische Generalstaatsanwalt ein, dass diese Kritik nicht nur Hoheneck, sondern auch die anderen Haftanstalten betreffe. Es sei „bekannt, dass Übelstände auftauchen", deren Ursache in den „allgemein bestehenden Schwierigkeiten" liegen. An der Beseitigung dieser Missstände werde aber „dauernd gearbeitet", versuchte der Generalstaatsanwalt die Frau zu beschwichtigen. Vgl. Generalstaatsanwalt an Frau P. vom 29.11.1946 (SächsHStA, LRS/MdJ/1033/Bl. 25).

124 Zitat hier und im Folgenden: SED-Kreisleitung Stollberg an Landesvorstand der SED Dresden, Abt. Kommunalpolitik und Verwaltung vom 3.12.1946 (SächsHStA, LRS/MdJ/1195, unpag.).

125 Zitat hier und im Folgenden: „Die Zustände in der Strafanstalt Hoheneck". In: Volksstimme (Stollberger Ausgabe) vom 17.12.1946 (SächsHStA, LRS/MdJ/1239, unpag.).

Umgebung kursierten, wollte man dem so offenbar entgegenwirken. Die Unterbringung sei „einwandfrei", die Einrichtung ebenso, die Behandlung der Gefangenen nach deren Aussagen korrekt, die Verpflegung gut und nach Karte III „so, wie es die normale Bevölkerung in der Freiheit auch nicht besser" habe. Klagen der Häftlinge gebe es nur über zurückgewiesene Lebensmittelpakete. Auffallend sei zudem die schlechte Luft in den Zellen gewesen, wofür die Gefangenen aber selbst verantwortlich seien, da die Fenster trotz annehmbarer Außentemperaturen nicht geöffnet worden seien. Das geradezu höhnische Fazit der Kommission: „Diese schlechte Luft ist es wahrscheinlich, die einen gewissen Verfall der Häftlinge herbeiführt."

Im internen Bericht der SED-Ortsgruppe Stollberg an die Oberstaatsanwaltschaft Dresden befanden die Kontrolleure, „dass die Zustände genau so zeitbedingt ablaufen, wie im öffentlichen Leben selbst".[126] Anstaltsleitung und Aufsichtspersonal seien frei von Schuld. „Was in der Anstalt fehlt, ist frische Luft und Arbeit für die Insassen." Tatsächlich war die SED der Meinung, wenn nur alle Häftlinge genügend frische Luft bekämen, würde sich der gesundheitliche Zustand „bald bessern". Wenn dies nicht ermöglicht werden könne, müsse man damit rechnen, dass „nur ein kleiner Teil der mit großen Strafen belegten Gefangenen die Anstalt verlässt". Die Kommission bezweifelte gar, ob den inhaftierten Jugendlichen angesichts der großen Zahl von Geschlechtskrankheiten überhaupt geholfen werden könne. Die Todesrate sei auch im Gefängnis nicht höher als unter der Bevölkerung, nur falle es eben weniger auf, „wenn 10 Personen auf die ganze Stadt verteilt, das Zeitliche segnen, als wenn 4–5 Insassen in der selben Zeit in einer Anstalt sterben". Die Ursache der vielen Todesfälle sei der hohe Anteil an Geschlechtskrankheiten, den es in der Öffentlichkeit jedoch ebenfalls gebe, weshalb man Anstaltsleitung und Personal keine Vorwürfe machen könne. Auch sei zu bedenken, dass Hoheneck eben kein Sanatorium sei, „sondern ein Asyl für asoziale Elemente".

Angesichts der katastrophalen Lage in den Anstalten war die Dresdner Strafvollzugsabteilung darum bemüht, die von verschiedenen Seiten oft gestellten Wünsche um Besichtigungen von Strafanstalten „in eine günstigere Zeit hinauszuschieben". Durch den „außergewöhnlich harten Winter" und die bekannten anderen Umstände (Ernährungslage, Kohlemangel) seien momentan die Verhältnisse als „unnormal" anzusehen. Deshalb riet man von Besichtigungen ab, da „die Misshelligkeiten [...] sofort ins Auge fallen".[127]

Anfang 1947 wurde die Deutsche Justizverwaltung auf die hohen Sterbeziffern in einigen sächsischen Haftanstalten aufmerksam. Da auf mehrmalige Nachfrage keine Antwort aus Dresden kam, schickte Berlin Ende März Poel-

---

126 Zitat hier und im Folgenden: Bericht SED-Ortsgruppe Stollberg an Oberstaatsanwaltschaft Dresden über die Besichtigung der drei Blockparteien in Verbindung mit dem FDGB in der Strafanstalt Hoheneck: Die Zustände in der Strafanstalt Hoheneck vom 21.12.1946 (SächsHStA, LRS/MdJ/920, unpag.).
127 LRS, MdJ, SV-Abteilung an Amtsgericht Zittau, Betr.: Besichtigung von Gerichtsgefängnissen vom April 1947 (SächsHStA, LRS/MdJ/867, unpag.).

chau und Dr. Lindenberg[128] nach Sachsen, um sich selbst ein Bild zu verschaffen. Ein anfangs vermuteter Seuchenverdacht bestätigte sich nicht. Festgestellt wurde vielmehr eine starke Unterernährung der Häftlinge, von denen viele an teils schweren Hungerödemen litten. Das drastische Fazit Poelchaus und Lindenbergs: „Viele von den Gefangenen [...] sind gewissermaßen zum Tode verurteilt, wenn die Haft aufrecht erhalten bleibt."[129] „Entscheidende Ursache der Todesfälle ist die Ernährungslage der Gefangenen."[130] Obwohl die Häftlinge Ernährung nach Kartengruppe III erhielten, die entsprechenden Mengen ausgegeben wurden und das Essen nach Aussagen Poelchaus und Lindenbergs auch „wohlschmeckend und sorgfältig gekocht war", reichte die Verpflegung nicht aus. Zudem durften sich die Häftlinge zu dieser Zeit auch keine zusätzlichen Lebensmittel mehr von ihren Angehörigen schicken lassen. Die Untersuchung zeigte ein „erschreckendes Bild": Gewichtsschwund und Abmagerung der Häftlinge waren so groß, dass sich Poelchau und Lindenberg beim Anblick entkleidet vorgeführter Häftlinge „unwiderstehlich" an den amerikanischen Dokumentarfilm „Die Todesmühlen" erinnert fühlten, der verschiedene Konzentrationslager unmittelbar nach der Befreiung durch alliierte Truppen zeigte. Zweifelsfrei, so Poelchau und Lindenberg, werde „die Todesziffer noch gewaltig ansteigen", wenn die Verpflegung nicht wesentlich verbessert oder „alle gefährdeten Gefangenen entlassen werden". Da die Verpflegung nach Kartengruppe III der der Bevölkerung entsprach und demnach keine absehbare Verbesserung erwartet werden konnte, plädierten die Kontrolleure aus Berlin dafür, dass die Ärzte Gefangene in Fällen gravierender Unterernährung „in weit größerem Umfange als bisher" rechtzeitig für haftunfähig erklären sollten. Vor allem betonten sie, dass die Haftunfähigkeitserklärung keinesfalls zu spät erfolgen dürfe. Daher wiesen sie die Ärzte an, „ohne Rücksicht auf kriminal-politische Erwägungen" die Haftunfähigkeit auszusprechen. Dies sollte vor allem für Erstbestrafte und Häftlinge, deren Straftaten im Zusammenhang mit der schlechten Ernährungs- und Versorgungslage standen, gelten. Allerdings räumten Poelchau und Lindenberg mit Hinblick auf die öffentliche Meinung ein, dass nicht alle betroffenen Häftlinge entlassen werden könnten. Für Häftlinge, die nach Kontrollratsgesetz

---

128 Dr. Wladimir Lindenberg (1902-1997) war damals kurzzeitig stellvertretender Leiter der Abteilung VI (Heilfürsorge) bei der Deutschen Zentralverwaltung für das Gesundheitswesen (DZVG) und zusammen mit Gentz und Poelchau auf vielen Revisionsreisen zu den Haftanstalten der SBZ unterwegs. Geboren in Moskau, lebte Lindenberg seit 1918 in Deutschland, Studium und Promotion in Bonn, „1937 wegen Jugendzersetzung verhaftet, mehrjährige Gefängnishaft und 1 Jahr KZ [...] Charakteristik: Guter Arbeiter mit eigenen Ideen. Lebendiger und anregender Mensch" (Fachliche, politische und charakterliche Einschätzung Lindenbergs, unterschrieben von Maxim Zetkin. BArch DQ 1/1615/Bl. 13). Nach der Tätigkeit bei der DZVG praktizierte er bis zu seinem Tod als Arzt; daneben Tätigkeit als Schriftsteller und Künstler. Vgl. www.wladimirlindenberg.de.
129 Notiz der Justizabteilung der LRS, 24.3.1947 (SächsHStA, LRS/MdJ/867/Bl. 85).
130 Zitat hier und im Folgenden: Bericht über die Besichtigungsfahrt der Abteilung IV in der Zeit vom 19.-22.3.1947 zu den Anstalten des Landes Sachsen (Hoheneck, Waldheim, Zwickau) (BArch, DP 1/HA SV/II/106-1, unpag.).

Nr. 10 oder SMAD-Befehl Nr. 160 inhaftiert seien oder die wegen einer möglichen Gefährdung der öffentlichen Sicherheit nicht entlassen werden könnten, sei ein Haftkrankenhaus zu schaffen. Für dieses wurde schließlich das Arbeitsgebäude der Waldheimer Anstalt mit sechs großen Sälen vorgesehen.[131] Nur im Notfall sollten solche Häftlinge auch in öffentliche Krankenhäuser überwiesen werden, wobei die Polizei für die Sicherheit aufkommen müsse.

Angesichts der Lage im sächsischen Strafvollzug schrieb Schiffer Anfang Mai 1947 an das sächsische Justizministerium, dass der bei vielen Häftlingen bestehenden „ernsten Gesundheits- und Lebensgefahr [...] mit allen Mitteln entgegengetreten werden" muss, „wenn sich nicht die Justizverwaltung dem Vorwurf der Mitverantwortung für weitere Todesfälle dieser Art aussetzen soll".[132] Die Anstaltsärzte wurden daher verpflichtet, den Gesundheitszustand der Häftlinge ständig zu überwachen und die Anstaltsleiter erhielten die Ermächtigung, bei weniger gefährlichen Häftlingen Hafturlaub zu gewähren. Schiffer stellte auch die Frage, wie es sein könne, dass in den sächsischen Gefängnissen und insbesondere in Hoheneck die Todesrate zwei- bis dreimal höher sei als in den anderen Haftanstalten der Sowjetischen Besatzungszone, obwohl die Ernährungsquote überall gleich sei. Daher ordnete die Justizverwaltung an, die Verpflegung der Häftlinge in Hoheneck streng zu kontrollieren. „Jegliches Versäumnis in dieser Hinsicht setzt Menschenleben aufs Spiel. Wer an solchen Versäumnissen teilhat, setzt sich einer Anklage wegen fahrlässiger Tötung aus." An Kenntnis bzw. Einsicht in die Situation vor Ort mangelte es der Justizverwaltung mithin nicht, doch waren Abhilfe und Änderungen in der prekären Verpflegungslage nicht absehbar und von Berlin aus schwer zu steuern.

Die ausbleibende Verbesserung der Versorgungslage führte nach dem Hungerwinter 1946 zu einem Hungerfrühling 1947. Da sich „Fälle von schwerer schnellfortschreitender Lungentuberkulose sowie hochgradiger Abmagerung, Entkräftung und biologischen Verfallserscheinungen"[133] in den Gefängnissen häuften, wurden die Ärzte im Mai 1947 angewiesen, nicht nur diejenigen Häftlinge für haftunfähig zu erklären, deren Zustand zum baldigen Tod führen werde, sondern auch jene, die noch nicht in akuter Lebensgefahr schwebten aber „an einer fortschreitenden, zum weiteren Verfall führenden Krankheit bzw. Entkräftung leiden". Die Haftunfähigkeit müsse ausgesprochen werden, „sobald eine Gesundung in der Anstalt nicht mehr zu erwarten ist". Die Sterbeziffern stiegen soweit an, dass die mit der Überwachung des Gesundheitszustandes

---

131 Reisebericht über die Besichtigungsfahrt der Abteilung IV zu verschiedenen Haftanstalten in Brandenburg, Sachsen und Sachsen-Anhalt in der Zeit vom 20.–25.10.1947 (BArch, DP 1/HA SV/V/175–1, unpag.).
132 Zitat hier und Folgenden: Präsident der DJV, Eugen Schiffer, an MdJ der LRS, Betr.: Gesundheitszustand der Gefangenen vom 2.5.1947 (SächsHStA, LRS/MdJ/1239, unpag.).
133 Zitat hier und im Folgenden: DJV, HA SV, an die Abteilungen Gesundheitswesen der Landes- und Provinzialregierungen, Betr.: Haftunfähigkeit der Gefangenen, o.D. [Mai 1947] (BArch, DP 1/HA SV/V/171–1, unpag.).

beauftragten Ärzte die Anweisung erhielten, „sich bei der Beurteilung der Haftfähigkeit lediglich von der medizinischen Indikation leiten zu lassen".[134] Damit wollte die Strafvollzugsverwaltung ein weiteres Ansteigen der Sterbeziffern vermeiden. Da sie die Verantwortung für das massenhafte Sterben in den Justizgefängnissen nicht länger ungeteilt tragen wollte, setzte sie vermehrt auf die Haftunterbrechung. Damit entledigte sie sich zum Teil ihrer Verantwortung für das Leben der Häftlinge und gab diese an die Angehörigen der Häftlinge weiter, in der Hoffnung, dass die Häftlinge zu Hause besser verpflegt werden könnten.

Gentz und Poelchau hatten bei Inspektionen in den Haftanstalten Mecklenburgs und Brandenburgs bemerkt, dass die Verpflegungssituation überall schlecht war. Vor allem für die längerfristig Inhaftierten war die Verpflegung nach Kartengruppe III und IV „vollständig unzureichend und es treten bei allen langeinsitzenden Gefangenen Dystrophie, Kräfteverfall und Ödeme auf".[135] Auch wenn sich nicht alle Häftlinge zusätzliche Lebensmittel schicken lassen könnten, müsse man angesichts der Ernährungslage trotzdem daran festhalten, so Gentz.[136] Da eine Besserung der schlechten Verpflegungslage nicht zu erwarten war, wurden wiederum die Familien der Häftlinge bei der Sicherung des Überlebens mit zur Verantwortung gezogen und ihnen „für die Dauer dieser Verhältnisse das Einbringen von Lebensmitteln" gestattet. Die Verpflegungsabgabe war nur Angehörigen erlaubt, keineswegs aber Dritten, wie Rechtsanwälten oder Seelsorgern. In Waldheim wurden Lebensmittelpakete der Angehörigen unbeschränkt angenommen, da weiterhin „erhebliche Gewichtsverluste" verzeichnet wurden.[137] Allerdings sollten feste Regelungen erlassen werden, um einem Missbrauch dieser Vergünstigungen vorzubeugen. Vor allem Lebensmittel, die man als „Leckerbissen" betrachten müsse, seien zu verbieten.[138] Aus-

---

134 DJV an die Justizministerien der Landes- und Provinzialregierungen, Betr.: Gesundheitszustand der Gefangenen vom 6.5.1947 (BArch, DP 1/HA SV/V/171-1, unpag.).
135 Bericht über die Reise des Direktors der DJV, Dr. Werner Gentz, sowie Dr. Poelchaus durch Mecklenburg und Brandenburg vom 8.6. bis 17.6.1947 (BArch, DP 1/HA SV/II/87/Bl. 65).
136 Zitat hier und im Folgenden: DJV an LRS, MdJ, Betr.: Einbringen von Lebensmitteln in die Gefängnisse durch Angehörige der Gefangenen vom 13.12.1947 (SächsHStA, LRS/MdJ/1237, unpag.).
137 Reisebericht über die Besichtigungsfahrt der Abteilung IV zu verschiedenen Haftanstalten in Brandenburg, Sachsen und Sachsen-Anhalt in der Zeit vom 20.-25.10.1947 (BArch, DP 1/HA SV/II/28/Bl. 24).
138 Direktors der DJV, Dr. Werner Gentz, an Dresdner Landgerichtsdirektor Dr. Marwitz vom 30.9.1947 (BArch, DP 1/HA SV/II/87/Bl. 40). Erst ab dem Herbst 1948 finden sich dann aber in Hoheneck Regeln für die „Lebensmittelabgabe", die für die Angehörigen im Besuchsraum aushingen. Diese war nur in „einfachster Form" gestattet, das heißt, Dinge, die der breiten Bevölkerung nicht ausreichend zur Verfügung standen, durften auch nicht den Gefangenen übergeben werden. Erlaubt waren lediglich Brot, Kartoffeln, Gemüse, Obst, Brotaufstrich (Marmelade, Zucker, Kunsthonig usw.) sowie Fett bzw. Fleisch oder Wurst. Vgl. Aushang im Besucherraum der Strafanstalt Hoheneck vom 24.9.1948 (SächsHStA, LRS/MdJ/1033/Bl. 109); Abteilung Strafvollzug des MdJ der LRS an alle Vollzugseinrichtungen Sachsens vom 11.12.1948 (SächsHStA, LRS/MdJ/857, unpag.).

nahmen gab es jedoch: Weitere Sachen durften nur in Fällen, wo ein „besonderes gesundheitliches Bedürfnis" bestand in Übereinkunft mit dem Anstaltsarzt angenommen werden. Auch Häftlinge, die eine besonders gute Arbeitsleistung erbracht und eine gute Führung gezeigt hatten, durften großzügiger Lebensmittel erhalten. Auf diese Weise nutzten die Anstalten die desolate Verpflegungssituation aus, um die Häftlinge zu höheren Arbeitsleistungen anzuspornen und zu disziplinieren.

Während sich die Ernährungslage für die Bevölkerung im Sommer 1947, dem kritischsten aller Nachkriegsjahre, etwas entspannte, blieb die Situation in den Haftanstalten weiterhin äußerst problematisch – der Hunger hielt an. Wiederholt hatte sich gezeigt, so die Deutsche Justizverwaltung, dass Häftlinge „eine erheblich höhere Abmagerung und Eiweißmangel-Oedembildung aufweisen, als es bei der übrigen Bevölkerung beobachtet wird. Die Wiegetabellen weisen zurzeit bei ca. 60 Prozent der Insassen eine fortlaufende Gewichtsabnahme auf."[139] Um diese dramatische Situation wenigstens teilweise zu lindern, sollte den Häftlingen Molke verabreicht werden – die Hälfte von ihnen benötigte diese zusätzliche Kost. Aufgrund des schlechten Ernährungszustandes empfahl die Justizverwaltung zudem, die Hausstrafe des Kostentzugs solange auszusetzen, bis wieder normale Verhältnisse herrschten. Der Geraer Generalstaatsanwalt fügte zudem an, dass man auch deshalb vom Kostentzug als Strafmaßnahme absehen solle, da diese Strafe während der NS-Zeit missbraucht worden sei, „um politische Gefangene langsam dem Hungertod auszusetzen".[140] Bezüglich einer anderen Praktik des NS-Strafvollzugs, zum Tode verurteilte politische Häftlinge vor der Hinrichtung in Haft zu demütigen, zu entwürdigen und zu quälen, hatte Schiffer bereits im März 1947 festgestellt, dass solche „Praktiken, die auf diese Tradition des nazistischen Regimes zurückgehen, [...] noch heute teilweise in Übung" seien.[141] Nach wie vor gab es demnach auch in Justizvollzugsanstalten Gefangenenmisshandlungen, doch gibt es keine Hinweise dafür, dass sie das Ausmaß der im Strafvollzug unter Polizeiverwaltung Anfang der fünfziger Jahre vollzogenen Misshandlungen erreichten.

Mitte August 1947 konnte die Dresdner Strafvollzugsabteilung der Sowjetischen Militäradministration Sachsens zwar von einer kurzzeitigen Besserung der Lage berichten, die im Wesentlichen auf der Rückgabe einiger zuvor von der Besatzungsmacht beanspruchter Gefängnisse beruhte, wodurch die Überbelegung in den Anstalten etwas abnahm. Jedoch war diese Besserung „leider nur

---

139 Deutsche Zentralverwaltung für das Gesundheitswesen an die Landesregierungen, Abteilungen Gesundheitswesen und Justiz, Betr.: Molke-Zuteilung für Gefängnisinsassen vom 14.10.1947 (BArch, DP 1/HA SV/II/87/Bl. 45).
140 Chefs der DJV an LRS, MdJ, Betr.: Kostentzug als Disziplinarstrafe für Gefangene vom 2.8.1947 (SächsHStA, LRS/MdJ/945, unpag.).
141 DJV an die Justizministerien der Landes- und Provinzialregierungen, Betr.: Behandlung von zum Tode verurteilten Gefangenen in der Zeit zwischen Urteilsfällung und Vollstreckung vom 11.3.1947 (BArch, DP 1/HA SV/V/171-2, unpag.).

von geringer Bedeutung",[142] da die Häftlingszahlen erneut anstiegen. Im Vergleich zum Juni 1946 stieg die Belegung der Haftanstalten um beinahe das Doppelte. Auch waren die zurückgegebenen Anstalten „stark abgenutzt und es fehlt in ihnen an den nötigsten Einrichtungsgegenständen", sodass sie nur „langsam wieder in Betrieb" genommen werden konnten. Weiterhin war man zwar bei der Besatzungsmacht um die Rückgabe der großen Anstalten in Dresden, Leipzig und Bautzen bemüht, doch blieb dieses Bitten erfolglos.

Sowohl ein Schreiben der Landesregierung an die Abteilung Inneres der SMAS als auch ein Reisebericht über eine Besichtigungsfahrt der Abteilung IV der Deutschen Justizverwaltung beschreiben die desolaten Verhältnisse in den Gefängnissen sehr ausführlich: „Die schlechte Belieferung mit Kartoffeln und der Mangel an Gemüse erschwert die Verpflegung der Gefangenen, die meist in schlechtem Gesundheitszustand eingeliefert werden und vielfach an Hungerfolgen sterben. Kleidung und Schuhe können nicht erneuert werden, was Unmöglichkeit an Arbeitseinsatz oder häufigere Erkrankungen zur Folge hat." Auch der kommende Winter ließ erneut Schlimmes befürchten, da die für die Heizungen der Anstalten notwendigen Zulieferungen von Kohle oder Koks weder eingetroffen waren, noch in Aussicht standen, wodurch eine entsprechende Beheizung der Gefängnisse unmöglich erschien. Einen Maßnahmenkatalog, der Abhilfe bei den neuralgischen Punkten schaffen sollte, hatte die Dresdner Strafvollzugsverwaltung zwar zur Hand, doch war die Aussicht auf Erfolg eher gering. Viele der Forderungen lagen der Sowjetischen Militäradministration seit Längerem vor und wurden dort auch immer wieder vorgetragen, doch lagen deren Prioritäten nicht beim Strafvollzug. Ein großes Manko war beispielsweise auch das Fehlen von Kraftfahrzeugen aller Art. „Der Mangel an Wagen und Benzin hat zur Folge, dass nicht rechtzeitig und nicht im erforderlichen Umfange nach dem Rechten gesehen werden kann und Missstände sofort abgestellt werden können."

In den Anstalten häuften sich die Fälle von Korruption, immer mehr Justizangestellte mussten entlassen werden. Besonders geeignete Personen für Posten im höheren Dienst, unter anderem für die der Anstaltsleiter, waren Mangelware. So wurde Waldheim seit Herbst 1946, als die Anstalt von den Sowjets zurückgegeben worden war, kommissarisch vom Vorstand des Amtsgerichts Waldheim geleitet, bis im Herbst 1947 Regierungsrat Karl Graf die Leitung übernahm. Die Leiter der Frauenhaftanstalt Leipzig-Kleinmeusdorf und des Untersuchungsgefängnisses Chemnitz mussten entlassen werden, da gegen sie Strafverfahren eingeleitet worden waren. Auch in Hoheneck gab es keinen eigenen Anstaltsleiter. Die Oberaufsicht über die Anstalt hatte der von Gentz geschätzte Oberregie-

---

142 Zitat hier und im Folgenden: LRS, MdJ an Abteilung Inneres der SMAS, Betr.: Gefängniswesen im Lande Sachsen vom 13.8.1947 (SächsHStA, LRS/MdJ/945, unpag.).

rungsrat Locherer vom Zwickauer Gefängnis inne, kommissarischer Anstaltsleiter war ein Wirtschaftsinspektor vom sächsischen Justizministerium.[143]

Im August 1947 sprach die Justizverwaltung im Rückblick auf den vorangegangenen Winter von „katastrophalen Zuständen [...], die infolge unzureichender Lagerstätten die Entlassung einer großen Zahl von Gefangenen erforderlich machten und auch zu schweren Erkrankungen und Erfrierungen von Gefangenen geführt haben".[144] Um ein weiteres Desaster zu vermeiden, sollten die Strafvollzugsämter der Länder die für die kalte Jahreszeit benötigten Textilien schon jetzt beschleunigt anfordern, damit diese rechtzeitig zentral beschafft werden könnten. Schließlich waren Häftlinge nicht nur verhungert, sondern auch infolge von Kleider-, Decken- und Kohlemangel erfroren. Bereits im Januar 1947 hatte das Dresdner Strafvollzugsamt an die Justizverwaltung geschrieben, dass man mit den Anstaltsleitern von Hoheneck und Zwickau besprochen habe, dass wegen des Kohlemangels „in beschränktem Maße Gefangenen Bewährungsfrist bzw. Strafunterbrechung"[145] zu gewähren seien. Vor allem „gebrechliche und kranke Insassen" sollten hier berücksichtigt werden. Durch die Reduzierung des Gefangenenbestands könnten Teile der Haftanstalten leergeräumt werden, um die knappen Heizvorräte besser für die Haupthäuser zu nutzen. Der Mangel an Heizmaterial führte auch zu großen Schwierigkeiten bei der Reinigung von Wäsche, was vor allem bei den kranken Häftlingen problematisch war.[146]

Wie verheerend die Zustände vor Ort waren, zeigte sich bei einer Inspektion der Haftanstalt Waldheim durch Gentz' Berliner Abteilung Ende Oktober 1947. Waldheim erhielt monatlich 100 Zentner Briketts für die Fernheizung der Anstalt. Doch bereits der tägliche Bedarf betrug 80 Zentner. Die Anstaltsleitung hatte errechnet, dass selbst bei „größter Sparsamkeit, die durch Zusammenlegung von Gefangenen und Außerbetriebsetzung einiger Verwahrhäuser für die Wintermonate möglich ist",[147] ein täglicher Bedarf von 45 Zentnern Briketts bestehe. Diese Schwierigkeiten hatten ihre Ursache nicht zuletzt darin, dass die Anstalten beim Bezug von Kohle und Koks, aber auch bei der Vergabe von Lebensmitteln immer wieder mit den Versorgungsstellen zusammenstießen, die erklärten, dass die Anstalten hinter Krankenhäusern,[148] Kinderheimen oder

---

143 Zu diesem Absatz: ebd.; Reisebericht über die Besichtigungsfahrt der Abteilung IV zu verschiedenen Haftanstalten in Brandenburg, Sachsen und Sachsen-Anhalt in der Zeit vom 20.-25.10.1947 (BArch, DP 1/HA SV/II/28/Bl. 27).
144 DJV an die Justizministerien der Länderregierungen, Betr.: Bedarf an Textilien für Justizvollzugsanstalten vom 12.8.1947 (BArch, DP 1/HA SV/II/88, unpag.).
145 Sächsisches Justizministeriums an DJV, Betr.: Entlassung von Gefangenen wegen Erfrierungen vom 15.1.1947 (BArch, DP 1/HA SV/II/90, unpag.).
146 Gesundheitsbericht des Strafgefängnisses Hoheneck über das 3. Quartal 1946 vom 1.10.1946 (SächsHStA, LRS/MdJ/861/Bl. 47).
147 Reisebericht über die Besichtigungsfahrt der Abteilung IV zu verschiedenen StVE in Brandenburg, Sachsen-Anhalt und Sachsen in der Zeit vom 20. bis 25.10.1947 (BArch, DP 1/HA SV/II/28/Bl. 24).
148 Die DJV berichtete im März 1947, dass bezüglich der Kohleversorgung Krankenhäuser auch nur mit 5 % ihres Bedarfs angesetzt worden seien, während man die Haftanstalten

Altersheimen zurückstehen müssten, da sie schließlich nur Strafgefangene zu versorgen hätten, „die gegen das Gesetz verstießen und somit an letzter Stelle kommen müssten".[149] Die Einstufung der Haftanstalten auf der untersten Stufe der Bezugsberechtigten durch die öffentlichen Bedarfsträger führte aber in der Praxis „in den meisten Fällen [zu] einer Nichtberücksichtigung bei [der] Verteilung der Kontingente",[150] wie die Justizverwaltung in einem Schreiben an die Deutsche Wirtschaftskommission Ende Oktober 1948 kritisierte.

In einem auffallenden Kontrast steht ein in den Akten unkommentierter Bericht des Kriminalamts Weißwasser über die Zustände im dortigen Amtsgerichtsgefängnis. Demnach hatte es Klageschreiben von diversen Seiten über die „tollen Zustände" im Weißwasseraner Gefängnis gegeben: „Häftlinge laufen unbeaufsichtigt durch die Stadt, Bürger beschweren sich, dass sie hungern müssen, während das Gefängnispersonal immer dicker werde, Häftlinge gehen abends tanzen, bekommen Frühstück und Mittagessen und können sich bis zum Abend frei bewegen."[151] Daher werde die Haftanstalt im Volksmund als „Erholungsheim"[152] bezeichnet. Andererseits wurde das Amtsgerichtsgefängnis Zittau als „eines der primitivsten im Lande Sachsen"[153] bezeichnet, was die große Heterogenität im sächsischen Strafvollzug dokumentiert, die ihrerseits durch den Zustand der Anstalten, der Führungsqualität der Anstaltsleiter und des zur Verfügung stehenden Personals bedingt war.

In den Gerichtsgefängnissen hatten speziell die weiblichen Häftlinge zu leiden. Da es vielerorts keine eigenen Abteilungen für Frauen und auch kein weibliches Aufsichtspersonal gab, waren „häufig Frauen neben Männern als Gefangene untergebracht", und zwar „während mehrerer Monate".[154] „Wiederholt" war es zu „Unzuträglichkeiten" gekommen und „in einer Anzahl von Fällen" hatte es infolgedessen strafrechtliche Konsequenzen gegen Aufseher gegeben, bei denen auf Sittlichkeitsverbrechen erkannt wurde. Daher forderte die Justizverwaltung Sachsen auf, „soweit irgend möglich, die weiblichen Gefangenen in

---

überhaupt nicht berücksichtigt habe. Vgl. Bericht über die Besichtigungsfahrt der Abteilung IV in der Zeit vom 19.–22.3.1947 zu den Anstalten des Landes Sachsen (Hoheneck, Waldheim, Zwickau) (BArch, DP 1/HA SV/II/106-1, unpag.).
149 Vierteljahresbericht des Frauenstrafgefängnisses Leipzig-Kleinmeusdorf für das 3. Quartal 1947 vom 30.9.1947 (SächsHStA, LRS/MdJ/906, unpag.). An diesem grundsätzlichen Problem sollte sich auch in den folgenden zwei Jahren nichts ändern. Vgl. Rechenschaftsbericht des Frauenstrafgefängnisses Leipzig-Kleinmeusdorf für das 2. Quartal 1949 vom 4.7.1949 (SächsHStA, LRS/MdJ/908, unpag.).
150 DJV an DWK, Betr.: Bedarf an Textilien und Geräten für die Justizvollzugsanstalten vom 24.10.1948 (BArch, DP 1/HA SV/I/88, unpag.).
151 Kriminalamt Bautzen, Dienststelle Weißwasser, an Direktion des Kriminalamts Bautzen, Betr.: Zustände im Amtsgerichtsgefängnis Weißwasser vom 5.7.1947 (SächsHStA, LRS/MdJ/945, unpag.).
152 Ebd.
153 Bericht über die am 1.7.1947 stattgefundene Besichtigung des Amtsgerichtsgefängnisses Zittau vom 3.7.1947 (SächsHStA, LRS/MdJ/945, unpag.).
154 Zitat hier und im Folgenden: DJV an Justizministerium der Landesregierung Sachsen, Betr.: Unterbringung weiblicher Häftlinge vom 15.9.1947 (SächsHStA, LRS/MdJ/1048, unpag.).

besonderen Anstalten für Frauen oder in besonderen Frauenabteilungen mit voller weiblicher Aufsicht zu verwahren". Doch wie so oft verhinderte die Diskrepanz zwischen Anweisung und Umsetzung eine Besserung der Situation. Nicht Unwille des Dresdner Strafvollzugsamts war die Ursache, sondern fehlende Räumlichkeiten für spezielle Frauenabteilungen und finanzielle Mittel, um die dünne Personaldecke aufzustocken. Wiederholte Anfragen, die Personalstellen zu erhöhen, blieben erfolglos.

2.3 Hemmnisse im Reformvollzug

Ende 1947 schrieb der ehemalige Häftling des Sebnitzer Amtsgerichtsgefängnisses Karl Erich R. einen Leserbrief an die „Sächsische Zeitung", den diese der SED aushändigte, welche den Brief wiederum mit der Bitte um Prüfung am 10. Dezember 1947 an das sächsische Justizministerium weiterleitete. Der Brief ist einer der wenigen Häftlingsberichte aus der Zeit des Justizstrafvollzugs.[155] Darin wird die Lage zweieinhalb Jahre nach Kriegsende drastisch geschildert. Die Enge: dreifache Überbelegung der Zellen. Die schlimmen hygienischen Zustände: nur alle drei bis vier Wochen etwas warmes Wasser zum Waschen, mit dem anschließend die Zelle gewischt würde; unbezogene Decken, die seit Jahren ungewaschen seien und trotz aller möglichen Krankheiten von Häftling zu Häftling weitergereicht würden; Wanzen und Flöhe. Der schlechte bauliche Zustand: keine Scheiben in den Fenstern, nur Pappe oder Stoff, sodass Kälte und Feuchtigkeit in die Zellen eindringen könne, worunter vor allem die im Sommer eingelieferten Häftlinge zu leiden hätten, da es keine Anstaltskleidung gebe und die Häftlinge die Strafzeit in ihrer eigenen Kleidung absitzen müssten. Das schlechte Essen: „Seit Monaten täglich nur etwas Kartoffelsuppe mit einigen Graupen drin. Morgens und abends je 2 Scheiben Brot. Das ist die Nahrung für einen Tag. Hunger und Kälte lassen die Gefangenen seelisch und körperlich untergehen."[156] Für die Häftlinge gebe es keine Beschäftigung. Auch Hofgang sei eher die Ausnahme. Zudem seien die Häftlinge der Willkür der Justizangestellten ausgesetzt: „Ohrfeigen gibt es auch. Gebrüllt wird wie auf dem Kasernenhof." R. warf abschließend dem Amtsrichter als erstem Vorgesetzten der Anstalt vor, dass er sich um nichts kümmere, auch Beschwerden seien unbeantwortet geblieben. Der „vorhergehende Gefängnisaufseher" habe zudem in großem Umfang Lebensmittel veruntreut, ohne dass eine Untersuchung stattgefunden habe. Ein Fall von vielen, wie die Akten immer wieder zeigen.

In Hoheneck war Ende Oktober 1947 ein Drittel der Gefangenen unterernährt. Bei einer Belegung von ca. 600 Häftlingen (amtliche Belegungsfähigkeit 1942: 350 Personen) musste seit Jahresbeginn 240-mal auf Haftunfähigkeit ent-

---

155 Leserbrief „Hunger und Kälte im Gefängnis" von Karl Erich R. (Name anonymisiert, J. M.) an die Sächsische Zeitung von 1947 (SächsHStA, LRS/MdJ/944, unpag.).
156 Zitat hier und im Folgenden: ebd.

schieden werden. Trotzdem hatte die Anstaltsleitung – anders als in Waldheim – Anfang Oktober ein Paketverbot ausgesprochen, was von den Berliner Kontrolleuren kritisiert wurde, da in Zeiten knapper Lebensmittel die Annahme von Lebensmittelpaketen „nicht grundsätzlich"[157] untersagt werden könne. Von den 600 in Hoheneck Inhaftierten waren 340 ohne Arbeit, darunter die Hälfte der knapp 200 jugendlichen Straftäter, was auch im SBZ-Vergleich eine „erschreckend hohe Zahl" war, wie die Inspekteure vermerkten. Insgesamt hatte sich der äußere wie innere Zustand der Anstalt seit Jahresfrist weiterhin verschlechtert, was der Anstaltsführung angelastet wurde. Abschließend kamen die Berliner Inspekteure zu dem Urteil, dass Hoheneck als Jugendgefängnis insgesamt unbrauchbar sei, da man es unter anderem nicht beheizen könne, was offensichtlich für die Unterbringung von „Schwerverbrechern, insbesondere für solche, die wegen Verbrechen nach Kontrollratsgesetz Nr. 10, Direktive 38 und Befehl 201 verurteilt worden sind", kein Hindernis darstellte, denn für diese Häftlinge wurde Hoheneck nach der Verlegung der Jugendlichen nach Waldheim eingerichtet.

Ruth Seydewitz, Frau des sächsischen Ministerpräsidenten Max Seydewitz, hatte an der Besichtigung Hohenecks teilgenommen und prangerte in einem Artikel für die „Sächsische Zeitung" die „falschen Methoden des Strafvollzuges"[158] offen an. Eine grundsätzliche Neugestaltung des Strafvollzugs sei bisher noch nicht geschehen, so die vernichtende Kritik Seydewitz'. Gleichzeitig räumte sie aber ein, dass dies „anscheinend wegen der äußerst großen Schwierigkeiten bisher unterblieben" sei. Daher sei es notwendig, die Initiative und Hilfe der demokratischen Massenorganisationen zu mobilisieren, um „dieses drängende Problem" möglichst schnell zu lösen. Zwischen Kriegsende und DDR-Gründung gab es viele – auch kritische – Zeitungsartikel zum Thema Strafvollzug. Offen wurden die Probleme und Zustände thematisiert – sicherlich der größte Unterschied zum Strafvollzug der DDR. Das war nur möglich, weil die Haftanstalten noch nicht so hermetisch von der Außenwelt abgeriegelt waren, wie es im späteren Strafvollzug des DDR-Innenministeriums der Fall war. Die Mitwirkung und Beteiligung der Öffentlichkeit und mithin die demokratische Kontrolle des Strafvollzugs waren von der Justizverwaltung ausdrücklich erwünscht, schließlich hatte Gentz bereits in den Richtlinien für den Strafvollzug vom 16. Oktober 1945 die Einbeziehung der Öffentlichkeit gefordert.[159]

Ende 1947 berichtete der kommissarische Leiter Hohenecks von einigen Erfolgen im Anstaltsbetrieb.[160] So gebe es kaum noch Häftlinge ohne Arbeit,

---

157 Zitat hier und im Folgenden: Reisebericht über die Besichtigungsfahrt der Abteilung IV zu verschiedenen Haftanstalten in Brandenburg, Sachsen und Sachsen-Anhalt in der Zeit vom 20.–25.10.1947 (BArch, DP 1/HA SV/II/28/Bl. 27–29).
158 Zitat hier und im Folgenden: Seydewitz, Ruth: „Besuch in Hoheneck. Falsche Methoden im Strafvollzug". In: Sächsische Zeitung vom 1.11.1947 (SächsHStA, LRS/MdJ/1034, unpag.).
159 Vgl. Kapitel II.1.1.
160 Bericht des Strafgefängnisses Hoheneck an die Abteilung IV des MdJ der LRS vom 31.12.1947 (SächsHStA, LRS/MdJ/907, unpag.).

ca. 250 von ihnen seien bereits in andere Haftanstalten zur Arbeit überführt worden. Fortschritte habe es auch bei der Schulung des Personals und der Beschaffung von Wäsche und Kleidung gegeben. Die im Oktober ausgesprochen harte Kritik am rigiden Strafensystem zeigte insofern Wirkung, als dass in den vergangenen zwei Monaten nicht eine einzige Arreststrafe verhängt worden sei und die Disziplin derartig gehoben werden konnte, dass sie nun „direkt als gut" bezeichnet wurde. Der Freizeitgestaltung werde nun mehr Aufmerksamkeit geschenkt, die Gefangenen- und Entlassenenfürsorge entwickele sich ebenfalls, sei aber weiterhin ausbaufähig. Selbst bei der Verpflegung sei ein Fortschritt erzielt worden, da die Anstalt bei der Zuteilung landwirtschaftlicher Erzeugnisse nun den Krankenhäusern, Alters- und Kinderheimen gleichgestellt sei.[161] Mit Jahresbeginn 1948 begann die erwähnte Verlegung der jugendlichen Straftäter nach Waldheim. Hoheneck wurde Spezialanstalt für männliche und weibliche Personen, die nach Befehl 201, Kontrollratsgesetz Nr. 10 oder KD 38 verurteilt worden waren.[162] Dafür wurde in Hoheneck ein Frauengefängnis mit einer Belegungskapazität von 150 Häftlingen eingerichtet, wobei anfänglich lediglich 60 Frauen untergebracht waren.

Auch das Jahr 1948 brachte keine Veränderungen hinsichtlich der fundamentalen Probleme im Strafvollzug. Schiffer hatte von „einer Anzahl von Anstalten" Berichte erhalten,[163] denen zufolge Mitte April 1948 von den dort einsitzenden insgesamt 3 000 Häftlingen beinahe ein Drittel unter schwerer Unterernährung litt. Im Zeitraum von November 1947 bis April 1948 waren 176 Häftlinge gestorben. „Diese Todesrate ist 10 Mal so hoch wie in den Zeiten normaler Ernährungsverhältnisse", so die dramatische Bilanz Schiffers. Von Januar bis April mussten 773 Häftlinge zum überwiegenden Teil aufgrund schwerer Unterernährung als haftunfähig entlassen werden. Zudem, so Schiffer, sei „zu befürchten, dass auch von ihnen noch eine erhebliche Anzahl an den Folgen der Unterernährung gestorben ist" und ein Großteil mit bleibenden Schäden zu kämpfen habe.

Angesichts der grundlegenden Schwierigkeiten in den Haftanstalten stand die Reformierung des Strafvollzugs nach den Gesichtspunkten Gentz' hinten an. Als „überwiegend höchst unbefriedigend"[164] beschrieb die Abteilung Justiz des ZK der SED die Verhältnisse in den Gefängnissen der Sowjetischen Besatzungszone im Oktober 1948. „Die Anstalten sind vielfach erheblich überbelegt, die Ernährung ist unzureichend, es fehlt an der nötigen Bekleidung, die kulturelle Betreuung der Gefangenen lässt zu wünschen übrig, vor allem aber werden die Gefangenen teils überhaupt nicht, teils nicht mit produktiver Arbeit beschäftigt."

---

161 Bericht des Anstaltsleiters Baumann über die Strafvollzugstätigkeit im Strafgefängnis Hoheneck vom 10.12.1947 (SächsHStA, LRS/MdJ/1033/Bl. 40).
162 Vgl. hierzu Kapitel IV.1.
163 Zitat hier und im Folgenden: Schreiben des Chefs der DJV, Eugen Schiffer, an die Justizministerien der Landesregierungen, Betr.: Unterernährung in den Gefängnissen vom 8.5.1948 (BArch, DP 1/HA SV/III/150/Bl. 78 f.).
164 Zitat hier und im Folgenden: ZK der SED, Abteilung Justiz, Mitteilungsblatt Nr. 2 vom Oktober 1948 (BArch, DP 1/HA SV/II/68, unpag.).

Die Ursachen dieses Zustands lagen in von den Anstalten nicht beeinflussbaren „objektiven Schwierigkeiten", etwa dem durch Kriegseinwirkungen bedingten, schlechten baulichen Zustand vieler Anstalten oder auch der Inanspruchnahme von Haftanstalten seitens der Besatzungsmacht. Weiterhin seien Maschinen der Anstalten zerstört oder demontiert worden, es fehle an Materialien, Ausrüstungs- und Einrichtungsgegenständen sowie an dem für den „modernen demokratischen Erziehungsstrafvollzug" notwendigen Personal. Immerhin hatten Gentz und seine Mitarbeiter es geschafft, dass auch im ZK der SED vom „modernen demokratischen Erziehungsstrafvollzug" als Ziel gesprochen wurde. Dass „im Zeichen unseres planmäßigen Wirtschaftsaufbaus" die Arbeitskraft der ca. 19 000 Häftlinge der 26 größeren Haftanstalten der SBZ zum Großteil nicht „oder nur in unrentabler Weise" genutzt wurde, galt als untragbar. Dieser Zustand sei „heute fast überall der Fall". Auch Gentz bezeichnete es als „wirtschaftlich unverantwortlich", dass immer noch Tausende Häftlinge „zum Nichtstun verdammt sind oder mit lächerlichem Trödelwerk beschäftigt werden".[165] Neben den erwähnten „objektiven Schwierigkeiten" erkannte die Abteilung Justiz des ZK der SED die Ursache vieler Mängel in der „unterschiedslosen, gemeinsamen Unterbringung verschiedenartiger Gefangener".[166] So waren etwa in der Strafanstalt Gräfentonna in Thüringen „Männer und Frauen, politische Verbrecher und andere Verurteilte, Lebenslängliche und Kurzfristige, Untersuchungsgefangene und Strafgefangene, vor allem auch nach Befehl 201 verurteilte Nazi- und Kriegsverbrecher untergebracht worden, die auf alle Fälle separat gehalten werden sollten". Gentz forderte auch nachdrücklich eine Sonderanstalt für Frauen: „Es ist ebenso beschämend wie würdelos, dass fast überall Frauen auch in Männeranstalten einsitzen, nirgends dort unter weiblicher Oberleitung, oft genug sogar unter der Aufsicht männlichen Personals."[167] Überbelegung und der damit einhergehende Raummangel verhinderten demnach vielerorts die von Gentz geforderte Differenzierung der Häftlinge, die eine wichtige Grundvoraussetzung für den Erziehungsstrafvollzug darstellte.

Gentz kritisierte die herrschenden Zustände im Strafvollzug weiter: In der Weimarer Republik und auch schon davor, so Gentz, sei der Strafvollzug durch ehemalige Unteroffiziere dominiert gewesen. „Kasernenhofgeist, Kasernenhofton, die ganze menschliche Sterilität und Servilität des Militarismus regieren in den Gefängnissen. Kadavergehorsam verwechselte man mit Disziplin."[168] In Bezug auf den Strafvollzug 1948 konstatierte Gentz: „Die Unteroffiziere sind gegangen, ihr Geist ist geblieben. Es erschüttert, [...] wie tief unsere Anstalten diesem Ungeist noch verhaftet sind."[169] Gewalt gefährde vor allem diejenigen, die sie ausüben – also das Anstaltspersonal. Dieses sei „viel zu primitiv, um

---

165 Gentz, Reform des Strafvollzuges, S. 247.
166 Zitat hier und im Folgenden: ZK der SED, Abteilung Justiz, Mitteilungsblatt Nr. 2, Oktober 1948 (BArch, DP 1/HA SV/II/68, unpag.).
167 Gentz, Reform des Strafvollzuges, S. 240.
168 Ebd., S. 249 f.
169 Ebd., S. 250.

dagegen gefeit zu sein".¹⁷⁰ Noch immer gebe es zu viele Justizangestellte, die Gewalt gegen Häftlinge anwendeten, und Personal sowie vorgesetzte Dienststellen, die Gewalt anwendende Angestellte deckten und entschuldigten. An keinem anderen Ort richte Gewalt so viel Schaden an wie in einem Gefängnis, da sich die Häftlinge nicht gegen Gewalt wehren könnten, argumentierte Gentz und forderte daher „wachsamste demokratische Kontrolle".¹⁷¹

Doch auch in dieser Hinsicht stand der Strafvollzug in der Sowjetischen Besatzungszone noch am Anfang. Für die Entwicklung des Strafvollzugs betonte Justizverwaltungschef Fechner Ende 1948 die „weittragende Bedeutung" der Unterstellung unter die öffentliche Kontrolle. Diese Art von Kontrolle geschehe zum einen durch die Schaffung von Strafvollzugsausschüssen bei den Ländern und zum anderen durch eine enge Zusammenarbeit mit den Massenorganisationen und dem FDGB. Denn, so das hehre Ziel: „Nur auf diesem Wege können die fortschrittlichen Gedanken des Strafvollzuges Gemeingut werden und kann er mit wirklich demokratischem Geiste erfüllt werden."¹⁷² Dennoch musste Fechner die Justizministerien der Länder auffordern, „intensiver als bisher" an diesen Punkten zu arbeiten. Zwar hatte die SED bereits im Januar 1948 den „Aufbau der demokratischen Kontrolle des Strafvollzugs" in einem Justizbeschluss als „wichtige rechtspolitische Aufgabe" bezeichnet, die durch Ausschüsse für den Strafvollzug bei den Landtagen und vor Ort – also bei den Haftanstalten – zu realisieren sei.¹⁷³ Doch wurde erst nach dem Beschluss des sächsischen Landtags vom 4. Februar 1949 ein „Ausschuss für den Strafvollzug für die Straf- und Untersuchungshaftanstalten im Lande Sachsen" gebildet, der Anfang Juni 1949 „Richtlinien für die Kontrolle des Strafvollzuges und die Durchführung der Straffälligen-, Strafgefangenen- und Strafentlassenenfürsorge" erließ.¹⁷⁴ Der Ausschuss bestand aus 14 Mitgliedern (sieben Frauen und sieben Männern): vier Vertreter der SED, die auch den Vorsitzenden stellte, je zwei LDP- und CDU-Mitglieder und je ein Vertreter der FDJ, des FDGB, der Vereinigung der Verfolgten des Naziregimes, des Demokratischen Frauenbunds Deutschlands (DFD), der Volkssolidarität und der Vereinigung der gegenseitigen Bauernhilfe (VdgB). Als Fachberater arbeiteten dem Landtagsausschuss je ein Vertreter der Strafvollzugsabteilung des Justizministeriums, des Ministeriums für Arbeit und Sozialwesen, des Ministeriums für Volksbildung und des Ministeriums für Handel und Versorgung zu. Unter anderem wurden monatliche Beratungen im Ausschuss, Überwachung und Unterstützung der Kreisaus-

---

170 Ebd., S. 255.
171 Ebd.
172 Chef der DJV an die Justizministerien der Landesregierungen, Betr.: Auswertung der Juristenkonferenz von 25. und 26.11.1948 vom 27.12.1948 (SächsHStA, LRS/MdJ/853/Bl. 40 f.).
173 Wentker, Justiz in der SBZ/DDR, S. 394 f.
174 Sächsischer Landtag, Kanzlei, Richtlinien für die Kontrolle des Strafvollzuges und die Durchführung der Straffälligen-, Strafgefangenen- und Strafentlassenenfürsorge im Lande Sachsen vom 10.6.1949 (SächsHStA, LRS/MdJ/854/Bl. 144).

schüsse, die Besichtigung aller Anstalten sowie Einzel- oder Gruppenbesichtigungen festgelegt. In allen Stadt- und Landkreisen sollten entsprechende Ausschüsse mit den gleichen Aufgaben gebildet werden.

Verlief die Entwicklung bezüglich der demokratischen Kontrolle des Strafvollzugs schon äußerst schleppend, kamen die Reformbestrebungen in anderen Punkten überhaupt nicht voran, wie Fechner Ende 1948 feststellte. Auf Nachfrage habe nicht eines der Länder der östlichen Besatzungszone positive Angaben zu Differenzierung und Klassifizierung der Häftlinge, zu deren gesellschaftlich nützlichen Arbeit im Rahmen des Zweijahresplans, zur Schaffung von Gefangenen-Arbeitskollektiven, zur Zusammenarbeit des Strafvollzugs mit der allgemeinen Verwaltung und den Massenorganisationen und bezüglich des sogenannten Bewährungseinsatzes machen können.[175] All diese Punkte waren zwar die Basis der Reform des Strafvollzugs, doch gab es nirgends Fortschritte oder eine generelle Entwicklung. Dies stellte nach drei Jahren intensiver Arbeit eine desaströse Bilanz für Gentz und seine Mitarbeiter dar, die aber weniger der Unfähigkeit der Justizverwaltung geschuldet war als vielmehr den insgesamt schlechten Bedingungen der ersten Nachkriegsjahre.

Verhinderten schon die allgemeinen Haftbedingungen den Reformvollzug, führten die 1948/49 von der Deutschen Justizverwaltung verzeichneten „deutlichen sowjetischen Akzentverschiebungen"[176] bei den Fragen der Häftlingsarbeit und Sicherheit der Haftanstalten zusätzlich zu einem Aufweichen des Reformkonzepts und zu einer stärkeren Betonung der Häftlingsarbeit seitens der Justizverwaltung. So bezeichnete Fechner Ende 1948 die „Nutzbarmachung" der Arbeitskraft der Häftlinge für den Zweijahresplan als die wichtigste Aufgabe.[177] Die Häftlingsarbeit wurde so „vom Mittel des Strafvollzugs zu dessen Hauptaufgabe".[178] Dies, so Fechner weiter, sei sowohl von ökonomischer als auch von pädagogischer Bedeutung – erstes für den Staat und zweites im Sinne einer Erziehung der Häftlinge durch Arbeit. Die Mitarbeit am Zweijahresplan solle dabei zur „zentralen Triebfeder"[179] der Resozialisierung werden. Deshalb müsse die „Idee des Zweijahresplans zum Motiv des persönlichen Arbeitseinsatzes werden". Auch wenn die ökonomische Bedeutung der Häftlingsarbeit klar im Vordergrund stand, wurden die Erziehung der Häftlinge und das Bemühen um eine Resozialisierung nicht aufgegeben: „Die Gefangenen dürfen nicht nur Arbeitsinstrumente zur Erzielung von ökonomischen Leistungen

---

175 Chefs der DJV an die Justizministerien der Landesregierungen, Betr.: Auswertung der Juristenkonferenz von 25. und 26.11.1948 vom 27.12.1948 (SächsHStA, LRS/MdJ/853/Bl. 40).
176 Wentker, Justiz in der SBZ/DDR, S. 371.
177 Chef der DJV an die Justizministerien der Landesregierungen, Betr.: Auswertung der Juristenkonferenz von 25. und 26.11.1948 vom 27.12.1948 (SächsHStA, LRS/MdJ/853/Bl. 40).
178 Wentker, Justiz in der SBZ/DDR, S. 371.
179 Zitat hier und im Folgenden: Chef der DJV an die Justizministerien der Landesregierungen, Betr.: Auswertung der Juristenkonferenz von 25. und 26.11.1948 vom 27.12.1948 (SächsHStA, LRS/MdJ/853/Bl. 40).

sein, sondern müssen dazu gebracht werden, im Rahmen eines Arbeitskollektives an der Arbeitsplanung und Leistungssteigerung selbsttätig Anteil zu nehmen." Als Anerkennung der Arbeitsleistung solle auch verstärkt auf den Bewährungseinsatz zurückgegriffen werden. Fechner kritisierte diesbezüglich, dass der Wert dieser Maßnahme zur gelungenen Resozialisierung der Häftlinge leider vielfach verkannt werde.

Mitte Dezember 1948 legte das Dresdner Strafvollzugsamt detailliertere Angaben zum Wettbewerb der Haftanstalten vor. Ganz im Sinne der neuen Prämissensetzung der SMAD war das Ziel ein verstärkter Arbeitseinsatz der Häftlinge. Darauf sollte auch die gesundheitliche wie kulturelle Betreuung der Gefangenen ausgerichtet werden. Der ausgerufene Wettbewerb innerhalb der Arbeitsbelegschaften wurde zum Mittel der Leistungssteigerung erklärt. Um eine höhere Arbeitsproduktivität zu erreichen, wurde das bisherige Arbeitsentgelt durch einen festen Entlohnungssatz ersetzt, der nach Arbeitsleistung gestaffelt wurde. Der Wettbewerb sollte aber nicht nur innerhalb der Anstalten stattfinden, sondern zwischen allen sächsischen Strafanstalten und Gerichtsgefängnissen. Sie wurden zu einem Wettbewerb aufgerufen, in dem die gesundheitliche und hygienische Betreuung, die Differenzierung, die „Arbeitsverwendung im Sinne des Zweijahrplanes, [...] kulturelle Erziehung und Weiterbildung"[180] – auch die des Vollzugspersonals – sowie der Aufbau der Gefangenenselbstverwaltung bewertet werden sollten. Mittels der „demokratischen Selbstverwaltung" der Häftlinge sollten diese ihre Arbeit sogar mitorganisieren können.

Der Leiter des sächsischen Strafvollzugsamts, Hentschel, bezeichnete auf einer Tagung der sächsischen Anstaltsleiter den Zweijahresplan euphorisch als „Mittel der Überwindung" aller noch vorhandener „Hindernisse".[181] Auf „manchen Gebieten", so Hentschel schönfärberisch, gebe es „Hemmnisse", die sich dem Strafvollzug entgegenstellten. Als deren Ursache benannte er den derzeitig niedrigen Lebensstandard als eine direkte Folge der NS-Herrschaft. Daher hielt er eine diesbezügliche Kritik am Strafvollzug für unangebracht. Besonderes Augenmerk liege nun auf der Häftlingsarbeit. Noch heute sei die früher übliche Beschäftigung der Häftlinge mit unproduktiven Arbeiten üblich. Dank einiger engagierter Anstaltsleiter werde dem zwar teilweise entgegengewirkt, doch sei man über bloße Improvisation noch nicht hinausgekommen. Daher arbeite das Justizministerium in Verbindung mit den entsprechenden Ministerien der Wirtschaftsverwaltung an der Erstellung eines Planes für eine „vollwertige, volkswirtschaftlich nützliche und notwendige produktive" Häftlingsarbeit. Die außerhalb der Gefängnisse voranschreitende „‚Sowjetisierung' des Arbeitsalltags"[182]

---

180 Anlage zum Schreiben der Abt. SV des MdJ der LRS, Betr.: Wettbewerb der Vollzugsanstalten und Gefängnisse bis zum 31.3.1949 vom 14.12.1948 (SächsHStA, LRS/MdJ/852/Bl. 93).
181 Zitat hier und im Folgenden: Protokoll der Anstaltsleitertagung am 20.11.1948 in Dresden (SächsHStA, LRS/MdJ/895/Bl. 74 f.).
182 Mählert, Kleine Geschichte der DDR, S. 50.

erfasste also nun auch den Strafvollzug – die Planwirtschaft sollte die Häftlingsarbeit bestimmen, die Steigerung der Produktivität war das Ziel. Daher bekräftigte auch Hentschel die Notwendigkeit des Wettbewerbs unter den Vollzugsanstalten als Mittel zur Erlangung dieses Ziels und zur Förderung der „verheißungsvoll begonnenen Arbeiten zur Entwicklung eines neuzeitlichen, demokratischen Strafvollzugs".[183] Vier Monate später berichtete Hentschel den Mitgliedern des Strafvollzugsausschusses von Fortschritten beim Arbeitseinsatz der Häftlinge. Angeblich werde dieser nur noch „hin und wieder" von Materialschwierigkeiten gehemmt. Die Mehrheit der Häftlinge stand den Ausführungen Hentschels zufolge offenbar im Arbeitsprozess, der nun durch den Wettbewerb geprägt war.[184]

Verpflegung und Versorgung blieben die Kardinalprobleme des Strafvollzugs. Von Januar bis zum August 1948 mussten 1 250 Häftlinge aufgrund ihrer Haftunfähigkeit entlassen werden.[185] Immer wieder mahnte die Justizverwaltung bei der Hauptverwaltung Handel und Versorgung der Deutschen Wirtschaftskommission (DWK) die Dringlichkeit der Versorgung der Haftanstalten an – besonders im Herbst. Da die Zahlen der wegen Haftunfähigkeit Entlassenen derart hoch seien, müsse es nun „im Interesse der Rechtssicherheit unter allen Umständen vermieden werden, dass Gefangene, wie dies in früheren Jahren notwendig wurde, aus Mangel an Decken, Kleidung und sonstiger Ausstattung sowie wegen Ernährungsschwierigkeiten vor Ablauf ihrer Strafzeit aus den Gefangenenanstalten entlassen" werden müssen.[186] Nicht nur bei der Besatzungsmacht stieß die Praxis der Entlassungen aufgrund von Haftunfähigkeit auf große Skepsis,[187] auch viele Anstaltsleiter empfanden sie als untragbar. Bereits im August 1947 hatte ein Zwickauer Staatsanwalt gegenüber der damaligen Ministerialdirektorin in der DJV, Hilde Benjamin, geäußert, „dass eine solche Handhabung zu völlig untragbaren Verhältnissen führen muss". Bei allem Verständnis für den humanen Strafvollzug dürfe es „aber nicht in dieser Form ausarten, um so die Verbrecher zu ihrer verbrecherischen Tätigkeit direkt anzureizen. Ich bin vielmehr der Meinung, dass die menschliche Gesellschaft absolut nichts verliert, wenn ein Mensch, der x-mal vorbestraft ist, auch aus besonderen Umständen einmal in der Haft stirbt."[188] Gentz bemerkte daraufhin, dass die Nazis ebenso argumentiert hätten.

---

183 Protokoll der Anstaltsleitertagung in Dresden am 20.11.1948 (SächsHStA, LRS/MdJ/895/Bl. 77).
184 Ausführungen des Ministerialrats Hentschel auf der 2. Sitzung des Ausschusses für den Strafvollzug und für die Straf- und Untersuchungshaftanstalten im Lande Sachsen am 23.3.1949 (SächsHStA, LRS/MdJ/898/1, unpag.).
185 DJV an Zentralkontrollkommission bei der DWK vom 20.8.1948 (BArch, DP 1/HA SV/II/87, unpag.).
186 DJV an DWK, Betr.: Bedarf an Textilien und Geräten für die Justizvollzugsanstalten vom 24.10.1948 (BArch, DP 1/HA SV/I/88, unpag.).
187 Wentker, Justiz in der SBZ/DDR, S. 218 f.
188 Zwickauer Staatsanwalt Knüpelstein an Hilde Benjamin vom 2.8.1947 (BArch, DP 1/HA SV/II/96, unpag.).

Obwohl weiterhin „zahlreiche Gefangene an Unterernährung" starben[189] und die Zahl der Haftunfähigen sehr hoch war, hielt die DWK am allgemeinen Abgabesoll der Gefängnisse fest, wogegen die Justizverwaltung protestierte. Alle Haftanstalten zusammen verfügten über ca. 400 Hektar Land und unterlagen per Weisung einem, in den verschiedenen Ländern und Provinzen durchaus unterschiedlich geregelten Abgabesoll ihrer landwirtschaftlichen Erzeugnisse. Teilweise konnten Haftanstalten über die entsprechenden Verpflegungssätze hinaus bis zur Hälfte ihrer Erträge für sich in Anspruch nehmen. In anderen Ländern wurden die Anstalten als Selbstversorger behandelt und konnten wenigstens aus dem Ertrag ihrer Landwirtschaft den für ihre Belegschaft entsprechenden Anteil der Erzeugung für sich behalten.[190] Angesichts der desolaten Ernährungslage wandte sich die Justizverwaltung immer wieder mit Anfragen an die Rechtsabteilung der SMAD, um den Gefangenenanstalten bessere Versorgungsrechte zukommen zu lassen.[191] Unter anderem versuchte man die Gewährung einer höheren Lebensmittelkartengruppe zu erreichen. Vor allem die arbeitenden Häftlinge sollten bezüglich der Kartengruppe den zivilen Verhältnissen gleichgestellt werden. Anfang Februar 1948 hatte die DJV den Justizministerien mitteilen können, dass „die Gleichstellung der Gefangenen mit freien Arbeitern im Wesentlichen"[192] erreicht werden konnte. Nichtarbeitende Häftlinge erhielten weiterhin nur die unzureichende Verpflegung nach Kartengruppe IV.

Ein Leipziger Gerichtsarzt wies darauf hin, dass einige Häftlinge die schlechte Ernährungslage zur Herbeiführung ihrer Haftunfähigkeit ausnützen würden. Ihm war der schnelle körperliche Verfall von Häftlingen aufgefallen. Diese hätten sich vor ihrer Verlegung nach Waldheim und Hoheneck noch in einem guten gesundheitlichen Zustand befunden. Nachforschungen des Arztes ergaben, dass Häftlinge auf verschiedene Weise ihre Haftunfähigkeit herbeiführten: Sie tauschten Essen gegen Tabakwaren und fügten sich Nikotinvergiftungen zu, tranken viel Salzwasser – wodurch „Unterernährung und Hautschwellungen" eintraten

---

189 DJV an Zentralkontrollkommission bei der DWK vom 20.8.1948 (BArch, DP 1/HA SV/II/87, unpag.).
190 DJV an Deutsche Verwaltung für Handel und Versorgung, Betr.: Abgabesoll der Gefangenenanstalten, Berlin vom Dezember 1947 (BArch, DP 1/HA SV/II/87, unpag.). In Mecklenburg wiederum mussten die Anstalten ihre landwirtschaftlichen Produkte abliefern und dann wieder einkaufen. Das Abgabesoll führte hier zu der grotesken Praxis, „dass die Anstalten die Differenz zwischen dem Erzeugerpreis [...] und dem Händlerpreis in bar an die Ablieferungsstelle abführen müssen, also für jeden selbstgeernteten Zentner Kartoffeln [...] an irgendeinen Großverteiler, der in diesem Falle praktisch keine weitere Leistung als eine Buchungsoperation vornimmt, eine erhebliche Summe zahlen müssen, der keinerlei Gegenwert gegenüber steht und die dem Großverteiler, der keinerlei produktive Tätigkeit dabei entfaltet, einen mühelosen Gewinn verschafft". Vgl. DJV an DWK, Handel und Versorgung, Betr.: Abgabesoll der Gefangenenanstalten mit eigener Landwirtschaft vom 6.10.1948 (BArch, DP 1/HA SV/II/87, unpag.).
191 Vgl. BArch, DP 1/HA SV/II/87.
192 DJV an die Justizministerien der Länder, Betr.: Einstufung der Gefangenen in die Lebensmittelkartengruppen vom 7.2.1948 (BArch, DP 1/HA SV/III/150/Bl. 24 f.).

– oder tranken nach dem Essen reichlich warmes Wasser, mit dem gleichen Effekt. Diese Methoden hätten „in einer größeren Reihe von Fällen zum Ziel"[193] geführt.

Die Höherstufung der arbeitenden Häftlinge in der Lebensmittelkartengruppe änderte hingegen nichts an der anhaltend kritischen Verpflegungslage. Noch Ende März 1949 erklärte der Leiter des sächsischen Strafvollzugsamts, dass die Gewährung von zusätzlichen Lebensmitteln keinesfalls eine Vergünstigung darstellte, sondern vielmehr eine Lücke schloss. „Die Verpflegung in Waldheim [...] ist schlecht, in Hoheneck bedrohlich."[194] Vor allem diejenigen Häftlinge, die eine lange Polizeihaft,[195] „für die besonders verschärfte Vorschriften gelten", hinter sich gebracht hatten, war die Situation bedrohlich. Diese „Leute kommen schon schlecht ernährt in die Justizgefängnisse und die Landkreiskartengruppen reichen nicht aus, um irgendwelche Kräftezunahmen und Gewichtszunahmen auszulösen". Hier wird ein generelles Problem der Ungleichbehandlung deutlich. Häftlinge in Großstädten wurden nach Großstadtkarte verpflegt und damit geringfügig besser als diejenigen Häftlinge, die in einer Haftanstalt in einem der Landkreise einsaßen. Der Hintergrund dafür war, dass man davon ausging, dass die Landbevölkerung in der Lage sei, die Verpflegungssätze durch Eigenanbau zu ergänzen. Im Frühjahr 1949 hatte sich die Ernährungslage in den Anstalten etwas entspannt. „Da die Bewirtschaftung der Kartoffeln aufgehoben ist, soll in weitem Umfange davon Gebrauch gemacht werden, die Gefangenenverpflegung durch ausreichende Belieferung mit Kartoffeln zu verbessern (siehe Rundverfügung der DJV vom 17.5.1949)."[196] Außerdem versuchte man, den Eiweißmangel durch die Zuteilung von Molke, Magermilchpulver, Nähr- und Bäckerhefe auszugleichen.

Wie gewohnt die Lage verbrämend, verkündete Hentschel im März 1949 vor dem Strafvollzugsausschuss, dass sich die medizinische Betreuung durch die Einrichtung von Krankenzellen in fast allen Haftanstalten verbessert habe. In ganz Sachsen gebe es kaum ein Krankenhaus, in dem die Behandlung von Tbc-Erkrankungen besser sei, als im zentralen Justizkrankenhaus in Waldheim. Ebenso konstatierte er eine positive Entwicklung bezüglich der hygienischen Bedingungen: „Es gibt in Sachsen kein Gefängnis mit Ungeziefer mehr."[197] Dass hier der Wunsch Vater des Gedankens war, zeigt ein Bericht über die Gesundheitsfürsorge für das zweite Halbjahr 1949, der über 500 Fälle von Kleider-,

---

193 Leipziger Gerichtsarzt an Leipziger Oberstaatsanwalt vom 3.6.1948 (SächsHStA, LRS/MdJ/1033, unpag.).
194 Zitat hier und im Folgenden: Ausführungen des Ministerialrats Hentschel auf der 2. Sitzung des Ausschusses für den Strafvollzug und für die Straf- und Untersuchungshaftanstalten im Lande Sachsen am 23.3.1949 (SächsHStA, LRS/MdJ/898/1, unpag.).
195 Vgl. Kapitel III.
196 Bericht der DJV über die Arbeitsbesprechung bei der Hauptverwaltung Gesundheit am 10.6.1949 vom 14.6.1949 (SächsHStA, LRS/MdJ/49, unpag.).
197 Ausführungen des Ministerialrats Hentschel auf der 2. Sitzung des Ausschusses für den Strafvollzug und für die Straf- und Untersuchungshaftanstalten im Lande Sachsen am 23.3.1949 (SächsHStA, LRS/MdJ/898/1, unpag.).

Kopf- und Filzläusen sowie Wanzen und Flöhen feststellte.[198] Diese und andere Defizite thematisierte auch eine Besprechung zwischen Vertretern der Justizverwaltung, der Hauptverwaltung Gesundheit, den Strafvollzugsämtern der Länder, den Landesgesundheitsämtern und zwei Anstaltsärzten Mitte 1949. Hier machte die Vertreterin der Hauptverwaltung Gesundheit deutlich, dass die medizinische Versorgung der Häftlinge in der SBZ „zum großen Teil noch unzulänglich ist und nicht den notwendigen Erfordernissen entspricht",[199] was sie anhand mehrerer Todesfälle in den Justizhaftanstalten und den Polizeilagern illustrierte. Bislang hätten die Landesgesundheitsämter das Thema Strafvollzug gar völlig missachtet: „Kontrollen der einzelnen Vollzugs- und Haftanstalten sind von den Landesgesundheitsämtern der Länder bisher überhaupt nicht vorgenommen worden." Gentz machte auf die Aufgabe der Anstaltsärzte aufmerksam, die Gefangenen auch psychisch zu betreuen und so einen Beitrag zur sozialpädagogischen Aufgabe des Strafvollzugs zu leisten, die demnach auch noch großenteils vernachlässigt worden sei. Die fachärztliche Betreuung wurde in allen Haftanstalten durch Vertrags- oder Kassenärzte realisiert, lediglich eine psychiatrische Behandlung fand aufgrund des Fachkräftemangels nicht statt. Im Verlauf des zweiten Halbjahrs 1949 kam es im sächsischen Strafvollzug zu 32 Todesfällen, wobei allein 28 in den selbständigen Vollzugsanstalten zu verorten waren. Insgesamt mussten 172 Häftlinge für haftunfähig erklärt werden. Dennoch wurde für das zweite Halbjahr 1949 der „Gesundheitszustand und die gesundheitlichen Bedingungen für die Insassen" im Allgemeinen „als gut bezeichnet".[200] Der Zustand der Zellen und der Schlafstätten – ebenso wie der der Arbeits- und Gemeinschaftsräume – wurde im genannten Berichtszeitraum mit „befriedigend bis gut" beschrieben. Lediglich die Ausstattung der Zellen mit Kübeln sei „teilweise noch mangelhaft", wodurch der überwiegend befriedigende Zustand der Zellen gleichwohl wieder angezweifelt werden muss, wenn noch nicht einmal in allen Zellen Kübel vorhanden waren – ein Zustand, der bis in die sechziger Jahre hinein andauern sollte. Ungeziefer in Form von Läusen, Flöhen und Wanzen gehörten zum Alltag der Häftlinge. Im Lichte der Tatsache, dass durchschnittlich nur alle zwei Wochen gebadet oder geduscht werden konnte, erscheint dieser Schädlingsbefall wenig verwunderlich.

Ende 1948 saßen in den zehn selbständigen Vollzugsanstalten und den 44 Gerichtsgefängnissen Sachsens rund 8 000 Häftlinge ein. Die nach SMAD-Befehl Nr. 201 Verurteilten waren ausnahmslos in Hoheneck untergebracht. Das zentrale Frauengefängnis befand sich in Leipzig-Kleinmeusdorf – mit Aus-

---

198 Rechenschaftsbericht über die Gesundheitsfürsorge in den Vollzugs-, Haftanstalten und Gerichtsgefängnissen im Lande Sachsen für das 2. Halbjahr 1949 vom 26.2.1950 (SächsHStA, LRS/MdJ/899, unpag.).
199 Zitat hier und im Folgenden: Bericht der DJV über die Arbeitsbesprechung bei der Hauptverwaltung Gesundheit am 10.6.1949 vom 14.6.1949 (SächsHStA, LRS/MdJ/49, unpag.).
200 Rechenschaftsbericht über die Gesundheitsfürsorge in den Vollzugs-, Haftanstalten und Gerichtsgefängnissen im Lande Sachsen für das 2. Halbjahr 1949 vom 26.2.1950 (SächsHStA, LRS/MdJ/899, unpag.).

nahme der politischen Gefangenen und der geringfügig Bestraften.[201] Die heftige Kritik der Abteilung Justiz des ZK der SED vom Oktober 1948 an der mangelnden Differenzierung der Häftlinge zeigte in Sachsen insofern Wirkung, als dass im Sinne eines differenzierten Strafvollzugs der Vollstreckungsplan geändert wurde: Die Gerichtsgefängnisse vollzogen weiterhin Strafen bis zu sechs Monaten – außer Görlitz und Freiberg, die nun auch Strafen bis eineinhalb Jahren vollziehen konnten. In Waldheim wurden Männer mit einer mehr als sechsmonatigen Freiheitsstrafe, vor allem Vor- und Schwerstbestrafte, inhaftiert. Hoheneck blieb bis zur geplanten Räumung der Haftanstalt weiterhin für den Vollzug der Strafen an „politischen Verbrechern" zuständig, danach sollte die Anstalt männliche und weibliche Wirtschaftsverbrecher mit mehr als zwei Jahren Haftdauer aufnehmen. In Zwickau sollten unter anderem alle weiblichen Wirtschaftsverbrecher mit mehr als zwei Jahren Haft und Frauen mit schwersten Strafen untergebracht werden. Leipzig-Kleinmeusdorf blieb die zentrale Frauenstrafanstalt, in die alle Frauen – außer den „politischen Verbrecherinnen" und den nach Zwickau überführten – eingewiesen wurden.[202]

Ab Ende 1948 und vor allem 1949 finden sich infolge der von der SMAD geforderten verstärkten Betonung der Sicherheit der Haftanstalten genauere Angaben über die Anzahl der Haftanstalten und der dort einsitzenden Häftlinge. Besonders bei der Anzahl der kleinen Gerichtsgefängnisse sind Schwankungen zu verzeichnen. Offenbar wurden diese ganz nach Bedarf – also Anzahl der Häftlinge – geschlossen oder wiedereröffnet.[203] Aufgrund der stetig wachsen-

---

201 Protokoll der Anstaltsleitertagung in Dresden am 20.11.1948 (SächsHStA, LRS/MdJ/895/Bl. 74 f.). Bis zur bereits beschlossenen Übernahme des Jugendstrafvollzugs durch das Ministerium für Volksbildung wurde selbiger in Waldheim durchgeführt, da dort durch Lehrlingswerkstätten besondere Voraussetzungen für den Jugendstrafvollzug geschaffen worden waren. Bezüglich des Jugendstrafvollzugs waren Volksbildungsheime anstelle von Strafanstalten vorgesehen. Zunehmend sollten jugendliche Straftäter in Jugendarbeitsgemeinschaften unter Kontrolle der Kreisjugendämter wieder zu nützlichen Mitgliedern der Gesellschaft erzogen werden.

202 Zu diesem Absatz: Rundverfügung Nr. 798 der Abt. Strafvollzug des sächsischen Justizministeriums, Betr.: Differenzierung der Strafgefangenen sowie Änderung des Strafvollstreckungsplanes vom 18.1.1949 (SächsHStA, LRS/MdJ/1090, unpag.).

203 So saßen im November 1948 in zehn selbständigen Vollzugsanstalten und 44 Gerichtsgefängnissen rund 8 000 Häftlinge ein. Vgl. Protokoll der Anstaltsleitertagung in Dresden am 20.11.1948 (SächsHStA, LRS/MdJ/895/Bl. 74). Im März 1949 verfügte Sachsen über zehn selbständige Anstalten, zwei Arbeitslager, drei Landgerichtsgefängnisse und 42 Amtsgerichtsgefängnisse. Mit 8 300 Gefangenen war etwa die Hälfte aller Häftlinge der SBZ in Sachsen inhaftiert; 20 Prozent der Häftlinge waren Frauen. Vgl. Ausführungen des Ministerialrats Hentschel auf der 2. Sitzung des Ausschusses für den Strafvollzug und für die Straf- und Untersuchungshaftanstalten im Lande Sachsen am 23.3.1949 (SächsHStA, LRS/MdJ/898/1, unpag.). Im November 1949 gab es in Sachsen elf selbständige Vollzugsanstalten, zwei Landgerichtsgefängnisse, 38 Amtsgerichtsgefängnisse und drei Arbeitslager mit zusammen ca. 7 400 Strafgefangenen. Vgl. Referat des Ersten Staatsanwalts, Schaudt, auf der Landesdienstbesprechung am 6.12.1949 (SächsHStA, LRS/MdJ/895/Bl. 29). Zum Jahresende 1949 existierten in Sachsen 12 selbständige Vollzugsanstalten, drei Arbeitslager und noch 37 Gerichtsgefängnisse. Vgl. Niederschrift über den vor dem Landtagsausschuss für den Strafvollzug abgegebe-

den Häftlingszahlen sah sich das Dresdner Strafvollzugsamt im ersten Halbjahr 1949 gezwungen, vier Amtsgerichtsgefängnisse wiederzueröffnen, womit sich die Zahl der Amtsgerichtsgefängnisse auf 46 erhöhte. Von Jahresbeginn bis Anfang Juni 1949 stieg die Gefangenenzahl um knapp 11 Prozent auf 8 200 Häftlinge,[204] von denen knapp 20 Prozent Frauen und 5,4 Prozent Jugendliche waren.

Diagramm 1 im Anhang zeigt das schnelle Ansteigen der Häftlingszahlen nach dem Krieg. Einzig und allein Amnestien konnten für Entlastung in den unsäglich überfüllten Gefängnissen sorgen. Die Auswirkung der „Bauernamnestie" Anfang 1947 war – wie die Kurve zeigt – noch recht gering, während die Amnestie anlässlich des 100. Jahrestages der Revolution von 1848 in der Sowjetischen Besatzungszone Deutschlands,[205] die größte Amnestie der SBZ-Zeit, die überbelegten Gefängnisse deutlich mehr entlastete. In Sachsen wurden im ersten Halbjahr 1949 knapp 1 050 Häftlinge vorzeitig entlassen.[206] Diese hatten besonders gute Arbeitsleistungen gezeigt, sich gut geführt und zwei Drittel ihrer Strafe abgesessen, sodass ihnen unter Bewilligung einer Bewährungsfrist oder unter Auflage eines Bewährungsarbeitseinsatzes die Strafzeit verkürzt worden war. Die Auswirkungen dieser Maßnahme sind im Verlauf der Kurve ebenfalls deutlich zu erkennen. In Folge weiterer Entlassungsaktionen für arbeitsbewährte Häftlinge wurden in Sachsen weitere 477 Personen entlassen. Dabei berücksichtigte man vor allem Gefangene mit wenigen Monaten Strafrest. In jedem Fall wurde eine dreijährige Bewährungsfrist verhängt.[207] Schließlich zeigt die Kurve, wie die Amnestie zur Republiksgründung, die wegen eher geringfügiger Straftaten zu unter sechs Monaten Freiheitsstrafe Verurteilte begünstigte,[208] die Haftanstalten entlastete.

Die Zahl der flüchtigen Häftlinge war zwar im ersten Halbjahr 1949 immer noch sehr hoch, aber im Vergleich zum ersten Halbjahr 1948, als knapp 300 Häftlinge entwischt waren, um zwei Drittel gesunken.[209] Die meisten Flüchtigen hatten weiterhin die Außenkommandos zu verzeichnen. Der Rückgang wurde auf verstärkte Kontrollen der Haftanstalten seitens der Dresdner Zentrale zurückgeführt, bei denen Mängel aufgezeigt wurden und regelmäßige Belehrungen der Justizangestellten stattfanden.[210]

nen Bericht über den sächsischen Strafvollzug für das 2. Halbjahr 1949 vom 25.3.1950 (SächsHStA, LRS/MdJ/898, unpag.).
204 Diese 8 200 Häftlinge teilten sich auf in: 53,1 % männliche Strafgefangene, 13,9 % weibliche Strafgefangene, 27,3 % männliche Untersuchungshäftlinge und 5,7 % weibliche Untersuchungshäftlinge.
205 SMAD Befehl Nr. 43 vom 18. März 1948. In: ZVOBl. vom 7.4.1948.
206 Bericht der Abteilung Strafvollzug über das 1. Halbjahr 1949 vom 29.6.1949 (SächsHStA, LRS/MdJ/854/Bl. 108).
207 Referat des Ersten Staatsanwalts, Schaudt, auf der Landesdienstbesprechung am 6.12.1949 (SächsHStA, LRS/MdJ/895/Bl. 29 f.).
208 Werkentin, Justizkorrekturen, S. 521. Das betraf in Sachsen etwa 300 bis 400 Häftlinge.
209 Bericht der Abteilung Strafvollzug über das 1. Halbjahr 1949 vom 29.6.1949 (SächsHStA, LRS/MdJ/854/Bl. 106 f.).
210 Vgl. hierzu die Diagramme 2 und 3 im Anhang.

Da aufgrund der Forderungen der Sowjetischen Militäradministration neben der Sicherheit der Anstalten die Häftlingsarbeit verstärkt im Vordergrund stand, berichtete das Dresdner Strafvollzugsamt, dass die Häftlinge dort, „wo es die Umstände erlauben, mit gesellschaftlich nützlichen Arbeiten im Rahmen des Zweijahresplanes beschäftigt"[211] werden. So arbeiteten Häftlinge etwa in Waldheim in einer volkseigenen Tischlerei, in einer Schlosserei, Buchdruckerei, Stellmacherei und waren mit Waldarbeiten sowie Barackenbau beschäftigt. Doch hinter die Relativierung „wo es die Umstände erlauben" ist ein Ausrufezeichen zu setzen, denn auch für das zweite Halbjahr 1949 musste die Dresdner Zentrale konstatieren, dass die Häftlinge in vielen Haftanstalten mit wenig anspruchsvollen Arbeiten beschäftigt wurden. Zunehmend ginge man nach eigenen Angaben aber dazu über, die Häftlinge „in produktiven Arbeitseinsätzen außerhalb der Gefängnisse tätig werden zu lassen".[212]

Bis Mitte 1949 war der Strafvollzug in der Sowjetischen Besatzungszone nicht zentral organisiert. Die Anleitung der Anstalten erfolgte – von Land zu Land unterschiedlich – durch Strafvollzugsämter, spezielle Abteilungen der Justizministerien oder durch die Generalstaatsanwälte. Auch die Überwachung vor Ort war unterschiedlich geregelt. So unterstanden beispielsweise Gerichtsgefängnisse teils der Dienstaufsicht von Richtern und teils der von Staatsanwälten. Die Initiative zu einer einheitlichen Regelung kam wiederum von der SMAD, woraufhin DJV-Chef Fechner Anweisungen erließ, den Strafvollzug nach gleichem Muster zu organisieren. „Die oberste Leitung des gesamten Strafvollzugs obliegt dem Hauptreferent bzw. Oberreferent für Strafvollzug des Justizministeriums, das der Abteilung Kontrolle angeschlossen ist. [...] Die unmittelbare Dienstaufsicht in den Anstalten obliegt dem Vorsteher der Anstalt."[213] Hauptamtlich sollten diese Leiter nur in Anstalten mit einer Belegungsgröße von mehr als 120 Personen tätig sein. Die kleineren Anstalten – Amts- und Landgerichtsgefängnisse – sollten entweder vom Aufsichtsrichter des örtlichen Amtsgerichts oder, falls eine hauptamtlich geleitete Anstalt in der Nähe war, von deren Leiter geführt werden. Fechner betonte, dass auch die nebenamtlich als Anstaltsleiter tätigen Richter ihre Weisungen unmittelbar von den Strafvollzugsabteilungen der Justizministerien erhalten und von diesen direkt kontrolliert werden sollten. Da die sächsische Abteilung Strafvollzug zu dieser Zeit mit lediglich fünf

---

211 Bericht der Abteilung Strafvollzug über das 1. Halbjahr 1949 vom 29.6.1949 (SächsHStA, LRS/MdJ/854/Bl. 108).
212 Niederschrift über den vor dem Landtagsausschuss für den Strafvollzug abgegebenen Bericht über den sächsischen Strafvollzug für das 2. Halbjahr 1949 vom 25.3.1950 (SächsHStA, LRS/MdJ/898, unpag.). Allerdings war damit bestimmt nicht ein Außenarbeitseinsatz nach dem Muster zweier Häftlinge der Vollzugsanstalt Görlitz gemeint, die bei einem Bauern mit voller Verpflegung und ohne Bewachung im Außenkommando tätig waren. Vgl. Protokoll der 13. Sitzung des Ausschusses für den Strafvollzug in der Strafanstalt Görlitz am 16.6.1950 (SächsHStA, LRS/MdJ/898, unpag.).
213 Chefs der DJV an die Justizministerien der Landesregierungen, Betr.: Einheitliche Organisation des Strafvollzugs in der SBZ vom 11.5.1949 (SächsHStA, LRS/MdJ/853/Bl. 98).

Personen[214] besetzt war, bat sie um eine dringende Personalaufstockung. Die Notwendigkeit ergab sich bereits aus dem enormen Anstieg der Häftlingszahlen: Während vor Jahresfrist noch 4 435 Gefangene in den sächsischen Gefängnissen einsaßen, hatte man es bei gleichem Personalaufwand am 1. Juni 1949 mit 8 215 Gefangenen zu tun.[215]

2.4   Die Personalfrage als Dauerproblem

Ebenso wie die Gentzsche Kritik am Kasernenhofgeist in den Haftanstalten von 1948 forderte auch Hentschel auf einer Sitzung des sächsischen Strafvollzugsausschusses 1949 ein neues Denken beim Haftpersonal: „Aus ‚Schließern' und ‚Wachtmeistern' müssen fortschrittliche Demokraten werden im Dienste des modernen Strafvollzuges."[216] Ursächlich für die Behinderung eines „modernen Strafvollzuges" sei die zu dünne Personaldecke bei der sächsischen Haftaufsicht, welche eine befriedigende Arbeit unmöglich mache. Ausgehend von den Richtzahlen der Deutschen Wirtschaftskommission, die für acht Häftlinge eine Aufsichtskraft und für 50 Häftlinge eine Verwaltungskraft vorsah, hätte man doppelt soviel Personal benötigt. Auch die Besoldung war so schlecht, dass „keine qualifizierten Kräfte" eingestellt werden konnten. Dadurch entstand die Forderung, die Justizangestellten bezüglich Besoldung und Versorgung den Polizeiangestellten gleichzustellen. Problematisch war zudem, dass statt genereller Schulungen der Strafvollzugsangestellten von den Anstaltsleitern lediglich Einweisungen in den praktischen und theoretischen Dienst erteilt und Dienstbesprechungen durchgeführt wurden.[217] Die Ausbildung und Schulung der Beamten, die schließlich – wie immer wieder betont worden war – das Fundament des neuen Strafvollzugs bilden sollten, blieb folglich äußerst mangelhaft.

Wurde noch im obersten Abschnitt des ersten Halbjahresberichts 1949 die Anzahl der Haftanstalten und der Häftlinge sowie die Häftlingsarbeit thematisiert, so ist im gleichen Abschnitt des folgenden Halbjahres, der gut ein halbes Jahr nach der Gründung der DDR (im Februar 1950) erschienen war, eine auffällige Schwerpunktverschiebung hin zu Kader- und Personalfragen (Entlassungen, Neueinstellungen, Disziplinarverfahren, parteipolitische Zugehörigkeit) festzustellen. Es wird berichtet, dass 94 Prozent der Strafvollzugsangestellten einer politischen Partei angehörten, davon 94,5 Prozent der SED, und dass alle

---

214 Genauer: einem Hauptreferenten, einem Referenten, einem Sachbearbeiter, einer Registrandenführerin sowie einer Stenotypistin.
215 Vermerk der Abteilung Strafvollzug vom 28.6.1949 (SächsHStA, LRS/MdJ/876/Bl. 252).
216 Zitat hier und im Folgenden: Ausführungen des Ministerialrats Hentschel auf der 2. Sitzung des Ausschusses für den Strafvollzug und für die Straf- und Untersuchungshaftanstalten im Lande Sachsen am 23.3.1949 (SächsHStA, LRS/MdJ/898/1, unpag.).
217 Niederschrift über den vor dem Landtagsausschuss für den Strafvollzug abgegebenen Bericht über den sächsischen Strafvollzug für das 2. Halbjahr 1949 vom 25.3.1950 (SächsHStA, LRS/MdJ/898, unpag.).

Beamten im FDGB organisiert seien.[218] Damit waren die sächsischen Strafvollzugsbediensteten ihren Kollegen in den anderen Ländern der DDR voraus, da Anfang Januar im Durchschnitt „nur" 78 Prozent des gesamten Strafvollzugspersonals SED-Mitglieder waren.[219]

Trotz der allgegenwärtigen Personalsorgen vermeldete der Rechenschaftsbericht für das zweite Halbjahr 1949 eine „im Allgemeinen gute"[220] Disziplin – nur sieben schwerere Verstöße habe es in den sächsischen Gefängnissen gegeben. Dass die Aufrechterhaltung der Disziplin im Justizstrafvollzug ein eher untergeordnetes Problem war, zeigt ein Blick auf Hoheneck, wo ausschließlich nach KD 38, Kontrollratsgesetz Nr. 10 oder Befehl 201 Verurteilte inhaftiert waren. Bei einer Besichtigung der Anstalt Ende März 1949 vermerkte Gentz den „überaus schlechten" Eindruck, den die Gefangenen auf ihn gemacht hätten: „Man begegnete in einem Ausmaß, wie es in anderen Anstalten nicht anzutreffen ist, stumpfen oder hasserfüllten Gesichtern."[221] Ursachen dafür waren, nach Ansicht Gentz', die überwiegende Arbeitslosigkeit der Häftlinge – derentwegen sie den ganzen Tag in den Sälen „zusammenhocken" –, die schlechte Ernährung und die Ansicht vieler Häftlinge, sie seien völlig unschuldig inhaftiert worden.[222] Eine schlechte Behandlung der Insassen durch das Aufsichtspersonal schloss Gentz als Ursache für den bedenklichen Zustand der Häftlinge jedoch aus. Der Umgang mit den Gefangenen habe „zu keinen ersichtlichen Beanstandungen Anlass" gegeben. Hoheneck kam ebenso wie die anderen sächsischen Haftanstalten ohne die Verhängung von Arreststrafen aus. Obwohl nur die Hälfte der für einen ordnungsgemäßen Strafvollzug benötigten Aufsichtskräfte vorhanden war, konnte die Disziplin aufrechterhalten werden. Auch im zweiten Halbjahr 1949 wurden lediglich einige Hausstrafen ausgesprochen.[223] Da viele sächsische Haftanstalten von der Arreststrafe Abstand genommen hatten, galt nun die Absonderung von den übrigen Insassen als das schärfste Schwert der Anstaltsleitung bei groben Verstößen gegen die jeweilige Hausordnung. Den isolierten Häftlingen wurden sämtliche Vergünstigungen entzogen, zudem waren

---

218 Rechenschaftsbericht über den Strafvollzug für das 2. Halbjahr 1949 vom 28.2.1950 (SächsHStA, LRS/MdJ/899, unpag.).
219 Parteimäßige Zusammensetzung des Strafvollzugspersonals (BArch, DO 1/25289; siehe zudem Kapitel II.2.1).
220 Rechenschaftsbericht über den Strafvollzug für das 2. Halbjahr 1949 vom 28.2.1950 (SächsHStA, LRS/MdJ/899, unpag.).
221 Niederschrift über die Besichtigung der Strafanstalt Hoheneck am 22.3.1949 (SächsHStA, LRS/MdJ/853/Bl. 34 f.).
222 Bei den weiblichen Häftlingen handelte es sich bspw. um wegen Verbrechen gegen die Menschlichkeit verurteilte ehemalige Krankenschwestern, „aus nazistisch bürgerlichen Kreisen stammende Frauen" und um wegen Denunziation verurteilte Frauen. Vgl. DJV an Justizministerium der LRS, Betr.: Bevorzugte Behandlung der in Hoheneck einsitzenden nach Befehl 201 verurteilten Frauen vom 20.6.1949 (SächsHStA, LRS/MdJ/1033/1/Bl. 57).
223 Rechenschaftsbericht des Strafgefängnisses Hoheneck über den Strafvollzug im 2. Halbjahr 1949 vom 15.1.1950 (SächsHStA, LRS/MdJ/910, unpag.).

sie zu größter Sauberkeit und Ordnung sowie intensiver Arbeit verpflichtet.[224] Ende September 1949 wurde die mit etwa 650 Strafgefangenen[225] belegte Haftanstalt Hoheneck von 15 Angestellten im Verwaltungsdienst und 82 Angestellten im Aufsichtsdienst betrieben. Probleme bei der Rekrutierung neuen Personals ergaben sich aus der vom Ministerium vorgegebenen Altersbeschränkung (25–45 Jahre) und der nicht vorhandenen fachlichen Eignung der Bewerber. Ein weiteres Problem stellten, laut Anstaltsleitung, die „gemäß Befehl 201" verurteilten Insassen dar, aufgrund derer die Bereitschaft der Bewerber, in Hoheneck ihren Dienst zu tun, äußerst gering war. Darüber hinaus bereitete die Unterbringung des Personals erhebliche Schwierigkeiten, da sich kaum Ortsansässige bewarben, die Dienstwohnungen zu einem großen Teil noch von den ehemaligen Angestellten aus der NS-Zeit bewohnt wurden und Wohnraum im Kreis Stollberg wegen der Einquartierung vieler Flüchtlinge und Vertriebener sowie der Arbeiter der Wismut besonders knapp war.[226]

Bei der erwähnten Besichtigung der Anstalt Ende März 1949 erkannte Gentz: Die Gesundheit „lässt sehr zu wünschen übrig",[227] die „ärztliche Versorgung reicht nicht aus".[228] Da 60 Prozent der Häftlinge ohne Arbeit waren, erhielten sie nur Verpflegung nach Kartengruppe IV, was nicht ausreichte, „um die menschliche Substanz zu erhalten".[229] Da der Justizverwaltungschef Fechner Mitte 1949 angewiesen hatte, dass nach Befehl 201 verurteilte Strafgefangene nicht mehr zu Außenarbeiten eingesetzt werden dürften, stand die Anstaltsleitung wiederum vor dem großen Problem, wie eine Eingliederung möglichst aller Häftlinge in den Arbeitsprozess erfolgen sollte. Zudem mussten mehr Häftlinge nach Kartengruppe IV verpflegt werden.[230] Der Blick auf Hoheneck zeigt auch, dass bezüglich der Verpflegung und damit des Gesundheitszustandes der Häftlinge bis Ende 1949 im Grunde keine Veränderung eingetreten war. So hatte sich immerhin Ende 1948 der gesundheitliche Zustand der Gefangenen im Vergleich zu den ersten drei Quartalen nicht weiter verschlechtert – nur acht Anträge auf Haftunterbrechung waren im Quartal gestellt worden. Trotz-

---

224 Rechenschaftsbericht der Vollzugsanstalt Zwickau über die Arbeit der Gefangenenverwaltung im 1. Quartal 1948 vom 3.4.1948 (SächsHStA, LRS/MdJ/907, unpag.).
225 Nach KD 38 waren 62 % der Häftlinge verurteilt worden, 23 % nach Kontrollratsgesetz Nr. 10 und 15 % nach Befehl 201, der Frauenanteil betrug insgesamt 13 %.
226 Quartalsbericht des Strafgefängnisses Hoheneck über das 3. Quartal 1949 vom 30.9.1949 (SächsHStA, LRS/MdJ/908, unpag.).
227 Etwa 10 % der Häftlinge waren schwer dystrophisch – „Sie gaben ein erschütterndes Bild verelendeter Menschen." – mit teilweisen Gewichtsverlusten „bis zu 60 Pfund". Niederschrift über die Besichtigung der Strafanstalt Hoheneck am 22.3.1949 (SächsHStA, LRS/MdJ/853/Bl. 34).
228 Bei einer Belegung von über 600 Gefangenen kam der Vertragsarzt drei-, oft nur zweimal wöchentlich in die Anstalt.
229 Niederschrift über die Besichtigung der Strafanstalt Hoheneck am 22.3.1949 (SächsHStA, LRS/MdJ/853/Bl. 34 f.).
230 Die Anweisung schloss zudem Wirtschaftsverbrecher und Untersuchungshäftlinge von der Außenarbeit aus. Vgl. Chef der DJV an die Justizministerien der Landesregierungen, Betr.: Einsatz der Strafgefangenen zur Außenarbeit vom 19.7.1949 (SächsHStA, LRS/MdJ/1033/1/Bl. 56).

dem war der Gesundheitszustand in Hoheneck überdurchschnittlich schlecht, vor allem bezüglich der Gewichtsverhältnisse.[231] Dies, so der Anstaltsarzt, ändere sich erst, wenn auch die Gefangenen die für Zivilisten anerkannt nötigen 2 100 Kalorien täglich erhielten. Erschwerend kam hinzu, dass das Essen mit zu viel Wasser zubereitet wurde, was die Ödembildung begünstigte. Wiederholt wies der Anstaltsarzt auf den „sehr schlechten Allgemeinzustand"[232] der aus den Untersuchungsgefängnissen nach Hoheneck verlegten Häftlinge hin. Nach wie vor mangelte es an Arznei- und Kräftigungsmitteln, auch die Krankenabteilung war überlastet. Ein besonderes Problem stellte die exponierte Lage der Anstalt – Burg Hoheneck ist weithin sichtbar über Stollberg gelegen – in Verbindung mit der veralteten Heizungsanlage und dem anhaltenden Mangel an Kohle dar: Die Temperaturen in den Zellen waren „unter dem gesundheitlich zuträglichen Maß". Dieser „Übelstand" hätte nur durch zusätzliche Bekleidung und eine Erhöhung der vorhandenen Decken abgestellt werden können, doch setzte sich der körperliche Verfall der Häftlinge fort.[233] Im Februar/März 1949 war man dazu übergegangen, monatlich wieder acht Kilogramm zusätzliche Lebensmittel zu erlauben, die sich die Häftlinge von ihren Angehörigen schicken lassen konnten. Erneut wurde angemerkt, dass die körperliche Verfassung vor allem derjenigen Häftlinge „besonders beeinträchtigt"[234] sei, die länger in Polizeihaft waren, weil sie dort trotz der kritischen Ernährungslage keine Zusatzkost erhalten durften.

2.5 Erfolge der Reformarbeit

Um die Häftlinge von ihrem trüben Alltag wenigstens zeitweise abzulenken, legte die Hohenecker Anstaltsleitung nach eigenem Bekunden Wert auf die Freizeitgestaltung der Häftlinge. Auch ganz im Sinne Gentz' wurden nach Angaben der Anstaltsleitung „den Gefangenen weitgehendste Möglichkeiten geboten, sich in der Freizeit so zu beschäftigen, wie es ihren Neigungen und Anlagen ent-

---

231 Bei den monatlichen Gewichtskontrollen war bei 16,5 % der Häftlinge ein stabiles Gewicht, bei 22,2 % eine Gewichtszunahme und bei 61,3 % eine Gewichtsabnahme festgestellt worden. Insgesamt wogen fast 10 % weniger als zwei Drittel ihres Körpersollgewichtes.
232 Zitat hier und im Folgenden: Strafgefängnis Hoheneck, Krankenhaus, Allgemeiner Gesundheitsbericht für das 4. Quartal 1948 vom 29.12.1948 (BArch, DP 1/HA SV/II/24/Bl. 148).
233 Im Februar 1949 waren bei fast 600 der 875 Häftlinge Gewichtsabnahmen zu verzeichnen gewesen, darunter waren 85 Häftlingen mit einem Defizit von mehr als einem Drittel des Körpersollgewichts und 244 mit Dystrophien und Ödemen. Vgl. Krankenhaus des Strafgefängnisses Hoheneck an Anstaltsleitung, Betr.: Gesundheitszustand der Gefangenen mit Bitte um Weiterleitung an die Abteilung Strafvollzug des Justizministeriums der LRS vom 21.2.1949 (SächsHStA, LRS/MdJ/1033/1/Bl. 17).
234 Bericht des Anstaltsarztes, des Anstaltsvorstandes, der BGL und SED-Betriebsgruppe des Strafgefängnisses Hoheneck zur Vorlage bei Justizminister Dieckmann vom 1.3.1949 (SächsHStA, LRS/MdJ/1033/1/Bl. 20).

spricht und diese Beschäftigungen fördernd unterstützt".²³⁵ In Zwickau gab es etwa im ersten Quartal 1948 neben Filmvorführungen zu den unterschiedlichsten Themen politische und kulturelle Veranstaltungen, bei denen sich sogar das Stadttheater Zwickau beteiligte. Zudem gab es Vorträge der Gefangenenselbstverwaltung und eine Arbeitsgemeinschaft, die Wandzeitungen zu politischen, wirtschaftlichen und kulturellen Fragen erarbeitete.²³⁶ Im Bericht über das dritte Quartal 1949 hieß es, dass die künstlerische Betätigung und das Studium von Fremdsprachen sowie wissenschaftlicher und fachlicher Literatur gefördert würden, denn die Häftlinge „halten sich somit geistig frisch und beweglich und werden vor Anfall von Lethargie bewahrt".²³⁷ Bei Überprüfungen der Anstaltsbücherei hätten sich allerdings 80 Prozent der vorhandenen Bücher als nicht mehr tragbar erwiesen. Auf Gelder vom Ministerium für die Anschaffung „wirklich guter und zeitgemäßer Literatur" warte die Anstaltsleitung bis dato vergeblich. Zudem betreibe man eine kulturelle Arbeit in „gesellschaftlich-kulturell erzieherischem Sinne" und schenke speziell der politischen Erziehung Beachtung, vor allem durch Vorführungen sowjetischer Filme sowie Vorträge²³⁸ und Schulungen. Letztere erfolgten auf freiwilliger Basis in Studiengemeinschaften. So bestünde beispielsweise die Arbeitsgemeinschaft „Probleme der Menschheit" aus 65 Häftlingen, die mehrmals monatlich mit Themen wie „Der Verfall des römischen Reiches", „Absolutismus des Mittelalters und in der Zeit der Bauernkriege", „Die Marxsche Lehre", „Der philosophische Materialismus", „Die materialistische Geschichtsauffassung" oder auch „Die Lehre vom Klassenkampf" ein breites Spektrum bearbeiteten würden. Auch die Stollberger Ausgabe der „Volksstimme" berichtete über diese „neuen Wege im demokratischen Strafvollzug".²³⁹ Dass man beim politisch-ideologischen Umerziehungsprozess noch am Anfang stand – „eine sorgfältige Breiten- und Tiefenarbeit ist hier unerlässlich" –, war der Anstaltsleitung vollauf bewusst, denn ein „großer Teil" der Häftlinge war noch mit der „Nazi-Ideologie behaftet": „Von einer positiven

---

235 Rechenschaftsbericht des Strafgefängnisses Hoheneck über den Strafvollzug im 2. Halbjahr 1949 vom 15. 1. 1950 (SächsHStA, LRS/MdJ/910, unpag.).
236 Rechenschaftsbericht der Vollzugsanstalt Zwickau über die Arbeit der Gefangenenverwaltung im 1. Quartal 1948 vom 3. 4. 1948 (SächsHStA, LRS/MdJ/907, unpag.).
237 Zitat hier und im Folgenden: Quartalsbericht des Strafgefängnisses Hoheneck über das 3. Quartal 1949 vom 30. 9. 1949 (SächsHStA, LRS/MdJ/908, unpag.).
238 In der Frauenabteilung gab es bspw. Vorträge mit den Themen „Die bürgerliche und sozialistische Frauenbewegung von 1848–1948" oder „Soziale Probleme der Frau".
239 So hieß es über die Abschlussveranstaltung der Arbeitsgemeinschaft „Probleme der Menschheit": „Nach einigen einleitenden Worten des Gefangenenbetreuers über Wege und Ziele des demokratischen Strafvollzugs wurden einige Musikstücke und Lieder von Schülern der Oberschule Stollberg zum besten gegeben. Anschließend gaben zwei Teilnehmer der Arbeitsgemeinschaft in Kurzreferaten einen Überblick über die Probleme der Menschheit. In kurzen Zügen umrissen sie das Weltgeschehen vom Urkommunismus bis zum Imperialismus und fanden aufmerksame Zuhörer. Als Abschluss der Veranstaltung wurde der Film ‚Lenin im Oktober' gezeigt." Vgl. „Neue Wege im Strafvollzug. Studiengemeinschaften der Strafgefangenen". In: Volksstimme (Stollberger Ausgabe), vom 11. 11. 1949 (SächsHStA, LRS/MdJ/1033/1/Bl. 136).

Umformung der bisherigen Denkungsweise der Gefangenen zu einer wirklich besseren, kann noch keineswegs in befriedigender Weise gesprochen werden." Das lag nach Einschätzung des sächsischen Strafvollzugsausschusses an der letztlich doch ungenügenden politischen wie kulturellen Betreuung der Häftlinge. Denn es gab nur den oben genannten Arbeitskreis, der zudem mit kurz vor der Entlassung stehenden Gefangenen besetzt war. Gerade aber die Häftlinge mit langen Haftstrafen müsse man stärker als bislang erreichen, damit auch diese als „vollwertige Mitglieder der Gesellschaft" entlassen werden könnten.[240]

Auch das Dresdner Strafvollzugsamt hob im zweiten Halbjahresbericht 1949 hervor, dass in den großen Haftanstalten, aber auch in den kleinen Gerichtsgefängnissen „sehr viele kulturelle, politische und gewerkschaftliche Schulungsveranstaltungen stattgefunden haben" und es Musikgruppen in Waldheim, Hoheneck und Zwickau gebe, wo zudem ein Chor und eine Sprechgruppe existierten. Weiterhin seien in allen sächsischen Haftanstalten fast 30 000 Bücher vorhanden, von denen etwa 20 Prozent nach Kriegsende erschienen seien. Eine Vielzahl lokaler, regionaler und überregionaler Zeitungen und Zeitschriften kursiere in den Gefängnissen.[241] In vielen Anstalten würde in den Fächern Deutsch, Rechnen, Gesundheits- und Erziehungslehre unterrichtet und gut ein Drittel der Häftlinge nehme an den angebotenen Volkshochschulkursen teil. Hervorzuheben sei außerdem, dass sich an der Freizeitgestaltung die politischen Parteien und Massenorganisationen maßgeblich beteiligten[242] und somit einer Isolation des Strafvollzugs von der Außenwelt entgegengewirkt werde. Die von Gentz und Fechner geforderte breite Mitwirkung der Öffentlichkeit an den Problemen des Strafvollzugs sowie dessen demokratische Kontrolle standen offenbar von nun an nicht mehr nur auf dem Papier, sondern es wurde – wenn auch uneinheitlich – begonnen diese zu verwirklichen.

Das betraf auch die Mitwirkung der Häftlinge selbst. Aufgrund der speziellen Belegung in Hoheneck gab es jedoch keine Gefangenenselbstverwaltung wie in den anderen selbständigen Anstalten, Arbeitslagern und den zwölf Gerichtsgefängnissen Sachsens, die durch freie, geheime Wahlen gebildet worden waren. Sie beteiligten sich in vielfältiger Weise am Anstaltsgeschehen, unter anderem bei „Beratungen über Urlaubsanträge, bei Hausstrafverfahren, Versetzungen in andere Belegschaften, Aufstellung des Küchenzettels, Überwachung der Küche, Betreuung der Mitgefangenen, bei der Einstufung in die Differenzierungsgruppen, Überwachung der Anstaltsdisziplin, insbesondere Aufrechterhaltung von Ordnung und Sauberkeit".[243] Bislang seien nur gute Erfahrungen mit den

---

240 Protokoll über die 5. Sitzung des Ausschusses für den Strafvollzug am 16.9.1949 (SächsHStA, LRS/MdJ/898/1, unpag.).
241 Rechenschaftsbericht über den Strafvollzug für das 2. Halbjahr 1949 vom 28.2.1950 (SächsHStA, LRS/MdJ/899, unpag.).
242 Niederschrift über den vor dem Landtagsausschuss für den Strafvollzug abgegebenen Bericht über den sächsischen Strafvollzug für das 2. Halbjahr 1949 vom 25.3.1950 (SächsHStA, LRS/MdJ/898, unpag.).
243 Rechenschaftsbericht über den Strafvollzug für das 2. Halbjahr 1949 vom 28.2.1950 (SächsHStA, LRS/MdJ/899, unpag.).

Gefangenenverwaltungen gemacht worden, so das Fazit des Dresdner Strafvollzugsamts.

Eine beschränkte Gefangenenselbstverwaltung in Form eines Vertrauensrats war von der Anstaltsleitung der Frauenhaftanstalt Leipzig-Kleinmeusdorf eingerichtet worden. Dieser begutachtete beispielsweise Häftlinge vor dem Wechsel in die Klassifizierungsgruppen, hatte Mitspracherecht bei Hausstrafen und wurde vor der Gewährung des Hafturlaubs gehört. Der Vertrauensrat „kann Ausführungen, Sonderbriefe und Sprecherlaubnis befürworten oder vorschlagen und bringt Anregung oder Kritik bezüglich der Unterbringung, der Verpflegung, des Arbeitseinsatzes und aller die Gefangenen angehenden Angelegenheiten".[244] Der Gefangenenrat tagte einmal wöchentlich unter sich und genauso oft mit der Anstaltsleitung. Die Vorsitzende war nicht im Arbeitseinsatz, dafür aber maßgeblich am Programm der kulturellen Betreuung beteiligt und nahm auch die Kritik am Kulturprogramm seitens der Häftlinge entgegen. Die einzelnen Vertrauensleute waren für Ordnung, Disziplin, Ruhe, die Arbeitsleistungen der Häftlinge und das „Wohlergehen ihrer Belegschaft mit verantwortlich". In den größeren Anstalten und einigen Gerichtsgefängnissen gab es zudem Arbeitsschutzkommissionen, die sich „durch wöchentliche Betriebsbegehungen von der Betriebssicherheit und den Sicherheitsmaßnahmen zur Verhütung von Unfällen"[245] überzeugten. In den größeren Anstalten waren bis zu sechs Häftlinge in diesen Kommissionen vertreten.

Als Beleg dafür, dass die Aufrechterhaltung der Disziplin im sächsischen Justizstrafvollzug ein untergeordnetes Problem war, kann auch die Praxis der Urlaubsgewährung herangezogen werden. Von diesem Mittel der Erziehung wurde recht häufig Gebrauch gemacht. Nicht weniger als 1 165 Häftlinge waren im zweiten Halbjahr 1949 „als Anerkennung und zur Belohnung" (85 Prozent) oder „zur Erledigung dringender persönlicher oder geschäftlicher Angelegenheiten" (15 Prozent) beurlaubt worden. Lediglich vier Häftlinge kehrten nicht aus dem Hafturlaub zurück.[246] Das System der Gewährung von Hafturlaub scheint demnach im sächsischen Justizstrafvollzug gut funktioniert zu haben.

Ende 1949 zog Staatsanwalt Schaudt eine Bilanz über die bislang geleistete Arbeit. Seiner Auffassung nach seien die Häftlinge in allen sächsischen Anstalten differenziert nach Straftat, Möglichkeit einer Resozialisierung und Führung während der Haft untergebracht.[247] Besonderen Wert, so Schaudt weiter, lege

---

244 Zitat hier und im Folgenden: Halbjahresbericht des Frauenstrafgefängnisses Leipzig-Kleinmeusdorf über das 2. Halbjahr 1949 vom 20. 1. 1950 (SächsHStA, LRS/MdJ/911, unpag.).
245 Rechenschaftsbericht über die Gesundheitsfürsorge in den Vollzugs-, Haftanstalten und Gerichtsgefängnissen im Lande Sachsen für das 2. Halbjahr 1949 vom 26. 2. 1950 (SächsHStA, LRS/MdJ/899, unpag.).
246 Rechenschaftsbericht über den Strafvollzug für das 2. Halbjahr 1949 vom 28. 2. 1950 (SächsHStA, LRS/MdJ/899, unpag.).
247 Anlage zur Rundverfügung Nr. 45/49 des MdJ, Hauptabteilung Strafvollzug und Anstaltsverwaltung, Betr.: Öffentlicher Veranstaltungen des Strafvollzuges vom 3. 12. 1949 (SächsHStA, LRS/MdJ/852/Bl. 11).

man im sächsischen Strafvollzug auf den Arbeitseinsatz der Gefangenen, mit dem man „die besten Erfahrungen gemacht" habe, denn die Arbeitsleistung der Häftlinge sei fast immer mit der der freien Arbeiter vergleichbar – manchmal sogar höher. Als weitere Mittel der Resozialisierung gebe es kulturelle und politische Veranstaltungen, die Möglichkeit des Lesens „fortschrittlicher Literatur" und Vorträge der Volkshochschulen. Außerdem werde in den größeren Anstalten eine Gefangenenselbstverwaltung praktiziert. Ganz im Sinne der erwähnten Akzentverschiebungen hinsichtlich Aufgaben und Ziele des Strafvollzugs ab 1948/49 machte Schaudt deutlich, dass es „in erster Linie" Aufgabe des Strafvollzugs sei, die Öffentlichkeit „vor den Störern der Gesellschaft" zu schützen. „Erst dann, aber auch dann sofort" gelte es, den Rechtsbrecher vor sich selbst zu schützen, aber auch „vor einem Absinken in eine gesellschaftswidrige Grundhaltung zu bewahren".[248]

2.6 Stagnation und Fortschritte im sächsischen Justizstrafvollzug

Dass die Entwicklung des Strafvollzugs trotz punktueller Fortschritte oftmals stagnierte und die Lage vielerorts desolat blieb, kommt in einem Bericht eines „Justizreferenten einer politischen Partei über die Besichtigung einer mittleren Strafanstalt" vom April 1949 in aller Deutlichkeit zum Ausdruck. Die Befunde: schlechter Gesundheitszustand; schlechte Hygiene, da keine Handtücher vorhanden waren; unerträgliche Bekleidung; teilweise schliefen die Häftlinge auf blankem Stroh, da Betten, Strohsäcke und Bettwäsche fehlten; Häftlinge froren, da für 20 Mann für einen Tag nur vier Presskohlen zur Verfügung standen, sodass teilweise schon das Stroh der Nachtlager verbrannt wurde; kaum Licht, da es nur in den Zellen Glühbirnen gab, in denen die Häftlinge sie sich selbst besorgt hatten; keine Arbeitsmöglichkeiten und wenn doch, lehnten Häftlinge die Arbeit oft ab, da sie bei der geringen Zusatzverpflegung noch größere gesundheitliche Schäden befürchteten. Das Gesehene resümierend hatte der Referent „den Eindruck, dass die maßgebenden Männer des Strafvollzuges ausgesprochene Verwaltungsbeamte von *Sachen* sind, aber nicht das geringste Verständnis für die Behandlung von *Menschen* besitzen. Darin liegt der wesentliche Grund unserer fast mittelalterlichen Strafvollziehung, die im Interesse der Gesellschaft schnellstens zu reformieren ist."[249]

Auch ein Blick auf die Haftanstalt Waldheim vergegenwärtigt die Situation im sächsischen Strafvollzug eindrucksvoll. Ende März 1949 inspizierte eine vierköpfige Kommission unter Führung von Gentz die Anstalt, die zu der Zeit mit 1 940 Häftlingen massiv überbelegt war. Auffallend war hier der Mangel an

---

248 Ebd.
249 Anlage zum Schreiben von DJV-Präsidenten Max Fechner an die Justizministerien der Landesregierungen, Betr.: Mitarbeit der demokratischen Organe an den Aufgaben des Strafvollzuges vom 5. 4. 1949 (BArch, DP 1/HA SV/Nr. III/146, unpag.). Hervorhebungen im Original.

Glühbirnen,[250] wodurch weite Teile der Anstalt nur schwach oder gar nicht beleuchtet werden konnten – etwa die Flure und Zellen der nach Befehl 201 Verurteilten. „Ein sehr großer Teil der Gefangenen war ohne Arbeit",[251] darunter sämtliche nach Befehl 201 verurteilten Häftlinge. Zwar hatte sich der Anstaltsleiter um umfangreiche Arbeitsaufträge bemüht, doch ohne Erfolg, was vor allem am allgemeinen Arbeits- und Materialmangel lag. Die Verpflegung der Häftlinge war ausreichend, da die Anstalt über etwa zehn Hektar Land frei verfügen und dort zusätzliche Nahrung für die Häftlinge anbauen konnte.[252] Auf dem Gebiet der Hygiene gab es dagegen große Probleme: So hatten die Häftlinge teilweise seit sechs Wochen weder gebadet noch geduscht, Häftlinge der Krankenabteilung lagen seit acht Wochen und länger (teilweise seit vier Monaten) in der gleichen Bettwäsche. Immer wieder stellte die Kontrollkommission fest, dass die Auskünfte der Leitung der Nachfrage bei den Gefangenen nicht standhielten. Überhaupt sei der Anstaltsleiter seiner Aufgabe nicht gewachsen und „unorientiert". Er habe die Übersicht über die Anstalt verloren, weswegen seine Angestellten zu Eigenmächtigkeiten neigten, sodass das gesamte Personal einer „gründlichen Umschulung" bedürfe.

Mit „barbarisches Mittelalter" beschrieb Gentz die Arrestzellen. Entgegen anders lautender Weisungen, war die Arreststrafe in Waldheim auch immer noch mit einer Kürzung der Essensrationen verbunden; auch die Freistunde wurde während der Arrestzeit nicht gewährt. Der Anstaltsleitung brachte dies einen „scharfen Tadel" ein. Ebenso fehlte eine Gefangenenselbstverwaltung vollständig, wobei Waldheim hier im Gegensatz zu den anderen großen sächsischen Anstalten eine Ausnahme bildete. Gentz bilanzierte daher, dass man in Waldheim „von dem Geist eines aufgeschlossenen, modernen Strafvollzuges sehr weit entfernt" sei. Personell war die Anstalt mit der Hälfte des benötigten Personals hoffnungslos unterbesetzt: „Es ist nicht verwunderlich, wenn bei solcher Unterbesetzung des Personals das Interesse der Angestellten am Strafvollzug infolge ihrer Überbeanspruchung leidet und der Strafvollzug nicht funktioniert." Angesichts dieses Berichts kam der sächsische Strafvollzugsausschuss zu der Auffas-

---

250 In einem Bericht über eine erneute Überprüfung der Haftanstalt im September 1949 wurde das Fehlen von 2 000 Glühbirnen festgestellt. Vgl. Bericht der Abteilung Strafvollzug des Justizministeriums der LRS über eine Überprüfung der Strafanstalten Waldheim vom 3. 9. 1949 (SächsHStA, LRS/MdJ/874/Bl. 41).
251 Zitat hier und im Folgenden: Bericht über die Besichtigung der Strafanstalt Waldheim am 23. 3. 1949 (SächsHStA, LRS/MdJ/874/Bl. 25–27).
252 In der Regel waren die Anstalten wie oben erwähnt einem Ablieferungsplan unterworfen. Bis 1949 war Waldheim frei von jedem Abgabesoll, was sich aber 1949 ändern sollte, als die Anstalt alles auf ihrem Land Erwirschaftete restlos abliefern sollte. Durch Intervention bei der Landesregierung erreichte aber der Anstaltsleiter, dass für die Kranken und das Krankenpersonal so viel landwirtschaftliche Erzeugnisse zum Eigenverbrauch entnommen werden durften, um die Verpflegungsnormen um 50 Prozent zu heben. Vgl. Bericht der Abteilung Strafvollzug des Justizministeriums der LRS über eine Überprüfung der Strafanstalten Waldheim vom 3. 9. 1949 (SächsHStA, LRS/MdJ/874/Bl. 41).

sung, dass Waldheim nicht mehr als „vorbildlich" betrachtet werden könne, „da dort geradezu unhaltbare Zustände eingetreten sind".[253]

Dass solche Berichte, wie der von Gentz, nicht einfach nur zur Kenntnis genommen wurden, sondern eine Änderung der Verhältnisse bewirken konnten, zeigt eine erneute Überprüfung Waldheims im September 1949: Dem überforderten Anstaltsleiter war ein Hauptsachbearbeiter zugeordnet worden, ein Stellvertreter sollte folgen. Das Personal war kräftig aufgestockt und ein Gefangenenrat eingerichtet worden. Gebadet wurde nun wenigstens 14-tägig und die Bettwäsche in der Krankenabteilung alle zwei Wochen gewechselt. Bei den bemängelten Arrestzellen – der September-Bericht berichtete von „Bunkerzellen" – waren die Türen entfernt und der Essensentzug während der Arreststrafe abgeschafft worden. Die Versorgung der Krankenabteilung hatte sich ebenfalls gebessert.[254] Am Ende des zweiten Halbjahres 1949 wurden in Waldheim 15 Sterbefälle bilanziert. Damit war die Todesrate im Vergleich zu den entsprechenden Halbjahren 1947 und 1948 etwa um die Hälfte gesunken, was auf eine bessere medizinische Betreuung und Ernährungslage sowie öfter bewilligte Haftunterbrechungsanträge zurückzuführen war. Trotz allem scheint die Ernährungslage nach wie vor kritisch gewesen zu sein. Vor allem die Krankenkost war zu knapp bemessen und die „Diätkost [...] kalorienmäßig absolut unzureichend". Daher wurde dringend angemahnt, kranken Häftlingen zu gestatten, mehr zusätzliche Lebensmittel von ihren Angehörigen empfangen zu dürfen. Die „besonders gute Führung" wurde Voraussetzung für politische und berufliche Weiterbildung während der Freizeit. An den zahlreichen Vorträgen über politische, gewerkschaftliche und kulturelle Themen[255] nahm sowohl die Öffentlichkeit in Form von SED, FDGB, FDJ, DFD als auch Leitung, Kollegium sowie Schüler der Waldheimer Schule teil. Ein breites Spektrum verschiedener regionaler und überregionaler Tages-, Wochen- und Monatszeitungen konnte von den Häftlingen gelesen werden.[256]

Wie unterschiedlich die Haftbedingungen von Anstalt zu Anstalt waren, zeigt der Bericht des sächsischen Strafvollzugsausschusses über die Besichtigung der Strafanstalt Görlitz vom Juni 1950, in dem der allgemeine und vor allem in hygienischer Hinsicht ungenügende und primitive Zustand des Gefängnisses beklagt wurde. So gebe es kaum Bettwäsche, keine einzige Zelle mit Glühbirne, keinerlei Zeitungen oder Zeitschriften, keine Filmvorführungen und nur ein Radio mit Lautsprecher. Der Anstaltsleiter führte alle Mängel darauf zurück, dass die Prioritäten bei Einrichtung der Anstalt 1947 bei der Verpflegung und

---

253 Protokoll der 3. Sitzung des sächsischen Strafvollzugsausschusses vom 6.5.1949 (SächsHStA, LRS/MdJ/898/1, unpag.).
254 Bericht der Abteilung Strafvollzug des Justizministeriums der LRS über eine Überprüfung der Strafanstalten Waldheim vom 3.9.1949 (SächsHStA, LRS/MdJ/874/Bl. 41 f.).
255 Beispielsweise gab es Vorträge mit den Themen „Die Russen und wir", „Die Grundfragen des Idealismus und Materialismus", „Die Weimarer Verfassung", „Der Strafvollzug im Allgemeinen", „Der humane Strafvollzug" oder auch „Ernst Abbe".
256 Zu diesem Absatz: Halbjahresbericht der Strafanstalten Waldheim über das 2. Halbjahr 1949 vom 19.1.1950 (SächsHStA, LRS/MdJ/911, unpag.).

Arbeitsbeschaffung für die Häftlinge gelegen hätten. Weiterhin bemerkte der Ausschuss das schlechte Verhältnis zwischen Leitung, Verwaltung und Gefangenen sowie zwischen den Gefangenengruppen A, B und C.[257] Die Verpflegung sei unzureichend, zudem hätten sich bei der Kontrolle Maden und Kellerasseln im Essen befunden. Auch funktioniere in Görlitz die Zusammenarbeit mit den Massenorganisationen und der Volkssolidarität offenbar nicht so wie in den anderen sächsischen Haftanstalten. Daher wurde die Anstalt „ersucht", in den betreffenden Punkten, beispielsweise durch Zusammenarbeit mit dem Kreisausschuss für Strafvollzug, den Gewerkschaften oder den Arbeitsämtern, eine Verbesserung zu erzielen.[258]

In den ersten Halbjahresberichten der sächsischen Haftanstalten von 1950 wurde der Allgemeinzustand der Zellen mit „gut, sauber und zufriedenstellend" beschrieben. Aufgrund der Überbelegungen und dem damit verbundenen Haftraummangel gab es kaum Arbeitsräume, sodass die Häftlinge meist in den Zellen arbeiten mussten. Sie trugen in der Regel ihre eigene Kleidung, da vor allem der Bekleidungs-, Wäsche- und Schuhmangel ein akutes Problem darstellte[259] und daher nur in Außenkommandos beschäftigte Häftlinge Anstaltskleidung bekamen. Durchschnittlich hatten die Häftlinge in den sächsischen Haftanstalten alle zwei Wochen Gelegenheit, sich zu duschen oder zu baden, das Trinkwasser war ohne Beanstandungen gewesen, die tägliche Freistunde wurde, den Berichten zufolge, überall gewährt. Aufgrund des Raummangels gab es für die Häftlinge jedoch so gut wie keine Möglichkeiten, sich sportlich zu betätigen.[260]

Mitte 1950 hatte sich die Lage in der Haftanstalt Zwickau insofern gebessert, als dass der sächsische Strafvollzugsausschuss die vorgefundenen Verhältnisse den Umständen entsprechend für „ganz ordentlich" befand. Infolge des Personalmangels konnten dienstfreie Tage und Urlaub nicht entsprechend des Tarifvertrags gewährt werden, was die Motivation der Justizangestellten nicht eben beflügelte.[261] Des Weiteren beklagten sich die Wachtmeister über den man-

---

257 Vgl. Kapitel II.1.3.
258 Zu diesem Absatz: Protokoll der 13. Sitzung des Ausschusses für den Strafvollzug in der Strafanstalt Görlitz am 16.6.1950 (SächsHStA, LRS/MdJ/898, unpag.).
259 Betont wurde, dass trotz positiver Entwicklungen in einigen Haftanstalten die Versorgung mit Kleidung, Wäsche und Schuhen völlig ungenügend war. Es fehlte besonders an Strümpfen und Bettwäsche. Allgemein sei der Wäschebestand unzureichend und in abgetragenem Zustand. Im ersten Halbjahresbericht von 1950 wurde für den kommenden Winter bei Ober- und Unterbekleidung eine Katastrophe prognostiziert, wenn bis dahin nicht Abhilfe geschaffen werden könne. „Ganz dringend" sei auch die Versorgung mit Lederschuhen für die im Außenarbeitseinsatz stehenden Gefangenen, die bei Arbeiten im Bergbau, beim Gleisbau oder Entwässerungsarbeiten auf einfache Holzschuhe („Holzzweischnallern") angewiesen waren. Vgl. Rechenschaftsbericht über den Strafvollzug für das 1. Halbjahr 1950 vom 21.8.1950 (SächsHStA, LRS/MdJ/899, unpag.).
260 Zusammenfassender Bericht über die eingereichten Halbjahres-Rechenschaftsberichte über das 1. Halbjahr 1950 der Haftanstalten Sachsens (SächsHStA, LRS/MdJ/899, unpag.).
261 Rechenschaftsbericht der Vollzugsanstalt Zwickau über den Strafvollzug im 1. Halbjahr 1950 vom 18.7.1950 (SächsHStA, LRS/MdJ/912, unpag.).

gelnden Respekt der Häftlinge ihnen gegenüber, der von einem falsch verstandenen humanen Strafvollzug herrühre. So entstünden dem Personal durch undiszipliniertes Verhalten „große Schwierigkeiten".[262] Nicht ganz unbeteiligt an dieser Situation sei auch die Anstaltsleitung, die Angestellte im Beisein der Häftlinge disziplinarisch zurechtgewiesen habe. Hier wird deutlich, wie wenig die Justizangestellten das Konzept des „humanen Strafvollzugs" verinnerlicht hatten – und das nach fast fünf Jahren ständiger Bemühungen von Gentz und seinen Mitarbeitern. Doch hatten intensive Schulungen des Strafvollzugspersonals in Ermangelung finanzieller Mittel sowie entsprechender Ausbilder nicht durchgeführt werden können. Die Folge war, dass sich die Justizangestellten – ganz im Sinne der Volkspolizei, die die Anstalt Anfang 1951 übernehmen sollte – bereits gegen die für sie allzu weit reichenden „Humanisierungen" im Strafvollzug stellten und für eine strengere Disziplin plädierten – ein deutliches Zeichen für die Machtlosigkeit von Gentz und seinen Mitstreitern im Kampf gegen den alten Anstaltsgeist. Zu dieser desolaten Situation hatte vor allem die Personalpolitik der Justizministerien beigetragen. Bereits 1949 hatte die Justizverwaltung anlässlich einer Revision des sächsischen Justizministeriums festgestellt, dass es bei „der Auswahl der Anstaltsleiter [...] keine besonders glückliche Hand bewiesen" habe. Der Chemnitzer Anstaltsleiter hatte aufgrund gegen ihn erhobener Vorwürfe wegen Verbrechen gemäß SMAD-Befehl 201 Suizid begangen, gegen die Anstaltsleiterin von Leipzig-Kleinmeusdorf wurde ein Strafverfahren geführt und der Anstaltsleiter in Hoheneck hatte auf seinem Posten versagt.[263] Offenbar führte die allgemeine Personalnot dazu, dass das sächsische Strafvollzugsamt nicht allzu wählerisch bei der Besetzung der entsprechenden Stellen gewesen war, was sich verheerend auf die Reformbestrebungen im Justizvollzug auswirkte.

Welche Probleme sich bei der Leitung einer Haftanstalt ergaben, beschreibt der Zwickauer Anstaltsleiter Leiter Goretzky. Dieser erhielt von fünf Institutionen – Justizministerium, MfS, Staatliche Kontrollkommission, Landtagsausschuss, Kreisausschuss – verschiedene Anweisungen, denen er möglichst allen gerecht werden sollte. Ein halbes Jahr nachdem das Innenministerium der DDR die ersten Haftanstalten von der Justiz übernommen hatte, kam es zu einem spürbaren Kurswechsel: Das MfS nahm nicht unerheblichen Einfluss auf den Justizvollzug, indem Anstaltsleiter Goretzky angewiesen wurde, „alle Veranstaltungen der erzieherischen und kulturellen Betreuung zu stoppen".[264] Die Staatliche Kontrollkommission ordnete zudem an, künftig keinen Urlaub mehr zu gewähren. Diese beiden in ihrer Konsequenz für den Anstaltsbetrieb weit rei-

---

262 Protokoll über die 14. Sitzung des Ausschusses für den Strafvollzug in der Vollzugsanstalt Zwickau am 14.7.1950 (SächsHStA, LRS/MdJ/902, unpag.).
263 Bericht über die Überprüfung des Justizministeriums des Landes Sachsen durch die DJV in der Zeit vom 11.–17. und 24.–25.2.1949 (SächsHStA, 11830/LRS/MdJ/876/Bl. 250 f.).
264 Protokoll über die 14. Sitzung des Ausschusses für den Strafvollzug in der Vollzugsanstalt Zwickau am 14.7.1950 (SächsHStA, LRS/MdJ/902, unpag.).

chenden Anweisungen zweier Institutionen, die genuin nicht für den Justizstrafvollzug zuständig waren, sind Indikatoren dieses Kurswechsels und zudem ein Zeichen des beginnenden Aufweichens des Reformvollzugs des Justizministeriums durch andere Institutionen. Deutlich wird das auch daran, dass der sonst um die Verbesserung der Haftbedingungen so bemühte sächsische Strafvollzugsausschuss daran keinen Anstoß nahm, sondern die Einstellung aller erzieherischen Veranstaltungen in Zwickau kommentarlos hinnahm.

Der durch die Überbelegung verursachte Mangel an Haftraum bedingte die „menschenunwürdigen Verhältnisse", die der Strafvollzugsausschuss etwa in der Untersuchungshaftanstalt Chemnitz feststellte, die permanent auch Strafgefangene verwahrte. Die Ausschussmitglieder gewannen einen „erschütternden Eindruck", da die Unterbringung katastrophal gewesen sei.[265] Wegen der „unhaltbaren Zustände" würden die Häftlinge „leicht oppositionell"[266] – ein grundlegendes Problem des Justizstrafvollzugs, das dem Ziel der Resozialisierung entscheidend entgegenstand. Dies hatte man zwar erkannt, jedoch war eine Änderung auf absehbare Zeit kaum herbeizuführen.

Der sächsische Strafvollzugsausschuss besichtigte monatlich Vollzugsanstalten. Obwohl unangekündigte Besichtigungen beabsichtigt waren, stellten die Kontrolleure mehrfach fest, dass die Anstalten vor dem Besuch benachrichtigt worden waren. Des Weiteren bemerkte der Ausschuss, dass an ihn gerichtete Gesuche oder Beschwerden kaum zu ihm durchdrangen. Kritisiert wurde unter anderem die ungenügende Arbeit vieler Kreisausschüsse – hier müsse mehr Interesse und Beteiligung geweckt werden. Auch die angedachte Betreuung zweier Kreisausschüsse je Mitglied des Landtagsausschusses und die quartalsmäßige Berichterstattung darüber würden nur sporadisch erfolgen – es lägen erst drei Berichte vor. Die Ausschussmitglieder hätten hier versagt.[267] „Ganz besonders gut", so der erste Halbjahresbericht 1950, sei dagegen die Zusammenarbeit mit dem Kontrollausschuss in der Frauenhaftanstalt Görlitz.[268] In diesem seien „sämtliche Parteien und demokratischen Organisationen" vertreten. Regelmäßig fänden Beratungen und Kontrollen der Anstalt statt, kulturelle Veranstaltungen würden mitorganisiert – sogar musikalische Darbietungen der Jungen Gemeinde würden in der Anstalt stattfinden. Dreimal wöchentlich komme eine Fürsorgerin der Volkssolidarität. Auch die Zusammenarbeit mit Arbeits-, Sozial- und Jugendamt sei sehr gut. Die beiden Kirchen schickten wöchentlich ihre Fürsorgerinnen, um mit den Gefangenen zu sprechen. Welche Bedeutung der

---

265 In 6 m² großen Zellen mit nur zwei Bettgestellen waren bis zu sieben Häftlinge untergebracht, sodass Häftlinge auf Strohsäcken auf dem Fußboden schliefen oder „Frauen zu zweien in den Betten schlafen, um sich nicht zu erkälten". Vgl. Protokoll über die 6. Sitzung des Ausschusses für den Strafvollzug (Besichtigung der Untersuchungshaftanstalt Chemnitz) am 15.5.1951 (SächsHStA, LRS/MdJ/902/1, unpag.).
266 Ebd.
267 Protokoll der 7. Sitzung des Ausschusses für den Strafvollzug am 15.6.1951 (SächsHStA, LRS/MdJ/902/1, unpag.).
268 Rechenschaftsbericht der Vollzugsanstalt Görlitz über den Strafvollzug im 1. Halbjahr 1950 vom 12.7.1950 (SächsHStA, LRS/MdJ/912, unpag.).

Strafvollzugsausschuss für die Freizeitgestaltung hatte, zeigt sich daran, dass nach Auflösung des Kreisausschusses im Görlitzer Gefängnis im ersten Halbjahr 1951 lediglich zwei kulturelle Veranstaltungen stattgefunden hatten.[269]

Trotz aller Widersprüche und Rückschläge in der Ausschussarbeit war man sich seiner Bedeutung für die Entwicklung des Strafvollzugs bewusst, weshalb der sächsische Strafvollzugsausschuss im Januar 1951 an Landtagspräsident Otto Buchwitz mit dem Ersuchen herantrat, auch der Volkskammer die Bildung eines solchen Ausschusses vorzuschlagen. Volkskammerpräsident Johannes Dieckmann, ehemals sächsischer Justizminister und daher mit der Thematik bestens vertraut, unterstützte den Antrag. Die Volkskammer habe diese Anregung „mit Dank" angenommen und begrüße es, Informationen über die Arbeit und Erfahrungen des sächsischen Ausschusses zu erhalten, müsse aber zunächst die Stellungnahmen von Innen- und Justizministerium einholen.[270] Ein halbes Jahr später hieß es auf einer Sitzung des sächsischen Ausschusses, Volkskammer und Justizministerium hätten sich „sehr interessiert" gezeigt, sodass sich die Volkskammer an den Ministerrat mit der Bitte um Stellungnahme gewandt habe. In welche Richtung sich die Sache indes wenden würde, war bereits dadurch vorgezeichnet, dass dem sächsischen Landtagsausschuss bzw. den Kreisausschüssen der Zutritt zu den bereits von der Volkspolizei übernommenen Haftanstalten verwehrt blieb und lediglich die Justizhaftanstalten „betreut" werden konnten.[271] In Anbetracht der Absicht der Staatsführung, den Strafvollzug von der Außenwelt abzuschotten und die Öffentlichkeit über das Haftregime in den DDR-Gefängnissen im Unklaren zu lassen, erschien eine derartige Kontrolle des Strafvollzugs für die Staatsführung völlig undenkbar. Schließlich hatte naturgemäß die oberste Strafvollzugsverwaltung der Deutschen Volkspolizei für die Überflüssigkeit dieser Kontrollinstanz plädiert, wenn sie argumentierte, dass es sich bei den einsitzenden Häftlingen ohnehin nur noch um „Faschisten" und „Militaristen" handele.[272] Folgerichtig lehnten Sekretariat und Politbüro, die sich bereits Anfang April 1951 mit dem Antrag beschäftigt hatten, diesen ab – offiziell erfolgte die Ablehnung seitens des Ministerrats aber erst am 23. August 1951.[273] Da dem Strafvollzugsausschuss nur der Zugang zu den Justizhaftanstalten gestattet war, wäre sein Fortbestehen mit der vollständigen Übernahme aller Haftanstalten durch die Volkspolizei bis zur Jahresmitte 1952 obsolet gewesen. Doch erübrigte sich diese Frage ohnehin, da infolge der Verwaltungsreform des gleichen Jahres sowohl die Länder als auch die Landtage aufgelöst wurden.

---

269 Rechenschaftsbericht der Justizhaftanstalt Görlitz über den Strafvollzug im 1. Halbjahr 1951 vom 26.7.1951 (SächsHStA, LRS/MdJ/914, unpag.).
270 Protokoll über die 5. Sitzung des Ausschusses für den Strafvollzug am 28.3.1951 (SächsHStA, LRS/MdJ/902, unpag.).
271 Protokoll über die 8. Sitzung des Ausschusses für den Strafvollzug am 21.9.1951 (SächsHStA, LRS/MdJ/902, unpag.).
272 Wunschik, Die Strafvollzugspolitik des SED-Regimes, S. 261.
273 Wentker, Justiz in der SBZ/DDR, S. 395 f.

3. Fazit

Auch 1950 waren die allgemeinen Haftbedingungen im sächsischen Strafvollzug weiterhin katastrophal, vor allem was Verpflegung und Versorgung betraf. Dennoch standen die Gefängnisse nicht abseits der gesellschaftlichen Verhältnisse. Eine überproportional hohe Todesrate der ersten Nachkriegsjahre gab es nicht nur im Strafvollzug, sondern auch außerhalb der Anstaltsmauern, wo die Menschen ebenso um das blanke Überleben kämpften. Den allseitigen Mangel, den Hunger und die Kälte im Winter erlebten die Häftlinge in der Regel aber in verschärfter Form. Die ständigen Eingaben der Anstaltsleiter und der Strafvollzugsabteilung der Justizverwaltung zeugen von dem aufrichtigen Bemühen um Linderung der katastrophalen Zustände, doch waren Änderungen in dieser Zeit nur langfristig möglich. Der Strafvollzug stand bei den Versorgungsstellen hinten an und wurde häufig gar nicht berücksichtigt. Auch die teils unterschwelligen, teils heftigen Konflikte der Verantwortlichen mit der Besatzungsmacht, die viele Gefängnisse beschlagnahmt, geplündert und Anstaltswerkstätten demontiert hatte, erschwerten die Arbeit. Dass die Verantwortlichen dem Sterben in den Gefängnissen aber nicht völlig hilflos gegenüberstehen mussten, zeigt das Beispiel der amerikanischen Besatzungszone, in der bis 1950, Albert Krebs zufolge, kein einziger Gefangener verhungert oder erfroren sei.[274]

Da die Überbelegung und damit der Raummangel ein anhaltendes Problem darstellten, blieb die Differenzierung der Häftlinge fortwährend schwierig. Erst Ende 1949 konnte Sachsen über diesbezügliche Erfolge berichten. Nichtsdestotrotz blieb sie – neben der nicht zu lösenden Personalfrage – ein wesentliches Element des Erziehungsstrafvollzugs. Der Strafvollzug war zudem von einer großen Heterogenität geprägt, die durch den Zustand der Anstalten, der Führungskraft ihrer Leiter und der Qualität des zur Verfügung stehenden Personals bedingt war.

Bei allen Ansätzen eines Erfolgs der Reformbemühungen bleibt zu berücksichtigen, dass politische Häftlinge – in der Regel nach KD 38, Kontrollratsgesetz Nr. 10 oder SMAD-Befehl Nr. 201 Verurteilte – im Zuge des durch den Druck von Besatzungsmacht und Innenressort erfolgten Richtungswechsels ab der zweiten Jahreshälfte 1948 vom Erziehungsstrafvollzug ausgeschlossen bleiben sollten. Zwar galten die allgemeinen desolaten Bedingungen für politische wie kriminelle Häftlinge gleichermaßen, doch waren politische Häftlinge einem härteren Haftregime ausgesetzt. Sie erhielten Verpflegung nach der untersten Kartengruppe und wurden wie im späteren DDR-Strafvollzug zuletzt zur Arbeit eingesetzt, wodurch ihnen wichtige Vergünstigungen entgingen. Auch waren die Möglichkeiten der Anstaltsärzte, diese Häftlinge für haftunfähig zu erklären, stark begrenzt. Zwar hatte der Leiter der Strafanstalt Hoheneck, in der politische Häftlinge konzentriert waren, gegenüber der „Sächsischen Zeitung" im November 1948 erklärt, dass der Strafvollzug modernisiert und somit auch der

---

274 Krebs, Die Durchführung der Kontrollratsdirektive Nr. 19, S. 21.

Erziehungsgedanke für politische Häftlinge immer mehr realisiert werde,[275] doch hatte dies mit der Realität wenig zu tun, denn die Ungleichbehandlung, die sich schon aus der gesonderten Unterbringung ergab, wurde fortgesetzt. Noch Ende März 1949 stellte Gentz fest, dass in Hoheneck der Großteil der Häftlinge ohne Arbeit und die Ernährung äußerst schlecht sei.[276] Auch in Waldheim waren alle nach SMAD-Befehl Nr. 201 verurteilten Häftlinge der Anstalt ohne Arbeit.[277] Zwar hatte Gentz selbst angeordnet, politische Häftlinge vom Erziehungsstrafvollzug auszunehmen, doch die eigentliche Sicht der Verantwortlichen zeigen wohl die Aussagen des Brandenburger Anstaltsleiters Paul Locherer auf einem Strafvollzugslehrgang im Sommer 1949, in dessen Anstalt nach SMAD-Befehl Nr. 201 Verurteilte inhaftiert waren. Er betonte, dass der Strafvollzug „vor allem der Resozialisierung der Gefangenen durch Arbeit zu dienen habe".[278] „Locherer wies besonders auf die Notwendigkeit der eingehenden Differenzierung der Gefangenen hin, hob die Bedeutung des Erziehungsgedankens im Strafvollzug und damit die Notwendigkeit hervor, in den Anstalten geeignete Sozialpädagogen einzustellen. Weiterhin wies er mit Recht darauf hin, dass zwar die Arbeit der Gefangenen die wesentlichste Grundlage des neuen Strafvollzuges sei, dass die Arbeit selbst aber nie als Strafe erscheinen dürfe." Solche Bekenntnisse zur Resozialisierung als Ziel des Strafvollzugs ohne Ausklammerung der politischen Häftlinge zeigen weniger Meinungsverschiedenheiten unter den Strafvollzugsverantwortlichen, sondern eher, dass die Anweisungen zum Ausschluss politischer Häftlinge vom Erziehungsstrafvollzug vielmehr Zugeständnisse an die Besatzungsmacht waren. Trotzdem dürften solch unterschiedliche Bekenntnisse das Vertrauen der SMAD in den Justizstrafvollzug nicht eben gesteigert haben, auch wenn die Haftwirklichkeit weniger Anlass dazu bot, denn die Unterschiede in der Behandlung krimineller und politischer Häftlinge blieben durchaus bestehen.

In der Haftanstalt Zwickau zeigte sich die besondere Stellung der nach Befehl 201 Verurteilten darin, dass sie lediglich nach Kartengruppe IV verpflegt wurden, was sich „besonders ungünstig" auf deren Gesundheitszustand auswirkte.[279] Bemerkenswert ist, dass die politischen Häftlinge, obwohl in Haftanstalten der Justiz einsitzend, zusätzliche Lebensmittel nur mit Genehmigung der Landespolizeibehörde sowie auf ärztliche Anordnung hin erhalten durften[280] – ein deutlicher Hinweis auf die anhaltende Ungleichbehandlung, aber auch den steigenden Einfluss der Volkspolizei auf den Justizvollzug, der in der komplet-

---

275 Sächsische Zeitung vom 5.11.1948, S. 2 (SächsHStA, LRS/MdJ/895/Bl. 71).
276 Niederschrift über die Besichtigung der Strafanstalt Hoheneck am 22.3.1949 (SächsHStA, LRS/MdJ/853/Bl. 34 f.).
277 Bericht über die Besichtigung der Strafanstalt Waldheim durch Werner Gentz am 23.3.1949 (BArch, DP 1/HA SV/II/28/Bl. 108).
278 Zitat hier und im Folgenden: Hammer (Oberrichter), Bericht über den Fortbildungslehrgang, S. 219.
279 Rechenschaftsbericht der Vollzugsanstalt Zwickau über das 3. Quartal 1949 vom 2.10.1949 (SächsHStA, LRS/MdJ/908, unpag.).
280 Ebd.

ten Übernahme des Strafvollzugs kulminierte. Als die Polizei bereits die ersten Haftanstalten der Justiz übernommen hatte, schlug sich der „schärfer werdende Kampf gegen die unsere demokratische Ordnung und unseren wirtschaftlichen Aufbau störenden Elemente" auch in den Justizhaftanstalten nieder.[281] Zur „Erhöhung der Sicherheit der Anstalten" wurde bestimmt, die „allgemeine Wachsamkeit" zu verstärken und „wegen Wirtschaftsverbrechens oder sonstiger Vergehen gegen die demokratische Ordnung (Gesetz zum Schutze des Friedens, Art. 6 der Verfassung, Befehl 201)" inhaftierte Häftlinge von allen Hausarbeiten auszuschließen.

Seit 1948/49, als die Häftlingsarbeit und die Sicherheit der Anstalten auf Druck der Besatzungsmacht in den Vordergrund gerückt wurden, bemühte sich die Strafvollzugsverwaltung, die Arbeitskraft der Häftlinge in den Zweijahresplan einzubeziehen. Trotz aller Vorhaltungen der SMAD sowie des Innenressorts waren die Zahlen entflohener Häftlinge 1949 stark rückläufig.[282] Auch bezüglich des Arbeitseinsatzes war die Justizverwaltung erfolgreich: So befanden sich laut des Berichts zur Lage des Strafvollzugs in der Sowjetischen Besatzungszone vom Mai 1949 nur etwa die Hälfte aller Gefangenen im Arbeitseinsatz und höchstens 40 Prozent von ihnen im „produktiven Arbeitseinsatz".[283] Mitte Dezember 1949 gab der Leiter der im Zuge der geplanten Übernahme von Haftanstalten der Justiz neu gegründeten Hauptabteilung X der Hauptverwaltung der Deutschen Volkspolizei (HVDVP), Karl Gertich, an, dass nunmehr „ca. 80 Prozent der Justizstrafgefangenen im Arbeitsprozess stehen, zu einem großen Teil in Außenarbeit wie landwirtschaftlichen Betrieben und Fabriken".[284] Die Bemühungen zeigten also Ergebnisse.

Auch auf anderen Gebieten waren die Reformbemühungen Gentz' und seiner Mitarbeiter erfolgreich. So wurden sowohl in den selbständigen Haftanstalten als auch einigen Gerichtsgefängnissen Sachsens Gefangenenselbstvertretungen eingerichtet.[285] Die seit Beginn der Reformarbeit geforderte Mitwirkung der Öffentlichkeit und mithin die demokratische Kontrolle des Justizvollzugs waren in Sachsen verhältnismäßig gut entwickelt. Davon zeugt neben diversen - auch kritischen - Zeitungsartikeln vor allem die Existenz einer parlamentarischen Kontrollinstanz: der Strafvollzugsausschuss.[286] Auch auf Kreistagsebene exis-

---

281 Zitat hier und im Folgenden: Justizministers an die Landesregierungen, Hauptabteilung Justiz beim Ministerpräsidenten vom 31.5.1951, Rundverfügung Nr. 85/51 (BArch, DP 1/HA SV/II/52, unpag.).
282 Vgl. Diagramme 2 und 3 im Anhang.
283 Wentker, Justiz in der SBZ/DDR, S. 372, Anm. 23.
284 Hauptabteilung X, Stellungnahme der HA Haftanstalten zu nachstehendem Betreff, Betr.: Übernahme von Häftlingen aus dem Gewahrsam der Besatzungsmacht vom 14.12.1949 (BArch, DO 1/11/1479/Bl. 11).
285 Auch die StVA Brandenburg betrieb einen Gentz' Reformplänen gemäßen Strafvollzug mit dem Bemühen um sinnvolle Arbeiten, der Betonung von Erziehung und Kultur, einer Gefangenenselbstversorgung und einer weit reichenden Seelsorge. Vgl. Ansorg, Politische Häftlinge, S. 45-50; dies., Die Entwicklung des Strafvollzugs, S. 198 f.
286 Auch im thüringischen Landtag gab es einen Strafvollzugsausschuss.

tierten mehrere solcher Ausschüsse. Diese Entwicklung stand zwar noch am Anfang, doch waren die Weichen bereits gestellt worden. Vor allem auf dem Gebiet der Freizeitgestaltung, durch die man sich eine nachhaltige Einwirkung auf die Häftlinge versprach, bot der Justizvollzug eine gewisse Abwechslung – auch unter vielfältiger Mitwirkung der Öffentlichkeit. Hier liegt einer der markantesten Unterschiede zum späteren DDR-Strafvollzug.

Auffällig ist, dass im Gegensatz zu späteren Bewertungen im DDR-Strafvollzug die Disziplin der Häftlinge in der Regel positiv bewertet wird. Es sind keine Übergriffe auf Justizangestellte oder Meutereien verzeichnet, Widersetzlichkeiten bezogen sich auf Verstöße gegen die Hausordnung und waren meist geringfügig. Ein Zeichen dafür sind die verhängten Hausstrafen. So wurde im sächsischen Justizstrafvollzug weitestgehend auf die Arreststrafe zur Disziplinierung der Häftlinge verzichtet. Dieses System scheint offenbar funktioniert zu haben. Die Anstaltsdisziplin konnte auch ohne die rigorose Durchsetzung militärischer Härte aufrechterhalten werden. Dafür spricht auch die ausgeweitete Praxis der Gewährung von Hafturlaub. Damit stand der Justizstrafvollzug im Gegensatz zum Strafvollzug des Innenministeriums, bei dem die Arreststrafe bis in die achtziger Jahre den Hauptteil der verhängten Strafen ausmachte und sich das Strafvollzugspersonal Respekt durch Härte verschaffte.

Die Ansätze einer erfolgreichen Entwicklung hin zu einem reformierten Strafvollzug im Sinne einer Humanisierung und eines Erziehungsstrafvollzugs waren zweifellos gegeben. Angesichts massiver Probleme bei der Versorgung und Verpflegung der Häftlinge ist es zwar höchst zweifelhaft, ob „ein Mindeststandard menschenwürdiger Verhältnisse aufrechterhalten werden"[287] konnte, doch solange der Strafvollzug der Justiz unterstellt war, schien man sich wenigstens um einen menschenwürdigen Umgang mit den Häftlingen zu bemühen. Die Weichen für einen Erziehungsstrafvollzug, in dessen Mittelpunkt die Resozialisierung der Häftlinge stand, waren gestellt. Nur war Gentz und seinen Mitstreitern eine Fortführung ihrer schwierigen und von vielen Rückschlägen geprägten Arbeit nicht vergönnt. Im Nachhinein betrachtete die Verwaltung Strafvollzug (VSV) des Innenministeriums der DDR die Reformen des Justizstrafvollzuges als ihrer Zeit voraus: Die Justiz habe „Reformen durchgeführt, die der Entwicklung unserer Gesellschaftsordnung im Jahre 1950 und erst recht der Entwicklung des Strafvollzuges weit voraus eilten bzw. unter den damaligen Bedingungen nicht zweckmäßig waren". Damit meinte die VSV die Gefangenenräte, den Hafturlaub sowie „das Spazierenführen von Gefangenen außerhalb des Objektes".[288] Diese „Behandlung" kam für vermeintliche Gegner der neuen Ordnung nicht infrage, war eben „nicht zweckmäßig". Denn letztlich scheiterte der Justizvollzug nicht an der Personalfrage oder den materiellen bzw. finanziellen Problemen, die stark auf den allgemeinen Umständen der Zeit basierten, son-

---

287 Wentker, Justiz in der SBZ/DDR, S. 398.
288 Stellungnahme der VSV zu einigen Fragen der Entwicklung des Strafvollzuges bis zum heutigen Tage vom 6.12.1956 (BArch, DO 1/28472/Bl. 215).

dern an der herrschenden Ideologie der Staatsführung, die Häftlinge zu Gegnern erklärte, vor denen die Gesellschaft in erster Linie geschützt werden müsse – mit allen Konsequenzen für das Haftregime. Die Übergabe des Strafvollzugs in den Verantwortungsbereich der Volkspolizei geschah mit der Intention der Installierung eines repressiv geprägten Strafvollzugs, da der Staatsführung ein humaner Umgang mit vermeintlichen Feinden in einer Hochphase des Kalten Krieges nicht als zweckdienlich erschien.

Alle Errungenschaften des Reformvollzugs der Justiz, auch wenn diese bisweilen nur im Ansatz entwickelt waren, wurden nunmehr beseitigt. Häftlinge galten nicht mehr als Gestrauchelte, sondern als Feinde des Volkes – und so wurden sie auch behandelt. Die Arreststrafe wurde wieder allgegenwärtig, das kulturelle Niveau sank, der Hafturlaub und die Gefangenenräte wurden abgeschafft. Der von der Justiz bekämpfte militärische Umgangston, der zwar nie ganz verschwunden war, die „militärische Disziplin, der Ordnungsfanatismus in Hausordnungen und Vorschriften jeder Art und die Allgegenwart kleinlicher Schikanen, die aus dieser übermäßigen Disziplinierung folgten",[289] hielten nun wieder flächendeckend Einzug. Damit glich sich der Strafvollzug unter Verwaltung der Deutschen Volkspolizei in seinem Haftregime wieder dem Repressionsvollzug der NS-Zeit sowie den „Traditionen" des deutschen Gefängniswesens der ersten Hälfte des 20. Jahrhunderts an.[290] Militärische Umgangsformen, die Betonung von Ordnung und Disziplin sowie der Arbeit und des Strafcharakters gehören ebenso zur Geschichte des Strafvollzugs wie Forderungen nach einem härteren Haftregime sowie Bekundungen der Verantwortlichen, die praktizierten Strafformen seien besonders human.[291] Heinz Müller-Dietz erkennt „*eine* verblüffende, wenn auch keineswegs zufällige Parallele zwischen Ansätzen im Strafvollzug des ‚Dritten Reiches' und im SED-Staat" in der „kompromisslosen und radikalen Ausnutzung der Arbeitskraft der Gefangenen zur Steigerung der wirtschaftlichen Produktivität". Dies war, so Müller-Dietz, „ungeachtet der grundsätzlichen ideologischen Verschiedenheit und weitreichenden Unterschiede in der Herrschaftsstruktur [...] ein vorrangiges Ziel der Staatsführung, dem so manche andere Zwecke zum Opfer fielen".[292] Auch Leonore Ansorg verzeichnete „Analogien mit den Haftbedingungen im NS-System" bezüglich der Haftanstalt Brandenburg-Görden, „vor allem für die Anfangsjahre der DDR, also ihrer stalinistischen Phase".[293] Die Nähe des Haftregimes im DDR-Strafvollzug unter Führung des Innenministeriums zu dem des NS-Strafvollzugs dokumentierte Walter Janka Anfang 1958 in Bautzen II auch an Kleinigkeiten, wie dem Schneiden der Haare: „Wieder musste Janka an die Jahre der Nazizeit

---

289 Oleschinski, „Nur für den Dienstgebrauch"?, S. 9.
290 Zu Gemeinsamkeiten und Unterschieden im Haftregime NS-Deutschlands und der DDR vgl. Wunschik, Der politische Strafvollzug, S. 195–203.
291 Siehe Rusche/Kirchheimer, Sozialstruktur und Strafvollzug, S. 81 f., 135–137; Borchert, Erziehung im DDR-Strafvollzug, S. 148.
292 Müller-Dietz, Standort und Bedeutung, S. 412. Hervorhebung im Original.
293 Ansorg, Politische Haft, S. 191.

denken. Immer beginnt es damit, die Köpfe zu verunstalten." Des Weiteren beschreibt er Schikanen, die mit der Meldung beim Arzt zusammenhingen: „Das war schon so, als Janka in den dreißiger Jahren bei den Nazis in Bautzen gesessen hatte."[294] Auch berichten Häftlinge, dass selbst die farblichen Markierungen der Häftlingsgruppen von den Nationalsozialisten teilweise übernommen wurden: So wie in den Konzentrationslagern politische Häftlinge rote Markierungen erhielten, trugen die „besonders gefährlichen politischen Gegner" rote Streifen an Arm und Bein.[295] Hier zeigen sich mithin die „paradoxen Kontinuitäten, die gerade in [...] dem zielgerichteten Aufbau einer strikt ‚entgegengesetzten' staatlichen Ordnung zutage traten".[296] Vor allem in Sachsen und Thüringen waren viele Kommunisten, die am Aufbau der Deutschen Volkspolizei beteiligt waren und daraufhin auch Anstaltsleiter wurden, ehemalige KZ-Häftlinge oder während des Nationalsozialismus in deutschen Zuchthäusern inhaftiert gewesen.[297] Sie kannten nur dieses repressive Haftsystem. Zwar ist es wahrscheinlich, dass sie gelernt hatten, wie man mit seinen Feinden umgeht und dass sie dieses Wissen nun auch anwandten – die eigene Hafterfahrung im „Dritten Reich" beeinflusste also die Ausgestaltung der Haft in der SBZ/DDR[298] – doch lassen sich dafür in den Quellen keine Belege finden. Gleichwohl betont Nikolaus Wachsmann die „vielen Unterschiede zur NS-Zeit": „Insgesamt gesehen hatte das ostdeutsche Gefängnis nicht viel mit dem mörderischen und rassistischen NS-Gefängnis gemein."[299] Brigitte Oleschinski macht darauf aufmerksam, dass der Einfluss der sowjetischen Strafvollzugspraxis „viel prägender" war: „Übernahme des sowjetischen Modells hieß vor allem, dass Erziehung und Resozialisierung gleichgesetzt wurden mit politischer Indoktrination und der Bewährung durch produktive Arbeit im Rahmen der staatlich gelenkten Planwirtschaft."[300] Abgesehen davon, dass die Übernahme eher nach sowjetischem Vorbild als nach einem „Modell" erfolgte,[301] zeigen die militärische Vollzugsdurchführung und das unbedingte Primat von Disziplin und Ordnung, die zu vielerlei Schikanen führten, die Nähe zu einem Haftregime gemäß deutscher „Tradition" seit der Kaiserzeit, in der die Weimarer Reformbestrebungen eine Ausnahme bildeten – so wie auch die Reformversuche der Justiz in der Nachkriegszeit nur kurz geduldet wurden.

---

294 Janka, Schwierigkeiten mit der Wahrheit, S. 109 f.
295 Brundert, Es begann im Theater, S. 69 f. Rote Markierungen galten aber vor allem den lebenslänglich Verurteilten, allgemein Häftlingen in Einzelhaft. Die Masse der Häftlinge trug grüne Streifen, gelbe oder weiße Streifen trugen zum Arbeitseinsatz außerhalb der Anstalten berechtigte Häftlinge. Stern, Und der Westen schweigt, S. 225.
296 Oleschinski, „Heute: Haus der Erziehung", S. 203.
297 Lindenberger, Die Deutsche Volkspolizei, S. 99.
298 Siehe Brey, Doppelstaat DDR, S. 170.
299 Wachsmann, Gefangen unter Hitler, S. 404.
300 Oleschinski, „Nur für den Dienstgebrauch"?, S. 9.
301 Vgl. Kapitel IV.3.

III. Polizeihaftanstalten

Neben den Gefängnissen der Justiz und den Speziallagern der Besatzungsmacht verfügte die Polizei in der SBZ über eigene, der Schutzpolizei unterstehende Haftanstalten und Haftlager. Zudem war der Gefangenentransport prinzipiell der Schutzpolizei unterstellt. In den Polizeihaftanstalten saßen ursprünglich mit Polizeihaft Bestrafte sowie von der Besatzungsmacht oder der deutschen Justiz arrestierte Personen in Untersuchungshaft ein. Obwohl ursprünglich in den Polizeihaftanstalten keine Freiheitsstrafen vollzogen werden sollten, kam es in der Praxis „zu einer Einschränkung des Unterschiedes zwischen Polizeigefängnissen und Justizhaftanstalten",[1] denn immer mehr nach SMAD-Befehl Nr. 201 Verhaftete und auch zu kurzen Haftstrafen verurteilte Justizhäftlinge wurden in den Gefängnissen der Polizei inhaftiert. Allein in Sachsen, so Schönefeld, seien 1946 über 21 000 Männer und Frauen in Polizeigefängnissen inhaftiert gewesen.[2] Eine beträchtliche Zahl, wenn man bedenkt, dass in den Justizvollzugsanstalten (selbständige Anstalten und Gerichtsgefängnisse) der gesamten Sowjetischen Besatzungszone im Dezember 1946 mit knapp 12 000 Inhaftierten der Höchststand erreicht wurde.[3]

Dass auch in den Polizeihaftanstalten katastrophale Haftbedingungen bezüglich Verpflegung, Hygiene und ärztlicher Versorgung herrschten, zeigen die Berichte. So hieß es beispielsweise im September 1947, die „Zustände verschiedener Haftanstalten sind nicht als gut zu bezeichnen, da die hygienischen und sanitären Anlagen z. T. noch sehr mangelhaft sind".[4] Trotz der desolaten Lage im eigenen Bereich befasste sich die Justiz auch mit dem Polizeivollzug: Wie sehr sich Justiz- und Polizeivollzug kritisch beäugten, zeigt sich anhand der Beanstandungen der Justiz an den problematischen Unterkunftsverhältnissen und der schlechten Ernährungslage in den Polizeihaftanstalten, die auch hier zu „besorgniserregender Unterernährung" sowie Todesfällen geführt hatten. Deshalb wurden nun in den Polizeihaftanstalten ebenfalls systematische Gewichtskontrollen eingeführt, um den Gesundheitszustand der Häftlinge zu überprüfen. Des Weiteren lag die Zahl der Entweichungen auch im Polizeivollzug auf einem hohen Niveau, weswegen die Justiz immer wieder von der SMAD und der Innenverwaltung kritisiert wurde. So entflohen im Verlauf des Jahres 1946 über 600 Polizeihäftlinge, von denen keine 20 wieder eingefangen wurden. Im Folgejahr konnten sich wiederum knapp 600 Häftlinge aus Polizeihaftanstalten befreien. Diesmal konnten aber erstaunlicherweise 58 Prozent wieder aufgespürt werden. Danach sanken die Fluchtzahlen: In den ersten drei Quartalen 1948 flohen 280 Polizeihäftlinge, von denen nur knappe acht Prozent wiederergriffen wurden.[5]

1   Schönefeld, Struktur des Strafvollzugs, S. 811.
2   Ebd.
3   Gefangenenbestand in den Justizvollzugsanstalten der SBZ, o. D. (BArch, DO 1/25289).
4   Zitat hier und im Folgenden: Schreiben der Abteilung Schutzpolizei der DVdI vom 10.9.1947 (BArch, DO 1/25282, unpag.).
5   Vgl. BArch, DO 1/25283.

Zum Teil wurde „diese verhältnismäßig hohe Zahl von Entweichungen" auf den mangelhaften baulichen Zustand[6] der Polizeihaftanstalten und auch auf das ungeschulte Polizeipersonal zurückgeführt.[7] Beispielhaft hieß es Anfang Februar 1949 aus Mecklenburg, dass die sich mehrenden Fälle von Häftlingsausbrüchen aus Polizeihaftanstalten, Außenkommandos und Gefangenentransporten auf „ein[em] schuldhaften Verhalten der Polizeiangestellten"[8] basierten: „Nachlässigkeit im Dienst, gutgläubiges Vertrauen und nicht genügende politische Wachsamkeit" waren demnach die Hauptgründe dafür. Ursächlich verantwortlich für diese mangelhafte Dienstdurchführung seien jedoch oftmals die verantwortlichen Dienststellenleiter, die „dazu neigen, das Polizeihaftanstalts- und Gefangenentransportwesen als eine zweitrangige Angelegenheit zu betrachten [...]. Statt fachlich und politisch gut qualifizierte Kräfte auszusuchen, wurde das Polizeihaftanstaltswesen als Abstellgleis für Personen betrachtet, die infolge fortgeschrittenen Alters oder sonstiger körperlicher und anderer Mängel für den Exekutivdienst nicht mehr voll einsatzfähig waren." Eine Einschätzung, die auch in späteren Berichten über den Strafvollzug unter Polizeiverantwortung des Öfteren zu finden ist.[9] Bemerkenswert sind solche Beurteilungen auch deshalb, weil die Übernahme des Strafvollzugs von der Justiz unter anderem damit begründet wurde, dass die Justiz der Aufgabe nicht gewachsen und mit der Organisation eines den neuen Anforderungen entsprechenden Strafvollzugs überfordert sei. Eine fragwürdige Argumentation, da die Polizei in ihren Haftanstalten mit den gleichen Personalproblemen zu kämpfen hatte wie die Justiz. Zudem finden sich bezüglich des Justizvollzugs keine Einschätzungen, die Justiz betrachte den Strafvollzug als „zweitrangige Angelegenheit".

Die Probleme in den Polizeihaftanstalten hatten somit die gleiche Ursache wie die im Justizvollzug: schlechter baulicher Zustand der Haftanstalten, Überbelegung, Materialmangel, quantitativer und qualitativer Mangel an Personal, unzureichende Verpflegung – ein Großteil der Probleme war der schlechten Gesamtsituation des Landes in den ersten Nachkriegsjahren geschuldet. Daher ist die These Bärbel Schönefelds, dass es „der überwiegenden Anzahl der Polizeigefängnisse mit der Zeit immer besser"[10] gelang, die Forderung nach einer sicheren und menschenwürdigen Unterbringung der Polizeihäftlinge zu erfüllen, zu bezweifeln. Zumal sie später selbst schreibt, es „existierten überall noch längere Zeit erhebliche Mängel und Probleme, bis hin zu unhaltbaren Zuständen". Auch hätten die allgemeinen Bedingungen der Nachkriegszeit die Einhal-

---

6 An anderer Stelle war von „zum Teil stark beschädigten Polizeihaftanstalten" die Rede. Schreiben der Abteilung Schutzpolizei der DVdI vom 10.9.1947 (BArch, DO 1/25282, unpag.).
7 Ebd.
8 Zitat hier und im Folgenden: Bericht des Leiters der Abteilung S der Schutzpolizei der LBdVP Mecklenburg, Betr.: Polizeihaftanstalts- und Gefangenentransportwesen vom 7.2.1949 (BArch, DO 1/25283, unpag.).
9 Vgl. Kapitel V.3.1.
10 Schönefeld, Struktur des Strafvollzugs, S. 811.

tung der Forderungen der Innenverwaltung objektiv nicht zugelassen, „jedem Häftling ein Bett, Häftlingsbekleidung, ärztliche Versorgung zu stellen und den Kontakt mit Angehörigen zu ermöglichen sowie alle Häftlinge mit Lebensmitteln, mindestens der untersten Stufe der Bevölkerung, zu versorgen".[11] Zwar ist Schönefelds Aussage zuzustimmen, die „allgemein schlechten Bedingungen" galten für politische und kriminelle Häftlinge gleichermaßen. Politische Häftlinge hatten unter den Haftbedingungen jedoch stärker zu leiden, da für sie Sonderanweisungen galten. Wie im Justizstrafvollzug waren sie einem härteren Haftregime ausgesetzt. So wurde ihnen die Teilnahme am Gottesdienst sowie der Empfang von zusätzlichen Lebensmitteln verweigert.[12] Ende 1947 kam es insofern zu einer Lockerung der Haftbedingungen für politische Häftlinge, als dass sie nun nach der Verurteilung auch von Haftarbeitslagern aufgenommen werden konnten.[13]

In Sachsen entwickelte sich daneben die besondere Haftform der sogenannten Bewährungs-, Arbeits- oder Kommandohaft, die etwa in Dresden, Chemnitz, Großenhain, Löbau, Weißwasser, Bautzen und Zittau durchgeführt wurde.[14] Diese Haftlager der Polizei waren unmittelbar nach Kriegsende provisorisch durch die örtlichen Polizeileiter errichtet worden. Damals hatten die Gerichte ihre Arbeit noch nicht wiederaufgenommen und die Gefängnisse der Justiz konnten den Anstaltsbetrieb noch nicht aufrechterhalten oder wurden von der Besatzungsmacht beansprucht. Diese Lager dienten, wie es in einem internen Bericht Ende November 1947 hieß, zur Unterbringung und Isolierung „verbrecherischer nazistischer und krimineller Elemente, die [...] sich aus den Zuchthäusern und Gefängnissen befreiten und raubend und plündernd das Land unsicher"[15] gemacht hätten. Weil den Gerichten die gesetzlichen Möglichkeiten gefehlt hätten, um gegen „einen großen Personenkreis, der infolge Verbreitens infektiöser Krankheiten,[16] Vagabundierens und notorischen Nichtstuns eine Gefahr für die Öffentlichkeit bildete", vorzugehen, habe es sich die Polizei zur Aufgabe gemacht, „durch einen neuartigen, humanen Strafvollzug, ohne Kerkermauern und Gitter" diese Personen zu brauchbaren Menschen der Gesell-

11 Ebd., S. 812.
12 Ebd., S. 813.
13 Ebd.
14 Die „Kommandohaft" hieß ab Februar 1946 „Arbeitsverpflichtung" und wurde schließlich in „Bewährungshaft" umbenannt.
15 Bericht: Die Haftlager der Polizei im Land Sachsen vom 24.11.1947 (BArch, DO 1/28508/Bl. 1 f.).
16 Zum Großteil war damit das Verbreiten von Geschlechtskrankheiten gemeint. Erst mit Jahresbeginn 1950 war es beispielsweise in Thüringen verboten, dass „geschlechtskranke Personen, die nicht nach den bestehenden Gesetzen straffällig geworden sind", in Polizeihaftanstalten inhaftiert wurden. Vorher wurden offenbar auch Personen ohne Verurteilung und ohne sich strafbar gemacht zu haben inhaftiert. Anordnung der Abteilung Schutzpolizei der LBdVP Thüringen, Betr.: Inhaftierung und Transport geschlechtskranker Personen, die nicht nach den bestehenden Gesetzen straffällig geworden sind, vom 30.12.1950 (BArch, DO 1/25282, unpag.).

schaft umzuerziehen.[17] Dort seien laut einer Großenhainer Landratsverordnung vom 17. November 1945 „vor allem arbeitsscheue, sittlich verwahrloste und asoziale Personen im Alter von 10-65 Jahren, Frauen im Alter von 16-50 Jahren zwischen einem und sechs Monaten bei täglich mindestens 10 Stunden Arbeit" zu inhaftieren.[18] Der Dresdner Polizeipräsident Max Opitz machte im Februar 1946 deutlich, dass die Kommandohaftlager nur für „arbeitsscheue Elemente" gedacht seien und „kriminelle und politische Verbrecher" in das Polizeigefängnis gehörten.[19] Tatsächlich fehlte der Kommandohaft bis zu der am 27. Mai 1947 von der sächsischen Landesregierung beschlossenen „Anordnung über Haftlager" jegliche gesetzliche Grundlage. Selbst die Besatzungsmacht betrachtete die Kommandohaft als „politisch nicht richtig".[20]

Der Strafvollzug in den Kommandohaftlagern hielt sich nach eigenem Bekunden an die Vorgaben der Direktive Nr. 19 des Alliierten Kontrollrats vom 12. November 1945, denn neben der Erziehung zur produktiven Arbeit war man um Allgemeinbildung, „eine überparteiliche politische Schulung und vor allem eine intensive Fürsorge und Hilfe beim Übergang in das freie Leben nach der Entlassung"[21] bemüht. Ende 1947 hieß es in dem Bericht der Polizei, dass man bestrebt sei, die derzeit vollzogene Haft aus den Barackenlagern in feste Häuser zu verlegen. Zudem wolle man „schnellstens Lager [...] schaffen, die nur zur Aufnahme Jugendlicher bis zu 21 Jahren dienen". Den Anforderungen des Innenministeriums wurden zu dieser Zeit jedoch nur die Lager in Leipzig, Bautzen sowie das für weibliche Jugendliche in Zittau gerecht. Größtenteils waren die Insassen der Kommandohaftlager mit „Heimarbeiten, Strohflechten, Anfertigung maschineller Einrichtungen, Ankerwickeln usw." beschäftigt. Daneben wurden die Polizeihäftlinge auch im bewachten Außenarbeitseinsatz eingesetzt und arbeiteten in „Landeseigenen Betrieben, Braunkohlengruben, Gärtnereien und landwirtschaftlichen Betrieben". Häftlinge, die sich aufgrund guter Führung gebessert hatten, wurden im Außenarbeitseinsatz ohne Bewachung beschäftigt. Der Bericht schließt mit der Behauptung, „dass diese Art neuen Strafvollzuges in seiner erzieherischen Form sich innerhalb der amtlichen Stellen immer mehr der Anerkennung erfreut". Das Haftregime in den Kommandohaftlagern der Polizei war einem Bericht vom November 1947 zufolge auf einem Stand, den der DDR-Strafvollzug nie erreichte - was auch nie beabsichtigt war. In dem erwähnten Bericht waren Töne zu hören, die später unvorstellbar, aber zu jener Zeit noch parteioffizielle Meinung waren - auch wenn deren tatsächliche Ver-

---

17 Bericht: Die Haftlager der Polizei im Land Sachsen vom 24.11.1947 (BArch, DO 1/28508/Bl. 1).
18 Weigelt, „Umschulungslager existieren nicht", S. 111.
19 Dienstbesprechung des Polizeipräsidenten (Opitz) mit Kommandeuren der Ordnungspolizei in Dresden am 13.2.1946 (SächsHStA, LRS/MdI/279/Bl. 3), hier zit. nach Korzilius, „Asoziale" und „Parasiten", S. 160.
20 Spors, Aufbau des Sicherheitsapparates, S. 250.
21 Zitat hier und im Folgenden: Bericht: Die Haftlager der Polizei im Land Sachsen vom 24.11.1947 (BArch, DO 1/28508/Bl. 1 f.).

wirklichung zweifelhaft bleibt: „In den Lagern herrscht weitgehende Selbstverwaltung [...]. Die Pflege demokratischer Prinzipien wird mit allen Mitteln gefördert. Die von den Häftlingen gewählten Block- bzw. Etagen- und Lagerältesten treten wöchentlich mit der Lagerleitung zusammen. An diesen Tagen werden alle aktuellen und auftretenden Fragen, die Gefangenenfürsorge und die Gestaltung der Freizeit betreffend, besprochen. Die kulturelle Betreuung erhält stärkste Förderung durch zur Verfügungstellung von ausgewählten guten Büchern, Radioübertragungen und Vorträgen durch die Blockparteien, Frauenausschüsse, Werk der Jugend und andere Körperschaften." Die Kommandohaft zeigte nach Angaben der sächsischen Polizei „sehr gute Ergebnisse", denn nur ein geringer Prozentsatz würde rückfällig werden. Dies und die überlasteten Haftanstalten der Justiz waren auch Grund dafür, dass auf Anordnung des Justizministers weitere Haftlager der Polizei in Dresden, Leipzig, Chemnitz, Bautzen und Zwickau errichtet wurden.

Allerdings kritisierte die Justiz die „sogenannte Kommandohaft" auch heftig, da in den Haftlagern der Polizei „Menschen [...] ohne richterliches Verfahren bis zu 6 Monaten einfach eingesperrt"[22] wurden. Das Fehlen jeglicher Rechtsgarantie führe zu Misshandlungen. Tatsächlich sei, laut Weigelt, in den Kommandohaftlagern „schwere körperliche Arbeit Alltag" gewesen.[23] Die Chemnitzer Kommandohäftlinge waren etwa mit schweren Demontage- und Transportarbeiten beschäftigt und machten „ansonsten alles das, was zivil kein Mensch macht".[24] Auch das Kreispolizeiamt Pirna sprach im Sommer 1947 von „in jeder Hinsicht unzulänglichen Verhältnissen". Weiter hieß es: „Die Verpflegung wie die Unterbringung, auch wenn man der Kalamität der Gegenwart Rechnung trägt, waren schlecht. Bei den Häftlingen musste so der Eindruck entstehen, dass man sie nicht zur Bewährung abkommandiert hatte, sondern dass man sie ausnützen wollte."[25] Gleichwohl, so Max Opitz Ende August 1945, habe „die Kommandohaft nichts gemein [...] mit den früheren Konzentrationslagern und Arbeitslagern im Hitler-Regime", sondern die Kommandohaft sei ein wichtiges Instrument „in den Händen der Behörden, um den Arbeitseinsatz zu intensivieren und die Drückeberger zur Ordnung zu rufen".[26] Dennoch bilanziert Thomas Widera treffend: „Die Einrichtung von Kommandohaftlagern [...] demonstriert ein Modell zur sozialrepressiven Konditionierung der Nachkriegsgesellschaft mit deutlichen Anleihen bei der nationalsozialistischen Diktatur."[27]

---

22 Reisebericht über die Besichtigungsfahrt der Abteilung IV A durch die Anstalten der Justizverwaltung des Landes Sachsen in der Zeit vom 21.–27.7.1946 (SächsHStA, LRS/MdJ/933).
23 Weigelt, „Umschulungslager existieren nicht", S. 111.
24 Terror in der Ostzone. Hg. vom Vorstand der SPD, Hannover 1948, S. 90. Zit. nach Weigelt, „Umschulungslager existieren nicht", S. 111.
25 Bericht des Kreispolizeiamtes Pirna vom 26.7.1947 (SächsHStA, LBVPS/57/Bl. 89). Zit. nach Spors, Aufbau des Sicherheitsapparates, S. 255.
26 Spors, Aufbau des Sicherheitsapparates, S. 249.
27 Widera, Dresden 1945–1948, S. 230.

Auch der SED-Spitze und der Sowjetischen Militäradministration, so vermutet Spors, erschien die sächsische Kommandohaft für ihre Politik als hinderlich und nicht zweckmäßig, weswegen die „Anordnung über Haftlager" vom 27. Mai 1947 durch die sächsische Landesregierung zum 1. Oktober 1948 außer Kraft gesetzt wurde.[28] Folgerichtig hieß es im November 1948 auf einer Tagung der sächsischen Anstaltsleiter, dass die sogenannten „Bewährungs- und Kommandohaftlager" im gegenseitigen Einvernehmen von Justiz und Polizei bereits aufgelöst worden seien.[29]

---

28 Spors, Aufbau des Sicherheitsapparates, S. 255.
29 Protokoll der Anstaltsleitertagung in Dresden am 20.11.1948 (SächsHStA, LRS/ MdJ/895/Bl. 75).

IV. Die Übernahme des Strafvollzugs durch das Innenministerium

1. Die Entwicklung bis zur Gründung der DDR

Mit der im Sommer 1952 endgültig abgeschlossenen Übernahme des gesamten Strafvollzugs durch das Innenministerium der DDR endete ein jahrelanges Gerangel um die Zuständigkeit zwischen dem Justiz- und dem Innenressort. Bereits Anfang 1946 war Gentz von der Rechtsabteilung der SMAD aufgefordert worden, zu begründen, welchem Ressort die Strafvollzugsverwaltung zuzuordnen sei. Offenbar trug sich die SMAD schon zu dieser Zeit mit dem Gedanken einer Kompetenzverteilung nach sowjetischem Vorbild und folglich einer Übertragung des ganzen Strafvollzugs an die Innenverwaltung. Gentz argumentierte, dies werde „den Interessen der Rechtspflege schweren Abbruch tun: denn Strafen verhängen und Strafen vollziehen ist ein einheitliches organisches Geschehen, das nicht ohne Schaden auseinandergerissen werden kann".[1] Mit Weitblick erkannte Gentz: „Die Loslösung des Strafvollzugs von der Justiz birgt sowohl die Gefahr einer Verödung der Strafrechtspflege zu einer formelhaften Strafjustiz in sich, als auch die Gefahr einer Erschwerung der Resozialisierungsarbeit in den Anstalten durch Richtersprüche, die den Tendenzen des Strafvollzugs nicht Rechnung tragen."[2] Zudem konterkariere eine Abtrennung des Gefängniswesens von der Justiz die bis dato einheitliche Regelung in den vier Besatzungszonen. Daher bat Gentz die Besatzungsmacht um den auch künftigen Verbleib des Gefängniswesens bei der Justizverwaltung sowie um die Sanktionierung der Strafvollzugsabteilung im endgültigen Statut der DJV. Dem wurde stattgegeben. Damit war die Zuständigkeit für den Strafvollzug aber nur kurzfristig geregelt. Denn der SMAD-Befehl Nr. 201 vom 16. August 1947 legte in der Ausführungsbestimmung Nr. 3[3] fest, dass Hauptverbrecher die Untersuchungshaft in Einzelhaft in Polizeigefängnissen verbringen müssten, wodurch die Verantwortlichkeit der Justizverwaltung für das Gefängniswesen in der Sowjetischen Besatzungszone erneut infrage gestellt wurde. Da gemäß Befehl Nr. 201 verhaftete Häftlinge auch in Strafanstalten einsaßen, hatte die Polizei von der SMAD die Bewachung dieser Untersuchungshäftlinge auch dort übertragen bekommen, wodurch es zu Kompetenzüberschneidungen kam.

Im September 1947 hatte darüber hinaus die Sowjetische Militäradministration die Polizei in Sachsen angewiesen, neben den Untersuchungshäftlingen auch „die Bewachung der nach Befehl 201 unterzubringenden Strafgefangenen (geplant ist Zellengefängnis Waldheim) sowohl im Gefängnis wie bei den

---

1 Schreiben der DJV an die Rechtsabteilung der SMAD, Betr.: Strafvollzug (Gefängniswesen) vom Februar 1946 (BArch, DO 1/28586/Bl. 7).
2 Ebd., Bl. 9.
3 Ausführungsbestimmung Nr. 3 zum Befehl Nr. 201 vom 16.8.1947, Ziffer 7, 8. In: ZVOBl. 1947, S. 188 f.

Arbeitskommandos zu übernehmen".[4] Zudem sollten Polizeikräfte die Anstalten Hoheneck, Zwickau, Leipzig-Kleinmeusdorf und Görlitz „innen und außen" bewachen. Daher wandte sich die Polizei an die Justiz, um die Anzahl der benötigten Polizisten zu erfragen. Hintergrund für diese Maßnahmen war offenbar das Misstrauen der SMAD gegenüber der Sicherheit in den Justizanstalten, welches durch die Feststellung zusätzlich genährt wurde, dass per Gesetz unbewaffnete Justizbeamte bei Fluchtversuchen kein abschreckendes Hindernis darstellten. Damit hatte man gewissermaßen den Beschluss der Innenministerkonferenz vom 29./30. November 1947 vorweggenommen, der Polizei nicht nur die Untersuchungshaft, sondern auch den Strafvollzug an den nach SMAD-Befehl Nr. 201 Verurteilten zu übergeben.[5] Die Justizverwaltung protestierte heftig gegen diesen Beschluss, doch die SMAD entschied nach einigem Hin und Her Anfang Juni 1948 gemäß des Beschlusses der Innenministerkonferenz und übertrug den Strafvollzug an den nach Befehl 201 abgeurteilten Häftlingen, die in der Haftanstalt Brandenburg-Görden zusammengezogen werden sollten, der Innenverwaltung und damit der Polizei.[6]

Die weitere Entwicklung ist etwas widersprüchlich: So schreibt Wentker, dass aus bislang unbekannten Gründen die oben genannte Entscheidung wieder zurückgenommen und die Haftanstalt Brandenburg-Görden Ende September 1948 erst dem Strafvollzugsamt Brandenburgs zurückgegeben und im Februar 1949 der Justizverwaltung direkt unterstellt wurde.[7] Im November 1948 unterrichtete die Innenverwaltung die Landespolizeibehörden in Potsdam und Dresden, dass auf SMAD-Befehl hin der „Strafvollzug für Häftlinge, die unter den Befehl 201 oder ähnliche andere politische Delikte fallen, der Justiz übertragen" worden sei.[8] Gentz verständigte daher Anfang Dezember 1948 das sächsische Justizministerium, dass das Polizeihaftlager in Neschwitz bei Bautzen, das nach Befehl 201 Verurteilte beherbergte, von der Justiz zu übernehmen sei.[9] Ande-

4 Zitat hier und im Folgenden: Mitteilung, Betr.: Befehl Nr. 201 vom 17.9.1947 (SächsHStA, LRS/MdJ/945, unpag.).
5 Wentker, Justiz in der SBZ/DDR, S. 369.
6 Ebd., S. 369 f.
7 Ebd., S. 371. Bereits Anfang 1947 hatte sich Gentz mit der Bitte um Freigabe der Anstalt Brandenburg-Görden an die SMAD gewandt, um dort alle nach Kontrollratsgesetz Nr. 10 „und ähnlichen Vorschriften" verurteilten Häftlinge der gesamten SBZ zusammen unterbringen zu können. Die Haftanstalt Brandenburg-Görden sei für diesen Zweck am besten geeignet. Anders als etwa die Vollzugsanstalt in Zwickau, in der eine „ungewöhnlich gute pädagogische Atmosphäre" herrsche, die „insbesondere [...] nicht ausgesprochen verwahrlosten Kriminellen" zugutekommen sollte. Daher sollten in Sachsen die nach Kontrollratsgesetzt Nr. 10 Verurteilten zunächst besser in Waldheim verbleiben – Fernziel war dann die gemeinsame Unterbringung in Brandenburg-Görden. Vgl. Gentz an Justizministerium der LRS, Betr.: Unterbringung der wegen Verbrechen gegen das Kontrollratsgesetz Nr. 10 verurteilten Strafgefangenen vom 24.1.1947 (SächsHStA, LRS/MdJ/1048, unpag.).
8 DVdI an die Landespolizeibehörden Brandenburg und Sachsen, Betr.: Übergabe der Polizeihaftlager mit Insassen, die unter den Befehl 201 fallen, an die Justiz vom 10.11.1948 (BArch, DO 1/25282, unpag.).
9 DJV an Justizministerium der LRS, Betr.: Strafgefangene aus Befehl 201 vom 6.12.1948 (BArch, DO 1/25282, unpag.).

rerseits wurden in Waldheim die nach Befehl 201 und Kontrollratsdirektive Nr. 10 verurteilten Häftlinge noch bis zum Mai 1949 von Kräften der Volkspolizei bewacht, also noch lange nach der rückgängig gemachten Entscheidung der SMAD. Erst danach wurde die Bewachung dieser Häftlinge sowie die Brief- und Paketkontrollen wieder vom Justizpersonal übernommen. Dass die Bewachung der Häftlinge durch die Volkspolizei nicht immer ein Plus an Sicherheit bedeutete, zeigt der Bericht eines Waldheimer Häftlings, der seine Pakete wie viele andere auch unkontrolliert ausgehändigt bekam und somit in den Besitz einer Feile, eines Taschenmessers, eines Rasiermessers und eines Feuerzeuges gelangen konnte.[10]

Treibende Kraft der mehr vom Innenressort denn von der SMAD ausgehenden Bestrebungen, den Strafvollzug von der Justiz zu übernehmen, war immer wieder der seit Juli 1948 amtierende Präsident der Deutschen Verwaltung des Innern Kurt Fischer.[11] Bereits eine Woche nach Amtsantritt gab Fischer das Ziel aus: „Auf jeden Fall sollte der Strafvollzug dem Innenministerium (Polizei) übergeben werden."[12] Doch sowohl Gentz als auch DJV-Präsident Fechner bemühten sich, den Strafvollzug in der Verantwortung der Justiz zu behalten, um die ehrgeizigen Reformpläne verwirklichen zu können. Daneben war es seit Mai 1949 vor allem auch die Innenverwaltung der Sowjetischen Militäradministration, die die Verantwortung der Justiz für den Strafvollzug anfochte. Die seit 1948 zunehmende Betonung der Häftlingsarbeit und der Sicherheit der Anstalten seitens der SMAD, auf die eine ständige Kritik an der Sicherheit mit Verweis auf die Zahlen der entflohenen Häftlinge folgte, führte im Mai 1949 zum Vorschlag der SMAD-Innenverwaltung, die Anstalten durch die Polizei bewachen zu lassen. Die Rechtsabteilung der SMAD erklärte Gentz daraufhin, dass dadurch „die Bewachung verbessert und die Entweichungen besser vermieden werden könnten"; allerdings sollte „jegliche Einmischung der Polizei in den inneren Dienstbetrieb der Anstalt"[13] vermieden werden. Gentz hielt den Vorschlag für „durchaus diskutabel", wollte jedoch die Zuständigkeit der Polizei auf die nächtliche Außenkontrolle der Gefängnisse, die Häftlingstransporte sowie „die Bewachung größerer kolonnenweise arbeitender Gefangenenabteilungen" begrenzt wissen, wobei die Entscheidung über zusätzliche Polizeibewachung den Anstaltsleitern zu überlassen sei. Korobow von der Rechtsabteilung stimmte dem zu. Auch die SMAD-Rechtsabteilung wollte demnach die Initiative der Innenverwaltung soweit wie möglich begrenzen, denn Korobow versicherte auch Fechner, dass „die Interessen der Justizverwaltung in jedem Sinne gewahrt" werden soll-

---

10 Abteilung Strafvollzug des Justizministeriums der LRS an sächsischen Generalstaatsanwalt, Betr.: Behandlung der Strafgefangenen in Waldheim vom 11.8.1949 (SächsHStA, LRS/MdJ/1092, unpag.).
11 Wentker, Justiz in der SBZ/DDR, S. 370.
12 Referat Fischers auf der Tagung der Innenminister am 9./19.7.1948 (SAPMO, DY 30/ IV 2/13/109/Bl. 330), zit. nach Wentker, Justiz in der SBZ/DDR, S. 370.
13 Zitat hier und im Folgenden: Niederschrift über die Besprechung mit Herrn Korobow am 6.5.1949 (BArch, DP 1/HA SV/II/52, unpag.).

ten. Daraufhin betonte der DJV-Präsident, dass er aus politischen Gründen den Verbleib des Strafvollzugs bei der Justiz für richtig halte.

Doch bereits Ende Juni 1949 stellten die SMAD-Innenverwaltung sowie DVdI-Präsident Fischer die Zuständigkeit der Justiz für den Strafvollzug erneut in Frage. Denn Fechner informierte auf einer Dienstbesprechung am 23. Juni, dass die SMAD mit der Entwicklung des Strafvollzugs in der SBZ nicht zufrieden sei und dessen Übernahme in die Verwaltung des Innern erwäge. Einstweilig verbleibe der Strafvollzug jedoch bei der Justiz. Da alles getan werden müsse, „um den Verbleib des Strafvollzugs bei der Justiz zu rechtfertigen", sollte von nun an eine harte Linie gefahren werden. Der „zu stark ausgeprägte humane Strafvollzug" habe zugunsten der „vordringlichsten Aufgaben" – Arbeitsbeschaffung für die Gefangenen sowie deren Erziehung – zurückzutreten. Um den permanenten Beanstandungen der Sicherheit der Justizanstalten zu begegnen, setzte Fechner auf eine wirksame Bewachung sowie eine Aufstockung des Aufsichtspersonals. Die Reformierung im Sinne einer Humanisierung des Strafvollzugs, für die Gentz und seine Mitarbeiter jahrelang gekämpft hatten, wurde nun zurückgedrängt, „um den Vorwürfen der Innenverwaltung den Wind aus den Segeln" zu nehmen.[14] Unter dem Eindruck der drohenden Übernahme des Strafvollzugs durch die Polizei hatte Harald Poelchau, einer der engsten Mitarbeiter Gentz', bereits Anfang April 1949 seinen Dienst quittiert, da er unter diesen Umständen „keine Möglichkeit eines Erziehungsstrafvollzugs"[15] mehr sah.

Mitte August 1949 folgte der nächste Vorstoß der Deutschen Innenverwaltung. Über das Kleine Sekretariat des Politbüros sollte der SMAD vorgeschlagen werden, in jeder Haftanstalt einen Angehörigen der Volkspolizei als Stellvertreter des Anstaltsleiters zu platzieren.[16] Obwohl Fechner die Vorwürfe der Innenverwaltung argumentativ widerlegen konnte – seit 1948 waren die Gefangenenentweichungen aus dem Justizstrafvollzug stark rückläufig,[17] aus den Polizeihaftlagern Sachsens entwichen prozentual zehnmal so viele Häftlinge, die meisten flohen beim Außenarbeitseinsatz sowie bei den von der Polizei bewachten Gefangenentransporten – und der Beschluss des Kleinen Sekretariats nicht umgesetzt wurde, resignierte er schließlich doch. Angesichts der Übermacht „seiner Kontrahenten in der Innenverwaltung, in der SED-Spitze und in der SMAD" sah Fechner sich nicht länger in der Lage, seine Position rückhaltlos zu verteidigen".[18] Er stimmte nun prinzipiell einer Eingliederung des Strafvollzugs in die Innenverwaltung zu, da sie am besten in der Lage sei, den Strafvollzug „im Sinne der Sicherung unserer demokratischen Ordnung" durchzuführen. Allerdings sei der Zeitpunkt aus politischen Gründen noch nicht gekommen, „da verhindert werden sollte, dass im Westen der Eindruck eines der justiziellen Kontrolle entzogenen Gefängniswesens"[19] entstehe.

14 Wentker, Justiz in der SBZ/DDR, S. 377 f.
15 Poelchau, Ordnung der Bedrängten, S. 109.
16 Wentker, Justiz in der SBZ/DDR, S. 378.
17 Vgl. Diagramme 2 und 3 im Anhang.
18 Wentker, Justiz in der SBZ/DDR, S. 379.
19 Ebd.

Indes verschärfte sich in Sachsen der Ton zwischen Justiz und Polizei – seit Ende August 1949 vor allem seitens der Polizei, die der Justiz steigende Zahlen entwichener Häftlinge vorwarf. Die Gründe seien in einer mangelnden Dienstaufsicht und einer ungenügenden Belehrung des Personals zu suchen. Die Landespolizeibehörde ging sogar noch einen Schritt weiter: Die „aufgetauchten Mängel sind nicht mehr auf oberflächliches, leichtsinniges Verhalten zurückzuführen oder gar als Zeichen von Unkenntnis der betreffenden Anstaltsleiter zu werten, sondern sind Ausdruck der Unfähigkeit, wenn nicht gar bewusste Sabotage an der schweren Arbeit der Volkspolizei".[20] Das Justizministerium reagierte auf diesen Affront mit Unverständnis, da kein Anstieg von Ausbrüchen zu registrieren sei und Sachsen nach Thüringen die zweitniedrigste Quote von Entweichungen der SBZ habe.[21] Daher war es für das Justizministerium „unerfindlich", wie man behaupten könne, „es bestünden untragbare Zustände im Strafvollzug des Landes Sachsen".[22] Justizminister Dieckmann erklärte in einer weiteren Stellungnahme, dass die Zahl der Gefangenenentweichungen nach dem Ersten Weltkrieg im Mittel 0,4 Prozent betragen habe, obgleich die Justiz zu dieser Zeit noch über voll eingearbeitetes Personal verfügt habe. Nun müsse man in der Masse mit neuem, unerfahrenem Personal arbeiten und konnte dennoch die „Zahl der Entweichungen auf etwa die Hälfte des Prozentsatzes normaler Zeiten" verringern: „Dieses Ergebnis verdient volle Anerkennung."[23] Der Großteil der Entweichungen geschehe beim Außenarbeitseinsatz. Da aber in Zukunft möglichst viele Häftlinge in die produktive Arbeit eingegliedert werden sollten, werde dieses Schlupfloch „nicht völlig zu verstopfen" sein. Weiterhin hielt Dieckmann die „Überspannungen der Strafandrohungen" bei Gefangenenausbrüchen gegenüber dem Personal nicht für förderlich, da dies die ohnehin gravierenden Personalnöte auf dem Gebiet des Strafvollzugs zusätzlich verstärke. An diesem Schriftwechsel wird deutlich, wie tief die Gräben zwischen Justiz und Polizei zu diesem Zeitpunkt schon waren.

---

20 Landespolizeibehörde Sachsen an LRS, MdJ, Betr.: Straf- und Untersuchungshaftanstalten (Bautzen, Zwickau) vom 29.8.1949 (SächsHStA, LRS/MdJ/1092, unpag.).
21 Die Quote der Entweichungen an der Gesamtzahl der Strafgefangenen betrug in Thüringen 0,186 %, in Sachsen 0,252 %, in Brandenburg 0,271 %, in Mecklenburg 0,320 % und in Sachsen-Anhalt 0,361 %. Vgl. Justizministerium der LRS an LBdVP Sachsen vom September 1949 (SächsHStA, LRS/MdJ/1092, unpag.).
22 Justizministeriums der LRS an LBdVP Sachsen vom September 1949 (SächsHStA, LRS/MdJ/1092, unpag.).
23 Zitat hier und im Folgenden: Justizminister Dieckmann an LBdVP Sachsen vom 17.9.1949 (SächsHStA, LRS/MdJ/1092, unpag.).

2. Kompetenzgerangel bis zur vollständigen Übernahme durch die Volkspolizei

Trotz aller Versuche der Innenverwaltung unterstand das Gefängniswesen nicht zuletzt aus den erwähnten politischen Gründen zum Gründungszeitpunkt der DDR dem Justizressort. Die sowjetische Besatzungsmacht hatte bis zum Herbst 1949 schon acht Speziallager geschlossen, da viele Internierte bereits verurteilt, gestorben oder aufgrund von Gnadenaktionen entlassen worden waren. Allein die Lager in Buchenwald, Sachsenhausen und Bautzen waren verblieben. Nach dem Willen der SED-Spitze sollten auch diese Lager aufgelöst und deren Häftlinge zur weiteren Haft in die Sowjetunion überführt werden, jedoch entschied das Politbüro der KPdSU am 28. September 1949, einen Teil der Häftlinge zu entlassen und den anderen dem Innenressort zu überstellen.[24] Daher wurde in den ersten Oktobertagen des Jahres 1949 dem „Ministerium des Innern – und damit [der] Hauptverwaltung Deutsche Volkspolizei – durch das Vertrauen der Besatzungsmacht die Durchführung des Strafvollzugs an den in den Lagern der Besatzungsmacht befindlichen Gefangenen übertragen".[25] In einer Besprechung bei dem künftigen Chef der Deutschen Volkspolizei Kurt Fischer am 31. Oktober wurden die VP-Angehörigen deshalb beauftragt, „alle organisatorischen Voraussetzungen zu schaffen zur Bildung einer Hauptabteilung Strafvollzug. Die Aufgabe dieser Hauptabteilung sollte darin bestehen, den gesamten Strafvollzug der sowjetischen Militärverwaltung zu übernehmen."[26] Bereits Mitte Oktober 1949 war bei der DVP die Hauptabteilung X gegründet worden, die schon im Januar des Folgejahres in Hauptabteilung Haftsachen (HA HS) und im Dezember 1950 in Hauptabteilung Strafvollzug (HA SV) umbenannt wurde und direkt der Hauptverwaltung der Deutschen Volkspolizei unterstellt war.[27] „Besondere Aufgabe" der neu gegründeten Hauptabteilung war, so ein Bericht vom Dezember 1953, „die sichere Verwahrung" der von den Sowjetischen Militärtribunalen verurteilten „bzw. aus dem Lager Buchenwald" übernommenen Häftlinge.[28] Verantwortlicher Leiter war VP-Oberrat Karl Gertich. Dieser hatte große Probleme, die wichtigen Positionen in der Hauptabteilung sowie in den zu übernehmenden Anstalten personell zu besetzen. Im Zuge einer „peinlichen Kaderauslese" wurden „die Länder angeschrieben, geeignetes Menschenmaterial in Vorschlag zu bringen. Die Vorschläge, welche nun laufend eingegangen sind, entsprechen nicht im Entferntesten unseren Erfordernissen. Kaum 20 Prozent davon konnten überhaupt erst zur Diskussion gestellt werden"[29] – und

---

24 Wentker, Justiz in der SBZ/DDR, S. 380.
25 Bericht der Hauptabteilung Strafvollzug vom 1.10.1951. Zit. nach Buddrus, Situation des Strafvollzugs, S. 26.
26 HVDVP, HA SV, Bericht vom 24.11.1949 (BArch, DO 1/28587/ Bl. 1).
27 Wunschik, Strafvollzug, S. 74.
28 HVDVP, HA SV, Bericht über die Entwicklung der HA SV vom 9.12.1953 (BArch, DO 1/25018/Bl. 167).
29 HVDVP, HA SV, Bericht vom 24.11.1949 (BArch, DO 1/28587/ Bl. 3).

auch diese waren lediglich formal aufgrund eines Fragebogens und ihres Lebenslaufs geeignet.

Mitte Dezember stellte Gertich fest, dass falls die Besatzungsmacht die bisher genutzten Lager nicht mit übergeben würde, die Volkspolizei vor der Aufgabe stehe, ca. 14 000 Häftlinge in den momentan von der Justiz genutzten Haftanstalten unterzubringen, die daher von der Justiz zu räumen seien.[30] Um die zehn größten Anstalten inspizieren zu können, wurde Gertich bei Gentz vorstellig, gab als Grund der Besuche aber nur an, „den internen Betrieb näher kennen [...] lernen" zu wollen.[31] Gentz fragte misstrauisch, ob die Volkspolizei beabsichtige, den gesamten Strafvollzug zu übernehmen, was Gertich verneinte. Da Gentz glaubte, die Genehmigung zum Besuch der Haftanstalten nicht erteilen zu dürfen, wurde Justizminister Fechner hinzugezogen, der den gleichen Verdacht hegte. Fechner machte erneut deutlich, dass er den Zeitpunkt der Übernahme „für verfrüht" halte und dass er von der Frage des Verbleibs des Strafvollzugs bei der Justiz „die Übernahme des Justizministeriums mit abhängig gemacht" habe. Nachdem Gertich offensichtlich die Bedenken Fechners zerstreuen konnte, erteilte dieser die Genehmigung zur Inspektionsreise der HVDVP. Daraufhin begutachteten drei Angestellte der HA X vom 21. bis 23. Dezember 1949 die Haftanstalten in Brandenburg-Görden, Bützow-Dreibergen, Luckau, Waldheim, Hoheneck, Zwickau, Torgau, Ichtershausen, Untermaßfeld und Rüdersdorf. Die Inspektoren kamen in ihrem Bericht zu dem Ergebnis, dass die vom Justizressort genannten Belegungskapazitäten zu niedrig seien, worauf man die Kategorie „höchstmögliche Belegungsfähigkeit" einführte und zu einem erstaunlichen Ergebnis kam: Während das Justizministerium für die inspizierten Haftanstalten eine Aufnahmefähigkeit von 8 232 Personen angegeben hatte, meldete nun die Hauptabteilung X eine Belegungskapazität von 17 200 Personen.[32] Mit dem „humanen Strafvollzug" der Justiz sollte von Beginn an ein für allemal Schluss sein, eine starke Überbelegung der Haftanstalten wurde nun mit einkalkuliert.

Am 14. Januar 1950 teilte die Volkspolizei Gentz mit, dass sie die Haftanstalten Brandenburg-Görden, Waldheim, Torgau-Fort Zinna und Untermaßfeld übernehmen werde. Gentz wehrte sich dagegen, „vor eine fertige Tatsache gestellt zu werden, die sein gesamtes Strafvollzugswesen über den Haufen werfe", und erklärte sich für nicht entscheidungsberechtigt.[33] Der Widerstand der

---

30 HA X, Stellungnahme der HA Haftanstalten zu nachstehendem Betreff, Betr.: Übernahme von Häftlingen aus dem Gewahrsam der Besatzungsmacht vom 14.12.1949 (BArch, DO 1/28479/Bl. 11).
31 Zitat hier und im Folgenden: HA X, Vermerk Gertichs über die Besprechung im Justizministerium zwecks Erteilung einer Ermächtigung zum Besuch bestimmter Strafanstalten vom 20.12.1949 (BArch, DO 1/28479/Bl. 10 ff.). Siehe auch Wentker, Justiz in der SBZ/DDR, S. 381; Wunschik, Strafvollzug, S. 78.
32 Buddrus, Situation des Strafvollzugs, S. 14.
33 Zitat hier und im Folgenden: HA HS, Vermerk Gertichs, Betr.: Getroffene Maßnahmen und Verhandlungen zur Festlegung von Strafanstalten für die Unterbringung der zu übernehmenden Häftlinge vom 18.1.1950 (BArch, DO 1/28587/Bl. 12).

Justiz war groß, auch Minister Fechner wurde einbezogen. Auf Brandenburg-Görden könne die Justiz nicht verzichten, da dort nicht nur Gefangene nach Befehl Nr. 201 untergebracht seien, sondern auch die erste Strafanstaltsschule gebaut werden sollte. Ebenso wenig könne man Waldheim an die Polizei abtreten, da dieses Gefängnis „die einzige voll industrialisierte Anstalt der Zone" – wie die DDR hier interessanterweise von den Justizbeamten noch tituliert wurde – mit großen Arbeitsaufträgen und zudem das zentrale Haftkrankenhaus Sachsens sei, dessen Belegschaft nirgendwo anders untergebracht werden könne. Die Justiz bot der DVP daher die Anstalten Torgau-Fort Zinna, Untermaßfeld, Luckau und Hoheneck an.[34] Zwar konnte die Haftanstalt Brandenburg-Görden vorläufig bei der Justiz verbleiben, doch die Anstalt in Waldheim musste geräumt werden und wurde am 10. Februar 1950 offiziell an die Volkspolizei übergeben.[35] Die Übergabe Hohenecks war bereits am 1. Februar erfolgt.[36] Bis zum 15. Februar wurden aus den drei verbliebenen „Speziallagern" 14 412 Häftlinge entlassen,[37] von denen lediglich 1 200 in den Westen gingen.[38]

Die Häftlinge aus den von der Justiz geräumten Anstalten wurden bis zum 4. Februar auf die Haftanstalten Bützow-Dreibergen, Gommern, Magdeburg-Sudenburg, Suhl, Gräfentonna, Zwickau, Brandenburg-Görden, Naumburg, Cottbus, Görlitz und Leipzig verteilt. Im Anschluss wurden vom 25. Januar bis zum 16. Februar die Lager Buchenwald und Sachsenhausen geräumt und insgesamt 7 967 Häftlinge von der DVP übernommen. Das Lager Bautzen wurde schrittweise ab dem 7. Februar von der Besatzungsmacht übernommen, sodass sich Ende Februar 1950 etwa 14 000 ehemalige Speziallager-Insassen nun als Strafgefangene in der „Obhut" der Volkspolizei befanden.[39] In Waldheim wurden die 3 432 Personen zusammengelegt, die bis dato noch nicht verurteilt worden waren. Das wurde in den Waldheimer Prozessen nachgeholt.[40]

34 MdJ, HA Strafvollzug und Anstaltsverwaltung, Niederschrift über die Dienstbesprechung mit den Leitern der Strafvollzugsabteilungen der Länder-Justizministerien am 18.1.1950 vom 19.1.1950 (SächsHStA, LRS/MdJ/54/Bl. 152).
35 Bericht der Strafanstalt Waldheim vom 10.5.1950 (BArch, DO 1/28479/Bl. 30).
36 Protokoll der Übergabe des Strafgefängnisses Hoheneck an das MdI der DDR vom 2.2.1950 (SächsHStA, LRS/MdJ/858/Bl. 19).
37 Davon aus Buchenwald 7 153, aus Sachsenhausen 6 517 und aus Bautzen 742 Häftlinge. Vgl. HA HS, Abschlussbericht Gertichs über die Entlassungs- und Übernahmeaktion aus den Internierungslagern der Besatzungsmacht vom 26.2.1950 (BArch, DO 1/28577/Bl. 221–230, hier: Bl. 221).
38 Buddrus, Situation des Strafvollzugs, S. 17.
39 HA HS, Abschlussbericht Gertichs über die Entlassungs- und Übernahmeaktion aus den Internierungslagern der Besatzungsmacht vom 26.2.1950 (BArch, DO 1/28577/Bl. 221–230, hier: Bl. 223–226). Siehe auch Wentker, Justiz in der SBZ/DDR, S. 382.
40 Die Waldheimer Prozesse dauerten von Mitte April bis Juni 1950 und stellten den offiziellen Abschluss der Verfolgung von NS-Verbrechen in der DDR dar. Bei den meisten Angeklagten handelte es sich nicht um schwer belastete NS- und Kriegsverbrecher. Die Todesstrafe wurde 33-mal verhängt, 24 Todesurteile wurden vollstreckt. Die meisten der in Waldheim Verurteilten – über 30 Prozent der Angeklagten waren zu zehn bis 14 Jahren Haft und etwa 55 Prozent zu 15 bis 25 Jahren Haft verurteilt worden – wurden bereits 1952 wieder entlassen, fast alle waren 1956 wieder auf freiem Fuß. Siehe hierzu u. a. Eisert, Waldheimer Prozesse; Haase/Pampel (Hg.), Waldheimer „Prozesse".

Der Volkspolizei unterstanden im Frühjahr 1950 demnach die Haftanstalten Waldheim, Bautzen, Hoheneck, Torgau, Untermaßfeld und Luckau. DVP-Chef Fischer wollte jedoch auch weiterhin den gesamten Strafvollzug unter der Ägide der Volkspolizei vereinen. Daher wandte er sich am 11. April mit einem ausgearbeiteten Politbüroentschluss an Ulbricht: Fischer führte die große Überbelegung der übernommenen Haftanstalten an, welche die Sicherheit gefährden würde. Zudem seien die hygienischen Bedingungen schlecht – in den Sommermonaten bestehe „eine schwere Seuchengefahr" – und die Gefängnisse der Polizei seien „ungenügend oder gar nicht mit medizinischem Personal versorgt". Da die Justiz diese Überbelegungen nicht habe, plädierte Fischer für das „Zusammenfassen des Strafvollzugs in einer Hand". Zudem sei das Nebeneinander von Justiz und Polizei im Strafvollzug aus politischen wie ökonomischen Gründen unpraktisch, weshalb die Justiz bis zum 1. Juni alle Strafvollzugsanstalten komplett übergeben solle.[41] Soweit war es aber noch nicht: Am 15. Mai 1950 beschloss das SED-Sekretariat, auch den Strafvollzug aller nach SMAD-Befehl Nr. 201 Verurteilten dem Innenministerium zu unterstellen. Da die Masse dieser Gefangenen in der Haftanstalt Brandenburg-Görden zusammengefasst war, übernahm die zuständige Hauptabteilung Haftsachen zum 1. Juli auch diese Haftanstalt von der Justiz.[42]

Eine am 12. Juni 1950 eingesetzte Kommission, der Fechner vorsaß, hatte schließlich die Aufgabe, die Übergabe des Strafvollzugs an die Volkspolizei zu regeln. Man wählte dazu die Form einer Verordnung, was, wie Wentker zeigt, verfassungswidrig war, da für die Errichtung einer Strafvollzugsverwaltung im Innenministerium ein Gesetz nötig gewesen wäre. Das sollte aber aufgrund unerwünschter Diskussionen mit den Blockparteien in der Volkskammer oder deren Ausschüssen vermieden werden.[43] Die Verordnung zur Übertragung der Geschäfte des Strafvollzugs an das Ministerium des Innern der Deutschen Demokratischen Republik vom 16. November 1950[44] war denn nur noch die offizielle Verkündung einer Verordnung, die so bereits am 22. August vom Politbüro beschlossen worden war. Die wesentliche Festlegung benannte Paragraph 1 der Verordnung, wonach der Strafvollzug nun „Sache der Republik" und nicht mehr Ländersache war.

War die Polizei im August noch von der Übernahme des gesamten Gefängniswesens ausgegangen, so schlug Mitte September die Sowjetische Kontrollkommission vor, lediglich den Strafvollzug zu übernehmen, nicht aber auch die Untersuchungs- und Gerichtsgefängnisse. Diese sollten weiterhin von der Justiz verwaltet werden.[45] Vor allem scheute die Polizei den großen Personalaufwand für die Sicherung und Verwaltung der Gerichtsgefängnisse, denn: „Personal-

---

41 Fischer an Ulbricht vom 11.4.1950 (BArch, DO 1/25049, unpag.). Siehe auch Wentker, Justiz in der SBZ/DDR, S. 383.
42 Ebd., S. 383 f.; Wunschik, Strafvollzug, S. 78.
43 Wentker, Justiz in der SBZ/DDR, S. 385.
44 GBl. 1950, S. 1165.
45 Wentker, Justiz in der SBZ/DDR, S. 386.

technisch gesehen wäre die Deutsche Volkspolizei bei der Übernahme gerade dieser kleinen Gerichtsgefängnisse erfahrungsgemäß gezwungen, den größten Teil der bisherigen Justizangestellten zur Entlassung zu bringen, da dieselben in keiner Weise den personalpolitischen Bedingungen der Deutschen Volkspolizei genügen. Es ist bekannt, dass sich speziell in diesen Anstalten noch Justizpersonal befindet, das zum Teil bereits in der Weimarer Republik sowie auch in der faschistischen Ära dort tätig war."[46] Daher schlug Gertich am 13. November vor, lediglich 14 größere Objekte von der Justiz zu übernehmen, um dort die Strafen an allen Häftlingen mit mehr als zwei Jahren Haftdauer sowie den Häftlingen zu vollziehen, bei denen erhöhte Fluchtgefahr bestehe. „Die Justiz übernimmt sämtliche Untersuchungs-Gefangenen und Kurzbestraften sowie solche Gefangene, die nur noch eine Reststrafe von bis zu 2 Jahren abzusitzen haben und diese aufgrund ihrer Führung in einem Arbeitslager verbüßen könnten." Durch dieses duale Strafvollzugssystem könne sich die DVP auch die Schaffung nachgeordneter Abteilungen bei den Ländern ersparen, so Gertich.[47] Drei Tage später, am 16. November, vereinbarten Gertich und Gentz dann die Übernahme von neun Vollzugsanstalten und drei Haftkrankenhäusern sowie einem Strafvollzug nach eben dargelegtem Prinzip.[48] Im Anschluss an diese Übereinkunft bestimmte ein ziemliches Hin und Her die Entwicklung. Dass Gentz bei der Vereinbarung mit Gertich offenbar nicht nach dem Willen seines Ministers gehandelt hatte, zeigte sich zwei Wochen später: Fechner hatte bei Ulbricht insistiert, sämtliche Gefängnisse zu übergeben. Ulbricht stimmte dem zu, was wiederum Gentz am 30. November verkündete. Am 6. Dezember verhandelte Gentz mit der Volkspolizei jedoch wieder auf Basis der Vereinbarung vom 16. November – also der „kleinen Lösung". Dagegen verkündete er auf einer Sitzung im Justizministerium am 8. Dezember, „dass der Ministerrat beschlossen habe, dass der gesamte Strafvollzug einschließlich aller Lager und Haftanstalten am 31.12.50 an die Hauptabteilung Volkspolizei übergehen soll". Fechner drängte auf frühe Übernahmetermine und betonte die Notwendigkeit der Übernahme des Außenschutzes der Haftanstalten durch die Polizei angesichts der unzureichenden Bewaffnung des Justizpersonals. Als weitere Gründe führte er die „Beunruhigung unter den Gefangenen" im Zuge der Übernahme des Strafvollzugs durch das Innenministerium sowie den „beeinträchtigten Diensteifer" vieler Justizangestellter aufgrund der sie erwartenden Kündigungen an. Bis zur endgültigen Übernahme der Anstalten durch die Volkspolizei sollten die Justizangestellten weiterhin den Dienst ausüben, vorsorglich sollte ihnen aber zum 31. März 1951 gekündigt werden.[49]

---

46 Aktenvermerk der HVDVP, HA HS, Betr.: Übernahme des Strafvollzuges durch die Deutsche Volkspolizei vom 9.11.1950 (BArch, DO 1/28586/ Bl. 114).
47 Aktenvermerk Gertichs, Betr.: Übernahme des Strafvollzuges durch die DVP, Berlin, 13.11.1950 (BArch, DO 1/28586/Bl. 229 f.).
48 Wentker, Justiz in der SBZ/DDR, S. 386; Wunschik, Strafvollzug, S. 79.
49 Protokoll über die Sitzung im Justizministerium der DDR am 8.12.1950 (BArch, DO 1/28586/ Bl. 277–279). Siehe Wentker, Justiz in der SBZ/DDR, S. 387.

Fechner begründete gegenüber DVP-Chef Karl Maron, der den am 22. Juni 1950 verstorbenen Fischer ersetzt hatte, sein Drängen auf eine möglichst schnelle Übernahme aller Gefängnisse der Justiz bis Jahresende zum einen damit, dass im Strukturplan des Justizministeriums ab 1. Januar 1951 „kein den Vollzug von Straf- oder Untersuchungshaft betreffender Tätigkeitsbereich mehr vorgesehen und die bisherige Hauptabteilung III meines Ministeriums in Fortfall gekommen" sei. Zum anderen hätten die beabsichtigten Strukturänderungen im Strafvollzug für Unruhe in den Anstalten gesorgt und „deren Sicherheit erheblich beeinträchtigt", wodurch die Fluchtgefahr stark gestiegen sei. Zudem habe die Aussicht der meisten Justizangestellten, nicht in den Dienst der Volkspolizei übernommen zu werden, zum Nachlassen des notwendigen Diensteifers und zu Ausfällen wegen Kündigung geführt, die nicht ersetzt werden konnten.[50] Maron zeigte sich „sehr erstaunt" über die „offenkundig [...] nach eigenem Ermessen" erfolgte Auslegung des Regierungsbeschlusses. Solange die Durchführungsbestimmung für die „Verordnung zur Übertragung der Geschäfte des Strafvollzugs auf das MdI der DDR" nicht in Kraft getreten sei, gebe es weder feste Termine noch sei überhaupt eine Übernahme möglich. Weiter schrieb Maron, dass er auf gute Zusammenarbeit mit dem Justizministerium und eine reibungslose Übernahme gehofft habe, doch Fechner lasse die Lage der HVDVP „völlig unberücksichtigt" und schiebe „ihr alle Verantwortung" zu. Dass im Justizministerium ab 1. Januar 1951 keine Strafvollzugsabteilung mehr eingeplant sei, könne der HVDVP nicht angelastet werden. Maron betonte, dass das Ministerium für Finanzen ihm versichert habe, „dass die Stellen und Mittel für den Strafvollzug noch im Haushalt der Justiz eingesetzt und dann Zug um Zug auf die HVDVP übertragen werden".[51]

In Sachsen erklärte Oberreferent Müller von der Dresdner Abteilung Strafvollzug auf einer Sitzung des Strafvollzugsausschusses am 19. Dezember 1950, man gehe davon aus, dass die Untersuchungshaft bei der Justiz verbleibe, was für Sachsen bedeute, dass ein Drittel der Gefangenen auch weiterhin von der Justiz beaufsichtigt werde. Die Haftanstalt Zwickau, die Untersuchungshaftanstalt Bautzen, das Haftkrankenhaus Leipzig-Kleinmeusdorf sowie die Haftlager Aue, Erlabrunn und Cranzahl-Sosa sollten noch im Dezember übergeben werden und die restlichen Justizgefängnisse im ersten Quartal 1951, wobei hier mit „Abwicklungsgeschäften höchstens noch bis zum 30. Juni 1951 zu rechnen sein wird"[52] – so die Prognose im Dezember 1950.

Zu diesem Zeitpunkt war die Volkspolizei in den eben genannten sechs sächsischen Vollzugseinrichtungen mit Bestandsaufnahmen beschäftigt. Dabei zeig-

---

50 Fechner an Maron, Betr.: Übernahme des Strafvollzuges vom 9.12.1950 (BArch, DO 1/28586/Bl. 271–273). Siehe ebd.
51 Maron an Fechner, Betr.: Übernahme des Strafvollzuges vom 11.12.1950 (BArch, DO 1/28586). Siehe Wentker, Justiz in der SBZ/DDR, S. 388; Wunschik, Strafvollzug, S. 79 f.
52 Protokoll der Sitzung des sächsischen Ausschusses für den Strafvollzug vom 19.12.1950 (SächsHStA, LRS/MdJ/902, unpag.).

ten sich zwei Probleme: Zum einen hatte das Bekanntwerden der geplanten Übernahme zu einer „wesentlichen Beunruhigung" der Gefangenen geführt, die eine „strengere Behandlung" und einen „Abgang vom humanen Strafvollzug"[53] befürchteten. „Diese Gerüchte werden durch der DDR feindlich gesinnte Elemente genährt. In Bautzen und Zwickau ist es bereits zu Ausbrüchen gekommen, denen diese Beunruhigung unter den Gefangenen zugrunde liegt." Zum anderen war eine „Depression unter dem Vollzugspersonal" entstanden, da lediglich ein Zehntel des alten Personals von der Volkspolizei übernommen werden sollte, was die Entlassung von etwa 900 Justizvollzugsangestellten bedeutet hätte. Daher drängte auch in Sachsen die Justiz auf eine möglichst rasche Übernahme des Strafvollzugs durch die Volkspolizei, die jedoch eine stufenweise Übernahme plante.

Zum Zeitpunkt der beginnenden Übernahme des Strafvollzugs verfügte Sachsen über 13 selbständige Anstalten,[54] deren Leiter der Hauptabteilung Justiz[55] direkt unterstellt waren, und über 35 Gerichtsgefängnisse,[56] „deren Leiter die Behördenvorstände der einzelnen Gerichte sind". In all diesen Gefängnissen saßen Anfang Dezember 1950 knapp 7 000 Häftlingen ein, von denen etwa ein Drittel Untersuchungshäftlinge und 85 Prozent Männer waren.[57]

Letztlich wurden die Differenzen zwischen Justiz und Polizei zugunsten der Polizei entschieden. Bei der am 23. Dezember 1950 unterzeichneten 1. Durchführungsbestimmung zur Verordnung vom 16. November 1950 handelte es sich um die von der Volkspolizei initiierte „kleine Lösung". Mit dem 1. Januar 1951 ging die Verwaltung der sächsischen Justizstrafanstalten Zwickau I und Bautzen,[58] des Haftkrankenhauses Leipzig-Kleinmeusdorf und der Haftlager Erla-

---

53 Zitat hier und im Folgenden: Sachstandsbericht der Abteilung Strafvollzug der Hauptabteilung Justiz der LRS über die Übergabe des Strafvollzuges an die Volkspolizei vom 14.12.1950 (SächsHStA, LRS/MdJ/879/Bl. 62).
54 Im Einzelnen waren das die Untersuchungshaftanstalten Bautzen, Chemnitz, Dresden, Leipzig I und II, Radebeul und Zwickau, die Frauenhaftanstalt Görlitz, das Haftkrankenhaus Leipzig-Kleinmeusdorf sowie die großen Haftlager Erlabrunn (Gleisbau an der Strecke Johanngeorgenstadt), Cranzahl (Talsperrenbau), Neschwitz (Braunkohlenabbau) und Aue (5 Unterlager).
55 Das sächsische Justizministerium war Ende 1950 aufgelöst worden. Danach übernahm die dem Ministerpräsidenten direkt unterstellte Hauptabteilung Justiz die bei der Landesregierung Sachsen verbliebenen Aufgaben im Bereich der Justizverwaltung. Im Zuge der Verwaltungsreform vom August 1952 wurde auch die Hauptabteilung Justiz aufgelöst.
56 33 Amtsgerichtsgefängnisse (durchschnittliche Belegungsfähigkeit: 30–60 Plätze) und zwei Landgerichtsgefängnisse in Plauen und Freiberg.
57 Protokoll der Sitzung des sächsischen Ausschusses für den Strafvollzug vom 19.12.1950 (SächsHStA, LRS/MdJ/902, unpag.).
58 Das ehemalige Gerichtsgefängnis wurde nun der StVA Bautzen I angegliedert und wurde 1956 bis 1989 als Bautzen II Strafvollzugsanstalt vornehmlich „prominenter" Gefangener und von Häftlingen, bei denen das MfS die Untersuchung im Ermittlungsverfahren geführt hatte. Bautzen II war in diesem Sinne „Sonderhaftanstalt" des MfS. Das bedeutete auch, dass das MfS mehr Personal in Bautzen II und ein größeres Mitspracherecht hatte. Gleichwohl war Bautzen II durchgehend der Volkspolizei und damit der

brunn, Cranzahl-Sosa und Aue an das Innenministerium und damit an die HVDVP über. Aus den anderen Ländern übernahm die Volkspolizei die Vollzugsanstalten Cottbus, Bützow-Dreibergen, Coswig, Magdeburg-Sudenburg, Ichtershausen und Gräfentonna, die Haftkrankenhäuser Cottbus und Schkeuditz sowie die Haftlager Rüdersdorf und Volkstedt.[59] Die Justiz hatte also nur einen Teil ihrer Gefängnisse abgegeben, darunter jedoch alle großen Haftanstalten. Gentz' Abteilung blieb bestehen, doch konnte er das eigentliche Ziel seiner Arbeit, die Reformierung des Strafvollzugs, nun nur noch in eingeschränktem Maße verfolgen.

Die ersten sächsischen Vollzugseinrichtungen wurden vom 2. (Bautzen) bis zum 12. Januar 1951 (Aue) von der Volkspolizei trotz „mannigfaltiger Schwierigkeiten [...] reibungslos" übernommen. Da die Justiz davon ausging, den Untersuchungshaftvollzug dauerhaft zu behalten, rechnete sie nur noch mit der Übergabe der Görlitzer Frauenhaftanstalt und den Haftlagern Neschwitz und Pirna. Auch plante die Justiz im ersten Quartal 1951 noch die Eröffnung einer Untersuchungshaftanstalt in Görlitz. Zudem, so war auf einer Sitzung des sächsischen Strafvollzugsausschusses zu hören, verhandle man mit der Volkspolizei über eine mögliche „Belassung von kurzfristig bestraften Gefangenen (annehmbar bis 6 Monate) bei der Justizverwaltung",[60] obwohl sich Gertich und Gentz am 16. November 1950 auf einen Verbleib von Häftlingen bei der Justiz geeinigt hatten, deren Strafrest weniger als zwei Jahre betrug. Wentker wiederum gibt an, dass lediglich Häftlinge mit einem Strafrest von weniger als neun Monaten bei der Justiz verbleiben sollten.[61]

Im Zuge der Übernahme des Strafvollzugs durch das Innenministerium wurde Gentz' Abteilung beim Justizministerium von „Hauptabteilung Strafvollzug und Anstaltsverwaltung" in „Hauptabteilung Justizhaftanstalten" umbenannt.[62] Um Verwechslungen mit den Amtsbereichen des Innenministeriums vorzubeugen, ordnete Fechner die Umbenennung der Strafvollzugsämter gemäß der Bezeichnung der entsprechenden Abteilung des Justizministeriums in „Abteilungen für Justizhaftanstalten" an. Ende Januar 1951 erklärte der Justizminister, die mit der Umstrukturierung zusammenhängenden Fragen seien nun „im Wesentlichen geklärt" und die Untersuchungshaft verbleibe weiterhin bei der

---

BDVP Dresden unterstellt, womit auch die Strafvollzugsangehörigen dem Innenministerium eingegliedert waren.

59 Erste Durchführungsbestimmung zur Verordnung zur Übertragung der Geschäfte des Strafvollzugs auf das Ministerium des Innern der Deutschen Demokratischen Republik vom 23.12.1950. In: Ministerialblatt 1950, S. 215 f.

60 Bericht über den derzeitigen Stand der Verhandlungen über den Übergang des Strafvollzuges vom Justizministerium auf das Ministerium des Innern, 3. Sitzung des Ausschusses für den Strafvollzug vom 16.1.1951 (SächsHStA, LRS/MdJ/902, unpag.).

61 Wentker, Justiz in der SBZ/DDR, S. 388.

62 HA Justiz des Landes Sachsen an MdJ der DDR, Betr.: Überleitung des Strafvollzuges gemäß der Verordnung vom 16.11.1950 vom 21.1.1951 (SächsHStA, LRS/MdJ/879/ Bl. 9).

Justiz. Als selbständige Anstalten unterstanden der Justiz in Sachsen damit weiterhin Chemnitz, Dresden, Görlitz, Leipzig I und II, Radebeul und Zwickau II.⁶³
Doch auch dies sollte sich bald ändern. Die Überbelegung in den Justizhaftanstalten durch die steigende Zahl an Untersuchungshäftlingen – im Mai 1951 saßen etwa 7 400 Untersuchungsgefangene sowie 5 500 verurteilte Häftlinge in den Justizhaftanstalten ein – veranlasste Fechner dazu, Innenminister Steinhoff aufzufordern, 4 000 Häftlinge der Justiz zu übernehmen. Andernfalls wolle man wieder Haftlager errichten. Steinhoff lehnte ab. DVP-Chef Maron empfahl die Übernahme der Justizhaftanstalten, da die Errichtung von Haftlagern seitens der Justiz eine Zweiteilung des Strafvollzugs bedeute und die Polizei in weitaus größerem Maße vom Haftraummangel betroffen sei: Da einer schon von der Volkspolizei wesentlich höher als der Justiz berechneten Kapazität von 17 265 Personen im Juni 1951 ein Häftlingsstand von 27 192 Personen gegenüberstand, entschied die Volkspolizei, laut Wentker, bereits im August 1951, die restlichen Justizhaftanstalten zu übernehmen. Das Politbüro wiederum beschloss die komplette Übernahme am 11. Dezember. Die zweite Durchführungsbestimmung zur Verordnung vom 16. November 1950 stammt vom 5. Mai 1952⁶⁴ und terminierte den Übergang der „Verwaltung aller Justizhaftanstalten, Justizjugendhäuser und Haftkrankenhäuser" auf den 1. Juli 1952.⁶⁵ Von Seiten des Justizministeriums erfolgte keine Gegenwehr mehr, schließlich hatte Minister Fechner der Übernahme des gesamten Strafvollzugs durch die Polizei prinzipiell schon drei Jahre zuvor – im August 1949 – zugestimmt.

3. Gründe der Übernahme

Im September 1950 wurde die Übernahme der Häftlinge aus den Speziallagern intern damit begründet, dass „bestimmte Voraussetzungen unter der Leitung der Justizbehörden nicht vorhanden" gewesen seien und zudem „eine angespannte politische Situation eine derartige Maßnahme notwendig machte". Weiterhin sei zu bedenken, „dass die Fragen des Strafvollzuges an diesen Personenkreis vollkommen andere sind".⁶⁶ Dies war im Grunde das Hauptargument für den Ressortwechsel des Strafvollzugs: Besatzungsmacht und Innenverwaltung hielten den „humanen Strafvollzug" der Justiz zur Inhaftierung von vermeintlichen Gegnern der neuen Ordnung für ungeeignet. Nach kommunistischer Lesart waren alle Verurteilten Gegner, da ein „Verstoß gegen die staatliche Ord-

---

63 Rundverfügung 15/51 des Justizministers Fechner an die Hauptabteilungen Justiz der Länder, Betr.: Justizhaftanstalten, in Dresden eingegangen am 31.1.1951 (SächsHStA, LRS/MdJ/879, unpag.).
64 Ministerialblatt 1952, S. 47 f.
65 Zu diesem Absatz: Wentker, Justiz in der SBZ/DDR, S. 391 f.; Wunschik, Strafvollzug, S. 81.
66 HA HS, Vorschlag zur Übernahme der Aufgaben des Strafvollzuges vom 13.9.1950 (BArch, DO 1/28449/Bl. 27).

Gründe der Übernahme 121

nung [...] ein Verstoß gegen das Schicksal" aller Bürger darstellte.[67] Daher müsse der „unbedingte Abwehrwille des Staates gegenüber dem Störer der demokratischen Ordnung" zum Ausdruck gebracht werden. Als Grundgedanke des Strafvollzugs unter Polizeiverwaltung stand an erster Stelle die „Notwendigkeit der Sicherung der demokratischen Ordnung",[68] die Erziehung war zweitrangig. Bemerkenswert an den Konzeptionen für den Strafvollzug unter Polizeiverwaltung im August 1950 ist, dass trotz aller Kritik am Justizvollzug der Bezug zu den Plänen des reformierten Strafvollzugs nicht gänzlich fehlte: Differenzierung, Klassifizierung, besondere Berücksichtigung der verurteilten Jugendlichen und Betonung des Stellenwerts der Arbeit bei der Erziehung waren die bekannten Schlagworte. Von diesem Strafvollzug sollten aber die politischen Häftlinge auch weiterhin kategorisch ausgeschlossen bleiben. In den Richtlinien der DJV sollten zudem Kurzbestrafte und „Unerziehbare" vom Reformvollzug ausgeschlossen werden. Obwohl den politischen Häftlingen der Reformvollzug der Justiz nun endgültig versagt blieb, wurde der Justizvollzug wiederholt Gegenstand massiver Kritik seitens der Besatzungsmacht und des Innenressorts. Es ging daher um Grundsätzliches: zum einen um die Zentralisierung des Strafvollzugs und die Unterstellung nach sowjetischem Vorbild. Zum anderen war der Sowjetischen Militäradministration bzw. der Sowjetischen Kontrollkommission und den Hardlinern des Innenressorts der Reformvollzug der Justiz ein Dorn im Auge, weshalb sie ihn immer wieder desavouierten, ihm „Humanitätsduselei" vorwarfen.[69] Schon sehr früh hatte das Streben der Justiz nach einem „humanen Strafvollzug" das Misstrauen der SMAD hervorgerufen. Auch war die Besatzungsmacht der Ansicht, das Personal im Strafvollzug sei mangelhaft entnazifiziert worden. Folglich seien die Justizangestellten politisch vorbelastet und „bürgerlichen" Ansichten anhänglich.[70] „Massive Verständigungsschwierigkeiten" zwischen Justiz und SMAD legten daher eine Übernahme des Strafvollzugs durch die „politisch zuverlässiger"[71] erscheinende Polizei nahe. Auch der SED-Spitze und vor allem dem Innenressort erschien die „bürgerliche" Justiz suspekt.[72] In einer Zeit höchster weltpolitischer Anspannung war ein humaner Umgang mit den „Feinden" der neuen staatlichen Ordnung weder für die deut-

---

67 Protokoll über die am 6.5.1952 stattgefundene Versammlung (BArch, DP 1/HA SV/ II/17/Bl. 11).
68 HA HS an Generalinspekteur Seifert, Betr.: Übernahme des Strafvollzuges in die Aufsicht des MdI der DDR vom 12.8.1950 (BArch, DO 1/28586/Bl. 64).
69 Noch Ende der sechziger Jahre machte die Berliner Strafvollzugszentrale unmissverständlich deutlich, dass „auch im Strafvollzug [...] die Humanität unserer Rechtspolitik nicht Humanitätsduselei gegenüber Strafgefangenen" bedeutet. Vgl. Referat des Chefs der BDVP Leipzig in Auswertung der Brandenburger Schulungstagung der VSV, Thema: Bedeutung und Aufgaben des Strafvollzuges im entwickelten gesellschaftlichen System des Sozialismus bei der Einführung und Durchsetzung des sozialistischen Strafrechts in der DDR, o. D. [1968] (SächsStAL, 24.1/612/Bl. 121).
70 Wunschik, Strafvollzug, S. 77; Buddrus, Situation des Strafvollzugs, S. 18.
71 Ebd.
72 Die Transformation des Justizwesens in der SBZ/DDR war erst 1952/53 im Wesentlichen abgeschlossen. Siehe dazu Wentker, Justiz in der SBZ/DDR.

schen Verantwortlichen noch für die sowjetischen Besatzer tragbar. Schließlich hatten Verantwortliche wie Fischer und Maron lange Jahre im Exil in der UdSSR verbracht und dort den Stalinismus hautnah miterlebt, weshalb sie sich zwar allgemein für Resozialisierung aussprachen, aber jegliche „Humanitätsduselei" mit „Feinden" ablehnten. Die Strafvollzugsabteilung der Volkspolizei begründete die Übernahme damit, dass der Strafvollzug eine „bedeutsame Maßnahme der Staatsgewalt" sei und daher nicht „außerhalb der staatlichen Zielsetzung stehen" könne: dem „allseitigen Schutz der demokratischen Ordnung vor ihren Feinden, den Spionen, Agenten und Saboteuren".[73]

Die Zentralisierung des Strafvollzugs war eine weitere wesentliche Maßnahme bei dessen Neuorganisation, da sie die zentrale Lenkung der produktiven Arbeit der Häftlinge ermöglichte – „ein bedeutender Schritt in der Entwicklung unseres Strafvollzuges".[74] Bereits Anfang Januar 1951 hatte DVP-Chef Maron bestimmt, dass die „Verteilung der Arbeitskräfte aus den Reihen der Strafgefangenen in Schwerpunktbetrieben" der DDR der Hauptabteilung Strafvollzug vorbehalten sei, da eine ordentliche Verteilung der arbeitenden Häftlinge nur im Republikmaßstab möglich sei.[75] Im Folgejahr wurde kurz und knapp formuliert: „Es ist Hauptaufgabe des Strafvollzugs, die Strafgefangenen der produktiven Arbeit zuzuführen. Diese Voraussetzungen zu schaffen, ist die Justiz nicht in der Lage"[76] – eine Argumentation, die bis 1960 Bestand hatte.[77] An anderer Stelle hieß es, die Justiz müsse entlastet werden. Der Strafvollzug werde von der Volkspolizei übernommen, „um die Justiz von ihren großen Aufgaben zu entlasten. Der Justiz harren noch große Aufgaben und durch die ständige Strafvollstreckung wird sie an der Bewältigung dieser Aufgaben gehindert"[78] – sowie: „Der Richter soll vom eigentlichen Strafvollzug durch diese Übergabe losgelöst werden."[79]

Mit Verweis auf den sowjetischen Strafvollzug wurde den Volkspolizisten die Bedeutung der produktiven Arbeit verdeutlicht. In der Sowjetunion werde der Strafvollzug durch produktive Arbeit „sinnvoll ausgestaltet" und die Häftlinge

---

73 „Thesen!" genanntes Papier der HA SV, o. D. [1952] (BArch, DO 1/28590/Bl. 258).
74 Seminarplan für die Durchführung seminaristischer Besprechungen in den Strafvollzugsanstalten und Haftlagern der VP in Bezug auf die Übernahme der Justizhaftanstalten durch die VP, o. D. [1952] (SächsHStA, LDVP/930/Bl. 28, 30).
75 Dienstanweisung zum Befehl Nr. 75/51 des Chefs der DVP vom 30.11.1951 vom 8.1.1952 (SächsHStA, LDVP/930/Bl. 5).
76 Protokoll über die am 6.5.1952 stattgefundene Versammlung (BArch, DP 1/HA SV/II/17/Bl. 11).
77 Da die Häftlinge der Produktion dienen sollten, war die erste Maßnahme der Ausbau der Gefängnisse zu großen Produktionsstätten. Dies und die Verwaltung der Haftanstalten habe Anforderungen gestellt, „die weit über die Möglichkeiten der Justizverwaltung [...] hinausgingen". Vgl. VSV, Die Entwicklung des Strafvollzuges im Rahmen des MdI vom 9.2.1960 (BArch, DO 1/28477/Bl. 19).
78 Protokoll über die außerordentliche Betriebsgruppenversammlung vom 6.5.1952 (BArch, DP 1/HA SV/II/17/Bl. 3).
79 Protokoll über die am 6.5.1952 stattgefundene Versammlung (BArch, DP 1/HA SV/II/17/Bl. 12).

Gründe der Übernahme

hätten unter überwiegender Selbstverwaltung die Gelegenheit „zu ihrer kulturellen, technischen, wissenschaftlichen usw. Ausbildung. Ein wahrhaft humaner Strafvollzug ist nur derjenige, der auf diese Weise dem Strafgefangenen den Weg zu einem wertvollen Staatsbürger öffnet. Während in den bürgerlichen Ländern der Strafvollzug die Menschen geistig und physisch vernichtet, wird in der Sowjetunion durch bewusste produktive Arbeit der Mensch emporgerichtet."[80] An anderer Stelle hieß es, um Gerüchten innerhalb der Justizhaftanstalten entgegenzutreten, dass der Strafvollzug unter Polizeiverwaltung keineswegs „weit strenger" sein werde. „Denn der Strafvollzug in der Deutschen Demokratischen Republik lernt, wie in allen Sachen, von der Sowjetunion. Dort ist der Strafvollzug wohl streng, aber human und gerecht, sodass der Verurteilte als überzeugter und bewusster Bürger, nach Verbüßung seiner Strafe in die menschliche Gesellschaft zurückgeführt wird."[81] Auch im Strafvollzug hieß es demnach: „Von der Sowjetunion lernen, heißt siegen lernen!" Wie sehr sowjetische Häftlinge „durch bewusste produktive Arbeit emporgerichtet" wurden, lässt sich den eindrucksvollen Schilderungen Gustaw Herlings,[82] Warlam Schalamows,[83] Alexander Solschenizyns[84] oder auch Lew Kopelews[85] entnehmen.

Nach DVP-interner Sicht war die „Wandlung zu fortschrittlichen Menschen", die die Häftlinge in den sowjetischen Arbeitslagern erfuhren, „nur auf der Basis eines humanen Strafvollzugs" möglich. Daher müsse man auch in der DDR dieses Ziel anstreben. Auch Karl Marx wurde herangezogen: Dieser hatte sich 1875 in seiner „Kritik des Gothaer Programms" kurz zur Gefängnisarbeit geäußert – man dürfe Verbrecher nicht wie Vieh behandeln und ihnen die produktive Arbeit, das einzige Besserungsmittel, nicht vorenthalten.[86] Damit hatte sich Marx für die Humanisierung des Strafvollzugs ausgesprochen, was bei der Volkspolizei zu der bemerkenswerten Schlussfolgerung führte: „Deshalb werden sämtliche Gefangene dem Ministerium des Innern unterstellt."[87] Der Strafvollzug wurde demnach vom Innenministerium übernommen, um den Strafvollzug zu humanisieren und die Gefangenen zu fortschrittlichen Menschen zu erziehen. Diese Argumentation ist insofern denkwürdig, da doch der „humane

---

80 Seminarplan für die Durchführung seminaristischer Besprechungen in den Strafvollzugsanstalten und Haftlagern der VP in Bezug auf die Übernahme der Justizhaftanstalten durch die VP, o. D. [1952] (SächsHStA, LDVP/930/Bl. 30).
81 Amtsgericht Rüdersdorf an HA Justiz des Landes Brandenburg, Protokoll über die Versammlung am 6. und 7.5.1952 betreffs Übernahme der Haftanstalten durch das Ministerium des Innern vom 9.5.1952 (BArch, DP 1/HA SV/II/17/Bl. 28).
82 Herling, Welt ohne Erbarmen.
83 Schalamov, Durch den Schnee.
84 Solschenizyn, Iwan Denissowitsch; ders., Archipel Gulag, (hier v. a. Band 2).
85 Kopelew, Aufbewahren für alle Zeit!
86 Karl Marx, Kritik des Gothaer Programms. In: Marx/Engels Werke, Band 19, Berlin (Ost) 1962, S. 13–32. Zit. nach URL: http://www.ml-werke.de/marxengels/me 19_013.htm, Stand: 2.9.2011.
87 Protokoll über die am 6.5.1952 stattgefundene Versammlung (BArch, DP 1/HA SV/II/17/Bl. 18).

Strafvollzug" der Justiz Anlass wiederholter Kritik gewesen und der eigentliche Grund der Übernahme gewesen war.

Während sich Gentz 1945 und 1948 bei den Grundrissen der Strafvollzugsreform noch auf die westlichen Demokratien – namentlich die USA sowie Großbritannien – und die Sowjetunion bezogen hatte, wurde Anfang der fünfziger Jahre ein Wandel vollzogen. Nun galt allein der Strafvollzug der Sowjetunion als leuchtendes Vorbild. Nicht nur vom NS-Strafvollzug wandte man sich verständlicherweise „mit Abscheu" ab, auch der Strafvollzug der „bürgerlichen Staaten"[88] wurde jetzt abgelehnt. Man müsse „ebensogut die Inhumanität, die Sinnlosigkeit und damit letztlich auch das Barbarische des Strafvollzuges der bürgerlichen Staaten verstehen". Die Humanisierungsbestrebungen des Strafvollzugs seit Beginn des 20. Jahrhunderts und die Umsetzungsbestrebungen in der Weimarer Republik seien „die Kehrseite des inhumanen, sinnlosen Charakters des Strafvollzuges der bürgerlichen Staaten". Dieser Strafvollzug isoliere die Häftlinge von der Gesellschaft und lasse sie ohne Arbeit. Der Gefangene erhielte „nicht die Erziehung zu einem lebenstauglichen, d. h. für die produktive Arbeit vollwertigen Menschen". So ein Strafvollzug sei „unrationell": „Er bringt dem Staat keinen Nutzen und unserer Wirtschaft keinen Zuwachs. Er kostet dem Staat Millionen. Die Partei war sich dieser Lage unseres Strafvollzugs bewusst." In aller Deutlichkeit zeigt sich ein wesentlicher Grund für die Übernahme: Ein Strafvollzug, der auf der Erziehung und einem „bewussten, disziplinierten Verhältnis zur Arbeit" aufbaue und so die Häftlinge zu „wertvollen und produktiven Mitgliedern der Gesellschaft erzieht", sei heute keine Utopie mehr, denn der Strafvollzug der Sowjetunion basiere auf diesen Gedanken. Nach 1945 seien auch in der SBZ „einige Schritte in dieser Richtung unternommen worden".

Dennoch versuchte die Hauptabteilung Strafvollzug noch im Nachhinein, den Strafvollzug der Justiz in Verruf zu bringen: „Unser Programm des Strafvollzuges ist einfach, klar, menschlich, turmhoch überlegen all den pseudohumanen Reformbestrebungen, die die bürgerlichen Staaten versucht haben, durchzuführen."[89] Dies war auch eine Diskreditierung des Justizvollzugs, der sich ausdrücklich auf Reformbestrebungen in der Weimarer Republik sowie westlicher Demokratien bezogen hatte. Anfang der fünfziger Jahre geriet auch Gentz MdJ-intern in die Kritik: Er sei „zwar weltberühmt", doch seien seine Theorien in der momentanen Lage nicht zu gebrauchen, auch könne er die durch die wirtschaftlichen Verhältnisse bedingten Probleme im Strafvollzug „nicht immer richtig" bewältigen. Gentz und seine Mitarbeiter könnten die Probleme nicht richtig lösen; sie „gehen nicht vom Klassenstandpunkt heran".[90] Eine Hauptaufgabe der verantwortlichen Dienststellen sei es daher, „das ideologische Niveau der

---

88 Zitat hier und im Folgenden: „Thesen!" genanntes Papier der HA SV, o. D. [1952] (BArch, DO 1/28590/Bl. 259–262).
89 „Thesen!" genanntes Papier der HA SV, o. D. [1952] (BArch, DO 1/28590/Bl. 262).
90 Wentker, Justiz in der SBZ/DDR, S. 390 f. und Anm. 138.

Angestellten der Haft- und Strafanstalten zu heben".[91] Derart geschult könnten diese „mit aller Strenge des Gesetzes gegen die Feinde unserer demokratischen Ordnung, die Schädlinge am Wohlstand unsere Bürger vorgehen. Die Tätigkeit der anglo-amerikanischen Imperialisten und ihrer deutschen Helfershelfer machen diese Strenge notwendig. Im Strafvollzug muss der Geist strenger Disziplin herrschen." – der neue Geist war somit klar vorgegeben.

---

91 Zitat hier und im Folgenden: „Thesen!" genanntes Papier der HA SV, o. D. [1952] (BArch, DO 1/28590/Bl. 262). Im Nachhinein bemerkte die VSV, dass es „eine harte Arbeit" gewesen sei, „die Ideologie der aus der Justiz kommenden Mitarbeiter zu verändern". Vgl. Stellungnahme der VSV zu einigen Fragen der Entwicklung des Strafvollzuges bis zum heutigen Tage vom 6.12.1956 (BArch, DO 1/28472/Bl. 214).

V. Strafvollzug unter der Ägide des Innenministeriums

1. Funktion, Ziele und Aufgaben

Während die Verurteilten im Justizstrafvollzug dem Reformgedanken folgend durch kollektive Arbeit und unter weitreichender Selbstverwaltung resozialisiert werden sollten, hatte der Strafvollzug unter Verwaltung des Innenministeriums eine primär staatssichernde und machterhaltende Funktion. Er diente der Abwehr und Abschreckung der „Feinde" der DDR sowie der Erfüllung von Planzielen. Somit blieb die Arbeit zwar ein zentraler Pfeiler des Strafvollzugs, doch traten extremes Sicherheitsdenken und ideologische Ausrichtung hinzu. Die Sprache des Klassenkampfes bestimmte die Strafvollzugstheorie, sodass Diskussionen über Strafvollzugsziele und -inhalte, wie es sie noch unter der Ägide der Justizverwaltung gegeben hatte, im Keim erstickt wurden.

Artikel 137 der ersten Verfassung vom 7. Oktober 1949 bildete die Grundlage des DDR-Strafvollzugs: „Der Strafvollzug beruht auf dem Gedanken der Erziehung der Besserungsfähigen durch gemeinsame produktive Arbeit."[1] In einem Schulungsmaterial der Strafvollzugsverwaltung hieß es, Artikel 137 zeige „den fortschrittlichen Charakter unserer antifaschistisch-demokratischen Ordnung im Strafvollzug".[2] Demnach war der Strafvollzug „ein Mittel zur Erziehung der Rechtsbrecher, um sie nach Verbüßung ihrer Strafe wieder als vollwertig in die friedliebende und aufbauwillige Gesellschaft einzugliedern". Zwar galt die Erziehung aufgrund des besagten Artikels 137 der Verfassung als Ziel des Strafvollzugs, jedoch wurde dieses Ziel zugleich durch die Begrenzung auf die „Besserungsfähigen" beschränkt. Die vermeintlichen „Feinde der neuen Ordnung" waren von dieser Maßnahme ausgeschlossen. Es galt, diese von der Gesellschaft zu isolieren. Noch Anfang 1959 bestand der Zweck der Strafe in der DDR laut des späteren Generalstaatsanwalts Josef Streit, der zu der Zeit in der Abteilung Staats- und Rechtsfragen des ZK der SED arbeitete, „in erster Linie" in der „Unschädlichmachung der Feinde des werktätigen Volkes. Personen, die sich außerhalb unseres Staates stellen, indem sie die Fundamente des Staates angreifen, werden an der Ausübung weiterer Verbrechen gehindert und hart bestraft. Auch bei Straftaten deklassierter Elemente und notorisch Rückfälliger sind harte Strafen notwendig."[3]

In einer im August 1952 herausgegebenen Broschüre der Hauptabteilung Strafvollzug benannte Anton Plenikowski die Aufgaben des Strafvollzugs: „Es ist die Funktion des Strafvollzuges, die Strafurteile der Gerichte unseres demokratischen Staates, die zur Freiheitsentziehung, Gefängnis- und Zuchthausstrafe verurteilen, zur Vollstreckung zu bringen. Der Strafvollzug hat die Ziele, die sich

---

1 GBl. 1949, S. 16.
2 Zitat hier und im Folgenden: HVDVP, HA SV, Methodische Anleitung für die Fachschule, Betr.: Gefangenen-Entlohnung vom 5.6.1952 (BArch, DO 1/28585/Bl. 15).
3 Streit, Gedanken, S. 37.

unser Staat mit seiner Strafjustiz stellt, zu verwirklichen."⁴ Die Strafjustiz wiederum diene „der Sicherung und Festigung der volksdemokratischen Grundlagen unserer gesellschaftlichen Ordnung". Die Gerichte sollen „diese Ordnung vor ihren Feinden [...] schützen und diejenigen, die sich in dieselbe nicht einfügen und unsere Gesetze verletzen, zur Ordnung [...] rufen und sie durch die Zwangsgewalt des Staates zur staatlichen und Arbeitsdisziplin anhalten". Dies ist insofern bemerkenswert, als dass Plenikowski kurz darauf dem Strafvollzug der „bürgerlichen Epoche" vorwarf, er beschränke sich „nur auf ein Geschrei nach Vergeltung, nach Sühne und nach Sicherung der bestehenden Ordnung, nach erbarmungsloser Unterdrückung aller, die diese bekämpfen". Doch auch in der DDR war der Strafvollzug „aufs engste" mit der „politischen Zielsetzung" des Staates verbunden und diente „der Festigung und Entwicklung der Macht" eben dieses Staates. Auch warf Plenikowski dem Strafvollzug der „bürgerlichen Epoche" die „fortschreitende Isolierung des Menschen von der Gesellschaft" vor, während gleichzeitig im Schulungsmaterial der Hauptabteilung Strafvollzug betont wurde, dass im DDR-Strafvollzug „die Feinde des Friedens und sonstige kriminelle Elemente isoliert werden".⁵ Als Ende der fünfziger Jahre VP-Inspekteur Werner Jauch rückblickend die wechselnden Prioritäten des Strafvollzugs darstellte, betonte auch er, dass in einer ersten Phase bis 1952 das Hauptaugenmerk auf der Isolierung der Häftlinge von der Gesellschaft gelegen habe, um „es ihnen unmöglich zu machen, die gesellschaftliche Entwicklung, den Aufbau der Grundlagen des Sozialismus zu beeinträchtigen oder zu verhindern".⁶ Da der Strafvollzug grundsätzlich als ein Teil des Kampfes für den Aufbau des Sozialismus gesehen wurde, galt Anfang der fünfziger Jahre der „sicheren Verwahrung der Rechtsbrecher und der Feinde unserer Ordnung" die größte Aufmerksamkeit. Erst an zweiter Stelle stand die „Umerziehung der Strafgefangenen durch die gemeinsame produktive Arbeit".⁷ Auch Plenikowski gab 1952 die Reihenfolge der Aufgaben des Strafvollzugs vor, als er „den Funktionären unseres Strafvollzuges" ihre „große Verantwortung für die Sicherheit und den Schutz unserer demokratischen Ordnung und die Umerziehung der Rechtsbrecher"⁸ aufzeigte. Hier wird erkennbar, dass man mit „Erziehung" Umerziehung meinte. Zusammenfassend lässt sich feststellen, dass Sicherheit und Erziehung die beiden bestimmenden Prinzipien im DDR-Strafvollzug waren, welche je nach politischer Lage unterschiedlich stark betont wurden. Sicherheit meinte zum

---

4   Zitat hier und im Folgenden: Schulungsheft Nr. 1 für die Durchführung des Strafvollzuges in der DDR, Thema: Der Strafvollzug im demokratischen Staat (Vortrag von Anton Plenikowski). Hg. von der HVDVP, HA SV, Berlin (Ost) 1952, S. 3-16.
5   HVDVP, HA SV, Methodische Anleitung für die Fachschule, Betr.: Gefangenen-Entlohnung vom 5.6.1952 (BArch, DO 1/28585/Bl. 15).
6   Ausarbeitung von VP-Inspekteur Werner Jauch über einige aktuelle Fragen des Zieles und der Aufgaben im Strafvollzug, o. D. [1957/58] (BArch, DO 1/28603/Bl. 60).
7   Ebd.
8   Schulungsheft Nr. 1 für die Durchführung des Strafvollzuges in der DDR, Thema: Der Strafvollzug im demokratischen Staat (Vortrag von Anton Plenikowski). Hg. von der HVDVP, HA SV, Berlin (Ost) 1952, S. 16.

einen Schutz der Gesellschaft vor ihren „Feinden", also deren Isolierung, und zum anderen die sichere Verwahrung der Verurteilten, also die Sicherheit der Gefängnisse. Während Erziehung auf die Umerziehung der Verurteilten durch „gemeinsame produktive Arbeit" abzielte, wobei politische Häftlinge von Zeit zu Zeit von dieser Erziehung ausgeschlossen wurden.

In einer zweiten Phase ab 1952/53 wurden die Voraussetzungen für die Umerziehung der Häftlinge, mithin die Voraussetzungen für eine „gemeinsame produktive Arbeit" geschaffen. Es mussten Haftarbeitslager aufgebaut und Räumlichkeiten für die Produktionsbetriebe in den Haftanstalten geschaffen werden. Diese Phase galt 1956 als abgeschlossen, sodass die dritte Phase, die Umerziehung der Strafgefangenen durch „gemeinsame produktive Arbeit", organisiert werden konnte. Ab der Mitte der fünfziger Jahre, so die Verwaltung Strafvollzug im Rückblick auf diese Zeit, habe es dann im DDR-Strafvollzug gegolten, „das Stadium der fast ausschließlichen Isolierung der Strafgefangenen endgültig zu überwinden und die Umerziehung verstärkt in Angriff zu nehmen".[9] In der kurzen Zeit des „Tauwetters" nach dem XX. Parteitag der KPdSU im Februar 1956 betonte auch Generalstaatsanwalt Melsheimer die Bedeutung des Strafvollzugs als „besonders starkes Mittel zur Umerziehung straffällig gewordener Menschen".[10] Allein die Umerziehung der Verurteilten war bei Melsheimer Ziel des Strafvollzugs. Dabei dürfe man allerdings nicht die produktive Arbeit als alleiniges Erziehungsmittel sehen, weitere Maßnahmen sollten hinzukommen. So müsse die kulturelle Erziehungsarbeit verbessert werden, denn: „Erst dann, wenn die kulturell-erzieherische Funktion des Strafvollzugs und der Umerziehungsprozess auf ein noch weit höheres Niveau gehoben werden, wird in unserer Republik die Strafe entscheidend dazu beitragen, dem straffällig gewordenen Menschen zu helfen und ihm eine neue Perspektive zu geben."

In der Praxis führte die Betonung der Erziehung durch gemeinsame produktive Arbeit in den Augen der Verantwortlichen zu einer Vernachlässigung der Sicherheit in den Anstalten.[11] Daher mahnte Werner Jauch etwa Ende der fünfziger Jahre an, dass die erste Hauptaufgabe des Strafvollzugs, die Sicherheit, nicht vernachlässigt werden dürfe, sondern dass vielmehr Sicherheit und Erziehung eine Einheit seien.[12] Von der Erziehung ausgenommen waren weiterhin die politischen Häftlinge, hier bezeichnet als Menschen, die „von Feindschaft gegenüber dem Sozialismus erfüllt sind [...]. Militaristen und Faschisten, die während der Ereignisse in Ungarn und gewissen Erscheinungen in Polen neue Morgenluft witterten und ihren Hass gegen unsere Arbeiter- und Bauernmacht

---

9 VSV an Generalstaatsanwalt der DDR vom 4.4.1960 (BArch, DO 1/28584/Bl. 237).
10 Zitat hier und im Folgenden: Melsheimer, Sozialistische Gesetzlichkeit im Strafverfahren, S. 293.
11 Vgl. Kapitel V.3.4, V.3.5.
12 Zitat hier und im Folgenden: Ausarbeitung von VP-Inspekteur Werner Jauch über einige aktuelle Fragen des Zieles und der Aufgaben im Strafvollzug, o. D. [1957/58] (BArch, DO 1/28603/Bl. 61–66).

und seine Träger offen zum Ausdruck brachten." Bei diesen Häftlingen sei es sinnlos, sie erziehen zu wollen oder auf eine Bewusstseinsänderung zu hoffen. Nach wie vor stehe der Schutz der Gesellschaft hier an erster Stelle – „und der ist am besten garantiert durch ordentliche Gitter, eine feste Tür und einen tüchtigen Packen täglicher schwerer Arbeit". Der Widerspruch ist offensichtlich: Einerseits werden bestimmte Gruppen von Häftlingen als „nicht erziehbar" bezeichnet und auch Artikel 137 der DDR-Verfassung von 1949 sieht lediglich die Erziehung der „Besserungsfähigen" als Verfassungsgrundsatz vor. Andererseits war das erklärte Ziel der obersten Strafvollzugsverwaltung die Einbeziehung aller Häftlinge in den Produktionsprozess. Explizit zeigt sich, dass die Häftlingsarbeit in den Dienst der Volkswirtschaft gestellt wurde und der Erfüllung von Planzielen diente, nicht der Umerziehung.[13] Borchert hebt hervor, dass der Begriff Erziehung soweit ausgedehnt wurde, dass er schließlich „jede staatliche Maßnahme" umfasste. „Damit konnte prinzipiell immer von Erziehung gesprochen werden, selbst wenn tatsächlich nur Restriktion erfolgte." Durch die inhaltliche Neudefinierung abstrakter Begriffe wie Erziehung, Recht und Humanismus konnten Widersprüche aufgelöst werden, „denn durch die neuen Bedeutungen und Inhalte waren alle Inhaftierten einer Beeinflussung unterworfen und wurden somit erzogen".[14]

Jauch erörterte die unterschiedliche Anwendung der beiden Hauptaufgaben des Strafvollzugs: „Einmal muss es unsere Aufgabe sein, das Klassenbewusstsein der rückständigen, straffällig gewordenen Arbeiter zu heben oder zu festigen, den schwankenden Elementen unter ihnen wie auch den schwankenden Kleinbürgern zu helfen, den falschen und gefährlichen Inhalt der bürgerlichen Ideologie zu erkennen. Zum anderen muss es unsere Aufgabe sein, die Unterdrückungsfunktion des Staates besonders gegenüber jenen zu beachten, die als Feinde unserer Ordnung die Macht des Kapitals neu errichten wollen."[15] In der „dritten und entscheidenden Etappe" sei es Aufgabe des Strafvollzugs, den „positiven Elementen" unter den Häftlingen Mut zum Leben in der sozialistischen Gesellschaft zu geben, „die schädigenden Kräfte aus den Reihen der Bourgeoisie zu zwingen", die Gesetze der DDR anzuerkennen und den Feinden der DDR die Vergeblichkeit all ihrer Bemühungen aufzuzeigen.

Im Zuge der „ideologischen Offensive"[16] nach dem kurzen „Tauwetter" wurden auch die Strafvollzugsbediensteten wieder stärker indoktriniert. Unmissverständlich wurde ihnen klargemacht, dass der DDR-Strafvollzug „ein Instrument der Arbeiterklasse im Kampf gegen seine Feinde und gegen alle Überreste des Kapitalismus im Denken und Handeln der Menschen" sei, „ein Instrument der Diktatur des Proletariats, das den Vormarsch der Arbeiterklasse zum Sieg des

---

13 Vgl. Kapitel V.3.3.
14 Borchert, Erziehung im DDR-Strafvollzug, S. 32.
15 Zitat hier und im Folgenden: Ausarbeitung von VP-Inspekteur Werner Jauch über einige aktuelle Fragen des Zieles und der Aufgaben im Strafvollzug, o. D. [1957/58] (BArch, DO 1/28603/Bl. 61–66).
16 Weber, Geschichte der DDR, S. 281.

Sozialismus sichern hilft".[17] Die Erziehung der Häftlinge „zur Achtung des sozialistischen Staates und des sozialistischen Eigentums, zu diszipliniertem Verhalten im Arbeitsprozess" wurde als Ziel des Strafvollzugs ausgegeben. Dazu diene die Isolierung der Häftlinge, die „jedoch nicht Selbstzweck, sondern Voraussetzung" sei, um das Strafziel zu erreichen. Unter dem Eindruck des sich verschärfenden innenpolitischen Klimas nach dem V. SED-Parteitag 1958 hieß es, dass die Kriminalität angesichts der Entwicklung der Gesellschaft weniger durch Überzeugung, sondern vielmehr durch staatlichen Zwang bekämpft werden müsse. Die Abschreckung sei daher ein Zweck des Strafvollzugs; sie ziele sowohl auf die Rechtsbrecher als auch auf die „labilen Elemente in der Gesellschaft" ab. Daher erklärte die Verwaltung Strafvollzug (VSV) entschieden: „Die Strafe muss als Strafe wirken, und im Strafvollzug darf es – graduell unterschiedlich – an einer bestimmten Härte der Haftbedingungen nicht fehlen. Die Strafvollzugsanstalt ist kein Sanatorium." Mit aller Konsequenz sei die Durchsetzung der Anstalts- bzw. Lagerregeln zu verfolgen. Wie in vielen anderen Bereichen wurden zu dieser Zeit auch im Strafvollzug „gewisse Tendenzen der Liberalisierung" ausgemacht: So gebe es noch „liberalistische Auffassungen im Hinblick auf die Erziehung der Strafgefangenen, die sich in einer Überbetonung der Überzeugung und Unterschätzung des Zwanges beim Vollzug der Strafe äußern". Die Folge konnte nur eine Verschärfung der Haftbedingungen sein. Zumal den Strafvollzugsbediensteten erklärt wurde, dass unter Humanismus im sozialistischen Strafvollzug keineswegs die Gewährung möglichst vieler Vergünstigungen oder eine Abschwächung der harten Haftbedingungen zu verstehen sei. Vielmehr liege der „humanitäre Gehalt [...] gerade darin, dass der Strafvollzug als Klasseninstrument der Arbeiterklasse deren Willen vollstreckt, den Widerstand der Feinde des Volkes mit aller Konsequenz bricht, mit den Mitteln des staatlichen Zwangs die sich im Verbrechen widerspiegelnden Erscheinungen der Zersetzung, der Fäulnis und des Parasitismus als Ausdruck der kapitalistischen Unmoral bekämpft und sich die Umerziehung der Rechtsbrecher zu brauchbaren Mitgliedern der sozialistischen Gesellschaft zum Ziele setzt".[18] Wie bereits erwähnt, bestimmte die Sprache des Klassenkampfes die theoretischen Ausarbeitungen bezüglich des Strafvollzugs. Nicht der Mensch stand im Mittelpunkt des DDR-Strafvollzugs sondern die Gesellschaft. „Humanismus im sozialistischen Strafvollzug" hatte demnach nichts mit dem Eingehen auf die Bedürfnisse der Gefangenen zu tun; einzig wichtig war die Frage, wie der Strafvollzug dem Staat von Nutzen sein konnte. Deshalb wurde die Bedeutung der Häftlingsarbeit hervorgehoben, indem man erklärte, dass neben der Sicherheit und der Erziehung der Häftlinge auch die „maximale Hilfe für die Volkswirtschaft" eine Aufgabe des Strafvollzugs sei. Im Vordergrund sollte die Pflicht der Strafgefange-

---

17 Zitat hier und im Folgenden: VSV, Themenplan für die Lektionen an der Schule des MdI, Berlin vom 6.8.1958 (BArch, DO 1/28489/Bl. 207 ff.).
18 Siehe auch Ansorg, Politische Häftlinge, S. 133 f.

nen zur Arbeit stehen. Zudem sei zu fordern, „dass die Häftlinge mehr leisten müssen als die Werktätigen in der Produktion". Daher sei die Forderung nach einem achtstündigen Arbeitstag für die Häftlinge eine „unklassenmäßige Forderung".[19] Das zeigt, welchen Stellenwert die Arbeit der Gefangenen hatte und dass die Planziele mit allen Mitteln erreicht werden sollten. Dies geschah wiederum zum Missfallen der obersten Strafvollzugsverwaltung, die explizit unterstrich, dass „Anstaltsleiter keine Produktionsleiter sind, sondern Leiter einer Strafvollzugsdienststelle". Zwar helfe man „mit der Erfüllung unserer Produktionspläne die ökonomische Hauptaufgabe zu erfüllen. Doch darf die Produktion nicht auf Kosten der Ordnung und Sicherheit erfolgen." Nur kurz nach der besonderen Herausstellung der Bedeutung der Häftlingsarbeit sah sich die Berliner Zentrale gezwungen, darauf hinzuweisen, dass die Gewährleistung von Sicherheit und Ordnung die Hauptaufgabe des Strafvollzugs bleibe. Dem nachgeordnet wurde „eine wichtige und notwendige Erziehungsfunktion". Diese sei klassengebunden und diene „der Durchsetzung, Entwicklung und Festigung der Moralprinzipien der herrschenden Klasse".

Mit einem Kurswechsel gegen Ende der fünfziger Jahre änderte sich auch die Lage der politischen Häftlinge. Bisher galten diese als unerziehbar. Dies wurde revidiert. Jeder Strafgefangene wurde jetzt als erziehbar betrachtet, selbst „Menschen mit einer fanatischen gegnerischen Einstellung"[20] zum Arbeiter-und-Bauern-Staat. Nicht zuletzt deshalb müsse auf „das richtige Verhältnis von Zwang und Überzeugung" geachtet werden, wobei man keine Zweifel daran ließ, dass „der Zwangscharakter der Erziehung"[21] überwiegen müsse. Die Hauptaufgabe des Strafvollzugs – also die Garantie von Sicherheit und Ordnung – galt dabei wiederum als Grundlage der Umerziehung der Häftlinge. „Die Gewährleistung der Sicherheit und Ordnung bei der Durchführung des Strafvollzuges erfordert die Unterdrückung eines jeglichen Widerstandes gegen den Vollzug der Freiheitsstrafe durch unbedingte Durchsetzung des staatlichen Zwanges." In einem Entwurf über Grundfragen des Strafvollzugs in der DDR vom August 1959 hieß es, Zwang und Erziehung seien das Wesen der Strafe. Die Anwendung der Strafe gemäß der „Unterdrückungsfunktion des volksdemokratischen Staates" sollte zum einen „den verbrecherischen Widerstand und die Restaurationsversuche der Feinde des werktätigen Volkes" brechen und zum anderen „alle anderen verbrecherischen Handlungen"[22] unterdrücken. Die Isolierung des Verurteilten von der Gesellschaft wurde als „die wesentliche Erscheinungsform des Zwanges der Freiheitsstrafe im Strafvollzug" bezeichnet, wobei der Zwang

---

19   VSV, Ausarbeitung des Oberst der VP Siegmund: An die Lösung der Aufgaben im Strafvollzug muss politisch herangegangen werden, o. D. [1958/59] (BArch, DO 1/27342/ Bl. 105).
20   Kern, Die Erziehung im Strafvollzug, S. 86.
21   Zitat hier und im Folgenden: Einschätzung der BDVP Leipzig über die Lage des Strafvollzuges im Bezirk, o. D. [1959] (BArch, DO 1/28489/Bl. 356).
22   VSV, Thesen über Grundfragen des Strafvollzuges in der DDR vom 16. 6. 1959 (SAPMO-BArch, DY 30/IV 2/12/97/Bl. 129).

„nicht Selbstzweck, sondern auf die Erziehung der Rechtsbrecher gerichtet"[23] sei.

Weiter hieß es im Entwurf für die „Thesen über Grundfragen des Strafvollzuges", dass der Staat jede Möglichkeit nutze, „im positiven Sinne auf den Strafgefangenen einzuwirken, um diesen zu einem der sozialistischen Gesellschaft entsprechenden Verhalten zu erziehen".[24] Die Erziehung in der DDR war „stets klassengebunden und dient der Durchsetzung, Entwicklung und Festigung der Moralprinzipien der herrschenden Klasse". Daher wurde auch die Erziehung im DDR-Strafvollzug als Teil der Erziehungsarbeit des Staates betrachtet, die lediglich anderen Bedingungen unterlag und ein bestimmtes Erziehungsziel verfolgte. Dieses bestand darin, „den Rechtsbrecher selbst zur strikten Einhaltung der demokratischen Gesetze und anderen Regeln des sozialistischen gesellschaftlichen Zusammenlebens, insbesondere aber zur Wahrung des gesellschaftlichen Eigentums und der sozialistischen Arbeitsdisziplin, zu erziehen und zugleich damit eine entsprechende erzieherische Wirkung auch auf andere labile Elemente der Gesellschaft auszuüben".[25]

Es sei „schwer feststellbar"[26] inwieweit dieses Erziehungsziel bei allen Häftlingen zu erreichen sei – eine durchaus realistische Einschätzung. In einer später gestrichenen Passage hieß es weiter: „Die Entwicklungsstufe des Bewusstseins der Strafgefangenen wird bei ihrer Entlassung sehr unterschiedlich sein." Die Gründe hierfür lagen unter anderem darin, dass die Häftlinge mit unterschiedlichem sozialistischem Bewusstsein inhaftiert wurden und auch unterschiedlich lange Haftstrafen zu verbüßen hatten. Daher müsse während des Strafvollzugs zumindest erreicht werden, dass die Häftlinge nach Absitzen ihrer Strafe die Gesetze der DDR einhalten. Indirekt hatte man sich somit von einem Großteil der hehren Strafvollzugsziele verabschiedet: Sollten die Häftlinge im Gefängnis anfangs noch die sozialistischen Moralprinzipien verinnerlichen, so wurde nun nur noch erwartet, dass die Häftlinge nach Verbüßung ihrer Haftzeit die Gesetze des Arbeiter-und-Bauern-Staates einhalten.

Keinesfalls, so das Thesenpapier der Verwaltung Strafvollzug von 1959, dürfe man aus Artikel 137 der ersten DDR-Verfassung den naheliegenden Schluss ziehen, die Häftlingsgesellschaft in besserungsfähige und nicht besserungsfähige Strafgefangene einzuteilen. Vielmehr seien „alle Strafgefangenen als erziehbar

---

23 VSV, Entwurf, Thesen über Grundfragen des Strafvollzuges in der DDR vom 7.8.1959 (SAPMO-BArch, DY 30/IV 2/12/97/Bl. 156).
24 Zitat hier und im Folgenden: Ebd., Bl. 156 f.
25 Kern, Erziehung im Strafvollzug, S. 86, zit. Joachim Renneberg. In: Beiträge zu Problemen des Strafrechts, Schriftenreihe Strafrecht, Heft 7, Berlin (Ost) 1956, S. 45.
26 Zitat hier und im Folgenden: VSV, Thesen über Grundfragen des Strafvollzuges in der DDR vom 16.5.1959 (BArch, DO 1/11/27092/Bl. 189) sowie die Version vom 16.6.1959 (SAPMO-BArch, DY 30/IV 2/12/97/Bl. 132).

zu behandeln".²⁷ Allerdings folgt daraufhin die Einschätzung, dass es Häftlinge gebe, die nicht zu bessern seien: „Das sind Menschen mit einer fanatisch gegnerischen Einstellung zu unserem Staat, die sich jeder erzieherischen Einwirkung verschließen",²⁸ oder nicht einsichtsfähige Häftlinge, bei denen zumindest das negative Einwirken auf andere Strafgefangene verhindert werden müsse. Da aber nicht feststellbar sei, wer zu diesen Häftlingen gehöre, müsse man wiederum alle Häftlinge als erziehbar betrachten.

In der Praxis bestehe die Erziehung aus Überzeugung und Zwang.²⁹ In einem später gestrichenen Abschnitt wurde die dialektische Einheit von Zwang und Überzeugung weiter konkretisiert: Hier gebe es Unterschiede zwischen dem Strafvollzug und der Gesellschaft allgemein. Während „zur Realisierung der kulturell-erzieherischen Funktion der Arbeiter-und-Bauern-Macht hauptsächlich mit dem Mittel der Überzeugung gearbeitet wird [...], stehen Zwang und Überzeugung als Erziehungsmittel im Strafvollzug im umgekehrten Verhältnis. Hier überwiegt der Zwangscharakter der Erziehung, der sich bereits aus der Tatsache der zwangsweisen Unterbringung der Strafgefangenen und der in der Strafvollzugsanstalt herrschenden Ordnung ergibt."³⁰ Da die Durchsetzung von Sicherheit und Ordnung elementar war, galt es, „jeglichen Widerstand gegen den Vollzug der Freiheitsstrafe durch unbedingte Durchsetzung des staatlichen Zwanges" zu brechen – eine Passage, die später ebenfalls abgeschwächt wurde. Äußerungen wie „Der Zwang der Überzeugung paart und vereinigt sich mit der überzeugenden Wirkung des Zwangs."³¹ spiegeln den Zynismus des Systems in seiner Gesamtheit wider. Borchert analysiert, dass „Abschreckung, Vergeltung und ‚Erziehung' [...] nebeneinander" standen, wodurch es möglich war, „jede Zwangsmaßnahme als Erziehung zu legitimieren". Schließlich, so Borchert weiter, war „oftmals auch der letzte pädagogische Aspekt nur noch Worthülse, war die Erziehung von zahlreichen Faktoren beeinflusst und zur wohlklingenden Fassade des Vollzuges degradiert".³² Demnach waren die Zwecke des Strafvollzuges Isolierung, Abschreckung und Ausnutzung der Arbeitskraft der Gefangenen.

Als Mittel und Methoden dieser Erziehung nannte die Verwaltung Strafvollzug 1959 Ordnung, gemeinsame produktive Arbeit sowie politisch-kulturelle

---

27 Ebd.
28 VSV, Thesen über Grundfragen des Strafvollzuges in der DDR vom 16.5.1959 (BArch, DO 1/27092/Bl. 189).
29 VSV, Entwurf, Thesen über Grundfragen des Strafvollzuges in der DDR vom 7.8.1959 (SAPMO-BArch, DY 30/IV 2/12/97/Bl. 157).
30 Zitat hier und im Folgenden: VSV, Thesen über Grundfragen des Strafvollzuges in der DDR vom 16.6.1959 (SAPMO-BArch, DY 30/IV 2/12/97/Bl. 133).
31 Buchholz/Dähn/Weber, Strafrechtliche Verantwortlichkeit, S. 100.
32 Borchert, Erziehung im DDR-Strafvollzug, S. 33 f.

Erziehungsarbeit.³³ Die Arbeit galt dabei als das „Kernstück". Im Fokus stand die Erziehung zu einer disziplinierten Arbeitseinstellung, die Ausrichtung auf die Kollektivform der Arbeit sowie die Erhöhung der Produktivität. Tatsächlich sollte die Häftlingsarbeit im DDR-Strafvollzug in erster Linie das gestellte Planziel erfüllen. Da die Ökonomie in der Systemkonkurrenz jedoch als Hauptfeld der Auseinandersetzung angesehen wurde, die Arbeit als ein „Mittel des Klassenkampfes" galt und zudem „menschbildend wirkte, konnten ihr auf dieser Grundlage weitere Funktionen zugeschrieben werden, selbst wenn die Praxis in den Gefängnissen anders aussah".³⁴

Interessanterweise fehlte im Entwurf der „Thesen über Grundfragen des Strafvollzuges in der DDR" von Mitte August 1959 der Passus, dass die Häftlinge „mit einer gesellschaftlich nützlichen Arbeit beschäftigt"³⁵ werden sollten. Begleitet wurde die Häftlingsarbeit von einer politischen Indoktrination. Da die produktive Arbeit „ohne ideologische Beeinflussung [...] erzieherisch wertlos" sei, müsse sie mit der politisch-kulturellen Erziehungsarbeit „engstens verbunden werden".³⁶ Als ein Teil der allgemeinen politisch-kulturellen Arbeit der SED konnte die politisch-kulturelle Erziehungsarbeit im DDR-Strafvollzug „nur einen sozialistischen Inhalt haben".³⁷ Durch eine entsprechend differenzierte Lenkung sollten die Strafgefangenen einen vermehrten Zugang zu marxistisch-leninistischer Literatur erhalten und der dialektische Materialismus sowie die atheistische Propaganda verstärkt verbreitet werden. Im Bereich der staatsbürgerlichen Erziehung und Bildung verfehlte der Staatsbürgerkundeunterricht im Strafvollzug sein Ziel, da die Häftlinge in ihrer meist ohnehin schon negativen Einstellung zur herrschenden Ideologie durch die politischen Indoktrinationsversuche und das Haftregime zusätzlich bestärkt wurden: „Gerade der Bereich der politischen Umerziehung offenbarte, dass die praktische ‚Einheit von Zwang und Überzeugung' ein untaugliches Konstrukt zur Verminderung der Kriminalität war."³⁸

Als Ordnung wurde „die Gesamtheit der festgelegten Verhaltensregeln für die Strafgefangenen"³⁹ bezeichnet. Auf Basis der allgemein gültigen Ordnung seien zur Verwirklichung des Erziehungsziels eine differenzierte Unterbringung

---

33 VSV, Entwurf, Thesen über Grundfragen des Strafvollzuges in der DDR vom 7.8.1959 (SAPMO-BArch, DY 30/IV 2/12/97/Bl. 160). In der früheren Fassung vom 16.6.1959 lautete dagegen die Reihenfolge noch: Arbeit, politisch-kulturelle Erziehungsarbeit, Ordnung. VSV. Vgl. Thesen über Grundfragen des Strafvollzuges in der DDR vom 16.6.1959 (SAPMO-BArch, DY 30/IV 2/12/97/Bl. 135).
34 Borchert, Erziehung im DDR-Strafvollzug, S. 56.
35 VSV, Entwurf, Thesen über Grundfragen des Strafvollzuges in der DDR vom 7.8.1959 (SAPMO-BArch, DY 30/IV 2/12/97/Bl. 163).
36 Ebd., Bl. 164; VSV, Thesen über Grundfragen des Strafvollzuges in der DDR vom 16.6.1959 (SAPMO-BArch, DY 30/IV 2/12/97/Bl. 137).
37 VSV, Entwurf, Thesen über Grundfragen des Strafvollzuges in der DDR vom 7.8.1959 (SAPMO-BArch, DY 30/IV 2/12/97/Bl. 164).
38 Borchert, Erziehung im DDR-Strafvollzug, S. 69.
39 Bericht der Abteilung II der VSV vom 10.5.1960 (BArch, DO 1/28477/Bl. 44).

sowie differenzierte Erziehungsmaßnahmen nötig. Diese Unterbringung bedeutete die Aufteilung der Häftlinge nach Geschlecht, die Separation von Verurteilten aufgrund besonders gefährlicher Verbrechen, die Absonderung erstmals Bestrafter von rückfälligen Tätern sowie die Trennung von Jugendlichen und Erwachsenen. Differenzierte Erziehungsmaßnahmen waren „abhängig von den objektiven und subjektiven Tatbestandsmerkmalen, der Unterschiedlichkeit der begangenen Verbrechen, der Höhe des Strafmaßes, vom Grad der Gesellschaftsgefährlichkeit der strafbaren Handlung, vom Stand des Bewusstseins der Verurteilten".[40]

Die Verwaltung Strafvollzug unterschied zwei große Gruppen von Häftlingen: Zum einen waren das „schwere und gefährliche Straftaten der Feinde, Unverbesserlichen und Gewalttätigen gegen unsere Arbeiter-und-Bauern-Macht, die konterrevolutionäre Anschläge auf die politische Ordnung und die ökonomischen Grundlagen unserer Republik richten (z. B. Spionage, Terrorakte, Diversion, staatsfeindliche Hetze, Propaganda und Agitation u. ä.)".[41] Erst danach wurden „andere besonders gefährliche Verbrechen" aufgelistet, die ebenso zu der ersten Gruppe zählten: „Mord, Totschlag, Vergewaltigung, u. a. schwere Sittlichkeitsverbrechen, schwere Verbrechen gegen die allgemeine Sicherheit wie Brandstiftung, Plündern von Volkseigentum, schwere Wirtschaftsverbrechen u. ä.". Zu der zweiten großen Gruppe zählten „leichtere Straftaten von labilen Elementen, die aus der alten bürgerlichen, faschistischen, individualistischen Denkweise heraus, aus den Überresten alter kapitalistischer Lebens- und Denkgewohnheiten beim Täter eintreten (z. B. allgemeine kriminelle Delikte, Diebstahl, Einbruch u. ä.)". Die oberste Strafvollzugsverwaltung machte deutlich, dass „die Spitze des Strafvollzuges" gegen die erste Gruppe gerichtet sei und damit vor allem gegen die Staatsfeinde. Dass staatlicher Zwang nicht Selbstzweck sein dürfe, sondern auf die Erziehung der Häftlinge gerichtet sein müsse, „erkennen wir", so die Verwaltung Strafvollzug, „theoretisch [...] durchaus an"[42] – ein Satz, bei dem die alte Sichtweise, politische Häftlinge als nicht besserungsfähig zu betrachten, weshalb sich der Zweck des Strafvollzugs auf die Isolierung, das Wegsperren beschränken solle, noch immer durchschimmert. Nun wandte man sich gegen alle jenseits des staatlichen Strafzwangs liegenden Maßnahmen. Auch seien nicht Rache oder Vergeltung die Motive der Strafe, vielmehr wehre man sich „entschieden gegen die Verursachung psychischer und physischer Leiden oder gegen Maßnahmen, die die Menschenwürde herabzusetzen imstande wären. Bereits in dieser Betrachtungsweise zeigt sich der humanistische Charakter unseres sozialistischen Strafrechtes und damit auch der Strafvollzugspolitik."

40 VSV, Entwurf, Thesen über Grundfragen des Strafvollzuges in der DDR vom 7.8.1959 (SAPMO-BArch, DY 30/IV 2/12/97/Bl. 162).
41 Zitat hier und im Folgenden: Konzept der VSV vom 6.5.1960 (BArch, DO 1/28601/ Bl. 38 f.).
42 Zitat hier und im Folgenden: Bericht der Abteilung II der VSV vom 10.5.1960 (BArch, DO 1/28477/Bl. 42 f.).

An anderer Stelle hieß es, eine weitere Aufgabe des Strafvollzugs müsse es sein, „mit solchen Methoden und Mitteln einzuwirken, in deren Ergebnis der zählebige bürgerliche Schlamm und Schmutz sozialistischen Anschauungen und Gewohnheiten weicht".[43] Diese Methoden der Umerziehung der Strafgefangenen wirkten im Strafvollzug unter den Bedingungen des Zwangs. Jedoch sei „dieser Zwang [...] ein Mittel nicht gegen, sondern *um* die Gewinnung der straffällig gewordenen Menschen", versuchte die Strafvollzugsverwaltung das strenge Haftregime zu relativieren.

1960 hieß es, die Sicherheit sei die entscheidende Frage, der sich die Erziehung unterzuordnen habe. So sei zwar die gemeinsame produktive Arbeit „Kernstück der Erziehung im Strafvollzug", doch müsse die Ordnung maßgebend sein: „Die Gefangenenarbeit kann deshalb nicht nur vom ökonomischen Nutzen gesehen werden, sie muss unter Beachtung der staatlichen Sicherheitsforderungen, der Ordnung, als Erziehungsmethode wirken."[44] In diesem Zusammenhang ist auch die erneute Forderung zu sehen, dass die „Vorherrschaft der ökonomischen Interessen vor denen des Gesamterziehungsprozesses"[45] beseitigt werden müsse. Nach wie vor waren die Anstaltsleiter eher „Produktionsleiter", was angesichts der „verschärften Klassenkampfsituation" für die oberste Strafvollzugsverwaltung nicht hinnehmbar war, da diese grundlegend die Sicherheit der Anstalten gewährleistet wissen wollte.

In dieser Situation wurde erneut auf die abschreckende Wirkung der DDR-Strafpolitik gesetzt: Allen Mitgliedern der Gesellschaft müsse deutlich gemacht werden, „welche Handlungen so gesellschaftsgefährlich und so politisch-moralisch verwerflich sind, dass man sie im Interesse der weiteren Entwicklung unter Strafe stellen muss".[46] Nach wie vor wurde im Verbrechen allgemein „eine besonders schwere und gefährliche Form des Klassenkampfes" gesehen, die zum einen im „offenen Angriff des Klassenfeindes" sichtbar werden konnte. Zum anderen zeigten sich, so die Dogmatiker im MdI, „im Verbrechen die verschiedenen Überreste der kapitalistischen Vergangenheit im Bewusstsein des Einzelnen in schwerer, die Ordnung der Gesellschaft gefährdender Weise", weshalb die DDR dem Strafrecht und mithin „der Bekämpfung der Verbrechen besondere Aufmerksamkeit" widme.

Nach dem Mauerbau und einer „zweiten Welle der Entstalinisierung"[47] infolge des XXII. KPdSU-Parteitags erfolgte ab 1962 eine „strafpolitische Wende".[48]

---

43 Zitat hier und im Folgenden: Lektionszyklus zu den Grundfragen des SV in der DDR, 1. Einführung in das Wesen und die Funktion des Strafvollzuges in der DDR von 1960 (BArch, DO 1/28601/Bl. 242). Hervorhebung im Original.
44 Konzept der VSV vom 6.5.1960 (BArch, DO 1/28601/Bl. 40).
45 VSV, Disposition, Aufgaben der Dienststellenleitungen bei der Erhöhung der Sicherheit und Durchsetzung einer festen Ordnung in den SV-Dienststellen vom 5.1.1960 (BArch, DO 1/28477/Bl. 3 f.).
46 Zitat hier und im Folgenden: VSV, Zur Lage und den Aufgaben im Strafvollzug bei der Verwirklichung der Grundfragen des Strafvollzugs in der DDR von 1960 (BArch, DO 1/28477/Bl. 78).
47 Mählert, Kleine Geschichte der DDR, S. 103.
48 Siehe Werkentin, Politische Strafjustiz, S. 271–280.

Der sogenannte Rechtspflegeerlass vom 4. April 1963[49] leitete eine „liberalistische Phase"[50] ein – auch mit Auswirkungen auf den Strafvollzug. Nach offizieller Lesart legte man in diesem Erlass die Weiterentwicklung des sozialistischen Strafvollzugs fest. Als dessen Aufgabe wurde unter anderem eine Schutzfunktion genannt, welche die „Arbeiter-und-Bauern-Macht" schützen sollte, indem die Verurteilten „zeitweilig von der unmittelbaren Einwirkung auf das Leben der Gesellschaft"[51] ausgeschlossen werden sollten. Diese Formulierung bedeutete insofern eine Mäßigung, als dass hier nicht von „Gegnern" oder dem „Klassenfeind" die Rede war, sondern von „zu Freiheitsstrafen verurteilten Bürgern". Diese seien auch nicht zwangsweise zu isolieren, sondern von der Gesellschaft auszuschließen. Zudem hatte man im Rechtspflegeerlass die Erziehungsfunktion eindeutig festgeschrieben: Der sozialistische Strafvollzug habe die Aufgabe, „durch eine vom Strafzweck bestimmte Differenzierung der Ordnung und Verhaltensregeln, der kollektiven, gesellschaftlich-nützlichen Arbeit und politisch-kulturellen Einwirkung zur Achtung der Gesetzlichkeit und zur Einhaltung der Regeln des gesellschaftlichen Zusammenlebens zu erziehen". Um die Aufgabe der Umerziehung zu lösen, sollten die Häftlinge unter anderem „unter Berücksichtigung ihrer Arbeitsfähigkeit sowie ihrer beruflichen Qualifikation, ihrer Kenntnisse und Fertigkeiten zur gesellschaftlich-nützlichen Arbeit" eingesetzt werden; „vorwiegend gemeinsame Arbeit [...] in Kollektiven und Brigaden" verrichten, „um den Kollektivgeist und das gesellschaftliche Verantwortungsgefühl zu heben". Weiterhin plante man „ein differenziertes System der materiellen Interessiertheit und der Belohnung" anzuwenden, „um zur Festigung der Arbeitsdisziplin und Arbeitsmoral beizutragen; vielfältige und differenzierte Formen der Berufsausbildung und Qualifizierung" anzubieten sowie „regelmäßige Produktionsberatungen" stattfinden zu lassen. Die ideologische Beeinflussung auf die Häftlinge sollte mittels „Produktionspropaganda durch die Leitungen der sozialistischen Betriebe" sowie anhand vielfältiger und differenzierter „Formen der politisch-kulturellen Einwirkung" erfolgen, „besonders durch gemeinsame Veranstaltungen, sportliche Übungen und kulturelle Selbstbetätigung". Generell sei im sozialistischen Strafvollzug „die Gesetzlichkeit streng einzuhalten", auch die Menschenwürde, die Persönlichkeit und die Rechte der Gefangenen seien zu achten. Dies stellt eine theoretische Kehrtwende in der ostdeutschen Strafvollzugspolitik dar. Auf dem Papier hatte der DDR-Strafvollzug demnach durchaus fortschrittliche Züge.

Bereits 1962 schlug man von offizieller Seite eine deutlich moderatere Tonart an – die Schutzfunktion wurde nicht mehr erwähnt. Der „Neuen Justiz" nach

---

49 Erlass des Staatsrates der DDR über die grundsätzlichen Aufgaben und die Arbeitsweise der Organe der Rechtspflege vom 4.4.1963, GBl. I 1963, S. 23–44.
50 Werkentin, Politische Strafjustiz, S. 281.
51 Zitat hier und im Folgenden: Erlass des Staatsrates der DDR über die grundsätzlichen Aufgaben und die Arbeitsweise der Organe der Rechtspflege vom 4.4.1963, GBl. I 1963, S. 23–44.

bestimmte der „humanistische Grundsatz" vom Glauben an das Gute im Menschen „den Inhalt des sozialistischen Strafvollzuges". Sein Ziel war die „Umerziehung der zu Freiheitsstrafe Verurteilten, damit sie wieder einen festen Platz im Leben in der sozialistischen Gesellschaft einnehmen"[52] konnten. Diese Mäßigung fiel, wie erwähnt, in die kurze Phase der Liberalisierung der SED-Politik nach dem Mauerbau. Auch 1965 hielt man noch an der starken Betonung der nachhaltigen Erziehung der Strafgefangenen fest. Die Häftlinge, so Innenminister und DVP-Chef Friedrich Dickel, „sollen sich nach ihrer Entlassung in die sozialistische Gesellschaft einordnen, verantwortungsbewusst einer geregelten Arbeit nachgehen, ihren Pflichten gegenüber ihrer Familie und ihrem Staat gerecht werden und am gesellschaftlichen Leben aktiv teilnehmen".[53] Bei der Durchführung des Strafvollzugs müsse es sich daher „um einen auf die Veränderung des Bewusstseins ausgerichteten Prozess" handeln, damit die Häftlinge in der Lage seien, „die gesellschaftlichen Zusammenhänge richtig zu erkennen. Das bedeutet, ihnen ihre Rolle als Staatsbürger bewusster zu machen, alte Denk- und Lebensgewohnheiten sowie negative Charaktereigenschaften durch eine nachhaltig wirkende Erziehung im Strafvollzug zu überwinden." Dieses ehrgeizige Ziel sollte vor allem durch Überzeugungsarbeit erreicht werden. Vier Jahre nach dem Mauerbau sah Dickel eine „Weiterentwicklung der sozialistischen Demokratie", durch die die Gesellschaft nun „auch immer mehr über die Kraft und Möglichkeit zur besseren Erziehung der Rechtsbrecher" verfüge. Daraus schlussfolgerte er: „Die Wirksamkeit des Vollzuges hängt wesentlich davon ab, wie es uns gelingt, die Vorzüge der sozialistischen Gesellschaft besser zu nutzen." Hatte man bis Anfang der sechziger Jahre immer wieder den staatlichen Zwang betont, schien es nun so, als ob man im Innenministerium der sich nach dem Mauerbau konsolidierenden DDR die Repression zurückfahren wollte.

Die kurze Phase der Liberalisierung und der innenpolitischen Entspannung endete jedoch schon Ende 1965 mit dem 11. Plenum des ZK der SED, dem sogenannten Kahlschlag-Plenum. Nachdem der im Oktober 1964 an die Macht gekommene Breschnew die Entstalinisierung für beendet erklärt hatte, „witterten die dogmatischen Kräfte überall im Ostblock Morgenluft".[54] In der Strafvollzugspraxis hatte die Berliner Zentrale daraufhin Entwicklungen festgestellt, die für sie nicht akzeptabel waren. Daher verschärfte sich Mitte 1966 der Ton Dickels wiederum deutlich: „Es machen sich jedoch Vorstellungen breit, im Strafvollzug ohne Zwang auszukommen oder ihm nicht mehr die nötige Bedeutung beizumessen. Diese Vorstellungen verschieben die Proportionen. Was sich zur Zeit in einigen SV-Dienststellen abspielt, ist keine Umerziehung, sondern

---

52 Grundsätze zum Erlass des Staatsrates der DDR über die grundsätzlichen Aufgaben und die Arbeitsweise der Organe der Rechtspflege. In: NJ 1962, S. 757.
53 Zitat hier und im Folgenden: Referat Dickels „Die Grundsätze der Arbeit des Organs Strafvollzug und die weiteren Aufgaben" auf der Arbeitstagung des MdI über Probleme des Strafvollzuges vom 11.8.1965 (BArch, DO 1/3410, unpag.).
54 Mählert, Kleine Geschichte der DDR, S. 106.

eine Erziehung zum Falschen."⁵⁵ Die Häftlinge seien schließlich in eine Strafvollzugseinrichtung „und nicht in ein pädagogisches Institut eingewiesen" worden. „Das muss den Strafgefangenen bewusst, gegebenenfalls sogar sehr spürbar bewusst gemacht werden" – so die eindeutigen Bemerkungen des Innenministers, der zudem betonte, dass das von ihm Vorgetragene „selbstverständlich immer unter dem Gesichtspunkt der strengsten Einhaltung der sozialistischen Gesetzlichkeit" gelte. Dennoch müssten „nach und nach die Zügel fester in die Hand genommen werden", um „eine feste Disziplin und eine eiserne Ordnung" im Strafvollzug zu verwirklichen. Das Haftregime wurde also wieder strenger. Bereits Ende November 1966 konstatierte Dickel, dass es insbesondere gelungen sei, „die Ordnung und Disziplin, als Grundelement und wesentlicher Bestandteil des Erziehungsprozesses bei den Inhaftierten, zu verbessern".⁵⁶ Ein schärferer Ton hielt auch in den den Strafvollzug betreffenden Grundsatzdokumenten Einzug. Deutlich benannt wurde „unter dem Aspekt des sich verschärfenden Klassenkampfes in Deutschland" neben dem erzieherischen nun auch wieder der „repressive Charakter" des Strafvollzugs. In diesem Sinne machte die oberste Strafvollzugsverwaltung auf einer Tagung der Anstaltsleiter im Sommer 1967 klar, dass die „erste Aufgabe des Strafvollzuges" die Isolierung der Häftlinge sei, „sodass also unsere Aufgabe eben darin besteht, die Isolierung dieser verbrecherischen Elemente mit den uns zur Verfügung stehenden Mitteln durchzusetzen".⁵⁷

Andererseits fällt auf, dass ab Mitte der sechziger Jahre zunehmend die Zusammenarbeit mit „den staatlichen Organen und anderen gesellschaftlichen Kräften" betont wurde – vornehmlich auf dem Gebiet der Wiedereingliederung, um die Rückfallkriminalität zu verringern. Obwohl bereits im Rechtspflegeerlass von 1963 festgehalten war, dass die „gesamte Gesellschaft, vor allem die staatlichen Organe, gesellschaftlichen Organisationen und sozialistischen Kollektive" die entlassenen Häftlinge „in ein geordnetes Leben, insbesondere in den Arbeitsprozess wieder einzugliedern"⁵⁸ hätten, sprach Dickel erst Ende 1967 von einem „Prozess des Umdenkens", der sich im gesamten Bereich des Strafvollzugs vollziehe, „um den neuen Anforderungen für die Gestaltung des Strafvollzuges [...] immer besser gerecht zu werden". Damit meinte er vor allem

---

55 Zitat hier und im Folgenden: Ausführungen Dickels auf der Arbeitstagung der VSV am 27.7.1966 (BArch, DO 1/3412, unpag.). Siehe auch Wunschik, Strafvollzugspolitik des SED-Regimes, S. 271.
56 Zitat hier und im Folgenden: Direktive Dickels über die Aufgaben und Ausbildung der Angehörigen des Organs Strafvollzug im Jahre 1967 vom 21.11.1966 (BStU, ZA, MfS-BdL/Dok. 10186/Bl. 3).
57 Protokoll der Tagung mit den Anstaltsleitern der selbstständigen Vollzugseinrichtungen und den Abteilungsleitern SV der BDVP in der StVA Brandenburg am 28.6.1967 vom 29.6.1967 (BArch, DO 1/3412, unpag.).
58 Erlass des Staatsrates der DDR über die grundsätzlichen Aufgaben und die Arbeitsweise der Organe der Rechtspflege vom 4.4.1963, GBl. I 1963, S. 43.

die Bemühungen um die qualitative Verbesserung der Bildungs- und Erziehungsarbeit.[59] Wiederum wurde der Ton also etwas milder.

Nichtsdestotrotz stand die sichere Verwahrung der Strafgefangenen weiterhin im Mittelpunkt. Diese sei auch in „einer bedrohlichen Lage oder einer imperialistischen Aggression" zu garantieren. Hier wird eine zweite Tendenz dieser Zeit deutlich: Verstärkt ist die Rede von einer „wachsenden Aggressivität des westdeutschen Imperialismus" und vom „harten Klassenkampf gegen den westdeutschen Imperialismus". Da der Feind seine Aktivitäten mit dem Ziel der Behinderung der sozialistischen Entwicklung in der DDR verstärke, müssen ebenso die Bemühungen zur Verteidigung des Arbeiter-und-Bauern-Staates erhöht werden. Dazu habe auch das „Organ Strafvollzug [...] mit seinen Kräften und Mitteln einen effektiven Beitrag [zu] leisten" – eine ideologische Begründung zur abermaligen Verschärfung des Haftregimes.

Am 12. Januar 1968 erhielt die DDR ein neues, „in sich geschlossenes sozialistisches Strafgesetzbuch (StGB)".[60] Gleichzeitig wurde zusammen mit einer neuen Strafprozessordnung (StPO) auch das Strafvollzugs- und Wiedereingliederungsgesetz (SVWG)[61] verabschiedet. Mit dem SVWG, das am 1. Juli 1968 in Kraft trat, verfügte die DDR erstmals über eine umfassende gesetzliche Regelung des Strafvollzugs. Bezüglich der gesetzlichen Regelung des Strafvollzugs war die DDR der Bundesrepublik voraus. Dort trat das Gesetz über den Vollzug der Freiheitsstrafe und der freiheitsentziehenden Maßregeln der Besserung und Sicherung, kurz: Strafvollzugsgesetz (StVollzG), erst am 1. Januar 1977 in Kraft.

Das neue Strafgesetzbuch stand im Zeichen der Verschärfung des innenpolitischen Kurses nach dem 11. Plenum des ZK der SED. Es weitete im politischen Strafrecht einige Paragraphen aus und führte auch neue Straftatbestände ein. Im Vergleich zu den alten Bestimmungen wurden die Mindeststrafen erhöht, teilweise sogar verdoppelt, was eine Zuspitzung des politischen Strafrechts bedeutete und der Abschreckung der Regimegegner und mithin dem Diktaturschutz dienen sollte. Im Vergleich zu den den Strafvollzug betreffenden Bestimmungen des Rechtspflegeerlasses von 1963 hatte man auch in Teilen des SVWG eine härtere Gangart eingeschlagen. Paragraph 2 hielt die Ziele des sozialistischen Strafvollzugs konkret fest: Der Strafvollzug „soll den Tätern und anderen Bürgern die Schwere und Verwerflichkeit der Straftat und die Unantastbarkeit der sozialistischen Staats- und Gesellschaftsordnung bewusst machen, die Gesellschaft vor erneuten Straftaten schützen, den Bestraften ihre Verantwortung gegenüber der Gesellschaft sowie die Verpflichtung zur Wiedergutmachung und Bewährung nachdrücklich aufzeigen".[62] Das „Bestreben der Strafge-

---

59 Zitat hier und im Folgenden: Direktive Nr. 02/67 über die Aufgaben des Organs Strafvollzug im Jahre 1968 vom 30.10.1967 (BStU, ZA, MfS-BdL/Dok. 10175/Bl. 5–7).
60 Werkentin, Das sozialistische Strafgesetzbuch, S. 645.
61 GBl. I 1968, S. 109 ff.
62 Zitat hier und im Folgenden: GBl. I 1968, S. 109 ff.

fangenen" nach Wiedergutmachung solle wiederum „unter differenzierter Mitwirkung gesellschaftlicher Kräfte" gefördert werden. Auch die nach „Tat, Persönlichkeit und Strafdauer differenzierte Ordnung, kollektive gesellschaftlich nützliche Arbeit, staatsbürgerliche Erziehung und Bildung sowie [...] berufliche und allgemeinbildende Förderungsmaßnahmen" lassen theoretische Parallelen zum Reformvollzug erkennen, doch sollte die sozialistische Ideologie sämtliche Bereiche des Strafvollzugs durchdringen.

Paragraph 10 legte die Aufgaben des Obersten Vollzugsorgans erstmals gesetzlich fest. Auch hier zeigt sich der im Hinblick auf den Rechtspflegeerlass von 1963 stringentere Ton. Während der erste Punkt Sicherheit, Ordnung und Disziplin in den Haftanstalten garantierte, erwähnte der zweite die Erziehung der Häftlinge und der folgende legte die „allseitige" Vorbereitung der Wiedereingliederung der Strafgefangenen in die Gesellschaft fest. Die Einbeziehung der „gesellschaftlichen Kräfte in die Erziehungsarbeit des Strafvollzuges" wurde im 2. Absatz gesetzlich festgeschrieben: „Das Oberste Vollzugsorgan hat zur Erfüllung der Aufgaben eng mit anderen Rechtspflege-, staatlichen und wirtschaftlichen Organen, den entsprechenden Institutionen sowie gesellschaftlichen Organisationen zusammenzuarbeiten." Die „gesellschaftlichen Kräfte" sollten nicht nur Aufgaben bei der Wiedereingliederung übernehmen, sondern schon vorher, im Erziehungsprozess, tätig werden. Deutlich wird, dass der Wiedereingliederung der Häftlinge im SVWG große Bedeutung zugemessen wurde. Auch die Betonung der Zusammenarbeit mit den „gesellschaftlichen Kräften" zielte letztlich auf eine bessere Reintegration der Strafgefangenen in die Gesellschaft ab, um so vor allem die Rückfallkriminalität zu verringern. Das SVWG von 1968 und auch das Strafvollzugsgesetz vom 7. April 1977[63] „verfeinerten den Erziehungsbegriff".[64] Den zentralen Prinzipien gemäß wurde die Erziehung „im Kollektiv durchgeführt, wobei die einzelnen Gefangenen mitwirken sollten und durch ein System von Anerkennungen und Disziplinarmaßnahmen zur Einhaltung der jeweiligen Grundsätze angehalten bzw. gezwungen wurden. Die Formen der Erziehung vollzogen sich in der Arbeit, der staatsbürgerlichen Erziehung und Bildung [...] sowie schließlich in der Erziehung zu Ordnung und Disziplin." Aufgrund der Primate von Sicherheit und Ökonomie hatte jedoch der Erziehungsgedanke „so vielen anderen Prinzipien den Vortritt zu lassen, dass er von pädagogischen Aspekten teilweise frei wurde".

Auf der Grundlage des SVWG befasste sich ab 1969 ein Autorenkollektiv in einer internen Schriftenreihe mit den Aufgaben des DDR-Strafvollzugs. Hier wurde dem nun postulierten sozialistischen Erziehungsstrafvollzug eine „besondere Stellung [...] im System der Kriminalitätsbekämpfung"[65] attestiert. Bemerkenswert ist, dass bezüglich der Aufgaben des DDR-Strafvollzugs nun weniger

---

63 Gesetz über den Vollzug der Strafen mit Freiheitsentzug (Strafvollzugsgesetz) vom 7.4.1977, GBl. I 1977.
64 Zitat hier und im Folgenden: Borchert, Erziehung im DDR-Strafvollzug, S. 143 f., 147.
65 Zitat hier und im Folgenden: Die Hauptaufgaben des sozialistischen Strafvollzuges, S. 13, 51. Hervorhebung im Original.

Aufgaben „allgemein vorbeugenden Charakters" betont wurden, sondern vielmehr solche „spezieller Art, die darin gipfeln, vor allem einer *erneuten* Straffälligkeit vorzubeugen". Nichtsdestotrotz machten die Autoren klar, dass „die elementarste Voraussetzung für die Lösung der Aufgaben des sozialistischen Strafvollzuges" auch weiterhin die Garantie einer hohen Sicherheit sowie einer straffen Ordnung und Disziplin sei.

2. Organisation und Verwaltung

In Vorbereitung auf die vollständige Übernahme des gesamten Strafvollzugs wurde die Organisationsstruktur der Deutschen Volkspolizei zum 1. Januar 1952 dahingegen verändert, dass bei den Landesbehörden der Deutschen Volkspolizei (LDVP) je eine Abteilung Strafvollzug (Abteilung SV) und bei den Volkspolizeikreisämtern (VPKÄ) je ein Referat Strafvollzug (Referat SV) geschaffen wurde. Die Abteilungen Strafvollzug unterstanden der Dienstaufsicht der Chefs der LDVP und waren weisungsmäßig an die Hauptabteilung Strafvollzug der HVDVP gebunden. Dahingegen unterstanden die Referate SV der Dienstaufsicht der Leiter der VPKÄ und waren an die Weisungen der Abteilung SV der LDVP gebunden. Die bisher der HA SV direkt unterstellten Strafvollzugseinrichtungen wurden – mit Ausnahme der größten Vollzugsanstalten: Torgau, Hoheneck, Waldheim, Bautzen I (einschließlich Bautzen II und Haftlager Neschwitz), Brandenburg-Görden (mit Haftlager Heidekrug), Luckau (mit Außenkommando Wittmannsdorf), Hohenleuben – nun den entsprechenden Abteilungen SV bzw. Referaten SV unterstellt. Auch die bisher dem Aufgabenbereich der Schutzpolizei untergeordneten Polizeihaftanstalten ordnete man der Hauptabteilung Strafvollzug zu, während das „Gefangenentransportwesen und die Gewahrsame"[66] weiterhin im Aufgabenbereich der Schutzpolizei verblieben. In Sachsen gliederte sich die Abteilung SV der LDVP Sachsen in die Abteilungsleitung, der eine Geschäftsstelle sowie die Referate Operativ, PK (Polit-Kultur), Gefangenentransport, Arbeitsverwaltung und Vollzugsstelle untergeordnet waren.[67]

Nach der vollständigen Übernahme auch der letzten bei der Justiz verbliebenen Haftanstalten zur Jahresmitte 1952 und der Auflösung der Länder ergab sich bezüglich des Strafvollzugs der DDR folgendes strukturelles Bild: An der Spitze stand die Hauptabteilung Strafvollzug als zentrale Verwaltungseinheit, die der im Innenministerium verorteten HVDVP unterstellt war. Die Strafvollzugsanstalten Bautzen, Torgau, Waldheim und Hoheneck sowie Brandenburg, Luckau, Hohenleuben und sechs Jugendhäuser unterstanden direkt der Hauptabteilung Strafvollzug der HVDVP.

---

66 Befehl Nr. 75/51 des Chefs der DVP vom 30.11.1951 (SächsHStA, LDVP/930/Bl. 1); Dienstanweisung zum Befehl Nr. 75/51 des Chefs der DVP vom 30.11.1951 vom 8.1.1952 (SächsHStA, LDVP/930/Bl. 4).
67 Strukturplan der LBDV Sachsen, Abteilung SV (SächsHStA, LDVP/930, unpag.).

Auf der zweiten, regionalen Ebene – der Bezirksebene – waren die Abteilungen Strafvollzug förmlich den Bezirksbehörden der Deutschen Volkspolizei (BDVP)[68] beziehungsweise in Berlin dem Präsidium der DVP unterstellt, wurden fachlich aber von der Berliner Zentrale aus angeleitet.[69] Im Zeichen einer generellen Zentralisierung kam es im Laufe der fünfziger Jahre ohnehin zu einer fortgesetzten Zentralisierung der Verwaltung des Strafvollzugs.[70] Bei den Strafvollzugsverwaltungen der Bezirke handelte es sich um untergeordnete Instanzen, die die Gefängnisse in der jeweiligen Region nach den Weisungen der Zentrale verwalteten und beaufsichtigten. Auf lokaler Ebene bestanden die Referate Strafvollzug beim jeweiligen Volkspolizeikreisamt (VPKA). Diese Referate verwalteten diejenigen Untersuchungshaftanstalten, die nicht unter den Auspizien einer Strafvollzugseinrichtung standen. Die Leiter der BDVP und die Leiter der VPKÄ waren für die ihnen unterstellten Einrichtungen „voll verantwortlich. Sie haben die Arbeit der Abteilungen SV sowie diese Anstalten usw. ständig zu überprüfen, Maßnahmen zur Stärkung der Sicherheit zu ergreifen und für eine straffe Disziplin der VP-Angehörigen und der Strafgefangenen zu sorgen. Die fachliche Anleitung bezüglich der Durchführung des Straf- und Untersuchungshaftvollzuges obliegt weiterhin der Abteilung SV in den Bezirken."[71]

Die unterste Ebene des DDR-Strafvollzugssystems bildeten schließlich die verschiedenen Strafvollzugseinrichtungen (StVE), so der Oberbegriff für Strafvollzugsanstalten (StVA), Untersuchungshaftanstalten (UHA), die ab 1953 ebenfalls als UHA bezeichneten Gerichtsgefängnisse (GG), Haftarbeitslager (HAL)[72] und die meist den größeren Strafvollzugsanstalten angeschlossenen Außen(arbeits)- oder auch Standkommandos, die dem Arbeitseinsatz der Häftlinge dienten und oft nur temporär bestanden, etwa wenn sie für den Straßen- oder Flugplatzbau errichtet worden waren. Daneben gab es Haftkrankenhäuser (HKH) und für jugendliche Straftäter sogenannte Jugendhäuser (JH)[73] und Jugendhaftarbeitslager (JHAL). Die Haftarbeitslager wurden seit 1963 als Strafvollzugskommando (StVK) und diese wiederum seit 1975 allgemein als Strafvollzugseinrichtungen bezeichnet, sodass es mit StVE, UHA, HKH und JH nur noch vier Gefängnistypen gab.[74] Marcus Sonntag bringt es bezüglich der wech-

---

68 Da erst am 23. Juli 1952 die Auflösung der Länder und Umwandlung selbiger in 14 Bezirke und Berlin sowie 217 Kreise erfolgte, waren die Abteilungen Strafvollzug bis dahin noch den LDVP unterstellt.
69 Wunschik, Strafvollzug, S. 75; ders.: Das „Organ Strafvollzug", S. 490 f.
70 Wunschik, Strafvollzug, S. 82.
71 Befehl Nr. 61/53 der HVDVP, Betr. Verbesserung der Sicherheit in den Dienststellen des Strafvollzuges vom 26.8.1953 (BArch, DO 1/56336, unpag.).
72 Zur Geschichte der Arbeitslager in der DDR siehe die jüngst erschienene Studie von Sonntag, Arbeitslager in der DDR, deren ausführliche Rezeption aufgrund meines Archivreferendariats nicht mehr erfolgen konnte.
73 Siehe hierzu etwa Reitel, Jugendstrafvollzug.
74 Sonntag, Arbeitslager in der DDR, S. 131, 140; Wunschik, DDR-Strafvollzug, S. 468, legt die durchgehende Bezeichnung der StVK als StVE in das Jahr 1976.

selnden Anstaltsbezeichnungen im DDR-Strafvollzugssystem auf den Punkt: „Das Etikett wechselte, der Inhalt blieb."[75]

Nach der vollständigen Übernahme des Strafvollzugs durch die Volkspolizei gab es in den drei sächsischen Bezirken im Sommer 1952 die Situation, dass der BDVP Dresden 18 UHA unterstellt waren, der BDVP Leipzig neun UHA sowie das Haftkrankenhaus Leipzig-Kleinmeusdorf und der BDVP Chemnitz 19 UHA sowie die StVA Zwickau und das Haftarbeitslager Aue.[76] Wunschik schätzt die Gesamtzahl aller 1953 in der DDR zur Verfügung stehenden Hafteinrichtungen auf mindestens 220.[77] Neun Jahre später hatte sich die Anzahl aller Strafvollzugseinrichtungen auf 135 reduziert – und zwar auf 20 StVA, 21 HAL, sieben Jugendhäuser und 87 UHA, für die eine Normalbelegungskapazität von 27158 Personen angegeben wurde, wobei hier die Belegungskapazitäten der Haftkrankenhäuser, Krankenabteilungen und der Krankenreviere der Strafvollzugseinrichtungen unberücksichtigt blieben. Im Verantwortungsbereich der BDVP Dresden befanden sich nun die StVA Bautzen I und II sowie Görlitz, die Haftarbeitslager Freital und Riesa sowie zehn UHA. Für den Bezirk Leipzig wurden die StVA Waldheim, Torgau und Leipzig, das HAL Altenburg, das Jugendhaus Torgau sowie drei UHA angegeben. Unter der Verantwortung der BDVP Karl-Marx-Stadt standen Mitte 1962 die Strafvollzugsanstalten Hoheneck und Zwickau, die HAL Himmelmühle und Oelsnitz sowie sechs UHA. Insgesamt betrug die Normalbelegungskapazität der Strafvollzugseinrichtungen der drei sächsischen Bezirke gut ein Drittel der Gesamtbelegungskapazität der DDR.[78] Eine Übersicht vom Juni 1966 ergibt, dass zu diesem Zeitpunkt in der gesamten DDR lediglich 67 Strafvollzugseinrichtungen genutzt wurden. Im Einzelnen handelte es sich dabei um 21 Strafvollzugsanstalten, das Jugendhaus Luckau, 29 UHA, zwölf Strafvollzugskommandos und vier Arbeitserziehungskommandos (AEK). Von diesen 67 Objekten waren nur 14 etwa 50 Jahre alt oder jünger, zehn waren um die Wende zum 20. Jahrhundert, 24 im 19. Jahrhundert, Waldheim 1785, das Jugendhaus Luckau 1587 und die StVA Ichtershausen und Gräfentonna 1545 bzw. 1530 erbaut worden. 16 StVK – darunter acht nach der Amnestie von 1964 – und fünf weitere Objekte hatte man geschlossen, darunter auch die Strafvollzugsanstalten Zwickau und Coswig. Als vorübergehend geschlossen wurden zudem 66 UHA aufgelistet, von denen knapp die Hälfte im 19. Jahrhundert erbaut worden war. Von diesen konnten 18 kurzfristig wieder genutzt werden, jedoch galt ein Großteil als überaltert und besaß lediglich Ofenheizung und keine Toiletten, sodass man nur von einer vorübergehenden Nutzung ausgehen konnte. Andernfalls wären „ökonomisch nicht vertretbare" finanzielle Aufwendungen notwendig gewesen, zumal in der Regel

---

75 Sonntag, Arbeitslager, S. 169.
76 HVDVP, HA SV, Aufstellung der Dienststellen des Strafvollzuges in der DDR vom 26.7.1952 (BArch, DO 1/28455/ Bl. 74 f.).
77 Wunschik, Strafvollzug, S. 75.
78 VSV, Aufstellung über alle selbständigen SV-Dienststellen (Stand 1.6.1962) vom 26.6.1962 (BArch, DO 1/28478/ Bl. 1, 8 f.).

auch sämtliche Inneneinrichtungen fehlten.[79] Da in den siebziger Jahren die Häftlingszahlen im Vergleich zum vorherigen Jahrzehnt angestiegen waren, standen Anfang 1977 wiederum 46 Strafvollzugseinrichtungen mit 33 280 Plätzen und 36 Untersuchungshaftanstalten mit 6 116 Plätzen im Betrieb des Innenministeriums.[80] Zum „Organ Strafvollzug", wie das DDR-Gefängniswesen des Innenministeriums seit 1964 genannt wurde, zählten „zuletzt etwa siebzig"[81] Strafvollzugseinrichtungen sowie die Strafvollzugsschule „August Mayer" in Karl-Marx-Stadt, in der man die Kader für die untere Dienstlaufbahn ausbildete, und die Fachschule des MdI „Heinrich Rau" in Radebeul, in der der für den Dienst in der mittleren Laufbahn benötigte Fachschulabschluss als „Staatswissenschaftler" erworben werden konnte. „Alle Bereiche dieses umfassenden Gefängniswesens in der DDR unterlagen einer völlig übersteigerten Sicherheitsdoktrin mit höchstem Geheimhaltungsgrad. Ein Einblick in die räumlichen Gegebenheiten war praktisch keinem Außenstehenden gestattet, schriftliche Dokumente waren geheim, das Vollzugspersonal unterlag einer strengen Schweigepflicht."[82]

Die Organisationsstruktur der obersten Strafvollzugsverwaltung war in der Zeit ihres Bestehens einigen Veränderungen unterworfen. So wurde Karl Gertich am 30. Juni 1951 als angebliches Mitglied einer „trotzkistischen Gruppe" denunziert und verhaftet und zu sieben Jahren Zuchthaus verurteilt. Nach seiner Entlassung Mitte 1956 floh Gertich in die Bundesrepublik.[83] Sein Nachfolger als Chef der Hauptabteilung Strafvollzug wurde Generalinspekteur August Mayer, dem 1951 zwei Stellvertreter und sechs Abteilungen – Polit-Kultur (PK), Organisation, Arbeitsverwaltung, Rechtsstelle, Intendantur, Technische Dienste[84] – unterstanden, wobei sich die Abteilungen wiederum in mehrere Unterabteilungen gliederten.[85] Nach der kompletten Übernahme des Strafvollzugs durch die Volkspolizei und der vollständigen Zentralisierung änderte sich die Struktur der Hauptverwaltung Strafvollzug dahingehend, dass sich die Abteilung SV 2 (Vollzugsabteilung) nun in die vier Referate: Organisation und Schulung, Aufsicht und Verwaltung, Wachdienst und Transport sowie Zentralkartei gliederte.[86]

Mehrfach änderten sich Struktur und Unterstellungsverhältnis der obersten Strafvollzugsverwaltung, ohne dass hier jeder Schritt nachgezeichnet werden

---

79 VSV, Übersicht über die zurzeit genutzten, vorübergehend geschlossenen und abgegebenen Vollzugseinrichtungen vom 8.6.1966 (BArch, DO 1/3780, unpag.).
80 Vorlage für das Politbüro des ZK der SED, Betr.: Bericht über die Arbeit des Organs Strafvollzug vom 17.3.1977 (SAPMO-BArch, DY 30/J IV 2/2/A-2054/Bl. 65).
81 Wunschik, „Organ Strafvollzug", S. 491 f.
82 Flügge, Wie war es wirklich, S. 100.
83 Fricke, „Der Strafvollzug in Bautzen", S. 126.
84 Risse, Ministerium des Innern, S. VII f.
85 Siehe hierzu das Organigramm 1 zur Struktur der Hauptabteilung Strafvollzug 1951 im entsprechenden Anhang VII.2. Diagramme und Organigramme.
86 Risse, Ministerium des Innern, S. VIII.

soll. 1956 erfolgte die Umbenennung der Hauptabteilung Strafvollzug in Verwaltung Strafvollzug (VSV).[87] Die neue Bezeichnung stand im Zusammenhang mit einer Neustrukturierung des ganzen Innenministeriums, in dessen Folge die VSV ab 1. Januar 1956 als eigenständige Abteilung aus der HVDVP ausgegliedert und direkt dem Innenminister unterstellt wurde. VSV-Chef August Mayer erläuterte dazu im April 1957: „Der Strafvollzug wurde aus der Deutschen Volkspolizei herausgelöst und zu einer selbständigen Verwaltung gemacht. [...] Dabei darf man nicht vergessen, dass mit der Bildung der Verwaltung erst einige Voraussetzungen geschaffen werden mussten, um überhaupt das Wesen des Strafvollzuges in seiner Aufgabenstellung auch strukturmäßig und unterrichtsmäßig gründlicher zu behandeln, als das im Rahmen der Hauptverwaltung der Deutschen Volkspolizei möglich war."[88] Die Verwaltung Strafvollzug verfügte über ein eigenes Sekretariat, eine eigene Personalabteilung und Politabteilung, jedoch über keine eigene Wirtschaftsabteilung.[89] Ihr wurden alle Dienststellen unterstellt, die bis dato zur Hauptabteilung Strafvollzug der HVDVP gehört hatten. Der Leiter der Verwaltung Strafvollzug war berechtigt, „selbständige Befehle, Dienstanweisungen und Instruktionen für den Bereich der Verwaltung SV zu erlassen".[90] Auf Bezirksebene entstanden die Bezirksverwaltungen Strafvollzug (BVSV). Damit hatte man in der DDR, so Heinrich Mehner, eine, was Ausbildung und Auswahl des Strafvollzugspersonals anbelangt, den Empfehlungen der UNO-Resolution vom 1. September 1955 (Einheitliche Mindestgrundsätze für die Behandlung der Gefangenen) in etwa entsprechende Organisationsstruktur geschaffen.[91] Da aber die BDVP-Chefs, denen bis dahin der Strafvollzug auf Bezirksebene förmlich unterstellt war, „sich durch diese Regelung in ihrem Verantwortungsbereich beeinträchtigt, vor allem in ihrer Entscheidungssphäre geschmälert fühlten",[92] wurde die Neuregelung 1958 rückgängig gemacht und die alte Unterordnung unter die HVDVP wieder hergestellt. Mit entscheidend dürfte ebenso die Kritik Erich Honeckers im November 1957 am „aufgeblähten Verwaltungsapparat im Bereich der Verwaltung Strafvollzug"[93] gewesen sein,

---

87 Obwohl auch Wunschik die Umbenennung der HA SV in das Jahr 1956 legt (Wunschik, „Organ Strafvollzug", S. 491), was aufgrund der Neustrukturierung plausibel ist, unterzeichnete Mayer bereits ab Oktober 1955 als Leiter der nun VSV bezeichneten Abteilung. (Vgl. beispielsweise BArch, DO 1/28584/Bl. 25-27).
88 Referat des VSV-Leiters Mayer auf der Lehrerkonferenz der Zentralschule Strafvollzug am 12.4.1957 mit dem Thema: „Die Ergebnisse des Jahres 1956 und die Aufgaben des Jahres 1957 für den Strafvollzug - die Aufgaben der Zentralschule Strafvollzug Radebeul" vom 23.4.1957 (BArch, DO 1/28503/Bl. 82).
89 Risse, Ministerium des Innern, S. IX.
90 Innenminister an die Chefs der BDVP 1-15 und PdVP Berlin, Abt.-Leiter SV der BDVP und SV-Anstalten 1-7 vom 6.10.1955 (BArch, DO 1/28588/Bl. 422).
91 Mehner, Aspekte zur Entwicklung, S. 97.
92 Ebd.
93 Rede Erich Honeckers in Auswertung der 33. Tagung des ZK der SED im Bereich des Ministeriums des Innern vom 1.11.1957 (SAPMO-BArch, DY 30/2512/Bl. 31).

den es zu beseitigen gelte. Offenbar gab es seit Anfang August 1958 auf Bezirksebene wieder Abteilungen Strafvollzug bei den jeweiligen BDVP.[94]

Als im Juli 1962 Maßnahmen zur Verbesserung der Führungstätigkeit im Bereich des Innenministeriums beschlossen wurden, löste man die HVDVP als selbstständiges Leitungsorgan auf. Hauptabteilungen, Abteilungen und Verwaltungen wurden den jeweiligen Geschäftsbereichen des Ministeriums des Innern unmittelbar zugeordnet.[95] Danach änderte sich die Struktur der Verwaltung Strafvollzug mehrmals und Anfang 1964 auch erneut das Unterstellungsverhältnis. Unterstand der Strafvollzug bis dato dem Leiter (und Stellvertreter des Ministers) der Bereiche Kriminalpolizei/Erlaubniswesen, Strafvollzug, Pass- und Meldewesen, unterstellte man die Verwaltung Strafvollzug von nun an unmittelbar dem Ersten Stellvertreter des Innenministers und dem Staatssekretär.[96] Im Anschluss daran wurde lange über die Struktur der Verwaltung Strafvollzug beraten. Im April 1965 kam man zu folgendem Ergebnis:[97] Der Leiter der Verwaltung Strafvollzug hatte nun nur noch einen Stellvertreter. Neben der Geschäftsstelle gab es die Vollzugsabteilung, die Organisationsabteilung und die wissenschaftlich-methodische Abteilung, die jeweils aus verschiedenen Arbeitsgruppen bestanden. „Zur Lösung spezieller operativer Aufgaben in Strafvollzugsanstalten – bis dahin von der Arbeitsgruppe für operative Anleitung und Kontrolle wahrgenommen – wurde im Jahre 1966 ergänzend die Abteilung IV gebildet."[98] Ab 1967 galten der Strafvollzug, die Volkspolizei und die Feuerwehr als die „3 Hauptsäulen der Organe des Ministeriums des Innern".[99] Allerdings wurden noch immer vorhandene, gleitende Übergänge kritisiert. Gemeint ist der problemlose Wechsel von Genossen des Strafvollzugs zu Dienstzweigen der Volkspolizei, obwohl die Berliner Zentrale klarmachte: „Das ist nicht statthaft, das widerspricht den Weisungen." Allerdings macht Ziegler deutlich, dass der Strafvollzug trotz mehrerer Umstrukturierungen und Neuordnungen des Unterstellungsverhältnisses „in die Gesamtstruktur der Polizei eingebettet"[100] blieb, schon allein, weil auf Bezirksebene die Abteilungen Strafvollzug den Bezirksbehörden der Deutschen Volkspolizei eingegliedert waren. Ab Mitte der siebzi-

---

94 So geben es jedenfalls die Akten wieder – vgl. SächsStAL, 24/148 –, während laut „Behördengeschichte BDVP Leipzig" des Findbuchs BDVP des Staatsarchivs Leipzig erst ab 1. Oktober 1958 der Strafvollzug wieder der BDVP Leipzig eingegliedert wurde.
95 Risse, Ministerium des Innern, S. IX f., hat zur Grundlage: Befehl Nr. 33/62 des Ministers des Innern vom 8.7.1962 (BArch, DO 1/ 2.2./ 58383, unpag.).
96 Risse, Ministerium des Innern, S. XI, hat zur Grundlage: Befehl Nr. 3/64 des Ministers des Innern und Chefs der DVP vom 28.1.1964 (BArch, DO 1/ 2.2./ 58470, unpag.).
97 Siehe hierzu das Organigramm 2 zur Struktur der Verwaltung Strafvollzug im Frühjahr 1965 im Anhang VII.2. Diagramme und Organigramme.
98 Risse, Ministerium des Innern, S. XII, hat zur Grundlage: Befehl Nr. 1/66 des Ministers des Innern und Chefs der Deutschen Volkspolizei vom 1. Januar 1966 (BArch, DO 1/ 2.2./ 58523, unpag.).
99 Zitat hier und im Folgenden: Protokoll der Tagung mit den Anstaltsleitern der selbstständigen Vollzugseinrichtungen und den Abteilungsleitern SV der BDVP in der StVA Brandenburg am 28.6.1967 vom 29.6.1967 (BArch, DO 1/3412, unpag.).
100 Ziegler, Strafvollzug in der DDR, S. 35.

ger Jahre bis zum Ende der DDR änderte sich die Struktur der Verwaltung Strafvollzug kaum noch: Dem Leiter unterstanden die drei Stellvertreter Operativ, Vollzugsgestaltung und Ökonomie, denen wiederum Offiziere mit bestimmten Aufgabengebieten untergeordnet waren, sowie der Leiter der Kontrollgruppe und das Referat Kader/Ausbildung.[101]

Bezüglich der Leiter der Berliner Strafvollzugszentrale bietet die Literatur ein äußerst uneinheitliches und offensichtlich unvollständiges Bild. Weitgehende Einigkeit besteht lediglich darin, dass Karl Gertich 1951 durch August Mayer ersetzt wurde, der wiederum bis 1959 amtierte.[102] Alfred Schönherr löste Mayer 1959 ab. Da dieser als Offizier im besonderen Einsatz (OibE) für das MfS tätig war, vergrößerte sich durch ihn der Einfluss des MfS auf den Strafvollzug der DDR. Bereits 1961 ersetzte Werner Jauch Schönherr als Leiter der zentralen Strafvollzugsverwaltung und ab April 1962 amtierte Johannes Kohoutek als Leiter.[103] Dieser wurde „wegen seines Gesundheitszustandes von seiner Funktion abberufen"[104] und ab dem 1. November 1965 trat Oberst Werner Oertel an dessen Stelle. Kohoutek bekleidete nun das Amt des Stellvertretenden Leiters der Verwaltung Strafvollzug. Offenbar war auch Oertel als Offizier in besonderem Einsatz für das MfS tätig, denn 1967 wurde er zurück zum MfS versetzt und durch Hans Tunnat ersetzt, der diesen Posten bis 1980 innehatte.[105] Ihm folgte Wilfried Lustik,[106] der bis 1989 amtierte.[107]

Auf allen Ebenen des Strafvollzugs hatten die SED und das Ministerium für Staatssicherheit entscheidenden Einfluss: die SED auf oberster Ebene über die

---

101 Siehe hierzu das Organigramm 3 zur Organisationsstruktur der Verwaltung Strafvollzug Mitte der siebziger Jahre im Anhang VII.2. Diagramme und Organigramme.
102 Finn und Fricke waren dagegen 1981 der Meinung, Mayer habe bis 1969 amtiert, ehe er von Hans Tunnat ersetzt wurde, der den Autoren zufolge bei Erscheinen des Buches 1981 noch im Amt war. Finn/Fricke, Politischer Strafvollzug in der DDR, S. 26.
103 Risse, Ministerium des Innern, S. X. Vgl. auch Direktive Nr. 1/62 des Leiters der VSV vom 2.4.1962 (BStU, ZA, MfS-BdL/Dok. 14552/Bl. 1-9).
104 Protokoll der Arbeitstagung vom 1.11.65 vom 8.11.1965 (BArch, DO 1/3411, unpag.).
105 Risse, Ministerium des Innern, S. XII, Anm. 38. Allerdings findet sich auch eine Angabe, wonach Oberst Junath 1971 als Leiter der Verwaltung Strafvollzug fungierte. Vgl. BDVP Karl-Marx-Stadt, AG Strafvollzug, Einschätzung der Arbeitsergebnisse 1971 vom 2.12. 1971 (SächsStAC, 30441-25.1/142/Bl. 109). Womöglich handelt es sich hier um eine falsche Namenswiedergabe Tunnats oder dessen Falschschreibung (Tunnat = Junath?).
106 Lustik war spätestens seit 1977 inoffizieller Mitarbeiter des MfS. Vgl. Wunschik, Hauptabteilung VII, S. 24.
107 Risse, Ministerium des Innern, S. XII, Anm. 38. Dagegen kamen in der Literatur die Namen Jauch, Kohoutek und Oertel lange Zeit gar nicht vor und auch über die Amtszeiten der anderen VSV-Leiter herrschte Uneinigkeit. Wunschik nennt erst seit 2004 Gertich, Mayer, Schönherr, Kohoutek, Oertel, Tunnat und Lustik als Leiter der Berliner Zentrale – Jauch fehlt hier. Vgl. Wunschik, Politischer Strafvollzug, S. 498. Davor war sich Wunschik über die Reihenfolge nach Schönherr im Unklaren, auch Kohoutek und Oertel fehlten, während Tunnat von 1969 bis 1986 amtierte und erst da von Lustik ersetzt wurde. Vgl. Wunschik, „Organ Strafvollzug", S. 491. Fricke wiederum gibt Tunnat als direkten Nachfolger Schönherrs an. Tunnat war Fricke zufolge bis Mitte der sechziger Jahre VSV-Chef, ehe er von Lustik beerbt wurde. Vgl. Fricke, Strafvollzug in Bautzen, S. 126.

ZK-Abteilung Staats- und Rechtsfragen und vor allem über die ZK-Abteilung Sicherheitsfragen, die unter anderem für das Innenministerium zuständig war und daher Kontrollen im Strafvollzug durchführte. Auf Bezirksebene erfolgte die Einflussnahme über die Abteilung Sicherheit der SED-Bezirksleitungen und auf Kreisebene über den Sicherheitsbeauftragten der SED-Kreisleitungen. Das MfS sicherte seinen Einfluss auf oberster Ebene durch die Hauptabteilung VII, auf Bezirksebene durch die Abteilung VII der Bezirksverwaltungen und auf unterster Ebene durch die Kreisdienststelle. Daher war die „Entscheidungsstruktur [...] sehr komplex und für Außenstehende [...] kaum durchschaubar".[108] Die Bedeutung der Schaffung einer dem Innenministerium unterstehenden zentralen Verwaltung des Strafvollzugs lag darin, so Wunschik, dass dies „ein wichtiger Beitrag zur Herrschaftssicherung der SED" gewesen sei, da die Partei von Anfang an in allen Fragen des Innenministeriums „ein besonderes Mitspracherecht"[109] gehabt habe und bedeutende Entscheidungen der formellen oder informellen Zustimmung der SED-Spitze bedurften.

Der Dienst im Strafvollzugssystem gliederte sich in eine untere Laufbahn (Anwärter des SV bis Obermeister des SV), eine mittlere Laufbahn (Unterleutnant des SV bis Hauptmann des SV) und eine höhere Laufbahn (Major des SV bis Oberst des SV).[110] Dazu musste an der Berliner Hochschule der DVP eine „stark ideologisch geprägte" Ausbildung absolviert werden – der Anteil des Fachs „Marxismus-Leninismus" lag in der Fachschulausbildung bei etwa 25 Prozent. Die Personalstrukturen innerhalb der diversen Strafvollzugseinrichtungen waren „sehr komplex ausgebildet" und keineswegs in allen Haftanstalten gleich. In der Regel sah die Hierarchie so aus, dass an der Spitze der Anstaltsleiter stand, dem die Stellvertreter Operativ und „Polit-Kultur" direkt unterstanden; daneben gab es eine Verwaltung nebst Arbeitsverwaltung und Personalstelle, die Intendantur, eine PK-Abteilung, eine Vollzugsstelle und eine Abteilung für Gesundheitswesen, das für die äußere Sicherheit zuständige Wachkommando und den Vollzugsdienst, der den Strafvollzug durchführte und mit dessen Bediensteten die Gefangenen den meisten Kontakt hatten.[111] Später waren dem Anstaltsleiter Stellvertreter für die Bereiche Operativ, Vollzug und Ökonomie/Versorgungsdienst nachgeordnet, wobei der Bereich Operativ für die Sicherung und Bewachung der Strafvollzugseinrichtungen verantwortlich war und der Bereich Ökonomie/Versorgungsdienst den Werkstattleiter und den Küchenleiter oder die für die Verwaltung der Gefangenengelder zuständigen SV-Angehörige umfasste.[112] Daneben gab es das einem Arzt – so vorhanden – unterstellte Krankenpflegepersonal, einen SED-Parteisekretär und zivile Beschäftigte – Angehörige der Betriebe, in denen die Häftlinge arbeiteten.[113]

---

108 Ziegler, Strafvollzug in der DDR, S. 35.
109 Wunschik, Strafvollzug, S. 82.
110 Zitat hier und im Folgenden: Ziegler, Der Strafvollzug in der DDR, S. 35.
111 Wunschik, Strafvollzug, S. 75.
112 Ziegler, Strafvollzug in der DDR, S. 36.
113 Siehe zu den speziellen Aufgaben der einzelnen Bereiche: Fricke, Strafvollzug in Bautzen, S. 127–129.

"Nicht dem Anstaltsleiter unterstellt waren die in jeder StVE tätigen Angehörigen des MfS, deren Räumlichkeiten sich in einem abgeschlossenen Bereich befanden, welcher dem übrigen Personal grundsätzlich nicht zugänglich war."[114] Im September 1955 machte die Staatssicherheit ihre Aufgabe im Strafvollzug des Innenministeriums deutlich: "Wir sind auch mitverantwortlich für die gesamte Sicherheit. Jeder Anstaltsleiter weiß, wie wir zu erreichen sind. Wir sind Tag und Nacht zu erreichen. Das Vorkommnis spielt keine Rolle."[115] Die für die Überwachung des Strafvollzugs zuständige Linie VII des MfS[116] sollte auf beinahe alle Dienstzweige, Organe und Verwaltungen des Innenministeriums Einfluss nehmen.[117] An ihr wurden zahlreiche Umorganisationen vorgenommen. Für den Strafvollzug war seit 1953 insbesondere das Referat 3 (Strafvollzugsanstalten, Haftlager, Untersuchungshaftanstalten) bzw. ab 1958 das Hauptsachgebiet II (später Sachgebiet B) des Referats 1 der Abteilung VII des MfS verantwortlich. Mit Bildung der Hauptabteilung VII im Jahre 1959 übertrug man diese Verantwortung dem Referat B der Abteilung 1 für die Überwachung des Strafvollzugs. 1967 unterstand das Selbstständige Hauptsachgebiet Strafvollzug direkt dem Stellvertreter für Äußere Abwehr. 1971 gab es ein Referat Strafvollzug, ab 1972 war die Abteilung 5 für die Verwaltung Strafvollzug zuständig, bis schließlich 1976 die Abteilung 8 gegründet wurde, die von da an die Verantwortung für die Überwachung des Strafvollzugs übernahm.[118] "Die Linie VII sollte den Strafvollzug ‚allumfassend absichern', indem sie das Personal überwachte und die politischen Gefangenen kontrollierte."[119] Die Einflussnahme erfolgte sowohl auf die Führungskader als auch auf die SV-Angehörigen des „Organs Strafvollzug", auf die Mitarbeiter der Abteilung 4 der Arbeitsrichtung I der Kriminalpolizei, die die kriminellen Straftäter in den Strafvollzugseinrichtungen überwachten, auf die Mitarbeiter der Betriebe, die bei der Organisation der Häftlingsarbeit halfen, und auf „alle Gefängnisinsassen, die sich vor ihrer Festnahme politisch oppositionell betätigt hatten oder aus anderen Gründen ‚staatssicherheitsrelevant' waren". Der bedeutsamste Weg der Einflussnahme seitens des MfS auf den Strafvollzug war die Beeinflussung von Kaderentscheidungen mittels der Annahme oder Ablehnung der entsprechenden Personalvorschläge. Dazu führte man „Sicherheitsüberprüfungen" durch, die auch die Familie und den Freundeskreis der betreffenden Person einschlossen. Daneben beeinflusste die HA VII im sogenannten politisch-operativen Zusammenwirken und vor allem durch die OibE die Arbeit des Strafvollzugs. Seit Ende der fünfziger Jahre waren OibE im Innenministerium, besonders in der HVDVP, für das MfS

---

114 Ziegler, Strafvollzug in der DDR, S. 36.
115 Niederschrift der Ausführungen des Genossen Schleifenecker vom SfS [Staatssekretariat für Staatssicherheit] auf der Arbeitstagung der SV- und UHA-Dienststellenleiter im Bezirk Leipzig am 23.9.1955 (SächsStAL, 24/151/Bl. 51).
116 Siehe Wunschik, Hauptabteilung VII.
117 Siehe hier und im Folgenden: Wunschik, „Organ Strafvollzug", S. 492–502.
118 Siehe Wunschik, Hauptabteilung VII, S. 36–66.
119 Zitat hier und im Folgenden: ebd., S. 496.

tätig – 1971 allein sieben in der Verwaltung Strafvollzug. Des Weiteren verfügte die Linie VII des MfS über Inoffizielle Mitarbeiter (IM) und Gesellschaftliche Mitarbeiter für Sicherheit in der Verwaltung Strafvollzug, unter den SV-Angehörigen und Zivilangestellten in den Strafvollzugseinrichtungen.

Eine Richtlinie der Abteilung VII des MfS vom April 1956[120] gibt Auskunft darüber, wie die operative Arbeit in den Strafvollzugseinrichtungen sowie in den Bezirksverwaltungen Strafvollzug des MdI organisiert war. Aufgabe der MfS-Mitarbeiter im Strafvollzug war es, bislang unaufgeklärte „Verbrechen gegen die DDR und den Frieden" sowie unaufgeklärte Feindtätigkeit und Verbindungen mit westlichen Agentenzentralen aufzuklären. Diese Aufklärungsarbeit, so die Richtlinie, sei bislang nur ungenügend organisiert und unsystematisch erfolgt. Auch sei die „Abwehrarbeit in den Objekten gegen Angriffe feindlicher Agenturen" unzureichend gewesen, weshalb die operative Arbeit im Strafvollzug nun grundlegend geändert werden solle. Die MfS-Mitarbeiter sollten mit den Leitungen der Strafvollzugseinrichtungen, den Abteilungen IX der MfS-Bezirksverwaltungen und den Untersuchungsabteilungen der Volkspolizei zusammenarbeiten – mit letzten beiden, um über neu eingewiesene Häftlinge zwecks sofortiger operativer Bearbeitung auf dem Laufenden zu sein; sie müssten die den Strafvollzug betreffenden Gesetze, Verordnungen und Hausordnungen kennen und genaue Kenntnis über das Objekt, die Gefangenenstruktur, das Wachpersonal, die Verwaltungsangehörigen sowie deren außerdienstliches Leben erlangen. Des Weiteren wurde angewiesen, welche Häftlinge mit welchem Ziel operativ zu bearbeiten seien. Zum einen war es das Ziel des MfS, Erkenntnisse über die Haftanstalten der Bundesrepublik zu erlangen. Dazu sollten die MfS-Mitarbeiter alle Gefangenen erfassen, die in der Bundesrepublik Haftstrafen abgesessen hatten oder „verwandtschaftliche Beziehungen zu Angehörigen des westdeutschen Strafvollzugs" besaßen. Es wurden auch Häftlinge registriert, die Verwandte oder Bekannte bei der westdeutschen Polizei hatten, um „Aufklärungsarbeit nach Westdeutschland zu leisten". Zudem sollten diejenigen Gefangenen erfasst werden, die wegen Verbindungen zu „feindlichen Geheimdiensten" verurteilt worden waren, wie dem Counter Intelligence Corps (einem Nachrichtendienst der US-Armee), dem Secret Service, der Organisation Gehlen oder zu „Untergrundorganisationen in Westberlin oder Westdeutschland" wie der Kampfgruppe gegen Unmenschlichkeit, dem Untersuchungsausschuss Freiheitlicher Juristen, der Vereinigung der Opfer des Stalinismus, dem Bund Deutscher Jugend, aber auch zum Deutschen Gewerkschaftsbund, dem Ostbüro der SPD, der FDP oder der CDU. Weiterhin sollten Verurteilte ohne Verbindung zu jenen „feindlichen Zentralen" nach Artikel 6 der DDR-Verfassung oder nach KD 38 angeworben werden, um sie in ebendiese Organisationen einzuschleusen. Zudem sollten Wirtschaftsverbrecher, vor allem jene mit Beziehun-

---

120 Zitat hier und im Folgenden: MfS, Abteilung VII, Richtlinie für die Organisierung der operativen Arbeit in den Strafvollzugsanstalten, Haftarbeitslagern, Haftkrankenhäusern, Untersuchungshaftanstalten und Jugendhäusern sowie in den Bezirksverwaltungen Strafvollzug vom 23.4.1956 (BStU, ZA, MfS-BdL/Dok. 2657/Bl. 2–11).

gen zur Bundesrepublik, und ehemals inhaftierte Volkspolizisten erfasst werden. Schließlich stand auch die „Ausnutzung von kriminellen Verbrechern für unsere operative Arbeit auf allen Richtungen" auf dem Plan, gleichwohl man hier größte Vorsicht walten lassen müsse. Auch die Seelsorge war ins Visier des MfS geraten, da diese nach MfS-Sicht für feindliche Handlungen missbraucht wurde. Daher sollten zum einen „unter den aktiven Kirchgängern, Kirchenchören usw. zuverlässige Agenturen vorhanden" sein und zum anderen die Pfarrer operativ bearbeitet und überwacht werden.[121]

Doch damit nicht genug. Offenbar war das Vertrauen des MfS in die Arbeit der SV-Angehörigen des Innenministeriums nicht allzu groß, denn: „Neben der Bearbeitung dieser Gefangenengruppen besteht für die Mitarbeiter im Strafvollzug noch die Aufgabe, alle illegalen Verbindungen unter den Strafgefangenen, Gruppenbildungen, Vorbereitungen von Revolten und Ausbrüchen usw. rechtzeitig zu erkennen und die Rädelsführer zu entlarven, um sie nochmals den Gerichten übergeben zu können." Wenn die MfS-Mitarbeiter damit fertig waren, galt es noch die Abwehrarbeit in den Objekten zu organisieren. Dabei war „besonders auf die Umgebung [der StVE], das außerdienstliche Leben und Verhalten sowie auf die Angehörigen der Genossen zu achten". Hierbei sollten nicht nur Angehörige des Wachpersonals und der Verwaltung angeworben werden, sondern auch zivile Beschäftigte und Personen aus den die Strafvollzugseinrichtungen umgebenden Wohnhäusern, aus Gaststätten, in denen sich SV-Angehörige und Besucher der Häftlinge aufhielten und aus „Wohnschwerpunkten der Mitarbeiter des Strafvollzugs". Es sollten solche Agenturen angeworben werden, „die in jedem Falle in der Lage sind, alle Regungen des Gegners wahrzunehmen". Deutlich wird, wie groß das Sicherheitsbedürfnis der Staatsmacht war und wie sehr man „Angriffe feindlicher Agenturen" fürchtete.

Ende 1956 sah sich das MfS gezwungen, seine Mitarbeiter darauf hinzuweisen, dass auch die Dienstvorschriften des MdI-Strafvollzugs für sie voll gültig seien und sie dagegen keine Anweisungen geben könnten. Der Auslöser hierfür war, dass MfS-Mitarbeiter Anweisungen an Leiter von Strafvollzugseinrichtungen erteilt und Häftlinge vernommen hatten, ohne sich bei den zuständigen MfS-Leuten der Linie VII gemeldet zu haben. Es wurde erneut auf die Dienstanweisung des DVP-Chefs Maron vom März 1954 aufmerksam gemacht, der zufolge MfS-Mitarbeiter auch ohne Genehmigung der Hauptabteilung Strafvollzug Häftlinge vernehmen durften, wenn sie einen schriftlichen Dienstauftrag der Leiter der MfS-Bezirksverwaltungen oder von deren Stellvertreter vorlegen konnten.[122] Auch wurde ausdrücklich darauf hingewiesen, dass Briefe der Gefangenen an die Justizorgane der DDR weitergeleitet werden müssten, es sei denn, es sei aus operativen Gründen notwendig, die Zustellung zu verhindern, was

---

121 Vgl. Kapitel V.5.
122 Dienstanweisung des Chefs der DVP Nr. 15/54, Betr.: Vernehmung von Strafgefangenen in den SV-Dienststellen durch die Organe des Staatssekretariats für Staatssicherheit (SfS) vom 17.3.1954 (BStU, ZA, MfS-BdL/Dok. 50511/Bl. 1).

begründet werden müsse. Von dieser Anweisung ausgenommen war eigens die Strafvollzugsanstalt Bautzen II.[123] In den Jahren 1959 und 1967 wurde diese Dienstanweisung bezüglich Vernehmung, Einweisung und Auslieferung Strafgefangener durch MfS-Mitarbeiter ergänzt:[124] Ergab sich etwa aus einer Vernehmung, dass zur Sache noch andere Häftlinge in derselben Strafvollzugseinrichtung einsaßen, so musste auch der Anstaltsleiter einer Vernehmung zustimmen.[125]

Ziel der Kontrolle des MdI-Strafvollzugs durch das MfS war die Gewährleistung der inneren Sicherheit der Strafvollzugseinrichtungen. Obwohl das MfS dabei auf die Missstände im ostdeutschen Gefängniswesen aufmerksam wurde, galten die Bemühungen nicht der Beseitigung dieser Missstände, sondern primär deren Vertuschung, um den Strafvollzug der DDR international nicht zu diskreditieren.[126] „Auch bei Freikäufen in die Bundesrepublik und bei Begnadigungen oder Amnestien hatte die Stasi immer das letzte Wort."[127]

Neben den Strafvollzugseinrichtungen, U-Haft- und Jugendstrafanstalten des Innenministeriums gab es in der DDR spezielle Hafteinrichtungen der Militärjustiz[128] – neben dem seit 1954 bestehenden Strafvollzugskommando Berndshof verfügte die NVA ab 1968 noch über die Militärstrafanstalt Schwedt/Oder – sowie die Untersuchungshaftanstalten des MfS, welches in jedem Bezirk eine UHA und in Berlin mit den UHA in Lichtenberg und Hohenschönhausen das zentrale Untersuchungsgefängnis des MfS unterhielt. Allerdings vollzog auch das MfS Strafen mit Freiheitsentzug, wofür die ebenso für den Untersuchungshaftvollzug zuständige Linie XIV verantwortlich war. Bis Anfang der siebziger Jahre stand für den MfS-eigenen Strafvollzug lediglich das sogenannte Lager X[129] neben der MfS-UHA in Berlin-Hohenschönhausen zur Verfügung – und mit Einschränkungen die Strafvollzugsanstalt Bautzen II, die von einem Offizier im besonderen Einsatz des MfS geleitet wurde. Nach Schließung des Lagers X benutzte das MfS die Strafgefangenenarbeitskommandos (SGAK) der

---

123 MfS, Abteilung VII, Ergänzung zur Arbeitsrichtlinie der Abteilung VII/Referat 3 über die Arbeit im Strafvollzug vom 23.4.1956 vom 11.12.1956 (BStU, ZA, MfS-BdL/Dok. 2658/Bl. 1-4).
124 Anweisung Nr. 17/67 des Ministers des Innern und Chefs der DVP über Zusammenarbeit des Organs Strafvollzug mit Dienststellen des MfS vom 10.8.1967 (BStU, ZA, MfS-BdL/Dok. 11436/Bl. 1-6). Siehe auch 1. Änderung zur Anweisung Nr. 17/67 des Ministers des Innern und Chefs der DVP vom 29.4.1969 (BStU, ZA, MfS-BdL/Dok. 11437/Bl. 1 f.).
125 Dienstanweisung Nr. 7/59 der Leiters der HVDVP, Betr.: Zusammenarbeit der Organe der VSV mit den Organen des MfS vom 15.10.1959 (BStU, ZA, MfS-BdL/Dok. 14649/Bl. 1-4).
126 Wunschik, DDR-Strafvollzug, S. 493.
127 Beleites, Rolle des MfS, S. 55.
128 Der Untersuchungshaft- und Strafvollzug an Militärpersonen wurde gemäß Beschluss des Nationalen Verteidigungsrats vom 21. November 1980 an das Verteidigungsministerium übertragen. Vgl ebd., S. 47. Zum Militärstrafvollzug, siehe Wenzke, Ab nach Schwedt!
129 Siehe hierzu vor allem Erler, „Lager X".

einzelnen UHA für ihren Strafvollzug, der vor allem der „Nutzung der Arbeitskraft und der beruflichen Qualifikation"[130] der Gefangenen sowie deren speziellen Kontrolle diente. Der zweite Punkt hatte seit den siebziger Jahren größere Bedeutung, da die SGAK und speziell Bautzen II zur „Isolierung, Beeinflussung und geheimdienstlichen Nutzung von bestimmten Häftlingen" dienen sollten. Trotz der größeren Überwachung und der Bespitzelung der Gefangenen untereinander waren die Haftbedingungen in den SGAK der Untersuchungshaftanstalten des MfS generell besser als in den Strafvollzugseinrichtungen des Innenministeriums.[131]

3. Haftregime und Strafvollzug in der Praxis

3.1 „Schärfstes Haftregime" nach der Übernahme durch die Volkspolizei

Die Jahre nach der Übernahme der ersten Haftanstalten durch das Innenministerium waren zweifellos die Jahre im Gefängniswesen der DDR, in denen die Häftlinge unter den schlimmsten Haftbedingungen zu leiden hatten. Kälte, Hunger und zum Teil selbst physische Gewalt hatten die Häftlinge auch noch zu Beginn der fünfziger Jahre zu erdulden. Dafür gab es eine breite Palette von Gründen: Zum einen die andauernd katastrophale Versorgungs- und Verpflegungslage in den Strafvollzugseinrichtungen. So konnten zwar die 1950 aus den Speziallagern übernommenen Häftlinge noch teilweise mit anstaltseigenen Sachen neu eingekleidet werden, doch war dies schon im darauffolgenden Jahr nicht mehr möglich.[132] Die alten Haftanstalten befanden sich häufig in einem desolaten Zustand und genügten nur selten den minimalsten sanitären und hygienischen Anforderungen. Die Häftlinge litten in den kalten Monaten aufgrund der zugigen, alten Gebäude, der unzureichenden Kleidung und dem eklatanten Mangel an Heizmaterial extrem unter der lebenswidrigen Kälte. Die Folge von Hunger, Kälte und der dramatischen Überbelegung war eine hohe Krankenziffer und ein sehr großer Anteil Tuberkulose-Kranker, wie die Berliner Strafvollzugsverwaltung 1950 konstatieren musste: „Eine grobe Schätzung [...] durch einige Ärzte [...] ergab, dass ungefähr 30 Prozent der Insassen Tbc-krank sind."[133] Binnen eines Jahres, von Anfang April 1950 bis Ende März 1951, starben im MdI-Strafvollzug 620 Häftlinge, zum Großteil an Tbc.

---

130 Zitat hier und im Folgenden: Beleites, Untersuchungshaftvollzug, S. 450.
131 Beleites, Schwerin, Demmlerplatz, S. 147.
132 Erst gegen Ende 1951 rechnete die HA SV mit der vollständigen Einkleidung mit der einheitlichen Strafgefangenenbekleidung auch der neu übernommenen Häftlinge. Vgl. HVDVP, HA SV, vertraulicher Bericht der HA SV über die Arbeit auf dem Gebiet des Strafvollzugswesens im Allgemeinen sowie Darlegung der Wesenszüge des neuen, demokratischen Strafvollzugs im Besonderen, o. D. [4. Quartal 1951] (BArch, DO 1/28467/ Bl. 376). Siehe auch Buddrus, Situation des Strafvollzugs, S. 33.
133 Aktenvermerk der HA HS, Betr.: Gesundheitsfürsorge in den Strafanstalten der Volkspolizei vom 20.2.1950 (BArch, DO 1/28573/Bl. 11). Die HA SV registrierte am 30.6.

Die ersten Berichte der Hauptabteilung Strafvollzug über die von der Justiz übernommenen Strafanstalten diskreditierten den Justizvollzug – wohl, um die Übernahme der Haftanstalten von der Justiz zu rechtfertigen und Gründe für die Notwendigkeit der vollständigen Übernahme des Strafvollzugs zu liefern. Zudem war das „innige Verhältnis" zwischen Justizangestellten und Häftlingen für die Volkspolizei inakzeptabel. Dies führte auch zu Differenzen zwischen Volkspolizisten und Justizangehörigen, da aus Sicht der DVP in den Justizgefängnissen geradezu „idyllische Haftbedingungen" mit Gefangenenräten und wöchentlich gewährtem Urlaub herrschten.[134] Ein Großteil der Häftlinge habe „sehr viele Freiheiten" genossen und „entsprechend ihren Verbindungen nicht schlecht"[135] gelebt. „Von den verantwortlichen Stellen der Justiz wurde sehr viel vom humanen Strafvollzug gesprochen. Dieser humane Strafvollzug kommt darin zum Ausdruck, dass die Gefangenen innerhalb dieser Objekte alle nur erdenklichen Freiheiten genießen. Sie hatten genügend zu essen, zu rauchen und auch – wie aus Bautzen berichtet wird – geschlechtliche Beziehungen. Nach außen hin musste also unweigerlich das Bild entstehen, dass die verantwortlichen Stellen bemüht sind, den Einsitzenden das Leben so angenehm wie nur möglich zu machen." Diese Schmähungen des Reformstrafvollzugs sind bereits aus der Weimarer Zeit bekannt. Den damaligen Verantwortlichen wurde ebenfalls ein zu lascher Umgang mit den Gefangenen infolge pädagogischen Eifers vorgeworfen und in der Öffentlichkeit war das „Bild des Gefängnisses als Luxushotel für verhätschelte Verbrecher"[136] weit verbreitet. Nun kam es in zahlreichen Berichten erneut zur Diffamierung der Justizgefängnisse als Sanatorien und zur Kritik an den desolaten Bedingungen im Justizvollzug. Etwa, dass „die Unterkünfte der Gefangenen in sehr starkem Maße verdreckt waren, [...] dass es nicht möglich war, die Liegestätten von Zeit zu Zeit mit frischem Stroh zu versehen [...]. Die Leibwäsche und Bekleidung der Gefangenen sowie die ihnen zur Verfügung stehenden Schlafdecken geben ein trauriges Bild. Es ist alles mehr oder weniger zerrissen und zerlumpt. Das hat mit humanen Strafvollzug nichts mehr zu tun."[137] Da es der Justiz nicht möglich gewesen war, „die Strafgefange-

---

1950 5 774 kranke Häftlinge (38,5 % der Gesamtbelegung), von denen 2 775 (48,1 % der Kranken) Tbc-Erkrankte waren. Genau ein Jahr später wurden 4 827 verzeichnet, was nur noch einem Anteil von 17,4 % der Gesamtbelegung bedeutete. Vgl. HVDVP, HA SV, vertraulicher Bericht der HA SV über die Arbeit auf dem Gebiet des Strafvollzugswesens im Allgemeinen sowie Darlegung der Wesenszüge des neuen, demokratischen Strafvollzugs im Besonderen, o. D. [4. Quartal 1951] (BArch, DO 1/28467/ Bl. 372). Siehe auch Buddrus, Situation des Strafvollzugs, S. 32.

134 Wunschik, Strafvollzug als Aufgabe der Deutschen Volkspolizei, S. 81.
135 Zitat hier und im Folgenden: HVDVP, HA SV, Bericht über die abgeschlossene Übernahme sowie den jetzigen Zustand mehrerer StVA, HAL und HKH Leipzig-Klein Meusdorf vom 22.1.1951 (BArch, DO 1/28588/Bl. 330). Siehe auch Buddrus, Situation des Strafvollzugs, S. 19.
136 Wachsmann, Gefangen unter Hitler, S. 16, 47–55.
137 HVDVP, HA SV, Bericht über die abgeschlossene Übernahme sowie den jetzigen Zustand mehrerer StVA, HAL und HKH Leipzig-Klein Meusdorf vom 22.1.1951 (BArch, DO 1/28588/Bl. 330).

nen mit ordnungsgemäßer Bekleidung, Unterwäsche, Schlafdecken usw. zu versorgen", und dieses Problem auch von der Volkspolizei nicht so schnell beseitigt werden konnte, dauerten die „katastrophalen Zustände" weiterhin an. „Ein großer Mangel besteht auch an Unterkunftsgerät. Es fehlen Betten, Kübel und anderes. [...] Die übernommenen sanitären Einrichtungen müssen [...] als primitiv angesehen werden."[138] Liest man die Mängelliste der Hauptabteilung Strafvollzug, stellt sich die Frage, wie die Gefängnisse unter Justizverwaltung den Anstaltsbetrieb überhaupt fünf Jahre lang aufrechterhalten konnten. Es fehlte an Kleidung, Unterwäsche, Betten, Strohsäcken, Decken, Handtüchern, Desinfektionsmitteln und vor allem an den sogenannten Leibstuhlkübeln, für die es 1950 nicht einen Produzenten in der DDR gegeben hatte. Weiterhin waren die Kücheneinrichtungen in einem desolaten Zustand und mussten teilweise aus hygienischen Gründen verlegt werden. Entscheidend für den Anstaltsbetrieb war der Mangel an festen Brennstoffen und Glühbirnen. So gab es in Torgau für 1 220 Brennstellen nur 23 Glühbirnen. „Eine Außenbeleuchtung war überhaupt nicht vorhanden."[139] An anderer Stelle hieß es kurz zusammengefasst, „dass sich die neu übernommenen Dienststellen auch in der Frage der Inneneinrichtung und Materialversorgung in einem Zustand befanden, der nicht mehr länger ertragen werden konnte".[140] Mit diesen Verhältnissen sollte es nun nach Sicht des Innenministeriums vorbei sein und andere Haftbedingungen Einzug halten.

Der Übergang der Justizhaftanstalten auf die Volkspolizei bedeutete die Abkehr vom Konzept des „humanen Strafvollzugs" des Justizministeriums, was wiederum eine Verschärfung des Haftregimes nach sich zog, die vielfach belegt ist. Das betraf besonders die politischen Gefangenen. Schließlich war bereits Ende 1948 bezüglich der nach SMAD-Befehl Nr. 201 Verurteilten in der Justizverwaltung die Anweisung ergangen, dass die „Behandlung der Gefangenen [...] nach der von den Nazis für ihre Gefangenen erlassenen Dienst- und Vollzugsordnung von 1940 erfolgen"[141] sollte. Tatsächlich gab es bis zum Strafvollzugs- und Wiedereingliederungsgesetz von 1968 für den DDR-Strafvollzug keine einheitliche gesetzliche Regelung. In den Haftanstalten herrschte „nach wie vor Willkür".[142] Justizminister Fechner bestätigte Anfang der fünfziger Jahre, dass zu jener Zeit in den Justizhaftanstalten noch nach Bestimmungen verfahren wurde, die „zum größten Teil aus der Nazizeit" herrührten. „Es war dem Verständnis des einzelnen Dienstleiters überlassen, zu entscheiden, was von diesen

---

138 HVDVP, HA SV, Aktenvermerk des Stellvertreters Operativ, Werner Jauch, vom 16. 3. 1951 (BArch, DO 1/28588/ Bl. 289 f.).
139 HVDVP, HA SV, vertraulicher Bericht der HA SV über die Arbeit auf dem Gebiet des Strafvollzugswesens im Allgemeinen sowie Darlegung der Wesenszüge des neuen, demokratischen Strafvollzugs im Besonderen, o. D. [4. Quartal 1951] (BArch, DO 1/28467/ Bl. 376–378).
140 Bericht über die Arbeit der HVDVP, HA HS im 1. Quartal 1951 vom 24. 4. 1951 (BArch, DO 1/28467/Bl. 177).
141 Ebd., Bl. 261.
142 Ansorg, Strafvollzug an politischen Gefangenen, S. 775.

Bestimmungen im Rahmen der demokratischen Gesetzlichkeit anwendbar blieb, und was nicht. Dieser Zustand führte zu Unklarheiten und Ungleichheiten."[143] Nach der Übernahme der ersten Justizhaftanstalten existierten laut Hauptabteilung Strafvollzug außer den Dienst- und Vollzugsvorschriften der Reichsjustizverwaltung keine Richtlinien für die Durchführung eines „demokratischen Strafvollzugs", sodass neues Material erarbeitet werden musste – die „vorläufige Strafvollzugsordnung". „Bei der Erarbeitung dieses Materials wurde der Gedanke der Isolierung und Sicherung neben dem Gedanken der Erziehung in den Vordergrund gestellt. Es wurde abgewichen von der falschen Humanität, die in der Nachkriegszeit in steigendem Maße in den Strafvollzugsanstalten einzog und die geeignet war, den Gedanken des Strafvollzuges immer mehr zu verwässern. [...] Entgegen den in den Strafvollzugsanstalten unmittelbar nach Beendigung des Krieges vertretenen, falschen humanitären Gedanken vertritt die Hauptabteilung SV die Meinung, dass aus den Strafvollzugsanstalten alles das verschwinden muss, was dem Vergnügen und der Unterhaltung der Gefangenen dient; und das alles das eingeführt und durchgeführt werden muss, was geeignet erscheint, ihn für ein gesetzmäßiges Leben in der Freiheit wiederzugewinnen."[144] Im Gegensatz zum Justizstrafvollzug – „der früheren, falsch verstandenen humanitären Form des Strafvollzuges" – durften die Häftlinge nun keine persönlichen Sachen mehr besitzen und die politischen Häftlinge waren zudem vom Literaturbezug ausgeschlossen. Auch sah die oberste Strafvollzugsverwaltung die Gottesdienste und Seelsorgestunden kritisch: Zwar wurde die religiöse Betreuung der Gefangenen gewährleistet. Jedoch sei nur ein „prozentual außerordentlich geringer" Teil der Häftlinge aus wirklich religiösen Gründen an religiöser Betreuung interessiert.[145] Vielmehr trage ein Großteil der Gefangenen die Hoffnung mit sich, dass „es zu einer Auseinandersetzung zwischen dem Weltfriedenslager und dem imperialistischen Lager kommen wird". Die Sichtweise der Volkspolizei, die Masse der Gefangenen als Gegner zu betrachten – schließlich befand man sich in einer Hochphase des Kalten Krieges, in der jeder, der nicht für das System war, als Gegner gesehen wurde –, kam nicht von ungefähr: Im ersten Quartal 1952 waren fast drei Viertel (72 Prozent) der in den Strafanstalten des Innenministeriums einsitzenden Gefangenen wegen „politischer Verbrechen" – wie hier diese Kategorisierung bemerkenswerterweise noch heißt – verurteilt worden. Bei 27 Prozent der Gefangenen betrug das Strafmaß zwischen 20 und 25 Jahren Freiheitsentzug, etwa 22 Prozent waren zu fünf bis zehn Jahren und 17,1 Prozent zu weniger als drei Jahren Freiheitsentzug verurteilt worden. Bei einer normalen Belegung von 17 095 Personen waren die

---

143 Vorwort des Justizministers Fechner zum Handbuch für den Dienst in den Justizhaftanstalten der DDR, o. D. [1950/51], S. 5 (BArch, DP 1/HA SV/II/49, unpag.).
144 Zitat hier und im Folgenden: HVDVP, HA SV, vertraulicher Bericht der HA SV über die Arbeit auf dem Gebiet des Strafvollzugswesens im Allgemeinen sowie Darlegung der Wesenszüge des neuen, demokratischen Strafvollzugs im Besonderen, o. D. [4. Quartal 1951] (BArch, DO 1/28467/Bl. 351-359).
145 Vgl. Kapitel V.5.

MdI-Gefängnisse mit 25 807 Häftlingen zu 151 Prozent überbelegt – 87,2 Prozent der Gefangenen waren Männer, 12,8 Prozent Frauen. Dass dies jedoch nur Durchschnittswerte sind, zeigt die Situation in den vier sächsischen Haftanstalten, in denen die Situation weit dramatischer ausfiel: So waren in Bautzen I 97 Prozent der Gefangenen politische Häftlinge und die Anstalt dreifach überbelegt. In Waldheim betrug die Überbelegung 208 Prozent; der Anteil der wegen „politischer Verbrechen" Verurteilten lag wie in Torgau, welches zu 250 Prozent überbelegt war, bei 85 Prozent. In Hoheneck – Überbelegung: 132 Prozent – gehörten 69 Prozent der Insassen der Gruppe der politischen Häftlinge an.[146]

Nach Auflösung der sowjetischen Speziallager hofften die dort Internierten auf eine Verbesserung des Haftregimes im Strafvollzug unter DDR-Verwaltung, was sich jedoch nicht erfüllen sollte. Zum einen äußerte sich nun die Verschärfung des Haftregimes in der Berechnung der Belegungskapazitäten und der daraus folgenden Überbelegung der Haftanstalten. Zum anderen wurden die Sicherungsmaßnahmen und -vorkehrungen verstärkt. Die für die Häftlinge sicher spürbarste Folge war die Zunahme des Hungers, denn: „Erste Amtshandlung der VP war die Kürzung der Verpflegungssätze"[147] – berichtet Walter Kempowski aus Bautzen I, das die Volkspolizei ab Anfang Februar 1950 von der sowjetischen Besatzungsmacht übernommen hatte. Ein Bericht der Hauptabteilung Strafvollzug von Anfang Juni 1950 bestätigt „die Herabsetzung der Lebensmittelrationen" – jedoch geschah das nicht willkürlich. Die nicht arbeitenden Häftlinge – und das war die Masse der Gefangenen – erhielten nun Verpflegung nach der Grundkarte im zivilen Sektor; arbeitende Häftlinge wurden entsprechend den erhöhten Verpflegungsrationen des zivilen Sektors verpflegt.[148] Ein Jahr später bestätigte die Hauptabteilung Strafvollzug für die von der Justiz übernommenen Anstalten, dass „die Justiz tatsächlich erhöhte Rationssätze ausgegeben"[149] habe. Demnach seien von der Volkspolizei die Verpflegungssätze nur um das von der Justiz zu viel ausgegebene Maß reduziert worden. Kempowski beschreibt auch die weiteren Änderungen im Haftsystem: So gebe es unter der Herrschaft der Volkspolizei keine Zeitungen und kein Kino mehr, auch keine Briefe. Auf der anderen Seite legte die Volkspolizei mehr Wert auf Sauberkeit und bekämpfte Flöhe und Wanzen, „und zwar mit Erfolg".[150] Bemerkbar machte sich die nun streng militärische Ausrichtung des Strafvollzugs. Die Häftlinge mussten „sich als ‚Strafgefangener' bezeichnen und vor den Wachtmeistern Männchen machen" und beim Hofgang hieß es: „Stramme Haltung, Gleichschritt, Seitenrichtung." Schließlich wurden die schon reduzierten Verpflegungs-

---

146 Aufstellung über den Stand der Gefangenen in den Strafanstalten des MdI der DDR für das 1. Quartal 1952, o. D. (BArch, DO 1/28509, unpag.).
147 Kempowski, Im Block, S. 141.
148 Stellungnahme der HVDVP, HA HS zu dem dem Herrn Ministerpräsidenten übermittelten Bericht über die Zustände in den Strafanstalten Bautzen und Torgau (Fort Zinna) vom 7.6.1950 (BArch, DO 1/28586/Bl. 35).
149 HVDVP, HA SV, Aktenvermerk des Stellvertreters Operativ, Werner Jauch, vom 16.3.1951 (BArch, DO 1/28588/Bl. 289).
150 Zitat hier und im Folgenden: Kempowski, Im Block, S. 141–149.

sätze halbiert und die Krankenkost ganz abgeschafft. „An Stelle guter Russenbutter wurde Darmfett mit Borsten und Schwarten ausgegeben [...] Hartnäckig hielt sich das Gerücht, die Anstaltsleitung habe fünf Säcke Post verbrannt." Dabei war die Stimmung unter den Gefangenen eine ganz andere gewesen, als vor der Übernahme der Anstalt durch die Volkspolizei. „Den Russen gegenüber hatte man sich wehrlos gefühlt", so Kempowski, aber nun glaubte man an positive Veränderungen: Ein Vertrauensrat der Häftlinge hatte eine 48 Punkte beinhaltende Resolution verfasst, „in denen auf das Rechtswidrige unserer Haft hingewiesen wurde. Kein ordentliches Gerichtsverfahren, erzwungene Aussagen und so weiter. Er verlangte Wiederaufnahme der Verfahren, Besuch, Pakete, Bücher." Doch die Hoffnungen erfüllten sich nicht.[151] „Allmählich breitete sich Hass gegen die VP aus. Man hatte geglaubt, die Russen seien um vieles schlechter als die eigenen Landsleute." Ähnliches schildert Gerhard Finn über die Haftanstalt Torgau nach der Übernahme durch die Volkspolizei Anfang 1950: „Selbst die von der sowjetischen Besatzungsmacht nicht gerade gut behandelten Häftlinge aus der Zone II des Speziallagers Sachsenhausen zeigten sich entsetzt darüber, wie sie von den deutschen Volkspolizisten behandelt wurden. [...] Nicht zu unterschätzen war auch der Hass dieses neuen Wachpersonals gegen die vermeintlichen Täter von damals, obwohl mehr als die Hälfte der Verurteilten um die 21 Jahre alt war und diese jungen Männer schon aus Altersgründen kaum Nazi-Verbrecher sein konnten."[152] Auch Hans-Georg L., Inhaftierter nach der Kontrollratsdirektive 38 im sowjetischen Speziallager Nr. 7, dem früheren Konzentrationslager Sachsenhausen, schildert die Enttäuschung der Hoffnungen auf einen menschlicheren Strafvollzug: „Wir hatten geglaubt, unsere Landsleute würden Verständnis für uns haben, aber da hatten wir uns getäuscht – wie Verbrecher hat man uns behandelt."[153] Dass viele Volkspolizisten die aus den Speziallagern übernommenen Häftlinge für ehemalige Nationalsozialisten und Kriegsverbrecher hielten, war sicher der aggressiven Agitation durch ihre Vorgesetzten geschuldet. Erstaunlich ist zudem, dass selbst der Bautzener Anstaltsleiter Erich Reschke, der während seiner zwölfjährigen Haft in der NS-Zeit auch sechs Jahre im KZ Buchenwald inhaftiert gewesen war, die Häftlinge für seine ehemaligen Bewacher hielt[154] – Reschke war immerhin ehemaliger DVdI-Präsident.[155]

151 Siehe etwa Klein, Jugend zwischen den Diktaturen, S. 94; Hardegen, Gefangen in Bautzen, S. 167 f.; Corbat, „Unserer Entwicklung", S. 108.
152 Finn, Hinter dem Eisernen Vorhang, S. 217 f. Siehe auch Wunschik, Gefängnisse der DDR, S. 163.
153 Interview von Bettina Westfeld M.A. mit Hans-Georg L. am 23. Februar 2001 (Archiv StSG).
154 Kempowski, Im Block, S. 144.
155 Reschke war im KZ Buchenwald schließlich Lagerältester und zeichnete sich durch „eine besondere Brutalität" aus. Im Juni 1950 vom NKWD wegen Misshandelns sowjetischer Kriegsgefangener in Buchenwald verhaftet, aus der SED ausgeschlossen, gemäß Kontrollratsgesetz Nr. 10 zu lebenslanger Haft verurteilt, war Reschke bis Oktober 1955 im sowjetischen GULag, ehe er 1956 rehabilitiert wurde und schließlich wieder für die VSV arbeitete und erneut Anstaltsleiter in Bautzen wurde. Vgl. Fricke, Strafvollzug in Bautzen, S. 136 f.; Wer war wer in der DDR?, S. 696.

Haftregime und Strafvollzug in der Praxis

Zwei Briefe aus der StVA Bautzen I – dem sogenannten „Gelben Elend" –, die aus dem Gefängnis geschmuggelt werden konnten und in denen die Häftlinge den Westen um Hilfe anriefen, beschreiben in drastischer Weise die katastrophalen Haftbedingungen in Bautzen I und sind gleichsam Zeugnis der Zustände im Strafvollzug der DDR Anfang der fünfziger Jahre.[156] Dass „die geringe Tbc-Zusatzverpflegung, die die Sowjets in den Konzentrationslagern in Einzelfällen gewährten"[157] von der Volkspolizei gestrichen wurde, wird von beiden Briefen bestätigt.[158] Das führte dazu, dass von einigen Ärzten „jede weitere Verantwortung für die Kranken" abgelehnt wurde, „wenn nicht bald die Verpflegungssätze entsprechend erhöht werden".[159] Da im gleichen Bericht die ärztliche Betreuung in den Speziallagern als „nach allgemeiner Bekundung vorbildlich" bezeichnet wurde, gestand die Berliner Strafvollzugsverwaltung die Mangelernährung der Häftlinge und die ungenügende medizinische Betreuung der Kranken – wenigstens inoffiziell – ein. Der zu dieser Zeit ebenfalls im „Gelben Elend" inhaftierte Horst G. Keferstein erklärt, warum aus seiner Sicht die Tbc-Zusatzverpflegung gestrichen wurde: „Nach dem Motto, dass nicht sein kann, was nicht sein darf, wurde das Tuberkuloseproblem als von Häftlingsärzten begünstigte Überdramatisierung bezeichnet. Damit sollte auch gerechtfertigt werden, dass man den meisten Kranken die Tbc-Sonderkost, die von den Sowjets zur Verringerung der Sterberate eingeführt worden war, entzog."[160] Die Häftlinge schilderten in ihren Briefen weiterhin, dass sie zusammengedrängt in Sälen leben mussten, deren Fenster mit Blechen komplett verblendet waren, sodass weder Luft noch Sonnenlicht hineingelangen konnte. „Als Waschschüsseln dienen alte Brotkästen. Seife gab es seit drei Monaten keine. [...] Drei Toiletten, die oft ohne Wasserzuführung sind, kein Toilettenpapier, keine Zahnbürsten, kein Fieberthermometer im Saal. Wenig, fast gar keine Medikamente in einer offenen Pappschachtel. [...] Die Kleidung zerfällt am Leibe. [...] Die Verbindung mit den Angehörigen ist nicht mehr möglich."[161] Wegen der Verschlechterung der Haftbedingungen und der Nichtbeantwortung der Resolution des Vertrauensrats organisierten die Häftlinge in Bautzen I einen Hungerstreik,[162] der gewaltfrei beendet werden konnte, da er die Anstaltsleitung offenbar völlig

---

156 Der erste Brief ist auf den 22. März und der zweite auf den 6. April 1950 datiert. Beide Briefe im Wortlaut bei Fricke, Politik und Justiz, S. 537–544.
157 Ebd., S. 538.
158 HA HS, Aktenvermerk, Betr.: Gesundheitsfürsorge in den Strafanstalten der Volkspolizei vom 20.2.1950 (BArch, DO 1/28573/Bl. 11).
159 Zitat hier und im Folgenden: ebd.
160 Keferstein, Unruhige Jahre, S. 271.
161 Fricke, Politik und Justiz, S. 539.
162 Vor allem die beiden Briefe aus Bautzen I hatten diesen Aufstand im Westen publik gemacht. Der erste wurde am 15.5.1950 im Hamburger Echo veröffentlicht, nachdem Herbert Wehner vermittelt hatte. Der zweite Brief wurde am 22.5.1950 auf dem Hamburger SPD-Parteitag von Wehner persönlich vorgelesen. Vgl. Kubina, Briefe aus Bautzen, S. 86 f. Zum Hungerstreik in Bautzen I siehe u. a. Fricke, Politik und Justiz, S. 536–545; ders., Strafvollzug in Bautzen, S. 133–136; Kempowski, Im Block, S. 149–154; Hardegen, Gefangen in Bautzen, S. 168 f.; Keferstein, Unruhige Jahre, S. 273–275.

unvorbereitet traf. Diese beruhigte die Häftlinge mit dem Zugeständnis, die Verpflegung werde sich bessern und ein Beschwerdebuch eingeführt werden. Da aber die Resolution des Vertrauensrats weiterhin nicht beantwortet wurde, kam es am 31. März zu einem zweiten Hungerstreik, woraufhin Anstaltsleiter Reschke „durch Herbeiordern der Bereitschaft und Gebrauch der Gummiknüppel"[163] die Ruhe wiederherstellen ließ. In seinem Bericht bestätigte Reschke die Aussagen Kempowskis, dass die Häftlinge der Ansicht gewesen seien, die Volkspolizei würde nach der Übernahme der Haftanstalt die Urteile überprüfen, korrigieren und teilweise Gefangene auch entlassen. Als Reschke jedoch erklärt habe, die Häftlinge seien Strafgefangene und würden nach den Strafvollzugsbestimmungen der DDR behandelt, hätten die Häftlinge Volkspolizisten beschimpft: „Ihr Verbrecher, blaue SS, Russenpolizei usw." Daraufhin hatte man die „Rädelsführer" aus den Haftsälen entfernt. Trotzdem konnte die Volkspolizei den zweiten Hungerstreik vom 31. März nicht verhindern, wenngleich sie schon im Voraus über „Vertrauensleute" und abgefangene Kassiber informiert war. Wieder wurden „Rädelsführer" in den Arrest verbracht, woraufhin die Häftlinge ein Ultimatum stellten, die Arrestierten freizulassen. Als VP-Angehörige erneut für Ruhe sorgen wollten, seien sie beschimpft und „tätlich angegriffen" worden, sodass sich die Volkspolizei gezwungen sah, „aus der Defensive herauszugehen". Im Juni 1950 kam die Hauptabteilung Strafvollzug zu dem Befund, dass die Unruhen „das Ergebnis einer bewussten Aufwiegelung durch illegal organisierte Kräfte unter den Strafgefangenen"[164] gewesen seien. Als Gründe wurden die unter den Häftlingen „allgemein vertretene", jedoch irrige Annahme, dass die SMT-Urteile durch die Justiz der DDR überprüft werden würden ebenso genannt wie die „Herabsetzung der Lebensmittelrationen". Die Resolution des Vertrauensrates fand keinerlei Erwähnung.

Kempowski berichtet, dass die Häftlinge nach den Hungerstreiks vom März 1950 „kurzgehalten" wurden: „Die Polizei hatte Oberwasser."[165] Körperliche Übergriffe seitens der Volkspolizisten waren 1950 keine Ausnahmen. Auch Gerhard Finn berichtet bezüglich der Haftanstalt Torgau, dass in „diesem Jahr wie in keiner anderen DDR-Anstalt der Gummiknüppel [regierte]. Am 5. April 1950 und am 10. Mai wurden die Häftlinge nachts ohne ersichtlichen Grund aus den Zellen geholt und zusammengeschlagen." Noch im August mussten im thüringischen Untermaßfeld etwa einhundert Neuankömmlinge Spießrutenlaufen.[166] Auch Brigitte Oleschinski betont, „dass die Übernahme der Anstalten durch die

---

163 Zitat hier und im Folgenden: Bautzener Anstaltsleiter Reschke an die HA HS der HVDVP, Betr.: Bericht über die Vorfälle am 13.3. und 31.3.1950 vom 11.4.1950 (BArch, DO 1/28560/Bl. 6 f.).

164 Zitat hier und im Folgenden: Stellungnahme der HVDVP, HA HS zu dem dem Herrn Ministerpräsidenten übermittelten Bericht über die Zustände in den Strafanstalten Bautzen und Torgau (Fort Zinna) vom 7.6.1950 (BArch, DO 1/28586/Bl. 35).

165 Kempowski, Im Block, S. 153 f.

166 Finn, Hinter dem Eisernen Vorhang, S. 218. Zu den Zuständen in der StVA Torgau-Fort Zinna siehe auch ders., Häftlinge der Sowjetzone, S. 182–185; Oleschinski, „Heute: Haus der Erziehung", S. 205 f.

Volkspolizei zwischen 1950 und 1952 als erstes eine Serie von Misshandlungen und Übergriffen zur Folge hatte".[167] Die Ursache für die gerade anfangs oft brutalen Übergriffe seitens des Wachpersonals auf die Häftlinge lag in den überalterten, überforderten sowie schlecht ausgebildeten VP-Angehörigen. Zudem litt der Strafvollzug auch weiterhin an einem chronischen Personalmangel. Das gewalttätige Vorgehen gegen die Häftlinge wurde seitens der obersten Strafvollzugsverwaltung indirekt mit der Bemerkung bestätigt, dass es bei den Volkspolizisten „einen Hass gegen die Häftlinge" gebe und diese „davon ausgehen, dass sie seit sie einmal aufgeräumt haben, nun endlich Ruhe hätten".[168] Hier wird die Motivation der VP-Angehörigen ganz deutlich: Durch hartes Auftreten gegenüber den „Feinden des Staates" wollten sie zeigen, wer „Herr im Hause" ist. Daraufhin gab selbst die Berliner Zentrale zu bedenken, „dass Gewalt ein Zeichen von Schwäche ist und dass wir nicht mit faschistischen Methoden arbeiten". Der Waldheimer Anstaltsleiter berichtete im Mai 1950, dass in seiner Anstalt sofort nach deren Übernahme durch die Volkspolizei die Sicherheit des Objekts an erste Stelle gestellt und ein hartes Regime eingeführt eigeführt worden sei. So seien die Volkspolizisten permanent dazu angehalten worden, dass „den Häftlingen gegenüber ein korrekter und straffer Ton anzuwenden ist. Bei den geringsten Widersetzlichkeiten der Häftlinge [...] werden diese mit Arrest bestraft."[169]

Im März 1951 resümierte die Hauptabteilung Strafvollzug schönfärberisch, dass es infolge der Übernahme „zu einigen kleinen Störungen (z. B. Essensverweigerung, Arbeitsverweigerung) kam", sich die Lage nun aber wieder beruhigt habe. Die Häftlinge empfänden zwar „heute die von der Deutschen Volkspolizei eingeführte neue Ordnung wohl als härter gegenüber der der Justiz, lassen aber doch dabei zum Ausdruck kommen, dass sie diese Umstellung nicht besonders beeindruckt".[170] In einem weiteren Bericht wurde von einer „gewissen Unruhe" unter den Häftlingen berichtet, „die sodann auch in einigen Hungerstreiks ihren besonderen Ausdruck fand".[171] Verantwortlich für diese „Unruhe" seien Justizangestellte, die nicht in den Dienst der DVP übernommen werden sollten und daher „tendenziöse Gerüchte unter den Gefangenen" verbreitet hätten, dass die Deutsche Volkspolizei „einen besonders strengen und harten Strafvollzug einzuführen beabsichtige". Als sich diese offenbar bewahrheitet hätten, sei es zu Störungen gekommen. Einzelne „Störenfriede" wurden daraufhin in andere Haftanstalten verlegt, sodass ab dem zweiten Quartal 1951 „von besonderen Beunruhigungen unter den Gefangenen" keine Rede mehr war.

---

167 Oleschinski, Abteilung Strafvollzug, S. 90, Anm. 76.
168 Zitat hier und im Folgenden: Bericht über die Instrukteurstätigkeit in den Strafanstalten Bautzen und Waldheim vom 12.5.1950 (BArch, DO 1/28479/Bl. 26).
169 Bericht des Waldheimer Anstaltsleiters Walke vom 10.5.1950 (BArch, DO 1/28479/Bl. 30).
170 HVDVP, HA SV, Aktenvermerk des Stellvertreters Operativ, Werner Jauch, vom 16.3.1951 (BArch, DO 1/28588/Bl. 289).
171 Zitat hier und im Folgenden: Bericht über die Arbeit der HVDVP, HA HS im 1. Quartal 1951 vom 24.4.1951 (BArch, DO 1/1467/Bl. 175).

Im August 1952 erfolgte die Anweisung, dass die Häftlinge „entsprechend der Strafvollzugsordnung"[172] zu behandeln seien. Ausdrücklich wurden die Anstaltsleiter „*nochmals*"[173] darauf hingewiesen, dass „jede körperliche Misshandlung eines Inhaftierten oder eine Behandlung, die die Würde des Menschen verletzt, [...] strengstens verboten" sei. Häftlinge dürften zudem nur an den Händen gefesselt werden und müssten in der Lage sein, ihre Notdurft zu verrichten. Der explizite Hinweis, dass Fesselungen an der Mauer „streng untersagt" seien, wirft ein bezeichnendes Licht auf die vielerorts herrschenden Zustände im DDR-Strafvollzug. Bei Verstößen gegen die erlassenen Vorschriften müsse sich jeder Volkspolizist gerichtlich verantworten, drohte die Berliner Zentrale. Auch auf Arreststrafen solle nach Möglichkeit verzichtet und die Häftlinge „ohne versöhnlerisch zu sein, korrekt" behandelt werden. In der Praxis gingen die Misshandlungen der Gefangenen jedoch nur langsam zurück.[174] Zwar bemühte sich die Hauptabteilung Strafvollzug in dieser Zeit, die Gefangenenmisshandlungen einzudämmen, doch bemerkte Gerhard Finn schon 1960, dass die durch die Volkspolizei eingeführten, harten Methoden „erst nach dem Juni-Aufstand 1953 merklich abflauten".[175]

Trotz der Niederschlagung des Hungerstreiks war der Widerstand der Häftlinge gegen die bestehenden Verhältnisse nicht völlig erfolglos gewesen. Als Konsequenz der Unruhen wurde die Krankenkost wieder eingeführt: Tbc-Kranke erhielten nun nach den für den Zivilbereich geltenden Regelungen Tbc-Zusatzrationen. Das betraf im April 1950 260 Häftlinge. Zur Verbesserung der Verpflegungslage wurde zudem der Empfang von Paketen erlaubt, allerdings nur wenigen arbeitenden und kranken Häftlingen.[176] Kempowski schildert die Verbesserungen im Haftregime in Bautzen I nach den März-Unruhen: So seien die Fensterverblendungen entfernt worden, „das Essen wurde jetzt merklich besser",[177] es gab einen Chor, alle zwei Wochen sei Gottesdienst und in der zweiten Jahreshälfte habe man einen Anstaltspfarrer[178] eingesetzt, durch den aus dem Chor ein Kirchenchor[179] hervorgegangen sei. Selbst kulturelle Betätigung

---

172 Zitat hier und im Folgenden: Anweisung der HA SV vom 18.8.1952 (BArch, DO 1/28562/Bl. 229).
173 Hervorhebung im Original.
174 Wunschik, Strafvollzugspolitik des SED-Regimes, S. 262 f.
175 Finn, Häftlinge der Sowjetzone, S. 115.
176 Stellungnahme der HVDVP, HA HS zu dem dem Herrn Ministerpräsidenten übermittelten Bericht über die Zustände in den Strafanstalten Bautzen und Torgau (Fort Zinna) vom 7.6.1950 (BArch, DO 1/28586/Bl. 35).
177 Zitat hier und im Folgenden: Kempowski, Im Block, S. 169-179, 193, 197-200.
178 Hierbei handelte es sich um den ersten Gefangenenseelsorger im DDR-Strafvollzug Hans-Joachim Mund. Mund war hauptamtlicher Gefangenenseelsorger und für alle Haftanstalten der VP zuständig. Sein menschlicher Umgang mit den Häftlingen – so stellte Mund immer wieder Kontakte zwischen Angehörigen und Gefangenen her, vermittelte Paketempfänge oder schmuggelte Medikamente in die Gefängnisse – rief schließlich das Misstrauen der Volkspolizei hervor. Um seiner drohenden Verhaftung zu entgehen, floh er im Januar 1959 in den Westen. Vgl. Beckmann/Kusch, Gott in Bautzen, S. 54-80.
179 Siehe hierzu Haase, Cäcilia im Zuchthaus, S. 4-17.

wurde „in Grenzen" erlaubt. So sei ein Häftling „für die Kulturarbeit des Saales verantwortlich, morgens Zirkel, nachmittags Vorträge, abends Filme und Romane". Hier zeigt sich, dass die in der Masse noch nicht arbeitenden Häftlinge ihren Alltag/Tagesablauf in den großen Gefangenensälen von Bautzen I selbst bestimmten und noch nicht dem streng durchorganisierten Regime späterer Jahre unterworfen waren. Ab dem Spätsommer 1950 durften die Häftlinge monatlich Post empfangen und selbst schreiben. Bald schon gestattete die Volkspolizei jedem das Empfangen von einem 3-Kilo-Paket pro Monat. Kempowski macht die Bedeutung dieser Entscheidung deutlich: „Man beglückwünschte einander: Nun könne man es noch jahrelang aushalten." Die Pakete „veränderten unser Leben schlagartig. Wenn wir bis dahin aus dem letzten Loch pfiffen, immer schwächer wurden und dahinsiechten, kam es nun zu einem gewissen Wohlstand." Häftlinge, die keine Pakete erhielten, bekamen wenigstens eine Extraportion Verpflegung. Zum Jahresbeginn 1951 bilanzierte Kempowski, dass mit der Genehmigung des Paketempfangs sowie der Einstellung eines Anstaltspfarrers der „humane demokratische Strafvollzug" begonnen hatte, wobei diese Bezeichnung in den DDR-Hinterlassenschaften so nicht auftaucht – dort wird vom „demokratischen Strafvollzug" gesprochen. Kempowski zufolge traten die VP-Angehörigen nun „leutselig" auf, „malten den Sozialismus in leuchtenden Farben". Die Gefangenenzahl wurde reduziert, die Anstaltsbibliothek durfte genutzt und vierteljährlich durfte Besuch empfangen werden. Die Werkstätten wurden erweitert, sodass mehr Häftlinge arbeiten konnten, wobei der Großteil nach wie vor beschäftigungslos blieb. Schließlich wurde „die strenge Aufsicht gemildert: Die Schreierei vom Frühjahr 1950 war vergessen." Allerdings darf dies nicht über die anhaltend desolaten Haftbedingungen hinwegtäuschen, denn zur selben Zeit heißt es auch: „Kein Mensch könne sich vorstellen, was wir hier auszuhalten haben." So verschlechterte sich das Essen wieder soweit – gleichwohl die Häftlinge, auch dank der Pakete, wohl nicht mehr hungerten –, dass ein Häftlingsarzt, der das Essen kritisiert hatte, abgelöst wurde. Überhaupt hatte die Volkspolizei größte Schwierigkeiten, die medizinische Versorgung der Häftlinge aufrechtzuerhalten. Zwar bekundete die Berliner Zentrale im Juni 1950, „alle nur möglichen Anstrengungen" unternommen zu haben, „um genügend ärztliches und ausgebildetes Sanitätspersonal zu erhalten", doch seien diese Bemühungen bisher ohne Erfolg geblieben.[180] Die Einsetzung des Leiters des VP-Gesundheitswesens des Landes Brandenburg in Bautzen I als leitender Arzt zeigt zum einen, wie groß der Mangel an Fachpersonal war, und zum anderen, welche Wirkung die Hungerstreiks der Häftlinge und das öffentliche Verlesen des zweiten Briefs der Häftlinge aus Bautzen I durch Herbert Wehner auf dem Hamburger Parteitag der SPD Ende Mai 1950 entfaltet hatten. Das Problem der ungenügenden ärztlichen Versorgung war teilweise auch haus-

---

[180] Zitat hier und im Folgenden: Stellungnahme der HVDVP, HA HS zu dem dem Herrn Ministerpräsidenten übermittelten Bericht über die Zustände in den Strafanstalten Bautzen und Torgau (Fort Zinna) vom 7.6.1950 (BArch, DO 1/28586/Bl. 36 f.).

gemacht, da die DVP die „Tätigkeit der Gefangenenärzte [...] wesentlich eingeschränkt und unter ständige Kontrolle der Anstaltsleitung gestellt" hatte. Das Misstrauen gegen die Gefangenenärzte und deren Möglichkeiten des vermuteten konspirativen Austauschs mit den Häftlingen war zu groß gewesen. Nach Ansicht der Volkspolizei hätten nur „verantwortungsbewusste, hauptamtliche Ärzte" die Probleme der ärztlichen Versorgung beheben können. Ein Bericht vom März 1951 verdeutlicht ein weiteres Problem: Die Justiz hatte zur medizinischen Versorgung Privatärzte herangezogen, die sich teilweise weigerten, „nach Übergang der Verwaltung in die Hände der Deutschen Volkspolizei die gesundheitliche Betreuung der Strafgefangenen weiter zu übernehmen. Ein anderer Teil der Ärzte wurde neu verpflichtet. Im Allgemeinen ist jedoch bei ihnen allen ein Wehren gegen die neu geschaffenen Verhältnisse zu spüren."[181] Dieses „Wehren" belegt die Verschärfungen im Haftregime unter der Verwaltung der Volkspolizei, die die Ärzte offenbar nicht mittragen wollten. Langfristige Verpflichtungen wurden so erschwert. Jedoch nahm die Volkspolizei die medizinische Unterversorgung der Häftlinge in Kauf. „Um eine Verschiebung der Gefangenenärzte vornehmen zu können", seien diejenigen Anstalten zu erfassen, „in denen der Einsatz von Ärzten erforderlich ist". Dies sollte der „besseren Organisierung der ärztlichen Versorgung"[182] dienen, da die Gefangenenärzte vielerorts weiterhin die Basis der ärztlichen Versorgung in den Strafvollzugsanstalten blieben. Die „Verschiebung der Gefangenenärzte" zeigte indes keine Wirkung, denn noch im September 1953 wurde die „ärztliche Betreuung der Strafgefangenen zu 95 Prozent von Strafgefangenen durchgeführt". Stolz berichtete DVP-Chef Maron an Innenminister Stoph, dass auf diese Weise „DM 1 Million an Haushaltsmitteln eingespart" werden konnten.[183]

Anfang 1952 waren die mit einer Gesamtkapazität von 17 265 Strafgefangenen angegebenen von der Volkspolizei verwalteten Strafanstalten mit über 27 000 Häftlingen vollkommen überbelegt.[184] Daher drängte das Innenministerium darauf, die restlichen Justizhaftanstalten zu übernehmen, was dann, wie bereits erwähnt, im Sommer 1952 geschah. In Vorbereitung der Übernahme der bei der Justiz verbliebenen Haftanstalten wurden in den Justizhaftanstalten Belegschaftsversammlungen durchgeführt, in denen den Justizangestellten die kommende Entwicklung angekündigt und erklärt wurde. Den Berichten zufolge sahen die Justizangestellten dabei die Notwendigkeit dieser Maßnahme in der Regel ein. Die meistgestellten Fragen betrafen eine etwaige materielle Verschlechterung ihrer Situation, Sorgen – vor allem des älteren Personals –, ob sie von der Volkspolizei überhaupt übernommen würden, ob sie sich zu einem

---

181 HVDVP, HA SV, Aktenvermerk des Stellvertreters Operativ, Werner Jauch, vom 16.3.1951 (BArch, DO 1/28588/Bl. 290).
182 HA SV an Leiter der Hauptabteilung Gesundheitswesen, Chefarzt Dr. Rubens, vom 13.9.1952 (BArch, DO 1/28573/Bl. 60).
183 DVP-Chef Maron an Innenminister Stoph vom 15.9.1953 (BArch, DO 1/28484/Bl. 316).
184 Wunschik, Strafvollzug, S. 81; Kapitel V.3.1.

mehrjährigen Dienst bei der Volkspolizei verpflichten müssten, aber auch Ängste vor allzu häufigen Versetzungen kamen zum Ausdruck.

Bis auf das Amtsgerichtsgefängnis Johanngeorgenstadt wurden alle sächsischen Justizhaftanstalten bis zum 4. Juni 1952 an die Volkspolizei übergeben. Auf die nun im Dienste der Deutschen Volkspolizei stehenden ehemaligen Justizangestellten kam eine „ideologische Offensive" zu, denn nach Ansicht der PK-Abteilung der HVDVP erfordere die Übernahme der Justizhaftanstalten eine „gründliche Überprüfung und Neuorganisierung der PK-, Partei- und Jugendarbeit in diesen Anstalten, um das politische und fachliche Niveau der dort tätigen VP-Angehörigen erheblich zu verbessern".[185] Da der Parteiarbeit derart große Bedeutung beigemessen wurde, kommt Brigitte Oleschinski zu dem Schluss, dass der Aufbau von Parteiorganisationen in den Anstalten und den übergeordneten Instanzen zunächst die fachliche polizeilich-militärische Ausbildung ersetzt bzw. konterkariert habe.[186] Die „ständige Erziehung aller VP-Angehörigen zu erhöhter Wachsamkeit und zur Unversöhnlichkeit gegen die Feinde der demokratischen Ordnung"[187] war hierbei von zentraler Bedeutung. Die erwarteten Erfolge stellten sich jedoch nicht ein. Bereits im Mai 1951 hatte beispielsweise die PK-Abteilung der Haftanstalt Bautzen die „bisherige Lauheit etlicher Genossen"[188] konstatieren müssen. Mehrere Parteiausschlussverfahren waren gegen VP-Angehörige eingeleitet worden, weil sie sich während ihres Dienstes „mit unserem schärfsten Klassengegner eingelassen hatten und somit zum Verräter an der Arbeiterklasse und der Partei wurden". Daher führte man den Genossen „eingehend vor Augen [...], wie wichtig es ist, ideologisch und theoretisch eine vollkommene Klarheit zu besitzen, um rechtzeitig und im entsprechenden Maße die Machenschaften der einsitzenden Feinde der Demokratie zu erkennen".

Generell hatte die Volkspolizei – ebenso wie die Justiz – von Anfang an große Probleme mit dem Personal.[189] Das Problem der Rekrutierung von Volkspolizisten für den Strafvollzug und damit der chronische Personalmangel ziehen sich wie ein roter Faden durch die ganze Geschichte des DDR-Strafvollzugs. Bereits im November 1950 musste die Hauptabteilung Haftsachen feststellen, dass nicht damit zu rechnen sei, das „notwendige Personal am jeweiligen Ort zu finden". Deshalb sah man sich gezwungen Volkspolizisten abzukommandieren. Dies wiederum verursachte aufgrund der zu zahlenden Trennungsgelder eine Steigerung der Personalausgaben. Da die Dauer von Umquartierungen aufgrund der Wohnungsnot nicht absehbar war und VP-Angehörige deshalb länger von ihren Familien getrennt leben mussten, wurden zudem negative Auswirkungen auf den

---

185 PK-Direktive Nr. 14/52 der HVDVP, HA PK/Org. vom 18.6.1952 (SächsHStA, LDVP/930/Bl. 60 f.).
186 Oleschinski, „Nur für den Dienstgebrauch"?, S. 11.
187 Zitat hier und im Folgenden: PK-Direktive Nr. 14/52 der HVDVP, HA PK/Org. vom 18.6.1952 (SächsHStA, LDVP/930/Bl. 60 f.).
188 Zitat hier und im Folgenden: Quartalsbericht der StVA Bautzen an die HVDVP, HA SV, Abt. PK vom 4.4.1951 (SächsHStA, LRS/MdJ/990, unpag.).
189 Vgl. insbesondere: Wunschik, Strafvollzug, S. 84–88.

Dienstablauf prognostiziert.[190] Weitaus größere Probleme entstanden im ersten Quartal 1951 im Zuge der Übernahme von Justizhaftanstalten infolge der Verordnung vom 16. November 1950. Ursprünglich hatte die Volkspolizei beabsichtigt, die Justizangestellten in ihren Dienst zu übernehmen, doch stellte sich nach Überprüfungen durch die Personalstellen heraus, „dass ca. 95 % der Justizangestellten den Einstellungsbedingungen der Deutschen Volkspolizei nicht entsprachen und demzufolge nicht übernommen werden konnten".[191] Für die Haftanstalt Bautzen I konstatierte die Hauptabteilung Strafvollzug beispielsweise Ende 1951, dass die Überbelegung in Zusammenhang mit dem „Mangel an Verwaltungs- und Bewachungspersonal" die „größte Schwierigkeit"[192] darstelle. Trotzdem sei „die größtmögliche Sicherheit gewährleistet". Allerdings bestehe aufgrund des Personalmangels die Notwendigkeit, „die VP-Angehörigen wöchentlich einmal zum verstärkten Dienst (bis 18 Stunden)" heranzuziehen, was aber zu „negativen Stimmungen" führe, die „durch das zum Teil getrennte Familienleben noch verstärkt" würden. Aus diesem Grund lockerte die Volkspolizei 1952 die Übernahmekriterien: „Bei der Überprüfung zur Übernahme ist in jedem Fall großzügig zu verfahren."[193] Das Alter dürfe die Entscheidung zur Übernahme nicht beeinflussen, ebenso wenig körperliche Behinderungen oder „die Zugehörigkeit zu einer der in der DDR zugelassenen demokratischen Parteien". Vielmehr stand die Sicherheit der Anstalten im Vordergrund, weshalb „die Überprüfung zur Übernahme immer unter Berücksichtigung der vorhandenen Fehlstellen zu erfolgen" habe. Nicht nur in den Anstalten mangelte es an Personal, auch mit der Besetzung der Strafvollzugsabteilungen in den Ländern hatte die Volkspolizei Schwierigkeiten. So bestand Ende Januar 1952 die Dresdner Abteilung Strafvollzug aus lediglich drei Personen, weshalb diese keine „Möglichkeit der operativen Arbeit" sah.[194] Einer Personalaufstellung vom Juli 1952 zufolge lag im Bezirk Dresden die Besetzung der Sollstellen im Strafvollzug bei lediglich 79 Prozent; im Bezirk Chemnitz waren es 86 Prozent und im Bezirk Leipzig immerhin 94 Prozent.[195] Das entsprach in etwa dem DDR-Durchschnitt: 1952 wurden im Strafvollzug 88 Prozent der Sollstärke erreicht.[196]

---

190 Aktenvermerk der HVDVP, HA HS, Betr.: Übernahme des Strafvollzuges durch die Deutsche Volkspolizei vom 9.11.1950 (BArch, DO 1/28586/ Bl. 114).
191 Bericht über die Arbeit der HVDVP, HA HS im 1. Quartal 1951 vom 24.4.1951 (BArch, DO 1/28467/Bl. 174).
192 Zitat hier und im Folgenden: HVDVP, HA SV, Abteilung Organisation, Von der Kommission festgestellte Mängel in der Personal-Arbeit vom 12.12.1951 (BArch, DO 1/28479/Bl. 125).
193 Zitat hier und im Folgenden: Richtlinien der HA Personal für die Übernahme des Personals der Justiz-Haftanstalten vom 26.5.1952 (BArch, DO 1/56155, unpag.).
194 Mitteilung der Abteilung SV der LDVP Sachsen über die personelle Besetzung der Abteilung SV vom 22.1.1952 (SächsHStA, LDVP/930, unpag.).
195 Bezirksweise aufgegliederte Dienststellen der HA SV vom 19.7.1952 (BArch, DO 1/28455/Bl. 77 f.).
196 Lindenberger, Deutsche Volkspolizei, S. 107.

Der Strafvollzug unter Polizeiverwaltung wurde aufgrund der Personalprobleme keineswegs sicherer und auch die Ausbruchsquote sank nicht. Im Gegenteil: So stellte die Volkspolizei Ende 1950 monatlich steigende Zahlen entkommener Häftlinge fest, sowohl in den Polizeihaftanstalten als auch beim Gefangenentransport. Dafür machte man durchweg das Personal verantwortlich: „Alle Fälle von Entweichungen sind ausnahmslos auf schuldhaftes Verhalten der VP-Angehörigen zurückzuführen. Nachlässigkeit im Dienst, verantwortungslose Vertrauensseligkeit sowie mangelnde Wachsamkeit und insbesondere grobe Verletzungen der Dienstaufsichtspflicht"[197] seien die häufigsten Ursachen. Fehlende Kontrollen, schlechte Anleitung sowie ungeeignetes Personal in den Haftanstalten und beim Häftlingstransport wurden von der HVDVP scharf kritisiert: „Statt fachlich und politisch qualifizierte und zuverlässige Kräfte für den Haftanstaltsdienst einzusetzen, wird das Haftanstaltswesen vielfach als Abstellgleis betrachtet." Bereits 1960 hatte Gerhard Finn über die Personalsituation in den Anfangsjahren des Polizeistrafvollzugs bilanziert: „Die BDVP hatten hauptsächlich unfähige und nicht genehme Wachtmeister und Offiziere auf diese Posten abgeschoben [...] und noch immer gilt eine Versetzung in den Strafvollzug als Strafversetzung."[198]

Im Oktober 1951 hatten interne Personalüberprüfungen ergeben, dass es sich bei einem Großteil der VP-Angehörigen in den Haftanstalten um „ältere, politisch zuverlässige Kameraden"[199] handelte, die zudem größtenteils vor 1933 in der Arbeiterbewegung aktiv gewesen waren. „Die meisten älteren Kameraden sind bereits mehrere Jahre im Haftanstaltsdienst tätig, und deshalb trotz ihres Alters und der oft vorhandenen geistigen Schwerfälligkeit für den Haftanstaltsdienst voll einsatzfähig." Offenbar war die parteipolitische Zugehörigkeit und das Vertrauen in die „alten Genossen" wichtiger als die tatsächliche Eignung, denn gleichzeitig kritisierte der Bericht die Sorglosigkeit, mit der das Anstaltspersonal seinen Dienst versah. Das VP-Personal der Haftanstalt Oelsnitz beispielsweise habe „keine Kenntnisse über die elementarsten Fragen des Haftanstaltsdienstes" gehabt. Man hatte das Problem des überalterten Personalbestands sehr wohl erkannt und strebte eine Verjüngung des Personalbestands an. Die VP-Angehörigen wiederum beschweren sich, dass es im Strafvollzugsdienst keine Aufstiegs- und Entwicklungsmöglichkeiten gebe – ein wesentlicher Grund der Rekrutierungsprobleme im Strafvollzug. Zudem galt der Dienst im Strafvollzug wegen der fehlenden Anerkennungen für gute Leistungen durch Prämienzahlungen als unattraktiv. Des Weiteren sei der Gesundheitszustand der Volkspolizisten „durch die schlechte Luft und den unregelmäßigen Dienst nicht gut"

---

197 Zitat hier und im Folgenden: HVDVP, HA Schutzpolizei, an LDVP Sachsen, Abteilung Schutzpolizei, Betr.: Generalüberprüfung der Haftanstalten vom 11.12.1950 (SächsHStA, LRS/MdJ/930, unpag.).
198 Finn, Häftlinge der Sowjetzone, S. 115.
199 Zitat hier und im Folgenden: Bericht des Sekretariats der LDVP Sachsen über die Überprüfung der VP-Haftanstalten und -Gewahrsame in Sachsen vom 18.10.1951 (SächsHStA, LDVP/933, unpag.).

– vor allem Magenerkrankungen seien die Folge. Die Anstaltsleiter wurden zwar für politisch und fachlich geeignet befunden, doch mangelte es an regelmäßigen und gründlichen Dienstbesprechungen und -belehrungen. Dies wiederum führte zu „schwerwiegenden dienstlichen Fehlern" – wenn etwa bei der Auswahl der Hausarbeiterstellen (Kalfaktoren genannt) illegale Grenzgänger, Wirtschaftsverbrecher oder politische Häftlinge herangezogen wurden. Dabei hatte selbst die Justiz die Besetzung der Kalfaktoren mit politischen Häftlingen im Mai 1951 verboten.[200]

Fast alle Haftanstalten galten in den Augen der Volkspolizei in vielfacher Hinsicht als baulich unsicher, etwa aufgrund fehlender Gitter oder weil die Höfe für die Freistunde oder das Zellenhaus an sich ungenügend gesichert waren. Oftmals fehlten Alarmanlagen. Vor allem aber stellten die Einsichtnahme der Zivilbevölkerung in die Gefängnishöfe und die Nichtverblendung der Zellenfenster nach Polizeisicht unbedingt abzustellende Ärgernisse dar.[201] Die Mängel waren zum Großteil bekannt, doch hatte letztlich auch die Volkspolizei mit den gleichen Mittel- und Materialproblemen zu kämpfen wie die Justiz. Der alltägliche Dienst wurde durch die Überbelegung und die Fehlstellen bestimmt, was teilweise zu einer fünffachen oder noch höheren Überschreitung des eigentlich vorgesehenen Verhältnisses von einer Aufsichtskraft auf acht Häftlinge führte. Auch die Differenzierung der Häftlinge, wie sie im sächsischen Justizvollzug Ende 1949 in den selbständigen Anstalten und auch einigen Gerichtsgefängnissen durchgeführt wurde, war nicht aufrechtzuerhalten.

Die Beurteilung der Arbeit der Parteiorganisationen fiel recht unterschiedlich aus: „Der größte Mangel in den Haftanstalten ist die ungenügende Anleitung der Genossen für ihre Facharbeit durch die Partei."[202] Die Parteisekretäre in Dresden und Zwickau seien dagegen durchaus in der Lage, die Grundorganisation politisch und ideologisch zu leiten. Defizite in der „Erziehungsarbeit zur Wachsamkeit" bemängelte man indes in allen Strafvollzugseinrichtungen. Auch besitze die Partei „in den meisten Haftanstalten noch nicht genügend Autorität". Ursache hierfür sei unter anderem die festgestellte Unterschätzung der Arbeit der PK-Leiter in den Haftanstalten. In einem Informationsbericht vom Januar 1952 betonte die PK-Abteilung der Hauptabteilung Strafvollzug besonders die ungenügende Wachsamkeit in den Strafvollzugseinrichtungen sowie die mangelnde Disziplin seitens der VP-Angehörigen. Vor allem der Einsatz weiblicher VP-Angehöriger stelle sich problematisch dar, da diesen die Methoden der Strafgefangenen oft nicht genügend vertraut seien, „was eine Gefahr für die Sicherheit der Strafvollzugsanstalten darstellt". Auch die StVE-Leitungen seien für die mangelnde Disziplin verantwortlich, da sie die Volkspolizisten „noch" nicht genügend anleiten und kontrollieren würden.[203] Die Dienstdurchführung und

200 Vgl. Kapitel II.3.
201 Bericht des Sekretariats der LDVP Sachsen über die Überprüfung der VP-Haftanstalten und -Gewahrsame in Sachsen vom 18.10.1951 (SächsHStA, LDVP/933, unpag.).
202 Zitat hier und im Folgenden: ebd.
203 Informationsbericht der HA SV, Abteilung PK, für den Monat Januar 1952 vom 5.2.1952 (BArch, DO 1/28509/ Bl. 240).

Disziplin der Volkspolizisten wurden schließlich zum „Schwerpunkt der polizeilichen Arbeit", denn die Anstaltsleitungen hatten mit der „Sorglosigkeit einzelner VP-Angehöriger [...] sowie dem kumpelhaften Verhältnis untereinander und teilweise versöhnlerischem Verhalten gegenüber Strafgefangenen" zu kämpfen.[204] Die von der Volkspolizei übernommenen ehemaligen Justizangestellten wurden besonders scharf kritisiert. Obwohl diese vielfach jahrelang in den entsprechenden Dienststellen tätig seien, verrichten sie ihren Dienst „oft leichtsinnig, ja sogar fahrlässig". Das liege daran, dass dieses Personal oft aus älteren Personen bestünde, die „teilweise in ihrer politischen Entwicklung stehengeblieben [...] sind".[205]

Während es 1950 und im Folgejahr bei der Übernahme von Haftanstalten durch die Volkspolizei zu „Unruhen" und auch Hungerstreiks gekommen war, stellte die Abteilung Strafvollzug der BDVP Chemnitz im Sommer 1952 eine Beruhigung der Situation fest.[206] Anhand des kontrollierten Briefwechsels der Häftlinge mit ihren Angehörigen schlussfolgerte die Abteilung Strafvollzug in Dresden, dass der Großteil der Häftlinge mit dem derzeit durchgeführten Strafvollzug zufrieden sei und hoffe, möglichst bald zum Arbeitseinsatz zu kommen. Aufgrund der Tatsache, dass die Häftlinge sowohl über die Zensur als auch über die Weiterleitungsbedingungen ihrer Briefe informiert waren, ist diese Schlussfolgerung der Abteilung Strafvollzug sehr kritisch zu hinterfragen. Anders verhielt es sich bei den politischen Häftlingen: „Der Inhalt der Briefe ist voll von Zynismus gegen unsere antifaschistisch-demokratische Ordnung." Daher warnte HA SV-Chef August Mayer Ende 1952: „Der Gegner übte seine Agententätigkeit [...] auch innerhalb unserer Strafvollzugsanstalten" aus.[207] Da „der Klassenkampf überall zum Ausdruck kommt", könne man „nicht wachsam genug sein". Dabei bezog sich Mayer nicht nur auf die politischen Häftlinge, sondern auch auf die eigenen Leute: „Deshalb ist es besonders wichtig, [...] dass jeder durch die Werbung gewonnene Mensch unter eine scharfe Lupe genommen wird, [...] weil zu vermuten ist, dass der Gegner diese Gelegenheit benutzt hat, seine Agenten in die Anstalten zu schicken, um dort bestimmte Aktionen zu organisieren." Neue Kräfte dürften nicht auf Schlüsselpositionen beschäftigt werden, man müsse sie vielmehr kritisch beobachten, „denn der gute Agent muss, wenn er etwas leisten will, gut arbeiten. Wenn er das nicht tut, entlarvt er sich. [...] Man soll nicht die Tatsache unterschätzen, dass der Gegner sich auch auf unseren Strafvollzug konzentriert, um seine Absichten zu verwirklichen." Nachdem die

---

204 Informationsbericht für den Monat April 1952 des Referats PK der Abteilung SV der LDVP Sachsen vom 5.5.1952 (SächsHStA, LRS/MdJ/932, unpag.).
205 Situationsbericht der Abteilung SV der LDVP Sachsen für Februar 1952 vom 5.3.1952 (SächsHStA, LRS/MdJ/932, unpag.).
206 BDVP Chemnitz, Abt. SV, Quartalsbericht für das 3. Quartal 1952 vom 2.10.1952 (SächsStAC, 30441-25/131/Bl. 208).
207 Zitat hier und im Folgenden: Schlusswort des Generalinspekteurs des SV und Leiters der HA SV, August Mayer, auf der Tagung der HA SV in der VA Torgau am 27. und 28.11.1952 vom 3.12.1952 (BArch, DO 1/28496/Bl. 118).

Berliner Zentrale bereits ein feindliches Klima zwischen VP-Angehörigen und Häftlingen befördert hatte, schuf Mayer in den Haftanstalten nun auch noch ein Klima des Misstrauens unter den Volkspolizisten.

3.2 Der „17. Juni" im Strafvollzug: Milderungen nach dem „Neuen Kurs"

Trotz der zunehmenden Konfrontation zwischen Staatsspitze und Gesellschaft infolge des auf der 2. Parteikonferenz der SED im Juli 1952 verkündeten „planmäßigen Aufbaus des Sozialismus in der DDR", kam es 1952 zu Massenamnestien. Die Akten der in Waldheim Verurteilten wurden ebenso überprüft wie die Urteile der gemäß SMAD-Befehl Nr. 201, Kontrollratsgesetz Nr. 10 und KD 38 Verurteilten. Am 5. Oktober 1952 verkündete die „Tägliche Rundschau", dass 2612 Gefangene begnadigt worden seien.[208] Noch bevor die Auswirkungen des „Neuen Kurses" das Haftregime beeinflussen konnten, erreichte der „17. Juni"[209] auch den Strafvollzug. Der schlechte Ruf der DDR-Gefängnisse, die Terrorjustiz jener Jahre, das Gefühl der Bevölkerung, dass viele der Gefangenen unschuldig oder wegen Geringfügigkeiten verurteilt worden waren, aber auch die häufige Unwissenheit der Angehörigen über den Verbleib von Inhaftierten erzeugten ein Gefühl von Ohnmacht und weitgehender Rechtlosigkeit. Daher waren es neben den Parteibüros, Gerichten und den Dienststellen des Staatssicherheitsdienstes vor allem auch die Haftanstalten, vor denen sich der politische Protest artikulierte, weil sie für viele Demonstranten symbolisch für den Geist des SED-Regimes standen. Bereits in den Monaten vor dem Juniaufstand hatte es immer wieder Menschenaufläufe vor den Haftanstalten der DDR gegeben, bei denen die Entlassung von – teilweise auch bestimmten – Häftlingen gefordert worden war.[210] Seit Anfang Juni hatten sich solche Aktivitäten noch verstärkt. Die vom Präsidium des Ministerrats der Sowjetunion am 27. Mai 1953 verabschiedeten „Maßnahmen zur Gesundung der politischen Lage in der DDR" empfahlen, die justizielle Willkür zu beenden, die Bürgerrechte stärker zu sichern sowie die Urteile der Gefangenen zu überprüfen.[211] Dies und die publik gewordenen Einzelheiten des „Neuen Kurses" führten dazu, dass der Protest verstärkt auch die Gefängnisse des Landes betraf.

Vielerorts versuchten die Aufständischen, die Gefängnisse zu stürmen und forderten die Freilassung der politischen Häftlinge.[212] So drang beispielsweise

---

208 Werkentin, Justizkorrekturen, S. 522.
209 Da die Ereignisse um den 17. Juni 1953 mehrere Tage dauerten, wird der „17. Juni" als Synonym dafür in Anführungszeichen gesetzt. Wohl über kein Thema der DDR-Geschichte wurde so viel veröffentlicht, wie über den „17. Juni", sodass die Anzahl der Publikationen kaum mehr zu überschauen ist. Zur Einordnung des „17. Junis" in der deutschen Geschichte sowie als Überblick über die erschienene Literatur siehe daher vor allem Eisenfeld et al., Die verdrängte Revolution.
210 Hagen, DDR – Juni '53, S. 165.
211 Wunschik, Norilsk und Workuta, S. 209.
212 Wunschik, Befreiung der Gefangenen im Juni 1953.

die Zentrale Streikleitung Bitterfelds in einem Telegramm an die DDR-Regierung im fünften Punkt auf die „Freilassung sämtlicher politischer Gefangener (direkt politischer, sogenannter Wirtschaftsverbrecher und konfessionell Verfolgter)".[213] Die Bezirke Halle, Magdeburg und teilweise auch Dresden galten am „17. Juni" als „Schwerpunktbezirke". In der gesamten DDR wurden von Bürgern 19 Gefängnisse gestürmt bzw. kam es vor ihnen zu Ausschreitungen. In zwölf Gefängnissen gelangen Gefangenenbefreiungen. „Den faschistischen Provokateuren gelang es, 1 361 Gefangene gewaltsam zu befreien und in 6 Dienststellen Meutereien bzw. Kundgebungen der Gefangenen vorzubereiten." Von den befreiten Gefangenen waren jedoch bis Monatsende 1 237 bereits wieder verhaftet worden. Insgesamt hatte die Volkspolizei zwei erschossene, fünf schwer verletzte und 28 verletzte Angehörige im Zusammenhang mit den Gefängniserstürmungen zu beklagen.[214] Wunschik zufolge stürmten die Aufständischen – entgegen der eben genannten Zahlen aus dem Jahresbericht 1953 der Hauptabteilung Strafvollzug – 21 Gefängnisse und „Haftorte" (dazu zählten auch ein gestürmter Gefangenentransportwagen, Volkspolizeikreisämter sowie Kreisdienststellen des MfS), demonstrierten vor 50 bis 60 Strafvollzugseinrichtungen und befreiten 1 440 Häftlinge.[215] Leithäusers Recherchen durch Zeitzeugenbefragungen ergaben, dass „zwei- bis dreitausend" Häftlinge entkommen seien.[216]

In Görlitz wurden das Frauengefängnis und die UHA belagert und bezogen auf die gesamte DDR die meisten Häftlinge befreit, wobei im Frauengefängnis eine Kommission der Streikenden sich die Haftakten zeigen ließ, um die Befreiung krimineller Häftlinge zu verhindern, was freilich nicht gänzlich gelang. Bei dem Versuch, Gefangene zu befreien, starben in Leipzig ein Demonstrant, in Delitzsch zwei. In Dresden versuchten etwa 600 Bürger, die UHA Dresden I zu stürmen, wurden aber schon weit vor der Haftanstalt daran gehindert. „Als ruhig" bezeichnete man die Lage im Bezirk Karl-Marx-Stadt; besondere Ereignisse aus den Haftanstalten Hoheneck oder Zwickau sind nicht überliefert.[217] Auch in den Haftanstalten Torgau und Waldheim blieb es offenbar ruhig. In Bautzen, wo die Streiks „brutaler als anderswo beendet" wurden, fiel aufgrund der beiden Haftanstalten und der „hohen Präsenz von Sicherheitskräften und Parteifunktionären" die „politische Einwohnerstruktur deutlich zugunsten der SED"[218] aus. So konnten weder Gefängnisse belagert, noch die Freilassung von politischen Häftlingen erzwungen werden. Insgesamt bescheinigte die Volkspolizei ihren Angehörigen, „während der Ereignisse am 17. Juni 1953 [...] eine gute

---

213 Fricke, Arbeiteraufstand, S. 15.
214 Jahresbericht der HA SV der HVDVP für das Jahr 1953 vom 15.2.1954 (BArch, DO 1/28468/Bl. 113). Siehe auch Wunschik, Strafvollzug, S. 88; ders., Gefängnisse der DDR, S. 159 f.
215 Wunschik, Norilsk und Workuta, S. 209.
216 Joachim G. Leithäuser, Der Aufstand im Juni. Ein dokumentarischer Bericht, Berlin 1954, S. 46. Zit. nach Hagen, DDR – Juni '53, S. 172, Anm. 5.
217 Roth, 17. Juni 1953 in Sachsen, S. 117–123, 139, 212, 273–281, 322.
218 Kowalczuk, 17.6.1953: Volksaufstand in der DDR, S. 235.

Disziplin und Einsatzbereitschaft".²¹⁹ Beschönigend wurde von „guten Vorbereitungsarbeiten" gesprochen – obwohl viele Haftanstalten vom Ansturm der Demonstranten überrascht wurden und deren Leiter oftmals überfordert waren – sowie von „taktisch klugem Verhalten", welches es ermöglicht habe, „trotzdem sich die Provokateure insbesondere auf die SV Dienststellen konzentrierten, den überwiegenden Teil der SV Dienststellen zu halten und die anstürmenden Provokateure erfolgreich abzuwehren". Daneben monierte der Bericht aber auch, dass in der StVA Bautzen VP-Angehörige der Meinung gewesen seien, der „Neue Kurs" bedeute „Rückzug auf der ganzen Linie" und die SED habe sich damit „selbst angeprangert". Daher befahl die oberste Strafvollzugsverwaltung, in allen Strafvollzugseinrichtungen Parteileitungssitzungen und Mitgliederversammlungen durchzuführen, in denen der „Neue Kurs" von SED und Regierung sowie die „Vorkommnisse des 17. Juni" gründlich ausgewertet, sprich: die Genossen wieder auf Linie gebracht werden sollten.

In den Gefängnissen selbst blieb es während des Juni-Aufstands relativ ruhig: „Der Mobilisierungsgrad der Gefangenen [blieb] in diesen Tagen jedoch bemerkenswert gering", was zum einen daran lag, dass die Häftlinge erst verspätet von den Ereignissen Kenntnis erlangten, und zum anderen viele Gefangene aufgrund des Ministerratsbeschlusses mit einer baldigen vorzeitigen Entlassung rechneten.²²⁰ Klaus Matzel, zu dieser Zeit im Hallenser „Roten Ochsen" inhaftiert, betont den ideellen Wert der Versuche der Bevölkerung, die politischen Häftlinge zu befreien. So habe der Versuch der Hallenser Bevölkerung, den „Roten Ochsen" zu stürmen, und die Forderung nach der Befreiung der politischen Häftlinge den Gefangenen vor allem moralischen Rückhalt gegeben, denn „für die politischen Gefangenen aller Strafanstalten in der ‚DDR' [...] waren die Ereignisse des 17. Juni ein nachhaltiger Beweis dafür, dass das an ihnen begangene Unrecht keinesfalls vergessen worden war".²²¹

Im Verlauf des Volksaufstands hatten mindestens 50 Menschen ihr Leben gelassen, in der Folgezeit wurden etwa 8 000 bis 10 000 Bürger inhaftiert, von denen rund 1 600 verurteilt wurden.²²²

In Folge der Ereignisse des „17. Junis" kam es in den Haftanstalten oftmals zu Verbesserungen im Haftregime. Die drangvolle Enge in den Haftanstalten nahm trotz der neu Verurteilten ab, denn infolge des „Neuen Kurses" der SED führte man seit Anfang Juni 1953 eine Überprüfung aller Urteile auf „etwa vorliegende Härten" durch. Nach Angaben der Berliner Zentrale wurden daher im zweiten Halbjahr 1953 46 413 Häftlinge und im ersten Halbjahr 1954 24 960

---

219 Zitat hier und im Folgenden: Quartalsbericht der HA SV der HVDVP für das 2. Quartal 1953 vom 4. 8. 1953 (BArch, DO 1/28468/Bl. 266a, 266c).
220 Wunschik, Norilsk und Workuta, S. 210.
221 Klaus Matzel, „Gelbes Elend" und „Roter Ochse", Manuskript, o. J. (Archiv StSG, S. 26).
222 Mählert, Kleine Geschichte der DDR, S. 76; Wunschik, Gefängnisse der DDR, S. 160.

Strafgefangene entlassen.[223] Diese hohen Zahlen Entlassener sind jedoch wenig glaubwürdig, da die höchste Gesamtzahl Strafgefangener im vierten Quartal 1952 „lediglich" 45 000 Personen betragen hatte.[224] Auch wenn man annimmt, dass es sich bei den angegebenen Zahlen nicht nur um Strafgefangene, sondern um Häftlinge aller Kategorien handelte (also auch um Untersuchungshäftlinge), erscheinen die Zahlen immer noch zu hoch, da sich in der DDR im ersten Quartal 1953 insgesamt nur 60 351 Häftlinge aller Kategorien in Haft befanden. Werkentin nennt daher auch deutlich geringere Zahlen: Seinen Recherchen zufolge wurden in den sieben Monaten bis Ende Januar 1954 etwa 30 000 Gefangene (darunter im Januar 1954 auch rund 6 000 SMT-Verurteilte) vorzeitig entlassen. Trotz der Entlassungen waren Anfang 1954 immer noch etwa 12 500 Menschen aus politischen Gründen inhaftiert.[225]

Dass das VP-Personal sich seines rigiden Vorgehens bewusst war, lässt sich aus der Angst erkennen, für die eigenen Handlungen zur Verantwortung gezogen zu werden. Die Häftlinge schilderten damals, so Finn, „dass die bis dahin rowdyhafte VP geradezu höflich wurde".[226] Dr. E. erinnert bezüglich der Situation in Bautzen I, dass es nach dem „17. Juni" „ganz milde" wurde. „Die Volkspolizisten trauten sich nicht mal, uns anzusprechen. Die hatten schreckliche Angst vor uns, nicht umgekehrt."[227] Margret Bechler schildert, dass sich einige Volkspolizisten aus Hoheneck sogar Zeugen suchten, „die ihnen bestätigten, dass sie die Häftlinge immer anständig behandelt hatten.[228] Und Wendelgard Trampota fügt hinzu, dass nun „selbst die giftigsten ‚Wachteln' [...] scheißfreundlich wurden und uns immer wieder darauf ansprachen, dass sie doch immer ‚gut' zu uns gewesen seien".[229] Noch im September 1953 musste VP-Chef Maron konstatieren, dass es unter den Volkspolizisten noch Auffassungen gebe, „dass die Strafgefangenen nach den Ereignissen des 17. Juni besonders zuvorkommend zu behandeln sind".[230] Verbesserungen in den Haftbedingungen nach den Juni-Ereignissen bemerkte auch Horst Fichter in Torgau: „Jetzt wurden die Zellen nicht mehr verschlossen, sondern nur noch mit dem Riegel zugemacht. Es gab mehr zu essen [...]. Man war etwas großzügiger bei der Paketkontrolle, es wurde nicht mehr soviel zerhackt und zerschnitten."[231] Gegenteiliges erlebte Werner Jaeger, als er aus dem Haftarbeitslager Oelsnitz zurück in die Haft-

---

223 Bericht der HA SV, Betr.: Stellungnahme der HA SV zu der Denkschrift des Genossen Staatsanwalt Leim über die Arbeit der HA SV zur Umerziehung der Strafgefangenen vom 12.7.1954 (BArch, DO1/28589/Bl. 174).
224 Hier und im Folgenden: Werkentin, Politische Strafjustiz, S. 369, 409; ders., Dimension politischer Inhaftierungen, S. 140–142; Wunschik, Strafvollzug, S. 89.
225 Vgl. Diagramm 4 im Anhang.
226 Finn, Häftlinge der Sowjetzone, S. 126.
227 Müller, Zwischen Hippokrates und Lenin, S. 37.
228 Bechler, Warten auf Antwort, S. 323.
229 Schacht (Hg.), Hohenecker Protokolle, S. 93.
230 DVP-Chef Maron an Innenminister Stoph vom 15.9.1953 (BArch, DO 1/28484/Bl. 318).
231 Fichter, Verflucht sei die Menschenwürde, S. 165.

anstalt Zwickau verlegt wurde. Im Vergleich zur Gefängnishaft war das Haftregime im Haftarbeitslager wohl „relativ erträglich". Nach dem „17. Juni" wurden alle politischen Häftlinge „aus den Lagern wieder in ‚feste Häuser' verlegt. [...] Im Spätsommer '53 kamen dann die ersten ‚X-er', Teilnehmer am Volksaufstand, die für jeden erkennbar ein großes weißes X auf die Kleidung gemalt bekamen und unter besonders rüder Behandlung zu leiden hatten."[232]

Auch wenn die Verbesserungen im Haftregime ab Mitte 1953 in den Augen vieler Häftlinge Folgen des „17. Juni" waren, sind sie doch auf den „Neuen Kurs" der Staatsführung zurückzuführen. Dieser markierte einen deutlichen Wandel. „Ein innenpolitisches Tauwetter" sollte „die aufgebrachte Bevölkerung beruhigen und möglichst neutralisieren."[233] Wie eine Anweisung der obersten Strafvollzugsbehörde von Anfang Juli 1953 zeigt, bedeutete der „Neue Kurs" eine Mäßigung im Haftregime. In einer ideologischen Kampagne sollten die Volkspolizisten auf den „Neuen Kurs" eingeschworen werden. Betont wurde die „Gewährleistung der Rechtssicherheit und der demokratischen Gesetzlichkeit durch strengste Einhaltung der Gesetze, Verordnungen und sonstigen Richtlinien". Besonders wurde hier auf die Einhaltung der Entlassungsfristen und die großzügige Anwendung der vorzeitigen Entlassung (§ 346 StPO, bedingte Strafaussetzung) hingewiesen – offensichtlich, um die überbelegten Gefängnisse zu entlasten. Man wies im Zusammenhang mit der strikten Forderung nach Einhaltung der Gesetzlichkeiten auch auf das Recht der Häftlinge auf Einlegung von Rechtsmitteln und Eingaben hin, zudem auf den Besuchsverkehr, die Freizeit und auf die Behandlung der Gefangenen. Zudem seien die Bedingungen der Häftlingsarbeit zu überprüfen. Ebenso sollten die Richtlinien zur Anrechnung der Arbeitstage auf die Haftzeit sowie die über den Lohnanteil der Häftlinge überarbeitet werden. Des Weiteren forderte man die „breiteste Entwicklung der Massenkulturarbeit", die Überprüfung der Anstalten hinsichtlich ihrer Sicherheit und auch eine völlige Reorganisation des Jugendstrafvollzugs entsprechend des Jugendgerichtsgesetzes.[234] All diese Vorhaben zeigen deutlich, wo die oberste Strafvollzugsverwaltung selbst Defizite sah und wo die Hebel für Verbesserungen im Strafvollzug anzulegen seien. Im September 1953 versicherte DVP-Chef Maron in einem Schreiben an Innenminister Stoph, dass nun „bezüglich der Behandlung und Erziehung der Gefangenen" entsprechende Grundsätze festgelegt seien. „In den Schulungen und sonstigen Belehrungen der VP-Angehörigen wurde besonders auf die korrekte Behandlung hingewiesen und körperliche Züchtigungen sowie entehrende Handlungen unter Disziplinarstrafe gestellt."[235] Diese Aussagen veranschaulichen das Haftregime der Zeit vor dem Sommer 1953.

232 Bericht Werner Jaeger. In: Knechtel/Fiedler (Hg.), Stalins DDR, S. 168.
233 Mählert, Kleine Geschichte der DDR, S. 78.
234 HA SV an die Politverwaltung der HVDVP, Betr.: Hauptaufgaben der HA SV zur Durchführung des neuen Kurs von Partei und Regierung vom 9.7.1953 (BArch, DO 1/28468/ Bl. 185).
235 DVP-Chef Maron an Innenminister Stoph vom 15.9.1953 (BArch, DO 1/28484/ Bl. 314).

In der Folge der eben erwähnten Anweisungen erlebte beispielsweise Rudolf Jahn in Torgau ab Juli 1953 „größere Freiheiten, als wir je erwartet hatten, und die uns zeitweise vergessen ließen, dass wir Gefangene waren".[236] Die Anstaltsleitung hatte eine Gefangenenselbstverwaltung installiert, welche sowohl für die Aufrechterhaltung der Disziplin als auch für den geregelten Tagesablauf samt Stärkemeldungen, Registrierung der Kranken, die Gefangenenkartei und die Zählung der zur Arbeit eingesetzten Häftlinge verantwortlich war. Die Volkspolizei trat hier deutlich in den Hintergrund. Die Häftlinge beaufsichtigten auch die Paketausgabe und regelten die Gefangenenpost. Die Freistunde dauerte nun tatsächlich eine ganze Stunde und war vor allem frei von sämtlichen Verboten. Was Jahn bezüglich der Freistunde in der zweiten Jahreshälfte 1953 in Torgau berichtet, deckt sich nicht mit den Aussagen anderer Häftlinge über den DDR-Strafvollzug jener Zeit. Jedoch gibt es keinen Grund, diese Darstellung - 1967 von der Vereinigung der Opfer des Stalinismus e. V. herausgegeben - zu bezweifeln. Jahn schildert: „Wir durften langsam oder schnell, in Gruppen oder einzeln gehen, miteinander reden, uns niedersetzen oder hinlegen. Zur Beobachtung auf dem Hof herumstehende Volkspolizisten unterhielten sich mit uns, ermahnten bei allzu lebhaften Gesprächen diskret, sich etwas zu mäßigen. Die Hauptaufsicht führte indessen ein Häftling, der Flügelälteste oder der Abteilungskalfaktor." Von fünf Uhr morgens bis abends neun Uhr waren die Zellen aufgeschlossen und die Häftlinge konnten sich frei bewegen. Die Wärter wachten ohne Gummiknüppel, es gab keine Gefangenenmisshandlungen mehr und die Arreststrafe wurde ebenfalls kaum noch verhängt, so wie es die Justiz bereits Ende der vierziger Jahre erfolgreich gehandhabt hatte. Die Häftlinge durften persönliche Briefe und Bilder in ihrem Besitz haben, die Arbeitsnormen wurden auf ein erträgliches Maß gesenkt. Die nicht arbeitenden Häftlinge wurden nicht mehr rigoros von jeglichen Vergünstigungen ausgeschlossen und konnten auch am Kulturleben teilnehmen. Sogar die Qualität und selbst die Menge des Essens stiegen spürbar: „Mittags durfte jeder Gefangene so viel essen, wie er wollte. [...] Wir bekamen Obst und Salat, sonntags sogar Pudding." Doch die vermeintliche Freiheit dauerte in Torgau nur ein halbes Jahr. „Am 31. Dezember 1953 wurden plötzlich alle Freiheiten wieder abgeschafft, Bilder und Briefe wurden wieder eingezogen, das Essen wurde schlechter, als es vor Beginn des Experiments schon gewesen war, die Normen wurden wieder erhöht. Die Gummiknüppel traten erneut in Tätigkeit, die Arrestzellen waren wieder überbelegt, Volkspolizisten brüllten herum, inspizierten unvermittelt die Zellen mit den alten Schikanen. Spitzel und Denunzianten hatten wieder Hochkonjunktur. Das Märchen von der Selbstverwaltung war zu Ende." Ähnliches berichtet Wendelgard Trampota aus Hoheneck, wo die Häftlinge ab dem Sommer 1953 „etwas mehr Freiheit"[237] gespürt hatten. Auch in Hoheneck wurden die Zellen tags-

---

236 Zitat hier und im Folgenden: Bericht Rudolf Jahn. In: Binski (Hg.), Zwischen Waldheim und Workuta, S. 69-71.
237 Zitat hier und im Folgenden: Schacht (Hg.), Hohenecker Protokolle, S. 95 f.

über aufgeschlossen, die Häftlinge konnten ihre Zellen „freundlicher gestalten", hatten Hofgang, es gab Filmvorführungen und von den Gefangenen durchgeführte „bunte Veranstaltungen". Doch auch hier dauerte das „Experiment", wie Rudolf Jahn es nannte, nur kurze Zeit. So nahmen in Hoheneck „viele Vergünstigungen ein jähes Ende. Die Sicherheit im Lande war wieder hergestellt."[238] Diese bemerkenswerten Erleichterungen im Haftregime beweisen, dass auch unter Polizeiverwaltung in der DDR ein menschenwürdiger Strafvollzug möglich war – wenn auch nur befristet. Die Berichte belegen zugleich, wie sehr die Haftbedingungen von Anstalt zu Anstalt variieren konnten und wie groß der Einfluss der Anstaltsleiter auf das Haftregime war.

3.3 Produktionssteigerung als oberstes Ziel: Beginn der allgemeinen Häftlingsarbeit

Neben den Auswirkungen des „Neuen Kurses" auf den Strafvollzug machten sich 1953 besonders die Anstrengungen der Berliner Zentrale bemerkbar, getreu Artikel 137 der DDR-Verfassung, möglichst alle „besserungsfähigen" Häftlinge produktiver Arbeit zuzuführen. Grundlage der Häftlingsarbeit war die Verordnung über die Beschäftigung von Strafgefangenen vom 3. April 1952,[239] in der es hieß, den Gefangenen müsse die Möglichkeit gegeben werden, „ihre Arbeitskraft für Aufgaben der Volkswirtschaft einzusetzen". Seitdem die Volkspolizei den Strafvollzug übernommen hatte, versuchte sie, „das Arbeitskräftereservoir [...] planmäßig zu erschließen. Seit 1952 erfolgte die Einrichtung von Zweigbetrieben der staatlichen Wirtschaft in den Hafteinrichtungen."[240] Das Innenministerium unternahm große Anstrengungen, den Verfassungsgrundsatz zu erfüllen. „Die Hauptaufgabe des Jahres 1953 war, neue Produktionen für die Beschäftigung zu organisieren und alle arbeits- und besserungsfähigen Strafgefangenen in den Arbeitsprozess einzugliedern."[241] Hatte laut Artikel 137 der Strafvollzug nur „die Erziehung der Besserungsfähigen durch gemeinsame produktive Arbeit" zum Ziel, hieß das keinesfalls, dass die übrigen Häftlinge nicht auch zur Arbeit eingesetzt werden konnten. Dabei hatten die Verantwortlichen größte Probleme. Bereits 1952 blieb die Arbeitsproduktivität „weit hinter der der volkseigenen Industrie" zurück, weil sich die Arbeitsorganisation nicht auf dem aktuellen Stand befand, den Leitern der Abteilungen AKE (Arbeitskräfteeinsatz) „die Erfahrungen in Fragen der Arbeitsorganisation fehlten" und die

---

238 An anderer Stelle hieß es über das Ende dieses „erleichterten Vollzugs": „Im Zuchthaus wurden alle Erleichterungen rückgängig gemacht. Die staatliche Einkaufszentrale wurde aufgelöst, die Kulturarbeit untersagt. Zellen- und Saaltüren, die wenige Wochen tagsüber offen gestanden hatten, waren wieder verschlossen. Die Vollmachten der Selbstverwaltung wurden zur Formsache." Vgl. Müthel, Für dich blüht kein Baum, S. 174.
239 GBl. vom 8.4.1952.
240 Bastian/Neubert, Schamlos ausgebeutet, S. 42.
241 Zitat hier und im Folgenden: Jahresbericht der HA SV der HVDVP für das Jahr 1953 vom 15.2.1954 (BArch, DO 1/28468/Bl. 118).

Volkseigenen Betriebe (VEB) lediglich Lohnaufträge ausführen ließen. Die Abteilungen AKE fühlten sich „für diese Betriebe nicht verantwortlich" und waren daher auch nicht an einer Produktionssteigerung interessiert. Infolgedessen sollten 1953 die „großen Anstaltsbetriebe den volkseigenen Betrieben" angegliedert und Produktionsleiter aus der volkseigenen Wirtschaft eingesetzt werden, die „die volle Verantwortung für die gesamte Produktion einer Werkstatt" zu übernehmen hatten. Weiterhin wurde ein neues Entlohnungssystem zur Steigerung der Arbeitsproduktivität erarbeitet und schließlich die vorhandenen Haftarbeitslager und Standkommandos „beträchtlich" erweitert sowie neue Haftarbeitslager errichtet.

Vor allem die enorme Überbelegung sämtlicher Haftanstalten stellte die Volkspolizei vor kaum lösbare Aufgaben. In den festen Häusern war man gezwungen, die ohnehin zu wenigen Arbeitsräume noch als Haftträume für Gefangene zu verwenden. Bereits im August 1950 hatte die Überbelegung bei 100 Prozent gelegen: Die sieben von der Deutschen Volkspolizei verwalteten Haftanstalten hatten eine Gesamtkapazität von 8 900 Personen, mussten aber 17 000 Häftlinge aufnehmen. Bis zum September 1952 steigerte sich die Gefangenenzahl auf 29 000 – bei gleicher Kapazität. Da brachte auch die Gnadenaktion vom 7. Oktober 1951, bei der 3 500 Gefangene freigelassen wurden, „keine fühlbare Erleichterung". Den Höhepunkt der Überlastung erreichte der DDR-Strafvollzug Anfang Mai 1953, als einer Gesamtkapazität von 18 200 Plätzen ganze 42 900 Häftlinge gegenüberstanden und die Strafvollzugseinrichtungen mit 140 Prozent und die Untersuchungshaftanstalten mit 85 Prozent überfüllt waren. Trotz der erwähnten zahlreichen Entlassungen infolge des „Neuen Kurses" kämpfte der Strafvollzug Ende August 1953 immer noch mit einer Überbelegung von 100 Prozent; der Untersuchungshaftvollzug war zwar zu 25 Prozent unterbelegt, doch aufgrund sicherheitstechnischer sowie baulicher Defizite nicht für den Strafvollzug geeignet. Die Überbelegung betraf besonders die großen Strafvollzugsanstalten: So hatten die StVA Bautzen I, Hoheneck, Luckau, Brandenburg-Görden und Halle I „fast ausschließlich eine doppelte, die StVA Torgau fast eine dreifache und die StVA Waldheim eine 3½-fache Überbelegung zu verzeichnen". Aufgrund der dort in hohem Maße einsitzenden politischen Häftlinge, die nicht zur Arbeit in Haftarbeitslagern zugelassen waren, war eine Veränderung dieses Zustandes vorläufig nicht absehbar.[242]

Daher musste DVP-Chef Maron Mitte September 1953 an Innenminister Stoph berichten, dass aufgrund der Überbelegung „die Verwirklichung eines vorbildlichen Strafvollzuges noch zu wünschen übrig lässt. In Verwahrräumen, in denen normalerweise nur ein Strafgefangener unterzubringen wäre, müssen 3, 4, 5 und mehr Gefangene untergebracht werden."[243] Zudem musste Maron

---

242 Zu diesem Absatz: HVDVP, HA SV, Stellungnahme zur Entwicklung des Strafvollzuges vom 27.8.1953 (BArch, DO 1/28508/Bl. 87–89).
243 Zitat hier und im Folgenden: Schreiben des DVP-Chefs Maron an Innenminister Stoph vom 15.9.1953 (BArch, DO 1/28484/Bl. 311 f.).

mitteilen, dass die „Hauptschwierigkeiten", mit denen die Volkspolizei seit der Übernahme der Gefangenen der Speziallager konfrontiert war, „bis jetzt noch nicht restlos überwunden" werden konnten. Die Probleme betrafen nahezu alle Bereiche: „a) Sicherheit der Anstalten, b) Haftraummangel, c) Versorgung der Gefangenen mit Bekleidung, Wäsche, Decken, Geschirr, Möbel, d) Ärztemangel und e) geschulte Bewachungskräfte". Da der Bau neuer Anstalten – wohl aus ideologischen Gründen, also aus Bedacht auf etwaige Reaktionen im Westen – ausschied, ging man vermehrt dazu über, „einen gewissen Haftraumausgleich durch die Errichtung von Haftarbeitslagern zu schaffen". Schon Ende 1952 hatte die oberste Strafvollzugsverwaltung festgestellt, dass die „100%ige Beschäftigung der Strafgefangenen" daran scheitere, dass die Werkräume der Gefängnisse für die Unterbringung der Häftlinge genutzt werden müssten. Doch machte die Hauptabteilung Strafvollzug auch explizit klar, dass es nicht in Frage käme, neue Anstalten zu errichten: „Wir bauen Fabriken und keine Strafanstalten."[244] Verstärkt richteten daher die Volkseigenen Betriebe Außenstellen in den Haftanstalten ein, stellten die für die Produktion notwendigen Maschinen und Materialien, entrichteten bei der Anstaltsleitung Miete für den benötigten Platz, bezahlten das Wachpersonal und den Lohn für die arbeitenden Häftlinge, von dem die Anstaltsleitung jedoch drei Viertel für „Kost und Logis" – wie es die Häftlinge nannten – einbehielt. Die Strafgefangenen der Gruppe A, die „in Schwerpunktbetrieben (Bergbau, Stahlwerke usw.)" eingesetzt wurden, erhielten wie die Beschäftigten des „übrigen Außenkommandos, z. B. der Landwirtschaft" den ortsüblichem Tarif oder sie wurden „nach den Lohnsätzen der geltenden Betriebskollektivverträge" entlohnt. Diese Häftlinge, so hieß es 1952 in einer Fachschulung der SV-Angehörigen, „sind an besonderen Schwerpunkten unserer Volkswirtschaft eingesetzt. Da bei dieser Kategorie von Strafgefangenen die Voraussetzungen – notwendiger Grad der Besserungsfähigkeit und Nützlichkeit für die Volkswirtschaft – erfüllt sind, werden sie in Bezug auf Entlohnung, Urlaub usw. den Arbeitern gleichgestellt."[245] Politische Häftlinge waren in der Regel von den Arbeiten in den Außenkommandos ausgeschlossen.

Um die Forderung nach 100-prozentiger Beschäftigung der Häftlinge zu erfüllen, versuchten die Anstaltsleiter nun, so viel Räume und Platz wie möglich zu gewinnen, um dort die Häftlinge – bei häufig mangelhafter Beleuchtung und Belüftung – der „gemeinsamen produktiven Arbeit" zuzuführen. Dass dabei auch eigene Strafvollzugsvorschriften missachtet wurden, zeigt ein kritischer Bericht der Hauptabteilung Gesundheitswesen, die Ende 1953 die Strafvollzugsanstalt Luckau inspiziert hatte und stichpunktartig die Mängel auflistete: „Feststellung von Verstößen gegen die Arbeitsschutzbestimmungen und Bemängelung der zu kleinen und zu beengten Arbeitsräume, Notausgänge verstellt,

---

244 Protokoll der Tagung Hauptabteilung SV in der VA Torgau am 27. und 28.11.1952 vom 3.12.1952 (BArch, DO 1/28496/Bl. 120).
245 HVDVP, HA SV, Entwurf, Methodische Anleitung für die Fachschulung, Betr.: Gefangenen-Entlohnung vom 5.6.1952 (BArch, DO 1/28585/Bl. 16).

Feststellung gesundheitsgefährdender Arbeitsbedingungen."[246] Daraufhin beschwerte sich der Luckauer Anstaltsleiter bei der Berliner Zentrale recht heftig, warf den Kontrolleuren Praxisferne vor und rechtfertigte sein Vorgehen. „Die Hauptaufgabe im Strafvollzug bestand 1953 darin, eine hundertprozentige Beschäftigung der Strafgefangenen zu erreichen. Die StVA Luckau ist räumlich sehr beengt und es wurde jeder einzelne Raum ausgenützt, um möglichst viele Strafgefangene in den produktiven Arbeitseinsatz zu bringen."[247] Jedoch wurde nicht nur jeder Quadratmeter für die Häftlingsarbeit verfügbar gemacht, auch bei der Rekrutierung der arbeitsfähigen Häftlinge war der Leiter der Luckauer Strafanstalt offenbar zu eifrig gewesen, denn die Berliner Kontrolleure hatten festgestellt, dass auch Tbc-Erkrankte „seit mehreren Monaten im Arbeitseinsatz" seien. „Dabei wurde auf die reduzierte Arbeitsfähigkeit oft keine Rücksicht genommen und die Strafgefangenen wahllos auch zu schwerer Arbeit eingesetzt."[248] Um das von Berlin vorgegebene Ziel des Arbeitseinsatzes aller Häftlinge und somit das Planziel zu erreichen, schien dem Luckauer Anstaltsleiter offenbar jedes Mittel recht zu sein. In der Praxis standen der Erfüllung des Planziels jedoch weitere Probleme entgegen. So meldete beispielsweise die StVA Zwickau für das erste Quartal 1953 ein Einnahmesoll von lediglich 53 Prozent, was auf laufende Schwierigkeiten bei der Anlieferung von Material zurückgeführt wurde.[249] Die StVA Hoheneck hatte zur Jahresmitte 1954 erst 22,4 Prozent der Jahreseinnahmen erreicht. Ursache hierfür seien die Entlassungen infolge des „Neuen Kurses" gewesen, wodurch sich die Anstaltsleitung außer Stande sehe, „das gestellte Plansoll zu erreichen".[250] Der ostdeutsche Strafvollzug stand also vor dem Dilemma, dass auf der einen Seite die Gefängnisse überbelegt waren und daher die geforderte Vollbeschäftigung erschwert wurde. Andererseits führten Amnestien und Gnadenaktionen zu Produktionsausfällen, welche die Erfüllung der Planziele gefährdeten.

Der Strafvollzug arbeitete mit verschiedenen Fachministerien zusammen, um neue Haftarbeitslager zu schaffen – vor allem in den Bereichen Erzbergbau- und Hüttenwesen, Kohle und Energie, Aufbau und Chemie, Kraftverkehr und Straßenwesen. Stolz berichtete Maron Mitte September 1953 an Stoph, dass die Arbeitsproduktivität der Häftlinge nun durchschnittlich höher sei als die der

---

246 Bericht über die Überprüfung der StVA Luckau durch die ärztlichen Inspektoren der Hauptabteilung Gesundheitswesen in der Zeit vom 8. bis 11.12.1953 vom 11.12.1953 (BArch, DO 1/28573/Bl. 159).
247 Leiter der StVA Luckau an Leiter der HA SV August Mayer vom 4.1.1954 (BArch, DO 1/28573/Bl. 197 f.).
248 Bericht über die Überprüfung der StVA Luckau durch die ärztlichen Inspektoren der Hauptabteilung Gesundheitswesen in der Zeit vom 8. bis 11.12.1953 vom 11.12.1953 (BArch, DO 1/28573/Bl. 158).
249 Quartalsbericht der BDVP Chemnitz, Abt. SV für das 1. Quartal 1953 vom 1.4.1953 (SächsStAC, 30441-25/131/Bl. 21).
250 Quartalsbericht der BDVP Karl-Marx-Stadt, Abt. SV für das 2. Quartal 1954 vom 2.7.1954 (SächsStAC, 30441-25/132/Bl. 193).

freien Arbeiter.[251] Grund der hohen Arbeitsleistungen sei, so beispielsweise die Erfahrung der StVA Zwickau, das Ziel der Häftlinge, in Anerkennung der hohen Arbeitsproduktivität „schneller zu einem Außen- oder Standkommando versetzt zu werden. Dabei spielt der Wunsch, ein höheres Arbeitsentgelt zu erzielen, neben dem nach größerer Freiheit und größeren Vergünstigungen eine wesentliche Rolle."[252] Fortan gehörten „Vorschläge zur weiteren Hebung der Arbeitsproduktivität" zur Aufgabe der Mitarbeiter der Strafvollzugsverwaltungen. Schon 1952 sahen die Arbeitsverwaltungen der verschiedenen Strafvollzugseinrichtungen des Bezirks Chemnitz in der Differenzierung der Entlohnung „das beste Mittel zur Hebung der Arbeitsproduktivität". Denn „die erhöhten Einnahmen ermöglichen dem Strafgefangenen den Ankauf von zusätzlichen Lebensmitteln. Ferner hat er größere Gelegenheit seinen Angehörigen Zuwendungen zu machen."[253] Die prekäre Verpflegungssituation wurde mithin bewusst genutzt, die Häftlinge zu höheren Arbeitsleistungen zu motivieren.

Ab der zweiten Jahreshälfte 1953 stand der DDR-Strafvollzug vor dem Dilemma, dass einerseits wegen der Entlassungen infolge des „Neuen Kurses" die Haftarbeitslager einen Mangel an Arbeitskräften beklagten, andererseits aber die Strafvollzugsanstalten überfüllt waren, auch aufgrund der Neuverurteilungen nach dem Volksaufstand. Maron stellte fest, dass im September 1953 „in den Strafvollzugsanstalten noch 6791 arbeitsfähige Strafgefangene ohne Beschäftigung sind, die aufgrund ihrer Verurteilung von SMT oder dem Landgericht Chemnitz in Waldheim oder aber auch aufgrund ihrer Straftat (Artikel 6, KD 38, Provokateure des 17.6.1953) und ihres Strafmaßes nicht zur Außenarbeit eingesetzt werden können, während innerhalb der Anstalten infolge der Überbelegung nicht genügend Arbeitsräume vorhanden sind, um Produktionsstätten einzurichten, andererseits aber in den Haftarbeitslagern, Stand- und Außenkommandos noch etwa 3400 Strafgefangene benötigt werden. [...] Um eine normale Belegung in den Strafvollzugsanstalten zu erreichen, ist der Einsatz von ca. 15000 Strafgefangenen außerhalb der Dienststellen erforderlich."[254] Doch auch ein Jahr später war man bezüglich des Problems der Beschäftigung der Häftlinge nicht vorangekommen. Aufgrund der Überbelegung gab es zu wenige Produktionsräume und so konnten immer noch 30 bis 40 Prozent der Häftlinge nicht an der „gemeinsamen produktiven Arbeit" teilnehmen. Daher schlug die Berliner Zentrale im September 1954 die Bildung weiterer A-Betriebe[255] – vornehmlich auf dem Gebiet des Maschinenbaus – in den Haft-

---

251 DVP-Chef Maron an Innenminister Stoph vom 15.9.1953 (BArch, DO 1/28484/ Bl. 312).
252 Quartalsbericht der StVA Zwickau, Arbeitsverwaltung für das 3. Quartal 1952 vom 25.9.1952 (SächsStAC, 30441-25/258/Bl. 11).
253 Quartalsbericht der BDVP Chemnitz, Abt. SV für das 3. Quartal 1952 vom 2.10.1952 (SächsStAC, 30441-25/131/Bl. 229).
254 Ebd., Bl. 313 f.
255 Im DDR-Strafvollzugssystem gab es drei Kategorien von Betrieben: Bei A-Betrieben handelte es sich um innerhalb der Haftanstalten angesiedelte Produktionsstätten, Betriebe

anstalten, die Einführung des 6-Stundenarbeitstages bei Vier-Schichten-Betrieb sowie die Erweiterung des Kreises der für die Arbeit in den Haftarbeitslagern zugelassenen Strafgefangenen vor. So sollten künftig auch nach Artikel 6 der DDR-Verfassung verurteilte Häftlinge mit einem Strafrest von zwei Jahren und Häftlinge mit westlichem Wohnsitz oder Verwandtschaft in den Haftarbeitslagern arbeiten dürfen, um deren Kapazitäten auszulasten.[256]

Grabe berichtet, dass man sich in Bautzen I 1954 bemüht habe, möglichst viele Häftlinge in den Arbeitseinsatz zu integrieren. „In die Aufstellung der Arbeitskommandos war eine große Bewegung gekommen; man war sichtlich bemüht, unser Los zu verbessern; es gab erheblich mehr Arbeitsmöglichkeiten als bislang."[257] Im Zuge der Bemühungen, alle arbeitsfähigen Häftlinge der Produktion zuzuführen, wurden schon ab 1953 auch politische Häftlinge in die allgemeine Häftlingsarbeit integriert. Bis dahin blieben die politischen Häftlinge von der ohnehin eher marginalen „gemeinsamen produktiven Arbeit" ausgeschlossen und saßen nicht zuletzt wegen des Mangels an Produktionsmitteln beschäftigungslos in ihren Zellen. Lediglich die kriminellen Häftlinge arbeiteten. Das änderte sich nun zunehmend. „Während 1949 etwa 30 Prozent der Strafgefangenen mit produktiver Arbeit beschäftigt wurden, stieg diese Zahl im Jahre 1950 auf etwa 70 Prozent und Ende 1956 auf etwa 100 Prozent" hieß es 1958 in einer DDR-Publikation.[258] Dass diese Zahlen geschönt waren, zeigt Eberle, demzufolge die beabsichtigte Vollbeschäftigung erst später erreicht wurde. So waren Ende 1959 86,4 Prozent der arbeitsfähigen Häftlinge in den Arbeitsprozess integriert.[259] VSV-Chef Mayer berichtete im März 1956 dem Leiter der Finanzverwaltung im Innenministerium, dass „die Einnahmen aus der Produktion im Jahre 1955 im Gegensatz zum Jahre 1951 einen Stand von 865 % erreicht haben". Der Staatszuschuss für den Strafvollzug konnte im gleichen Zeitraum um 51 Prozent auf nun etwa 43,5 Prozent gesenkt werden.[260] Die weitere Senkung der staatlichen Bezuschussung sollte mittels Erhöhung der Einnahmen aus der Produktion und durch die Senkung der Ausgaben erfolgen – zynisch Verwirklichung des „Prinzips der strengsten Sparsamkeit" genannt. Jedoch stand die Senkung der Ausgaben einer Verbesserung der Haftbedingungen entgegen, so dass die erheblichen Mängel in allen Bereichen weiter bestehen blieben. Gleichzeitig macht dieses Ziel aber auch klar, dass es dem DDR-

---

der Kategorie B befanden sich außerhalb der Haftanstalten und in den innerhalb der Anstalten befindlichen C-Betrieben arbeiteten Häftlinge für den anstaltseigenen Bedarf. Vgl. Müller, Haftbedingungen, S. 78.

256 HA SV, Die Beurteilung der Entwicklung des Strafvollzuges von Standpunkt der Erziehung der besserungsfähigen Strafgefangenen vom 20.9.1954 (BArch, DO 1/28466/Bl. 198).
257 Grabe, Vier Stationen in Rot, S. 105.
258 Kern, Erziehung im Strafvollzug, S. 94.
259 Eberle, GULag DDR?, S. 122.
260 VSV-Chef Mayer an Leiter der Finanzverwaltung des MdI Tittelbach, Betr.: Finanzielle Ergebnisse des Strafvollzuges vom 29.3.1956 (BArch, DO 1/28584/Bl. 140). Siehe auch Eberle, GULag DDR?, S. 121.

Strafvollzug keineswegs um die Umerziehung der Strafgefangenen zwecks Reintegration ging, sondern um die Ausnutzung ihrer Arbeitskraft – auch, um die hohen Kosten, die der Strafvollzug verursachte, wenigstens teilweise zu begrenzen.

Die SED hatte den Wert der Häftlingsarbeit erkannt und begann, diese in ihre Wirtschaftspläne zu integrieren. Klaus-Dieter Müller konstatiert: „Arbeit als zentrale Kategorie des DDR-Strafvollzugs erhielt für die Häftlinge auch real [...] überragende Bedeutung."[261] Ab Mitte der fünfziger Jahre wurden „Strafgefangene besonders in Haftarbeitslagern im Bergbau, der Baustoffindustrie und anderen Schwerpunkten zum Einsatz gebracht".[262]

Ziel der Erschließung aller Arbeitskräftereserven war nach offizieller Lesart nicht die Ausbeutung billiger Arbeitskräfte für vor allem körperlich sehr anstrengende Arbeiten, sondern „alle diese Maßnahmen dienten [...] dazu, die Arbeit stärker für den Erziehungsprozess der Strafgefangenen zu nutzen".[263] „Erziehung durch Arbeit" war die Devise im DDR-Strafvollzugssystem. Tatsächlich ging es nicht um die Erziehung der Strafgefangenen, sondern stets um die Steigerung der Produktion, denn die „Häftlingsarbeit war voll im Wirtschaftsplan der DDR bilanziert, und jede Amnestie führte zu Produktionsausfällen".[264] Bei der „Umerziehung" und mithin bei der „Erziehung durch Arbeit", die ideologische und verfassungsrechtliche Grundlage des DDR-Strafvollzugs, handelte es sich laut Henrik Eberle nur um ein „mühsam errichtetes Theoriegebäude".[265] Schließlich galten der obersten Strafvollzugsverwaltung gerade die Erfüllung des Einnahmesolls und die prozentuale Steigerung der Normerfüllung als Gradmesser für die Umerziehung der Häftlinge.[266] Selbst der Begriff „Umerziehung" als Ziel des Strafvollzugs verschleiert den eigentlichen Zweck. Denn wie Bruno Bettelheim zutreffend analysiert, ist der Begriff „Umerziehung" „ein der Herrschaftssprache entlehnter Euphemismus und bezeichnet eine mit physischer und psychischer Gewalt erzwungene Änderung der politischen Gesinnung".[267] Brigitte Oleschinski zufolge bedeutete der „Schlüsselbegriff der ‚Erziehung' [...] im Strafvollzug zum einen die umfassende und reibungslose (kollektive) Anpassung an die Anstaltsregeln, der unter Begriffen wie Ordnung, Disziplin und Wert der produktiven Arbeit eine Art Beweisfunktion zukam: je widerspruchsloser die

---

261 Müller, Haftbedingungen, S. 48.
262 VSV an Generalstaatsanwalt der DDR vom 4.4.1960 (BArch, DO 1/28584/ Bl. 237).
263 Zur Geschichte der Rechtspflege der DDR, S. 340 f.
264 Müller, Haftbedingungen, S. 27.
265 Eberle, GULag DDR?, S. 113.
266 Stellungnahme der HA SV zu der Denkschrift des Genossen Staatsanwalt Leim über die Arbeit der HA SV zur Umerziehung der Strafgefangenen vom 12.7.1954 (BArch, DO1/28589/Bl. 176).
267 Bruno Bettelheim, Erziehung zum Überleben. Zur Psychologie der Extremsituation, Stuttgart 1980, S. 104 ff. Zit. nach Nicole Münnich, Titos tabuisiertes „Hawaii". Zum Stand der Forschung über die jugoslawische Lagerinsel Goli Otok und zur Frage nach Aufarbeitung, S. 14, Anm. 91 (URL: http://www.fraumuennich.de/KommunismusforschungMuennich.pdf, Stand: 2.9.2011).

Gefangenen sich anpassten, desto erfolgreicher verlief ihre angebliche ‚(Selbst-) Erziehung'. Umgekehrt wurden Disziplinverstöße aller Art als Mangel an Erziehungsfähigkeit bzw. -willigkeit ausgelegt und diese Renitenz wiederum mit politischer Uneinsichtigkeit gleichgesetzt."[268]

Damit die Häftlingsarbeit nicht den Eindruck tatsächlicher Zwangsarbeit vermittelte, war in den arbeitsrechtlichen Bestimmungen der Verordnung über den Arbeitseinsatz von Strafgefangenen vom 3. April 1952 festgelegt worden, dass die „aufgrund dieser Verordnung beschäftigten Strafgefangenen [...] nach den Lohnsätzen der geltenden Kollektivverträge entlohnt"[269] werden. Weiterhin sollte der Häftling nach Abzug der Haftkosten ein Viertel seines Lohns für den Eigenbedarf zur Verfügung haben und ein weiteres Viertel nach Absitzen seiner Strafe erhalten. Der Rest sollte beispielsweise der Familie des Häftlings als Unterstützung zugutekommen oder ihm ebenfalls nach der Haftentlassung ausgezahlt werden. Die Praxis sah jedoch gänzlich anders aus. Die Masse des Lohns wurde für die Erstattung der Haftkosten einbehalten. Nach Angaben Frickes waren dies in den fünfziger und sechziger Jahren etwa drei Viertel des Nettolohns. Von dem verbliebenen Viertel gingen 60 Prozent als „Unterstützung" an die Angehörigen, 35 Prozent blieben für den Eigenverbrauch und fünf Prozent wurden monatlich gesammelt und sollten dem Gefangenen bei seiner Entlassung ausgezahlt werden.[270] Von dem Geld für den Eigenverbrauch konnten die Häftlinge sich in den anstaltseigenen Verkaufsstellen der staatlichen Handelsorganisation (HO) Lebensmittel, Tabakwaren oder Toilettenartikel dazu kaufen. Dies sollte als Anreiz zur Steigerung der Arbeitsproduktivität dienen. Doch da in der Praxis 1953 der durchschnittliche Monatslohn bei 250,- Mark lag und davon Unterkunfts- und Verpflegungskosten (35,- Mark im Schnitt) sowie die Haftkosten (185,- Mark) abgezogen wurden, verblieben den Häftlingen monatlich lediglich 7,50 Mark für den Eigenverbrauch, was selbst nach DVP-Sicht „in keinem Verhältnis zu den tatsächlichen Arbeitsleistungen"[271] stand. Wichtiger aber war, dass die „Arbeitsfreudigkeit" nachließ und HA SV-Chef Mayer eine „sinkende Normerfüllung" registrieren musste. Zudem beschwerten sich Familienangehörige der Häftlinge zunehmend, „weil die Familienunterstützung zunächst geringer wurde und in vielen Fällen überhaupt nicht mehr möglich war" – was auch die Staatsanwaltschaft kritisierte.

Wie oben erläutert, waren – gemessen an der Steigerung der Produktionszahlen – die Bemühungen der Berliner Strafvollzugsverwaltung, alle Häftlinge der „gemeinsamen produktiven Arbeit" zuzuführen, erfolgreich. Schon von

---

268 Oleschinski, „Nur für den Dienstgebrauch"?, S. 10.
269 Verordnung über den Arbeitseinsatz von Strafgefangenen vom 3.4.1952. Hier zit. nach der zu Teilen im Wortlaut abgedruckten Verordnung bei Fricke, Politik und Justiz, S. 531.
270 Ebd., S. 532.
271 Zitat hier und im Folgenden: Chef der HA SV Mayer an DVP-Chef Maron, Betr.: Vorschlag zur Einführung neuer Entlohnungsprinzipien für beschäftigte Strafgefangene vom 31.7.1953 (BArch, DO 1/28585/Bl. 20 f.).

Januar bis August 1953 (15,14 Millionen Mark) konnten die Gesamteinnahmen des Vorjahres (8,71 Millionen Mark) fast verdoppelt werden. Allerdings wurde dieser Zuwachs der Einnahmen auf Kosten der Sicherheit erreicht. Denn von Jahresanfang bis zum August 1953 flohen 147 Gefangene aus dem Strafvollzug. Diese „außerordentliche Erhöhung der Gefangenen-Entweichungen" war zum größten Teil eine Folge des verstärkten Baus von Haftarbeitslagern und Außenkommandos – 64 Prozent aller Fälle von Entweichungen hatten hier stattgefunden – „in denen die Sicherheitsmaßnahmen unvollkommen sind, da sie überstürzt eingerichtet werden mussten".[272] Aufgrund der „vielfach nur behelfsmäßigen" Unterbringung der Häftlinge und der Tatsache, dass „die meisten" der bewachenden Volkspolizisten in den in der Landwirtschaft tätigen Außenkommandos nicht Mitglieder der Sozialistischen Einheitspartei waren, glaubte die Berliner Zentrale, dass die Gefangenenentweichungen dort besonders begünstigt würden – was die Zahlen auch belegen. Damit stand die Volkspolizei in der Praxis vor denselben Problemen, die sie der Justiz einst vorgeworfen hatte: provisorische Unterbringungen der Häftlinge in den Arbeitskommandos und – aus Sicht der Volkspolizei – unzuverlässiges Personal. Allerdings hatten diese Missstände bei der Volkspolizei andere Konsequenzen, wie Marons Fazit zeigt: Aufgrund „der großen volkswirtschaftlichen Bedeutung dieser Kommandos [...], wird der Standpunkt vertreten, dass trotz der Entweichungen [...] diese Kommandos bestehen bleiben".

Mitte 1954 befanden sich zwei Drittel der arbeitsfähigen Strafgefangenen im Arbeitseinsatz, womit die Hauptabteilung Strafvollzug unzufrieden war, da der Erhöhung dieser Zahl „objektive Schwierigkeiten" im Weg standen. Dazu zählten die begrenzten räumlichen Kapazitäten der Anstalten und Sicherheitsbedenken. In der Folge bemühte sich die Berliner Zentrale um die Erhöhung der Sicherheit der Anstalten und Lager und hatte dafür bereits 1953 über 1,5 Millionen Mark ausgegeben, wobei weder die Kosten für elektrische Sicherheitsanlagen noch die Aufwendungen der Betriebe für die Sicherheit der Produktionsstätten eingerechnet waren.[273] Dennoch haderte man in der Berliner Zentrale auch weiterhin nicht mit der Entwicklung der Produktionszahlen. Da sich auch die Arbeitsproduktivität der Häftlinge nicht so entwickelte, wie es sich die Hauptabteilung Strafvollzug vorgestellt hatte, wurde Ende 1955 das „Leistungsprinzip beim Arbeitseinsatz der Strafgefangenen"[274] eingeführt. Dieses Prinzip erklärte VSV-Chef Mayer folgendermaßen: „Wer also gut arbeitet, seine Arbeitsnormen erfüllt und übererfüllt, erhält eine höhere Arbeitsbelohnung als derje-

---

272 Zitat hier und im Folgenden: DVP-Chef Maron an Innenminister Stoph vom 15.9.1953 (BArch, DO 1/28484/Bl. 316-318).
273 Stellungnahme der HA SV zu der Denkschrift des Genossen Staatsanwalt Leim über die Arbeit der HA SV zur Umerziehung der Strafgefangenen vom 12.7.1954 (BArch, DO1/28589/Bl. 177 f.).
274 Zitat hier und im Folgenden: Rundschreiben der VSV an die Leiter der StVA und die Leiter der Abteilungen SV der BDVP, Betr.: Durchsetzung des Leistungsprinzips beim Arbeitseinsatz der Strafgefangenen 16.10.1955 (BArch, DO 1/28584/Bl. 25-27).

nige, der nicht so gut oder schlecht arbeitet." Ergebnis dieses einfachen Prinzips sei geradezu zwangsläufig eine „allgemeine Steigerung der Arbeitsproduktivität". Dass die Theorie in der Praxis nicht so recht aufgehen wollte, erklärte Mayer so: „Bekanntlich war einer der Gründe für die bisher mangelhafte Durchsetzung des Leistungsprinzips die Möglichkeit der Strafgefangenen, durch Empfang von Lebensmittelpaketen und Geldsendungen auf bequemere Art und Weise zu der erwünschten Verbesserung ihrer materiellen Lage zu gelangen. Was der Strafgefangene nicht erarbeitete, das erhielt er auf Umwegen von seinen Angehörigen [...] zugeschickt. [...] Paket- und Geldempfang und Leistungsprinzip sind deshalb Dinge, die sich nicht miteinander vereinbaren" lassen. Mayer beauftragte „deshalb alle Leiter der Strafvollzugsanstalten, den Paketempfang bis 31. Oktober 1955 vollkommen einzustellen, um dem Leistungsprinzip endgültig zum Durchbruch zu verhelfen und damit den Weg für eine weitere Steigerung der Arbeitsproduktivität freizumachen". Im Bezirk Leipzig hatte das Staatssekretariat für Staatssicherheit (SfS)[275] bereits im September 1955 die „Abgabe von Lebensmittelpaketen" untersagt.[276] Nun sollten die Häftlinge durch harte Arbeit Geld „verdienen" und Lebensmittel in der HO-Stelle kaufen, denn der Zukauf von Lebensmitteln für die Strafgefangenen war angesichts der qualitativ wie quantitativ schlechten Verpflegung entscheidend. Das im Herbst 1955 beschlossene Paketverbot bedeutete daher eine erneute Verschärfung des Haftregimes. Die oberste Strafvollzugsverwaltung war sich völlig im Klaren über die weiterhin schlechte Versorgungslage ihrer Haftanstalten und nutzte diese Situation ganz bewusst aus, um die Häftlinge zu höheren Arbeitsleistungen zu zwingen. Wollten die Häftlinge nun ihre missliche Lage durch Lebensmittelzukauf etwas verbessern, mussten sie die Norm er- und übererfüllen. Doch das Angebot in den HO-Stellen war derart unzureichend, dass das Ausbleiben der Hilfspakete nicht ausgeglichen werden konnte. Auch wenn VSV-Chef Mayer im Dezember 1956 behauptete, die „Gewichtskontrollen und die Beurteilungen der Ärzte beweisen eindeutig, dass die Verpflegung in unseren SV-Dienststellen auch ohne Pakete vollkommen ausreichend ist",[277] hatte das Paketverbot doch eine materielle Verschlechterung der Haftbedingungen zur Folge. Mayer vertrat dennoch die Ansicht, dass diese Maßnahme dazu beitrage, „den Erziehungsgedanken zu unterstützen, die Arbeitsdisziplin und Arbeitsleistung zu heben".

275 Nach dem „Versagen" – so Walter Ulbricht – des MfS im Vorfeld des „17. Junis" wurde der Staatssicherheitsdienst der DDR vorübergehend aufgelöst und am 23. Juli 1953 als SfS dem Innenministerium unterstellt. Der bisherige Minister für Staatssicherheit Wilhelm Zaisser – innerparteilicher Rivale Ulbrichts – wurde wegen „parteifeindlicher fraktioneller Tätigkeit" aller Ämter enthoben. Ernst Wollweber leitete das SfS bis zu dessen Rückwandlung ins MfS am 24. November 1955.
276 Niederschrift der Ausführungen des Genossen Schleifenecker vom SfS auf der Arbeitstagung der SV- und UHA-Dienststellenleiter im Bezirk Leipzig am 23.9.1955 (SächsStAL, 24/151/Bl. 53).
277 Zitat hier und im Folgenden: Stellungnahme der VSV zu einigen Fragen der Entwicklung des Strafvollzuges bis zum heutigen Tage vom 6.12.1956 (BArch, DO 1/28472/ Bl. 242).

Anstatt 3-Kilo-Pakete zu schicken, war es den Angehörigen nur noch gestattet, Geldbeträge für den Zukauf von Nahrungsmitteln zu überweisen. So konnten nicht arbeitende Strafgefangene monatlich für zehn Mark, arbeitende Häftlinge für 14 Mark und Untersuchungshäftlinge für 40 Mark in den HO-Verkaufsstellen der Anstalten folgende Produkte einkaufen: „Zigaretten 5 Stück pro Tag = bis 150 Stück, Wurst, Margarine oder Fett, Kunsthonig, Keks, Zucker und teilweise Obst".[278] Jedoch berichtet Margret Bechler aus Hoheneck von der schikanösen Regelung, dass die Häftlinge das Gekaufte nicht mit auf die Zellen nehmen durften, sondern alles sofort essen mussten.[279] Für die Gefangenen, die nicht in den Produktionsprozess im Strafvollzug einbezogen und daher besonders auf die Pakete angewiesen waren, vereinbarte die Leitung des Strafvollzugs eine „besondere Regelung": Die Angehörigen der entsprechenden Häftlinge konnten monatlich bis zu zehn Mark an das „für ihren Wohnsitz zuständige DRK" (Deutsches Rotes Kreuz) einzahlen. Dieses Geld wurde dann über das Rote Kreuz der Bundesrepublik und das DRK der DDR an den Strafvollzug der DDR überwiesen. Dort konnten dann „die in Frage kommenden Strafgefangenen" den Einkauf tätigen.[280] Pakete durften ab Ende 1955 lange Zeit nur noch zu Weihnachten oder – nach Erteilung einer Sondergenehmigung bei „guter Führung" – anlässlich des Geburtstages empfangen werden.[281] Da die „gute Führung" politischen Häftlingen seltener zugestanden wurde als den kriminellen, bedeutete die Neuregelung des Paketempfangs besonders für die politischen Häftlinge eine Verschlechterung der Haftbedingungen.

Eine im September 1954 erfolgte Revision des Strafvollzugs zeigte, dass vor allem in der Verpflegung der Häftlinge sowie in ihrer ärztlichen Betreuung die größten Defizite lagen. So waren regelmäßige ärztliche Untersuchungen der Häftlinge nicht möglich, da die Voraussetzungen dafür fehlten. Noch immer stützte sich die medizinische Versorgung in der Masse auf Gefangenenärzte und hatte „nur geringen vorbeugenden Charakter",[282] wodurch auch die Beobachtung der Tbc-Erkrankungen nicht oder nur in geringem Maße erfolgte. Konnten schon nicht arbeitende Häftlinge höchstens wöchentlich duschen, gelang es aufgrund der unzureichenden Waschmöglichkeiten selbst arbeitenden Häftlingen nicht, sich nach der Arbeit zu reinigen. Zur äußerst mangelhaften Hygiene trug auch das Fehlen von Bett- und Unterwäsche sowie der Mangel an Hygieneartikeln für die „Belange weiblicher Strafgefangener" bei. Ebenso wurde „die

---

278 Niederschrift der Ausführungen des Genossen Schleifenecker vom SfS auf der Arbeitstagung der SV- und UHA-Dienststellenleiter im Bezirk Leipzig am 23.9.1955 (SächsStAL, 24/151/Bl. 53).
279 Bechler, Warten auf Antwort, S. 370.
280 HA SV-Leiter Mayer an Innenminister Maron, Betr.: Paketsendungen aus Westdeutschland für in Strafvollzugsanstalten der DDR einsitzende westdeutsche Bürger vom 1.8.1955 (BArch, DO 1/28577/Bl. 294).
281 Fricke, Politik und Justiz, S. 533.
282 Zitat hier und im Folgenden: HA SV, Die Beurteilung der Entwicklung des Strafvollzuges von Standpunkt der Erziehung der besserungsfähigen Strafgefangenen vom 20.9.1954 (BArch, DO 1/28466/Bl. 197).

Verabreichung und Aufbewahrung der Lebensmittel" auf lange Sicht als „untragbar [...] für die arbeitenden Häftlinge angesehen".

Darüber hinaus war die Berliner Zentrale mit der kulturellen Betreuung der Strafgefangenen unzufrieden. Im Juli 1954 hatte die Hauptabteilung Strafvollzug ihre Grundsätze bezüglich der „kulturellen Betätigung der Strafgefangenen" neu formuliert: „Die kulturelle Arbeit der Strafgefangenen hat dem Erziehungsprozess der Strafgefangenen zu dienen. Da das Haupterziehungsmittel im demokratischen Strafvollzug die gemeinsame produktive Arbeit ist, kann die kulturelle Erziehungsarbeit die produktive Arbeit fördern, die Strafgefangenen zu einer hohen Arbeitsproduktivität und Arbeitsdisziplin erziehen und die nicht arbeitenden Strafgefangenen zu einer strengen und gewissenhaften Einhaltung der Haus- und Lagerordnung anhalten."[283] „Kulturelle Betätigung" hatte also nicht eine mögliche Horizonterweiterung der Häftlinge oder die Ziele, die in Gentz' Reformprogramm unter dem Punkt Humanisierung firmierten,[284] im Blick, sondern diente einzig den Zielen der DDR-Strafvollzugspolitik: Erhöhung der Produktivität und Sicherheit. Hatte sich 1952 beispielsweise im Bezirk Chemnitz die „Freizeitgestaltung der Strafgefangenen zum Zwecke der Anerkennung guter Führung bzw. Erziehung [...] im Allgemeinen auf die Ausgabe guter Bücher und die Gewährung des Rechtes zum Halten einer bestimmten Zeitung"[285] beschränkt, ging man ab 1953 dazu über, die „kulturell-erzieherische Arbeit" unter den Häftlingen „wesentlich zu fördern"[286] – was eine Unterstützung von 83 400 Mark bedeutete. Im Folgejahr waren es 170 700 Mark, die für die Kulturarbeit ausgegeben wurden. Diese Summe stand aber immer noch in einem recht aussagekräftigen Kontrast zu den 1,5 Millionen Mark, die man 1953 für die Erhöhung der Sicherheit der Strafvollzugseinrichtungen der DDR ausgegeben hatte. Bis dato bestanden in den meisten Haftanstalten und -arbeitslagern „Chöre, Musikgruppen und Laienspielgruppen", die von der Volkspolizei äußerst kritisch gesehen wurden, weil sie als „Zentren konspirativer Tätigkeit" galten, in denen „tendenziöse Gespräche" geführt wurden. Die Laienspielgruppen hatte man daher komplett verboten und die Gefangenenchöre und Musikgruppen durften nur von zusammen arbeitenden oder zusammen untergebrachten Häftlingen gebildet werden. Das von der Hauptabteilung Strafvollzug zur Verfügung gestellte Geld wurde vornehmlich zur Aktualisierung der Anstaltsbibliotheken verwendet. „Trotzdem reichten die Gelder nicht aus, um die Büchereien auf einen den Prinzipien des Strafvollzugs befriedigenden

---

283 Bericht der HA SV, Betr.: Stellungnahme der HA SV zu der Denkschrift des Genossen Staatsanwalt Leim über die Arbeit der HA SV zur Umerziehung der Strafgefangenen vom 12.7.1954 (BArch, DO1/28589/Bl. 179).
284 Vgl. Kapitel II.1.2.
285 Quartalsbericht BDVP Chemnitz, Abt. SV für das 3. Quartal 1952 vom 2.10.1952 (SächsStAC, 30441-25/131/Bl. 211).
286 Zitat hier und im Folgenden: Bericht der HA SV, Betr.: Stellungnahme der HA SV zu der Denkschrift des Genossen Staatsanwalt Leim über die Arbeit der HA SV zur Umerziehung der Strafgefangenen vom 12.7.1954 (BArch, DO1/28589/Bl. 179-183).

Stand zu bringen." Neben den Büchern aus den Anstaltsbibliotheken gab es Möglichkeiten zum „Bezug von überparteilichen Zeitungen, Fachzeitschriften, kulturellen und wissenschaftlichen Zeitschriften. Illustrierte Zeitungen, in denen oft Bilder nackter Frauen oder die amerikanische Lebensweise als abschreckendes Beispiel demonstriert wird, sind jedoch verboten." Vor allem Bilder textilfreier Damen gelte es von den Gefangenen fernzuhalten, da diese die „Onanie in größerem Maße" verstärkten und mithin auf die Häftlinge demoralisierend wirkten. Die Erziehung der nicht arbeitenden Strafgefangenen bestand in dieser Zeit darin, den Häftlingen die Möglichkeit zum Singen und Lesen zu geben; je nach den Gegebenheiten gab es Filmvorführungen und Unterhaltungsspiele; die „Körpererziehung" beschränkte sich auf die Bewegungen und Übungen während des Hofgangs. Arbeitende Häftlinge sollten durch fachtechnische Schulungen und durch Arbeitsberatungen ihre „beruflichen Qualifikationen" erhöhen. Zudem gab es fachliche sowie allgemeinbildende Vorträge. Die „Durchsetzung des Leistungsprinzips in der Belohnung der Arbeitsleistungen" sah man weiterhin als Erziehungsmaßnahme, wohingegen die „Körpererziehung" der „Erhaltung der Arbeitskraft" diente und durch „Sport und Spiel" realisiert werden sollte. Nicht arbeitenden Häftlingen wurde bei guter Führung und „positiver Diskussion" mit Mithäftlingen die Teilnahme an der „Kulturarbeit" und am Sport „in vollem Umfange" in Aussicht gestellt. Die Differenzierungen in der Teilnahme an „Kulturarbeit" und Sport dienten demnach der weiteren Disziplinierung der Häftlinge. Die Einführung des Sports nutzte man teilweise sogar zur Eindämmung der äußerst kritisch gesehenen Seelsorge, indem zu den Zeiten, in denen Strafgefangene die Arbeit der Seelsorger in Anspruch nehmen konnten, auch die Möglichkeiten zu „Sport und Spiel" angeboten wurden.[287] Die Zahl der „Kirchgänger" wurde auch dadurch klein gehalten, dass zur selben Zeit der Hofgang stattfand. „Die Zahl der Kirchgängerinnen war entsprechend gering",[288] berichtet Margret Bechler aus Hoheneck.

Tageszeitungen wurden erst nach der Zensur durch die Politabteilungen ausgegeben. Grund dafür war nicht zuletzt der Hungerstreik vom Oktober 1953 in Hoheneck.[289] Im dortigen zentralen Frauengefängnis für politische Häftlinge in der DDR hatten die Gefangenen in der „Täglichen Rundschau eine Liste über die Amnestie von verurteilten Kriegsverbrechern durch die Regierung der UdSSR [eingesehen]. Da etliche der in der StVA Hoheneck einsitzenden Strafgefangenen zusammen mit diesen amnestierten Kriegsverbrechern verurteilt worden waren, wurde in der gesamten Anstalt ein organisierter Hungerstreik

---

287 Leiter der StVA Hoheneck an HA SV der HVDVP, Betr.: Bericht für das 2. Quartal 1954 vom 28.6.1954 (SächsStAC, 30441-25/253/Bl. 49).
288 Bechler, Warten auf Antwort, S. 375.
289 Siehe Wunschik, „Häftlinge aller Länder vereinigt euch!", S. 247; ders., Norilsk und Workuta S. 213-215. Siehe auch Zeitzeugenberichte, u. a.: Bericht Claus. In: Binski (Hg.), Zwischen Waldheim und Workuta, S. 66-68; Kempowski, Ein Kapitel für sich; S. 307-311; Müthel, Für dich blüht kein Baum, S. 174-179; Podolski, Verlorene Jahre, S. 120-122; Riemann, Schleife an Stalins Bart, S. 148-159; Schacht (Hg.), Hohenecker Protokolle, S. 49-55, 71-74, 94 f.

durchgeführt",[290] an dem sich „von insgesamt 1152 Strafgefangenen 1039 weibliche Strafgefangene"[291] beteiligt hatten. Mit diesem Streik forderten sie „das Erscheinen einer deutsch-sowjetischen Kommission zur Überprüfung ihrer Urteile. Sie begründeten ihr Vorgehen dahingehend, dass aus den Lagern der Sowjet-Union Personen entlassen worden sind, mit denen sie in den gleichen Prozessen abgeurteilt bzw. in den Lagern Sachsenhausen und Alt-Strelitz bekannt wurden." Eine ehemalige Gefangene erinnert sich: „Der ganze Spuk war nach drei Tagen beendet."[292] Die sogenannten „Rädelsführerinnen" wurden in Einzelhaft verlegt, die Anstaltsleitung zog alle Lebensmittelreserven der Häftlinge „aus den Monatspaketen, dem Konsum-Einkauf und der aufgesparten Anstaltsverpflegung" ein und stellte das Wasser ab, da sie, wie es zynisch heißt, „von der Meinung überzeugt" war, „dass, wenn die Strafgefangenen nichts essen wollen, sie auch nichts zu trinken brauchen".[293] Der Leiter der Hauptabteilung Strafvollzug, Mayer, betonte in der Beurteilung des Hungerstreiks aber auch, dass neben der Kenntnisnahme der in der Sowjetunion amnestierten SMT-Verurteilten auch das schikanöse Verhalten einiger Bewacherinnen ein Auslöser des Streiks gewesen sei. So hätten es „einige der weiblichen Volkspolizisten des Aufsichtsdienstes [...] nicht verstanden, sich an eine korrekte Dienstdurchführung zu gewöhnen. Mit kleinlichen Schikanen und größerem Stimmenaufwand glaubten sie, ihre Arbeit erledigen zu können." Dieses Schreiben stellt eine der wenigen Quellen dar, die das teils schikanöse Haftregime belegen, das zu „Missstimmungen" bei den Häftlingen führte.

Um derartige Häftlingsproteste in Zukunft zu vermeiden, sollten neben der Untersuchung der Tageszeitungen auch die Rundfunksendungen in den der Berliner Zentrale direkt unterstellten Haftanstalten beschränkt werden. Zu diesen großen Gefängnissen, in denen die meisten politischen Gefangenen inhaftiert waren, gehörten die sächsischen Strafvollzugsanstalten Torgau, Hoheneck, Waldheim, Bautzen I und Brandenburg-Görden. Während in allen anderen Strafvollzugseinrichtungen Rundfunkübertragungen ausnahmslos genehmigt waren, durften in diesen Anstalten keine Nachrichtensendungen per Rundfunk, sondern nur Musiksendungen übertragen werden, da es vorkomme, „dass in den Nachrichten Mitteilungen gegeben werden, die zu Beunruhigung der Strafgefangenen führen können".[294]

---

290 Bericht der HA SV, Betr.: Stellungnahme der HA SV zu der Denkschrift des Genossen Staatsanwalt Leim über die Arbeit der HA SV zur Umerziehung der Strafgefangenen vom 12.7.1954 (BArch, DO1/28589/Bl. 181).
291 Zitat hier und im Folgenden: HA SV-Leiter Mayer an Leiter der Abteilung für staatliche und administrative Organe, Petrow, Betr.: Bericht über besonderes Vorkommnis in der StVA Hoheneck vom 24.10.1953 (BArch, DO 1/28560/Bl. 224-227).
292 Schacht (Hg.), Hohenecker Protokolle, S. 95.
293 Zitat hier und im Folgenden: HA SV-Leiter Mayer an Leiter der Abteilung für staatliche und administrative Organe, Petrow, Betr.: Bericht über besonderes Vorkommnis in der StVA Hoheneck vom 24.10.1953 (BArch, DO 1/28560/Bl. 224-227).
294 Zitat hier und im Folgenden: Bericht der HA SV, Betr.: Stellungnahme der HA SV zu der Denkschrift des Genossen Staatsanwalt Leim über die Arbeit der HA SV zur Umerziehung der Strafgefangenen vom 12.7.1954 (BArch, DO1/28589/Bl. 181-183).

Mitte 1954 ging man in den Haftanstalten und -arbeitslagern dazu über, „Politinformationen" von dafür geeigneten Volkspolizisten durchführen zu lassen. Marxistisch-leninistische Literatur war nur ausgewählten Häftlingen zugänglich. Diese sollten hinsichtlich ihrer Führung, sozialen Herkunft, ihrem Willen zur Besserung, positiven Einstellung zur DDR sowie dem Bemühen geprüft werden, auf andere Gefangene positiv einzuwirken. Die Hauptabteilung Strafvollzug machte deutlich, dass weder kulturelle noch sportliche Betätigungen der Häftlinge Vergünstigungen seien, sondern es sich – jedenfalls bei arbeitenden Gefangenen – um „im Interesse der Leistungsfähigkeit notwendige Erziehungsmaßnahmen" handele. In der Praxis waren diese Betätigungen aber in der Tat Vergünstigungen, da die Hauptabteilung Strafvollzug selbst angeordnet hatte, genau zu prüfen, „welche Strafgefangenen zur Erfüllung der Erziehungsgrundsätze an der Kulturarbeit Anteil haben dürfen". Keinesfalls dürften sich alle Häftlinge in gleichem Maße kulturell betätigen. Vielmehr müsse man „die Möglichkeiten zur Verbesserung der Disziplin durch Differenzierung bei der Zulassung" zu kulturellen wie sportlichen Betätigungen beachten. Alle Häftlinge in gleichem Maße kulturell zu betreuen sei schon in Ermangelung des zur Überwachung notwendigen Personals nicht möglich.

3.4 Kurzes „Tauwetter" und erneute Verschärfungen im Haftregime

Um die Mängel im Strafvollzug zu beheben, hatte die Berliner Zentrale im September 1954 diverse Maßnahmen zur „weiteren Demokratisierung des Strafvollzuges" erarbeitet, die Vorschläge zur Verbesserung der hygienischen und sanitären Verhältnisse, der kulturellen Betreuung, der beruflichen Ausbildung ungelernter Strafgefangener und der Hebung der Arbeitsdisziplin enthielten.[295] Dass diese Maßnahmen weitgehend erfolglos blieben, zeigte sich in der kurzen Phase des „Tauwetters" nach dem XX. Parteitag der KPdSU und der damit verbundenen Entstalinisierung. Als „im gesamten Ostblock Hoffnungen auf umfassende Reformen"[296] geweckt wurden, erreichte das „Tauwetter" auch den Strafvollzug der DDR. Plötzlich wurde die „mangelnde Einhaltung der demokratischen Gesetzlichkeit"[297] im Strafvollzug thematisiert. Man kritisierte unter anderem folgende Punkte: die Einweisung Jugendlicher in den Erwachsenenstrafvollzug, Behinderung der Häftlinge beim Einlegen von Rechtsmitteln, zu lange Untersuchungshaft, falsche Berechnung von Haftzeiten zu Ungunsten der Häftlinge, Erschwerung der weiteren medizinischen Versorgung von Häftlingen

---

295 HA SV, Die Beurteilung der Entwicklung des Strafvollzuges von Standpunkt der Erziehung der besserungsfähigen Strafgefangenen vom 20.9.1954 (BArch, DO 1/28466/ Bl. 198–200).
296 Mählert, Kleine Geschichte der DDR, S. 83.
297 Zitat hier und im Folgenden: Lektion, Die Regierungserklärung des Genossen Otto Grotewohl vom 29.5.1956 und die sich daraus ergebenden Aufgaben für den Strafvollzug, o. D. [1956] (BArch, DO 1/28466/Bl. 321–329).

und die allgemein unzureichende Erziehung der Häftlinge. Zudem wurden die undifferenzierte Anwendung der hohen Arreststrafe als auch der zu harte Kommandoton und die Beschimpfungen der Häftlinge in den Anstalten beanstandet: „Dabei vergisst man, dass alle Kommandos sachlich, korrekt und verständlich zu geben sind. Unsere Gesetze und auch die Anweisungen des Strafvollzuges lassen es nicht zu, dass durch eine solche Auslegung die Würde des Menschen herabgesetzt, ja, dass der Mensch erniedrigt wird. Das verstößt gegen jegliche Prinzipien des demokratischen Strafvollzuges und wird oftmals von unseren Genossen nicht erkannt und bekämpft." Darunter leide die „gesamte Umerziehung" der Gefangenen. Plötzlich machte man sich zudem Sorgen, dass durch die schlechte Wiedereingliederung entlassener Häftlinge in das Arbeitsleben, speziell Fachkräften, „persönliche, nicht unerhebliche materielle Nachteile" entstehen und diese „dermaßen verärgert werden", dass sie in die Bundesrepublik flüchten könnten. Deshalb müssten die Polit-Organe, die SED- und FDJ-Organisationen die SV-Dienststellen permanent überwachen, weil „es keine Verletzung der demokratischen Gesetzlichkeit mehr bei uns geben darf. Das trifft auf alle Tätigkeitsbereiche des Strafvollzuges zu." Hier wird offensichtlich, welches Haftregime und welcher Ton bis dato im „demokratischen Strafvollzug" geherrscht hatten. Dem sollte nun entgegengewirkt werden.

Im Sommer 1956 wurden zahlreiche Kontrollen durchgeführt, um die Arbeit in den Haftanstalten zu überprüfen. Dabei „zeigten sich Schwierigkeiten, die erkennen lassen, dass die SV-Angehörigen, einschließlich der Offiziere, noch zu sehr an den Gepflogenheiten des Strafvollzuges vergangener Zeiten festhalten und damit einer Entwicklung kaum Unterstützung geben. Eine andere Erscheinung ist die, dass es zu gegenteiligen Überspitzungen kommt. Ein besonderer Mangel liegt darin, dass die Notwendigkeit einer pädagogischen Arbeit noch zu wenig erkannt wird".[298] Im November 1956 gestand die Verwaltung Strafvollzug also inoffiziell die prekäre Situation in ihren Strafvollzugseinrichtungen ein und erklärte letztlich ihre ganze Arbeit der vergangenen Jahre für gescheitert: „Wenn auch in den vergangenen Jahren viele Schritte unternommen wurden, um den Strafvollzug in der Deutschen Demokratischen Republik auf das Niveau zu heben, das unserer sozialistischen Gesellschaftsordnung entspricht, so wurden alle diese Maßnahmen letzten Endes doch mehr oder weniger gehemmt durch die außerordentlich hohe Belegung der einzelnen SV-Dienststellen, die teilweise das 3-fache der normalen Kapazität betrug."[299] Hatte man also im Mai noch die „mangelnde Einhaltung der demokratischen Gesetzlichkeit", das Festhalten des Personals an alten Strafvollzugs-Traditionen sowie die mangelnde Realisierung der Erziehung als Ursache vieler Missstände im Strafvollzug erkannt, wurde nun die anhaltende dramatische Überbelegung in den DDR-Gefängnissen als

---

298 VSV, Vollzugsabteilung, Bericht über die Tätigkeit der Vollzugsabteilung – 3. Quartal 1956 vom 14.10.1956 (BArch, DO 1/28472/Bl. 90).
299 VSV, Entwurf des Quartalsberichts für das 3. Quartal 1956 vom 1.11.1956 (BArch, DO 1/28472/Bl. 78).

alleiniger Grund der desolaten Situation vor Ort ausgemacht. Da im ersten Halbjahr 1956 infolge des veränderten politischen Klimas von Präsident Pieck umfassende „Gnadenentscheidungen ausgesprochen und durch die Regierung der DDR eine umfangreiche Entlassungsaktion angeordnet" worden war, in deren Folge 33 500 Häftlinge vorzeitig entlassen wurden und bei weiteren 11 000 Gefangenen die Strafzeit regulär endete,[300] hatte man nach Auffassung der obersten Gefängnisleitung die „Voraussetzungen geschaffen [...], mit noch größerem Erfolg an die Lösung der dem Strafvollzug gestellten Aufgaben heranzugehen".[301] Erst sprach man davon, dass letztlich alle Maßnahmen für Verbesserungen im Strafvollzug „gehemmt" worden wären, nur um kurz darauf „mit noch größerem Erfolg" weiterzuarbeiten.

Zwischen den Aussagen der obersten Gefängnisverwaltung und den Haftanstalten vor Ort offenbart sich eine gewisse Diskrepanz. Während die Berliner Zentrale glaubte, durch die Entlassungen des Jahres 1956 nun die Probleme im Strafvollzug beheben zu können, machte auf der lokalen Ebene beispielsweise die Hohenecker Anstaltsleitung darauf aufmerksam, dass der Wegfall von Häftlingen die Erfüllung des Plansolls gefährde. Auch machen die Aussagen des Leiters der StVA Hoheneck deutlich, dass nicht allein die Überbelegung die Entwicklung im Strafvollzug hemmte, sondern dass die SV-Angehörigen selbst ein Hemmnis bei der Erziehung der Strafgefangenen darstellten. Diese waren – nicht zuletzt aufgrund der Agitationen der Vergangenheit – der Meinung, „eine erfolgversprechende Erziehungsarbeit könne nur durch Vergeltung, Arrest und andere Maßnahmen zum Erfolg führen".[302] Diesbezüglich sah die Hohenecker Anstaltsleitung „noch sehr viel pädagogische Arbeit" vor sich, „um erst einmal die SV-Angehörigen auf den erforderlichen Stand dieser Eigenschaften zu bringen". Dieses grundsätzliche Problem war auch der Berliner Zentrale bekannt. Die Kontrollabteilung hatte festgestellt, dass es im Strafvollzug die „schwierigste Aufgabe ist, die SV-Angehörigen des Aufsichtsdienstes von der Notwendigkeit einer allumfassenden Erziehung der Gefangenen zu überzeugen. Zu sehr wirken hier noch die bisher geltenden Weisungen von der fast ausschließlichen Sicherheitsaufgabe."[303] An dieser Stelle werden die Gründe des repressiven Haftregimes der ersten Hälfte der fünfziger Jahre, welche die Berliner Zentrale offen benennt, erkennbar. Die Bezirksverwaltung Strafvollzug des Bezirks Leipzig beschrieb die Ursache für diese nun selbst aus Sicht des Innenministeriums rückständige Einstellung des Strafvollzugspersonals in den Haftanstalten sehr

---

300 Jahresbericht der VSV von 1956 vom 9. 3. 1957 (BArch, DO 1/3737, unpag.). Siehe auch Wunschik, Regenmantel für Dertinger, S. 315–319.
301 VSV, Entwurf des Quartalsberichts für das 3. Quartal 1956 vom 1. 11. 1956 (BArch, DO 1/28472/Bl. 78).
302 Zitat hier und im Folgenden: Leiter der StVA Hoheneck an die BVSV Karl-Marx-Stadt, Betr.: Quartalsbericht über das 2. Quartal 1956 vom 28. 6. 1956 (SächsStAC, 30441-25/253/Bl. 80).
303 VSV, Vollzugsabteilung, Bericht über die Tätigkeit der Vollzugsabteilung – 3. Quartal 1956 vom 14. 10. 1956 (BArch, DO 1/28472/Bl. 105).

treffend: „Allgemein ist festzustellen, dass der Erziehung der Strafgefangenen mehr Bedeutung beigemessen wird als der Erziehung unserer Genossen." Da diese jedoch für die Erziehung der Strafgefangenen verantwortlich seien, gelte es erst einmal das Personal zu erziehen. Die Qualität des Strafvollzugspersonals gab demnach permanenten Anlass zur Kritik. So hatte die Bezirksverwaltung Strafvollzug Leipzig nach Überprüfung des „gesamten Kaderbestands" festgestellt, „dass einige Kreisämter all die Genossen zum Strafvollzug versetzt hatten, die für den Dienst in der Volkspolizei aus irgendeinem Grund nicht geeignet waren". Im April konkretisierte die Bezirksverwaltung diese Befunde. Sie hatte festgestellt, dass das Personal teilweise „nicht genügend pädagogische Fähigkeiten"[304] besitze und lediglich „Erzieher" genannt werde, ohne dass sie solche gewesen seien. Die Ursache sah man bei der „Qualifikation der Genossen des Aufsichtsdienstes", welche nicht immer gut sei, da den Genossen „selbst eine genügende Schulbildung fehlt, was sich besonders in der Aussprache und der Orthophie [sic] bemerkbar macht" – ein Satz, der wohl für sich steht. Um diese Mängel zu beheben, wurden in den Haftanstalten Torgau und Waldheim Abendkurse für die SV-Angehörigen eingeführt. Auch die Bezirksverwaltung Strafvollzug Karl-Marx-Stadt mahnte für 1957 an, „die fachliche Qualifikation" des Personals „weiter zu verbessern", da der Erziehungsprozess der Häftlinge „besser"[305] gewährleistet werden müsse. Bis zum damaligen Zeitpunkt sei „der Erziehung der Gefangenen nicht die notwendige Beachtung geschenkt" worden und auch die Erziehungsmaßnahmen unter strengster Einhaltung der demokratischen Gesetzlichkeit hätten zu wenig Anwendung gefunden.

Dabei hatte es infolge der politischen Klimaveränderungen durchaus Verbesserungen im Haftregime gegeben. Im Sommer 1956 berichtete der Direktor des Bezirksgerichts Karl-Marx-Stadt, Fritz Mühlberger, in der Zeitschrift „Neue Justiz" vom „modernen Strafvollzug" im Bezirk Karl-Marx-Stadt, wo es in einigen Strafvollzugseinrichtungen „zahlreiche Vergünstigungen bei besonderen Arbeitseinsätzen und Strafzeitverkürzungen je nach Arbeitsleistung"[306] gebe. Des Weiteren hob Mühlberger den regelmäßigen Einkauf, die sportlichen Möglichkeiten, die Büchereien und Filmvorführungen hervor. Bemerkenswert ist, dass in einigen Haftarbeitslagern des Bezirks Karl-Marx-Stadt „nach einjähriger Tätigkeit Urlaub gewährt [wurde], für den besondere Urlauberstuben im Lager bestehen". Das erinnert an den Vorschlag Innenminister Marons vom November 1955, nach sowjetischem Vorbild in den Haftarbeitslagern „für die besten Arbeiter die Möglichkeit zu finden, dass sie ein bis zwei Tage mit ihren

---

304 Zitat hier und im Folgenden: Quartalsbericht der BVSV Leipzig, Referat Vollzug für das 1. Quartal 1957 vom 6.4.1957 (SächsStAL, 24/148/Bl. 251).
305 Zitat hier und im Folgenden: Jahresbericht der BVSV Strafvollzug Karl-Marx-Stadt für das Jahr 1956 vom 11.1.1957 (SächsStAC, 30441-25/133/Bl. 200 f.).
306 Zitat hier und im Folgenden: Mühlberger, Sozialistische Gesetzlichkeit im Strafverfahren, S. 388.

Frauen innerhalb des Lagers zusammen sein können",307 was Wunschik als „Luftschloss des Ministers" bezeichnet.308

Die StVA Hoheneck berichtete, dass „die der demokratischen Gesetzlichkeit entsprechende Behandlung der Strafgefangenen"309 dazu geführt habe, dass im zweiten Quartal 1956 weniger Disziplinarstrafen verhängt worden seien. „Es wurden besonders wenig Arreststrafen ausgesprochen, indem mehr von erzieherischen Maßnahmen Gebrauch gemacht wurde." Die Häftlinge brachten zum Ausdruck, dass sie die Existenz einer Leitung der Haftanstalt, „die sich um sie kümmert und auch einmal ein Wort oder ein offenes Ohr für ihre Belange übrig hätte", nun erstmals spürten. Daneben habe sich die Verpflegung verbessert – auch qualitativ. In den Zellen sei es „trotz des erhaltenen Gefangenenbestandes" möglich gewesen, die Überbelegung zu beseitigen, „sodass das Schlafen auf dem Fußboden in Wegfall kam". All dies habe die Disziplin in Hoheneck verbessert, was die Anstaltsleitung letztlich wieder an den von Monat zu Monat gesteigerten Produktionsleistungen festmachte. Das bezeichnende Fazit des Hohenecker Anstaltsleiters lautete denn auch recht euphorisch: „Es ist festzustellen, dass in Hoheneck eine neue Atmosphäre herrscht."

Im Juli 1956 hatte die Bezirksverwaltung Strafvollzug in Dresden die Anweisung ausgegeben, dass Gesuche von bestraften oder nicht bestraften Bürgern binnen zwei Wochen zu beantworten seien, dass es jedem Häftling erlaubt sein müsse, an die Staats- und Parteiführung zu schreiben, „ganz besonders" sei auf die korrekte Berechnung der Strafzeit zu achten. Schließlich hieß es auch: „Es darf keine persönlichen Schikanen durch unsere Wachtmeister geben. Wir müssen die Gefangenen streng, aber gerecht behandeln."310 In aller Deutlichkeit kam zum Ausdruck, dass es in „der Vergangenheit [...] Übergriffe unserer Genossen" gegeben habe, „wo man die Gesetzlichkeit nicht beachtet hat". Als Beispiel wurden hier hohe Hausstrafen für Geringfügigkeiten genannt, während man über tatsächliche Misshandlungen jedoch kein Wort verlor. Im Gegenteil: Nun wurde betont, dass in der jetzigen Situation „die Wachsamkeit an vorderster Stelle" stehen müsse: „Wenn ein Strafgefangener sich nicht richtig verhält, so bekommt er die Behandlung, die er sich verdient, und wenn der Gefangene den VP-Knüppel verdient, so muss er ihn bekommen." Dass die Forderung an die Strafvollzugsbeamten, die „demokratische Gesetzlichkeit" einzuhalten, vor allem auch bedeutete, genau jene strengen Dienstvorschriften zu befolgen, die

---

307 Aktenvermerk des VSV-Leiters Mayer zur Rücksprache mit Innenminister Maron vom 4.11.1955 (BArch, DO 1/28493/Bl. 92). Zit. nach Wunschik, Strafvollzugspolitik des SED-Regimes, S. 264.
308 Ebd.
309 Zitat hier und im Folgenden: Leiter der StVA Hoheneck an BVSV Karl-Marx-Stadt, Betr.: Quartalsbericht über das 2. Quartal 1956 vom 28.6.1956 (SächsStAC, 30441-25/253/Bl. 80).
310 Zitat hier und im Folgenden: Niederschrift der BVSV Dresden der am 16.7.1956 stattgefundenen Dienstversammlung, Dresden vom 24.7.1956 (SächsHStA, 11464/BDVP/23/137/Bl. 17).

ein repressives Haftregime zur Folge hatten, tritt hier klar zu Tage. Die Aufforderung zur strengen Einhaltung der „demokratischen Gesetzlichkeit" hatte mithin die Stoßrichtung, gegen mangelnde Wachsamkeit und Sorglosigkeit im Dienst anzukämpfen. So wurde in der Bezirksverwaltung Strafvollzug Dresden explizit darauf hingewiesen, dass man jetzt „nicht in das andere Extrem verfallen und versöhnlerisch werden" dürfe: „Die Wachsamkeit muss weiterhin oberstes Gebot sein. Jetzt müssen sich unsere Genossen qualifizieren." Ebenso hatte im Sommer 1956 die Polit-Abteilung der obersten Strafvollzugsverwaltung im Zusammenhang mit der Feststellung, im Strafvollzug gebe es in der Erziehung der Häftlinge „keine einheitliche Linie", moniert, es würden jetzt in der Erziehungsarbeit „die verschiedensten Mittel und Methoden angewandt, die in den meisten Fällen von den Strafgefangenen entwickelt werden. Dabei tritt in Erscheinung, dass die Genossen des Strafvollzuges oftmals vergessen, dass es sich um Strafgefangene handelt."[311] In der Praxis führte also nach Sicht der Berliner Zentrale die Betonung der Erziehung zu einer „mangelnden Wachsamkeit der Genossen" und zu „versöhnlerischem Verhalten". Am grundsätzlich repressiven Charakter des Haftregimes im DDR-Strafvollzug änderte sich folglich nichts. Lediglich kleine Korrekturen wurden vorgenommen. So ordnete die Verwaltung Strafvollzug im August 1956 an, dass die den Häftlingen zur Verfügung gestellte Presse nicht mehr zu zensieren sei: „Die Zeitungen und Zeitschriften sind den Gefangenen so, wie sie der Dienststelle durch die Post oder Redaktion zugestellt werden, auszuhändigen."[312] In der Folge kam es dadurch immer wieder zu unangenehmen Situationen für die Strafvollzugsangehörigen. So hatten etwa in der Strafvollzugsanstalt Zwickau die Strafgefangenen im März 1957 über die Presse vom „Prozess gegen die Agentengruppe Harisch [sic]" erfahren und waren der Meinung, „dass die ausgeworfenen Strafen, gegenüber den eigenen Strafen, zu gering seien".[313]

Offensichtlich wollte die Berliner Zentrale nun die auch im Strafvollzug der DDR vorhandene gefängnistypische Subkultur – die Hierarchie innerhalb der Häftlingsgesellschaft – bekämpfen, indem nochmals darauf hingewiesen wurde, „dass Strafgefangene, ganz gleich, ob es sich um Lagerälteste, Zellen- oder Saalälteste handelt, keinerlei Disziplinargewalt gegenüber anderen Strafgefangenen besitzen".[314] Dass es sich dabei eher um eine Absichtserklärung handelte, zei-

---

311 Quartalsbericht der VSV, Polit-Abteilung für das 2. Quartal 1956 vom 19.7.1956 (BArch, DO 1/28472/Bl. 71).
312 Leiter der BVSV Dresden, Protze, an die Leiter der nachgeordneten UHA, StVA, HAL und Standkommandos, Betr.: Auswertung der Tagung der Leiter der Bezirksverwaltungen SV in der Verwaltung SV Berlin vom 14.8.1956 (SächsHStA, 11464/BDVP/ 23/136/Bl. 89).
313 BVSV Karl-Marx-Stadt an VSV, Betr.: Lagebericht für den Monat März vom 4.4.1957 (SächsStAC, 30441-25/131/Bl. 99). Gemeint ist der Schauprozess gegen Wolfgang Harich.
314 Leiter der BVSV Dresden, Protze, an die Leiter der nachgeordneten UHA, StVA, HAL und Standkommandos, Betr.: Auswertung der Tagung der Leiter der Bezirksverwaltungen SV in der Verwaltung SV Berlin vom 14.8.1956 (SächsHStA, 11464/BDVP/ 23/136/Bl. 89).

gen die zahlreichen Häftlingsberichte, die immer wieder die hierarchische Ordnung der Häftlingsgesellschaft und die Folgen für den Alltag der Gefangenen thematisieren. Vor allem diejenigen Häftlinge, die sich nicht der bestehenden Hierarchie unterordnen wollten, hatten unter den Drangsalierungen ihrer Mitgefangenen zu leiden, was seitens der Verantwortlichen nicht ganz ungewollt war. Bereits die gemeinsame Unterbringung von politischen und kriminellen Häftlingen verursachte solche Probleme. Man beabsichtigte damit auch eine gewisse „Selbstdisziplinierung" der Häftlingsgesellschaft. Waren die Häftlinge eher mit sich selbst beschäftigt, bedeutete dies für das Strafvollzugspersonal weniger Arbeit – zumal ohnehin zu wenig Personal vorhanden war, um diesen Konflikten innerhalb der Häftlingsgesellschaft wirksam zu begegnen. Letztlich ließ sich eine uneinige Häftlingsgesellschaft vom Aufsichtspersonal einfacher handhaben, als wenn sich alle Häftlinge in ihrer Ablehnung einig gewesen wären.[315] Die empfundene und tatsächliche Strenge des Haftregimes rührte letztlich auch daher, dass man die politischen Gefangenen der Häftlingsgesellschaft aussetzte – zumindest seit den sechziger und vor allem ab den siebziger Jahren, als die politischen Häftlinge in den meisten Strafvollzugseinrichtungen in der Minderheit waren. Lediglich in der Cottbuser Haftanstalt waren politische Häftlinge in größerem Umfang konzentriert untergebracht.[316] Diese gefängnistypische Subkultur bestand bis zum Ende des DDR-Strafvollzugs.

Deutlich wird, dass im Zuge der Entstalinisierung nun vor allem die Staatsanwälte verstärkt ihre Aufsichtsfunktion wahrnahmen und die Haftanstalten kontrollierten. Sie meldeten nun zahlreiche Mängel nach oben, die bislang keine Erwähnung gefunden hatten.[317] Generalstaatsanwalt Ernst Melsheimer kritisierte in der „Neuen Justiz" die Überbetonung der Sicherheit im Strafvollzug und verlangte zudem mehr Verantwortung für die Staatsanwälte, woraufhin VSV-Chef Mayer den Vorrang der Sicherheit erneut betonte, da diese die Grundlage der Erziehung der Häftlinge sei.[318] Nicht unerheblich ist wohl, dass in diesem Konflikt alte Animositäten aus der Zeit der Übernahme des Strafvollzugs vom Justizressort eine Rolle spielten. Wunschik zufolge konkurrierten hier Innen- und Justizministerium „um Macht und Einfluss und versuchten, sich bei der Umsetzung der neuen politischen Maßgaben mitunter zu übertrumpfen".[319]

---

315 Auch noch bezüglich Mitte der siebziger Jahre bestätigt ein in der Berliner StVA Rummelsburg inhaftierter ehemaliger politischer Häftling: „Einigkeit der Häftlinge hätte der Gefängnisleitung nur Probleme gebracht." Lolland/Rödiger (Hg.), Gesicht zur Wand, S. 95.
316 Vgl. Alisch/Bremberger, Zentralgefängnis Cottbus; Instruktion Nr. 013/68 des Leiters der VSV über Einweisung der Strafgefangenen, Einweisungsplan vom 29.6.1968 (BArch, DO 1/63420, unpag.).
317 Lektion, Die Regierungserklärung des Genossen Otto Grotewohl vom 29.5.1956 und die sich daraus ergebenden Aufgaben für den Strafvollzug, o. D. [1956] (BArch, DO 1/28466/Bl. 321–329).
318 Wunschik, Regenmantel für Dertinger, S. 308 f.
319 Ebd.

Bereits im Sommer 1956 hatte der Direktor des Bezirksgerichts Karl-Marx-Stadt, Fritz Mühlberger, in der „Neuen Justiz" berichtet, man habe im Bezirk „einige Strafvollzugsanstalten und Haftarbeitslager, die das darstellen, was wir mit Recht als modernen Strafvollzug in einem sozialistischen Staat bezeichnen".[320] Doch wies er auch ausdrücklich darauf hin, „dass es falsch ist, in der gemeinsamen produktiven Arbeit [...] das ausschließliche Erziehungsmittel für den Strafgefangenen zu sehen". Die Strafvollzugsbeamten beschäftigten sich nur ungenügend mit den Häftlingen. Vor allem die „kulturelle Erziehungsarbeit" müsse weiter verbessert werden, da es zu wenig Weiterbildungsmöglichkeiten, Literatur, Kultur- und Filmveranstaltungen gebe. „Unterricht und die Behandlung kulturell-politischer Fragen müssen erheblich vermehrt werden." Oberstaatsanwalt Haid äußerte Anfang November 1956, die Ursache für das „Zurückbleiben des Strafvollzugs" liege darin, dass sich der DDR-Strafvollzug „nur sehr schwer von alten Vorstellungen lösen" könne; vielmehr müssten bei den Häftlingen „„menschliche Werte""[321] geschaffen werden – Töne, die deutlich an die Reformvorstellungen des Justizstrafvollzugs erinnern. Doch das ging dem Innenministerium zu weit: Mitte Dezember 1956 beschwerte sich Innenminister und DVP-Chef Karl Maron bei Generalstaatsanwalt Melsheimer über die Tätigkeit der für die Haftaufsicht zuständigen Staatsanwälte. So kritisierten viele Anstaltsleiter, „dass sich die helfende Hand der Genossen Staatsanwälte in den Jahren 1953/54 besser gezeigt hat, als das jetzt der Fall ist. Seinerzeit wurden von den Genossen Staatsanwälten wertvolle Hinweise gegeben, die eine gute Unterstützung für die Qualifizierung der Arbeit im Strafvollzug waren. Ihrer Auffassung nach, kommen die Genossen Staatsanwälte heute nicht mehr als Helfer, um Fehler in der Arbeit zu vermeiden, sondern als Organe, um Fehler zu suchen."[322] In aller Deutlichkeit teilte Maron Melsheimer mit, dass dies „keine Hilfe" sei, sondern „eine Behinderung der Anstrengungen zur Beseitigung der Mängel im Strafvollzug, wobei ich betonen möchte, dass Strafvollzugsanstalten keine Sanatorien sind und sein sollen". Maron gestand zwar ein, dass der Strafvollzug nicht „vollkommen makellos" sei – so gebe es, „wie überall [...] noch Mängel und Schwächen" –, doch habe er sich im Vergleich zum übernommenen Justizstrafvollzug überdurchschnittlich entwickelt und stehe „heute gegenüber anderen Ländern bestimmt nicht an letzter Stelle". Schon Anfang Dezember 1956 hatte sich VSV-Chef Mayer trotz eingestandener „Unzulänglichkeiten sowohl in der Organisation, in der Dienstdurchführung, in der ideologischen Arbeit und in der Parteiarbeit" über die ungenügende Würdigung des

---

320 Zitat hier und im Folgenden: Mühlberger, Sozialistische Gesetzlichkeit im Strafverfahren, S. 388.
321 Stellungnahme der VSV zu einigen Fragen der Entwicklung des Strafvollzuges bis zum heutigen Tage vom 6.12.1956 (BArch, DO 1/28472/Bl. 244). Siehe auch Wunschik, Regenmantel für Dertinger, S. 309.
322 Zitat hier und im Folgenden: Innenminister und Chef der DVP Maron an Generalstaatsanwalt Melsheimer, Betr.: Zusammenarbeit der VSV mit den Organen der Obersten Staatsanwaltschaft vom 17.12.1956 (BArch, DP 3/1/Bl. 4 f.).

bislang im Strafvollzug Erreichten seitens der „Genossen der Obersten Staatsanwaltschaft" beschwert.[323] Es sei nicht hinnehmbar, wenn Staatsanwälte in den Haftanstalten die dortigen Genossen versuchten zu überzeugen, dass diverse Befehle und Dienstanweisungen Mayers oder gar des Innenministers falsch seien. Vor allem wehrte sich Mayer aber „ganz entschieden dagegen, wenn Staatsanwälte versuchen, in die Befugnisse des Ministers des Innern oder des Leiters der Verwaltung Strafvollzug einzugreifen, indem sie selbst Anordnungen geben oder die Genossen zur Ungehorsamkeit gegenüber den Weisungen des Leiters der Verwaltung Strafvollzug auffordern". Hier offenbart sich das Kompetenzgerangel zwischen Innen- und Justizressort als eigentlicher Grund des Konflikts. Mayer machte jedoch verschiedene Auffassungen über die Aufgaben des Strafvollzugs als Ursache der Verstimmungen aus. So seien die Mitarbeiter der Obersten Staatsanwaltschaft immer noch der Meinung, der Strafvollzug müsse die Häftlinge zum „sozialistischen Bewusstsein" erziehen und habe sozialistische Wettbewerbe zu organisieren, was nach Mayers Auffassung Aufgabe der SED sowie der Massenorganisationen war. Seiner Meinung nach sei es Aufgabe des Strafvollzugs, „gemäß dem Artikel 137 der Verfassung die Besserungsfähigen zur produktiven Arbeit und damit zur Arbeits- und Staatsdisziplin zu erziehen". Dabei war Mayer keineswegs gegen die Haftaufsichtsfunktion der Staatsanwaltschaft, sondern setzte auf gute Zusammenarbeit. Er wollte von Seiten des Ministeriums des Innern „alles tun, um zu helfen, dass die Überwachungstätigkeit der Staatsanwälte voll wirksam wird". Zu der Zeit kämen die Staatsanwälte jedoch höchstens monatlich in die Strafvollzugseinrichtungen, sprächen kaum mit den Häftlingen und vermerkten abschließend: „Keine besonderen Beanstandungen." Anhand dieses Konflikts zwischen Innenministerium und Justiz wird erkennbar, dass auf Seiten der Justiz durchaus noch Vorstellungen des Reformstrafvollzugs vorhanden waren, während das Innenministerium die Vorschläge der Justiz letztlich nur als Einmischung in ihren Verantwortungsbereich betrachtete.

Um das schlechte Image der DDR im westlichen Ausland zu verbessern, wurde ab 1956 westlichen Delegationen der Besuch einzelner Haftanstalten ermöglicht. So besuchte im September 1956 eine Abordnung der britischen Labour Party das Jugendhaus Dessau und die Strafvollzugsanstalt Rummelsburg in Berlin, die im Dezember auch für einige Juristen der Bundesrepublik geöffnet wurde. Ab April 1957 erfolgten zudem Besuche der Strafvollzugsanstalten Bautzen I, Brandenburg-Görden, Waldheim, Hoheneck, des Haftkrankenhauses Leipzig-Kleinmeusdorf sowie der Haftarbeitslager Schwarze Pumpe, Röcknitz und Himmelsmühle.[324] Wunschik zufolge erzielten diese Besuche jedoch nicht die erhofften Erfolge – etwa die Überwindung der außenpolitischen Isolation –

---

323 Zitat hier und im Folgenden: Stellungnahme der VSV zu einigen Fragen der Entwicklung des Strafvollzuges bis zum heutigen Tage vom 6.12.1956 (BArch, DO 1/28472/ Bl. 232–250).
324 Diesbezügliche sächsische Strafvollzugseinrichtungen betreffende Archivalien konnten nicht eruiert werden.

auch wenn es zum Teil gelungen war, „durch eine geschickte Inszenierung den westlichen Beobachtern eine geschönte Realität vorzugaukeln".[325] Erstaunlicherweise ermöglichte man solche Besuche auch noch nach dem Herbst 1956, als der Wind sich infolge des Ungarnaufstands wieder gedreht hatte und das „Tauwetter" abkühlte.

Da, wie erwähnt, die Verwaltung Strafvollzug sowie die Bezirksverwaltungen eine Zunahme des „Versöhnlertums" registriert hatten, wurde nun die Sicherheit der Haftanstalten wieder deutlich in den Vordergrund gestellt. Da diese „nicht in allen Fällen gegeben"[326] war, sollten SV-Angehörige aus dem Verwaltungsdienst abgezogen und dem Aufsichts- und Wachdienst neu zugeordnet werden. Dabei sollte beim Strafvollzugspersonal, welches der Abteilung für Sicherheitsfragen – der für das Innenministerium zuständigen ZK-Abteilung – teilweise als ungenügend qualifiziert oder gänzlich ungeeignet erschien, auf die „politische Zuverlässigkeit und die Ergebenheit für die Arbeiter- und Bauernmacht" besonders geachtet werden. Schließlich hatte die Abteilung für Sicherheitsfragen festgestellt, dass es im Oktober/November 1956 auch im Strafvollzug zu Versuchen von Strafgefangenen gekommen sei, „die SV-Angehörigen zu beeinflussen, sie schwankend zu machen und von ihrer richtigen Dienstdurchführung abzuhalten", weshalb man eine „starke Zunahme des Versöhnlertums im IV. Quartal 1956" verzeichne. Deswegen sei es von Bedeutung, „stärker kampferprobte Genossen" einzusetzen sowie „solche jungen Kader, die in schwierigen Situationen, wie am 17. Juni 1953 oder in den Oktober- und Novembertagen 1956 ohne zu schwanken, treu und fest zur Partei der Arbeiter- und Bauernmacht stehen". Denn: „Der Klassenfeind hat seinen Kampf gegen uns verstärkt. Seine Kampfmethoden der Aufweichung und terroristischer Provokationen nehmen zu. Die Objekte des Strafvollzuges spielen in den Plänen der Feinde eine beachtliche Rolle." Schließlich hatte die Berliner Zentrale auch im Strafvollzug eine „starke Hetze und gegnerische Tätigkeit in der Zeit des konterrevolutionären Putsches in Ungarn" bemerkt. In einigen Strafvollzugseinrichtungen hätten Häftlinge versucht, „durch Arbeitsverweigerung, Gerüchteverbreitung oder einzelne tätliche Angriffe auf SV-Angehörige, die Ruhe und Ordnung zu stören".[327] Offensichtlich noch ganz unter den Eindrücken der revolutionären Ereignisse in Ungarn erklärte August Mayer Anfang 1957, „dass unsere Dienststellen zu Festungen [...] und uneinnehmbar werden" müssten. Sämtliche Strafvollzugsbediensteten müssten „ein Meister der Waffe" werden und „einwandfrei die Taktik im Häuser- und Straßenkampf und auch die Kommando-Sprache"[328] beherrschen, damit jeder den Vorgesetzten im Falle dessen

---

325 Wunschik, Regenmantel für Dertinger, S. 312–315.
326 Zitat hier und im Folgenden: Abteilung für Sicherheitsfragen, Stellungnahme zu den Vorschlägen der VSV vom 30. Januar 1957 vom 22.2.1957 (SAPMO-BArch, DY 30/IV 2/12/97).
327 Jahresbericht der VSV von 1956 vom 9.3.1957 (BArch, DO 1/3737, unpag.).
328 Rede des VSV-Leiters August Mayer, o. D. [Februar 1957] (BArch, DO 1/28503/ Bl. 38).

Ausfalls ersetzen könne. Nun hieß es wieder, dass jedem Strafvollzugsbediensteten „endlich" klar werden müsse, „dass Dienst im Strafvollzug Klassenkampf ist".[329] Der martialische Tonfall hielt in der Gefängnisverwaltung mithin wieder Einzug. Offensichtlich wird das auch daran, dass es bei der Diskussion von Problemen im Strafvollzug nicht von Bedeutung sei, „wie die Lage der Gefangenen verbessert werden kann und welche Rechte ihnen noch zugebilligt werden könnten. Wir sollten nicht ausschließlich nach einem Nutzeffekt für den Gefangenen suchen, sondern immer davon ausgehen, ob diese Entscheidung den Interessen der Arbeiter- und Bauernmacht entspricht. Nicht der Gefangene steht im Vordergrund unseres Handelns, sondern die Interessen unseres Staates."[330]

Deutliches Zeichen des Kurswechsels war der im Frühjahr 1957 in der „Neuen Justiz" erschienene Artikel von Gustav Jahn, Leiter der Justizverwaltungsstelle des Bezirks Halle, der sich „gegen Erscheinungsformen des Liberalismus in der Justiz" und „auch im Strafvollzug"[331] richtete. Ursache dieser Tendenzen seien Unklarheiten „über die Rolle und den Charakter des Imperialismus und in der mangelnden Beachtung der Kompliziertheit des Klassenkampfes in der DDR in der täglichen Praxis". Zudem kritisierte Jahn, dass die Justizorgane „zu einseitig" zur „Beseitigung und Verhinderungen von Überspitzungen" angeleitet worden seien. Im Strafvollzug griff August Mayer diese Kritik auf, als er gesetzlich festgeschriebene Rechte der Häftlinge verneinte und vor allem forderte, „die Liberalisierungserscheinungen zu beseitigen. Die Strafgefangenen müssen spüren, dass sie sich in einer Strafvollzugsanstalt befinden."[332] In der Folge konnte etwa die Haftanstalt Hoheneck berichten, dass sich die Disziplin der Gefangenen „wesentlich gefestigt" habe, gleichwohl es noch „widerspenstige" Häftlinge gebe, „gegen die immer wieder disziplinarisch vorgegangen werden muss".[333] Von „versöhnlerischem Verhalten" war hier keine Rede mehr. Im Bezirk Dresden ließ BVSV-Chef Protze im August 1957 keinen Zweifel daran, dass im Strafvollzug wieder ein strengeres Haftregime Einzug zu halten habe. Seit dem Ungarnaufstand habe es immer wieder „Probleme" mit renitenten Strafgefangenen[334] gegeben: „Die Fälle nehmen wirklich über-

---

329 Disposition für die Mitgliederschulung, Thema: Zu einigen Fragen und Methoden des Klassenkampfes im Strafvollzug, o. D. [1957] (BArch, DO 1/27342/Bl. 25).
330 Ausführungen des Obersts der VP und VP-Inspekteurs Werner Jauch, Über einige aktuelle Fragen des Zieles und der Aufgaben im Strafvollzug, Berlin, o. D. [1956/57] (BArch, DO 1/28603/Bl. 59).
331 Zitat hier und im Folgenden: Jahn, Gegen Erscheinungsformen des Liberalismus in der Justiz!, S. 182 f.
332 Protokoll der Tagung der Polit-Stellvertreter der BVSV vom 10.5.1957 (BArch, DO 1/28484/Bl. 328–341). Zit. nach Wunschik, Regenmantel für Dertinger, S. 320 f.
333 Leiter der StVA Hoheneck an BVSV Karl-Marx-Stadt, Betr.: Lagebericht Monat Juni 1957 vom 1.7.1957 (SächsStAC, 30441–25/253/Bl. 111).
334 So meldete etwa die BVSV Karl-Marx-Stadt Anfang März nach Berlin, dass es – auch wenn „die Stimmung der Gefangenen im Gesamtmaßstab als zufrieden stellend bezeichnet werden kann" – es doch „bei einzelnen Gefangenen zur Arbeitsverweigerung oder sogar Bedrohung von SV-Angehörigen bzw. Steigerpersonal in den Schächten" gekom-

hand."³³⁵ Dafür machte Protze das Strafvollzugspersonal verantwortlich, welches „versöhnlerisch" aufgetreten sei und „Ungehorsam geduldet" habe. Die unmissverständliche Anweisung an die Anstaltsleiter des Bezirks lautete daher: „Sorgen Sie dafür, dass eine eiserne Disziplin eintritt. Ich möchte keine Dienststelle mehr sehen, wo es lasche und schlampige Genossen gibt, wo keine Kommandosprache durchgeführt wird. Sie sind der Kommandeur ihrer Dienststelle, zeigen Sie mehr Rückgrat. [...] Als Genossen gibt es keine Hemmungen." In diesem Geiste erklärte der stellvertretende Leiter der Politabteilung des Haftkrankenhauses Leipzig-Kleinmeusdorf, dass „Versöhnlertum" schon damit beginne, dass die Ärzte im Schriftverkehr „Patient" und nicht „Strafgefangener" schreiben.³³⁶ Mayers Aussage, durch diverse Anordnungen von 1956 sei bei einem Teil des Strafvollzugspersonals die Sichtweise verloren gegangen, dass es sich bei den Häftlingen um „unsere Gegner" handele, zeigt erneut das Zurückrudern der obersten Gefängnisverwaltung. Keineswegs sei man den Gefangenen „in irgendeiner Form entgegengekommen", auch sei die Aufgabe des Strafvollzugs nicht damit gelöst, dass die Häftlinge die Produktionsaufträge erfüllen.³³⁷ Der Chef der Berliner Strafvollzugszentrale erklärte hier offen die Prinzipien des Haftregimes: Die Häftlinge seien Gegner, deren Disziplinierung oberstes Gebot sei. Wohl als Reaktion auf die erneute Kehrtwende im Haftregime stellte der Haftaufsichtsstaatsanwalt des Bezirks Leipzig im September 1956 fest, dass es im Jugendhaus Torgau, aber vor allem in der Strafvollzugsanstalt Waldheim „sehr häufig" Beschwerden seitens der Häftlinge gegeben habe. „Hier gibt es noch faschistische Methoden, oder sie werden geschlagen usw."³³⁸ Es wird ganz deutlich sichtbar, dass sich das Haftregime infolge der Anweisungen der Verantwortlichen und der Agitation des Personals, in den Gefangenen Gegner zu sehen, erneut verschärfte.

Letztlich war es Anfang November 1957 Erich Honecker, damals als Sekretär der Walter Ulbricht unterstellten „Sicherheitskommission" führend an der „Entlarvung" und Unterdrückung tatsächlicher und vermeintlicher innerparteilicher Opposition – etwa Walter Janka und Wolfgang Harich – beteiligt,³³⁹ der endgültig einem repressiven Haftregime das Wort redete. Zwar hob er hervor, dass man bezüglich „der Lage, der Sicherheit und Einsatzfähigkeit in den Strafvollzugsanstalten" durch die Übernahme des Strafvollzugs von der Justiz „einen

---

men war. Vgl. BVSV Karl-Marx-Stadt an VSV, Betr.: Lagebericht für den Monat Februar vom 6.3.1957 (SächsStAC, 30441–25/131/Bl. 98).
335 Zitat hier und im Folgenden: BVSV Dresden, Protokoll der Arbeitsberatung mit den Dienststellenleitern des Bezirks vom 13.8.1957 (SächsHStA, 11464/BDVP/23/136/Bl. 128).
336 Protokoll über die Diskussionsbeiträge anlässlich der Arbeitstagung der BVSV Leipzig vom 12.9.1957 (SächsStAL, 24/151/Bl. 75).
337 Protokoll des Redebeitrags von August Mayer anlässlich der Arbeitstagung der BVSV Leipzig vom 12.9.1957 (SächsStAL, 24/151/Bl. 81).
338 Ebd., Bl. 82.
339 Wer war wer in der DDR?, S. 373.

großen Schritt nach vorwärts gekommen"[340] sei. Jedoch kritisierte Honecker das damalige Haftregime scharf, als er feststellte, dass „in fast allen Dienststellen, Verwaltungen und Strafvollzugsobjekten die Aufgabe des Strafvollzuges [...] durch übertriebene Betonung seiner erzieherischen Funktion entstellt worden" sei. „Es mehren sich Erscheinungen des liberalen und kumpelhaften Verhaltens zu Strafgefangenen, die zum Teil wegen schwerer Staatsverbrechen [...] zu hohen Freiheitsstrafen verurteilt sind." Daher müsse man „die bisher gültigen Prinzipien für die Durchführung des Strafvollzuges [...] überprüfen, um die Sicherheit in den Strafvollzugsanstalten zu erhöhen und durch eine Differenzierung der Strafgefangenen die Zielstellung unseres Strafvollzuges zu gewährleisten". Daneben monierte Honecker auch den „aufgeblähten Verwaltungsapparat im Bereich der Verwaltung Strafvollzug" und forderte die Verbesserung „der militärischen Ausbildung der Angehörigen des Strafvollzuges, der weiteren Qualifizierung seiner Mitarbeiter, der Organisierung einer straffen Kontrolle" sowie der „Durchführung des Befehls des Ministers des Innern über die Schießausbildung der Angehörigen des Strafvollzuges". Honecker setzte auf militärische Härte, um die „Entstellung" des Strafvollzugs zu korrigieren.

Nichtsdestotrotz ließ die Disziplin der Strafgefangenen in den Augen der Verantwortlichen weiterhin „zu wünschen übrig". So war beispielsweise in Zwickau die Hälfte der Häftlinge ohne Arbeit. Ebenso wurde ständig die mangelnde Disziplin der SV-Angehörigen kritisiert. Die Bezirksverwaltung Strafvollzug Karl-Marx-Stadt registrierte etwa im Frühjahr 1957 eine anhaltend schlechte Stimmung beim Personal und ständige Diskussionen über Gehaltserhöhung bei „Objekten, die im Wismutgebiet" lagen. Der Dienst im Strafvollzug blieb weiterhin unattraktiv, wofür die geringen Erfolge aller Dienstzweige der Volkspolizei bei der Anwerbung neuen Personals sprechen.[341] Im Januar 1958 schrieb die Bezirksverwaltung, dass „trotz allen positiven Ergebnissen [...] der Erziehungsarbeit größte Aufmerksamkeit zu widmen"[342] sei. Wohlgemerkt war hier die Erziehungsarbeit bei den Strafvollzugsbediensteten gemeint.

Dass die Agitation und „Erziehung" des Personals bis tief in das private Umfeld der SV-Angehörigen hineinreichte, zeigt etwa der Jahresbericht der Bezirksverwaltung Strafvollzug Karl-Marx-Stadt von 1957. Dort wurde kritisiert, dass von den Angehörigen der Strafvollzugsbediensteten „noch 15 Ehefrauen an religiösen Handlungen teilnehmen und 6 Kinder den Konfirmandenunterricht besuchen".[343] Vor allem galt das Interesse der Anstaltsleitungen am

---

340 Zitat hier und im Folgenden: Rede Erich Honeckers in Auswertung der 33. Tagung des ZK der SED im Bereich des Ministeriums des Innern am 1.11.1957 (SAPMO-BArch, DY 30/2512/Bl. 29–31). Siehe auch Wunschik, Strafvollzugspolitik des SED-Regimes, S. 264 f.; ders., Regenmantel für Dertinger, S. 321.
341 BVSV Karl-Marx-Stadt, Abteilung Strafvollzug an VSV, Betr.: Lagebericht für den Monat April vom 9.5.1957 (SächsStAC, 30441-25/131/Bl. 101).
342 BVSV Karl-Marx-Stadt, Abteilung Strafvollzug an VSV, Betr.: Lagebericht für den Monat Dezember vom 9.1.1958 (SächsStAC, 30441-25/131/Bl. 110).
343 BVSV Karl-Marx-Stadt, Abteilung Strafvollzug an VSV, Betr.: Bericht über die Entwicklung im Jahre 1957 vom 3.1.1958 (SächsStAC, 30441-25/133/Bl. 204).

Privatleben des Personals aber der Beendigung der „Westkontakte". Doch nicht nur direkte „Westkontakte" standen auf dem „Index". In Hoheneck drängte beispielsweise das Leitungskollektiv eine Volkspolizistin zur Beendigung „ihrer persönlichen Verbindung mit einem aus Westdeutschland zurückgekehrten Mann", da sie „nicht die richtige Lösung mit dieser Verbindung gefunden" habe.[344] Ebenso wurde in Hoheneck eine Genossin nach einer Arreststrafe aus der Volkspolizei entlassen, „da sie im Westsektor Berlins Bananen und Apfelsinen gekauft hatte".[345] Folglich galt es, „ideologische Fragen weit stärker als bisher zu beachten und sofort aufklärend zu behandeln".[346] Da „versöhnlerisches Verhalten" weiterhin häufig registriert wurde, kam der Parteiorganisation eine besondere Aufgabe zu, denn eine gründliche Besserung könne nur „durch die ständige Einwirkung der Partei und aller Erziehungsfaktoren erfolgen". Der „politisch-moralische Zustand" der Genossen bildete einen dauerhaften „Schwerpunkt", weshalb die größte Kritik zumeist der Anstaltsleitung und insbesondere den Politabteilungen der SED galt – also den Erziehern der Erzieher. Diese mussten sich regelmäßig eine „mangelnde Leitungstätigkeit" oder die „ungenügende Durchsetzung der führenden Rolle der Partei" vorwerfen lassen. Beispielhaft hieß es 1959 in verschiedenen Kontrollberichten der Politabteilung der Berliner Zentrale: „Der noch ungenügende politisch-moralische Zustand [...] ist eben in erster Linie das Ergebnis der mangelnden Arbeit der Parteileitung, des Parteisekretärs und der Dienststellenleitung." Oder: „Die führende Rolle der Partei ist bisher in der Dienststelle noch nicht immer gewährleistet gewesen. Dies kommt u. a. in der ungenügenden politischen Führung der Parteileitung und in der mangelhaften Arbeit in den Parteigruppen zum Ausdruck." Schließlich: Wir sind „über die Anfänge der Durchsetzung der führenden Rolle der Partei noch nicht hinweg gekommen. Die Ursachen sind ideologischer Art, so werden die Grundfragen der Politik der Partei noch ungenügend studiert und in der Arbeit angewendet. Es gibt Unklarheiten in Fragen des Klassenkampfes und der klassenmäßigen Einstellung der Genossen gegenüber Strafgefangenen und über den Charakter des aggressiven westdeutschen Militarismus."[347] „Unklarheiten in der klassenmäßigen Einstellung der Genossen gegenüber Strafgefangenen"[348] diagnostizierte man etwa bei den Genossen im Strafvollzug in Waldheim. Dort ließen sich aus Sicht der Anstaltsleitung die SV-Angehörigen von den Häftlingen

---

344 BDVP Karl-Marx-Stadt, Abteilung Strafvollzug an VSV, Betr.: Lagebericht für den Monat August 1958 vom 2.9.1958 (SächsStAC, 30441-25/131/Bl. 122).
345 BDVP Karl-Marx-Stadt, Abteilung Strafvollzug an VSV, Betr.: Lagebericht für den Monat Juli 1958 vom 1.8.1958 (SächsStAC, 30441-25/131/Bl. 120).
346 Zitat hier und im Folgenden: BVSV Karl-Marx-Stadt, Abteilung Strafvollzug an VSV, Betr.: Bericht über die Entwicklung im Jahre 1957 vom 3.1.1958 (SächsStAC, 30441-25/133/Bl. 204).
347 Kontrollberichte der Politabteilung der VSV, 1959 (BArch, DO 1/27235).
348 Zitat hier und im Folgenden: BDVP Leipzig, Abteilung SV, Diskussionsbeitrag des VP-Majors Schulze, StVA Waldheim, auf der Tagung der Dienststellenleiter der nachgeordneten Dienststellen im Bezirk Leipzig am 20.2.1959 vom 25.2.1959 (SächsStAL, 24/326/Bl. 124).

zu schnell täuschen, wenn diese sich „diszipliniert, höflich" zeigten und eine gute Führung an den Tag legten, wohingegen Strafgefangene, „die aus proletarischen Kreisen kommen, bei den Genossen keine ‚Chancen'" hätten. Die Genossen gingen an ihre Aufgabe „nicht vom Klassenstandpunkt heran". Anfang 1959 berichtete VP-Major Schulze, in der Strafvollzugsanstalt Waldheim seien Kurse zur Verbesserung der Allgemeinbildung eingerichtet worden, um „unsere Genossen auf ein höheres Niveau zu bekommen [...], aber es ist kein Mensch gekommen".[349] Erst als Beförderungen an bestandene Wissenstests gekoppelt wurden, füllten sich die Deutsch-Zirkel in der Volkshochschule. Weiterhin berichtete Schulze auch von Misshandlungen: So zeigten sich im „Schlagen von Gefangenen" noch immer „Auswirkungen von früher [...], die es zu überwinden gilt. (201er usw.)." „Derartige Probleme" müssten öfters behandelt werden, um die Genossen zu überzeugen – offensichtlich waren Gefangenenmisshandlungen auch Ende der fünfziger Jahre keine Seltenheit.

3.5 Desolate Lage trotz „ideologischer Offensive": Das Gefängniswesen bis zum Mauerbau

Dass die harsche Kritik auf dem V. SED-Parteitag im Juli 1958 an der Arbeit der Organe des SV zu einer Verschärfung des Haftregimes führen würde, war auf den ersten Blick nicht absehbar. Ulbricht hatte ausgeführt: „Die noch im Strafvollzug bestehenden bürgerlichen Überreste sind zu überwinden und die Umerziehung der Rechtsbrecher zu ehrlich und diszipliniert arbeitenden Menschen ist durch eine gut organisierte produktive Arbeit und politisch-kulturelle Erziehungsarbeit zu erreichen."[350] Damit forderte Ulbricht, so Wunschik, „eine verstärkte politische Erziehung und ein wachsendes sozialistisches Bewusstsein", worauf „sich die Verantwortlichen wieder stärker auf pädagogische Konzepte in der Strafvollzugspolitik"[351] besonnen hätten. Doch in der Praxis bedeutete dies keineswegs Verbesserungen der Haftbedingungen. Im Gegenteil: Zwar hieß es in einer Ausarbeitung der Politabteilung der Berliner Zentrale bezüglich der Frage „Wie soll erzogen werden?", dass die „Erziehung durch die Produktion eine Hauptmethode" sei, doch „nicht nur Produktion schlechthin" müsse das Ziel sein, sondern jeder Gefangene habe „möglichst viel und gute Produk-

---

349 Ebd.
350 Rede Walter Ulbrichts auf dem V. SED-Parteitag. In: Reden vom V. Parteitag der SED, 10.-16.7.1958, Berlin (Ost) 1958. Zit. nach Zur Lage und den Aufgaben im Strafvollzug bei der Verwirklichung der Grundfragen des Strafvollzugs in der DDR von 1960 (BArch, DO 1/28477/Bl. 79).
351 Wunschik, Regenmantel für Dertinger, S. 321.

te" zu erzeugen.³⁵² Dafür, und das war die entscheidende Forderung, seien die „physischen Anstrengungen der Strafgefangenen" zu erhöhen. In aller Deutlichkeit wandte sich hier die Politabteilung der Verwaltung Strafvollzug gegen Bestrebungen der Justiz sowie auch einiger Verantwortlicher des Strafvollzugs, „die Strafgefangenen [arbeitsrechtlich] mit den freien Arbeitern gleichzusetzen". Diese „bürgerlichen Überreste" müsse man beseitigen, die „Forderung des 8-Stundentages bei den Strafgefangenen" sei eine „unklassenmäßige Forderung. Durch die Härte in der Strafvollziehung ist den Strafgefangenen ihr Vergehen bewusst zu machen. (Ohne dabei gegen unsere Gesetzlichkeit zu verstoßen.)" Bezeichnend ist, dass der letzte Satz in Klammern gesetzt wurde. So wie im Zuge einer ideologischen Offensive der SED-Spitze außerhalb der Anstaltsmauern versucht wurde, den eigenen Herrschaftsanspruch, „der 1956 unversehens infrage gestellt worden war, in allen Bereichen kompromisslos und dauerhaft" durch eine systematische ideologische Indoktrination der Menschen im Sinne des Marxismus-Leninismus abzusichern,³⁵³ wurde auch die ideologische Schulung der Strafvollzugsbediensteten verstärkt. Erneut beschwor man die Rolle des Strafvollzugs als „Instrument des Klassenkampfes". Entscheidend sei, dass die Genossen erkennen, dass der „Klassenkampf" nicht mit der Verurteilung des „Klassenfeindes" ende, sondern „die Feinde unseres Staates bestrebt sind, mit anderen Methoden diesen Kampf weiterzuführen". Daher müssten die SV-Angehörigen die „feindlichen Bestrebungen" außer- wie innerhalb der Haftanstalten beachten, denn „in dem Maße, wie sich der Klassenkampf" verschärfe, nehme auch „die Feindtätigkeit in unseren SV-Objekten" zu.³⁵⁴ Der Klassenkampf trete beispielsweise durch Ausbrüche und Fluchtversuche in Erscheinung, durch Versuche von Häftlingen, „die Reihen des Strafvollzuges von innen zu zersetzen", durch „aggressives und freches Auftreten" gegenüber dem Personal, durch Arbeitsverweigerungen, durch „Hetze, durch Tätlichkeiten gegenüber unseren SV-Angehörigen und dergleichen mehr".³⁵⁵ Deshalb müsse die Einhaltung der Disziplin beachtet werden und selbst bei kleinsten Disziplinarverstößen „die entsprechenden Untersuchungen und Zwangsmittel angewendet werden". Alarmierend mussten für die Berliner Zentrale die Berichte vom Sommer 1958 sein, die eine Veränderung in der „Qualität der besonderen Vorkommnisse"³⁵⁶ bei den

---

352 Zitat hier und im Folgenden: Abteilung PA, Thesen für dezentralisierte Konferenzen der VSV zur Auswertung des V. Parteitages der SED vom 22.8.1958 (BArch, DO 1/28474/ Bl. 180 f.).
353 Mählert, Kleine Geschichte der DDR, S. 87 f.; siehe auch Weber, Geschichte der DDR, S. 279-285.
354 Disposition für die Mitgliederschulung, Thema: Zu einigen Fragen und Methoden des Klassenkampfes im Strafvollzug von 1958 (BArch, DO 1/28600/Bl. 330 f.).
355 Zitat hier und im Folgenden: Lektion über das Thema: „Die führende Rolle der SED und die Aufgaben der Parteiorganisation des Strafvollzuges". Hg. vom MdI, VSV von 1958 (BArch, DO 1/28447/Bl. 22).
356 Zitat hier und im Folgenden: VSV, Auswertung der besonderen Vorkommnisse in den SV-Dienststellen im Monat Juni und Juli 1958 vom 9.8.1958 (BArch, DO 1/28511/ Bl. 66).

Häftlingen betonten. Diese seien „in ihrer Haltung gegenüber den SV-Angehörigen aggressiver geworden, die Hetze und Staatsverleumdung nimmt schärfere Formen an". Besonders empörte die oberste Strafvollzugsverwaltung, dass vor allem jugendliche Häftlinge „die korrekte Behandlung im Strafvollzug", wie das repressive Haftregime hier bezeichnet wurde, mit „‚nazistischen Methoden, SS-Methoden, KZ-Behandlung' usw." verglichen. Solche Vergleiche konnten „selbstverständlich" nur Klassenfeinde anstellen.

Noch beunruhigender erschien der Zentrale in Berlin das Ansteigen der „Vorkommnisse von SV-Angehörigen" in den Disziplinarstatistiken, wobei die Schwerpunkte bei schlechter Dienstausübung, Verletzungen der Wachvorschriften, moralischen Vergehen, Trunkenheit und Urlaubsüberschreitungen lagen. Der Jahresbericht 1958 konstatierte, „dass der politisch-moralische Zustand völlig unbefriedigend und für ein Sicherheitsorgan zum Teil gefährlich" sei.[357] Schließlich hatte man im abgelaufenen Jahr jeden fünften Wachtmeister und jeden zehnten Offizier disziplinarisch maßregeln müssen, wobei der Bezirk Frankfurt/Oder an der Spitze lag. Dort waren fast 42 Prozent aller SV-Angehörigen bestraft worden, während in den sächsischen Bezirken Dresden 22,2 Prozent, Leipzig 19,9 Prozent und Karl-Marx-Stadt nur 11 Prozent der Strafvollzugsbediensteten Disziplinarstrafen hinnehmen mussten. Allerdings zweifelte die Verwaltung Strafvollzug selbst an den großen Unterschieden und vermutete dahinter vielmehr eine unkorrekte Durchführung der „disziplinarischen Praxis". Knapp die Hälfte der Disziplinarverstöße betraf Vergehen gegen die Dienstvorschriften und die Wachsamkeit, ein Fünftel waren „moralische Vergehen". Daneben stellte übermäßiger Alkoholgenuss einen „Schwerpunkt" dar; dies betraf in der StVA Torgau über die Hälfte (55 Prozent) aller Vergehen. Das Parteibuch spielte bei den Disziplinarstrafen keine Rolle: Bei 60 Prozent aller bestraften SV-Angehörigen handelte es sich um Mitglieder oder Kandidaten der SED. Erneut wurde dafür die unzureichende Arbeit der Parteiorganisationen verantwortlich gemacht, die zu wenig mit den Genossen über die auf dem V. Parteitag propagierten „Prinzipien der sozialistischen Moral"[358] diskutiert hätten. Allgemein sahen die Verantwortlichen in der Zentrale die Ursache der Mängel in der „politisch-ideologischen Arbeit" im Strafvollzug, genauer im „noch schwachen Studium"[359] der Parteibeschlüsse sowie des Marxismus-Leninismus, womit man letztlich einen Großteil der Delikte in Verbindung brachte. Doch hatten die Parteiorganisationen auch im Strafvollzug mit der mangelnden Begeisterung der zu Agitierenden zu kämpfen. So würden „viele Genossen Wachtmeister [...] lie-

---

357 Zitat hier und im Folgenden: VSV, Jahresbericht 1958 vom 24.4.1959 (BArch, DO 1/3737, unpag.).
358 Die „10 Gebote für den neuen sozialistischen Menschen" hatte Walter Ulbricht auf dem V. SED-Parteitag am 10. Juli 1958 verkündet. Als „sozialistische Gesetze der Moral und Ethik" wurden sie ins SED-Parteiprogramm aufgenommen und sollten das Handeln der Genossen bestimmen.
359 Zitat hier und im Folgenden: VSV, Jahresbericht 1958 vom 24.4.1959 (BArch, DO 1/3737, unpag.).

ber 10 Stunden" Arbeit im Nationalen Aufbauwerk der Nationalen Front leisten als dass sie vier Stunden „Schulung oder Studium" über sich ergehen ließen. Daher gebe es Genossen, die sich zwar fleißig im Nationalen Aufbauwerk beteiligen, „im Dienst aber gegen die Befehle verstoßen". Andere SV-Angehörige wiederum würden zwar dienstlich gute Arbeit leisten, sich allerdings nach Dienstschluss betrinken, womit sie „das Ansehen der Volkspolizei in der Öffentlichkeit" schädigten. Grundsätzlich beklagte die Berliner Zentrale des Weiteren, dass die „Notwendigkeit einer proletarischen Disziplin" nicht anerkannt werde. Daraus resultiere unter anderem das „nicht klassenmäßige Verhalten" von Teilen des Personals gegenüber Häftlingen, welches „sich besonders im radikalistischen aber auch versöhnlerischen Verhalten unserer Genossen gegenüber Strafgefangenen" zeige. Dies war gleichzeitig einer der wenigen Hinweise in den Akten bezüglich etwaiger Übergriffe seitens der Wärter auf Häftlinge, eben „radikalistisches Verhalten".

Bezeichnend für den DDR-Strafvollzug war indes, dass sich trotz solcher fundamentalen Kritiken die unbefriedigende Lage kaum verbesserte. Mitte 1959 konstatierte die Instrukteursgruppe Strafvollzug, „dass trotz einer allgemein kritischen Atmosphäre der politisch-moralische, politisch-ideologische Zustand sich im Wesentlichen nicht verbessert hat".[360] Ebenso ließ man aus der Politabteilung der VSV nach der Kontrolle diverser Haftanstalten verlauten: „Der politisch-moralische Zustand der Dienststelle ist noch immer unbefriedigend." Sowie: „Der politisch-moralische Zustand in der StVA unterscheidet sich nicht von dem gegenwärtigen ungenügenden Gesamtzustand des Dienstbereiches der HVDVP."[361] Daher wurde der „innere Zustand der Deutschen Volkspolizei" schließlich zum Thema der Parteispitze, als dieser auf dem 4. Plenum des ZK der SED als „ernst und besorgniserregend" bezeichnet wurde, was „vollinhaltlich auf den Strafvollzug" zutreffe.[362] Dies zeige, so die Berliner Zentrale, „dass der Durchsetzung der führenden Rolle der Partei im SV Widerstand entgegengesetzt wurde", weshalb die Arbeitsweise im Strafvollzug „grundsätzlich" zu verändern sei.

Wie sehr die Forderung Ulbrichts auf dem V. SED-Parteitag letztlich das Strafvollzugssystem der DDR erschüttern sollte, zeigte sich im Sommer 1959, als durch Kontrollberichte und Stellungnahmen eine generelle Revision erfolgte, bei der der desolate Zustand des Strafvollzugs schonungslos offenbart wurde. Von Bedeutung war hier zum einen die Adjutantur des Ministeriums des Innern, die nach einer umfangreichen Überprüfung in „der Arbeit mit den Strafgefangenen [...] ernste Mängel"[363] ausmachte, welche die innere Ordnung, die Sicher-

---

360 Politische Verwaltung, Instrukteursgruppe SV, Einige Fakten des politisch-moralischen Zustandes im SV vom 12.6.1959 (BArch, DO 1/28474/Bl. 192).
361 Kontrollberichte der Politabteilung der VSV von 1959 (BArch, DO 1/27235).
362 Zitat hier und im Folgenden: Einschätzung des politisch-moralischen Zustandes im SV und der Arbeitsweise der Arbeitsgruppe SV vom 15.7.1959 (BArch, DO 1/27235/ Bl. 95).
363 Zitat hier und im Folgenden: MdI, Adjutantur, Bericht über eine Überprüfung im Strafvollzug vom 15.8.1959 (BArch, DO 1/10306, unpag.).

heit sowie die Erziehung der Gefangenen „negativ" beeinflussen würden. Als Ursache hierfür benannte der Bericht „Unklarheiten" aller Beschäftigten des Strafvollzugs über die Grundfragen im Strafvollzug selbst. Zusätzlich hob man „die schwache politische und operative Leitungstätigkeit" sowie die schlechte Kaderarbeit als Ursache der Mängel hervor. All das habe zu einem Absinken der „politisch-ideologischen Qualifikation" der Genossen geführt. Schließlich identifizierte der Bericht der MdI-Adjutantur den zu großen bürokratischen Apparat als Hemmnis für einen effektiven Strafvollzug: Die Kontrolleure kritisierten, dass es im Strafvollzug zu viele „Weisungen, Richtlinien und Vorschriften" gebe. „Die große Anzahl dieser Dokumente erschwert eine klare Orientierung."

Zwar hob man positiv hervor, dass der Großteil der Häftlinge im Produktionsprozess integriert sei und „hohe Arbeitsleistungen" zeige, doch schenkten die Anstaltsleitungen der Produktion ihr Hauptaugenmerk – zu Lasten aller anderen Aufgaben des Strafvollzugs. Vor allem die sächsischen Haftanstalten dienten hier als Negativbeispiele: So war der Waldheimer Anstaltsleiter zwar über „Auftragshöhe und Planerfüllung der einzelnen Betriebe gut informiert", konnte jedoch „keine oder nur ungenügende Auskunft über die Zahl der einschlägig Vorbestraften, der Staatsfeinde und über andere wichtige Fragen des Vollzugs geben. Noch schlechter über die Lage des Strafvollzuges in ihren Objekten waren die Leiter der StVA Bautzen und Zwickau informiert."

Die Feststellung, dass die Erziehung der Gefangenen in den Hintergrund getreten sei, stellte den Dreh- und Angelpunkt dieser Kritik dar: „Da die Genossen der Abteilung Produktion der Anstalten formal die Planerfüllung der Betriebe und nicht die erzieherische Funktion ihrer Aufgabe sehen, ist die bewusste Einwirkung auf die Strafgefangenen mit dem Mittel der produktiven Arbeit gering. Häufig werden die einfachsten Forderungen der Umerziehung missachtet und ernste politische Fehler begangen. Es ist typisch schwerste Verbrecher in Schlüsselpositionen der Anstalt zu finden." So seien in Waldheim „alle befragten Brigadiere, Materialausgeber, Gütekontrolleure und Verwahrraum-Älteste, mit einer Ausnahme, Staats- und Wirtschaftsverbrecher" gewesen.[364] Bereits im Juni 1959 waren diesbezüglich besonders die sächsischen Haftanstalten Waldheim, Bautzen, Görlitz und Zwickau ins Visier der Berliner Zentrale geraten. „Die staatsfeindlichen Elemente bzw. Wirtschaftsverbrecher sitzen in Positionen und Stellungen in den Anstalten und nehmen gegenüber den anderen Gefangenen mit weniger gesellschaftsgefährlichen Delikten eine bevorzugte Stellung ein."[365] Auch Buchhalterstellen seien mit „Staatsfeinden" besetzt worden, obwohl es Befehle und Dienstanweisungen bezüglich der Beschäftigung „von Staatsfeinden in besonderen Funktionen"[366] gebe, hätten die Anstaltsleitungen

---

364 Ebd.
365 Bericht über die Kontrolle der Strafvollzugsanstalten Bautzen und Zwickau, o. D. [1959] (BArch, DO 1/10306, unpag.).
366 Bericht der Adjutantur des MdI über einen Informationseinsatz in den StVA Waldheim, Bautzen und Görlitz vom 16.6.1959 (BArch, DO 1/10306, unpag.).

diese vielfach missachtet; sie sähen in der Häftlingsarbeit nur den Zweck der Erfüllung von Produktionsplänen und nicht den erzieherischen Wert. Jedoch waren die Anstaltsleitungen jahrelang zur „Vollbeschäftigung" angehalten worden und offenbar um die effektivste Besetzung „besonderer Funktionen" bemüht. Vielfach ließen sich geeignete Buchhalter eben eher unter politischen als unter kriminellen Häftlingen finden. Andererseits hatten die Anstaltsleiter teilweise auch keine andere Möglichkeit, als politische Häftlinge in solchen Positionen einzusetzen: In Torgau waren im Sommer 1958 beispielsweise, „über 80 % der Strafgefangenen wegen derartiger Delikte" (Art. 6 und andere Staatsdelikte) inhaftiert, weshalb man diese Häftlinge auch „in Strafgefangenen-Büros als Brigadiers und in der Bücherei eingesetzt"[367] hatte. In der Regel waren aber die vielen Hausarbeiterstellen, die sogenannten Kalfaktoren, die das Essen austeilten, das „Kübeln" erledigten oder für die Sauberkeit der Flure und Treppen verantwortlich waren, mit kriminellen Häftlingen besetzt. Diese wurden bei der Vergabe der Funktionen als Haus-, Etagen-, Saal- bzw. Zellenälteste oder als Leiter von Arbeitsbrigaden und -kommandos bevorzugt. Ausnahmen bildeten ursprünglich nur „Schlüsselpositionen" wie Ärzte, Pfleger oder auch Facharbeiter mit Spezialkenntnissen, denn: „Nur, wo man auf das fachliche Können nicht verzichten kann, fragt man nicht nach politischer Zuverlässigkeit."[368] Aus Sicht der Adjutantur hatten die Anstaltsleitungen jedoch zu oft politische Häftlinge in obige Funktionen eingesetzt. In diesem Zusammenhang nahmen die Konstruktionsbüros[369] eine „besondere Stellung im Strafvollzug" ein.[370] Diese gerieten besonders in die Kritik, da bei diesen Häftlingen – „fast ausnahmslos [...] Staats- und Wirtschaftsverbrecher, kleinbürgerliche und kapitalistische Elemente" – das Haftregime „zu liberal" sei und sie „zu großzügig" Vergünstigungen erhiel-

---

367 Bericht zum Kontrollauftrag des Brigade-Instrukteur-Einsatzes in der StVA Torgau und im Jugendhaus Torgau vom 18.6. bis zum 27.6.1958 (SächsStAL, 24/150/Bl. 121).
368 Matzel, „Gelbes Elend" und „Roter Ochse", S. 6.
369 Horst G. Keferstein, als politischer Häftling bis 1956 in Bautzen I inhaftiert, berichtet vom Konstruktionsbüro in Bautzen I, in dem 1954 80 und 1956 immerhin 221 ausschließlich politische Häftlinge beschäftigt gewesen seien, die verschiedenste technische Zeichnungen und Karten aber auch Übersetzungen für diverse VEB anfertigten. Vgl. Keferstein, Unruhige Jahre, S. 305–321. Offenbar waren die sowjetischen „Scharaschkas", die Sonderlager für Wissenschaftler und Techniker, Vorbild dieser Konstruktionsbüros. Siehe diesbezüglich den Erlebnisbericht Lew Kopelews, der über sieben Jahre in solch einer „Scharaschka" inhaftiert war: Kopelew, Tröste meine Trauer. Bezüglich der Häftlingsarbeit im Allgemeinen und den Konstruktionsbüros im Besonderen schreibt Keferstein sicher recht treffend: „Neben dem Grundgedanken, der desolaten DDR-Wirtschaft unter die Arme zu greifen, war es natürlich die gewaltige Anzahl brachliegender Häftlinge in der DDR mit der darunter befindlichen Vielzahl hochqualifizierter Fachkräfte und ‚Intelligenzler', die die Auftragsvergabe an Strafanstalten so attraktiv machte." Vgl. Keferstein, Unruhige Jahre, S. 307. Im Konstruktionsbüro des MfS-Lagers X in Berlin Hohenschönhausen wurden etwa der Neubau der dortigen MfS-UHA, „Wohnhäuser für Vollzugs- und MfS-Angehörige, der Palast der Republik und die Dynamo-Sportstätten konzipiert". Vgl. Bastian/Neubert, Schamlos ausgebeutet, S. 62.
370 Zitat hier und im Folgenden: MdI, Adjutantur, Bericht über eine Überprüfung im Strafvollzug. Berlin, 15.8.1959 (BArch, DO 1/10306, unpag.).

ten.³⁷¹ Besonders empörte die Kontrolleure, dass die in den Konstruktionsbüros Beschäftigten „von dem ‚Wert ihrer Persönlichkeit' zutiefst überzeugt sind" und sowohl SV-Angehörige als auch Mitarbeiter der VEB-Stammbetriebe sie „- in ihrer Auffassung" auch noch bestärken würden.

Neben der Feststellung, dass die Erziehung gegenüber der Erfüllung von Produktionszielen in den Hintergrund getreten war, gipfelte die Kritik in der Feststellung, dass es in den Strafvollzugseinrichtungen „keine einheitlichen und klaren Vorstellungen" über „die Methoden der Erreichung der inneren Ordnung und Disziplin" gebe. Die Behandlung der Strafgefangenen weise in den einzelnen Objekten „große Unterschiede auf. Liberale Methoden und überspitzte Anwendungen der Disziplinarordnung sind oft gemeinsam in einer Anstalt anzutreffen." Die Kontrolleure vermerkten jedoch auch, dass „sogenannte ‚harte Methoden' (Schlagen von Gefangenen, unzulässige Entzüge von berechtigt zustehenden Vergünstigungen) [...] in den kontrollierten Objekten des Erwachsenenstrafvollzuges nicht festgestellt" wurden. Allerdings kritisierte man die „offensichtlich überspitzte Anwendung von Disziplinarmaßnahmen", insbesondere den verminderten „erzieherischen Wert" der zu häufig verhängten Arreststrafen, vor allem „jedoch in solchen Fällen, bei denen wegen Überfüllung von Arrestzellen die Vollstreckung erst Wochen danach erfolgt".³⁷²

In seltener Offenheit wurden in diesem Bericht die Probleme des Strafvollzugs aufgezeigt. Er verdeutlicht zugleich, dass sich an den grundsätzlichen, die Ausstattung und Versorgung der Haftanstalten betreffenden Problemen in den beinahe zehn Jahren, in denen der Strafvollzug unter der Verwaltung des Innenministeriums stand, nichts Wesentliches verändert hatte. Die Missstände, die das Innenministerium seinerzeit bei der Justiz so scharf kritisierte, trafen ebenso auf den Strafvollzug unter der Ägide des MdI zu. So stand der „Erziehung zur inneren Ordnung und Sauberkeit" auch weiterhin die „unzureichende und zum Teil sehr schlechte Ober- und Unterbekleidung, die geringen Mittel für die Unterhaltung bzw. Sauberkeit (Bettwäsche und Handtücher waren z. B. stark verschmutzt) und das vorhandene Kübelsystem" entgegen. Punkte, die die Volkspolizei bei der Übernahme des Justizstrafvollzugs deutlich beanstandet hatte. „Hinzu kommt oftmals Gleichgültigkeit der Offiziere und Wachtmeister, die in einigen Anstalten zu direkten Schlampereien führt." Die Adjutantur des

---

371 Die Adjutantur führte auch näher aus, was sie damit meinte: „gemäßigter Umgangston, gesonderte Freizeitgestaltung, z. T. besser ausgestattete Verwahrräume, ein übermäßig hoch zugebilligter HO-Einkauf bis 100,00 DM, hohes Eigengeld". Vgl. ebd. Siehe auch Wunschik, Strafvollzugspolitik des SED-Regimes, S. 265.
372 Beispielhaft sei hier die StVA Bautzen I angeführt, in der in der ersten Jahreshälfte 1959 „von 148 Bestrafungen 93 mit strengem Arrest ausgesprochen wurden und der einfache Arrest überhaupt nicht angewendet wird". Dies zeuge „davon, dass von einer Erziehung mit differenzierten Methoden nur sehr wenig Gebrauch gemacht wird. Außerdem ist bei den ausgesprochenen Arreststrafen der erzieherische Faktor sehr fragwürdig, weil von der Strafaussprechung bis zum Antritt der Strafe 14 Tage bis 3 Monate vergehen." Vgl. Bericht über die Kontrolle der Strafvollzugsanstalten Bautzen und Zwickau, o. D. [1959] (BArch, DO 1/10306, unpag.).

Innenministeriums hatte keine Schwierigkeiten, die Ursache dieses desolaten Zustands auszumachen: „Die Verwaltung Strafvollzug trägt an den gegenwärtigen Zuständen die Hauptschuld." Wiederum erkannte man in der mangelnden Durchsetzung der „führenden Rolle der Partei" die Ursache der „nur schwachen" Entwicklung der „politisch-operativen Führungstätigkeit der leitenden Organe" – also konkret der Berliner Zentrale, der Abteilungen Strafvollzug auf Bezirksebene sowie der Anstaltsleitungen. Das dramatische Fazit: „Das Politorgan des Strafvollzugs hat seine wichtige Aufgabe nicht annähernd erfüllt." Damit wurde offensichtlich, dass alle Bemühungen der Verantwortlichen, einen einheitlichen Strafvollzug zu etablieren, bis dahin gescheitert waren. Aber auch die unzureichende Erziehung, also die Umerziehung der Strafgefangenen war in die Kritik geraten. Wenngleich man auch „versöhnlerisches Verhalten" beanstandet hatte, standen die „mangelnde Wachsamkeit" oder „Liberalisierungserscheinungen" nicht im Mittelpunkt der Kritik. Die Sicherheit der Verwahrung und die der Anstalten schien offenbar gewährleistet zu sein, ebenso wie die Integration der meisten Häftlinge in die „gemeinsame produktive Arbeit". Jedoch diene jene Arbeit, nach Auffassung der Kontrolleure, allein der Beschäftigung der Häftlinge und führe nicht zur Umerziehung, wie es Artikel 137 der ersten DDR-Verfassung fordere. Daher wurde auch kritisiert, dass die Häftlinge zu schnell in den Produktionsprozess integriert würden, wo sie bald Vergünstigungen erlangen könnten. Dadurch werde „den meisten Strafgefangenen die Verwerflichkeit ihres verbrecherischen Tuns gar nicht recht bewusst". Die Abteilung Strafvollzug der BDVP Dresden erläuterte 1960 das bis dato übliche Verfahren: „Bisher war es doch so, dass die rechtskräftig Verurteilten gleich in der Produktion eingesetzt wurden und dadurch die Härte des Strafvollzuges überhaupt nicht zu spüren bekamen."[373] Tatsächlich war die Adjutantur der Ansicht, besonders rückfällig gewordene Straftäter empfänden den Strafvollzug nur als „Arbeitsplatzwechsel, der mit besonderen Bedingungen verbunden ist".[374] Die gesamte Arbeit der Berliner Zentrale eines Jahrzehnts wurde damit letztlich in Frage gestellt. Die Ablösung August Mayers als Chef der Verwaltung Strafvollzug, laut Aktenlage nicht ursächlich mit dem Bericht der Adjutantur in Zusammenhang zu bringen, erscheint jedoch nach derart dramatischen Beanstandungen konsequent.[375]

Um eine „entscheidende Veränderung des gegenwärtig schlechten Zustands"[376] zu erreichen, schlug die Adjutantur des Innenministeriums einen Elf-Punkte-Plan vor. Dieser sah eine umfassende „ideologische Offensive" im Strafvollzug vor. So müsse „über die Grundsatzaufgaben des Strafvollzugs in der

---

373 BDVP Dresden, Abteilung SV, Protokoll der Beratung vom 15.7.1960 vom 16.7.1960 (BArch, DO 1/10307, unpag.).
374 MdI, Adjutantur, Bericht über eine Überprüfung im Strafvollzug vom 15.8.1959 (BArch, DO 1/10306, unpag.).
375 Vgl. Wunschik, Strafvollzugspolitik des SED-Regimes, S. 266 f.
376 Zitat hier und im Folgenden: MdI, Adjutantur, Bericht über eine Überprüfung im Strafvollzug vom 15.8.1959 (BArch, DO 1/10306, unpag.).

DDR in kürzester Zeit bei allen Offizieren und Wachtmeistern des SV ein ideologischer Klärungsprozess" herbeigeführt werden. Hier sei besonders „die Verwirklichung der führenden Rolle der Partei" herauszustellen. Dafür solle unter anderem die Abteilung für Sicherheit beim ZK der SED eingeschaltet werden, welche die SED-Bezirks- und -Kreisleitungen zu einer größeren Unterstützung der Parteiorganisationen in den Haftanstalten anzuhalten habe, um deren bisherige Isolation zu überwinden. Es wurde gar angemahnt, dass die Leitungen der HVDVP sowie der Bezirksebene „ihre Verantwortung für den Strafvollzug" mehr wahrnehmen müssten. Welchen Stellenwert man dem Strafvollzug im Innenministerium beimaß, zeigt sich an der Forderung, aus gesundheitlichen Gründen untaugliches Personal der Grenzpolizei sowie der Bereitschaftspolizei in den Strafvollzug zu versetzen. Offiziere, die Parteilehrgänge oder Politschulungen durchlaufen hätten, seien „in leitenden Funktionen des Strafvollzugs zu versetzen". Maßstab künftiger Führungskader sollte daher deren ideologische Versiertheit sein – fachliche Qualitäten waren offenbar nachrangig. Die Lehrprogramme der MdI-Schule Radebeul sollten deshalb dahingehend überarbeitet werden, „dass die politisch-ideologischen Fragen der Arbeit im Strafvollzug eine Ausweitung erfahren und allgemein administrative und technisch-organisatorische Belange auf das Notwendigste beschränkt bleiben". In Kurzlehrgängen und wenn nötig Wochenendschulungen seien den Leitungskadern der Abteilungen Strafvollzug in den Bezirken und der Haftanstalten die Grundsatzaufgaben des Strafvollzugs gründlich zu erläutern, „um einheitliche Methoden und Formen in der Arbeit mit den Strafgefangenen zu gewährleisten". Generell müssten schnellstens „die vorhandenen falschen Auffassungen in der führenden Rolle der Partei in den bewaffneten Organen beseitigt" werden. Sämtliches Strafvollzugspersonal müsse „ideologisch gefestigt werden", damit es die ihm gestellten „Aufgaben politischer und klassenmäßiger lösen" könne. Dafür, so die strenge Forderung der Adjutantur, sei in den Haftanstalten täglich mit den SV-Angehörigen die „Parteipresse und andere aktuelle Materialien" auszuwerten – ebenso müsse die Allgemeinbildung gehoben werden.

Um besser auf die Häftlinge einwirken zu können, sollte zum einen „der Aufsichtsdienst verstärkt" und zum anderen die differenzierte Unterbringung der Häftlinge umgesetzt werden. Neben den bekannten Kriterien musste noch 1959 darauf hingewiesen werden, dass die Häftlinge nach dem Geschlecht zu differenzieren seien. Auch sollten die zahlreichen kleinen Produktionsstätten ebenso sukzessive beseitigt werden wie die Außenarbeitskommandos, die im Hoch-, Tief- und Straßenbau beschäftigt waren. Bei den sogenannten Funktionshäftlingen solle die „politisch richtige Auswahl" getroffen, zudem die Entlohnung differenziert gestaltet und „ungerechtfertigte Besserstellungen bestimmter Gruppen" beseitigt werden. Schließlich – und das hob die Adjutantur besonders hervor – seien die Arbeitsnormen der Gefangenen zu erhöhen. Es erscheint zynisch, wenn die Kontrolleure erst die Nichtbeachtung der Rolle der Erziehung bei der Produktion bemängeln, sich aber durch die Erhöhung der Arbeitsproduktivität eine bessere Erziehung der Häftlinge versprechen. Hier wird greifbar, welch Geistes Kind die Erziehung im Strafvollzug der DDR war. Die Forderung, die Erziehung im Strafvollzug stärker zu betonen, bedeutete keineswegs eine Verbesserung der Haftbedingungen.

Dass schließlich die Leitung der HVDVP erst ganz am Ende des Forderungskatalogs angewiesen wurde, einen Plan auszuarbeiten, „aus dem unter Anlegung realer Maßstäbe die erforderlichen Mittel und Materialien ersichtlich sind, die benötigt werden, um etappenweise bestehende Unzulänglichkeiten [...] in der Bekleidung der Strafgefangenen und [...] in der Bereitstellung sonstiger für die Sauberkeit, Ordnung und Hygiene notwendigen Einrichtungen zu beseitigen", ist bezeichnend für die Relevanz, die die Verantwortlichen der materiellen Versorgung ihrer Strafvollzugseinrichtungen einräumten. Wie groß die Not in den Haftanstalten war, wird anhand des ersten Halbjahresberichts der Abteilung Strafvollzug der BDVP Leipzig von 1960 ersichtlich: „Versorgungsschwierigkeiten bestehen in allen SV-Dienststellen, vor allem in der Beschaffung von blauer Tuch- und Drillichbekleidung, Taschentüchern, Socken, Fußlappen, Bettwäsche, Handtüchern, Matratzen und Essgeschirr. So fehlen z. B. allein der StVA Leipzig I 1 500 Drillichanzüge, 1 000 blaue Tuchhosen sowie der dazugehörige Stoff zum Einstreifen, 1 000 Mal Bettwäsche und 4 000 Taschentücher. Trotz mehrmaliger Hinweise an die Abteilung Versorgung der BDVP und deren Bemühungen konnten die angeführten Sachen nicht beschafft werden."[377] Doch auch in den anderen Bezirken war die Lage nicht besser: Generell wurde Ende 1960 die Versorgungslage im Strafvollzug als „noch immer [...] besonders mangelhaft"[378] bezeichnet. Nicht finanzielle Hürden oder Probleme bei der Beschaffung der notwendigen Materialien hätten diese Mängel verursacht, sondern „die Unterschätzung einer ordentlichen und ausreichenden Versorgung der SV-Dienststellen sowie die Auffassung ‚Für Gefangene ist das Schlechteste noch gut genug'". Beide Zustände seien „noch nicht restlos überwunden".[379] Die Uneinsichtigkeiten in die Notwendigkeit einer besseren materiellen Versorgung des Strafvollzugs führten dazu, dass es auch zu Beginn der sechziger Jahre „noch nicht möglich gewesen" war, „in der Mehrzahl der SV-Dienststellen eine Verbesserung des Zustandes zu erreichen".[380] Verantwortlich hierfür galt erstens die Berliner Zentrale selbst, da diese nur „ungenügende Verbindungen [...] mit den Versorgungsorganen" unterhielt, zum zweiten das „teilweise [...] ungenügende Verständnis der Leiter der SV-Dienststellen, die der Verbesserung des Milieus im Strafvollzug nicht genügend Aufmerksamkeit widmen", zum dritten „verschiedene Wirtschaftsorgane der Bezirke", die fragten, „wozu der Strafvollzug neue

---

377 Anhang zum Bericht der Abteilung SV über das 1. Halbjahr 1960, o. D. (SächsStAL, 24/148/Bl. 359).
378 VSV, Einschätzung der Arbeit im Dienstzweig Strafvollzug vom 19.11.1960 (BArch, DO 1/28477/Bl. 75).
379 Bericht der VSV über die Versorgung im Strafvollzug vom 20.9.1960 (BArch, DO 1/28476/Bl. 140).
380 Zitat hier und im Folgenden: VSV, Einschätzung der Arbeit des Strafvollzuges unter Zugrundelegung eines Berichtes der Kontrollgruppe des MdI vom September 1960 vom 23.11.1960 (BArch, DO 1/10307, unpag.).

Sachen benötige", und viertens die SV-Angehörigen in den Haftanstalten, die die Frage stellten, „wozu für Gefangene bessere Voraussetzungen geschaffen werden sollen". Der Vorrang der ideologischen Aufrüstung des Strafvollzugspersonals hatte augenscheinlich gefruchtet. Erneut wird augenfällig, dass der Gefangene im DDR-Strafvollzugssystem an letzter Stelle stand. Seine Bedürfnisse und die Notwendigkeit menschenwürdiger Unterbringung waren nicht relevant.

Der Befund der Adjutantur wurde durch die Abteilungen Strafvollzug der sächsischen Bezirke bekräftigt. Aus einem Bericht der Strafvollzugsabteilung der BDVP Dresden geht anschaulich hervor, wie das auf dem V. SED-Parteitag erneut bekundete Bestreben der Staatsführung, das sozialistische Bewusstsein der Menschen weiter zu festigen, sich auf den Strafvollzug auswirkte. Man berichtete stolz, dass „die Bewegung, auf sozialistische Art zu arbeiten, zu lernen und zu leben" im Bezirk 118 Kollektive umfasse.[381] Da jedoch „die führende Rolle der Partei im Strafvollzug [...] noch nicht" verwirklicht worden war, mussten weitere Erfolgsmeldungen unterbleiben. Die komplette Anstaltsleitung der Haftanstalt Görlitz musste deshalb sogar ausgetauscht werden. Jetzt hieß es auch, dass die Differenzierung der Häftlinge „nur ungenügend gelöst" sei, während noch im ersten Halbjahresbericht von 1958 stand: Der „Differenzierungsprozess in den nachgeordneten Dienststellen kann im Wesentlichen als abgeschlossen betrachtet werden", womit „wiederum ein großer Schritt vorwärts getan worden"[382] sei. Ein Jahr später zeigte sich jedoch, dass dieser Schritt offenbar doch nicht allzu groß gewesen war. Im Zuge der allgemeinen Überprüfung des Strafvollzugs der DDR wurde im Sommer 1959 genauer hingeschaut und die oftmals beschönigende Berichterstattung der Vergangenheit Lügen gestraft und so nicht mehr akzeptiert.

Auch die Abteilung Strafvollzug der BDVP Karl-Marx-Stadt hatte Anfang 1959 die Situation im Strafvollzug analysiert. Demnach bilde die Führung der einstigen Bezirksverwaltung Strafvollzug „kein geschlossenes Kollektiv", wodurch „versöhnlerisches Verhalten [...] stark ausgeprägt"[383] sei. Die „Erziehung der Erzieher" in der Bezirksverwaltung Strafvollzug sowie den Strafvollzugseinrichtungen „ließ sehr zu wünschen übrig", was wiederum zu „Versöhnlertum und Erscheinungen des Liberalismus in allen SV-Dienststellen des Bezirkes" geführt habe. Das „unmoralische Verhalten" vieler Anstaltsleiter, Offiziere und Wachtmeister sei eine „breite Erscheinung". Ende des Jahres hatte sich die Situation nicht verbessert. Erneut wurden die fehlende Kenntnis und Befolgung der bestehenden Dienstanweisungen sowie unmoralisches Verhalten

---

381 Zitat hier und im Folgenden: BDVP Dresden, Abteilung Strafvollzug, Einschätzung der Arbeit des Strafvollzuges im Bezirk Dresden vom 16.9.1959 (SächsHStA, 11464/ BDVP/23/135/Bl. 218 f.).
382 Halbjahresbericht der BDVP Dresden, Abteilung Strafvollzug für das 1. Halbjahr 1958 vom 28.7.1958 (SächsHStA, 11464/BDVP/23/135/Bl. Bl. 172).
383 Zitat hier und im Folgenden: Analyse über die Lage im Bereich der Abteilung Strafvollzug der BDVP Karl-Marx-Stadt von 1959 (SächsStAC, 30441-25/133/Bl. 220).

als „hauptsächliche Mängel" gerügt.[384] Bei einer Revision der sächsischen Haftanstalten Bautzen I und Zwickau wurden zudem die vorgefundene „materielle Versorgung sowie die hygienischen Verhältnisse" - explizit bemängelte man die „unbeschreibliche Unsauberkeit der StVA Zwickau" - als Ursache der mangelnden Erziehung benannt, da beide Faktoren „in der jetzigen Form keinen erzieherischen Einfluss auf die Gefangenen ausüben"[385] könnten. Außerdem sei beim Arbeitseinsatz und der Differenzierung der Gefangenen nicht vom „Klassenstandpunkt" herangegangen worden. Auch hier wurden - darauf hatte man sich offenbar landesweit im Zuge der „ideologischen Offensive" geeinigt - die „ungenügend entwickelte Parteiarbeit" sowie die daraus resultierende mangelnde Durchsetzung der „führenden Rolle der Partei" als „Hauptursache der bestehenden Mängel" ausgemacht. Erneut zeigte sich zudem, dass ein Großteil des Personals „für die Aufgaben im Strafvollzug, die besondere Qualitäten voraussetzen, zu wenig geschult, überaltert und teilweise ungeeignet" war. Und dass, obwohl der Strafvollzug der DDR „die höchste Zahl der Parteimitglieder" besitze: „eine Konzentrierung von alten Genossen, die im KZ waren und eine Reihe von Erfahrungen haben. Von diesen Genossen sind im SV die meisten vorhanden."[386] In Zukunft müsse in der Praxis der „rationelle Einsatz" des Personals überprüft werden. Offenbar war nicht nur die mangelnde Durchsetzung der „führenden Rolle der Partei" Ursache der ungenügenden Erziehung im Strafvollzug. Auch die „Erfahrungen" der Genossen, die in nationalsozialistischen Konzentrationslagern inhaftiert gewesen waren, hatten augenscheinlich die Erziehung der Häftlinge im Sinne der Verantwortlichen nicht eben befördert.

Die Diagnose der Adjutantur über das Fehlen einer „im Inhalt zielstrebigen und geplanten Erziehungsarbeit, an der die einzelnen Zweige der Vollzugsorgane beteiligt sind",[387] bestätigte unter anderem die BDVP Leipzig auch für die Haftanstalt in Waldheim. Aufgrund des dortigen Personalmangels war „die Erziehung der Strafgefangenen nicht gewährleistet. Da können sich die Genossen nur mit den organisatorischen Dingen beschäftigen."[388] Neben dem fehlenden Personal seien die fehlende Differenzierung - bei einem 44-prozentigen Anteil politischer Häftlinge - sowie die „Qualifikation der Genossen" Ursache der unterbliebenen Erziehung. So gebe es „Genossen, die bald in das eine und

---

384 BDVP Karl-Marx-Stadt, Abteilung Strafvollzug, an VSV, Betr.: Lagebericht für den Monat November 1959 vom 4.12.1959 (SächsStAC, 30441-25/131/Bl. 154).
385 Zitat hier und im Folgenden: Bericht der VSV über die Kontrolle der Strafvollzugsanstalten Bautzen und Zwickau, o. D. [1959] (BArch, DO 1/10306, unpag.).
386 Zitat hier und im Folgenden: Protokoll der Ausführungen des Majors der VP Petry auf der Tagung der Abteilung SV der BDVP am 2.10.1959 in Leipzig vom 5.10.1959 (SächsStAL, 24/151/Bl. 132).
387 MdI, Adjutantur, Bericht über eine Überprüfung im Strafvollzug vom 15.8.1959 (BArch, DO 1/10306, unpag.).
388 Zitat hier und im Folgenden: Protokoll der Ausführungen des Hauptmanns der VP Schönfeld, StVA Waldheim, auf der Tagung der Abteilung SV der BDVP am 2.10.1959 in Leipzig vom 5.10.1959 (SächsStAL, 24/151/Bl. 141).

dann in das andere Extrem verfallen. Sie haben mitunter keine pädagogischen Fähigkeiten, um Strafgefangene zu erziehen." Damit aber straffällig Gewordene „nicht als Gegner der DDR die Strafvollzugsanstalt verlassen",[389] forderte Staatsanwalt Jurich aus Leipzig eine Veränderung in der Erziehung. Die zu Erziehenden „sollen unsere Erziehung bejahen". Doch dem sei bis dahin keineswegs so gewesen. Vor allem das Verhalten ehemaliger Parteimitglieder oder Mitglieder der „gesellschaftlichen Organisationen" machte den Verantwortlichen Sorgen. Bei diesen bemerke der Staatsanwalt „nach der Entlassung ein gewisses Verharren in Reserve. Sie beteiligen sich an nichts mehr." Dies wirft ein bezeichnendes Licht auf die Folgen des Haftregimes selbst bei ehemaligen Anhängern des Arbeiter-und-Bauern-Staates.

Doch wie sollte eine Umerziehung im Sinne der Verantwortlichen erfolgen, wenn sich selbst die „Einflussnahme der Polit-Offiziere auf Erziehungsfragen [...] im Wesentlichen auf Film-Disponierungen, Bücherdurchsichten und Verwaltung von Haushaltsmitteln"[390] beschränkte, und wenn „selbst leitende Offiziere" bestätigten, bezüglich des ideologischen Niveaus des Personals gebe es „bei einer Reihe von Offizieren im Vergleich zu den Genossen Wachtmeistern keine Unterschiede". Die Adjutantur bescheinigte der Berliner Zentrale demzufolge, eine schlechte Kaderarbeit geleistet zu haben – „besonders im Hinblick auf leitende Funktionen." Aber auch den unteren Kadern wurden „ernste Schwächen" attestiert. Da die politische und fachliche Qualifizierung der Genossen vernachlässigt worden sei, lag generell „das allgemeine Niveau der Offiziere und Wachtmeister des Strafvollzugs häufig unter dem der anderen Zweige der DVP" – so das für die oberste Gefängnisverwaltung niederschmetternde Fazit. Zudem seien bei einem „überwiegenden Teil der VP-Angehörigen des Strafvollzugs [...] die Fachkenntnisse niedrig und die Allgemeinbildung schwach". Im Haftarbeitslager Volkstedt im Bezirk Halle hatte beispielsweise fast ein Drittel der Wachtmeister die achte Schulklasse nicht abgeschlossen. In der Strafvollzugsanstalt Zwickau lag der Anteil der SV-Angehörigen mit Abschluss einer VP-Schule unter fünf Prozent. In der Strafvollzugsanstalt Cottbus bescheinigte ein Kaderleiter einem Wachtmeister, der zwar die achte Schulklasse abgeschlossen hatte, das Niveau „eines Schülers aus der 3. Klasse", ein anderer Genosse hatte nur die 4. Schulklasse erreicht.[391] Generell besaßen Ende der fünfziger Jahre etwa 30 Prozent der Volkspolizisten aller Dienstzweige in den nördlichen und zwischen 8 und 15 Prozent in den südlichen Bezirken keinen achtklassigen Schulabschluss – ebenso bis zu 12,7 Prozent der Offiziere.[392] Da das „allgemeine

---

389 Zitat hier und im Folgenden: Protokoll der Ausführungen des Staatsanwalts Jurich auf der Tagung der Abteilung SV der BDVP Leipzig vom 2.10.1959 am 5.10.1959 (SächsStAL, 24/151/Bl. 136).
390 Zitat hier und im Folgenden: MdI, Adjutantur, Bericht über eine Überprüfung im Strafvollzug vom 15.8.1959 (BArch, DO 1/10306, unpag.).
391 VSV, Kontrollbericht der Politabteilung über den Instrukteureinsatz in der StVA Cottbus vom 25.3.1959 (BArch, DO 1/27235/Bl. 23 f.).
392 Eberle, GULag DDR?, S. 121.

Niveau" im Dienstzweig Strafvollzug häufig das der anderen Dienstzweige unterbot, dürften die Zahlen für den Strafvollzug noch schlechter ausgefallen sein. Zwar gibt diesbezüglich Henrik Eberle zu bedenken, dass aufgrund des Krieges und seiner Folgen dieser scheinbare Bildungsmangel nicht außergewöhnlich und „der Abschluss der 8. Klasse nicht Voraussetzung für eine qualifizierte Berufsausbildung"[393] war, dennoch ist die Tendenz eindeutig.

Die „zunehmende Überalterung" des Strafvollzugspersonals stellte ein weiteres Problem dar. In der Haftanstalt Zwickau waren die Offiziere durchschnittlich 48 Jahre und die Wachtmeister 40 Jahre alt, weshalb hier allein aufgrund des Alters für knapp die Hälfte aller Genossen ein Schulbesuch nicht mehr in Frage kam.[394] Zusammenfassend machte daher die Berliner Zentrale Anfang 1960 als „entscheidende Ursache für die schlechte Lage im SV [...] die Kaderlage" aus. Konkret meinten die Verantwortlichen damit den „im Allgemeinen überalterten" Personalbestand, die „sehr niedrige" Allgemeinbildung sowie die oftmalige Besetzung leitender Funktionen „durch Offiziere aus anderen Dienstzweigen [...], die nur mangelnde Voraussetzungen für den Strafvollzug haben".[395] Folge dieses niedrigen Niveaus war der „als außerordentlich ernst" bezeichnete disziplinarische Zustand des Personals in den Haftanstalten. Als Grund für die „Verbrechen und Vergehen und [...] disziplinaren Verstöße" benannte man die „politisch-ideologische Zurückgebliebenheit eines Teils unserer Volkspolizisten".[396] Zu Denken gab den Verantwortlichen dabei vor allem der steigende Prozentsatz junger Volkspolizisten, die sich Vergehen im Dienst schuldig gemacht hatten. „Allgemein steht in den Bezirken der Dienstzweig SV bei den Disziplinarverstößen im Verhältnis zu den anderen Dienstzweigen an erster Stelle. Die Ursachen liegen im Allgemeinen darin, dass die Parteileitungen ungenügend die führende Rolle der Partei in allen prinzipiellen (vor allem ideologischen) Fragen durchsetzen und hierbei auch zu wenig von den leitenden Genossen der Dienststellen unterstützt werden."[397] In der Praxis äußerte sich die mangelnde „Durchsetzung der führenden Rolle der Partei" im offensichtlich häufigen Griff zur Flasche. Bei einer Revision der Strafvollzugsanstalt Torgau Anfang 1959 stellten die Kontrolleure fest, dass „60 % aller Disziplinarvergehen [...] ihre Ursache im übermäßigen Alkoholgenuss"[398] hätten. Das war schon deshalb bedenklich, weil der „Volkspolizist, der sich dem Trunk ergibt, [...] nicht von der Siegesgewissheit des Sozialismus überzeugt" sei und „keine

---

393 Ebd., Anm. 49.
394 MdI, Adjutantur, Bericht über eine Überprüfung im Strafvollzug vom 15.8.1959 (BArch, DO 1/10306, unpag.).
395 VSV, Disposition, Aufgaben der Dienststellenleitungen bei der Erhöhung der Sicherheit und Durchsetzung einer festen Ordnung in den SV-Dienststellen vom 5.1.1960 (BArch, DO 1/28477/Bl. 6).
396 HVDVP, Politische Verwaltung, Arbeitsgruppe Strafvollzug, Einschätzung über den politisch-moralischen Zustand im Strafvollzug vom 22.7.1959 (BArch, DO 1/27235/ Bl. 116).
397 VSV, Rohentwurf Jahresbericht 1959 vom 4.2.1960 (BArch, DO 1/28476/Bl. 1).
398 VSV, Politabteilung, Kontrollbericht, Betr.: StVA Torgau vom 13.2.1959 (BArch, DO 1/27235/Bl. 19).

klare Perspektive" besitze.³⁹⁹ „Erscheinungen schlechter Moral und mangelnder Wachsamkeit" waren in einer „erheblichen Anzahl von Dienststellen" vorhanden, wobei die sächsischen Bezirke Dresden und Leipzig sowie der Bezirk Cottbus diesbezüglich an der Spitze standen,⁴⁰⁰ – auch wenn 1960 die Disziplinarvergehen im Vergleich zum Vorjahr um 21 Prozent zurückgegangen waren.

Aufgrund der mangelnden Eignung der SV-Angehörigen für die geforderte Arbeit sei von „der Möglichkeit der individuellen Beeinflussung durch das Erziehungsgespräch [...] wenig Gebrauch gemacht" worden, da der „Kreis der SV-Angehörigen, die zur Führung solcher Gespräche befähigt sind, beschränkt" sei. Deshalb vertrauten sich die Häftlinge nicht dem Personal, sondern anderen Häftlingen „mit mehr Erfahrung" an, was sich in „vermehrter Gleichgültigkeit, Abstumpfung und Aufsässigkeit"⁴⁰¹ äußere. Oder wie es die StVA Torgau formulierte: Durch die „falschen Methoden in der Erziehungsarbeit" würden die „progressiven Elemente durch staatsgefährliche Verbrecher beeinflusst und oftmals zu Gegnern unseres Staates gemacht".⁴⁰² Daher liege „in der mangelnden Erziehungsarbeit [...] mit eine Ursache der augenblicklichen hohen Rückfälligkeit und des Verlassens der DDR nach Strafverbüßung begründet". Das drastische Fazit der sächsischen Haftanstalt angesichts dieses Befunds lautete: Es gelte nun, „schnellstens im Strafvollzug die Wende herbeizuführen." Nachdem schon im Juli eine „grundsätzliche" Veränderung der Arbeitsweise im Strafvollzug verlangt worden war und auch die BDVP Leipzig eine „scharfe Wende in der Arbeit" des Strafvollzugs postuliert hatte,⁴⁰³ stieß nun auch die Strafvollzugsanstalt Torgau in das gleiche Horn. Allenthalben wurde im Sommer 1959 eine „Wende im Strafvollzug" gefordert.

Diese umfassende Kritik am Gefängniswesen des Innenministeriums führte in Berlin zu einer Rekapitulation der Entwicklung des Strafvollzugs durch die Zentrale und zu Versuchen, die diagnostizierte desolate Lage im Strafvollzug zu erklären.⁴⁰⁴ Dabei wurden die von der Adjutantur angesprochenen Punkte ausnahmslos selbstkritisch bestätigt. Nun plädierte man für „ein strenges Regime für die Feinde unserer Ordnung, für Unverbesserliche und Gewaltverbrecher und ein davon abgestuftes Regime für solche Gefangene, die aus mangelnder gesellschaftlicher Disziplin, aus Rückständigkeit oder schlechten Gewohnheiten

---

399 HVDVP, Politische Verwaltung, Arbeitsgruppe Strafvollzug, Einschätzung über den politisch-moralischen Zustand im Strafvollzug vom 22.7.1959 (BArch, DO 1/27235/ Bl. 117).
400 VSV, Bericht zur Kollegiumsvorlage über die Verbesserung der Arbeit des Strafvollzuges vom 11.1.1961 (BArch, DO 1/28494/Bl. 103).
401 MdI, Adjutantur, Bericht über eine Überprüfung im Strafvollzug vom 15.8.1959 (BArch, DO 1/10306, unpag.).
402 Zitat hier und im Folgenden: StVA Torgau, Wortbericht für das II. Halbjahr 1959 vom 31.12.1959 (SächsStAL, 24/323/Bl. 268).
403 Einschätzung der BDVP Leipzig über die Lage des Strafvollzuges im Bezirk, o. D. [1959] (BArch, DO 1/28489/Bl. 370).
404 Vgl. Wunschik, Strafvollzugspolitik des SED-Regimes, S. 265 f.

der kapitalistischen Vergangenheit straffällig wurden."[405] In der Praxis sei es momentan so, dass man zwischen diesen beiden Kategorien von Häftlingen „im Wesentlichen [...] keine Unterschiede" mache, was nach Auffassung der Berliner Zentrale „der Kern der Kritik" Ulbrichts auf dem V. SED-Parteitag gewesen sei.

In bester sozialistischer Selbstkritik analysierte die oberste Gefängnisverwaltung schließlich die Ursachen der desolaten Lage im Strafvollzug: So sei „der Zustand der nachgeordneten Dienststellen das Spiegelbild unserer eigenen Arbeit [...]. So zerrissen und uneinheitlich die Auffassungen über Funktion und Wesen des Strafvollzuges in der Leitung der VSV waren, so musste sich zwangsläufig die konkrete Arbeit in den nachgeordneten Dienststellen zeigen. [...] Uns hat eine klare politisch-theoretische Konzeption über Funktion und Wesen des Strafvollzuges gefehlt." Durch dieses Defizit setze sich das Problem über die Bezirks- bis zur untersten Ebene fort, weshalb in den Strafvollzugseinrichtungen „die Demoralisierung und moralische Versumpfung, die Gleichgültigkeit und der Liberalismus in der Dienstdurchführung noch nicht überwunden sind. Nach wie vor gibt es Zersetzungserscheinungen, die beweisen, dass der Klassengegner mit seiner Ideologie in unsere Reihen eingedrungen ist." Dazu hätten auch die „Westbeziehungen" der Strafvollzugsbediensteten beigetragen. Immerhin verfügten „ca. 60 % aller Offiziere des Strafvollzuges [über] Verwandtschaft 1. Grades in Westdeutschland, Westberlin und dem kapitalistischen Ausland".[406] Das drastische Fazit lautete, „dass trotz umfangreicher Sicherungsanlagen die absolute Sicherheit in den Dienststellen des Strafvollzuges zur Zeit nicht vorhanden ist".[407] In diesem Punkt war die oberste Gefängnisverwaltung sogar selbstkritischer als die Adjutantur, die die Abwesenheit der „absoluten Sicherheit" so nicht herausgestellt hatte. Auch auf Bezirksebene wurden anders lautende Berichte verfasst. Die BDVP Karl-Marx-Stadt beispielsweise meldete in ihrem Jahresbericht 1959: „Die innere wie äußere Sicherheit ist gewährleistet."[408] Dass der Bericht der Adjutantur und die Berichte aus den Bezirken sowie die darauf folgende vernichtende Selbstkritik der obersten Strafvollzugsverwaltung nicht zu der oben erwähnten personellen Konsequenz geführt haben sollen, scheint äußerst fraglich.

Unter dem neuen Leiter der Verwaltung Strafvollzug, Alfred Schönherr, wurde der Sicherheit im Strafvollzug noch vor der Erfüllung der Produktionspläne

---

405 Zitat hier und im Folgenden: Bericht der VSV über die Lage im Strafvollzug, insbesondere über den Stand der Erziehungsarbeit vor dem Kollegium des MdI am 28.8.1959 (BArch, DO 1/10380, unpag.).
406 In der StVA Waldheim hatten im März 1960 „270 Genossen Westverwandtschaft, davon 70 direkte Verbindung, darunter 6 Offiziere. In nicht so krasser Form trifft das auch auf die anderen Objekte zu." Vgl. BDVP Leipzig, Abteilung SV, Einschätzung des politisch-moralischen Zustandes und der Sicherheit im Strafvollzug im Bezirk Leipzig vom 17.3.1960 (SächsStAL, 24/149/Bl. 94).
407 Bericht der VSV über die Lage im Strafvollzug, insbesondere über den Stand der Erziehungsarbeit vor dem Kollegium des MdI am 28.8.1959 (BArch, DO 1/10380, unpag.).
408 Analyse über die Lage im Bereich der Abteilung SV der BDVP Karl-Marx-Stadt von 1959 (SächsStAC, 30441-25/133/Bl. 234).

wieder die höchste Priorität zuerkannt. Dies brachte die Verwaltung Strafvollzug unter anderem in einer Darstellung der Entwicklung des Strafvollzugs unmissverständlich zum Ausdruck: Man befinde sich derzeit am Anfang einer dritten Phase, der „Etappe des Beginns einer umfassenden Erziehungsarbeit unter Beachtung der Sicherheit".[409] Angesichts „der nationalen Lage und der Klassenkampfsituation erhalten die Fragen der Sicherheit den Vorrang, ohne dabei die Erziehungsaufgabe zu vernachlässigen." Mittel und Methoden dieser Erziehung seien die Ordnung, die Arbeit sowie die „politisch-kulturelle Erziehungsarbeit", welche eine Einheit bilden sollten. Ein „größtmöglicher Erziehungserfolg" werde durch eine Klassifizierung der Haftanstalten und eine Differenzierung der Strafgefangenen zu erreichen versucht. Aufgrund der Äußerungen Ulbrichts auf dem V. SED-Parteitag seien die „Grundfragen des Strafvollzugs in der DDR"[410] erarbeitet worden, die die theoretische Grundlage bildeten. Diese Schrift sei nun intensiv mit allen Strafvollzugsangehörigen zu studieren, um „ideologische Klarheit" zu schaffen und „damit eine bedeutende Verbesserung bei der Durchführung der dienstlichen Aufgaben"[411] zu erzielen. Für die Verwaltung Strafvollzug unter der neuen Leitung durch Schönherr war eines fundamental: „Alle Maßnahmen im Strafvollzug aber setzen voraus, dass die Sicherheit in jedem Fall gegeben sein muss." Andernorts hieß es explizit: „Sicherheit ist die entscheidende Frage, dem untergeordnet die Erziehung durch die gemeinsame produktive Arbeit."[412] Anhand der Betonung der Sicherheit und einer stärkeren Ideologisierung des Personals sollte die im Sommer 1959 vielfach geforderte „Wende" in der Arbeit des Strafvollzugs herbeigeführt werden.

Wesentliche Voraussetzung für Sicherheit und Ordnung sei der „politisch-moralische Zustand" des Anstaltspersonals. Daher sei es von besonderer Wichtigkeit, den Genossen die „Gefahr des westdeutschen Imperialismus" klarzumachen, sie ideologisch aufzuklären und von der Stärke des „sozialistischen Lagers" zu überzeugen. Um den „Gegner" richtig einschätzen zu können, müsse man zum Schutz der Anstalten von innen wissen, wer einsitzt („Übersicht über die Staatsverbrecher"), was er vor der Verhaftung getan hat („Angehörige von Agentenorganisationen, Teilnahme an Agentenschulungen usw."), an welchem Arbeitsplatz er in der Anstalt arbeitet, welche Möglichkeiten er zur Verbindungsaufnahme mit der Außenwelt hat – auch etwa über die Produktionsleiter –, welche Möglichkeiten er zur „Herstellung von Waffen, Sprengstoffen, Schlüsseln, kalten Waffen", zur Begehung von Brandstiftungen, „Diversionshandlungen" hat und welche „Ausbruchs- und Entweichungsmöglichkeiten" es gebe. Um die

---

[409] Zitat hier und im Folgenden: VSV, Die Entwicklung des Strafvollzuges im Rahmen des MdI vom 9.2.1960 (BArch, DO 1/28477/Bl. 19–23).
[410] Vgl. Kapitel V.1.
[411] Zitat hier und im Folgenden: VSV, Zur Lage und den Aufgaben im Strafvollzug bei der Verwirklichung der Grundfragen des Strafvollzugs in der DDR von 1960 (BArch, DO 1/28477/Bl. 79–82).
[412] Zitat hier und im Folgenden: VSV, Disposition, Aufgaben der Dienststellenleitungen bei der Erhöhung der Sicherheit und Durchsetzung einer festen Ordnung in den SV-Dienststellen vom 5.1.1960 (BArch, DO 1/28477/Bl. 2 f.).

Anstalten von außen zu schützen, sei es unabdingbar, die „Angriffspunkte des Klassengegners" und die ideologische Einflussnahme des „Gegners" auf das Anstaltspersonal zu erkennen. Die momentane Lage verlange „militärische Maßnahmen, militärische Leiter und straffe militärische Führung". Die akzentuierte Betonung militärischer Prinzipien zur Führung einer Haftanstalt zog eine nochmalige Verschärfung des Haftregimes nach sich. Ebenso wird offensichtlich, dass die Verantwortlichen des ostdeutschen Strafvollzugssystems auch noch zu Beginn der sechziger Jahre davon ausgingen, dass es innerhalb des Häftlingsbestands einen bewussten, organisierten Widerstand gab, der jedoch laut Häftlingsberichten überhaupt nicht existierte.

Entsprechend den neuen Prämissen teilte die Abteilung Strafvollzug der BDVP Dresden den Anstaltsleitern mit, dass die Berliner Zentrale die Sicherheit und Ordnung der Haftanstalten zur Hauptaufgabe gemacht habe. Ziel sei es, „bis zum 15. Jahrestag der Volkspolizei die höchste Sicherheit in den SV-Dienststellen und den besten politisch-moralischen Zustand" zu erreichen.[413] Davon war man in den Strafvollzugseinrichtungen allerdings noch weit entfernt. So wurde allgemein „Sorglosigkeit" und ein Anstieg bei den Fluchtversuchen konstatiert, „in fast allen Dienststellen der Republik" werde „Hetze gegen die DDR betrieben", auch würden „in den Anstalten faschistische Lieder gesungen, die Zellenwände beschmiert oder Genossen tätlich angegriffen". Man müsse ob dieser Zustände gar fragen: „Was ist denn eigentlich in unseren SV-Objekten los?" In diesem Zusammenhang zog Schönherr die Konsequenz aus den umfassenden Kritiken von 1959 und verfolgte eine repressivere Strafvollzugspolitik, die vor allem die politischen Häftlinge traf. Schon im April 1960 zeigte das strengere Regime offensichtlich Wirkung. So vermerkte eine Lageeinschätzung stolz, dass „alle Strafgefangenen mit staatsgefährdenden Delikten aus Schlüsselpositionen entfernt wurden. In dieser Frage wurde ein wesentlicher Durchbruch erreicht."[414] Infolgedessen fehlten beispielsweise in Torgau „zirka 60–70 Strafgefangene der Kategorie I,[415] die für die sogenannten „Hausarbeiterstellen" eingesetzt werden durften.[416] Dennoch rügte die Anstaltsleitung, die Wachtmeister behandelten die politischen Häftlinge „noch immer" allzu nachlässig. Geradezu paranoid wurde davor gewarnt, „dass der größte Teil der Strafgefangenen die Rolle der 5. Kolonne spielen soll und als Reserve in die Pläne des Gegners [...] einbezogen sind. Dieser Teil der Gefangenen wird nicht als einsitzender Gegner, sondern als Strafgefangene schlechthin betrachtet und entsprechend

---

413 Zitat hier und im Folgenden: BDVP Dresden, Abteilung SV, Tagung mit den Leitern und Parteisekretären der SV-Dienststellen Westsachsens am 5.2.1960 (SächsHStA, 11464/ BDVP/23/136/Bl. 238–241).
414 Politische Verwaltung, Arbeitsgruppe SV, Einschätzung der Lage im Strafvollzug vom 12.4.1960 (BArch, DO 1/28477/Bl. 26).
415 Bei Häftlingen der Kategorie I handelte es sich um erstbestrafte Gefängnis-Verurteilte mit bis zu drei Jahren Strafmaß und erstbestrafte Zuchthaus-Verurteilte mit einem Strafmaß von unter zwei Jahren.
416 Halbjahresbericht der StVA Torgau über das 1. Halbjahr 1960 vom 8.7.1960 (SächsStAL, 24/323/Bl. 275).

sorglos behandelt."⁴¹⁷ Andernorts warnte man, „überall dort, wo wir nicht sind und arbeiten, dort arbeitet der Feind".⁴¹⁸ Die Folgen dieser Agitationen für das Haftregime sind unschwer absehbar.

Welche Uneinheitlichkeit in der Vorgabe der Richtlinien herrschte und wie schnell der Kurs auch wieder umschwenken konnte, zeigt ein Bericht der Kontrollgruppe des Innenministeriums vom September 1960. Während 1959 und auch noch im April 1960 der zu schnelle Einsatz der neu Verurteilten in der Produktion beklagt wurde, ohne dass den Häftlingen die „Härte des Strafvollzugs" bewusst werde, ordnete im Herbst 1960 die Kontrollgruppe des Innenministeriums an, dass bei allen Häftlingen „unmittelbar nach ihrer Einlieferung, die Erziehung durch Einsatz zur produktiven Arbeit wirksam wird".⁴¹⁹ War man noch ein Jahr zuvor zu der Einsicht gelangt, dass die desolate Lage im Strafvollzug zu einem guten Teil aus der fehlenden Kenntnis der Grundfragen des Strafvollzugs resultiere, wurde nun deren „überspitzte Auslegungen [...] durch einzelne Leiter" kritisiert. Dies wirke „sich nachteilig auf die Produktionsergebnisse" aus. „Nicht geduldet werden darf die Auffassung, die Gefangenen zum Zwecke der Eingewöhnung monatelang von der gemeinsamen produktiven Arbeit fernzuhalten." Dass diese nachdrückliche Forderung ihre Wirkung nicht verfehlte, zeigt ein erneuter Bericht der Kontrollgruppe des Innenministeriums, der Ende 1961 die „in der Vergangenheit übliche Methode, Gefangene durch Isolierung einzugewöhnen und lange vom Arbeitsprozess fernzuhalten", nicht mehr antraf.⁴²⁰ Neben der Sicherheit hatte nun doch die Erfüllung der Produktionspläne wieder Priorität – euphemistisch als „Erziehung durch Arbeit" bezeichnet. Den Häftlingen die „Härte des Strafvollzugs" bewusst zu machen, hatte offensichtlich zu große Einbußen bei der Erfüllung des Einnahmesolls bewirkt, sodass das Innenministerium diesen Strategiewandel initiierte.

Besonders kritisch untersuchte die Kontrollgruppe des MdI die Arbeit der Leitungsgremien. So standen in Sachsen „die Leiter der Abteilungen SV in Dresden und Leipzig [...] durchaus nicht auf der Höhe ihrer Aufgaben. [...] Dem Leiter der Abteilung SV in Leipzig wurde ebenfalls personelle Hilfe aus dem leitenden Kaderbestand der VSV zuteil. Der Leiter der Abteilung SV in Dresden erhielt eine umfassende mehrwöchige Einweisung in seine Aufgaben bei der VSV und eine vierwöchentliche konkrete Unterstützung an seinem Dienstort, die sich auch mit auf eine Anleitung des Leiters der Strafvollzugsanstalt Baut-

---

417 Politische Verwaltung, Arbeitsgruppe SV, Einschätzung der Lage im Strafvollzug vom 12.4.1960 (BArch, DO 1/28477/Bl. 28).
418 BDVP Leipzig, Abteilung SV, Ausführungen des Genossen Oberst der VP Schuster anlässlich der Tagung der Abteilung SV am 11.3.1960 in Leipzig vom 28.3.1960 (SächsStAL, 24/151/Bl. 163).
419 Zitat hier und im Folgenden: Bericht der Kontrollgruppe des MdI über eine Nachkontrolle in einigen der VSV nachgeordneten Dienststellen vom 28.9.1960 (BArch, DO 1/10307, unpag.).
420 MdI, Adjutantur/Kontrollgruppe, Bericht über das Ergebnis einiger Kontrollen in Objekten des Strafvollzuges der Bezirke Halle, Dresden, Suhl, Cottbus, Gera und Neubrandenburg vom 28.11.1961 (BArch, DO 1/10306, unpag.).

zen bezog. [...] Ein besonderer Mangel besteht auch darin, dass die Leiter der Organe im Dienstzweig SV größtenteils nicht Kommandeure sind und es ihnen an dem notwendigen Durchsetzungsvermögen und an der klaren Befehlsgabe mangelt."[421] Die angesprochenen Personalprobleme betreffen folglich nicht nur die „einfachen" Strafvollzugsbediensteten, sondern zogen sich durch sämtliche Hierarchieebenen. Zwar waren die vorgefundenen Mängel in der Leitungstätigkeit aller Bezirke konstatiert worden, doch wurden die sächsischen Bezirke – sicher auch aufgrund der Dichte an Strafvollzugseinrichtungen – mit am schlechtesten bewertet.[422] Bei der Anstaltsleitung von Bautzen I zeigten sich die „größten Schwächen [...]. Seit der Kontrolle im vergangenen Jahr hat sich nichts geändert. Die Leitung bildet kein festes Kollektiv. Es besteht keine Einheit zwischen politischer und fachlicher Führung. [...] Es herrschen Selbstzufriedenheit und Duldsamkeit gegenüber Mängel in der Arbeit, die eigenen Pläne und Beschlüsse werden nicht verwirklicht sowie die poltisch-ideologische Arbeit stark vernachlässigt."[423] Daher wurden nun Offiziere der Berliner Zentrale den Anstaltsleitern „zur Verbesserung der Leitungstätigkeit" zur Seite gestellt. Die Kontrollgruppe des Innenministeriums hatte genau dieselben Probleme angesprochen, die im Sommer 1959 so massiv kritisiert worden waren. Doch offensichtlich zeitigte die massive Kritik und die daraus resultierende veränderte Linie in der Strafvollzugspolitik in der täglichen Arbeit der Leitungsebenen der Strafvollzugseinrichtungen kaum Wirkung. Damit wird deutlich, dass der Weg von der Berliner Zentrale bis zur untersten Ebene im Strafvollzug ein recht langer war. Ebenso treten hier die Grenzen des totalen Herrschafts- und Gestaltungsanspruchs in der Realität der Strafvollzugspraxis klar zu Tage.

Neben der „Befähigung" der Anstaltsleiter blieb „nach wie vor [...] der Schwerpunkt die Erziehung der Erzieher, auf den noch nicht genügend allseitig und zielstrebig genug orientiert wurde".[424] Daher sei „die individuelle Erziehungsarbeit mit Strafgefangenen durch das Aufsichtspersonal während der Produktion und in den Verwahrhäusern noch gering".[425] Beispielhaft bilanzierte etwa die Abteilung Strafvollzug der BDVP Dresden für das zweite Halbjahr 1960, dass zwar in der Erhöhung der Sicherheit und bei der Umerziehung der Häftlinge Fortschritte gemacht worden seien, jedoch: „Die Erziehungsarbeit ist offensichtlich an Umfang größer geworden, aber die Qualität ist noch zu

---

421 VSV, Einschätzung der Arbeit des Strafvollzuges unter Zugrundelegung eines Berichtes der Kontrollgruppe des MdI vom September 1960, 23.11.1960 (BArch, DO 1/10307, unpag.).
422 Bericht der Kontrollgruppe des MdI über eine Nachkontrolle in einigen der VSV nachgeordneten Dienststellen vom 28.9.1960 (BArch, DO 1/10307, unpag.).
423 Ebd.
424 VSV, Einschätzung der Arbeit des Strafvollzuges unter Zugrundelegung eines Berichtes der Kontrollgruppe des MdI vom September 1960 vom 23.11.1960 (BArch, DO 1/10307, unpag.).
425 Bericht der Kontrollgruppe des MdI über eine Nachkontrolle in einigen der VSV nachgeordneten Dienststellen vom 28.9.1960 (BArch, DO 1/10307, unpag.).

gering."[426] Daneben wurden etwa von der Abteilung Strafvollzug der BDVP Karl-Marx-Stadt aber auch Erfolge vermeldet, da in der Zwickauer Strafvollzugsanstalt durch „Erziehungsgespräche" die Disziplinarstrafen „wesentlich gesenkt" werden konnten und sich folglich die Disziplin verbessert habe.[427] Im Folgejahr berichtete die Strafvollzugsabteilung von der „Schaffung von Kollektiven der Selbsterziehung unter den Strafgefangenen", mit denen „gute Erfolge" zu verzeichnen seien.[428] Zur Verbesserung der „politisch-kulturellen Erziehungsarbeit" wurde den Strafvollzugsbediensteten der Torgauer Haftanstalt, in der immerhin die Hälfte der Häftlinge wegen „staatsgefährdender Delikte" einsaß, in einem „Erfahrungsaustausch" nahe gebracht, wie man mittels Produktionsberatung, Buchbesprechung und Vortrag, Film und Filmbesprechung, Politinformation, Zirkelarbeit und Erziehungsgesprächen besser auf die Gefangenen einwirken könne.[429] Es zeigt sich, dass man einer Erziehung der Gefangenen jenseits der durch Arbeit zu dieser Zeit noch durchaus größere Beachtung schenkte, auch wenn die Ergebnisse nie den Erwartungen der Verantwortlichen entsprachen.

„Leistungsvergleiche" zwischen einzelnen Strafvollzugseinrichtungen sollten deren Gesamtniveau heben. „Die ausgearbeiteten Kampfprogramme beweisen, dass die Genossen um die Realisierung der Grundfragen des Strafvollzuges kämpfen."[430] Doch obwohl man „die ideologische Arbeit" im zweiten Halbjahr 1960 „in den Mittelpunkt gestellt" hatte, stiegen, etwa in Torgau, die Disziplinarvergehen wieder an. Wie in der Vergangenheit waren die meisten Strafvollzugsbediensteten wegen Wachvergehen sowie Alkoholmissbrauch bestraft worden. Allerdings vermeldete man aus Torgau auch die Vollbeschäftigung seit Jahresende. Um so viele Häftlinge wie möglich dem produktiven Arbeitseinsatz zuzuführen, sollten gar mehr als 300 Hausarbeiterstellen wegfallen.[431] Noch zu Jahresbeginn 1960 wurde die Situation ganz anders gesehen, als der Leipziger Staatsanwalt Jurich konstatierte, „dass in den Anstalten nicht genügend Arbeit vorhanden ist, dass arbeiten wiederum einen außerordentlichen Erziehungsfaktor darstellt und [wir] wissen aus Erfahrungen, dass die Strafgefangenen nach

---

426 Bericht der Abteilung SV der BDVP Dresden über die Arbeit der Dienststellen des Strafvollzuges im Bezirk Dresden im 2. Halbjahr 1960 vom 12.1.1961 (SächsHStA, 11464/ BDVP/23/135/Bl. 226).
427 Abteilung SV der BDVP Karl-Marx-Stadt an VSV, Betr.: Lagebericht für den Monat September 1960 vom 3.10.1960 (SächsStAC, 30441-25/131/Bl. 178).
428 Chronik der Abteilung SV der BDVP Karl-Marx-Stadt 1960-1963 (SächsStAC, 30441-25/131/Bl. 80).
429 Bericht der Abteilung SV der BDVP Leipzig über den Erfahrungsaustausch in der StVA Torgau am 6. und 7.5.1961 zur Verbesserung der politisch-kulturellen Erziehungsarbeit vom 1.6.1961 (SächsStAL, 24/324/Bl. 2-5).
430 Abteilung SV der BDVP Karl-Marx-Stadt an VSV, Betr.: Lagebericht für den Monat Januar 1960 vom 4.2.1960 (SächsStAC, 30441-25/131/Bl. 159).
431 Bericht der StVA Torgau über das 2. Halbjahr 1960 vom 4.1.1961 (SächsStAL, 24/323/ Bl. 290 f., 296).

Arbeit schreien".⁴³² Trotz der postulierten Priorität der Sicherheit war der Arbeitseinsatz nach wie vor von größter Bedeutung. So finden sich seit Ende der fünfziger Jahre in den Akten der obersten Strafvollzugsverwaltung zunehmend Anfragen von Betrieben vieler Produktionszweige bezüglich des Einsatzes von Strafgefangenen in den jeweiligen VEB. Ebenso wird um die Zuführung weiterer Häftlinge gebeten oder es finden sich Hilferufe oder Beschwerden, wenn Strafgefangene von der Produktion wieder abgezogen wurden. Bei dem volkswirtschaftlich so wichtigen Arbeitseinsatz der Häftlinge arbeiteten auf oberster Ebene die Berliner Zentrale im Innenministerium, die Staatliche Plankommission, der Volkswirtschaftsrat sowie verschiedene Ministerien eng zusammen. So kam etwa in „der Stahlindustrie [...] keines der sozialistischen Großprojekte ohne ein Haftarbeitslager aus".⁴³³ Häftlinge kamen unter anderem beim Bau von Talsperren und Pumpspeicherwerken, beim Flugplatzbau, beim Bau von Betonwerken für den Aufbau neuer Werke oder beim Autobahnbau zum Einsatz und wurden wiederholt von der Zuckerindustrie angefordert, wenn es galt, die „Ernteschlachten", beispielsweise in den Bezirken Rostock, Neubrandenburg, Cottbus, Leipzig und Halle zu gewinnen.⁴³⁴ Dabei waren mit dem Außenarbeitseinsatz der Häftlinge immer besondere Risiken verbunden – besonders bei der Sicherung der Häftlinge, welche gerade bei außerordentlichen Einsätzen in der Landwirtschaft zum Problem wurde. Denn die dazu benötigten Volkspolizisten standen „für die allgemeinen polizeilichen Aufgaben nicht mehr zur Verfügung".⁴³⁵ Damit wurde der Einsatz von Häftlingen teuer und war kompliziert zu organisieren, musste aber in Ermangelung anderer Arbeitskräfte trotzdem durchgeführt werden, auch wenn dies die Volkspolizei immer wieder vor unlösbare Aufgaben stellte. Daneben bereitete die Rekrutierung von Wachpersonal für die Haftarbeitslager große Schwierigkeiten, da der Dienst unattraktiv war und zudem unregelmäßig ablief.⁴³⁶ Ein weiteres Problem der Haftarbeits-

---

432 Protokoll der Ausführungen des Staatsanwalts Jurich auf der Tagung der Abteilung SV der BDVP Leipzig mit den nachgeordneten Dienststellen am 11.3.1960 vom 13.3.1960 (SächsStAL, 24/151/Bl. 154).
433 Eberle, GULag DDR?, S. 116.
434 Vgl. BArch, DO 1/28584. Ein Schreiben der HVDVP benennt den dramatischen Mangel an Arbeitskräften, der hier wie so oft und auch in anderen Zweigen durch den Einsatz von Häftlingen wettgemacht werden sollte: „Die bekannte Arbeitskräftelage in Industrie und Landwirtschaft wirkt sich besonders [...] während der Zuckerrübenkampagne aus." Insgesamt fehlten rund 5 000 Arbeitskräfte und daher sollte geprüft werden, „welche Möglichkeiten eines vorübergehenden Einsatzes von Strafgefangenen bestehen". Vgl. Leiter der HVDVP an Chef der BDVP Neubrandenburg, Betr.: Zuführung von Strafgefangenen vom 4.10.1961 (BArch, DO 1/28584/Bl. 280).
435 VSV an Minister für Nationale Verteidigung, Armeegeneral Hoffmann, vom 1.3.1961 (BArch, DO 1/28584/Bl. 261).
436 Schon Anfang 1956 hatte man das Problem der Rekrutierung genügenden Wachpersonals erkannt und daher vorgeschlagen, „dass die Politabteilungen gemeinsam mit FDJ- und Parteileitung eine breite freiwilligen Kampagne [sic] eröffnen, um zu erreichen, dass sich möglichst viele qualifizierte Genossen zum Dienst in den Haftarbeitslagern bereit erklären". Für ein Jahr sollten sich „die Genossen Wachtmeister" selbst verpflichten,

lager war die im Vergleich zum Arbeitseinsatz in den Haftanstalten wesentlich höhere Unfallquote. Diese war 1958 in den Haftarbeitslagern fast fünf Mal höher als in den Strafvollzugsanstalten und im Folgejahr immer noch dreieinhalb Mal so hoch.[437]

Nach der oben erwähnten Entlassungsaktion von 1956 erfolgte 1960 eine weitere Amnestie. Mit dieser hatten die Häftlinge angesichts des zehnjährigen Bestehens der DDR schon im Vorjahr gerechnet. Offiziell erfolgte der entsprechende Staatsratsbeschluss vom 1. Oktober 1960 nun aufgrund der Festigung der sozialistischen Gesellschaft. Vielmehr dürften aber die permanent überbelegten Gefängnisse der DDR die entscheidende Rolle gespielt haben. Bis Jahresende wurden 15 000 Häftlinge aller Kategorien entlassen, sodass 1960/61 30 Untersuchungshaftanstalten und 1962 weitere 33 meist kleinere und damit personalintensivere Untersuchungshaftanstalten geschlossen werden konnten – jedoch mussten drei aufgrund der dadurch in Kauf genommenen noch größeren Überbelegung wiedereröffnet werden.[438] Unter den Amnestierten befanden sich 3 366 „Staatsverbrecher", 1 561 der noch 1 891 einsitzenden SMT-Verurteilten, 709 der 968 noch inhaftierten Verurteilten der Waldheim-Prozesse und 321 der 436 Häftlinge, die immer noch aufgrund einer Verurteilung nach SMAD-Befehl Nr. 201 einsaßen.[439]

Anfang der sechziger Jahre verringerte sich der Anteil der politischen Häftlinge an den Häftlingen insgesamt auf durchschnittlich 24,1 Prozent. Anfang 1952 hatte dieser Anteil in den Gefängnissen des Innenministeriums dagegen noch bei 72 Prozent gelegen,[440] vor dem Juni-Aufstand bei etwa 50 Prozent – ein Wert, der das Ausmaß politischer Justiz eindrucksvoll verdeutlicht – und im Zeitraum von Anfang 1954 bis Mitte 1956 betrug der Anteil der „Staatsverbrecher" an der Gesamtzahl der Strafgefangenen etwas mehr als ein Drittel (34,4 Prozent). Belief sich die Zahl der politischen Häftlinge vor dem Juni-Aufstand auf rund 30 000 bis 35 000 Personen, war sie Mitte der fünfziger Jahre auf jährlich etwa 13 000 Personen und nach der Entlassungsaktion von 1956 auf rund 6 000 Personen gesunken.[441] Jedoch muss berücksichtigt werden, dass mindestens bis zum Abschluss der Zwangskollektivierung der Landwirtschaft im Früh-

---

was „durch die Wandzeitung und den Funk popularisiert" werden sollte. Betont wurde, „dass sich aufgrund der Schwere des Dienstes und der Verantwortung in Haftarbeitslagern die besten Genossen für diese Dienstdurchführung melden. Weil gerade in den Lagern die Hauptaufgabe des Strafvollzuges – die Erziehung der Strafgefangenen zu brauchbaren Bürgern der DDR – besonders wirksam ist." Maßnahmen zur Vorbereitung der ökonomischen Konferenz und des freiwilligen Einsatzes von Genossen in die HAL vom 24.1.1956 (BArch, DO 1/28466/Bl. 281 f.).

437 Jahresbericht der Abteilung II/2 der VSV vom 29.1.1960 (BArch, DO 1/28477/Bl. 16). Am höchsten war die Unfallquote im Bergbau (auf je 100 Beschäftigte kamen 1958 2,55 Unfälle und 1959 3,09 Unfälle) sowie in der Baustoffindustrie (Unfallquote 1958 bei 1,95 und 1959 bei 1,44 je 100 Beschäftigte).

438 Wunschik, Hinter doppelten Mauern, S. 564 f.

439 Ebd., S. 559.

440 Vgl. Kapitel V.3.1.

441 Werkentin, Politische Strafjustiz, S. 409.

jahr 1960 auch ein Großteil der „Wirtschaftsverbrecher" aus politischen Gründen einsaß – meist zum Zwecke ihrer Enteignung. Auch wenn der Anteil der tatsächlichen Wirtschaftsvergehen an der Gesamtzahl der „Wirtschaftsverbrechen" wohl nicht mehr zu ermitteln sein wird, erscheint die Quote derjenigen, die aus politischen Gründen als „Wirtschaftsverbrecher" verurteilt worden waren, so hoch, dass sich die Gesamtzahl der politischen Häftlinge in der zweiten Hälfte der fünfziger Jahre jährlich um etwa 10 000 Personen bewegte.[442]

Den „Genossen" war die Gnadenaktion von 1960 nicht immer leicht zu vermitteln. So brachten laut Abteilung Strafvollzug der BDVP Karl-Marx-Stadt im Bezirk „einzelne Genossen zum Ausdruck, dass ein ganzer Teil der zur Entlassung kommenden Strafgefangenen sowieso wieder straffällig würde".[443] Auch im Leipziger Haftkrankenhaus Kleinmeusdorf äußerten sich einige SV-Angehörige kritisch: „Wir verstärken und erhöhen die Einsatzbereitschaft und auf der anderen Seite werden die Strafgefangenen entlassen."[444] Des Weiteren vertraten Volkspolizisten „auch noch solche Meinungen [...], die auf eine Perspektivlosigkeit und wenig Vertrauen zur Wirkung ihrer erzieherischen Tätigkeit zurückzuführen sind". Es wurden verschiedene Zweifel angeführt: „Was wird aus uns nach Abschluss der Aktion, wenn die Anstalten bzw. die Lager fast leer sind?" sowie „Ein großer Teil der entlassenen Strafgefangenen kommt ja doch wieder zurück, man braucht sie gar nicht erst zu entlassen." Amnestien und Gnadenaktionen führten mithin zu Demoralisierungen unter den Strafvollzugsbediensteten, die am Sinn ihrer Arbeit zu zweifeln begannen. Unter den Gefangenen führte das Wissen um die kommende Amnestie einerseits zu besonders hoher Arbeitsbereitschaft und dementsprechend hohen Arbeitsleistungen – vor allem in den Haftarbeitslagern –, da die Häftlinge so versuchten, sich in ein gutes Licht zu stellen. Andererseits ließen einige Häftlinge verlauten, dass sie sich im Falle einer Nichtberücksichtigung undiszipliniert verhalten und beispielsweise die Arbeit verweigern würden.[445] Sowohl für die Disziplin in den Gefängnissen, aber auch für die Moral und Motivation des Personals bedeuteten diese Amnestien daher immer eine Herausforderung, doch war das DDR-Strafvollzugssystem stets auf diese Begnadigungen angewiesen. Anders wussten die Verantwortlichen nicht, wie sie den permanent überfüllten Gefängnissen Herr werden sollten. Auf der anderen Seite führten Amnestien immer wieder zu Ausfällen in der Produktion und standen dem Ziel der Erfüllung von Planzielen entgegen. Ein Dilemma, das die Verantwortlichen des DDR-Strafvollzugs nie ganz beseitigen konnten.

442 Werkentin, Dimension politischer Inhaftierungen, S. 142, 144.
443 Abteilung SV der BDVP Karl-Marx-Stadt an VSV, Betr.: Lagebericht für den Monat Oktober 1960 vom 3.11.1960 (SächsStAC, 30441–25/131/Bl. 180).
444 Zitat hier und im Folgenden: BDVP Leipzig, Politabteilung, Information zum bisherigen Verlauf der Vorbereitung und Durchführung des Beschlusses des Staatsrates der DDR über die Gewährung von Straferlass durch Gnadenerweis vom 1.10.1960 vom 27.10.1960 (SächsStAL, 24/152/Bl. 73).
445 Abschlussbericht des Chefs der BDVP Leipzig über den Straferlass durch Gnadenerweis des Staatsrates der DDR vom 1.10.1960 vom 7.12.1960 (StAL 24/152/Bl. 104, 106).

Welch hohen Stellenwert die Häftlingsarbeit für die DDR-Wirtschaft hatte, zeigt sich unter anderem daran, dass die in den „Schwerpunktbetrieben" eingesetzten Häftlinge erst ab Mitte November 1960 entlassen wurden, „um möglichst Planrückstände zu vermeiden".[446] Tatsächlich konnten Planrückstände freilich nicht vermieden werden. Im Bezirk Karl-Marx-Stadt konnte im ersten Halbjahr 1961 das von der obersten Strafvollzugsverwaltung gestellte Einnahmesoll nur zu knapp 43 Prozent erfüllt werden. Zum einen hatte sich der Gnadenerweis des Staatsrates vom Oktober 1960 „auf die zur Verfügung stehenden Arbeitskräfte erheblich bemerkbar" gemacht und zum anderen „erzeugte" „die ständig sinkende Kriminalität nur einen relativ geringen Anfall an Strafgefangenen".[447] Dass die Pro-Kopf-Einnahmen für Gefangene des Bezirks Karl-Marx-Stadt im selben Zeitraum trotzdem gesteigert werden konnten, offenbart die Bemühungen der Abteilung Strafvollzug um eine unbedingte Steigerung der Produktionszahlen. Die Produktionsausfälle durch Amnestien waren aber immer nur von kurzer Dauer, denn schon Ende April 1962 betrug die durchschnittliche Belegung aller Strafvollzugseinrichtungen der DDR wieder 144 Prozent.[448]

Zu einer deutlichen „Wende" im Strafvollzug, wie im Sommer 1959 gefordert, kam es Anfang der sechziger Jahre insofern, als dass sich das Haftregime verschärfte – vor allem für die politischen Häftlinge. Aufgrund der Kritik an der Sicherheit der Strafvollzugseinrichtungen, wies man dieser nun die höchste Priorität zu, der die „Erziehung durch Arbeit" unterzuordnen sei. Doch schon bald war die Erfüllung des Einnahmesolls und damit die Steigerung der Produktion wieder so wichtig, dass Anordnungen, die Häftlinge müssten zunächst die „Härte des Strafvollzugs" spüren, bevor sie in die Produktion eingegliedert würden, zurück genommen wurden. Damit änderte sich am Kurs in der Strafvollzugspolitik in der Praxis nichts Wesentliches. Die möglichst vollständige Ausnutzung der Arbeitskraft der Häftlinge und deren Indienststellung für die Volkswirtschaft blieb auch weiterhin oberstes Ziel des Strafvollzugs.

3.6 Der Rechtspflegeerlass 1963 und seine Auswirkungen

Im Verlauf des zweiten Halbjahres 1961 füllten sich die eben erst entlasteten Gefängnisse aufgrund des Justizterrors nach dem Mauerbau wieder sehr schnell. Werkentin listet allein für eben diesen Zeitabschnitt 18 297 neu abgeurteilte „Staatsverbrecher" auf – ein knappes Drittel war wegen Verstoßes gegen das Passgesetz abgeurteilt worden.[449] Die sogenannte „Republikflucht" wurde in den Folgejahren – und bis zum Ende der DDR – mit jährlich zwischen ca.

---

446 Ebd., Bl. 104.
447 Chronik der Abteilung Strafvollzug der BDVP Karl-Marx-Stadt 1960–1963 (SächsStAC, 30441-25/131/Bl. 81).
448 Aufstellung über alle selbständigen SV-Dienststellen (Stichtag 30.4.62), Normalbelegungskapazität und Belegung vom 24.5.1962 (BArch, DO 1/3780, unpag.).
449 Werkentin, Dimension politischer Inhaftierungen, S. 144.

2 400 (etwa 1964 und 1970) und 3 600 (1965, 1966) Verurteilungen „das quantitativ die politische Strafjustiz der DDR beherrschende und statistisch dominierende politische Delikt".[450] Die Folge war, dass die durchschnittliche Überbelegung in den Strafvollzugseinrichtungen der DDR Anfang 1962 wieder einen Wert um 50 Prozent erreicht hatte.[451] Der Anteil der „Staatsverbrecher" war von 23 Prozent im Jahre 1960 auf nunmehr 31 Prozent angestiegen.[452] „Auf Grund des hohen Gefangenenbestandes in den SV-Dienststellen" meldete die Abteilung I der Berliner Zentrale bei „der Versorgung der Gefangenen eine angespannte Situation". In aller Deutlichkeit wurde hier betont, dass „die Versorgungslage besonders in geschlossenen Anstalten sehr prekär ist".[453] Die Abteilung Strafvollzug der BDVP Karl-Marx-Stadt berichtete, dass die Gesamtzahl der Häftlinge zwischen August und Dezember 1961 von 2 160 auf 3 645 Personen angestiegen sei und man die Strafvollzugseinrichtungen des Bezirks aufgefordert habe, „sich ausrüstungs- und versorgungsmäßig auf die Maximalbelegung von 5 000 Gefangenen vorzubereiten".[454] Trotz dieses rapiden Anstiegs der Belegungsziffern habe „die ordnungsgemäße Unterbringung und Betreuung der Gefangenen" garantiert werden können. Deshalb legte man auch bald wieder den Fokus auf die Produktion.

Infolge des Mauerbaus verschlechterten sich die Haftbedingungen schon allein wegen der erneut steigenden Überbelegung. Diese resultierte aus der Änderung der politischen „Großwetterlage", welche erneut zu einem angespannten inneren Klima und somit zu einer Verschärfung in der politischen Justiz führte, was sich in steigenden Verurteiltenzahlen niederschlug. Im letzten Quartal 1961 hatten sich die Fälle von „staatsgefährdender Propaganda und Hetze" in den Strafvollzugsanstalten der DDR verdoppelt, gingen aber 1962 wieder um ein Drittel zurück.[455] Im Zeitraum 1960 bis 1963 handelte es sich bei etwa 40 Prozent aller Meldungen bezüglich „staatsgefährdender Propaganda und Hetze" um sogenannte „Hakenkreuzschmierereien". Dabei hatten die

---

450 Ebd., S. 145.
451 Wunschik, Hinter doppelten Mauern, S. 565. Ende April betrug die durchschnittliche Belegung aller 136 Strafvollzugseinrichtungen der DDR 144 Prozent. Das heißt, dass gegenüber einer Normalbelegung von insgesamt 27 158 Personen tatsächlich 39 050 Personen inhaftiert waren. Im Einzelnen waren die 20 Strafvollzugsanstalten zu 162 Prozent, die 21 Haftarbeitslager zu 105 Prozent, das Haftkrankenhaus Leipzig-Kleinmeusdorf zu 110, die sieben Jugendhäuser zu 152 Prozent und die 87 Untersuchungshaftanstalten des MdI zu 143 Prozent belegt. Vgl. Aufstellung über alle selbständigen SV-Dienststellen (Stichtag 30. 4. 62), Normalbelegungskapazität und Belegung vom 24. 5. 1962 (BArch, DO 1/3780, unpag.).
452 Wunschik, Hinter doppelten Mauern, S. 565.
453 „Der Schwerpunkt besteht vor allem in der Beschaffung von Unterkunftstextilien und Einrichtungsgegenständen für Gefangenenunterkünfte." Vgl. VSV, Abteilung I, Bericht über die Versorgungslage im Strafvollzug vom 13. 3. 1962 (BArch, DO 1/28478/Bl. 118).
454 Zitat hier und im Folgenden: Vorlage der Abteilung SV der BDVP Karl-Marx-Stadt zur Chefberatung über den Stand des Einsatzes der Strafgefangenen in der Produktion vom 17. 3. 1962 (SächsStAC, 30441–25.1/143/Bl. 1 f.).
455 Wunschik, Hinter doppelten Mauern, S. 561.

beschuldigten Häftlinge beispielsweise Hakenkreuze ins Mauerwerk eingeritzt, an Wände oder auch mit Schuhcreme auf Bettlaken gemalt und diese dann aus den Zellenfenstern gehängt.[456] Wunschik vermutet, dass das DDR-Strafvollzugssystem die Häftlinge „geradezu in die rechtsextreme Ecke" getrieben habe, „weil die Häftlinge um eine alternative politische Identität bemüht sein mussten", was sogar das MfS unterstellte. Anzunehmen ist, dass die meisten Häftlinge mit solchen Aktionen „provozieren und sich unter ihren Mitinsassen hervortun" wollten.[457] Die Strafvollzugsverwaltung reagierte auf diese „Vorkommnisse", indem sie zur Abschreckung der übrigen Häftlinge rigoros durchgriff. So wurde etwa ein Häftling für das Anbringen einer „Hetzlosung" - was der Mann jedoch bestritt - mit einem zusätzlichen Jahr Haft bestraft. Weil man in der Verwaltung Strafvollzug eine „kollektive Häftlingsrevolte" befürchtete, wurden die Aufseher über mehrere Wochen in permanente Einsatzbereitschaft versetzt. „Zu diesem Zweck wurden sie teilweise in eigens beschafften Zelten auf dem Gelände der jeweiligen Haftanstalt kaserniert untergebracht."[458]

Auch die Verordnung über Aufenthaltsbeschränkung vom 24. August 1961[459] war eine Folge der verschärften politischen Justiz nach dem Mauerbau und mithin ein weiteres Mittel der politischen Repression.[460] Aufgrund dieser Verordnung konnte sogenannten „arbeitsscheuen Personen" zur „Arbeitserziehung" eine Arbeit in einem Volkseigenen Betrieb zugewiesen werden. Außerdem bestand die Möglichkeit der Übergabe in die Obhut eines „Arbeitserziehungskommandos" - einem Zwangsarbeitslager. In der Verordnung war kein Strafrahmen vorgesehen, also keine Angaben zur Mindesthaftzeit und zur Höchstdauer der Arbeitshaft. Dieser Verordnung, von der die Gerichte starken Gebrauch machten, fielen in den ersten Monaten nach dem Mauerbau auch sich der Zwangskollektivierung der Landwirtschaft widersetzende Bauern sowie Jugendliche und Grenzgänger, die in West-Berlin studiert oder gearbeitet hatten und sich nun weigerten, in den ihnen zugewiesenen Betrieben zu arbeiten, zum Opfer.[461] Dieser Widerstand wurde als „Arbeitsscheu" moralisch diskreditiert und abgestraft. Die „Arbeitserziehungskommandos" bestanden deshalb zu einem Großteil aus politischen Gefangenen. Die Haftbedingungen in diesen Zwangsarbeitslagern waren äußerst hart und durch eine „schlechte Versorgung, miserable Unterbringung und strenge Bewachung"[462] gekennzeichnet.

Mitte 1961 mahnte die Berliner Zentrale infolge des Beschlusses des Staatsrates der DDR über die weitere Entwicklung der Rechtspflege vom 30. Januar

---

456 Vgl. Karteikarten bezüglich besonderer Vorkommnisse in den StVA 1960-1963, BArch, DO 1/3356.
457 Wunschik, „Häftlinge aller Länder vereinigt euch!", S. 245.
458 Wunschik, Hinter doppelten Mauern, S. 562.
459 GBl. II 1961, S. 343. Die Verordnung im Wortlaut bei Fricke, Politik und Justiz, S. 432 f.
460 Zur Einführung der „Arbeitserziehung" als repressive Absicherung des Mauerbaus siehe Wunschik, Hinter doppelten Mauern, S. 566-568.
461 Werkentin, Politische Strafjustiz, S. 265.
462 Wunschik, Hinter doppelten Mauern, S. 568.

1961,[463] „in dem vor allem das Differenzierungsprinzip nach Freunden und Feinden der Republik und die Erziehung durch gesellschaftlich nützliche Arbeit hervorgehoben"[464] wurde, eine deutlichere Differenzierung zwischen politischen Häftlingen und aus anderen Gründen Verurteilten an: Es sei somit von besonderer Wichtigkeit „zwischen Verurteilten, die aus klassenfeindlichen Motiven und mit verbrecherischen Mitteln und Methoden die Grundlagen unseres Staates angreifen, und solchen Verurteilten, deren Handlung Ausdruck einer groben Missachtung unserer Gesellschaft darstellt, sowie denjenigen Personen, die aus Undiszipliniertheit, aus mangelndem Verantwortungsbewusstsein und aus rückständigem Denken handeln",[465] zu unterscheiden. Den SV-Angehörigen in den Haftanstalten müsse bewusst sein, „dass unter der Masse der Verurteilten noch ein erheblicher Teil von Feinden unserer Ordnung zu finden ist, dem gerade in der jetzigen Situation besondere Aufmerksamkeit gewidmet werden muss".[466] Daher wurden im Bezirk Leipzig im „Kampf zur Aufspürung der 5. Kolonne in den SV-Objekten [...] überall große Anstrengungen unternommen. So z. B. in der StVA Torgau wurde eine illegale Gruppe unter den Gefangenen aufgespürt und liquidiert."[467] Dass diese Aufrufe der Berliner Zentrale zu „erhöhter Wachsamkeit" und gegen „Versöhnlertum" in den Haftanstalten zur Verschärfung der Spannungen zwischen den SV-Angehörigen und den Strafgefangenen geführt hatten, wird anhand von Anweisungen durch die oberste Gefängnisverwaltung aus dem Jahr 1962 – vermutlich nach zu vielen „Überspitzungen" –, welche der Auffassung begegnen sollte, „dass nun alle Strafgefangenen Klassenfeinde sind und als solche behandelt werden, andererseits Liberalismus geduldet wird",[468] besonders deutlich. Ebenso zeichnet sich hier der permanente Spagat zwischen „Überspitzungen" und „Liberalismus" ab. Trotz des strengen Haftregimes, der letztlich ungefährdeten Sicherheit der Anstalten und der Vollbeschäftigung bei der Häftlingsarbeit sahen die Verantwortlichen nach wie vor nicht den von ihnen gewünschten Strafvollzug verwirklicht. Generell hatte die Kontrollgruppe des Innenministeriums Ende 1961 „ernste Mängel" im Strafvollzug konstatiert, „die zeigen, dass Befehle und Weisungen übergeordneter Organe nicht durchgesetzt und grundsätzliche Fragen nicht mit der erforderlichen Konsequenz gelöst werden".[469]

---

463 GBl. I 1961, S. 3 ff.
464 Essig, Entwicklung des Strafvollzuges, S. 17.
465 VSV, Einschätzung der Arbeit des Strafvollzuges nach dem Beschluss des Kollegiums vom 13.1.1961 vom 20.7.1961 (BArch, DO 1/28478/Bl. 298).
466 VSV, Einschätzung der Arbeit des Strafvollzuges nach dem Beschluss des Kollegiums vom 13.1.1961 vom 19.7.1961 (BArch, DO 1/10307, unpag.).
467 BDVP Leipzig, Abteilung SV, Anlage II zum Jahresbericht der BDVP für das Jahr 1961 vom 10.1.1962 (SächsStAL, 24.1/609/Bl. 22).
468 VSV, Einschätzung der Lage im Strafvollzug insbesondere des Standes der Erziehungsarbeit, o. D. [1962] (BArch, DO 1/28478/Bl. 23).
469 MdI, Adjutantur/Kontrollgruppe, Bericht über das Ergebnis einiger Kontrollen in Objekten des Strafvollzuges der Bezirke Halle, Dresden, Suhl, Cottbus, Gera und Neubrandenburg vom 28.11.1961 (BArch, DO 1/10306, unpag.).

So erschien etwa der Anstaltsleitung von Bautzen I 1962 die Disziplin unter den Strafvollzugsbediensteten offenbar als das dringlichste Problem. In einem Bericht vom Oktober 1962 hieß es, dass „zahlreiche Verstöße gegen die sozialistische Gesetzlichkeit sowie gegen Befehle und Weisungen"[470] stattgefunden hätten. Auch sei die Wachsamkeit grob vernachlässigt worden. „Verstöße gegen die sozialistische Gesetzlichkeit" konnte auch bedeuten, dass die Rechte der Häftlinge verletzt worden waren. So stellte man fest, dass Bittgesuche der Strafgefangenen unbeantwortet geblieben seien. Bei den SV-Angehörigen reichten die Meinungen über die Strafgefangenen von „Bei den Strafgefangenen ist nichts mehr zu erziehen" bis zu „Wir behandeln die Strafgefangenen zu gut." Die Ursachen all dieser Probleme verortete die BDVP Dresden in erster Linie bei der Anstaltsführung. Aufgrund deren mangelhafter Leitungstätigkeit sei „noch nicht allen Genossen das Wesen des sozialistischen Strafvollzuges" klar geworden. Dabei hatte die VSV-Leitung schon im Mai 1962 berichtet, dass die „Beratungen des Leiters der VSV [...] neben einem besseren Verständnis der Grundfragen des Strafvollzuges, vor allem der Durchsetzung der führenden Rolle der Partei und damit der Herstellung einer guten Leitungstätigkeit bzw. der Durchsetzung einer straffen militärischen Ordnung und Disziplin"[471] dienen sollten. Doch auch drei Jahre nach der vernichtenden Kritik vom Sommer 1959, die ja genau diese Punkte als Ursache der als desolat empfundenen Lage im Strafvollzug herausgestellt hatte, waren die Ergebnisse der Bemühungen der Verwaltung Strafvollzug beschränkt. So habe „uns diese Arbeitsweise zwar vorwärts, aber noch nicht den vollen Erfolg gebracht [...], denn noch immer gibt es z. B. eine recht erhebliche Anzahl von Gefangenenentweichungen, Mängel in hygienischen Verhältnissen in manchen Dienststellen, die ebenfalls Ausdruck mangelhafter Ordnung und Disziplin seitens der diensttuenden Wachtmeister [...] sind". Allerdings gab es auch Ausnahmen: Die Einschätzung der Strafvollzugsanstalt Hoheneck als beste der vier „SV-Dienststellen" des Bezirks Karl-Marx-Stadt gründete sich „vor allem auf die schöpferische Initiative der mittleren Kader und auf die gute Leitungstätigkeit der Dienststellenleitung".[472] Zudem wurde die Haftanstalt für die beste Planerfüllung, die „vorbildliche innere Ordnung" sowie die „gut entwickelte" Wachsamkeit gelobt. Doch auch hier kritisierte man Mängel in der Unterstützung der dienstlichen Leitung durch die Parteiorganisation und FDJ-Grundeinheit. Für den gesamten Bezirk Karl-Marx-Stadt wurde aber erst mit Jahresende 1962 eine günstige Entwicklung bilanziert,

---

470 Zitat hier und im Folgenden: BDVP Dresden, Zwischenbericht über den Brigadeeinsatz in der SVA Bautzen vom 13.10.1962 (SächsHStA, 11464 BDVP/23.1/425/Bl. 13).
471 Zitat hier und im Folgenden: Bericht des Leiters der VSV über die Methoden und Erfahrungen zur Durchführung einer straffen Ordnung und Disziplin im Dienstzweig Strafvollzug vom 9.5.1962 (BArch, DO 1/28457/Bl. 31 f.).
472 Zitat hier und im Folgenden: Sekretariat der BDVP Karl-Marx-Stadt an Chef der VP im Bezirk Karl-Marx-Stadt, Einschätzung der wichtigsten Arbeitsergebnisse in den Dienststellen der DVP im Bezirk Karl-Marx-Stadt vom 8.12.1961 (SächsStAC, 30441-25/5/Bl. 204 f.).

da „positive Ergebnisse der Erziehungsarbeit" verzeichnet werden konnten. Dieses Fazit basierte nicht etwa auf den Ergebnissen etwaiger „Erziehungsgespräche" oder der Quote der Rückfalltäter, sondern einzig und alleine auf der Steigerung der Pro-Kopf-Einnahmen der Strafgefangenen.[473] Zwar hatte die oberste Strafvollzugsverwaltung bereits 1960 die drei Säulen der Erziehung im Strafvollzug benannt – „Ordnung, gemeinsame produktive Arbeit und politisch-kulturelle Erziehung"[474] – doch wurde die „Erziehung durch gemeinsame produktive Arbeit" immer als „Kernstück der Erziehung" betrachtet, womit die übergeordnete Bedeutung der Häftlingsarbeit verklausuliert wurde. In der Praxis zeigte sich daher, dass die Steigerung der Produktionszahlen letztlich das wichtigste Kriterium bei der Beurteilung der „Umerziehung" darstellte.

Tatsächlich hatten die Verantwortlichen im DDR-Strafvollzug den Anspruch, „dass an die politisch-kulturelle Erziehungsarbeit im Strafvollzug die gleichen Anforderungen gestellt werden, wie sie unter den Bürgern der DDR zur Anwendung kommen".[475] Daher wurde eigens die Stelle des „Offiziers für politisch-kulturelle Arbeit" geschaffen, der für den Inhalt und die Organisation eben dieser Arbeit verantwortlich sein sollte. Der Anspruch war enorm: „Diese gesamte Aufgabe muss unter den Gesichtspunkten der sozialistischen Erziehung zur Durchführung gelangen, d.h. allseitige Entwicklung der Persönlichkeit, Erziehung zur Solidarität und kollektivem Handeln, Erziehung zu kämpferischer Aktivität, Vermittlung einer hohen theoretischen Allgemeinbildung, Entfaltung aller geistigen und körperlichen Fähigkeiten, zusammengenommen Bildung des sozialistischen Bewusstseins zum Wohle des Volkes und der Nation."[476] – die Schaffung des „neuen Menschen" im Strafvollzug der DDR. In der BDVP Dresden wurde die Zielstellung propagiert, „dass die Strafgefangenen mit dem politischen Niveau und dem dementsprechenden Bewusstsein zur Entlassung kommen, welches dem konkreten Entwicklungsstand unseres sozialistischen Aufbaus entspricht". Tatsächlich wurde hier darüber sinniert, dass den langjährigen Häftlingen besondere Aufmerksamkeit zukommen müsse, da der etwa 1967 entlassene Häftling „die Endphase des sozialistischen Aufbaus überspringt und in der ersten Phase des Aufbaus des Kommunismus in unsere Gesellschaft zurückkehrt".[477] Fraglich bleibt freilich, wie diese Ansprüche angesichts der beschriebenen Schwierigkeiten mit der Quantität und vor allem der Qualität des zur Verfügung stehenden Personals umgesetzt werden sollten. Schließlich war auch der DDR-Strafvollzug nicht vor der Tatsache gefeit, dass die Kardinalfra-

---

473 Chronik der Abteilung Strafvollzug der BDVP Karl-Marx-Stadt 1960–1963 (SächsStAC, 30441–25/131/Bl. 89).
474 Bericht der Abteilung II der VSV vom 10.5.1960 (BArch, DO 1/28477/Bl. 45); vgl. auch Kapitel V.1.
475 Abteilung SV der BDVP Dresden, Referat vom 9.3.1962 (SächsHStA, 11464/BDVP/23.1/424/Bl. 41).
476 Abteilung SV der BDVP Dresden, Referat zur Arbeitsberatung mit den Offizieren für politisch-kulturelle Arbeit am 26.7.1961 (SächsHStA, 11464/BDVP/23.1/424/Bl. 25).
477 Abteilung SV der BDVP Dresden, Referat vom 9.3.1962 (SächsHStA, 11464/BDVP/23.1/424/Bl. 41).

ge des Strafvollzugs stets die Personalfrage ist. Dies thematisierten schon die Strafvollzugsreformer im Kaiserreich und in der Weimarer Republik sowie Reformer wie Gentz in der Nachkriegszeit. Bis in die Gegenwart gehören sowohl die Quantität als auch die Qualität des Personals zu den grundlegenden Stellschrauben jeglicher Reformbestrebungen im Strafvollzug.[478] Zwar waren sich auch die Verantwortlichen im Innenministerium über die „gewaltigen Anforderungen an jeden Genossen im Strafvollzug" bewusst, doch wurde vorwiegend „den Genossen des Aufsichtsdienstes" eine „ungenügende politische Qualifikation"[479] attestiert. Obwohl die Berliner Zentrale sowie die entsprechenden Abteilungen in den Bezirken immer wieder propagierten, „entscheidend für den Erfolg der Erziehungsarbeit ist das bewusste Handeln und Auftreten der Stationswachtmeister gegenüber den Strafgefangenen", musste in der Praxis bei Teilen der Strafvollzugsbediensteten festgestellt werden: „Sie treten nicht als Erzieher auf, indem sie unqualifizierte Aussagen erteilen oder voreingenommen gegenüber bestimmten Gefangenen sind, herumkommandieren und dergleichen mehr." Neben der ungenügenden politischen Qualifikation des Personals hatte man die „formale Anwendung der verschiedensten Mittel und Methoden der Erziehungsarbeit" sowie die „mangelnde Zusammenarbeit der verantwortlichen Funktionäre der Vollzugsabteilung" als Hauptursachen der mangelhaften Erziehungsarbeit ausgemacht. Zudem wurde das unkorrekte Verhalten des Strafvollzugspersonals gegenüber den Strafgefangenen kritisiert.

Bereits 1961 hatte Justizministerin Benjamin in der „Neuen Justiz" darauf aufmerksam gemacht, dass die Umerziehung im Strafvollzug in erster Linie durch die produktive Arbeit erfolge, welche durch eine „politisch-kulturelle Erziehung" ergänzt werde. Dabei sei der Erfolg der Umerziehung größer, „wenn sie individueller, differenzierter erfolgt und aktuelle politische Fragen offensiver behandelt werden".[480] Die massive Hinwendung der Verantwortlichen zur Erziehungsarbeit im Strafvollzug war Ausdruck einer Richtungsänderung in der Strafvollzugspolitik. Den Anstoß dazu hatte die vom Politbüro am 17. April 1962 verabschiedete Vorlage zur Durchsetzung des Staatsratsbeschlusses über die weitere Entwicklung der Rechtspflege gegeben. Ein weiteres Beispiel dafür, dass Änderungen in der Strafvollzugspolitik ihren Ursprung nicht in der Berliner Zentrale hatten, sondern immer von „oben" initiiert werden mussten. Somit schlug sich auch jede Änderung der politischen „Großwetterlage" im Strafvollzug nieder. Und da sich die DDR nach dem Mauerbau konsolidierte und der XXII. KPdSU-Parteitag vom Oktober 1961 eine „zweite Welle der Entstalinisierung"[481] eingeleitet hatte, erfolgte ab 1962 auch eine „strafpolitische Wende".[482] Im Strafvollzug führte diese Entwicklung zu einer Mäßigung im Haftregime.

---

478 Vgl. Kapitel II.1.2.
479 Zitat hier und im Folgenden: Abteilung SV der BDVP Dresden, Referat vom 9.3.1962 (SächsHStA, 11464/BDVP/23.1/424/Bl. 42 f.).
480 Bericht der Justizministerin Hilde Benjamin, S. 79.
481 Mählert, Kleine Geschichte der DDR, S. 103.
482 Siehe dazu Werkentin, Politische Strafjustiz, S. 271–280.

Auch wenn eine „straffe Ordnung" die Basis war, wurde doch die Erziehung der Gefangenen deutlich stärker betont. Kritisch vermerkte die Neue Justiz nach dem Staatsratsbeschluss, dass auch im Strafvollzug der DDR große Anstrengungen unternommen worden seien, um die Erziehungsarbeit zu verbessern.[483]

Der Beschluss des Staatsrates der DDR vom 24. Mai 1962 zum Bericht des Obersten Gerichts über die Durchführung des Beschlusses über die weitere Entwicklung der Rechtspflege[484] stellte im Wesentlichen fest, „dass die Mehrzahl der Gesetzesverletzungen nicht auf einer feindlichen Einstellung gegenüber dem Staat beruhten".[485] Eine entscheidende Wende in der Beurteilung der Rechtsbrecher. Deutlich zeigt sich hier die Versachlichung des Verhältnisses zwischen Partei und Bevölkerung seit der Jahreswende 1961/62, die ihren Ausdruck in der Umkehrung des Mottos der fünfziger Jahre „Wer nicht für uns ist, ist gegen uns" fand. Merklich pragmatischer hieß es nun: „Wer nicht gegen uns ist, ist für uns."[486]

Nun wurde auch das schnelle Ansteigen der Häftlingszahlen korrigiert, das für den permanent überbelegten Strafvollzug der DDR auf Dauer untragbar war: Der Politbürobeschluss vom 17. April 1962 enthielt die Festlegung, vermehrt Strafgefangene mit bis zu eineinhalb Jahren Freiheitsentzug je nach Führung vorfristig zu entlassen und die Strafe zur Bewährung auszusetzen. Bis Ende Juni 1962 wurden 14 452 Anträge auf bedingte Strafaussetzung gestellt – das waren 41,4 Prozent aller Häftlinge (Stichtag: 1. April 1962). Insgesamt rechneten die Verantwortlichen mit etwa 17 000 Entlassungen.[487] Im August 1962 berichtete die Strafvollzugsabteilung der BDVP Karl-Marx-Stadt, dass durch die Umsetzung der „gemeinsamen Direktive des MdI, des Ministeriums der Justiz und der Generalstaatsanwaltschaft zur Anwendung des § 346 der StPO auf Strafaussetzung" etwa die Hälfte aller Gefangenen des Bezirks entlassen worden seien.[488] Republikweit reduzierte sich die Häftlingszahl in den DDR-Gefängnissen bis Anfang November um fast die Hälfte – von 41 806 Häftlingen (davon 34 895 Strafgefangene) am 1. April 1962 auf 23 300 Häftlinge (davon 20 522 Strafgefangene) am 1. November 1962.[489] Da fast zwei Drittel der von

---

483 Schlosser, Einbeziehung der Öffentlichkeit, S. 129.
484 GBl. I 1962, S. 53 ff.
485 Essig, Entwicklung des Strafvollzuges, S. 17.
486 Mählert, Kleine Geschichte der DDR, S. 103.
487 VSV, Einschätzung der Erfüllung der Aufgaben des Dienstzweiges SV im 1. Halbjahr 1962 vom 19.7.1962 (BArch, DO 1/3801, unpag.).
488 Chronik der Abteilung Strafvollzug der BDVP Karl-Marx-Stadt 1960–1963 (SächsStAC, 30441-25/131/Bl. 87).
489 Da die normale Belegungsfähigkeit der StVA, HAL und JH der DDR zu dieser Zeit etwa 22 000 Plätze betrug, waren diese Hafteinrichtungen am 1.4.1962 zu gut 50 Prozent überbelegt. Aufgrund der andauernden Neuzugänge sank die Quote der arbeitsfähigen Strafgefangenen von durchschnittlich 94 Prozent im Jahre 1964 auf 87,1 Prozent bis März 1962. Durch die Entlassungen des Jahres 1962 stieg der Anteil der Beschäftigten wieder auf 97,7 Prozent der Arbeitsfähigen, womit im Grunde eine Vollbeschäftigung erreicht wurde. Etwa 88 Prozent der Beschäftigten waren für die verschiedenen VEB im Arbeitseinsatz, die anderen ca. 12 Prozent arbeiteten als Hausarbeiter in den StVE.

dieser Entlassungsaktion Begünstigten politische Häftlinge waren, handelte es sich hier um einen der umfassendsten Gnadenakte für diese Häftlingsgruppe.

Die Direktive Nr. 1/62 des Leiters der Verwaltung Strafvollzug konkretisierte die „politisch-kulturelle Erziehungsarbeit mit erwachsenen Strafgefangenen".[490] Bislang sei diese nämlich „zu unterschiedslos – zu wenig zielstrebig und nur ungenügend auf der Grundlage der Gefangenenarbeit – entwickelt". Mittels Produktionspropaganda, Arbeit mit der sozialistischen Presse, Presseinformation, Arbeit mit der – marxistisch-leninistischen, klassischen, belletristischen, technisch und wissenschaftlichen – Literatur, Vorträgen, Rundfunkübertragungen und Filmveranstaltungen sollte nun das Erziehungsziel des Strafvollzugs „noch besser als bisher verwirklicht" werden. Angesichts der vorangegangenen negativen Bewertungen kann die Formulierung „noch besser als bisher" nur als euphemistisch bezeichnet werden. Nach Bekunden der Berliner Zentrale von Ende 1962 konnte nun durch die über das Jahr erfolgten Entlassungen die „Umerziehung der Strafgefangenen [...] stärker und systematischer erfolgen".[491]

Wie bereits sowohl von den Strafvollzugsreformern in der Zwischenkriegszeit als auch von Gentz in der SBZ gefordert und im Justizstrafvollzug ansatzweise verwirklicht, wurde nun auch im DDR-Strafvollzug die „Einbeziehung der Öffentlichkeit in die Erziehungsarbeit des Strafvollzuges" propagiert.[492] Damit sollte dem Häftling das Gefühl der Isolierung genommen werden. Methoden seien beispielsweise „der Briefverkehr der Strafgefangenen mit ihren ehemaligen Arbeitskollektiven", „Aussprachen von Mitgliedern sozialistischer Brigaden mit den Strafgefangenen" und „die verstärkte Einbeziehung der Gesellschaft zur Verbreitung wissenschaftlicher Kenntnisse in die politisch-kulturelle Erziehungsarbeit". Doch nicht nur die Öffentlichkeit sollte in die Erziehungsarbeit des

---

Trotz des variierenden Häftlingsbestands konnte das Einnahmesoll zum entsprechenden Zeitpunkt, Anfang November, zu 99,5 Prozent erfüllt werden (70,5 Mio. Mark des Einnahmesolls von 85 Mio. Mark waren erzielt), was die großen Anstrengungen der Verantwortlichen in diesem Punkt deutlich zeigt. Der Anteil der politischen Häftlinge, also derer, „die wegen Verbrechen gegen die DDR verurteilt wurden", betrug am 1.10.1962 recht exakt ein Drittel (insgesamt betrug der Anteil der „Staatsverleumdungen" im 3. Quartal 1962 3,7 Prozent und der der „Verbrechen gegen die Tätigkeit der Staatsorgane und gegen die allgemeine Sicherheit" knapp 16 Prozent). Knapp zwei Drittel aller Häftlinge hatten eine Strafe zwischen einem und fünf Jahren zu verbüßen, der Anteil der Häftlinge, deren Strafmaß fünf Jahre überschritt, betrug etwa ein Fünftel. Vgl. Statistischer Anhang zur Kollegiumsvorlage, o. D. [1962]. BArch, DO 1/28478/Bl. 50–52. Allein im Bereich der BDVP Karl-Marx-Stadt stieg der Anteil der Rückfalltäter von 27,5 Prozent im Oktober 1962 binnen eines Jahres auf 40,8 Prozent im Oktober 1963. Im selben Zeitraum stieg der Anteil der jugendlichen Straftäter bis 26 Jahre im Bezirk von 34,4 Prozent auf 49,7 Prozent. Vgl. Berichterstattung der Abteilung SV der BDVP Karl-Marx-Stadt vom 25.11.1963. SächsStAC, 30441-25.1/142/Bl. 94.

490 Direktive Nr. 1/62 des Leiters der VSV, Inhalt: Die politisch-kulturelle Erziehungsarbeit mit erwachsenen Strafgefangenen vom 2.4.1962 (BStU, ZA, MfS-BdL/Dok. 14552/Bl. 1–9).
491 VSV, Einschätzung der Lage im Strafvollzug insbesondere des Standes der Erziehungsarbeit von 1962 (BArch, DO 1/28478/Bl. 21).
492 Zitat hier und im Folgenden: Schlosser, Einbeziehung der Öffentlichkeit, S. 129.

Strafvollzugs mit einbezogen werden, sondern man müsse sich auch „mit den Angehörigen der Strafgefangenen auseinandersetzen und sie für uns gewinnen. Das muss zielstrebig geschehen."[493] Wie diese Einbeziehung der Angehörigen angesichts der bekannten Personalschwierigkeiten realisiert werden sollte, bleibt allerdings unbeantwortet.

Schon die Einbeziehung der Öffentlichkeit lief nur schleppend an. „Bei unserem gesamten Erziehungsproblem mit den Strafgefangenen ist das Wichtigste, den Anteil der gesellschaftlichen Kräfte am Erziehungsprozess zu erhöhen",[494] hieß es im März 1963 auf einer Arbeitsberatung der Abteilung Strafvollzug in Dresden. Im November stellte die Abteilung Strafvollzug der BDVP Dresden in Bautzen I fest, dass trotz Forderung nach der Gewinnung „breiter Kreise für die Lösung der Aufgaben der Rechtspflege [...] die Wirksamkeit der Zivilkräfte bei der Erziehungsarbeit an den Strafgefangenen ungenügend ist".[495] Bereits zum Jahresanfang hatte die Anstaltsleitung von Bautzen I offen die Probleme mit ihrem Personal dargelegt. So erklärte man, dass das Bewusstsein der SV-Angehörigen noch deutlich zu verändern sei, da das Personal momentan „durch eine stärkere Tonart und nicht durch das bessere Argument die Gefangenen erziehen will".[496] Auch hieß es von Seiten der Anstaltsleitung, dass es falsch sei, „in der heutigen Zeit bei Zellenkontrollen die in der Zelle befindlichen Gegenstände einschließlich der Lebensmittel wahllos" durcheinander zu werfen. Was vorher opportun erschien, wurde nun – in einer Phase gemäßigter Strafvollzugspolitik – kritisiert. Vor allem die schon lange im Strafvollzug dienenden SV-Angehörigen waren offenbar mit den neuen Erziehungsaufgaben überfordert. So bemerkte die Anstaltsleitung von Bautzen II beispielhaft, dass sich diese „Genossen [...] in erster Linie für Ruhe, Ordnung und den Verschluss der Türen verantwortlich" fühlen und eben nicht für die Umerziehung der Strafgefangenen. In Bautzen I wirken sich zudem Mängel beim Inventar negativ auf die Erziehung aus: „So haben wir tatsächlich noch Blechnäpfe als Essschüsseln." Bautzen I hatte noch im Winter 1963 Probleme bei der Versorgung der Anstalt mit Kohle und Wasser. So prognostizierte man das Ende der Kohlevorräte für Februar, weshalb schon ein Zellenhaus geschlossen sei, ein weiteres für Neuzugänge gesperrt und die Produktion umstrukturiert werden müsse. Ebenso mussten aufgrund des Wassermangels die Badezeiten noch weiter auseinander gezogen werden, was die Stimmung unter den Häftlingen nicht eben verbesserte. Dass solche Proble-

---

493 Protokoll der Ausführungen des Major Neumann (VSV Berlin) auf der Tagung der Leiter und Parteisekretäre der nachgeordneten Dienststellen vom 2.10.1962 (SächsHStA, 11464/BDVP/23.1/424/Bl. 56).

494 BDVP Dresden, Abteilung SV, Protokoll der am 11.3.1963 stattgefundenen Arbeitsberatung mit den Leitern der SV-Dienststellen vom 13.3.1963 (SächsHStA, 11464/BDVP/424/Bl. 69).

495 Zwischenbericht der Abteilung SV der BDVP Dresden über den Brigadeeinsatz in der StVA Bautzen I vom 12.11.1963 (SächsHStA, 11464/BDVP/23.1/425/Bl. 40).

496 Zitat hier und im Folgenden: Abteilung SV der BDVP Dresden, Protokoll über die Arbeitsberatung mit den Leitern der SV-Dienststellen am 21.1.1963 (SächsHStA, 11646/BDVP/23.1/424/Bl. 59 f.).

me überhaupt zur Sprache kamen und der Umgang des Personals mit den Häftlingen kritisiert wurde, ist ein Beleg für die Richtungsänderung in der Strafvollzugspolitik.

Da ein andauerndes Übermaß an Repressionen gegen die eigene Bevölkerung die Herrschaft des SED-Regimes durchaus gefährden konnte, schloss sich der Phase des justiziellen Terrors wiederum eine Phase der Entspannung an. Äußeres Zeichen dieser Entspannung war zum einen die erwähnte Entlassungsaktion von 1962. Im „Tauwetter" der Jahre 1962 bis 1964 leitete zum anderen der Erlass des Staatsrates der DDR über die grundsätzlichen Aufgaben und die Arbeitsweise der Organe der Rechtspflege vom 4. April 1963[497] „im Schatten und Schutz der Mauer eine ‚liberalistische' Phase ein".[498] Dieser sogenannte Rechtspflegeerlass wurde laut Hans-Andreas Schönfeldt „zu einem der bedeutsamsten rechtspolitischen Grundsatzdokumente in der Justizgeschichte der DDR", dessen Prinzipien zugleich den Grad verdeutlichten, „in dem – ohne das der umfassende Führungsanspruch der SED auch nur angetastet worden wäre – die Entstalinisierung der DDR-Gesellschaft im Vergleich zu den frühen fünfziger Jahren vorangeschritten war".[499] Das betraf auch den Strafvollzug, dessen Aufgaben konkretisiert wurden. Mit diesem Erlass verfolgte man das Ziel, die seit Langem angemahnte stärkere Differenzierung zwischen vermeintlichen Feinden und ideologisch zurückgebliebenen Straftätern sowie die ebenso lang geforderte stärkere Betonung des Erziehungsgedankens endlich umzusetzen. Anstelle von Haftstrafen sollte angesichts der permanent überbelegten Gefängnisse häufiger auf die bedingte Verurteilung, den öffentlichen Tadel und die bedingte Strafaussetzung zurückgegriffen werden.[500] Im Rechtspflegeerlass vom April 1963 wurde daher die Differenzierung des Strafvollzugs im Einzelnen genau bestimmt und festgelegt. Am 1. Januar 1964 trat die Differenzierung im Strafvollzugssystem der DDR in Kraft, nach der der „Vollzug von Freiheitsstrafen [...] nach dem Charakter und der Schwere der Straftaten in drei verschiedenen Vollzugsarten durchzuführen"[501] sei. „Die Einweisung der Verurteilten in die jeweilige Kategorie beschloss auf Antrag des Staatsanwalts das Gericht nach vorbestimmten Kriterien."[502] Der Großteil der politischen Häftlinge wurde der ersten Kategorie mit den härtesten Haftbedingungen zugewiesen. Diese Kategorie war neben Schwerverbrechern und rückfällig gewordenen Straftätern für diejenigen Gefangenen bestimmt, die „wegen der Schwere ihrer friedens- und staatsfeindlichen Handlung zu einer Freiheitsstrafe von 3 Jahren und mehr verurteilt worden sind". Teilweise wurden politische Häftlinge aber auch der Kategorie II zugeteilt. Diese war Kriminellen mit zwei bis fünf Jahren Haft und jenen Strafgefangenen zugedacht, „die aus einer feindlichen Einstellung Straftaten

---

497 GBl. I 1963, S. 23–44.
498 Werkentin, Politische Strafjustiz, S. 281.
499 Schönfeld, Vom Schiedsmann zur Schiedskommission, S. 68.
500 Werkentin, Politische Strafjustiz, S. 273, 276.
501 GBl. I 1963, S. 42.
502 Zur Geschichte der Rechtspflege der DDR, S. 327.

gegen die Arbeiter-und-Bauern-Macht, ihre Organe oder Funktionäre begangen haben und zu Freiheitsstrafen bis zu 3 Jahren verurteilt worden sind".[503] Alle sonstigen Verurteilten mit einem geringeren Strafmaß wurden der Vollzugskategorie III mit den vermeintlich günstigsten Haftbedingungen zugewiesen. Die drei Kategorien unterschieden sich durch ihre divergenten Organisationsformen, in der Schwere der Häftlingsarbeit und in den „Formen der politisch-kulturellen Erziehung wesentlich voneinander".[504] Bei der Verlegung eines Strafgefangenen in eine höhere oder niedrigere Vollzugskategorie verbesserten oder verschlechterten sich somit auch die persönlichen Haftbedingungen. Das Verbleiben in der anfangs zugewiesenen Kategorie war demnach nicht zwingend notwendig, denn dem „Differenzierungsgedanken in der Behandlung und Umerziehung der Strafgefangenen folgend, konnte während des Strafvollzugs die Überweisung in eine andere Kategorie vorgenommen werden".[505] Die Verlegung in eine härtere Kategorie fungierte folglich auch als ein Droh- und Disziplinierungsmittel.[506]

Der Dresdner Abteilung Strafvollzug zufolge stellte der Rechtspflegeerlass unter anderem die Aufgabe der besonderen Auswahl der „mit der Aufsicht und Erziehung Strafgefangener beauftragten Angehörigen des Ministeriums des Innern"[507] – schon die Wortwahl zeigt die Mäßigung in dieser Phase der DDR-Strafvollzugspolitik. Die Auszuwählenden müssten neben einem guten politischen Wissen über eine gute Allgemeinbildung verfügen sowie pädagogisch gebildet sein – so die Theorie. Doch die Praxis sah anders aus: Exemplarisch bemängelte die Dresdner Abteilung Strafvollzug, dass in der Strafvollzugsanstalt Bautzen I „die noch ungenügende Arbeit mit den Menschen" der „Hauptmangel" sei. Verschiedentlich hätten die Genossen der Haftanstalt bemerkt: „,Wir können sagen, was wir wollen, es ändert sich ja doch nichts'. Im Jugendforum brachten junge Genossen vor, die Ausbildung wird nicht gut vorbereitet und durchgeführt, die Fachschulungen sind langweilig und das haben wir schon wie-

---

503 GBl. I 1963, S. 42.
504 Finn/Fricke, Politischer Strafvollzug, S. 23.
505 Zur Geschichte der Rechtspflege der DDR, S. 327.
506 Anfang der sechziger Jahre hatte man sich in Berlin noch mit Plänen zur Einführung eines Stufenstrafvollzugs, wie er im Weimarer Strafvollzug teilweise Anwendung gefunden hatte und auch in der Nachkriegszeit Thema war, beschäftigt – bezeichnet als „Feindifferenzierung". Die drei Stufen hießen Grundstufe, Zwischenstufe und Endstufe. Vgl. Grobentwurf – Beratungsvorlage, Die differenzierte Anwendung der Erziehungsmethoden (Feindifferenzierung), o. D. [1960–1963] (BArch, DO 1/10307, unpag.). Jedoch wurde das Konzept verworfen, da die Kontrollgruppe des MdI der „Feindifferenzierung" ablehnend gegenüberstand, da diese aus deren Sicht zu einem „Arbeitskräftemangel [führt], der mit einer Reduzierung der Produktionsstätten verbunden ist". Vgl. Bericht der Kontrollgruppe des MdI über eine Nachkontrolle in einigen der VSV nachgeordneten Dienststellen vom 28.9.1960 (BArch, DO 1/10307, unpag.). Die im Text beschriebene Regelung folgte einem Prinzip, das eher an das alte sächsische „Disziplinarklassensystem" erinnerte. Vgl. hierzu und zum Stufenstrafvollzug Kapitel II.1.
507 Zitat hier und im Folgenden: Zwischenbericht der Abteilung SV der BDVP Dresden über den Brigadeeinsatz in der StVA Bautzen I vom 12.11.1963 (SächsHStA, 11464/ BDVP/23.1/425/Bl. 37, 40 f.).

derholt zum Ausdruck gebracht, aber es ändert sich nichts." Dass die Neustrukturierung des Gefangenenbestands infolge des Rechtspflegeerlasses bei den SV-Angehörigen nicht zu der Erkenntnis führte, dass damit an sie höhere Anforderungen gestellt seien, wurde von den Dresdner Kontrolleuren als „ideologisches Hemmnis" gesehen. Ebenso „war das Problem Sicherheit und Erziehung noch nicht klar". Des Weiteren erschien einer „Reihe von Genossen des Wachdienstes [...] ihre große Verantwortung und Aufgabe der Schutzfunktion des Strafvollzuges nicht klar. Sie sehen ihren Dienst als langweilig an und sehen keine Perspektive ihrer eigenen Entwicklung." Schließlich gab es aus Sicht der Verantwortlichen auch immer noch das Problem, dass die Produktionsleistung der Häftlinge einseitig in den Vordergrund gestellt wurde. Wie in den Jahren zuvor bemängelte die Abteilung Strafvollzug der BDVP Dresden die „ungenügende" „Leitungsarbeit der Dienststellenleitung" und folglich die „grobe Missachtung der Beschlüsse der Partei".

Dass die Wirkung der Entlassungsaktion von 1962 nur von begrenzter Dauer war, zeigte sich bald. Schon im März 1964 hatte die Gesamtzahl der Strafgefangenen wieder knapp 25 000 Personen erreicht. Eine erneute Amnestie zur Entlastung der chronisch überbelegten Gefängnisse schien unumgänglich. Als Anlass bot sich der 15. Jahrestag der DDR an. Der Amnestieerlass des Staatsrates der DDR vom 3. Oktober 1964 schloss ausdrücklich Häftlinge ein, „die vor der Einleitung der Sicherungsmaßnahmen des Ministerrates der Deutschen Demokratischen Republik vom 13. August 1961 durch verschiedenartige, den freien Willen der Bürger beeinträchtigende Methoden westlicher Geheimdienste und Agentenorganisationen zur Begehung schwerer Verbrechen gegen die Deutsche Demokratische Republik veranlasst worden waren"[508] – also politische Häftlinge. Diese Entlassungen solcher Gefangenen sind ein Indiz für die innenpolitisch liberale Phase, in der sich die DDR zu dieser Zeit befand. Insgesamt kamen durch den Gnadenakt 7 680 Strafgefangene frei, unter ihnen 1 485 aus politischen Gründen Verurteilte, sodass die Gesamtzahl der Strafgefangenen in den Haftanstalten des Innenministeriums zum Ende des Jahres 1964 auf 14 221 gesunken war.[509]

In einem Bericht der Leipziger Strafvollzugsabteilung an die Berliner Zentrale ging diese erstaunlich offen auf die mit den Amnestierten erfolgten Entlassungsgespräche ein: Zwar war an erster Stelle obligatorisch von Häftlingen die Rede, die sich – verständlicherweise – erfreut über den Erlass des Staatsrats zeigten, die Gesetze nun einhielten und die Handlungsweise der Strafvollzugsbediensteten während der Haft lobten,[510] doch bleiben zum anderen auch kri-

---

508 Fricke, Politik und Justiz, S. 490.
509 Werkentin, Politische Strafjustiz, S. 408.
510 Ebenso hätten sich, laut Anstaltsleitung, auch Häftlinge aus Waldheim geäußert: „Zusammenfassend können wir sagen, dass sich die Mehrheit der Strafgefangenen positiv über die Behandlung im Strafvollzug ausgesprochen hat." Doch was sollten die Häftlinge – kurz vor ihrer Entlassung stehend – auch anderes sagen. Die Angst vor einem „Nachschlag" war sicher groß. Und die Anstaltsleitungen berichteten natürlich lieber

tische Stimmen nicht unerwähnt: So äußerten sich Häftlinge dahingehend, dass die Erziehungsarbeit verbessert werden müsse, SV-Angehörige sähen zu wenig das Positive in den Häftlingen, sondern stellten vielmehr Disziplinarmaßnahmen bei Fehlverhalten in den Mittelpunkt, wodurch bei den Gefangenen „nur Trotz [...] und keine Überzeugung" hervorgerufen werde. Die Abteilung Strafvollzug der BDVP Leipzig schlussfolgerte daher sogar, dass man die „individuell-differenzierte Erziehungsarbeit" überdenken müsse und „die neuen Anforderungen im sozialistischen Strafvollzug [...] eine höhere und neue Qualität der gesamten Erziehungsarbeit, insbesondere in der richtigen Anwendung der Disziplinarordnung"[511] erfordern würden. Die Missstände der Vergangenheit treten hier noch einmal deutlich zu Tage. Die Umerziehung der Häftlinge funktionierte nicht in dem von den Verantwortlichen gewünschten Maß, da ein Großteil der Strafvollzugsangehörigen die dafür notwendigen Qualitäten vermissen ließ und vielmehr auf die peinlich genaue Einhaltung von Disziplin und Ordnung achtete, wozu sie jedoch von ihren Vorgesetzten deutlich instruiert worden waren.

Die im Anhang in Diagramm 4 (Entwicklung der Gesamtzahl der Strafgefangenen in Strafvollzugseinrichtungen des MdI (1950–1980) sowie der wegen „Staatsverbrechen" Verurteilten (1954–1960)) dargestellte Kurve zeigt sowohl die Auswirkungen der Entlassungsaktionen und Amnestien, als auch den regelmäßig bald darauf folgenden Wiederanstieg der Häftlingszahlen – ein fortwährender Wechsel zwischen Repressionsspitzen und milderen Zeiten im innenpolitischen Klima. Sichtbar wird aber vor allem, dass „das Auf und Nieder die unmittelbare Abhängigkeit der Strafrechtspflege von tagespolitischen Beschlüssen des Politbüros"[512] dokumentiert, wie Falco Werkentin zutreffend feststellt. Mitte der fünfziger Jahre lag der Anteil politischer Gefangener an der Gesamtzahl der Häftlinge im DDR-Gefängniswesen etwa bei einem Drittel. Das wiederum war mithin ein wesentlicher Grund für die permanente Überbelegung der Strafvollzugseinrichtungen. Eine weitere Ursache ist in der gängigen Praxis zu sehen, im Vergleich zu den Ländern Westeuropas schwerere und höhere Strafen zu verhängen: Im Vergleich zur Bundesrepublik lag die Zahl der inhaftierten Bürger, bezogen auf 100 000 Einwohner, in der DDR stets beim Zwei- bis Dreifachen. Lediglich nach Amnestien und Gnadenaktionen besserte sich das Verhältnis kurzfristig zugunsten der DDR.[513] Die großen Entlassungsaktionen und Amnestien dienten daher nicht nur „der innen- und außenpolitischen Befriedung und Klimapflege". Vielmehr war das Strafvollzugssystem der DDR auch

---

„Positives" an ihre übergeordneten Dienststellen. Vgl. Abschlussbericht der StVA Waldheim zum Amnestieerlass vom 14.12.1964 (SächsStAL, 24.1/617/Bl. 121).
511 Abteilung SV der BDVP Leipzig an VSV, Betr.: Berichterstattung über die Durchführung des Amnestieerlasses des Staatsrates der DDR vom 3.10.1964 vom 17.12.1964 (SächsStAL, 24.1/617/Bl. 131 f.).
512 Werkentin, Politische Strafjustiz, S. 392.
513 Ebd., S. 393.

aufgrund „der völlig überzogenen Strafpraxis" von den periodischen Leerungen der Gefängnisse abhängig.[514]

Letztlich sorgte auch der Gnadenakt vom Oktober 1964 nur kurzfristig für Entlastung, denn bereits Ende 1965 saßen wieder 18050 Häftlinge und Ende 1967 24578 Strafgefangene in Strafvollzugseinrichtungen der DDR ein.[515] Der zwischenzeitliche Rückgang der Zahl der politischen Häftlinge ab der zweiten Hälfte der sechziger Jahre resultierte zum einen aus der Verminderung der politischen Repression, welche die SED-Spitze innenpolitisch nach dem Mauerbau glaubte, sich leisten zu können. Zum anderen beförderte die Rücknahme des Terrors der politischen Justiz das Bemühen der DDR, ihr Ansehen auf dem internationalen Parkett zu steigern. Vor allem unter Honecker kam es zum massiven Ausbau des MfS, um die Opposition mit „leisen" Methoden zu bekämpfen. Der Anstieg der Häftlingszahlen in den siebziger Jahren ergab sich vornehmlich aus den hohen Zahlen der zur „Arbeitserziehung" verurteilten Personen.[516] Eine Ursache für den anhaltenden Rückgang der Zahl der politischen Häftlinge war die immer effektiver werdende verdeckte Arbeit des MfS, welche mittels der sogenannten „Zersetzung" in feindlich-negativen Gruppierungen Verunsicherung und Zweifel an deren Handeln auszulösen versuchte und, wenn möglich, die Mitglieder dieser Gruppen dazu bringen wollte, ihre „feindlich-negativen Pläne, Absichten und Maßnahmen" aufzugeben, sodass „auf strafrechtliche Sanktionen aus rechtspolitischen und politischen Gründen" verzichtet werden konnte.[517] So wurden die staatlichen Repressionsmaßnahmen im Vorfeld justizieller Strafen immer stärker ausgebaut – hierzu zählte insbesondere der Versuch der sogenannten „Zersetzung" jeglicher Opposition.[518]

Entlastungen für den Strafvollzug der DDR brachten auch die zu diesem Zeitpunkt wirksam werdenden „besonderen Bemühungen der Bundesregierung im humanitären Bereich". Bereits im September 1963 waren nach zähen Verhandlungen acht politische Häftlinge für insgesamt 340000 D-Mark von der Bundesrepublik freigekauft worden.[519] Im Jahr darauf folgte bereits die erste Massen-

---

514 Ebd., S. 394.
515 Ebd., S. 408.
516 Vgl. Kapitel V.4.
517 Diplomarbeit an der Juristischen Hochschule des MfS vom August 1986 (BStU, MfS, JHS, 20533). Zit. nach Werkentin, Dimension politischer Inhaftierungen, S. 151.
518 Dazu, wie mittels der „Operativen Psychologie" das MfS die systematische „Zersetzung" von Opposition betrieb, siehe Pingel-Schliemann, Zersetzen; Behnken/Fuchs (Hg.), Zersetzung der Seele.
519 Jüngst entbrannte eine Kontroverse über den Ausgangspunkt des Häftlingsfreikaufs. Laut Maximilian Horster hatte bereits 1962 die westdeutsche evangelische Kirche den Freikauf von DDR-Häftlingen initiiert, „als sie im Sommer 1962 über Rechtsanwalt Reymar von Wedel mit Wolfgang Vogel in Kontakt trat und die DDR in der Folge rund 100 Häftlinge für Warenlieferungen freiließ, ferner kaufte der (West-)Berliner Senat noch im Dezember desselben Jahres sechs Häftlinge frei." Vgl. Horster, Trade in Political Prisoners, S. 408 f. Das Zitat stammt aus Wölbern, Entstehung des „Häftlingsfreikaufs", S. 857, der sich auf Horster bezieht. Wölbern selbst bezeichnet den Freikauf von

entlassung, als die Bundesrepublik 884 Häftlinge und 1965 gar 1 155 politische Gefangene freikaufte. Nicht zwangsläufig bedeutete zu diesem Zeitpunkt jedoch Freikauf auch Entlassung in die Bundesrepublik, denn 1964 durften die entlassenen Häftlinge noch nicht über das Entlassungsgebiet frei entscheiden, sodass DDR-Bürger – etwa 45 Prozent – in der DDR verblieben und nur Bundesbürger an die Bundesrepublik übergeben wurden. Zwar durften die Freigekauften ab 1965 ihren Entlassungsort selbst bestimmen, doch gelang es der DDR zu diesem Zeitpunkt noch, viele Entlassene in der DDR zu halten. Von den 1965 freigekauften 1 555 Häftlingen verbleiben 931 Personen, knapp 60 Prozent, in der DDR.[520] Danach bedeutete Freikauf in der Regel Entlassung in die Bundesrepublik. In der zweiten Hälfte der sechziger Jahre sank die Zahl der jährlich Freigekauften wieder – 1966 waren es 424, 1967 531 – ehe die Zahlen zum Ende der sechziger Jahre erneut anstiegen: 1968 wurden 696 Personen, 1969 927, 1970 888 und 1971 schließlich 1 400 politische Häftlinge aus dem DDR-Strafvollzug freigekauft.[521] Seit Mitte der siebziger Jahre kam es zu durchschnittlich 1 446 Häftlingsfreikäufen im Jahr – die wenigsten 1979: 890, und die meisten 1985: 2 669.[522] Bis zum Ende der DDR gelangten im Rahmen der „besonderen Bemühungen" insgesamt 33 755 politische Häftlinge aus den Gefängnissen der DDR in die Bundesrepublik.[523] Summa summarum erbrachten die Bundesregierungen von 1963 bis 1989 dafür sowie für über 250 000 Familienzusammenführungen Gegenleistungen im Wert von mehr als 3,5 Milli-

---

sechs DDR-Häftlingen durch den (West-)Berliner Senat als nirgends belegt. Vgl. ebd., S. 858. Wölbern vertritt seinerseits die These, wonach der Anstoß des Häftlingsfreikaufs von Wolfgang Vogels MfS-Kontaktoffizier Heinz Volpert kam, was alsbald heftig bestritten wurde. Vgl. Pötzl, Ein abstruser Stasi-Vermerk; Wedel, Stellungnahme. Wölbern macht deutlich, „dass es vor, während und auch nach der Etablierung des organisierten Freikaufs Einzelfälle gegeben hat, in denen Privatpersonen die Entlassung von politischen Häftlingen aus DDR-Gefängnissen für Geld oder Waren erreichen konnten". Entscheidend sei jedoch, welche Seite den organisierten Freikauf initiiert habe, da nur so beantwortet werden könne, ob der Häftlingsfreikauf eine „humanitäre Aktion des Westens [war] oder vielmehr ein inhumaner Menschenhandel, durch den von Beginn an das Ziel erreicht werden sollte, überfüllte Gefängnisse in bares Geld ‚umzumünzen'." Vgl. Wölbern, Problematische Argumentationen, S. 86. Und Wölbern zufolge war hier die Arbeit von Wolfgang Vogels MfS-Verbindungsoffizier Heinz Volpert als „Schlüsselfigur" sowie den beiden Anwälten Vogel und Jürgen Stange entscheidend. Vgl. ders., Entstehung des „Häftlingsfreikaufs", S. 856, 866. Diese Debatte abschließend bemerkte von Wedel: „Wölberns Theorie, dass der Stasi-Offizier Volpert der Initiator gewesen sei, beruht auf dessen eigenen Vermerken, die völlig unglaubwürdig sind." Vgl. Wedel, Anmerkungen zu Wölbern, S. 475. Nochmals gab es eine kurze Debatte über die Anfänge des Häftlingsfreikaufs, als Thomas von Lindheim 2010 behauptete, zu Beginn der Freikäufe sei der Kreis der infrage kommenden Personen nicht auf politische Gefangene begrenzt gewesen und die Bundesregierung habe der DDR die Auswahl der entsprechenden Häftlinge überlassen wollen. Vgl. von Lindheim, Juristische Probleme. Das wies Detlef Kühn schlicht als „falsch" zurück. Vgl. Kühn, Häftlingsfreikauf, S. 382.
520 Wölbern, Entstehung des „Häftlingsfreikaufs", S. 865–867.
521 Werkentin, Politische Strafjustiz, S. 408; Finn/Fricke, Politischer Strafvollzug, S. 122.
522 Werkentin, Politische Strafjustiz, S. 408.
523 Rehlinger, Freikauf, S. 247.

arden D-Mark – meist in Form von Warenlieferungen, die als „Sondergeschäft B" über Konten des Diakonischen Werkes der Evangelischen Kirchen geleitet wurden.[524] Durch den Häftlingsfreikauf wurden zum einen die chronisch überbelegten Gefängnisse der DDR entlastet, wodurch sich die bisher recht kurzen Abstände zwischen den Amnestien verlängerten. Zum anderen wurde „auch die Devisen- und Oppositionsbilanz entlastet",[525] da man missliebige Bürger in die Bundesrepublik abschieben konnte und dafür auch noch gut entlohnt wurde.

Die „Vorläufige Ordnung über die Durchführung des Strafvollzuges" (Strafvollzugsordnung – SVO) vom 25. Januar 1965 trat am 1. März des Jahres in Kraft und war, so Wunschik, „Ergebnis der verschobenen Prioritäten" der Berliner Zentrale in Richtung der stärkeren Betonung der Erziehung der Strafgefangenen.[526] Zur Verwirklichung des Rechtspflegeerlasses vom April 1963 wurden die Aufgaben des Strafvollzugs festgelegt: Isolierung des Straftäters zum Schutz der „Arbeiter-und-Bauern-Macht und der Rechte der Bürger", Erziehung „zur Achtung der Gesetzlichkeit und zur Einhaltung der Regeln des gesellschaftlichen Zusammenlebens" durch den Dreiklang Ordnung, Arbeit und „kulturell-erzieherische Einwirkung".[527] Ziele des Strafvollzugs waren die Wiedereingliederung des Delinquenten sowie die Vorbeugung erneuter Straffälligkeit. In großen Worten wurden die Einhaltung der sozialistischen Gesetzlichkeit sowie die Wahrung und Achtung der Menschenwürde, der Persönlichkeit und der Rechte der Strafgefangenen beschworen. Wunschik zitiert denn auch den 1. Stellvertreter der Haftanstalt Brandenburg-Görden, der die erstmalige umfangreiche und konkrete Formulierung der Rechte und Pflichten der Häftlinge durch die Strafvollzugsordnung von 1965 herausstrich sowie Wahrung und Achtung von Persönlichkeit und Menschenwürde durch den Rechtspflegeerlass lobte.[528] Auf dem Papier wurde damit der Wandel im Haftregime ab 1962 bekräftigt. Festgeschrieben wurde auch, dass Ordnung, Arbeit und Erziehung „ständig als Einheit im Erziehungsprozess wirksam sind". Die Leiter der Strafvollzugseinrichtungen wurden verpflichtet, das einheitliche Handeln aller an der Umerziehung der Häftlinge beteiligten Personen zu sichern und zudem die „enge Zusammenarbeit mit den örtlichen Organen, Gerichten, Staatsanwaltschaften und gesellschaftlichen Kräften zu gewährleisten".[529] Doch wie in der Vergangenheit existierte auch weiterhin eine große Diskrepanz zwischen Theorie und Praxis. Im Sommer 1965 zeigten sich bei der Umsetzung der vorläufigen Strafvollzugsordnung gleich mehrere „Haupthemmnisse": „Noch ungenügend wird die Umerziehung der Strafgefan-

---

524 Ebd.
525 Werkentin, Justizkorrekturen, S. 525.
526 Wunschik, Strafvollzugspolitik des SED-Regimes, S. 267.
527 Vorläufige Ordnung über die Durchführung des Strafvollzuges – Strafvollzugsordnung – vom 25.1.1965 (BStU, ZA, MfS-BdL/Dok. 10065/Bl. 5).
528 Wunschik, Strafvollzugspolitik des SED-Regimes, S. 267 f.
529 Vorläufige Ordnung über die Durchführung des Strafvollzuges – Strafvollzugsordnung – vom 25.1.1965 (BStU, ZA, MfS-BdL/Dok. 10065/Bl. 5).

genen als ein komplexer Prozess erkannt, [...] noch ungenügend wird der Zusammenhang zwischen wirksamen Erziehungsmaßnahmen und der ständigen Erhöhung der Sicherheit gesehen [...], das Niveau der Führungs- und Leitungstätigkeit in den SV-Einrichtungen wird den sich ergebenden Anforderungen noch nicht genügend gerecht [...], die pädagogischen Fähigkeiten, das Wissen und Können der Angehörigen des Strafvollzuges, die unmittelbar zur Arbeit mit den Strafgefangenen eingesetzt sind, reicht noch nicht aus."[530] Nach Einschätzung der Berliner Zentrale wurde „von einer erheblichen Anzahl Angehöriger des Organs Strafvollzug Erziehung oder Umerziehung immer noch mit Nachgeben, Nachsichtigkeit und Zurückweichen verwechselt". Zudem gab es „immer wieder Fälle", in denen die Persönlichkeit der Gefangenen missachtet, wo Häftlinge angebrüllt und Bitten oder Beschwerden nur oberflächlich bearbeitet worden waren. „Solche Erscheinungen zeugen davon, dass der Inhalt der Strafvollzugsordnung noch nicht voll begriffen worden ist. Zweifellos ist das Herstellen einer richtigen Beziehung zwischen Strafgefangenen und SV-Angehörigen eine der schwierigsten Seiten der Arbeit des Strafvollzuges", so die oberste Strafvollzugsverwaltung einsichtsvoll. Aufgrund der jahrelangen politischen Indoktrination des Personals, in den Häftlingen vornehmlich Gegner des Systems zu sehen, war die Durchsetzung der neuen Linie offenbar ein langwieriger Prozess. Angesichts der angesprochenen Qualität des Personals bestand für dieses vor allem die Schwierigkeit, die richtige Linie zwischen der geforderten strengen Ordnung und Disziplin (Primat der Sicherheit) sowie der Erziehung der Häftlinge und der Achtung der Menschwürde und der Persönlichkeit der Häftlinge zu finden. Auch die Personalschulungen schafften diesbezüglich keine Abhilfe. So bemerkte die kontrollierende Abteilung Strafvollzug des Bezirks Karl-Marx-Stadt im Sommer 1964 in Hoheneck bei den dortigen „Genossen Kommando- und Stationsleitern [...] noch große Hemmungen bei der Durchführung der ideologischen Erziehungsarbeit [...]. Sie fühlen sich aufgrund zu geringen Wissens sehr unsicher."[531] Die Folge davon war ein vor allem uneinheitliches Auftreten des Strafvollzugspersonals gegenüber den Häftlingen.

Wie für die fünfziger Jahre geschildert, setzte sich auch in den sechziger Jahren die Entwicklung im Haftregime so fort, dass auf eine Phase eines gemäßigten Haftregimes aufgrund dann festgestellter Tendenzen der „Liberalisierung" eine Phase mit schärferen Haftbedingungen folgte – bis diese wiederum wegen vorgefundener „Härten" von einer „weichen" Phase abgelöst wurde. So deutete sich bereits 1965 eine erneute Wende in der Strafvollzugspolitik an: Hatte man zu Jahresbeginn den Häftlingen durch die vorläufige Strafvollzugsordnung erst-

---

530 Zitat hier und im Folgenden: Entwurf eines Berichts der VSV über die Erfahrungen bei der Erläuterung und den Stand der Durchsetzung der vorläufigen Ordnung über die Durchführung des Strafvollzuges (SVO) vom 25.1.1965 vom 12.7.1965 (BArch, DO 1/3801, unpag.).
531 Kontrollbericht der Abteilung SV der BDVP Karl-Marx-Stadt über die Kontrolle der StVA Hoheneck vom 17.6. bis 10.8.1964 vom 1.9.1964 (SächsStAC, 30441-25.1/339/ Bl. 184).

mals Rechte und Pflichten umfassend zugestanden und die Wahrung der Menschenwürde sowie die Achtung der Persönlichkeit verankert, häuften sich ab der Jahresmitte 1965 die Berichte über zunehmend renitente Gefangene. So berichtete die Abteilung Strafvollzug der BDVP Leipzig, dass sowohl in der Strafvollzugsanstalt Torgau als auch in anderen SV-Objekten „die Disziplin und Ordnung der Strafgefangenen nachließ, Strafgefangene befolgten die Weisungen ungenügend, standen zum Wecken nicht auf, verweigerten die Arbeit u. a. Volkspolizisten wurden durch Strafgefangene in der Dienstausübung bedroht, angespuckt, mit Essen beschüttet usw. Unter den Strafgefangenen in Torgau kam eine solche Meinung auf, sie müssen renitent werden, nur dann können sie ihre Forderungen durchsetzen".[532] Die Anstaltsleitung von Bautzen I berichtete der Dresdner Strafvollzugsabteilung, dass bis zu acht Prozent der Häftlinge vorsätzlich ihre Pflichten verletzten, indem sie die Arbeit verweigerten, in den Betten liegen blieben, keine Ordnung in den Zellen hielten, „negative Diskussionen" führten und das Personal beleidigten.[533] Zudem seien nur 30 Prozent der Krankmeldungen berechtigt, die anderen meldeten sich krank, um nicht arbeiten zu müssen. Daher lautete das drastische Fazit: „Zusammenfassend kann man einschätzen, dass sich der Druck einiger Häftlinge verstärkt. Sie kriechen aus den Rattenlöchern." Ursache dieser Entwicklung sei wiederum die „Verschärfung der Klassenkampfsituation in der Welt und zwischen beiden deutschen Staaten", die sich eben auch im Strafvollzug niederschlage. Zusammen mit dem MfS untersuche man das Bestehen eines „Funktionsnetzes der Untergrundtätigkeit", da die „organisierte Arbeitsverweigerung", die „vorsätzliche Störung der SVO" sowie der „passive Widerstand bis zur Hetze und Sabotage" Erscheinungen einer „verdeckten Kriegsführung" seien. Die Dresdner Strafvollzugsabteilung analysierte, dass die nicht funktionierende Arbeitsorganisation einzelner VEB, die nicht vollständig gewährleistete ärztliche Betreuung, die „illegale Verbindungsaufnahme" fördernden unkontrollierten Bewegungen der Häftlinge, die unterschiedliche Dienstdurchführung der einzelnen Kollektive und Genossen sowie die unzureichende Kategorisierung der Strafgefangenen diese Entwicklung begünstigten. Allgemein warnte Innenminister und DVP-Chef Dickel im August 1965 vor politischen Häftlingen, die „auch während des Strafvollzuges die Möglichkeit nutzen, neue verbrecherische Handlungen vorzubereiten".[534] Diese Häftlinge hätten die Absicht, positiv zur DDR eingestellt Mitgefangene zu isolieren, den Strafvollzug zu stören, unsichere Mithäftlinge zu

---

532 BDVP Leipzig, Abteilung SV, Einschätzung der Erfüllung der Aufgaben im Jahre 1965 vom 4.1.1966 (SächsStAL, 24.1/609/Bl. 77 f.).
533 Zitat hier und im Folgenden: BDVP Dresden, Abteilung SV, Berichterstattung über die Durchsetzung der Strafvollzugsordnung von 1965 (SächsHStA, 11464/BDVP/23.1/ 426/Bl. 34–36).
534 Zitat hier und im Folgenden: Referat des Ministers des Innern und Chefs der DVP, Dickel, auf der Arbeitstagung des MdI über Probleme des Strafvollzuges, Thema: Die Grundsätze der Arbeit des Organs Strafvollzug und die weiteren Aufgaben, Berlin, 11.8.1965 (BArch, DO 1/3410, unpag.).

beeinflussen und zu neuen Verbrechen anzustacheln. Dabei handele es sich um „eine zielgerichtete gegnerische Tätigkeit", die „in unmittelbarem Zusammenhang mit der gegenwärtigen in Bonn betriebenen direkten Kriegsvorbereitung betrachtet werden" müsse. Grundsätzlich sei daher die Wachsamkeit im Strafvollzug zu erhöhen, wobei dies – wie aus der vergangenen Entwicklung bekannt – das Ende liberaler Phasen im Haftregime bedeutete.

Der Arbeit im Strafvollzug standen mehrere Probleme im Weg: Aus Bautzen I war Ende 1965 im Rahmen einer Strafvollzugskonferenz beispielsweise zu hören, dass von Montag bis Mittwoch 38 Neuzugänge untergebracht werden mussten, was sich angesichts der Überbelegung der Anstalt äußerst schwierig gestaltete: „Es ist bei uns so, dass wir dafür kämpfen müssen, einen Stuhl für den Strafgefangenen zu finden und wir nicht wissen, wo wir die Strafgefangenen produktionsmäßig unterbringen können."[535] Die Eingliederung in die Produktion war auch deshalb schwierig, weil ein Großteil der Häftlinge gerade einmal die 6. Schulklasse erreicht hatte und daher nur für körperlich schwere Arbeit in Frage kam. Des Weiteren fehlte es an Personal: „Wenn in der Zugangsstation nur ein Wachtmeister da ist, sind wir nicht in der Lage, den Betrieb aufrecht zu erhalten." Ende 1965 blieben hier 40 Planstellen unbesetzt, weil die SV-Angehörigen nach Ablauf ihrer Verpflichtungszeit nicht länger im Strafvollzug dienen wollten. Zum anderen wurde ein Großteil der Häftlinge ohne Unterlagen in die Haftanstalt eingeliefert. Dass heißt, die Haftanstalt verfügte bei Einlieferung über keinerlei Informationen bezüglich des Urteils. Diese waren aber für eine Analyse des Häftlings und seine ordnungsgemäße Einordnung in eine Haftkategorie von größter Bedeutung. Schließlich wurde die uneinheitliche Dienstdurchführung kritisiert. Die Aufnahme der Rechte und Pflichten der Gefangenen in die Strafvollzugsordnung hatte nach Aussage der Bautzener Anstaltsleitung in der Praxis zur Folge, dass das Personal den Gefangenen verständlich machen musste, „dass, bevor sie die Rechte in Anspruch nehmen können, erst einmal die Pflichten erfüllt werden müssen". Zum großen Missfallen der Verantwortlichen war nun die „strenge Einhaltung der Disziplin und Ordnung" dadurch erschwert, dass die Gefangenen „gleich einen geschlossenen Brief schreiben, um sich zu beschweren. Die Strafgefangenen wollen uns damit beschäftigen, was von unserer Zeit für die Erziehungsarbeit verloren geht." Infolge der Liberalisierungen im Strafvollzug ab 1962/63 und durch die Strafvollzugsordnung, die die Achtung von Menschenwürde und Persönlichkeit betonte, sollte den SV-Angehörigen „intensiv klar gemacht werden, dass man bei der Erziehung der Strafgefangenen an das Gute im Menschen glauben muss".[536] Vom früheren Dogma, in jedem Häftling einen Gegner zu sehen, hatte

---

535 Zitat hier und im Folgenden: Protokoll der 2. Vollzugskonferenz vom 8.12.1965 (SächsHStA, 11464/BDVP/23.1/424/Bl. 143, 147, 153, 155).
536 Abteilung SV der BDVP Dresden, Protokoll über die am 21.1.1963 durchgeführte Arbeitsberatung mit den Leitern der SV-Dienststellen (SächsHStA, 11646/BDVP/23.1/424/Bl. 60).

man sich in den übergeordneten Stellen demnach befreit. Diese Abkehr in den Haftanstalten zu vermitteln, fiel nicht leicht. Seitens des Bautzener Offizierskaders war man etwa der „Auffassung, dass gegnerischer Einfluss besteht. Wir können nicht von jedem Strafgefangenen sagen, das ist kein Gegner."[537] Auch hier hatte man eine Zunahme aufrührerischen Verhaltens verzeichnet, wobei die Offiziere die Auffassung vertraten, „dass die Strafgefangenen solange frech und provokatorisch uns gegenüber auftreten, solange wir es uns gefallen lassen". An anderer Stelle wurde vermerkt, dass 80 Prozent der Gefangenen „negative Kräfte" seien. Dadurch sei es den „progressiven Kräften" nicht möglich, innerhalb der Häftlingsgesellschaft ihren Standpunkt zu vertreten: „Wenn einer auftritt und seine Meinung dazu sagt, dann hat er es schwer." Vor allem hätten die Wärter keinen Einfluss auf die Häftlinge in den Zellen, denn wenn abends „der Verwahrraum abgeschlossen wird, ist unsere Arbeit erledigt, was sich dort abspielt, ist für uns nicht zugänglich". Allerdings wurde auch die Einschränkung gemacht, dass wohlwollendes Verhalten der Häftlinge nicht dadurch gefördert wurde, wenn „in einer Vielzahl von Fällen nicht richtig gehandelt wurde, wenn Strafgefangene mit Zahnschmerzen rumlaufen müssen und wir nicht in der Lage sind, ihn zum Arzt zu bringen, weil keiner da ist. [...] Die medizinische Betreuung ist in der Vergangenheit nicht so gewesen, wie sie sein sollte." Damit wurde eingeräumt, dass negatives Verhalten der Häftlinge nicht immer nur der Tätigkeit gegnerischer Kräfte zugeschrieben werden konnte, sondern zu einem Großteil eben hausgemacht war, eigenem Fehlverhalten sowie den Haftbedingungen – Mängeln in der medizinischen und materiellen Versorgung – aber auch der Arbeitsorganisation geschuldet war.

Die Berliner Zentrale machte klar, dass es „ein Zurück zum Strafvollzug vor einigen Jahren" nicht geben werde. Im „neuen" Strafvollzug sollten die Anstaltsleiter deutlich mehr Verantwortung übernehmen, womit diese offenbar große Schwierigkeiten hatten. So beschwerte sich ein Mitarbeiter der Strafvollzugsanstalt Bautzen I, dass diese „seit 1-2 Jahren keine konkreten Weisungen mehr" von der Berliner Zentrale erhalten habe, worauf ein Vertreter der Berliner Verwaltung Strafvollzug entgegnete, „dass der Genosse Minister von uns verlangt, mehr Verantwortung nach unten" zu übernehmen. Der Handlungsspielraum der Anstaltsleiter dürfe nicht zu sehr eingeengt werden, da sie schließlich vor Ort am besten wüssten, was zu tun sei. Daher wolle man auch keine über die Strafvollzugsordnung hinausgehenden Weisungen erlassen. Die Verantwortlichen sollten vor Ort das im Rahmen der Strafvollzugsordnung Notwendige entscheiden. Das war in der Tat ein neuer Ansatz, der aber in der Praxis die von oben monierte „Uneinheitlichkeit in der Dienstdurchführung" nicht eben verminderte.

Auch von der obersten Strafvollzugsverwaltung waren „Hetze und Provokationen" seitens der Häftlinge gegenüber dem Strafvollzugspersonal registriert

---

537 Zitat hier und im Folgenden: Protokoll der 2. Vollzugskonferenz vom 8.12.1965 (SächsHStA, 11464/BDVP/23.1/424/Bl. 155, 158, 162 f.).

worden: „Wir können solche Dinge nicht dulden. [...] Dieser Zustand muss schnellstens verändert werden." Dabei räumte die Berliner Zentrale durchaus ein, „wie kompliziert es ist, immer das richtige herauszufinden, ob es eine Provokation ist oder nicht". Dabei müsse man mehr die Persönlichkeit des Gefangenen beachten: „Der Genosse muss genau wissen, wie der Strafgefangene zur DDR steht." Weitere Anweisungen des VSV-Vertreters lassen Rückschlüsse auf die damalige Lage im DDR-Strafvollzug zu: So seien in der momentanen Situation nicht nur die Gefangenen ein Problem, sondern auch „unsere Genossen". Die SV-Angehörigen seien „so zu erziehen, dass sie den politischen Blick haben und nicht erst aufgefordert werden oder Zeitung lesen, um Antwort geben zu können. [...] Der Gefangene muss an der Haltung unserer Genossen erkennen, wen er vor sich hat und in der Haltung des Genossen darf es keinen Zweifel geben, dass er fest auf dem Boden unserer Republik steht. Wir müssen auch unseren Genossen sagen, dass Arbeit im Strafvollzug in erster Linie ideologische Arbeit bedeutet. Die Genossen des Strafvollzuges kämpfen in der vordersten Front des ideologischen Klassenkampfes." Daher war die Ordnung das Elementare im Strafvollzug: „Wir müssen erst Ordnung schaffen, ehe wir erziehen können." Auch könne man Zwang und Überzeugung nicht trennen und möglicherweise „muss in einem Kommando mehr Zwang ausgeübt werden als im anderen". Allerdings machte die Berliner Zentrale auch ausdrücklich klar, dass es zu vermeiden sei, „dass unsere Genossen die Mittel des Zwanges mit den Mitteln der körperlichen Gewalt gleichstellen. Wir dürfen nicht zulassen, dass die Genossen unter Zwangsmitteln die körperliche Gewalt verstehen. Zwang ist, dass er [der Strafgefangene] hier bei uns ist, dass er machen muss, was wir wollen. Das muss sinnvoll mit der Überzeugungsarbeit verbunden werden." Dass auch noch Mitte der sechziger Jahre von der Berliner Zentrale darauf hingewiesen werden musste, dass körperliche Gewalt nicht mit den Prinzipien des DDR-Strafvollzugs vereinbar sei, wirft ein charakteristisches Licht auf die offensichtlich im Gefängniswesen immer noch anzutreffenden Praktiken der Herstellung von „Sicherheit und Ordnung". Bei einer Auswertung der Eingaben der Häftlinge war herausgekommen, dass „das Verhalten der Strafvollzugsangehörigen immer noch Anlass zu vermehrten Beschwerden der Gefangenen" gegeben hatte.[538]

---

538 VSV, Abteilung III, Auswertung der Eingaben von Strafgefangenen 1965 vom 5.3.1966 (BArch, DO 1/3801, unpag.).

3.7 Verschärfte Strafvollzugspolitik als Reaktion auf „Liberalisierungen" und das Strafvollzugsgesetz

Wie angedeutet, dauerte auch die liberalere Phase in der ersten Hälfte der sechziger Jahre im Strafvollzug nicht sehr lang; bedeutete doch das 11. Plenum des ZK der SED im Dezember 1965 ein eindeutiges Zeichen für eine neuerliche Verschärfung des innenpolitischen Klimas. Die Auswirkungen waren auch im Strafvollzug spürbar. Die Aufforderungen Dickels zu mehr Wachsamkeit in den Haftanstalten im Sommer 1965 hatten diese Entwicklung bereits angekündigt. Nun wurden offen „wirkungsvollere Disziplinarstrafen" als die momentan durch die Strafvollzugsordnung zugelassenen gefordert, um den „hartnäckig störenden und ständig provozierenden Elementen" Herr zu werden.[539] Doch nicht diese „Elemente" seien das größte Hemmnis einer wirkungsvollen Erziehungsarbeit sowie der Ordnung im Strafvollzug, sondern die „Überbelegung und die Fluktuation". Diese erschwerten die Differenzierung der Häftlinge und begünstigten die „negative Beeinflussung durch Strafgefangene sowie Ordnungs- und Disziplinarverstöße". Durch die hohe Fluktuation der Gefangenen seien die Vollzugsbediensteten derart „stark mit Organisationsaufgaben belastet", dass sie kaum noch die Lage in ihrem Verantwortungsbereich übersehen könnten. Mit dem Arbeitseinsatz dagegen seien die Verantwortlichen zufrieden, da nun die zivilen Angestellten der Betriebe, für die der Strafvollzug produzierte, „wirksamer in den Erziehungsprozess einbezogen" worden seien. Neben dem „beachtlichen volkswirtschaftlichen Nutzen" hätte man „die Möglichkeiten der Qualifizierung, der Anerziehung von Kollektivgeist, Verantwortungsbewusstsein und anderer Faktoren weiterentwickelt und in höherem Maße genutzt". Alles in allem kam aber das Innenministerium Ende Mai 1966 nach einer umfassenden Revision des DDR-Gefängniswesens zum dem Schluss, dass „trotz der erreichten Fortschritte [...] der gegenwärtige Stand nicht ausreicht, um entsprechend den Erfordernissen eine grundlegende Veränderung in der Durchführung des Vollzuges der Freiheitsstrafe" herbeizuführen.[540] Erneut hatte also demnach eine grundlegende Untersuchung ergeben, dass der DDR-Strafvollzug nicht in der von den Verantwortlichen gewünschten Weise erfolgte. So stellte sich „das Niveau der Vollzugsdurchführung in den einzelnen Vollzugseinrichtungen äußerst unterschiedlich" dar, was der unterschiedlichen „Qualität der Leitungstätigkeit" zugeschrieben wurde, welche nach Meinung des Ministeriums noch immer schwerwiegende Defizite aufwies. „Das verstärkt renitente Verhalten Inhaftierter, der noch nicht befriedigende Rückgang der versuchten und durchgeführten Entweichungen sowie die in der letzten Zeit aufgetretenen Erscheinungen aufrührerischer Gruppierungen [...] sind ein Ausdruck der noch vorhan-

---

539 Zitat hier und im Folgenden: Entwurf, Bisherige Erfahrungen bei der Durchsetzung der Strafvollzugsordnung, o. D. [1966] (BArch, DO 1/3382, unpag.).
540 Zitat hier und im Folgenden: MdI, Leitungsvorlage Nr. 29, Betr.: Stand der Durchsetzung der vorläufigen Strafvollzugsordnung und die sich daraus ergebenden Schlussfolgerungen vom 25.5.1966 (BArch, DO 1/3782, unpag.).

denen Unzulänglichkeiten in der Vollzugsgestaltung." Als eine Ursache der Mängel wurde die Überbelegung der Strafvollzugseinrichtungen ausgemacht, die fast allerorten dazu führte, dass für die Erziehungs- und Bildungsarbeit bestimmte Räume als Verwahrräume verwendet werden mussten. „Außerdem mangelt es an Mobiliar und Einrichtungsgegenständen, vor allem Betten, Auflegern und Decken." Daneben wurde aber vor allem „einer Reihe" von Anstaltsleitern vorgeworfen, dass sie „die Grundsatzdokumente, Befehle und Weisungen" nur unzureichend beachtet und zur Basis ihrer Arbeit gemacht hätten, wodurch eine „straffe Dienstorganisation und Vollzugsgestaltung" unterblieben sei. Die Folgen: „Mangelhafte Dienstdurchführung, Vernachlässigung der Wachsamkeit, Unterschätzung auftretender negativer Erscheinungen und liberales Verhalten gegenüber den Inhaftierten schaffen Bedingungen, die einer wirksamen und nachhaltigen Erziehung der Inhaftierten entgegenwirken." Standen mangelhafte Wachsamkeit und „liberales Verhalten" in den fünfziger Jahren noch der Sicherheit der Anstalten entgegen, hatten sich die Zeiten mittlerweile insoweit verändert, als dass das Innenministerium zu diesem Zeitpunkt diese Erscheinungen kritisierte, weil dadurch der Erziehungsprozess gefährdet werde. Man verfiel also nicht von Anfang an in alte Denkmuster. Die Motivation dieser Kritik war demnach die nicht in der gewünschten Form erfolgte Umerziehung der Häftlinge. Daher beanstandete das Innenministerium auch die Störung des Erziehungsprozesses durch allzu häufige Verlegungen der Häftlinge, die dem Grundsatz entgegenstanden, dass jeder Häftling in der ihm im Urteil zugewiesenen Strafvollzugseinrichtung verbleiben solle. Zudem kam die immer noch vorhandene „einseitige Betonung ökonomischer Belange der Betriebe" zur Sprache, obwohl im gleichen Atemzug das ineffektive Belohnungssystem für die Häftlinge kritisiert wurde, da es Produktionssteigerungen nicht fördere. Trotz der allgemeinen Sorge des Innenministeriums um eine effektive und nachhaltige Erziehungsarbeit im Strafvollzug, wurde schließlich auch hier einem wieder strafferem Haftregime das Wort geredet, indem man die mangelhafte „inhaltliche Ausgestaltung der Vollzugsordnung [...] vor allem hinsichtlich der disziplinierenden Maßnahmen gegenüber solchen Inhaftierten, welche die Ordnung erheblich stören und sich hartnäckig den Maßnahmen des Strafvollzuges widersetzen", betonte.

War es dem Innenministerium in seiner Kritik noch um eine nachhaltige Erziehungsarbeit gegangen, verschärfte sich der Ton schon kurze Zeit später, als die Abteilung Strafvollzug der BDVP Dresden eine „Unterschätzung der Klassenkampfsituation" und vor allem eine „Verpädagogisierung des Strafvollzuges"[541] im Bezirk Dresden diagnostizierte. Anlass waren aufmüpfige Häftlinge (Arbeitsverweigerungen, Führen „negativer Diskussionen", „verstärkt Widerstandshandlungen"), denen offensichtlich nicht Herr zu werden war. Das Personal wurde belehrt, „dass wir als Strafvollzug eine Zwangsfunktion zu erfül-

---

541 Zitat hier und im Folgenden: BDVP Dresden, Abteilung SV, Betr.: Einschätzung des Bestandes im Organ Strafvollzug, besonders in der StVA I Bautzen vom 15.6.1966 (SächsHStA, 11464/BDVP/23.1/426/Bl. 51–56).

len haben und die Strafgefangenen zum Respekt zu erziehen sind". Diese strikten Ansagen waren aus Sicht der Verantwortlichen notwendig, da das Personal Unsicherheiten gegenüber den Häftlingen zeigte, was die Dresdner Strafvollzugsabteilung darauf zurückführte, dass in der Vergangenheit bei Vorfällen mit Gefangenen als erstes die Schuld bei den SV-Angehörigen gesucht und nicht vom „Klassenstandpunkt" her untersucht worden war. Die Verantwortlichen in Dresden kamen demnach zu der Ansicht, dass die Rechte der Häftlinge in der Vergangenheit überbetont worden seien. Dies habe zu einer Zunahme aufmüpfiger Häftlinge geführt. Ursache dieser Entwicklung war demzufolge die vorläufige Strafvollzugsordnung vom Januar 1965. In diesem Zusammenhang stand auch die Forderung der Dresdner Strafvollzugsabteilung nach Aufhebung des Punkts 59 besagter Strafvollzugsordnung, der zufolge die Häftlinge einen geschlossenen Brief an den Staatsrat, die Staatssicherheit, das Justizministerium, den Generalstaatsanwalt oder den Leiter der Verwaltung Strafvollzug schreiben durften. Diese Regelung war den Vollzugseinrichtungen ein Dorn im Auge, da sie keine Berechtigung hatten, diese Schreiben zu kontrollieren. Dresden meinte nun, dass die Briefe von der jeweiligen Anstaltsleitung geöffnet werden dürften, um eine Stellungnahme verfassen zu können. Der Punkt 59 wurde zusätzlich noch dadurch diffamiert, dass ihn vor allem die „ständig disziplinlos in Erscheinung" tretenden Häftlinge nutzen würden.

In Bautzen I stagnierte nach Auffassung der Verantwortlichen die Umerziehung, da die Ausbildung und Qualifizierung der SV-Angehörigen „in den vergangenen Jahren unterschätzt", „Parteidokumente nicht in Verbindung mit der Arbeit im Strafvollzug" gebracht und „Kritik und Selbstkritik" meist unterblieben seien. Ebenso fehle eine „einheitliche Dienstdurchführung", mangele es an der Einbeziehung der „gesellschaftlichen Kräfte", auch bestimmten teilweise „negative Elemente" in den Haftsälen über andere Häftlinge, und nicht zuletzt seien „Film und Fernsehen" etwas überbetont. Als wesentlichste Ursachen der unzureichenden Erziehungsarbeit erwiesen sich jedoch nach wie vor die Überbelegung, die hohe Fluktuation (je Quartal waren 150 bis 200 Entlassungen zu verzeichnen) und die vielen Fehlstellen vor allem im „operativen Vollzugsdienst". Rein rechnerisch kam zwar zu diesem Zeitpunkt auf zehn Häftlinge ein SV-Angehöriger, jedoch veränderte sich dieses Verhältnis in der Praxis aufgrund des Schichtsystems so, dass unterm Strich ein Wärter für ganze 68 Häftlinge zuständig war, was eine „individuelle Erziehungsarbeit" völlig unmöglich machte.

Schließlich war es im Sommer 1966 Innenminister Dickel, der endgültig eine härtere Linie im Haftregime anordnete. Die Verurteilten müssten merken – notfalls sollte es ihnen „sogar sehr spürbar bewusst gemacht werden" – dass sie sich in einer Strafvollzugseinrichtung und nicht in einem „pädagogischen Institut" befänden.[542] Der Strafvollzug bestehe aus „Zwang und Erziehung". Doch

---

542 Zitat hier und im Folgenden: Ausführungen des Ministers des Innern, Friedrich Dickel, auf der Arbeitstagung des VSV am 27.7.1966 (BArch, DO 1/3412, unpag.).

durch die momentane Vernachlässigung des Zwangs erfolge „keine Umerziehung, sondern eine Erziehung zum Falschen". Unter „strengster Einhaltung der sozialistischen Gesetzlichkeit" seien gegen sich widersetzende Elemente „strenge Maßnahmen" anzuwenden, „um die festgelegte Ordnung wieder herzustellen". Die vorgenommenen Änderungen an der vorläufigen Strafvollzugsordnung vom Januar 1965 zielten auf eine Verschärfung des Haftregimes ab. So wurden den Anstaltsleitern „wirkungsvollere Disziplinarmaßnahmen in die Hand" gegeben, die sich vorrangig gegen solche Kräfte richten sollten, die „offen als Feind unseres Staates [auftraten und sich] bewusst und hartnäckig [...] unseren Maßnahmen widersetzen, gegen Arbeitsverweigerer und solche Menschen, die die Autorität unseres Staates nicht anerkennen wollen". Dickel ließ keine Zweifel aufkommen: „Es muss systematisch [...] geprüft werden, wo Stück um Stück und Schritt für Schritt die Schraube angezogen werden muss, so dass eine feste Disziplin und eiserne Ordnung in die SVE hineinkommt".[543] Dabei sollten sich die Anstaltsleiter auch nicht von den für die Haftaufsicht zuständigen Staatsanwälten behindern lassen: „Niemand hat das Recht, Weisungen zu verändern." Die alten Animositäten zwischen Innen- und Justizressort bestanden demnach weiter.

Nach einer umfassenden Revision des Strafvollzugs bestätigte die ZK-Abteilung Sicherheitsfragen im Oktober 1966 den Innenminister in seiner Haltung. Er habe die Änderungen an der Strafvollzugsordnung angeordnet, „um Erscheinungen der Liberalisierung zu überwinden und eine größere Einheitlichkeit und Zielstrebigkeit bei der Umerziehung der Strafgefangenen zu erreichen".[544] Die Betonung der Erziehung hielt mithin trotz des sich verschärfenden Haftregimes an. Bei der Lageeinschätzung seitens der ZK-Abteilung Sicherheitsfragen handelte es sich um die umfassendste Generalanalyse des DDR-Strafvollzugs seit 1959 und wie seinerzeit kamen auch dieses Mal die Mängel und deren Ursachen offen zur Sprache. Zwar wurde dem Strafvollzugspersonal eine „gute Einsatzbereitschaft" attestiert, auch seien durch die Häftlingsarbeit „wichtige ökonomische Aufgaben" gelöst worden. Trotzdem entspreche der Zustand in der Mehrzahl der Vollzugseinrichtungen und damit das Gesamtergebnis der Arbeit des Organs Strafvollzug „nicht den gewachsenen staatlichen und gesellschaftlichen Erfordernissen und den gegebenen Möglichkeiten". Damit bestätigte die ZK-Abteilung Sicherheitsfragen den Befund des Innenministeriums aus der ersten Jahreshälfte. Vor allem die Kritik, dass die vorhandenen Möglichkeiten nicht ausgeschöpft worden seien, war entscheidend und zielte auf die Leitungsebenen. Insbesondere kritisierte die ZK-Abteilung Sicherheitsfragen Mängel in der Leitungstätigkeit des Innenministeriums und der obersten Strafvollzugsverwaltung, welche „fehlerhaftes und uneinheitliches Handeln in den Vollzugseinrichtungen" begünstigten. „Dienstaufsicht, Einflussnahme und Kontrolle" seien

---

543 Siehe auch Wunschik, Strafvollzugspolitik des SED-Regimes, S. 271.
544 Zitat hier und im Folgenden: Abteilung für Sicherheitsfragen, Vorlage für das Sekretariat des Zentralkomitees, Betr.: Bericht über die Lage im Strafvollzug vom 2.10.1966 (SAPMO-BArch, DY 30/IV A2/12/124/Bl. 39–69).

unzureichend ausgeübt worden. „Von der Verwaltung Strafvollzug wurden die nachgeordneten Dienststellen zu den grundsätzlichen Aufgaben des Strafvollzuges nicht genügend zielstrebig, einheitlich und straff operativ angeleitet. Die Kenntnis der tatsächlichen Lage ist lückenhaft, auf bestimmte Vorkommnisse und Entwicklungstendenzen wird nicht wirkungsvoll reagiert." Erstaunlicherweise machte die ZK-Abteilung als Hemmnis für die einheitliche Realisierung der Strafvollzugsgrundsätze und die rechtzeitige Erarbeitung neuer Aufgaben das Unterstellungsverhältnis der Strafvollzugseinrichtungen unter die BDVP aus, ohne dass dies jedoch zu Konsequenzen oder der Empfehlung einer Neuorganisation der Hierarchien im DDR-Strafvollzugssystem führte. Es wird auch nicht klar, ob die ZK-Abteilung Sicherheitsfragen die direkte Unterstellung der Strafvollzugseinrichtungen unter die Berliner Zentrale und damit die absolute Zentralisierung favorisierte.

Daneben listete die ZK-Abteilung die im Laufe der Jahre 1965 und vor allem 1966 immer wieder erörterten Mängel auf. So erfülle die „gesellschaftlich-nützliche Arbeit nicht ihre bestimmende Rolle als wichtigster Faktor bei der Umerziehung Strafgefangener zu einer gefestigten, politisch-moralischen Lebensauffassung und gegen Rückfälligkeit". Auch werde die Häftlingsarbeit zu wenig „von der volkswirtschaftlichen Effektivität und dem Erziehungsziel des Freiheitsentzuges bestimmt". Da die Gefangenen in rund 100 VEB in zehn verschiedenen Wirtschaftsbereichen arbeiteten, ergebe sich eine große Zersplitterung im Arbeitseinsatz der Häftlinge, was wiederum „Elemente der Spontanität und Improvisation im Arbeitseinsatz, in der Erziehung, im Tagesablauf und in der Gewährleistung der Sicherheit in den Vollzugseinrichtungen" hervorrufe. Die Bilanz des „politisch-kulturellen Einwirkens" auf die Gefangenen war derart unbefriedigend, dass die ZK-Abteilung feststellen musste: „Der hohe Aufwand an Mitteln und Kräften für die vielfältigen politisch-kulturellen und sportlichen Veranstaltungen sowie die Selbstbetätigung stehen in keinem Verhältnis zum erreichten Ergebnis." Von einer effektiven und nachhaltigen Umerziehung der Häftlinge konnte also keine Rede sein. Ein wesentliches Ziel des DDR-Strafvollzugssystems – neben der Isolierung und der Sicherheit der Verwahrung – hatte man somit auch eineinhalb Jahrzehnte nach Staatsgründung nicht verwirklichen können. Die Häftlinge ließen sich durch „politisch-kulturelle Veranstaltungen" ideologisch kaum beeinflussen und obwohl ein „niedriges Bildungsniveau und fehlende berufliche Qualifikation" für die meisten Häftlinge – besonders für die rückfälligen Straftäter – symptomatisch war, wurden eben diese beruflichen und allgemein bildenden Qualifizierungsmaßnahmen kaum in Anspruch genommen.[545] Letztlich machte die ZK-Abteilung Sicherheitsfragen die Festlegungen

---

545 Anfang 1967 hieß es in einer Analyse der VSV, „dass ca. 50 % aller Strafgefangenen [...] unter dem Niveau der 8. Klasse liegen und davon ca. 80 % der Strafgefangenen über 1 Jahr Strafe zu verbüßen [...] haben. Bei diesem Teil der Inhaftierten sind Bildungsmaßnahmen möglich und notwendig." VSV, Abteilung I, Analyse des Bildungsstandes der Strafgefangenen und Arbeitspflichtigen im Alter von 18 bis 32 Jahren nach dem Stand vom 31.1.1967 vom 10.3.1967 (BArch, DO 1/3382, unpag.).

des VI. SED-Parteitags und des Rechtspflegeerlasses von 1963 für die momentane Entwicklung verantwortlich. „Bei einem Teil der Genossen werden ständig Zweifel an der Richtigkeit der Rechtspolitik von Partei- und Staatsführung genährt, weil einzelne Vorgesetzte bei Verstößen gegen die Disziplin und Ordnung durch Strafgefangene deren Rechte überbetonen und die Prinzipien der sozialistischen Strafrechtspolitik nicht konsequent durchsetzen." Wie in der Vergangenheit saßen die Hardliner in der Abteilung Sicherheitsfragen des Zentralkomitees. Diese hatten „politische Inaktivität", „Liberalismus" sowie mangelnde „politische Wachsamkeit" bei den Strafvollzugsangehörigen festgestellt. Erscheinungen, deren „ideologische Ursachen" von den SED-Grundorganisationen in den Hafteinrichtungen „nicht prinzipiell aufgedeckt" worden seien. Auch sei der Einfluss der Politstellvertreter in den Strafvollzugseinrichtungen auf die politisch-kulturelle Arbeit zu gering, was dazu führe, dass diese ihre „Rolle im System der Führung" nicht erfüllen könnten. Bei der Suche nach „Schuldigen" war man nach der Ministeriumsebene und der Berliner Zentrale nun auch auf der untersten Ebene des Strafvollzugssystems fündig geworden. Aber auch vor den Politabteilungen der Bezirksbehörden der Volkspolizei machte man nicht halt. Deren „Anleitung der politischen Arbeit" empfand man „zu allgemein und [...] nicht der Spezifik des Strafvollzuges" entsprechend. Die ZK-Abteilung war also auf allen Ebenen auf Funktionäre gestoßen, die aus ihrer Sicht die Verantwortung für die unbefriedigende Lage im DDR-Strafvollzug trugen. Ob der Wechsel an der Spitze der obersten Strafvollzugsverwaltung 1967 – Tunnat löste Oertel ab[546] – allerdings eine Folge dieses Befunds war, lässt sich ebenso wenig belegen wie der Wechsel von Mayer zu Schönherr nach der verheerenden Gesamtanalyse von 1959.[547] Jedoch liegt auch hier diese Vermutung nahe.

Die Abteilung Sicherheitsfragen hatte für die Erstellung ihrer Analyse lediglich die Strafvollzugseinrichtungen Bautzen I, Torgau, Berlin I (Rummelsburg) und II (Barnimstraße), Dessau sowie das Arbeitserziehungskommando Regis-Breitingen im Bezirk Leipzig kontrolliert und darüber hinaus mit den Leitern aller Strafvollzugseinrichtungen in Brandenburg und den Mitarbeitern der obersten Strafvollzugsverwaltung in Berlin gesprochen. Dass dennoch sämtliche Einschätzungen für den kompletten ganzen Strafvollzug repräsentativ waren, ging aus einer Arbeitstagung mit allen Dienststellenleitern des Strafvollzugs Ende Juni 1966 hervor. Dort bestätigten alle Leiter, „dass der Zustand auch in ihren Dienststellen nicht viel anders ist".[548] Konkret wurde die massive Kritik mit Beispielen aus den inspizierten Vollzugseinrichtungen belegt: So würden die „Gruß- und Meldepflicht, die Anzugsordnung, die Ordnung auf den Stationen, Vollzugsabteilungen und im Tagesablauf (Wecken, Aufstehen usw.) [...] durch

---

546 Vgl. Kapitel V.2.
547 Vgl. Kapitel V.3.5.
548 Zitat hier und im Folgenden: Abteilung für Sicherheitsfragen, Vorlage für das Sekretariat des Zentralkomitees, Betr.: Bericht über die Lage im Strafvollzug vom 2.10.1966 (SAPMO-BArch, DY 30/IV A2/12/124/Bl. 39–69).

bewusst undiszipliniertes Verhalten der Strafgefangenen laufend durchbrochen". Vor allem die Situation in der Haftanstalt Bautzen I erschien den Kontrolleuren nicht hinnehmbar: „Beim Betreten der Zellen durch Angehörige des Strafvollzuges wird von den Gefangenen in den wenigsten Fällen eine ordentliche Meldung gemacht. Die Zellen werden beim Ausrücken zum Arbeitseinsatz in einem sehr unsauberen Zustand verlassen. Eine Kontrolle in der Vollzugsabteilung VI der StVA Bautzen ergab, „dass die Mehrzahl der Zellen [...] sich in einem unmöglichen Zustand befanden. In den Zellen [...] befanden sich bei einer Kontrolle u. a. ganze Sammlungen pornographischer Zeichnungen, selbstgebastelte Tauchsieder, Draht, große Mengen alter Zeitungen. Die Zellenwände sind mit Fotos, Zeitungsausschnitten und selbstgebastelten Gegenständen behangen. Bei der Kaffeeausgabe in der Vollzugsabteilung I der StVA Bautzen traten einige Strafgefangene im vorgeschriebenen vollen Anzug, andere nur mit einem Hemd bekleidet und eine ganze Reihe mit nacktem Oberkörper an." Der Anteil der „negativen Elemente" unter den Gefangenen betrug nach Einschätzung des Bautzener Anstaltsleiters 20 Prozent; ihre Macht reiche, „dass der negative Einfluss in der Anstalt überwiegt". Anscheinend schätzten die Kontrolleure die Lage in der StVA Torgau ähnlich ein. Die Folge der „immer schlechter" werdenden Disziplin und Ordnung der Gefangenen sei die zunehmende Resignation und Unlust der SV-Angehörigen, die nach Aussage der Gutachter der Abteilung Sicherheitsfragen keine Mittel sahen, „um die Strafgefangenen zur Einhaltung der Ordnung und Disziplin zu bringen. Sie machen nur noch das, was unbedingt notwendig ist [...]. Die Genossen spüren keinen Rückhalt bei den leitenden Offizieren und fühlen sich mit ihren vielseitigen und komplizierten Problemen alleingelassen. Bei Vorkommnissen wird hauptsächlich untersucht, ob sich der SV-Angehörige pädagogisch und taktisch falsch verhalten hat, und vielfach wird den Gefangenen mehr geglaubt als den Genossen." Noch einmal wird hier die Hauptstoßrichtung der Kritik der ZK-Abteilung deutlich: Die Häftlinge hätten aufgrund des Rechtspflegerlasses und der Strafvollzugsordnung zu viele Rechte, weshalb sich ein Teil in zunehmendem Maße aufsässig verhalte. Daher sei zu einer straffen Ordnung im Strafvollzug zurückzukehren, mithin das Haftregime zu verschärfen und dem Strafvollzugspersonal wieder Disziplinierungsmittel in die Hand zu geben, mit denen es der „unerträglichen" Situation in den Vollzugseinrichtungen wieder Herr werden könne.

Aufgrund der vorgefundenen Missstände wies die ZK-Abteilung Sicherheitsfragen den Innenminister an, dieser solle in den Leitungsebenen seines Ministeriums, der Verwaltung Strafvollzug und den Strafvollzugseinrichtungen für „einheitliche Auffassungen" und Klarheit in grundsätzlichen Fragen sorgen, wie etwa: „Wesen und Ziel der Freiheitsstrafe als strengste Form der Erziehung", „der strafende Charakter des Freiheitsentzuges; das Verhältnis von Zwang und Überzeugung im Umerziehungsprozess der Strafgefangenen". Damit wird die Tendenz hin zu einem wieder strengeren Haftregime deutlich erkennbar. Daneben sollten aber vor allem die Anstrengungen bezüglich der Häftlingsarbeit forciert werden. Der Arbeitsprozess müsse so organisiert sein, dass er „die Mitwirkung und Aktivität der Strafgefangenen für die Produktion fördert und sie dazu erzieht, die Arbeit zu achten und sich in das Kollektiv bzw. die Gesellschaft einzuordnen". Gerade der letzte Punkt unterstreicht die Einordnung – vielmehr: die Unterordnung – des Einzelnen als Ziel der Umerziehung.

Die ZK-Abteilung zeigte sich mit dem vorgefundenen Arbeitseinsatz äußerst unzufrieden. In Bautzen etwa wurde von mehr als der Hälfte der im Motorenwerk Cunewalde beschäftigten Strafgefangenen die Norm nicht erfüllt: Der „Verschleiß an Material und Werkzeug ist dreimal höher als im Mutterbetrieb". Von Januar bis April 1966 hätte sich die Ausschussproduktion mehr als verdoppelt und die durch den Strafvollzug verursachten Ausfallstunden – etwa durch Sprechstunden, Besuchsempfänge, Arztvorführungen, Arrest – seien enorm. Problematisch war zudem die hohe Fluktuation bei Häftlingen der Kategorie III aufgrund ihrer eher kurzen Haftzeiten. Da man längere Anlernzeiten bei diesen Häftlingen für wenig sinnvoll hielt, wurden sie eher in „Arbeitskommandos zu schwerer körperlicher Arbeit mit geringer Entlohnung eingesetzt" und erhielten weniger Lohn als Häftlinge der Kategorie I, „die keine hohen physischen und geistigen Anforderungen" stelle. Die in der Regel eher geringe berufliche Qualifikation der Gefangenen, die mit den „hohen Qualitätsforderungen der Industrie" kollidierte, stellte ein weiteres Problem dar. „Von der Verwaltung Strafvollzug wurden diese Probleme bisher ungenügend analysiert. […] Ein klares Produktionsprofil, das weitgehendst die vom Strafzweck und dem volkswirtschaftlichen Nutzen bestimmte Produktion sowie den planmäßigen Einsatz der Strafgefangenen gewährleistet, wurde deshalb bisher noch nicht erarbeitet" – so die vernichtende Kritik der ZK-Abteilung Sicherheitsfragen an der Arbeit der Berliner Zentrale. Das sogenannte „Prinzip der materiellen Interessiertheit" erwies sich nicht als effektiv genug, sodass der „vorhandene materielle Anreiz […] nicht genügend die Einstellung des Strafgefangenen zur Arbeit, zur Bewährung und Wiedergutmachung" stimuliere. Daher kritisierte die ZK-Abteilung die „formale" Zusammenarbeit von Anstaltsleitungen und Betriebsleitern der VEB. „Bei den verantwortlichen Wirtschaftskadern gibt es wenig Anstrengungen, um ihrer Verantwortung, die sie mit dem Einsatz von Strafgefangenen übernehmen, nachzukommen." Häufig stellten die Betriebe zu wenig geeignetes Personal für die „politische, fachliche und pädagogische Betreuung" der Strafgefangenen zur Verfügung. Es werde allgemein zu wenig untersucht, „welche innere Bereitschaft der Strafgefangenen entwickelt wird, um sich zu bewähren und sich künftig verantwortungsbewusst in die Gesellschaft einzugliedern". Selbst MfS-Chef Erich Mielke hatte offiziell in der „Neuen Justiz" zugegeben, dass trotz hoher Aufwendungen die Erziehungsergebnisse unbefriedigend seien. Zwar habe man beispielsweise für jugendliche Straftäter spezielle Jungendhäuser, „aber wenn man sieht, dass in diesen Einrichtungen die Menschen nicht richtig erzogen werden, muss man das bedauern. Obwohl der Staat alle Voraussetzungen geschaffen hat, sind die Erfolge nicht ausreichend, weil bei einigen Verantwortlichen die pädagogischen Fähigkeiten, das psychologische Einfühlungsvermögen und auch oft die Liebe zur Sache nicht ausreichen, um die

Menschen zu verändern. Wir müssen an diese Aufgabe psychologisch richtig herangehen, die Menschen differenzierter einschätzen und ihre psychischen Eigenschaften stärker berücksichtigen, dann werden die Erziehungsergebnisse besser sein."[549] Damit hatte auch Mielke das fundamentale Personalproblem angesprochen: Trotz der bekannten Mängel bezüglich Qualifizierung und Allgemeinbildung hatten bislang nur 44 Prozent des SV-Personals an Qualifizierungslehrgängen teilgenommen. Obwohl die Ausgangsvoraussetzungen im Grunde recht günstig schienen – etwa drei Viertel der SV-Angehörigen waren unter 45 Jahre alt und 88 Prozent SED-Mitglieder – gab es trotzdem große Schwierigkeiten hinsichtlich der ideologischen Festigung des Kaderbestands. Auch die hohe Fluktuation des Personals warf Probleme auf: Zwischen 1963 und 1965 hatte man ein gutes Drittel der insgesamt 7110 SV-Angehörigen entlassen, davon waren 36 Prozent freiwillig gegangen. Im Herbst 1966 tat sich dann eine Lücke von rund „450 Fehlstellen im Personalbestand der Wachtmeister und Unterführer" auf.[550] Zur Behebung dieser Mängel forderte die Abteilung Sicherheitsfragen die Überarbeitung des Systems der Auswahl und Qualifizierung der Kader für den Strafvollzug. Konkret sollten die Speziallehrgänge ausgeweitet und die hohe Fluktuation überwunden werden. Daher plante man den Kaderbestand „mit Kräften aus anderen Dienstzweigen, die sich durch ihre politisch-moralische Festigkeit, ihre Charaktereigenschaften und Fähigkeiten in der Arbeit mit den Menschen auszeichnen", aufzufüllen. Erneut stellt sich hier die Frage der Realisierung des letzten Punktes. Da man den Strafvollzug selbst innerhalb des Innenministeriums als „Abstellgleis" ansah, blieb die Situation im Personalwesen des Strafvollzugs seit über zwei Jahrzehnten unverändert und sollte sich auch bis zum Ende der DDR kaum verbessern.

Da man in der ZK-Abteilung zudem mit dem Arbeitseinsatz unzufrieden war, setzte man auch hier den Hebel an. Die ZK-Abteilung forderte eine vom Ministerrat zu gewährleistende koordinierte Zusammenarbeit seitens der Staatlichen Plankommission, dem Innenministerium, den Industrieministerien, dem Landwirtschaftsrat und dem Finanzministerium zwecks Ausarbeitung und Festlegung von Richtlinien, „die den planmäßigen Arbeitseinsatz Strafgefangener entsprechend den Bedingungen des neuen ökonomischen Systems der Planung und Leitung unter Berücksichtigung des Arbeitskräftebedarfs, des volkswirtschaftlichen Nutzeffektes, des vom Strafzweck bestimmten Erziehungszieles und der Sicherheit regeln". Konkret hätten die Staatliche Plankommission sowie das Ministerium des Innern für den komplexen Arbeitseinsatz „an volkswirtschaftlichen Schwerpunkten bzw. wichtigen ökonomischen Vorhaben" Sorge zu tragen, um letztlich die momentan herrschende, zu zersplitterte Häftlingsarbeit zu überwinden. Weitere Forderungen und Verantwortlichkeiten zur Behebung der oben

---

549 Mielke, Die sozialistische Gesetzlichkeit, S. 377.
550 Zitat hier und im Folgenden: Abteilung für Sicherheitsfragen, Vorlage für das Sekretariat des Zentralkomitees, Betr.: Bericht über die Lage im Strafvollzug vom 2.10.1966 (SAPMO-BArch, DY 30/IV A2/12/124/Bl. 39–69).

gezeigten Mängelliste sollten folgen, wobei immer die Frage nach der Realisierbarkeit der einzelnen Verordnungen im Raum steht.

Exemplarisch für die Vorstellungen in der ZK-Abteilung über die Ausgestaltung des sozialistischen Strafvollzugs steht der Verriss der Dissertation von Heinz Szkibik – einem ausgewiesenen Fachmann auf dem Gebiet des Strafvollzugs.[551] Die 1969 veröffentlichte Standardschrift zur „Erziehung durch Arbeit"[552] wurde wegen ihrer „Polemik gegen repressive Methoden im Strafvollzug" scharf attackiert. Nach Auffassung der ZK-Abteilung bezog der Autor in seiner Arbeit „gegen im Wesentlichen richtige Meinungen [...] zum Charakter der Arbeit – besonders schwerer körperlicher Arbeit – und die Einschränkung von Vergünstigungen bei wiederholt straffällig Gewordenen Stellung". Auf Missfallen stieß auch Szkibiks Kritik an der „Überbetonung des repressiven Charakters der Ausgestaltung des Freiheitsentzuges". Er maß der Erziehungsfunktion der Häftlingsarbeit höhere Priorität bei als deren volkswirtschaftlicher Bedeutung, was in der ZK-Abteilung, die den Strafcharakter der Freiheitsstrafe in den Vordergrund stellte, ebenfalls zu heftigen Reaktionen führte. Trotz anders lautender Bekundungen, ging es ihr primär um den volkswirtschaftlichen Nutzen der Häftlingsarbeit. Bei der Umerziehung der Häftlinge handelte es sich eben nur um ein theoretisches Konstrukt, eine ideologische Verbrämung dafür, die Arbeitskraft der Gefangenen möglichst zur Gänze und so effektiv wie möglich für die Volkswirtschaft zu nutzen.

Die kritischen Lageeinschätzungen zum Strafvollzug seitens des Innenministeriums, des Innenministers Dickels sowie schließlich durch die ZK-Abteilung Sicherheitsfragen hatten eine Verschärfung der Strafvollzugspolitik und damit ein strengeres Haftregime bewirkt. Schon Ende November 1966 wurde berichtet, dass es „insbesondere" gelungen sei, „die Ordnung und Disziplin [...] zu verbessern". Trotz dieser „positiven Entwicklung" gab es jedoch „zum Teil noch sehr unterschiedliche Arbeitsergebnisse".[553] Die Berichte über die erfolgten Maßnahmen erinnern sehr stark an die Anweisungen aus den fünfziger Jahren. Nach Auskunft der Leipziger Strafvollzugsabteilung hatte man die Hauptanstrengungen 1966 vornehmlich darauf gerichtet, das Strafvollzugspersonal ideologisch zu festigen und wieder verstärkt „klassenmäßig" zu erziehen – „Aneignung eines klaren Feindbildes" – die „wissenschaftliche Führungs- und Leitungstätigkeit" zu verbessern und Ordnung und Sicherheit der Strafvollzugseinrichtungen sowie die Disziplin der Häftlinge zu erhöhen, um die „staatliche

---

551 Thema der am 26. März 1966 am Institut für Strafrecht der Martin-Luther-Universität Halle verteidigten Dissertation: „Grundfragen des Vollzuges der Freiheitsstrafe in der Deutschen Demokratischen Republik unter besonderer Berücksichtigung der Rolle der Arbeit und ihrer Ausgestaltung bei der Erziehung erwachsener Strafgefangener".
552 Szkibik, Sozialistischer Strafvollzug.
553 Direktive des Ministers des Innern und Chefs der DVP über die Aufgaben und Ausbildung der Angehörigen des Organs Strafvollzug im Jahre 1967 vom 21.11.1966 (BStU, ZA, MfS-BdL/Dok. 10186/Bl. 3 f.).

Autorität bei der Vollzugsdurchführung" sicherzustellen."⁵⁵⁴ Aufgrund der hohen Überbelegung sämtlicher Vollzugseinrichtungen blieb die Durchsetzung der einzelnen Differenzierungs- und Trennungsgrundsätze auch weiterhin schwierig, eine kontinuierliche Arbeit erschien wegen der vielen Schwankungen im Häftlingsbestand fast unmöglich. Zu „Schwierigkeiten im gesamten Vollzugsprozess" kam es vor allem, „wenn der Gefangenenbestand die vorhandenen Verwahr- und Produktionskapazitäten beträchtlich übersteigt".⁵⁵⁵

Bereits Mitte 1966 hatte man der Kritik an der vorläufigen Strafvollzugsordnung von Januar 1965 Rechnung getragen. Dickel verfügte am 20. Juli eine umfangreiche 1. Änderung der vorläufigen Strafvollzugsordnung, die das schärfere Haftregime dokumentiert. So wurde die Höchstdauer bei Arrestsstrafen, differenziert nach den einzelnen Vollzugskategorien, neu festgelegt: Galten bislang für alle drei Kategorien 21 Tage als Obergrenze, lagen die neuen Grenzmarken bei 14, 21 und 28 Tagen für Häftlinge der Kategorie I. Auch das Lesen einer Tageszeitung war von nun an allen Arrestanten verboten. Ein außerordentlich drastisches Mittel war die Einführung des sogenannten „strengen Einzelarrests" als besonderes „Erziehungsmittel". In diesem Fall durften die Häftlinge weder Decke noch Hocker behalten, ebenso wurde der gesonderte Freigang und für zwei Monate der Zukauf von Lebens- und Genussmitteln untersagt. Aufgrund der Härte dieser Maßnahme beschränkten die Verantwortlichen den strengen Einzelarrest auf drei Wochen und erwachsene Strafgefangene. Diese Arrestanten sollten zudem unter ärztlicher Kontrolle bleiben.⁵⁵⁶ Durften die Häftlinge je nach Kategorie bisher jährlich vier, drei bzw. zwei Pakete erhalten, waren es jetzt nur noch zwei Pakete (Kategorie III) und ein Paket (Kategorie II). Für die Kategorie I sollte der Paketverkehr nun nur noch eine Ausnahme darstellen. Darüber hinaus gewährte man vorbestraften Gefangenen keine Vergünstigungen mehr. Auch das Schreiben der von den Anstaltsleitungen so heftig kritisierten „geschlossenen Briefe" an die Staatsführung sollte künftig restriktiver gehandhabt werden. Des Weiteren wurden „Erscheinungen einer Gleichstellung mit den Werktätigen, wie Schichtprämie, Bezahlung der gesetzlichen Feiertage und Prämierung" beseitigt.⁵⁵⁷ Zur Steigerung der Arbeitsproduktivität, sollte die Arbeitsleistung des einzelnen Häftlings durch eine „progressive Steigerung der Vergütung" stärker berücksichtigt werden. Als Hauptaufgaben des Organs Strafvollzug für 1967 legte Innenminister und Volkspolizeichef Dickel neben der „politisch-ideologischen Erziehungsarbeit" der Strafvollzugskader und der „Verbesserung der Leitungstätigkeit" für den operativen Vollzugsdienst „vor allem" die Sicherung der „Durchsetzung einer straf-

---

554 BDVP Leipzig, Abteilung SV, Einschätzung der Arbeit im Organ SV im Bezirk Leipzig vom 3.2.1967 (SächsStAL, 24.1/609/Bl. 89).
555 VSV, Übersicht über die Lage im Strafvollzug von 1967 (BArch, DO 1/11265, unpag.).
556 MdI, 1. Änderung der vorläufigen Ordnung über die Durchführung des Strafvollzuges – Strafvollzugsordnung – vom 25. Januar 1965 vom 20.7.1966 (BStU, ZA, MfS-BdL/Dok. 10066/Bl. 1–11).
557 VSV, Übersicht über die Lage im Strafvollzug, 1967 (BArch, DO 1/11265, unpag.).

fen Ordnung und Disziplin unter den Inhaftierten" fest.[558] Da die Lageeinschätzungen des Jahres 1966 vor allem die Zunahme renitenten Verhaltens seitens der Strafgefangenen thematisiert hatten, schenkten die Verantwortlichen des Strafvollzugssystems der Beseitigung dieser Missstände besondere Beachtung, was unweigerlich zu einer Verschärfung der Disziplinierungsmaßnahmen und zur Einschränkung von Vergünstigungen führte. Da man unter Erziehung im Wesentlichen die „Erziehung durch Arbeit" verstand, wies Dickel an, „die Erziehung und Bewährung durch die Arbeit systematisch zu verbessern", um die „Wirkung des Strafvollzuges und der Arbeitserziehung" zu verstärken. Alle arbeitsfähigen Häftlinge sollten „unverzüglich" in den Arbeitsprozess integriert und die Arbeitszeit „rationell ausgelastet" werden. Die Häftlinge sollten durch das erwähnte „Prinzip der materiellen Interessiertheit" den Plan möglichst übererfüllen – wofür Vergünstigungen winkten – und sich ansonsten ruhig und diszipliniert verhalten. Auf dieser Grundvoraussetzung basierte das ganze System. „Staatsbürgerliche und politisch-kulturelle Bildung und Erziehung" verfolgten daher auch nur das Ziel, den Häftlingen „ihre staatsbürgerlichen Pflichten bewusst zu machen und sie zur Einhaltung der Arbeitsdisziplin und der Achtung der Gesetzlichkeit zu erziehen". Zwar gab es die Anweisung, „besonderes Augenmerk" auf Maßnahmen zur Hebung der Allgemeinbildung und der beruflichen Qualifizierung der Gefangenen zu legen, doch in der Praxis waren das nicht viel mehr als schöne Worte.[559]

Welch geringen Stellenwert die Erziehung der Häftlinge jenseits der „Erziehung durch Arbeit" in der Praxis tatsächlich hatte, zeigen die weiteren Ausführungen des Generalstaatsanwalts Josef Streit: „In vielen Einrichtungen besteht kein Überblick über die Anzahl der einbezogenen Strafgefangenen, über den Inhalt der durchgeführten Veranstaltungen und die erzieherische Wirkung auf die Strafgefangenen. Die politischen und fachlichen Bildungsabende sind von ihrer Thematik her durchaus geeignet, auf die Bewusstseinsbildung der Strafgefangenen Einfluss zu nehmen. Zu wenig werden aber diese Veranstaltungen für

---

558 Zitat hier und im Folgenden: Direktive des Ministers des Innern und Chefs der DVP über die Aufgaben und Ausbildung der Angehörigen des Organs Strafvollzug im Jahre 1967 vom 21.11.1966 (BStU, ZA, MfS-BdL/Dok. 10186/Bl. 5 f.).
559 Auch die SED-Grundorganisation der StVA Bautzen II formulierte anschaulich, wie die Umerziehung zu erreichen sei. An großen Vorsätzen mangelte es demnach nicht, doch spielt auch hier der Konjunktiv eine entscheidende Rolle: „Nur allein die produktive Tätigkeit der Strafgefangenen, bei aller Bedeutung der Arbeit in der Produktion, ist nicht das Alleinmittel, um die bewußtseinsmäßige Zurückgebliebenheit der Täter, wie sie sich in ihren Straftaten äußerte, zu überwinden. Wir sollten in Zukunft im Rahmen der Struktur unserer SV-Einrichtung der weltanschaulichen Bildung mehr Bedeutung beimessen. Die sinnvolle Verbindung der staatsbürgerlichen und weltanschaulichen Bildung und Schulung mit den Zielen und Aufgaben der materiellen Produktion ist eine weitere Notwendigkeit, eine erfolgreiche Umerziehung bei den Inhaftierten" zu erreichen. Rechenschaftsbericht der Parteileitung der SED-Grundorganisation der StVA Bautzen II von 1966 (SächsHStA, 11464/BDVP/23.1/696/Bl. 134 f.).

die individuelle Erziehungsarbeit genutzt. Vielfach bilden Fernseh- und Filmveranstaltungen den Hauptteil der Bildungs- und Erziehungsarbeit."[560]

Auf einer Tagung der Anstaltsleiter im Sommer 1967 wurde vor allem die noch im Vorjahr von der ZK-Abteilung Sicherheitsfragen arg kritisierte Haftanstalt Bautzen I gelobt, da bei der Umsetzung der „Prinzipien der Disziplin und Ordnung", der Steigerung der Arbeitsleistungen sowie der „Gewährleistung der äußeren und inneren Sicherheit wesentliche Fortschritte" erzielt worden seien.[561] Allerdings war Bautzen I auf diesem „fortschrittlichen" Weg eher eine Ausnahme, denn bei „einer nicht geringen Anzahl" von Vollzugseinrichtungen hatte man ein „nicht mehr vertretbares Zurückbleiben" festgestellt, sodass der Strafvollzug insgesamt nicht den „höheren Anforderungen" gerecht wurde. So warf man beispielsweise der Strafvollzugsanstalt Torgau eine schlechte „Führungs- und Leitungstätigkeit" vor, die seit geraumer Zeit Anlass zu „ernster Kritik" geben würde. Die „Genossen" in Torgau kämen „vor lauter Papier, Terminen und Berichten nicht zur eigentlichen Arbeit". Bei der Untersuchung von Häftlingsentweichungen wurden auch weiterhin „die gröblichsten Verletzungen der Wachsamkeit, die Nichteinhaltung der Vorschriften, [...] Liberalismus vonseiten der Vorgesetzten, ein ziemlich gemütliches Verhalten, eine Atmosphäre des Selbstlaufes, die man einfach nicht mehr dulden kann", festgestellt. Dennoch verfehlte die Verschärfung des Haftregimes insgesamt seine Wirkung nicht, denn die Berliner Zentrale hatte sich durch einige Anstaltsbesichtigungen davon überzeugt, „dass das Auftreten der Strafgefangenen, die Ordnung sich beträchtlich verbessert haben und diese groben Erscheinungen der Liberalisierung, wie wir sie nach dem VI. Parteitag feststellten, im Wesentlichen überwunden sind". Zwar hatte man nun die „liberale Phase" im Strafvollzug beendet, das Problem des ständig schwankenden Gefangenenbestands bestand jedoch weiter: „Dieses Auf und Ab in den letzten Jahren" habe ein kontinuierliches als auch ein „wissenschaftliches" Arbeiten verhindert. Die Situation wurde zudem durch die Fehlstellen beim Personal nicht eben erleichtert – Ende 1967 betrug das „Gesamtstellenplansoll" des Organs Strafvollzug 7 721 Stellen, von denen 507 Planstellen unbesetzt blieben. Nach Einschätzung der Verwaltung Strafvollzug lag der zusätzliche Stellenbedarf, bei einer Beibehaltung des Verhältnisses von einem SV-Angehörigen auf vier Häftlinge, bei weiteren 2 200 Stellen. In Anbetracht der schon vorhandenen Fehlstellen erschien die Besetzung weiterer Stellen utopisch, weshalb man feststellen musste: „Ein solcher Weg ist offensichtlich nicht gangbar." Deshalb forderte man die Rationalisierung der Vollzugsarbeit und die Ausschöpfung aller Reserven, „um mit dem geringsten Auf-

---

560 Der Generalstaatsanwalt der DDR, Information über das Ergebnis operativer Untersuchungen in Strafvollzugseinrichtungen der DDR im II. Halbjahr 1967 vom 19.3.1968 (BArch, DP 3/204/Bl. 155).
561 Zitat hier und im Folgenden: Protokoll der Tagung mit den Anstaltsleitern der selbstständigen Vollzugseinrichtungen und den Abteilungsleitern SV der BDVP in der StVA Brandenburg am 28.6.1967 vom 29.6.1967 (BArch, DO 1/3412, unpag.).

wand an Kräften und Mitteln das effektiv höchste Ergebnis zu erreichen".[562] Die Berliner Zentrale bestätigte denn auch, „dass die derzeit vorhandene materielle und kadermäßige Vollzugsbasis nicht den Anforderungen genügt, andererseits wird aber auch offensichtlich, dass es nicht möglich ist, der steigenden Tendenz in der Anzahl der Inhaftierten voll Rechnung zu tragen und auf Maßnahmen, die dem entgegenwirken, zu verzichten. (Bisher erfolgte durch Gnadenerweise, Amnestien u. a. m. etwa alle 2–3 Jahre eine staatliche Regulierungsmaßnahme.)" In aller Deutlichkeit gesteht die oberste Strafvollzugsverwaltung hier ein, dass sie nicht in der Lage war, die an den Strafvollzug gestellten Aufgaben zu erfüllen, da die permanente Überfüllung sämtlicher Vollzugseinrichtungen die Erfüllung des Strafvollzugsziels konterkarierte – ein weiterer Beleg dafür, dass das DDR-Strafvollzugssystem bis zuletzt auf Entlassungsaktionen angewiesen war. Ende 1967 hörte sich die „Empfehlung" einer Entlassungsaktion so an: „Dem Genossen Minister des Innern und Chef der Deutschen Volkspolizei sollte empfohlen werden, die Probleme der materiellen, finanziellen und personellen Auswirkungen der neuen Strafgesetzgebung für den Strafvollzug im Zusammenhang mit der anhaltend steigenden Tendenz des Gefangenenbestandes dem Zentralkomitee der Sozialistischen Einheitspartei Deutschlands zu unterbreiten mit dem Ziel, Möglichkeiten zu prüfen, um [...] evtl. durch geeignete staatliche Regulierungsmaßnahmen im Jahre 1968 der Tendenz des unablässigen weiteren Anwachsens der Zahl der Inhaftierten spürbar entgegenzuwirken". Darüber hinaus sollte auch auf die Justiz eingewirkt werden, „Maßnahmen der gesellschaftlichen Erziehung" stärker anzuwenden, das heißt, es sollten weniger Freiheitsstrafen ausgesprochen werden. Letztlich konnte durch die verstärkte Anwendung der Strafaussetzung zur Bewährung der Überfüllung der Vollzugseinrichtungen geringfügig entgegengewirkt werden, sodass die Zahl der Strafgefangenen vom ersten zum vierten Quartal 1968 von 25 530 auf 20 552 Personen sank.[563]

Mit der oben erwähnten „neuen Strafgesetzgebung" ist das am 12. Januar 1968 verabschiedete Strafgesetzbuch (StGB) gemeint, das zusammen mit der Strafprozessordnung (StPO) und mit dem Strafvollzugs- und Wiedereingliederungsgesetz (SVWG) verabschiedet worden war. Am 1. Juli 1968 trat das SVWG in Kraft,[564] von dem die „Neue Justiz" stolz berichtete: „Zum ersten Mal in Deutschland wird der Vollzug der Freiheitsstrafe gesetzlich geregelt. Sehr exakt werden die rechtliche Stellung und die Aufgaben der Strafvollzugsorgane, der Leiter der Strafvollzugseinrichtungen und der Strafvollzugsangehörigen einerseits sowie der Strafgefangenen andererseits fixiert."[565] Parallel dazu wurde am

---

562 Zitat hier und im Folgenden: VSV, Maßnahmen zur materiellen und personellen Sicherstellung der Aufgaben des Strafvollzuges entsprechend der neuen Strafgesetzgebung vom 20.12.1967 (BArch, DO 1/3788, unpag.).
563 Werkentin, Politische Strafjustiz, S. 410.
564 Vgl. Kapitel V.1.
565 Kunze, Strafvollzugs- und Wiedereingliederungsgesetz, S. 302.

15. Juni 1968 die Erste Durchführungsbestimmung zum SVWG (Strafvollzugsordnung) erlassen. Die mit Jahresbeginn 1964 eingeführte konkrete Differenzierung im Strafvollzug der DDR durch die Festlegung dreier Vollzugskategorien wurde mit dem SVWG weiter ausgebaut. Laut Paragraph 15 SVWG unterschied man nun „nach der Art der Unterbringung der Strafgefangenen, ihrer Beaufsichtigung und Bewegungsfreiheit im Strafvollzug". Genauer: Die drei Vollzugskategorien – jetzt strenge, allgemeine und erleichterte Vollzugsart genannt – unterschieden sich durch „die Art der Unterbringung der Strafgefangenen; [...] ihre Beaufsichtigung und Bewegungsfreiheit in der Durchführung des Vollzuges; [...] unterschiedliche Ordnungs- und Disziplinarbestimmungen; [...] unterschiedliche finanzielle Vergütung der Arbeitsleistungen; [...] Unterschiede in den persönlichen Verbindungen; [...] differenzierte Mitwirkung der Strafgefangenen am Erziehungsprozess".[566] Während die Regelung des Rechtspflegeerlasses von 1963 die Zuordnung zur Kategorie I noch genauer ausführte – Schwerverbrecher, Rückfällige und „Staatsverbrecher" – und das Strafmaß über drei Jahre betragen musste, reichte nun eine Strafe mit Freiheitsentzug von über zwei Jahren für die Einordnung in die „strenge Vollzugsart". Dies betraf in überwiegendem Maße die politischen Gefangenen und bedeutete für viele von ihnen eine Verschärfung des Haftregimes. Im Folgenden konzentriert sich die Arbeit vor allem auf diese Vollzugskategorie. Die Häftlinge der strengen Vollzugsart durften ausschließlich in ständig verschlossenen Zellen der festen Anstalten untergebracht werden und sollten während des gesamten Tages unter permanenter Beaufsichtigung stehen.[567] Vergünstigungen wie zusätzliche persönliche Verbindungen, Sondereinkauf oder die Unterbringung in nicht ständig verschlossenen Zellen (ausgenommen Vorbestrafte) kamen erst nach acht Monaten bzw. zehn Monaten bei vorbestraften Häftlingen in Frage – Rückfalltäter waren von Vergünstigungen komplett ausgenommen. Der strenge Arrest durfte nicht länger als drei Wochen dauern – Freizeitarrest[568] war bis zu vier Wochen statthaft.[569] Die Häftlinge durften – Stichwort „differenzierte Mitwirkung der Strafgefangenen am Erziehungsprozess" – in der Regel nur als Brigadier und Unterkunftsälteste eingesetzt werden. Erst nach Verbüßung der halben Strafzeit konnte auch ein Einsatz auf den Gebieten „Produktionspropaganda, Neuererwesen, Qualifizierung, Ordnung, Kultur und Sport, Literatur im Rahmen einer Vollzugsabteilung" gewährt werden. Die Gefangenen durften zwar keine Pakete empfangen, aber einmal im Monat einen Brief schreiben. Einmal im Quartal war

---

566 Entwurf, Begründung zum Entwurf des Gesetzes über den Vollzug der Freiheitsstrafe, o. D. [1968] (BArch, DO 1/11265, unpag.).
567 Vorbestrafte Häftlinge der allgemeinen Vollzugsart kamen auch in feste Anstalten und wurden ebenfalls permanent beaufsichtigt. Erstmals Verurteilte wurden, ebenso wie die Häftlinge der erleichterten Vollzugsart, in Strafvollzugskommandos eingegliedert und standen nicht unter ständiger Beobachtung.
568 Freizeitarrest bedeutete, dass der betreffende Häftling außerhalb der Arbeitszeit in einer Arrestzelle einsaß.
569 Die jeweiligen Arrestzeiten verkürzten sich in der allgemeinen Vollzugsart um eine und in der erleichterten um zwei Wochen.

ihnen ein dreißigminütiger Besuch einer einzelnen Person gestattet. Das waren im Vergleich zu den Regelungen der erleichterten Vollzugsart doch recht drastische Einschränkungen. Dort durften die Häftlinge monatlich drei Briefe schreiben, im Jahr zwei Pakete erhalten und monatlich von zwei Personen für eine Stunde Besuch empfangen.[570] Die drei sächsischen Bezirke sowie der Bezirk Cottbus gehörten zum sogenannten Einweisungsbereich „Ost". Für männliche Strafgefangene der strengen Vollzugsart mit einer Freiheitsstrafe von bis zu fünf Jahren – „soweit nicht die Ermittlungen durch die Organe des MfS geführt wurden" – bedeutete dies eine Einweisung in die Strafvollzugsanstalten Bautzen, Torgau, Leipzig oder Waldheim. Häftlinge mit dem gleichen Strafmaß aus MfS-Untersuchungsverfahren – in der Regel politische Häftlinge – kamen nach Cottbus und alle Häftlinge mit mehr als fünf Jahren Freiheitsentzug (einschließlich lebenslänglich) in die Strafvollzugsanstalt Brandenburg. Frauen aus den Bezirken Dresden und Cottbus mit einem Strafmaß von bis zu fünf Jahren Freiheitsentzug, deren Untersuchungsverfahren nicht vom MfS durchgeführt worden war, teilte man der Strafvollzugsanstalt Görlitz zu. Alle anderen weiblichen Gefangenen der strengen Vollzugsart des Einweisungsbereichs „Ost" wurden nach Hoheneck verbracht. Darüber hinaus wurden auch die weiblichen Häftlinge bei MfS-Ermittlungen (allgemeine und strenge Vollzugsart) sowie der strengen Vollzugsart über fünf Jahren Freiheitsentzug der Einweisungsbereiche „Nord" (Bezirke Rostock, Schwerin, Neubrandenburg) und „Mitte" (Bezirke Potsdam, Frankfurt/Oder, Magdeburg, Berlin), alle Frauen der allgemeinen und der strengen Vollzugsart des Einweisungsbereichs „West" (Bezirke Halle, Erfurt, Gera, Suhl) sowie sämtliche weibliche Jugendliche aller Vollzugsarten und bei „Einweisung in ein Jugendhaus" aus allen vier Einweisungsbereichen in Hoheneck inhaftiert.[571]

Wie eine Statistik der Verwaltung Strafvollzug aus dem Jahr 1970 zeigt, verschärften sich die schon 1966 strenger gewordenen Haftbedingungen durch die neuen Bestimmungen bezüglich der Vollzugskategorien noch weiter: Während zum 1. Juli 1968 noch 57,4 Prozent aller Strafgefangenen ihre Strafe unter den Bedingungen der erleichterten, 30,4 Prozent der allgemeinen und 12,2 Prozent der strengen Vollzugskategorie absaßen, befanden sich zum 31. Juli 1970 nur noch 4,5 Prozent in der erleichterten, 43,2 Prozent in der allgemeinen und 52,3 Prozent in der strengen Vollzugskategorie.[572]

Allerdings macht Wunschik auch deutlich, dass infolge des Strafvollzugs- und Wiedereingliederungsgesetzes auf eine Milderung der harten Disziplinarmaßregelungen hingewirkt wurde. „Die rigide Bestrafung von Disziplinverstößen sollte nun durch positive Anreize für konformes Verhalten ergänzt werden."[573]

---

570 Vgl. Auflistung über den Inhalt der Vollzugsarten, o. D. [1968] (BArch, DO 1/11265, unpag.).
571 Instruktion Nr. 013/68 des Leiters der VSV über Einweisung der Strafgefangenen, Einweisungsplan vom 29.6.1968 (BArch, DO 1/63420, unpag.).
572 Auswertung der Beratung der Abteilungs- bzw. Arbeitsgruppenleiter in der VSV am 6.8.1970 (SächsHStA, 11464/BDVP/23.1/424/Bl. 241).
573 Wunschik, Strafvollzugspolitik des SED-Regimes, S. 272.

Insbesondere die allzu häufige Anwendung der Arreststrafe sollte zugunsten anderer „Erziehungsmaßnahmen", wie beispielsweise der „Missbilligung", zurückgefahren werden – nicht zuletzt auch wegen der „zusätzlichen Ausfallstunden in der Produktion" infolge der Arreststrafen.[574] Im Sommer 1969 urteilte die Berliner Zentrale, „dass die gesetzlichen Möglichkeiten nicht voll genutzt und zu wenig differenziert angewandt werden. Vorwiegend werden Arreststrafen verhängt [...]. Bei der Anwendung der Sicherungsmaßnahmen stehen Art und Dauer nicht immer in Übereinstimmung mit dem Grad der Gefährlichkeit des Anlasses."[575] Aus dem Schriftverkehr bezüglich der verschiedenen Entwürfe des SVWG ergibt sich auch, dass man mit § 35 (5) SVWG – „Disziplinarmaßnahmen sind nur individuell anzuwenden." – einen Paragraphen eingefügt hatte, der das Verbot kollektiver Bestrafungen noch einmal ausdrücklich betonte,[576] was ebenso ein deutliches Licht auf die Praxis im DDR-Strafvollzug wirft.

Nachdem die Ketten der Panzer des Warschauer Pakts in der Prager Nacht vom 20. zum 21. August 1968 die Hoffnungen vieler junger Sozialisten zermalmt hatten, kam es auch in der DDR zu mannigfaltigen Protestbekundungen.[577] Binnen einer Woche verzeichnete das MfS über 1 000 Fälle von „staatsfeindlicher Hetze" und „Staatsverleumdung".[578] Jedoch hielt sich diesmal die politische Justiz bei der Aufarbeitung dieser Fälle zurück. Zumindest stiegen die Häftlingszahlen in diesem Zeitraum nicht so signifikant an, wie das in der Vergangenheit, etwa nach dem Mauerbau, der Fall war.

In den Strafvollzugseinrichtungen selbst verzeichnete die Berliner Zentrale während des Prager Frühlings „eine Aktivierung gegnerischer und anderer negativer Kräfte".[579] Diese riefen „zu terroristischen Handlungen gegen die SV-Angehörigen und zur Gefangenenselbstbefreiung" auf und versuchten, „illegal Nachrichten sowie Transistoren zum Bau von Rundfunkempfängern in handelsüblich verpackten Waren einzuschleusen". Vornehmlich handele es sich dabei um Häftlinge „mit einer politisch feindlichen Grundeinstellung zur Deutschen Demokratischen Republik, Rückkehrer, Erstzuziehende und Strafgefangene, die gemäß § 8 Passgesetz verurteilt bzw. einschlägig vorbestraft sind."

Um die Erziehung der Häftlinge bemüht, forderte die Strafvollzugsabteilung der BDVP Leipzig für das zweite Halbjahr 1968 die „wirkungsvollere Gestaltung des Umerziehungsprozesses hinsichtlich der differenzierten, individuellen und Kollektiverziehung" und die Durchsetzung des Prinzips: „für jeden Strafgefan-

---

574 Ebd., S. 272 f.
575 VSV, Einschätzung der Wirksamkeit der gesetzlichen und weisungsmäßigen Bestimmungen über den Straf- und Untersuchungshaftvollzug vom 3.7.1969 (BArch, DO 1/3785, unpag.).
576 Vgl. BArch, DO 1/11265.
577 Vgl. Wolle, Traum von der Revolte.
578 Werkentin, Politische Strafjustiz, S. 287.
579 Zitat hier und im Folgenden: VSV an Bruno Wansierski, Stellvertreter Leiter der ZK-Abteilung für Sicherheitsfragen, vom 28.5.1968 (BArch, DO 1/3782, unpag.).

genen ein Erziehungsprogramm und dessen kontinuierliche Einhaltung".[580] Doch blieb es erneut bei der Forderung, sodass die Berliner Zentrale gut ein Jahr später konstatieren musste, dass die Erziehung im Strafvollzug nicht ausreichend auf Basis von Erziehungsprogrammen erfolge, „Erziehungsgespräche [...] noch nicht überall regelmäßig durchgeführt" würden, „Tendenzen des Festhaltens an alten Praktiken und Arbeitsweisen" verbreitet seien und noch immer „Zweifel an der Erziehbarkeit der Strafgefangenen"[581] unter den Strafvollzugsbediensteten bestünden. Bereits im Mai 1969 hatte VSV-Chef Tunnat auf einer Tagung der obersten Strafvollzugsverwaltung erklärt, dass es in der Mehrzahl der Strafvollzugseinrichtungen zwar Fortschritte gebe, aber bei der Durchsetzung des Strafvollzugs- und Wiedereingliederungsgesetzes „noch keine durchgehenden Verbesserungen" erkennbar seien.[582] Insbesondere bei der sicheren Verwahrung der Häftlinge gebe es noch erhebliche Probleme, wie die seit Juli 1968 erfolgten 67 Entweichungen belegen würden. Nachdrücklich betonte Tunnat, dass „trotz Untersuchungen und Auswertung [...] immer die gleichen Mängel und Fehler und Ursachen" zu Tage träten. Es werde „nicht nach Arbeitsordnungen gearbeitet", vorhandene Funktionspläne würden „nicht zum Maßstab genommen". „Trotz der Vielzahl der Dokumente" habe es „keine Veränderung in der Durchsetzung" dieser Weisungen gegeben. Eine entscheidende Ursache dafür scheint auch der lange Dienstweg von der Berliner Zentrale bis zur untersten Strafvollzugsebene gewesen zu sein.

Aufgrund der verschärften Strafvollzugspolitik war es wenig überraschend, dass man mit dem Erziehungsprogramm nicht weiterkam und Tunnat auf einen „nutzlosen Kraftaufwand" hinwies, der in keinem Verhältnis zu den Ergebnissen stehe. Schließlich hatten die Verantwortlichen mit dem Strafvollzugs- und Wiedereingliederungsgesetz nach eigenem Bekunden die „Messlatte" recht hoch gelegt. So erklärte beispielsweise der Chef der BDVP Leipzig, dass die neue Gesetzgebung von den Angehörigen des Strafvollzuges verlange, „dass sie unter Wahrung der sozialistischen Gesetzlichkeit solche differenzierten Erziehungsmaßnahmen einleiten, die in effektiv kurzer Zeit dem Rechtsbrecher die Verwerflichkeit seiner Handlung bewusst macht und er die Strafe als staatliche Reaktion auf sein Handeln erkennt. Mit anderen Worten gesagt, es muss so tat- und schuldbezogen und so differenziert auf den Gefangenen eingewirkt werden, dass ihm seine künftige Rolle und Platz in der Gesellschaft bewusst wird."[583] Von der Realisierung dieser Vorgaben war der DDR-Strafvollzug jedoch weit entfernt – was auch die Verantwortlichen bemerkten.

580 BDVP Leipzig, Abteilung SV, Aufgaben für das 2. Halbjahr 1968 vom 12.6.1968 (SächsStAL, 24.1/609/Bl. 124).
581 VSV, Einschätzung der Wirksamkeit der gesetzlichen und weisungsmäßigen Bestimmungen über den Straf- und Untersuchungshaftvollzug vom 3.7.1969 (BArch, DO 1/3785, unpag.).
582 Zitat hier und im Folgenden: Ausführungen Tunnats auf der Tagung der VSV am 29.5.1969 (SächsHStA, 11464/BDVP/23.1/424/Bl. 231–234).
583 Referat des Chefs der BDVP Leipzig in Auswertung der Brandenburger Schulungstagung der VSV, Thema: Bedeutung und Aufgaben des Strafvollzuges im entwickelten gesell-

Auch auf anderen Gebieten blieben die bekannten Mängel bestehen: Die Quote der erneut straffällig gewordenen Gefangenen stieg, ohne dass dieser Situation Einhalt geboten werden konnte. Nun, da man das Problem der mangelnden Wiedereingliederung und der daraus resultierenden hohen Rückfälligkeit erkannt hatte, war man erneut um ein besseres „Zusammenwirken der Vollzugsorgane mit staatlichen Organen, VEB, gesellschaftlichen Organisationen und Kräften" bemüht.[584]

Anfang August 1970 musste Tunnat trotz der „vielen guten Leistungen der SV-Angehörigen" einsehen, dass es „eine ganze Reihe von Vorkommnissen" gebe, durch die der Strafvollzug „abgewertet" würde. Konkret meinte er damit, „dass im Strafvollzug Spießertum, Liberalisierung, Betrugshandlungen, persönliche Bereicherung, Selbsttötung, Sittlichkeitsdelikte, Körperverletzung von Bürgern um sich greift. Es gibt weiterhin Tendenzen der Schönfärberei, des Zudeckens und der Verkleisterung. Haben wir uns an bestimmte ‚negative Zustände' gewöhnt?" Erneut forderte der VSV-Chef die Änderung des „politisch-moralischen Zustands [...] in kürzester Zeit".[585] Doch dies hatten auch schon Tunnats Vorgänger während der vergangenen 20 Jahre immer wieder gefordert.

Bereits im Frühjahr 1969 hatte Tunnat noch weitere Mängel erkannt: Zwar stünden alle Häftlinge im Arbeitseinsatz, doch sei dieser nach wie vor zu zersplittert und orientiere sich zu sehr an ökonomischen Überlegungen, als an pädagogischen Gesichtspunkten. Auch habe man die Differenzierung der Häftlinge noch immer nicht realisiert: „Hier gibt es noch keine exakte Trennung."[586] Weiterhin hieß es: „Zum Teil werden Eingaben der Strafgefangenen nicht beachtet. Hinweise werden abgewürgt. Gesetzlichkeit nicht eingehalten, auch entspricht die Ausrüstung der Strafgefangenen und die Bekleidung nicht den Forderungen und es kommt häufig zu Unfällen." Was der VSV-Chef hier eher beiläufig erwähnte, waren wesentliche Faktoren, die die Haftbedingungen der Gefangenen bestimmten.

War die Erziehung der Häftlinge nicht auf dem von den Verantwortlichen gewünschten Niveau, so hatten die Anweisungen zur Verwirklichung einer straffen Disziplin und Ordnung offenbar mehr Erfolg. Nach Einschätzung der Dresdner Arbeitsgruppe Strafvollzug vom November 1969 hatte man im Verhalten der Häftlinge eine „wesentliche Verbesserung" erzielt, da sich die „Mehrheit nach den gegebenen Verhaltensregeln" richte.[587] Dass in der Haftanstalt Baut-

---

  schaftlichen System des Sozialismus bei der Einführung und Durchsetzung des sozialistischen Strafrechts in der DDR, o. D. [1968] (SächsStAL, 24.1/612/Bl. 114).
584 MdI, Grundsätze über die Aufgaben, Prinzipien der Führung, Arbeitsweise, Organisation und Struktur der Strafvollzugseinrichtungen vom 10.7.1968 (BStU, ZA, MfS-BdL/Dok. 14798/Bl. 55).
585 Auswertung der Beratung der Abteilungs- bzw. Abteilungsgruppenleiter in der VSV am 6.8.1970 (SächsHStA, 11464/BDVP/23.1/424/Bl. 244).
586 Zitat hier und im Folgenden: Ausführungen Tunnats auf der Tagung der VSV am 29.5.1969 (SächsHStA, 11464/BDVP/23.1/424/Bl. 231-234).
587 Zitat hier und im Folgenden: Arbeitsgruppe Strafvollzug Dresden an VSV, Betr.: Berichterstattung über die Wirksamkeit der staatsbürgerlichen Erziehung und Bildung Strafge-

zen I im Verlauf des Jahres eine Steigerung der Pro-Kopf-Einnahmen von bis zu 15 Prozent erzielt worden war, führten die Dresdner Verantwortlichen zum Teil auf die „Wirksamkeit der staatsbürgerlichen Erziehung" zurück, die den Gefangenen Themen vermittelte wie: „Die historische Mission der Arbeiterklasse", „Die Freundschaft zur Sowjetunion – Grundlage eines gesicherten Friedens in Europa", „Die DDR – einzig rechtmäßiger deutscher Staat" oder auch „Die Moral und Ethik der sozialistischen Gesellschaft – Moral und Verantwortung eines Staatsbürgers der DDR". Ob die Verantwortlichen in Dresden tatsächlich davon überzeugt waren, dass die Häftlinge dadurch mehr und schneller arbeiteten, bleibt offen.

Die Abteilung Strafvollzug der BDVP Leipzig stellte die „Formen und Methoden" der im Vorfeld oft gescholtenen Erziehungspraxis angesichts der hohen Quote rückfälliger Straftäter offen in Frage. Anlass war, dass fast 60 Prozent der im Bezirk zwischen April und September 1969 entlassenen Häftlinge wieder rückfällig geworden waren, wobei die Strafvollzugsanstalt Torgau mit 70 Prozent und die Jugendstrafanstalt Torgau mit 83 Prozent die höchsten Quoten aufwiesen.[588] Die hohen Rückfallquoten hatte VSV-Chef Tunnat im Blick, als er Anfang 1970 feststellte, dass die Erziehung der Häftlinge „noch große Lücken" aufweise – „angefangen von der Begleitakte bis zum Erziehungsgespräch. In den festgelegten Erziehungsprogrammen ist kein System vorhanden. Die individuellen Kriterien der einzelnen Gefangenen finden zu wenig Beachtung. Mit den festgelegten Erziehungsprogrammen wird ungenügend gearbeitet. Es werden keine guten Gespräche und Vorträge durchgeführt. In Fragen der Strafaussetzung muss man gründlicher die Arbeit, besonders die Ursachen der Rückfälligkeit einschätzen. [...] Es werden ungenügende Maßnahmen eingeleitet, um neue Straftaten auszuschalten."[589] Dass eine Erziehung der Häftlinge im Sinne einer echten Resozialisierung nicht stattfand, war den Verantwortlichen bewusst. Daher wurde das Thema Wiedereingliederung insbesondere in den siebziger Jahren immer öfter Gegenstand der Besprechungen in den Leitungsebenen. Auf einer Konferenz des Strafvollzugs hatte man im Mai 1970 betont: „die Umerziehung und die Wiedereingliederung müssen ein geschlossenes Ganzes sein". Weiterhin gestand man sich ein, „dass das Verhalten im Strafvollzug und was der Strafgefangene dort gelernt hat, noch nicht unbedingt die Gewähr dafür gibt, dass ein dauerhafter Erfolg auch nach der Entlassung erreicht worden ist. Der größte Teil der Menschen, die wieder straffällig wer-

---

fangener entsprechend des Schreibens des Leiters der VSV vom 13.11.1969 vom 28.11.1969 (SächsHStA, 11464/BDVP/23.1/426/Bl. 164).
588 In der StVA Waldheim betrug die Quote rückfällig gewordener Häftlinge 48 Prozent und in der StVA Leipzig 42 Prozent. Vgl. BDVP Leipzig, Einschätzung über den Stand der Durchsetzung der „Grundsätze über die Aufgaben, Prinzipien der Führung, Arbeitsweise, Organisation und Struktur der Strafvollzugseinrichtungen" im Jahre 1969 und Vorgaben für das Jahr 1970 vom 18.11.1969 (SächsStAL, 24.1/612/Bl. 142).
589 BDVP Leipzig, Ausführungen des Genossen Tunnat auf der Tagung am 8.1.1970 im MdI vom 13.1.1970 (SächsStAL, 24.1/612/Bl. 165).

den, kann als labil bezeichnet werden. Deshalb muss nach der Entlassung die weitere Erziehung unter breiterer Mitwirkung erfahrener Menschen erfolgen. Es gibt jedoch noch viele Mängel in der Wiedereingliederung bei den Räten der Kreise und Bezirke, denn es sind noch nicht überall die Voraussetzungen für eine ordnungsgemäße Wiedereingliederung geschaffen. Es fehlt auch noch an ehrenamtlichen Mitarbeitern, die bereit sind, die Betreuung der Strafgefangenen zu übernehmen und mit der Abteilung für innere Angelegenheiten Vereinbarungen abzuschließen, die auch zum Erfolg führen. Die Verbindung mit den Arbeitsstellen und Wohngebieten kann uns noch nicht befriedigen."[590] Die Bemühungen um die Wiedereingliederung der Häftlinge wurden vor allem durch die Priorität der Sicherheit und der Produktionssteigerung lange vernachlässigt, sodass man diesbezüglich zu Beginn der siebziger Jahre noch am Anfang stand. In Waldheim hatte die Kontrollgruppe der Berliner Zentrale im März 1971 ermittelt, dass die „Durchsetzung der Ordnungs- und Verhaltensregeln", die „Erziehung durch Arbeit", die „staatsbürgerliche Erziehung und Bildung", die „Einbeziehung gesellschaftlicher Kräfte und die Einbeziehung Strafgefangener in die Erziehungsarbeit noch nicht im Komplex wirksam werden".[591] Die aufgezählten Punkte waren allesamt Grundprinzipien des DDR-Strafvollzugs, die jedoch zu keiner Zeit in der gewünschten Art und Weise wirksam umgesetzt werden konnten.

4. Ausblick: Zwischen Zuspitzungen und Verbesserungen im Haftregime – DDR-Strafvollzugspolitik bis Mitte der siebziger Jahre

Im Zuge der Einsicht, dass die hohe Rückfälligkeit im Zusammenhang mit den geringen Erziehungserfolgen stand, kamen die Verantwortlichen Anfang der siebziger Jahre zu der Erkenntnis, die Grundvoraussetzung für eine erfolgreiche Erziehung sei die Einwilligung der Strafgefangenen, „sich erziehen zu lassen. Wenn wir das nicht erreichen, sind unsere Erziehungsmaßnahmen von wenig Erfolg gekrönt."[592] Deshalb hatte man sich auf folgende Maßnahmen geeinigt: die „gründliche Durchführung des Aufnahmegespräches, konkretere Erarbeitung der Erziehungsprogramme, bessere Nutzung aller erzieherischen Potenzen".[593] Dabei handelte es sich keineswegs um neue Forderungen, jedoch

---

590 BDVP Karl-Marx-Stadt, Arbeitsgruppe SV, Auszüge aus dem Referat und den Diskussionsbeiträgen der Vollzugskonferenz vom 28.5.1970 (SächsStAC, 30441–25.1/143/Bl. 29).

591 VSV, Kontrollbericht über den Einsatz einer Kontrollgruppe in der StVA Waldheim vom 8.3.–12.3.1971 vom 18.3.1971 (SächsStAL, 24.1/965/Bl. 177).

592 BDVP Karl-Marx-Stadt, Arbeitsgruppe SV, Auszüge aus dem Referat und den Diskussionsbeiträgen der Vollzugskonferenz vom 28.5.1970 (SächsStAC, 30441–25.1/143/Bl. 30).

593 Zitat hier und im Folgenden: BDVP Leipzig, Abteilung SV, Einschätzung der Arbeitsergebnisse 1970 vom 9.11.1970 (SächsStAL, 24.1/609/Bl. 144).

Ausblick: Zwischen Zuspitzungen und Verbesserungen im Haftregime 273

blieb die Diskrepanz zwischen Anweisung, Umsetzung und gewünschten Ergebnissen stets sehr groß. Da das vorhandene Personal die gestellten Aufgaben nur unzureichend erfüllen konnte, flossen „in zunehmendem Maße [...] Vorschläge, Hinweise und Kritiken progressiver Strafgefangener in den komplexen Erziehungsprozess ein. Das bewirkt, dass der überwiegende Teil der Strafgefangenen auf die Ordnung, Sauberkeit und Disziplin durch gegenseitige Selbsterziehung Einfluss nimmt." So wurde 1974 die Haftanstalt Bautzen I angewiesen, angesichts der Personalnot – auf 100 Häftlinge kam zeitweise nur ein SV-Angehöriger – „alle Möglichkeiten des Einsatzes progressiver Strafgefangener bei der Durchsetzung einer hohen Disziplin und Ordnung"[594] zu nutzen. Allein dieses Verhältnis von Personal zu Häftlingen beweist eindeutig, dass von einer Erziehung im DDR-Strafvollzug keine Rede sein konnte. Als man bemerkte, dass durch die Strafvollzugspolitik die Reintegration der Inhaftierten nicht eben gefördert wurde, sondern die Rückfallquote außerordentlich hoch blieb, versuchte man, dem durch stärkere Betonung der Erziehung und der Einbeziehung „gesellschaftlicher Kräfte" entgegenzuwirken. Doch blieben die Ergebnisse dieser Bemühungen auch dieses Mal weit hinter den Erwartungen zurück. Der Direktor der Psychiatrieabteilung des Haftkrankenhauses in Leipzig-Kleinmeusdorf analysierte 1971 die Zusammensetzung der Häftlingsgesellschaft folgendermaßen: „In der DDR haben wir es bei den Strafgefangenen mit 25 % Psychopathen, 12 % Schwachsinnigen, 5 % Alterserkrankungen, 7,5 % Epileptikern usw. zu tun. Diese Menschen können nicht von jedem Erzieher betreut werden, sie bedürfen einer speziellen therapeutischen Behandlung."[595] Doch dafür fehlte es an qualifiziertem Personal.

Auch in den siebziger Jahren machte die Disziplinlosigkeit der Häftlinge den Verantwortlichen zu schaffen, weshalb die BDVP Leipzig für die zweite Jahreshälfte 1970 das Ergreifen „energischer Maßnahmen" forderte, „um die staatsfeindlichen Schmierereien in den Verwahr- und Produktionsräumen zu verhindern; das Herausschreien und Brüllen der Strafgefangenen aus ihren Verwahrräumen zu unterbinden; und andere Vorkommnisse zu verhindern".[596] Die Abteilung Strafvollzug der BDVP Leipzig sah es 1970 deshalb als Hauptaufgabe an, die „Kampf- und Einsatzbereitschaft" ihrer SV-Angehörigen ständig zu erhöhen und deren „politisch-moralischen Zustand" zu festigen.[597] Wichtigster

---

594 BDVP Dresden, Arbeitsgruppe SV, Kontrollbericht zum durchgeführten Kontrolleinsatz in der StVA Bautzen I vom 24.5.1974 (SächsHStA, 11464/23.1/427/Bl. 40).
595 BDVP Leipzig, Protokoll der Ausführungen des Direktors des HKH für Psychiatrie Waldheim, Dr. Ochernahl, anlässlich der Auswertung des Kontrolleinsatzes der VSV im Bezirk Leipzig am 13.4.1971 vom 14.4.1971 (SächsStAL, 24.1/611/Bl. 61).
596 BDVP Leipzig, Referat: Die Erfüllung der Aufgaben, die sich aus dem SVWG ergeben und der Stand der Durchsetzung der „Grundsätze über die Aufgaben, Prinzipien der Führung, Arbeitsweise, Organisation und Struktur der StVE" im 1. Halbjahr 1970 sowie die Aufgabenstellung für das 2. Halbjahr 1970 vom 25.8.1970 (SächsStAL, 24.1/612/Bl. 203).
597 Zitat hier und im Folgenden: BDVP Leipzig, Abteilung SV, Jahresbericht 1970, o. D. (SächsStAL, 24.1/609/Bl. 147).

Punkt blieb demnach weiterhin die „Erziehung der Erzieher". Schließlich sollten diese eine hohe Ordnung und Sicherheit gewährleisten sowie „Ausbrüche und Entweichungen nicht zulassen". Die „effektive Gestaltung des komplexen Vollzugs- und Wiedereingliederungsprozesses" wurde nun vor der „Konzentrierung des Arbeitseinsatzes Strafgefangener" genannt, was die Bemühungen um eine Senkung der Rückfallquote erkennbar macht. An letzter Stelle stand bezeichnenderweise die „materiell-technische und medizinisch-hygienische Sicherstellung" des Strafvollzugs. Trotz der obigen Akzentuierung der Aufgaben im Strafvollzug entsprach auch 1971 „die Vollzugsgestaltung immer noch nicht den Erfordernissen". Die „Verletzung der Ordnungs- und Verhaltensregeln durch die Inhaftierten" offenbarten, „dass bei den SV-Angehörigen das einheitliche Handeln fehlt, noch zum Teil mangelnde Gesetzeskenntnisse vorhanden sind und das Auftreten gegenüber Inhaftierten nicht die erforderliche Konsequenz zeigt".[598] Folglich gingen die Strafvollzugsbediensteten aus Sicht der Verantwortlichen in Karl-Marx-Stadt zu nachsichtig mit den Häftlingen um. Vor allem die Strafvollzugsanstalt Hoheneck wurde diesbezüglich herausgehoben. Wie in der Vergangenheit wurden als Ursachen des „Fehlverhaltens" die mangelhafte „Führungs- und Leitungstätigkeit" benannt, zudem gebe es „ideologische Probleme" und eine „unzureichende Arbeit mit den Menschen". Das bestätigt auch ein Vermerk der Berliner Zentrale, die 1972 konstatierte: „Die Vorgesetzten kennen oft ihre Genossen nicht."[599] Dies betraf diverse Strafvollzugseinrichtungen. Allerdings stellte eine von VSV-Chef Tunnat geleitete Kontrollgruppe im März 1971 im Bezirk Leipzig fest, dass auch auf Bezirksebene – also bei der Abteilung Strafvollzug der BDVP Leipzig – die konkrete Lage im Strafvollzug „nur ungenügend bekannt" sei, was „zur Verminderung ihrer Autorität gegenüber den Leitungen der Strafvollzugseinrichtungen" führe, „die sehr stark auf sich allein gestellt sind".[600] Daraus erkläre sich auch der „erreichte unterschiedliche Stand der Entwicklung der einzelnen Strafvollzugseinrichtungen". Insgesamt hatte man der Leipziger Strafvollzugsabteilung ein „ungenügendes Erkennen ihrer Verantwortung für die einheitliche und komplexe Gestaltung des Vollzugsprozesses im gesamten Bezirk" vorgeworfen. Die Anleitung der Strafvollzugseinrichtungen durch die Strafvollzugsabteilungen der Bezirke funktionierte mithin nicht in der von der Berliner Zentrale gewünschten Weise. So war man bezüglich der Differenzierung in den Haftanstalten „über die Grobgliederung noch nicht hinausgekommen".[601] Zwar wurden die Häftlinge

---

598 Zitat hier und im Folgenden: BDVP Karl-Marx-Stadt, Arbeitsgruppe Strafvollzug, Einschätzung der Arbeitsergebnisse 1971 vom 2.12.1971 (SächsStAC, 30441-25.1/142/Bl. 108).
599 BDVP Leipzig, Information der Abteilung SV über eine Dienstversammlung der VSV in der StVA Brandenburg am 30.3.1972 vom 6.4.1972 (SächsStAL, 24.1/613/Bl. 5).
600 Zitat hier und im Folgenden: Bericht der VSV über den Kontrollgruppeneinsatz im Bezirk Leipzig vom 2. bis 12.3.1971 vom 22.3.1971 (SächsStAL, 24.1/611/Bl. 39 f.).
601 Zitat hier und im Folgenden: BDVP Leipzig, Abteilung SV, Erste Auswertung des Kontrollgruppeneinsatzes der VSV, Berlin im Bezirk Leipzig vom 18.3.1971 (SächsStAL, 24.1/611/Bl. 35).

Ausblick: Zwischen Zuspitzungen und Verbesserungen im Haftregime

differenziert nach den drei Vollzugsarten untergebracht, aber bei der Differenzierung innerhalb der einzelnen Vollzugsarten – „entsprechend der Täterpersönlichkeit, der einzelnen Deliktarten, Vorbestrafte und Rückfalltäter" – erkannte man in Berlin „nur bescheidene Anfänge". Dies verhindere das Erreichen des Erziehungsziels noch zusätzlich.

Ein wichtiges Schlagwort zu Beginn der siebziger Jahre war die „komplexe Vollzugsgestaltung", die nun bei den Hauptaufgaben an vorderer Stelle aufgelistet, aber nie in dem von den Führungsebenen gewünschtem Maße realisiert wurde: 1970 noch an dritter Stelle stehend, genoss sie seit 1972 oberste Priorität. Die „Intensivierung der Produktion" stand erneut vor der „Erhöhung der rückfallverhütenden Arbeitsweise durch wirksamere Maßnahmen der Erziehung, der Arbeit, der Effektivität des Aufnahmeverfahrens, der staatsbürgerlichen Erziehung sowie der Wiedereingliederung",[602] was den anhaltend überragenden Stellenwert der Häftlingsarbeit verdeutlicht. Angesichts der ab 1971 wieder schneller ansteigenden Häftlingszahlen bekräftigte Dickels 1. Stellvertreter, Herbert Grünstein, Mitte 1972, dass die Durchsetzung einer straffen Disziplin „Hauptfrage im Strafvollzug ist und bleibt [...]. Keiner ist berechtigt, Abstriche davon zuzulassen und zu dulden. [...] Mit aller Konsequenz ist um Ordnung, Sauberkeit und strengste Disziplin zu kämpfen. Besonders den Rückfalltätern gegenüber müssen unsere Gesetze und Weisungen mit aller Deutlichkeit, Strenge und Härte durchgesetzt werden."[603] Im Vordergrund stand demnach die Disziplinierung der Rückfalltäter.

Da die Zahl der Strafgefangenen der DDR Ende 1971 bereits wieder knapp 26 000 betragen hatte und im Verlauf des Jahres 1972 weiter angestiegen war, sah sich die Staatsführung zu einer erneuten Amnestie genötigt, um dem Häftlingsaufkommen Herr zu werden. Somit wurde am 6. Oktober 1972 auf Vorschlag des ZK der SED und des Ministerrates der DDR anlässlich des 23. DDR-Jahrestags „eine umfassende Amnestie für politische und kriminelle Straftäter"[604] beschlossen – so die Mitteilung im „Neuen Deutschland". Bemerkenswert ist das offizielle Eingeständnis, dass es in der DDR politische Häftlinge gab. Die politischen Häftlinge in Hoheneck deuteten diese Amnestie als „Wahlgeschenk"[605] der SED an die SPD für deren „Neue Ostpolitik".[606] Im Verlauf

---

602 BDVP Karl-Marx-Stadt, Arbeitsgruppe Strafvollzug, Einschätzung der Arbeitsergebnisse 1971 vom 2.12.1971 (SächsStAC, 30441-25.1/142/Bl. 112).

603 Protokoll der Ausführungen des Staatssekretärs und 1. Stellvertreters des Innenministers, Grünstein, anlässlich der Auswertung des Kontrolleinsatzes der VSV in der StVA Leipzig am 14.6.1972 (SächsStAL, 24.1/611/Bl. 110).

604 „Beschluss über eine Amnestie aus Anlass des 23. Jahrestages der Gründung der Deutschen Demokratischen Republik". In: Neues Deutschland vom 7.10.1972. Zit. nach Finn/Fricke, Politischer Strafvollzug, S. 117.

605 Schacht (Hg.), Hohenecker Protokolle, S. 119.

606 Werkentin bezeichnet lediglich eine zweite, „weniger auffällige" Amnestie als „Entspannungsgeste gegenüber der BRD". Die am Tag vor dem Inkrafttreten des Verkehrsvertrages zwischen beiden deutschen Staaten am 17.10.1972 bekannt gegebene Amnestie erklärte die vor dem 1.1.1972 Geflohenen für straffrei – also Bürger, die sich sowieso

der Amnestie wurden 25 531 Strafgefangene⁶⁰⁷ entlassen, sodass sich nach deren Durchführung Ende Januar 1973 nur noch 6 074 Gefangene⁶⁰⁸ in Haft befanden. In Relation zur Bevölkerungszahl wurden „fast dreimal soviel Häftlinge amnestiert, wie zu der Zeit in der Bundesrepublik überhaupt einsaßen".⁶⁰⁹

Doch schon Ende 1973 befanden sich erneut 25 977 Strafgefangene und Ende 1974 sogar 30 905 Strafgefangene in Strafvollzugseinrichtungen der DDR. Einschließlich Untersuchungshäftlingen und Personen in Arbeitserziehungslagern hatte man zwei Jahre nach Honeckers Machtübernahme insgesamt 48 005 Personen inhaftiert – so viel wie seit Beginn der fünfziger Jahre nicht mehr.⁶¹⁰ Vor allem die Verurteilung zur Arbeitserziehung gemäß Paragraph 249 StGB von 1968, der die Einweisung in Arbeitserziehungslager zur Folge hatte, führte zu dem schnellen Anstieg der Häftlingszahlen. Mit knapp 10 000 Verurteilungen 1973 und 12 147 Verurteilungen 1974 erreichte die Anwendung dieses Paragraphen ihren Höhepunkt.⁶¹¹ Ein weiterer Grund des schnellen Anstiegs war, dass sich durch „den Vollzug bei Reststrafen der erneut Straffälligen und Rückfalltäter und durch die Ausschöpfung des Strafrahmens bei der Strafzumessung sowie der konsequenteren Anwendung der speziellen Rückfallbestimmungen [...] die Verbleibsdauer auf [durchschnittlich] 2 Jahre im Strafvollzug erhöhte. Diese Entwicklungstendenz hat außerdem eine wesentliche Veränderung in der Zusammensetzung des Inhaftiertenbestandes zur Folge. Der Anteil der Rückfälligen, Vorbestraften und damit Haftgewohnten – von Renitenten und Aufsässigen sowie Besserungsunwilligen – die sich hartnäckig der erzieherischen Einwirkung verschließen bzw. widersetzen, erhöhte sich weiter."⁶¹² Daher bestand die Aufgabe für das Organ Strafvollzug „vor allem darin, die rückfallverhütende Wirksamkeit des Vollzuges der Strafen mit Freiheitsentzug durch konsequente Durchsetzung der Befehle und Weisungen zu erhöhen sowie die Sicherheit im Straf- und Untersuchungshaftvollzug in jeder Lage und Situation zu gewährleisten".⁶¹³ Die erste Hälfte der siebziger Jahre war demnach von einem starken

---

jenseits ostdeutscher Strafbarkeit befanden. Davon waren 131 000 Personen betroffen. Vgl. Werkentin, Politische Strafjustiz, S. 389.
607 Finn/Fricke, Politischer Strafvollzug, S. 117.
608 VSV, Probleme des Strafvollzuges vom 5.10.1974 (BArch, DO 1/3697, unpag.).
609 Finn, Häftlinge, politische, S. 276.
610 Werkentin, Politische Strafjustiz, S. 389, 408.
611 Ebd., S. 389 f. 1961 war mit der „Verordnung über die Aufenthaltsbestimmung" die gesetzliche Grundlage für die Arbeitserziehungslager geschaffen worden. Nach § 249 StGB „Gefährdung der öffentlichen Ordnung durch asoziales Verhalten" konnte man in Fällen der Prostitution in diese Lager eingewiesen werden, aber vor allem dann, wenn sich jemand „aus Arbeitsscheu einer geregelten Arbeit hartnäckig entzieht, obwohl er arbeitsfähig ist". Mit dem 2. Strafrechtsänderungsgesetz von 1977 entfielen die Arbeitserziehungslager „als selbständige Strafform", keineswegs aber der Tatbestand der Arbeitsscheu sowie deren Kriminalisierung.
612 BDVP Karl-Marx-Stadt, Stellvertreter des Chefs, Bericht über den Stand der Erfüllung und Durchsetzung der Maßnahmen zur weiteren Verbesserung der Arbeit des Organs Strafvollzug gemäß Weisung Nr. 10/73 des Chefs der BDVP vom 7.8.1973 vom 19.11.1973 (SächsStAC, 30441-25.1/142/Bl. 116 f.).
613 Ebd., Bl. 115.

Ausblick: Zwischen Zuspitzungen und Verbesserungen im Haftregime

Anstieg des Häftlingsbestands gekennzeichnet, der nur kurz durch die Amnestie von 1972 unterbrochen wurde. Ein Grund dafür war die Anhebung der durchschnittlichen Haftdauer aus den oben genannten Gründen.[614] Das betraf im Herbst 1974 ein knappes Drittel der Gefangenen. Zum anderen verhängten die Gerichte deutlich mehr Haftstrafen. So stieg der Anteil der Haftstrafen an den Gesamtverurteilungen von 35 bis 38 Prozent in den Jahren 1970 bis 1972 auf etwa 50 Prozent im Jahr 1973.[615] Unweigerlich musste daraus eine zusätzlich verstärkte Überbelegung sämtlicher Hafteinrichtungen folgen. Da sich der Anteil rückfälliger Straftäter immer weiter vergrößerte, sahen sich die Verantwortlichen gezwungen, das Haftregime abermals zu verschärfen – Sicherheit genoss schließlich höchste Priorität. Dickels Stellvertreter Grünstein machte im August 1973 deutlich, dass angesichts „ernsthafter Erscheinungen [...] die Hauptaufgabe des Strafvollzuges nur darin bestehen kann, [...] einen sicheren Strafvollzug zu gewährleisten. Auf diese Aufgabe hat sich die gesamte Führungs- und Leitungstätigkeit zu konzentrieren."[616] Zur Umsetzung dieser Vorgaben aus Berlin sah sich die Torgauer Anstaltsleitung veranlasst noch einmal darauf hinzuweisen, „dass keinerlei Verstöße gegen die sozialistische Gesetzlichkeit zugelassen" seien. „Anwendung von Gewalt und Drill ist strikt untersagt."[617]

In den Ausführungen des Chefs der BDVP Leipzig heißt es: Die sichere Unterbringung und Verwahrung sowie der Arbeitseinsatz seien „im Wesentlichen" realisiert worden, während es noch immer Rückstände in der „Verwirklichung der vollen materiellen-technischen und versorgungsmäßigen Sicherstellung"[618] gebe und auch „auf dem Gebiet der staatsbürgerlichen Schulung die Mindestanforderungen" nicht erfüllt würden.[619] Um dem gestiegenen Gefangenenbestand Herr zu werden, wurden die Zellen „umgestaltet und rationeller ausgelastet",[620] indem die Betten auch dreigeschossig aufgestellt wurden. Die Überbelegung der Haftanstalten war so groß, dass man 1973 neue „Orientierungsziffern" einführte. So erweiterte man 1973/74 die Verwahrkapazität um

---

614 In Hoheneck stieg die durchschnittliche Verbleibdauer der Häftlinge, die 1972 bei drei Jahren gelegen hatte, bis 1974 auf fünf Jahre an. Daraus ergab sich am 4.10.1974 eine Belegung von 178 Prozent der Normalbelegung. Schließlich kamen auf jeden entlassenen Häftling acht Neuzugänge. Angesichts dieser Überbelegung konnte der Arbeitseinsatz nicht mehr gewährleistet werden. Gut 20 Prozent der Häftlinge saßen aus politischen Gründen ein, 35 Prozent waren Rückfalltäter. Vgl. BDVP Karl-Marx-Stadt, Vertrauliche Vorlage Nr. 13/74, Probleme der Sicherheit in den Strafvollzugseinrichtungen vom 15.4.1974 (SächsStAC, 30441-25.1/142/Bl. 125-127, 133).
615 VSV, Probleme des Strafvollzuges vom 5.10.1974 (BArch, DO 1/3697, unpag.).
616 StVA Torgau, Auswertung der Tagung beim Staatssekretär Genossen Generalleutnant Grünstein in Berlin vom 30.8.1973 (SächsStAL, 24.1/943/Bl. 83).
617 Ebd., Bl. 84.
618 Ausführungen des Chefs der BDVP Leipzig zur Vollzugskonferenz in der StVA Torgau am 31.5.1974 (SächsStAL, 24.1/32/Bl. 68).
619 MdI, VSV, Bericht über den Kontrollgruppeneinsatz der VSV in StVE des Bezirkes Leipzig vom 22.5.1974 (SächsStAL, 24.1/611/Bl. 118).
620 Ausführungen des Chefs der BDVP Leipzig zur Vollzugskonferenz in der StVA Torgau am 31.5.1974 (SächsStAL, 24.1/32/Bl. 68).

4 400 Plätze, wodurch die Überbelegung geringer erschien. Betrug nämlich die Auslastung der Vollzugseinrichtungen Ende 1973 nach „Normalverwahrkapazität" bei erwachsenen männlichen Strafgefangenen 128 Prozent, bei weiblichen Gefangenen 154,1 Prozent und bei jugendlichen Häftlingen 121,3 Prozent, so führte die Anwendung der neuen „Orientierungsziffern" nun zu Auslastungswerten von nur noch 106,1 Prozent bei den männlichen Erwachsenen, 105,8 Prozent bei den Frauen und 96,3 Prozent bei den Jugendlichen.[621] Trotz allem betrug die Überbelegung Anfang Oktober 1974 133,8 Prozent – nach den neuen „Orientierungsziffern". Die Belegungssituation blieb somit angespannt und beeinträchtigte „besonders die Kontinuität der Erziehungsarbeit. Die Renitenz unter den Strafgefangenen und gefährliche Angriffe gegen die Sicherheit und Ordnung, teilweise mit Gruppencharakter", nahmen zu.[622] So verortete man im Bezirk Leipzig Mitte 1974 die „Schwerpunkte der ordnungsstörenden Handlungen Strafgefangener" nach wie vor bei „Misshandlungen und Schlägereien untereinander; undiszipliniertem Verhalten gegenüber SV-Angehörigen und betrieblichen Lenkungskräften; ungesetzlichen Verbindungsaufnahmen; Arbeitsverweigerungen und -niederlegungen, besonders in den Einrichtungen Waldheim und Leipzig".[623] Die Berliner Zentrale kritisierte im Herbst 1974 unter anderem die „hohe Konzentration von Strafgefangenen in den Verwahrräumen, Erscheinungen der Renitenz und Ordnungsstörungen, gegenseitige Misshandlungen mit zunehmender Brutalität" in nahezu allen Strafvollzugseinrichtungen des Landes. Zudem würden die Häftlinge, die zum 25. Jahrestag der DDR eine Amnestie erwarteten, über etwaige „Aktionen gegen die Sicherheit und Ordnung" diskutieren, falls diese ausbliebe.[624]

Diese massiven Probleme waren ein Produkt sowohl der enormen Überbelegung und der hohen Konzentration von Rückfalltätern in den Haftanstalten als auch der großen Schwierigkeiten, allen Häftlingen Arbeit zu verschaffen. Zwar hatte VSV-Chef Tunnat gefordert, „noch konsequenter die Möglichkeiten eines konzentrierten Arbeitseinsatzes, des Mehrschichtbetriebes und der durchgängigen Arbeitswoche auszunutzen. [...] Jeder Leiter muss [...] prüfen, wie der Arbeitseinsatz effektiver gestaltet werden kann und vor allem wie die Erziehung

---

621 MdI, Information über Probleme zur Lage im Strafvollzug vom 14.2.1974 (BArch, DO 1/3697, unpag.). Während bezüglich des HKH Leipzig-Kleinmeusdorf die „bestätigte Kapazität" und die Belegung nach den „neuen Orientierungszahlen 1974 der VSV vom 27.2.1974" gleich blieben, wurde so die Kapazität der StVA Waldheim von 1 280 Plätze auf 2 000 und die der StVA Torgau von 718 auf 1 450 erhöht. Im gesamten Bezirk Leipzig erhöhte sich die Belegungskapazität von 6 712 Plätzen auf 10 250, also um knapp 53 Prozent. Vgl. BDVP Leipzig, Geheimvorlage Nr. 11/74, Stand der Erfüllung der Aufgaben des Organs Strafvollzug im 1. Quartal 1974 vom 3.4.1974 (SächsStAL, 24.1/609/Bl. 231).
622 VSV, Vorlage für die Abteilung Sicherheitsfragen des ZK, o. D. [Anfang 1974] (BArch, DO 1/3697, unpag.).
623 Ausführungen des Chefs der BDVP Leipzig zur Vollzugskonferenz in der StVA Torgau am 31.5.1974 (SächsStAL, 24.1/32/Bl. 78).
624 VSV, Probleme des Strafvollzuges vom 5.10.1974 (BArch, DO 1/3697, unpag.).

Ausblick: Zwischen Zuspitzungen und Verbesserungen im Haftregime 279

durch Arbeit zu verstärken ist."[625] Jedoch führten 1974 nicht nur die 8 000 zusätzlich mit Arbeit zu versorgenden Häftlinge sondern auch die sich zur gleichen Zeit um 200 erhöhende Zahl der im Strafvollzug produzierenden Betriebe „zwangsläufig" zu einer „Zersplitterung des Arbeitseinsatzes", deren Beseitigung aber bereits seit den sechziger Jahren gefordert wurde. Die steigende Zahl der Produktionsbetriebe für Strafgefangene barg auch die Gefahr der erhöhten „illegalen Verbindungsaufnahme" in sich, da die Häftlinge nun viel häufiger mit Zivilisten in Berührung kamen. Damit möglichst alle Häftlinge in den Arbeitsprozess eingegliedert werden konnten, schlug man dem Generalstaatsanwalt vor, neben weiblichen Strafgefangenen vermehrt auch männliche Jugendliche und Gefangene der erleichterten und allgemeinen Vollzugsart vorfristig gemäß Paragraph 346 StPO zu entlassen, um die Belegungssituation zu entlasten. So sollten auch mehr Arbeitsstellen frei werden, die zunehmend im Außenarbeitseinsatz lagen. Dies erforderte aber wiederum mehr Bewachungs- und nicht zuletzt Verwaltungspersonal.[626] Um dennoch die Sicherheit der Anstalten zu garantieren, wurden „Maßnahmen zur Vervollkommnung des Sicherungssystems" ergriffen, die „vor allem den verstärkten Einsatz von Hunden, die Entwicklung und Erprobung geeigneter Sicherungstechnik in ausgewählten Strafvollzugseinrichtungen (Fernseh-Beobachteranlage, Mauer- und Zaunkronensicherung mit Impulsspannung, kapazitive Feldsicherung, Spann-Reiß-Drahtsicherung, Türsicherung- und Signalgeräte) [sowie] die Entwicklung zweckmäßiger Sicherungssysteme im Außenarbeitseinsatz"[627] beinhalteten. Der problematischen Situation in den überfüllten Gefängnissen versuchte man demnach vornehmlich mit einer Modernisierung der Sicherungssysteme zu begegnen.

Beispielhaft für die Probleme im Strafvollzug in dieser Zeit steht der Jahresbericht von 1974 der Anstaltsleitung der Strafvollzugsanstalt Leipzig. Dieser stellte fest, dass die „komplizierten Bedingungen der hohen Belegung" und die veränderte „Zusammensetzung des Gefangenenbestandes mit einem zunehmenden Anteil von Asozialen und Vorbestraften" zu einem Anstieg des Aggressionspotentials in den Zellen geführt habe.[628] Dennoch gebe es, in den Augen der Zentralen Kontrollgruppe des MdI, eine „positive Entwicklung des Strafvollzuges". So sei im Bezirk Leipzig der für den höheren Häftlingsbestand benötigte Platz in den Vollzugseinrichtungen geschaffen und die „Eingliederung aller Strafgefangenen in den Arbeitsprozess [...] ordentlich angepackt"[629] worden –

---

625 Diskussionsbeitrag des Genossen Oberst Tunnat auf der Vollzugskonferenz in der StVA Torgau am 31.5.1974 (SächsStAL, 24.1/614/Bl. 105).
626 MdI, Information über Probleme zur Lage im Strafvollzug vom 14.2.1974 (BArch, DO 1/3697, unpag.).
627 Ebd.
628 StVA Leipzig, Berichterstattung über die Erfüllung der Aufgaben 1974 vom 2.1.1975 (SächsStAL, 24.1/609/Bl. 241).
629 BDVP Leipzig, Auswertung der Kontrolleinsätze in der BDVP und den StVA Leipzig, Torgau und Waldheim durch die Zentrale Kontrollgruppe des Ministers des Inneren und Chefs der DVP vom 20.–23.8.1974 vom 10.9.1974 (SächsStAL, 24.1/611/Bl. 144).

was jedoch nicht bedeutet, dass alle Häftlinge arbeiteten. Nicht zuletzt hätten sich auch die Arbeits- und Lebensbedingungen des Strafvollzugspersonals verbessert. „Positive Entwicklungen" im Strafvollzug wurden also an der Unterbringung aller Häftlinge und deren Eingliederung in die Produktion festgemacht, nicht an etwaigen Verbesserungen der Haftbedingungen oder „Erziehungserfolgen", an die aufgrund der permanenten Überbelegung offenbar nicht zu denken war. In welchem Geiste die Erziehung stattfand, zeigt sich im Bericht der Zentralen Kontrollgruppe über die Erziehungsmaßnahmen in der Strafvollzugsanstalt Torgau. Hier wurden „die Absonderung, die Auswertung vor dem Kollektiv der Strafgefangenen" und der Arbeitsarrest als die „wirksamsten Erziehungsmaßnahmen" gegen Strafgefangene gewürdigt.[630] Mithin sollte Erziehung den Häftling einzig disziplinieren, ruhig stellen. Zwar konnte die Sicherheit der Anstalten und der Verwahrung gewährleistet werden, doch aufgrund des Personalmangels konnten die SV-Angehörigen in der Regel Misshandlungen unter den Häftlingen nur während der Häftlingsarbeit, nicht aber in den Zellen verhindern.[631] Dort waren die Häftlinge sich selbst überlassen, weshalb sich für die Häftlinge die Schwere der Haft zum großen Teil über die Übergriffe der Häftlingsgesellschaft – überwiegend kriminelle Häftlinge und mehrfache Straftäter – definierte.[632] Vor allem die durch die große Überbelegung bedingte Enge in den Zellen – in Hoheneck etwa 15 bis 20 Personen auf wenigen Quadratmetern mit dreistöckigen Betten – beförderte die Aggressionen unter den Häftlingen, die vom Wachpersonal kaum unterbunden werden konnten, in enormer Weise. Hierbei handelte es sich aber keineswegs um ein DDR-spezifisches Problem des Strafvollzugs.

Weiterhin beschwerte sich die Berliner Zentrale über „eine Reihe ernster Vorkommnisse", welche immer wieder aufgrund ideologischer Probleme, „Sorglosigkeit und Routine" entstünden.[633] Allerdings brauche es hier „keine neuen Weisungen". Die vorhandenen Befehle müssten den SV-Angehörigen „in Dienst- und Parteiveranstaltungen immer wieder neu bewusst gemacht werden". Dabei war sich die oberste Gefängnisverwaltung völlig im Klaren darüber, dass „Vorkommnisse der BDVP zumeist unbekannt [bleiben], oder die BDVP kennt sie und trifft keine Veränderungen". So blieben Missstände bestehen und Verletzungen der „demokratischen Gesetzlichkeit" wurden nicht nach „oben" weiter-

---

630 Ebd., Bl. 148.
631 Beispielhaft für das Vorgehen der SV-Angehörigen, um für „Ordnung und Disziplin" zu sorgen, die Schilderung aus der StVA Torgau: „Die Sicherheit und Ordnung wird auch während der rollenden Woche gewährleistet. Ja, sie konnte wirksamer gestaltet werden. Dies zeigt sich darin, dass 2 Genossen, ausgerüstet mit Funk, Gummiknüppel, Handschellen und Führungskette, bei auftretenden Störungen wirksam einschreiten können. Eine sofortige Reaktion durch diese Genossen führte zur Verbesserung der Ordnung und der Arbeitsdisziplin." Vgl. Diskussionsbeitrag des Hptm. Klesse der StVA Torgau auf der Vollzugskonferenz am 31.5.1974 (SächsStAL, 24.1/614/Bl. 89).
632 Siehe etwa Schacht (Hg.), Hohenecker Protokolle, S. 127, 129 f., 151 f.
633 Zitat hier und im Folgenden: Beratung im MdI über Aufgaben des Organs SV am 22.8.1974 (SächsStAL, 24.1/613/B. 51 f.).

Ausblick: Zwischen Zuspitzungen und Verbesserungen im Haftregime 281

gegeben. Bei der Untersuchung solcher „Vorkommnisse" hatte die BDVP Leipzig zudem konstatiert, „dass die Ursachen mangelnder Dienstdurchführung vorrangig in der ungenügenden politisch-ideologischen Motivation der Offiziere und Wachtmeister zu suchen sind".[634] Die mangelnde Motivation der SV-Angehörigen und der Befund, dass man keine neuen Weisungen brauche, da die Probleme immer dieselben seien, offenbaren die enormen Schwierigkeiten der Verantwortlichen mit dem Personal. Daher machte man „positive Entwicklungen" auch an der Verbesserung der Arbeits- und Lebensbedingungen des Personals fest.

Um der zunehmenden „Renitenz" und „Erziehungsunwilligkeit" entgegenzuwirken, wurde durch die Änderung des Strafvollzugs- und Wiedereingliederungsgesetzes vom 19. Dezember 1974 den drei bestehenden Vollzugsarten noch eine vierte hinzugefügt – die verschärfte Vollzugsart.[635] Den verschärften Vollzug hatte man eigens für Rückfalltäter konzipiert, um sie von den anderen Häftlingen zu separieren. Politische Häftlinge blieben in der Regel weiterhin im strengen Vollzug. Um dem hohen Gefangenenbestand Herr zu werden, wurde das Haftregime erneut verschärft. Allerdings bedeutete die Neustrukturierung der Vollzugsarten für die politischen Häftlinge insofern eine Verbesserung, als dass sie nun von rückfälligen, also echten kriminellen Tätern getrennt waren.

Die kontinuierlichen Ermahnungen zur Einhaltung der „demokratischen Gesetzlichkeit" erfolgten jetzt auch mit Hinblick auf die internationale Öffentlichkeit. So informierte das Innenministerium die Verantwortlichen der BDVP Leipzig im August 1974 über einen „Fragespiegel der UNO" zu den Mindestanforderungen im Strafvollzug mit dem expliziten Hinweis: „Deshalb ständig beachten, den Strafgefangenen immer im Rahmen des SVWG zu behandeln."[636] Ende 1975 wurde man im Innenministerium noch deutlicher, warum die Gefangenen vorschriftsmäßig zu behandeln seien: „Mit unserem SVWG ist unsere Arbeit für die gesamte Welt öffentlich und kontrollierbar geworden. Deshalb keine Gesetzesverletzungen zulassen. Es wurde auf Verstöße in einigen Strafvollzugseinrichtungen hingewiesen. Unsere SV-Angehörigen so erziehen, dass sie sich nicht zu Verstößen hinreißen lassen. Wir machen uns nicht die Hände dreckig."[637] Hier tritt der mäßigende Einfluss der internationalen Anerkennung der DDR auf die Strafvollzugspolitik deutlich zu Tage. Um ihr „Image" besorgt, war die DDR vor allem auf ihr Erscheinungsbild in den westlichen Medien bedacht. Infolgedessen mussten auch Verbesserungen im Strafvollzug erfolgen, um das Erscheinungsbild des sozialistischen Rechtsstaats aufzupolieren. Ludwig Reh-

---

634 BDVP Leipzig, Ausführungen des Stellvertreters des Chefs, von 1975 (SächsStAL, 24.1/614/Bl. 243).
635 Gesetz zur Änderung des Strafvollzugs- und Wiedereingliederungsgesetzes vom 19.12.1974, GBl. I 1974.
636 Beratung im MdI über Aufgaben des Organs SV am 22.8.1974 (SächsStAL, 24.1/613/Bl. 53).
637 BDVP Leipzig, Beratung mit Generalmajor Giehl über Erfüllung der Aufgaben auf der Grundlage der Direktive 1/75–76 im MdI am 6.11.1975 (SächsStAL, 24.1/614/Bl. 240).

linger, seinerzeit für den Freikauf auf bundesdeutscher Seite verantwortlicher Staatssekretär im Bonner Bundesministerium für innerdeutsche Beziehungen, berichtet, dass die DDR-Spitze große Befürchtungen hatte, sensationelle Meldungen und Berichte über den strenger Geheimhaltung unterliegenden Freikauf und eben auch über das Haftregime im DDR-Strafvollzug könnten in den Medien der Bundesrepublik erscheinen.[638] Doch nahm man dieses Risiko angesichts der aus dem Freikauf zu erzielenden Devisengewinne für die DDR in Kauf. Trotz des anfänglich stillschweigenden Konsens' der bundesdeutschen Medien, nicht über den Freikauf zu berichten,[639] bestand in der freien Medienlandschaft der Bundesrepublik dennoch die Möglichkeit, dass politische Häftlinge, die nun im Westen lebten, über ihre Erlebnisse berichten konnten. Erneut zeigt sich hier die Rückwirkung der SED-Politik auf den Strafvollzug und damit auf die Haftbedingungen. Die politische „Großwetterlage" hatte sich geändert, die Zeichen standen auf Entspannung und letztlich kam es auch aus diesem Grund zu Lockerungen im Haftregime und schrittweisen Verbesserungen.

Laut Einschätzung der Leipziger Strafvollzugsabteilung sollten die SV-Angehörigen erkennen, „dass die exakte Beachtung und Bearbeitung der Hinweise, Vorschläge, aber auch Kritiken der Strafgefangenen für sie selbst eine Hilfe in der Erziehungsarbeit darstellen und die Herstellung der Verfassungswirklichkeit auch im Strafvollzug unterstützt".[640] Allerdings ergibt sich aus den Akten, dass die Eingaben vor allem wegen der gegenseitigen Häftlingsdenunziationen von Interesse waren, da diese verborgene Informationen preis gaben, etwa über mangelnde Arbeitsleistungen, sich tätowierende Häftlinge oder „andere Disziplinlosigkeiten, Tauschgeschäfte, Fluchtabsichten sowie andere negative Erscheinungen". „Bei allen Hinweisen dieser Art ist zu erkennen, dass die Hinweise und Vorschläge gebenden Strafgefangenen sich vom negativen Objekt oder Subjekt distanzieren wollen und bei den Angehörigen des Strafvollzuges Hilfe und Unterstützung suchen."[641] Als Beweggründe für die Denunziationen kommen neben der „Wiedergutmachung" sowohl die Aussicht auf Vergünstigungen als auch die Hoffnung auf „positive Bewertungen" im Hinblick auf gute Führung und vorzeitige Entlassungen infrage. Es waren vor allem die kriminellen Häftlinge, die sich in den Dienst der Anstaltsleitungen stellten und ihre Mithäftlinge bespitzelten und denunzierten. Die Eingaben enthielten aber auch Ratschläge zur Verbesserung der Arbeitsorganisation oder des Arbeitsschutzes. Kritiken und Vorschläge das Thema „Maßnahmen des Strafvollzuges" betreffend waren nach Sicht der Adressaten dagegen in aller Regel unberechtigt. Vor allem Beschwerden gegen Disziplinar- und Sicherungsmaßnahmen wurden in der

---

[638] Rehlinger, Freikauf, S. 61.
[639] Ebd., S. 62.
[640] BDVP Leipzig, Abteilung SV an VSV, Betr.: Analyse der Eingaben der Inhaftierten aus dem 1. Halbjahr 1969 vom 14.7.1969 (SächsStAL, 24.1/627/Bl. 14).
[641] Ebd., Bl. 15.

Ausblick: Zwischen Zuspitzungen und Verbesserungen im Haftregime 283

Mehrzahl als haltlos zurückgewiesen.[642] Das gesteigerte Interesse an den Eingaben führte also nicht zwangsläufig zu Verbesserungen der Haftbedingungen.

Infolge des Strafvollzugs- und Wiedereingliederungsgesetzes von 1974 wurde im darauf folgenden Jahr der Entwurf einer neuen Strafvollzugsordnung diskutiert, wobei der Generalstaatsanwalt, ebenso wie die Ministerien für Gesundheitswesen und Volksbildung, im Sinne einer Mäßigung des Haftregimes plädierte. Waren schon aus der Berliner Strafvollzugszentrale Unmutsbekundungen bezüglich zusätzlicher Rechte für die Gefangenen zu vernehmen, scheiterte dieser Liberalisierungsversuch des Haftregimes endgültig an der SED-Führung, genauer an den ZK-Abteilungen für Sicherheitsfragen und für Staats- und Rechtsfragen sowie am MfS und der Kriminalpolizei.[643]

Eine längere Analyse der Lage im Strafvollzug von Anfang 1977 betont die Erhöhung des Qualifikationsniveaus „vor allem der Führungskader und Erzieher".[644] Selten war bis dahin der „Kader- und Personalbestand des Organs Strafvollzug" so positiv bewertet worden: Dieser sei „insgesamt stabil, bereit und in der Lage, die gestellten Aufgaben zu erfüllen. Dem Organ Strafvollzug stehen 8 260 Strafvollzugsangehörige, davon 2 000 Offiziere, zur Verfügung. Bei der überwiegenden Mehrheit der Offiziere und Wachtmeister handelt es sich um gut ausgebildete Genossen [...]. Im Ergebnis systematisch durchgeführter Bildungs- und Erziehungsmaßnahmen wurde das politische Wissen der SV-Angehörigen vertieft, ihr klassenmäßiges Verhalten gefestigt und die Beherrschung der fachlich-spezifischen Aufgaben vervollkommnet." Des Weiteren habe man auf „Spezialkader (Strafvollzugspsychologen, Ärzte)" zurückgegriffen und den Personalbestand fortdauernd verjüngt. Dadurch hatten sich nach Auffassung der Berliner Zentrale die „Voraussetzungen für eine wirkungsvolle Vollzugsdurchführung verbessert". Allerdings lassen diese Aussagen keinerlei Rückschlüsse über die Auswirkungen dieser Maßnahmen in der Praxis zu. So registrierte die oberste Strafvollzugsverwaltung auch weiterhin, „dass die SV-Angehörigen in zunehmendem Maße mit negativen und teilweise feindlichen Auffassungen verschiedener Strafgefangenengruppen konfrontiert werden". Wie erwähnt, war das eine Tendenz seit Ende der sechziger Jahre. Die Strafgefangenen fühlten sich aufgrund der verstärkten Einhaltung der „demokratischen Gesetzlichkeit" offenbar sicherer, sodass sie dem Strafvollzugsregime mehr Widerstand entgegenbrachten. „Zugenommen haben politisch motivierte Nahrungs- bzw. Arbeitsverweigerungen, Antragstellungen auf Entlassung aus der Staatsbürgerschaft und andere demonstrativ-provokatorische Handlungen." Deutlich wird, dass die

---

642 BDVP Leipzig, Abteilung SV, Analyse der Eingaben der Inhaftierten aus dem 2. Halbjahr 1968 vom 13.1.1969 (SächsStAL, 24.1/627/Bl. 9); BDVP Leipzig, Abteilung SV, an VSV, Betr.: Analyse der Eingaben der Inhaftierten aus dem 1. Halbjahr 1969 vom 14.7.1969 (SächsStAL, 24.1/627/Bl. 16).
643 Wunschik, Strafvollzugspolitik des SED-Regimes, S. 273–276.
644 Zitat hier und im Folgenden: Vorlage für das Politbüro des ZK der SED, Betr.: Bericht über die Arbeit des Organs Strafvollzug vom 17.3.1977 (SAPMO-BArch, DY 30/J IV 2/2/A-2054/Bl. 64–80).

seit der Unterzeichnung der KSZE-Schlussakte gestiegenen Ausreiseersuchen[645] auch direkt während des Strafvollzugs im Gefängnis gestellt wurden, was die Verantwortlichen als Provokation empfanden. Einerseits sei es aufgrund der angestiegenen „Renitenz" vornehmlich Vorbestrafter sowie jugendlicher Häftlinge notwendig, „Ordnung und Disziplin wieder zu festigen".[646] Andererseits konstatierte der Bericht, dass „ernsthafte Angriffe gegen die Sicherheit und Ordnung überwiegend im Stadium der Vorbereitung aufgedeckt" worden seien, sodass die sichere Verwahrung der Strafgefangenen gewährleistet werden konnte. Dafür sprachen auch die lediglich acht Gefangenenentweichungen des Vorjahres, die fast alle bei Arbeitseinsätzen im Außenbereich erfolgt waren.

Der peniblen Einhaltung der Arbeitszeit entsprechend den arbeitsrechtlichen Regelungen wurde nun mehr Beachtung geschenkt. Auch der Ministerratsbeschluss vom 22. Juli 1976 verbesserte die Position der Häftlinge bezüglich ihres Arbeitseinsatzes. Die Verantwortlichkeiten der VEB für den Arbeitseinsatz hatte man genau festgelegt, ebenso „die Abrechnung der Arbeitsleistungen nach den tariflichen Regelungen, die Anwendung arbeitsrechtlicher Bestimmungen bei im Strafvollzug erlittenen Arbeitsunfällen und die Gewährung von Sozialleistungen bei Arbeitsunfähigkeit nach der Entlassung". Daneben galten seit Jahresbeginn 1977 höhere Grundprozentsätze[647] für die Berechnung der Arbeitsvergütung, wodurch sich „die finanziellen Beträge für die Familienunterstützung, den Einkauf und die Tilgung finanzieller Verpflichtungen"[648] erhöhten. Aus Sicht der Berliner Zentrale wirkten sich diese neuen Regelungen „stimulierend" auf die Arbeitsproduktion aus – ein sicher nicht unerwünschter Nebeneffekt. Da der möglichst effektive Arbeitseinsatz nach wie vor das Primärziel der DDR-Strafvollzugspolitik war, arbeitete die Hälfte aller Strafgefangenen im Schichtsystem, was sich wiederum erschwerend auf die Organisation der staatsbürgerlichen Erziehung auswirkte. Nicht zuletzt aus diesem Grund entsprachen „Niveau und Wirksamkeit der Erziehung noch nicht voll den Erfordernissen und Möglichkeiten. [...] Wesentliche Reserven liegen in der Durchsetzung des einheitlichen Handelns aller an der Erziehung Mitwirkenden, der gut organisierten Einbeziehung gesellschaftlicher Kräfte sowie einer noch differenzierteren persönlichkeitsbezogenen Arbeit mit den Strafgefangenen." Hier zeigt sich, dass die Probleme auch in der zweiten Hälfte der siebziger Jahre die gleichen geblieben waren.

Die allgemeinen Haftbedingungen hatten sich allerdings verbessert. So bekräftigte man im Innenministerium, dass im Strafvollzug die „Rechte der Strafgefangenen (persönliche Verbindungen, Einkauf von Waren des persön-

---

645 Siehe Weber, Geschichte der DDR, S. 396 f.
646 Zitat hier und im Folgenden: Vorlage für das Politbüro des ZK der SED, Betr.: Bericht über die Arbeit des Organs Strafvollzug vom 17.3.1977 (SAPMO-BArch, DY 30/J IV 2/2/A-2054/Bl. 64-80).
647 Vgl. Kapitel V.5.
648 Zitat hier und im Folgenden: Vorlage für das Politbüro des ZK der SED, Betr.: Bericht über die Arbeit des Organs Strafvollzug vom 17.3.1977 (SAPMO-BArch, DY 30/J IV 2/2/A-2054/Bl. 64-80).

Ausblick: Zwischen Zuspitzungen und Verbesserungen im Haftregime 285

lichen Bedarfs, Aufenthalt im Freien u. a.)" eingehalten würden und die Kontakte zwischen in der DDR inhaftierten Ausländern und den entsprechenden ausländischen Vertretungen „garantiert" seien. Zudem konnten die Häftlinge die Tagespresse kostenlos beziehen. Die Ausstattung der Arresträume war in der Strafvollzugsordnung neu geregelt worden. Mit einem Mehraufwand von 5,6 Millionen Mark hatte man die Arbeitsvergütung der Häftlinge erhöht. Die anstaltseigenen Einkaufsstellen verfügten über ein erweitertes Warensortiment. Die Verpflegungssätze wurden erhöht und die geringere Arrestverpflegung abgeschafft. Mit jeweils 300 000 Mark waren 1975 und 1976 die Anstaltsbibliotheken ergänzt worden. Weiterhin plante man, im Laufe des Jahres 1977 die Mittel für die Körperhygiene auf 90 Mark zu verdreifachen und die Strafvollzugseinrichtungen und Untersuchungshaftanstalten „bis 1978 mit neuen Verwahrraummöbeln" auszustatten. Das abschließende Fazit lautete daher: „Insgesamt entsprechen die gegenwärtig für den Strafvollzug in der Deutschen Demokratischen Republik geltenden Bestimmungen den Standartmindestregeln der UNO für die Behandlung Gefangener. Der Entwurf des neuen Strafvollzugs- und Wiedereingliederungsgesetzes trägt diesen Mindestregeln unter bewusster Nutzung der Vorzüge der sozialistischen Gesellschaft noch besser Rechnung und geht in wesentlichen Fragen über sie hinaus." Die internationale Anerkennung und Einbindung in internationale Institutionen bewirkte eine Verbesserung der Haftbedingungen, um den Normen der UNO-Richtlinien zu entsprechen. Dennoch blieb die konkrete Umsetzung dieser UNO-Regeln eine Angelegenheit, die von keiner internationalen Institution kontrolliert werden konnte.

In der Praxis war es weiterhin notwendig, „durch eine wirkungsvolle politisch-ideologische Arbeit die Grundpositionen zum [...] humanen Wesen des Strafvollzuges in der DDR bei allen SV-Angehörigen" zu festigen und „die Vollzugsdurchführung weiter zu qualifizieren und nachdrücklicher auf die Herbeiführung bewusstseinsmäßiger Veränderungen bei den Strafgefangenen auszurichten". Diese Forderungen zeigen, dass sich die Grundprobleme über den gesamten Untersuchungszeitraum hinweg kaum veränderten.

Im Zuge des mäßigenden Einflusses der internationalen Anerkennung und Einbindung der DDR – UNO-Mitgliedschaft sowie Unterzeichnung der KSZE-Schlussakte – beendete das neue Strafvollzugsgesetz vom 7. April 1977[649] das vierteilige Vollzugssystem von 1974. Gemäß internationalen Standards gab es nur noch den allgemeinen und den erleichterten Vollzug, wobei politische Häftlinge dem allgemeinen Vollzug zugeteilt wurden.[650] Wie Johannes Raschka zu Recht feststellt, war das Gesetz durch „eindeutigere und verbindlichere Formulierungen" geprägt und „beseitigte einige der schlimmsten Übel, die bis dahin Missbrauch und Willkür begünstigt hatten" – etwa den strengen Arrest.[651]

---

649 Gesetz über den Vollzug der Strafen mit Freiheitsentzug (Strafvollzugsgesetz) vom 7.4.1977. In: GBl. I 1977, S. 109–117.
650 Siehe Ansorg, Politische Häftlinge, S. 215.
651 Raschka, Zwischen Überwachung und Repression, S. 110.

Neben der internationalen Anerkennung und Einbindung nennt Ansorg noch einen weiteren Grund für die Anpassung an internationale Standards: Man wollte „die Wirtschaft mit Hilfe des Westen [...] stabilisieren".[652] Wohl um unangenehmen Fragen bezüglich Menschenrechtsverletzungen vorzugreifen, wurde das neue Strafvollzugsgesetz im Vorfeld der KSZE-Folgekonferenz verkündet, die ab Juni 1977 in Belgrad stattfand.

War die Staatsführung mit dem Strafvollzugsgesetz um „eine präzisere Fixierung der Rechte der Gefangenen sowie einige Lockerungen im Strafvollzug" bemüht, ging mit dieser Entwicklung allerdings auch eine Verschärfung der „strafrechtlichen Verfolgungspraxis" einher.[653] So stieg die Zahl der aus politischen Gründen Verurteilten von 2 770 Verurteilungen 1972 auf 3 112 (1979) und weiter auf 3 530 im Jahr 1980. Zwar kam es zu gewissen Verbesserungen der Haftbedingungen, beispielsweise was die Freistunde, die Besuchs-, Brief- und Paketregelungen anbelangte, doch „insgesamt scheint das innere Haftregime, bezogen auf die zentralen Bereiche Unterbringung, Verpflegung, Arbeit, keine durchgehend positiven Änderungen erfahren zu haben".[654]

Aufgrund der im September 1979 mit knapp 35 000 Strafgefangenen völlig überfüllten Gefängnisse sah sich die SED-Spitze zu einer erneuten Jubelamnestie gezwungen, die zum 30. Jahrestag der Republikgründung ausgesprochen wurde und von der rund 17 000 Gefangene profitierten – darunter etwa 1 500 politische Häftlinge.[655] Wie auch in der Vergangenheit füllten sich die Gefängnisse schnell wieder – 35 591 Strafgefangene Ende 1980.[656] Vor allem nahmen Verurteilungen wegen „asozialen" Verhaltens und „Rowdytums" zu, weshalb Ansorg resümiert, dass die DDR „die gewöhnliche Kriminalität nicht in den Griff"[657] bekam. Da eine erneute Zunahme der Renitenz der Häftlinge festzustellen war, reagierten die Verantwortlichen mit einer „Verschärfung der Repression, auch wenn diese jetzt im rechtlichen Rahmen erfolgen sollte". So blieb der Arrest auch noch in den achtziger Jahren die am häufigsten ausgesprochene Disziplinierungsmaßnahme.[658] Insgesamt verbesserte sich das Haftregime nur partiell. Teilweise kam es auch zu erneuten Verschlechterungen, die mit dem wirtschaftlichen Verfall der DDR im letzten Jahrzehnt ihres Bestehens korrespondieren. Dies galt beispielsweise für die medizinische Versorgung der Häftlinge im Vergleich zu den siebziger Jahren.[659] Weiterhin setzte die Berliner Zentrale „eindeutig auf einen sicheren, ökonomisch effektiven Strafvollzug". Zwar

---

652 Ansorg, Veränderungen in der Strafvollzugspraxis, S. 73.
653 Ansorg, Politische Häftlinge, S. 216.
654 Müller, Haftbedingungen, S. 72.
655 Ebd., S. 217 f. Werkentin, Politische Strafjustiz, S. 390, zufolge berichtete das Neue Deutschland von 21 928 Haftentlassenen.
656 Ebd., S. 408.
657 Ansorg, Politische Häftlinge, S. 218.
658 Ebd., S. 219.
659 Müller, Haftbedingungen, S. 73 f.

gab es „vielfältige Bemühungen"[660] zur Verhinderung der Rückfälligkeit sowie zur Wiedereingliederung der Strafgefangenen in die sozialistische Gesellschaft, doch profitierten davon nicht die politischen Häftlinge, die zumeist wegen Republikflucht oder in Zusammenhang mit Ausreiseanträgen inhaftiert worden waren. Allerdings bemerkt Ansorg, dass das Strafvollzugsgesetz von 1977 vor allem im letzten Jahrzehnt der DDR „zu einer gewissen Rücknahme bzw. Modifikation der Repression gegenüber politischen Gefangenen" führte und „die hasserfüllten verbalen Attacken seitens des SV-Personals, nicht selten gepaart mit tätlichen Übergriffen, gegenüber den politischen Häftlingen in den achtziger Jahren der Vergangenheit"[661] angehörten.

Bis Ende 1986 ging der Gefangenenbestand sukzessive auf etwa 28 000 Strafgefangene zurück. Als Geste an die Bundesrepublik im Vorfeld von Honeckers Staatsbesuch im September 1987 kam es zu einer erneuten Generalamnestie, im Zuge derer 24 621 Strafgefangene freikamen – unter ihnen wohl rund 2 000 politische Häftlinge –, sodass Ende des Jahres lediglich 1 806 Strafgefangene in den Gefängnissen einsaßen. Aufgrund der hohen Rückfallquote befanden sich Ende 1988 allerdings schon wieder 19 734 und im dritten Quartal 1989 23 490 Strafgefangene in Vollzugseinrichtungen der DDR. Nachdem der Staatsrat am 6. Dezember 1989 die einzige nicht vom Politbüro verabschiedete Amnestie der DDR beschlossen hatte, wurden bis auf 4 163 Strafgefangene alle Häftlinge des untergehenden Staates am Ende des zweiten Quartals 1990 entlassen.[662]

5. Die Haftbedingungen im Überblick – Aussagen über die Haftwirklichkeit

5.1 Baulicher Zustand der Gefängnisse

Aufgrund der zum Großteil baulich veralteten Gefängnisse und der auch „im internationalen Vergleich erstaunlich hohen Gefangenenrate" widersprach im chronisch überbelegten DDR-Strafvollzug „insbesondere die Unterbringung der Gefangenen vielfach humanitären Bedingungen".[663] Als Hilde Benjamin 1962 auf einer Staatsratssitzung forderte, dass „die Gesamtverbesserung der Lebenslage der Bevölkerung auch in der Verpflegung und der Bekleidung der Strafgefangenen sowie in den materiell-technischen und sanitär-hygienischen Einrichtungen der alten Strafvollzugsanstalten einen entsprechenden Ausdruck" finden müsse, und sie anfügte, dass lediglich in den Jugendhäusern der DDR Voraus-

---

660 Strafvollzug in Sachsen. Einblicke – Ausblicke. Hg. von der Arbeitsgruppe Sachsen im Auftrag der Vereinigung der Leiter der Einrichtungen des Strafvollzugs der DDR e. V., Radebeul 1990, S. 6.
661 Ansorg, Veränderungen in der Strafvollzugspraxis, S. 90.
662 Zu diesem Absatz: Werkentin, Politische Strafjustiz, S. 391 f., 408.
663 Krause, Geschichte des Strafvollzugs, S. 90.

setzungen für „eine erfolgreiche Erziehungsarbeit und Berufsausbildung"[664] vorhanden seien, zeigte sich explizit, wo im Strafvollzug die größten „Baustellen" lagen. Auch im Strafvollzug blieb die DDR weit hinter ihren Ansprüchen zurück. Hilde Benjamins Forderungen belegen zudem, dass die Prioritäten des ostdeutschen Strafvollzugssystems – Sicherheit und Ökonomie – zu Lasten der materiell-technischen sowie sanitär-hygienischen Versorgung der Vollzugseinrichtungen gingen. Wie der Beitrag Erich Mielkes in der Neuen Justiz 1966 zeigt, hatte sich auch Mitte der sechziger Jahre daran nichts geändert. Der MfS-Chef gestand ein, „die Einrichtungen des Strafvollzuges, die uns hinterlassen wurden, sind schon baulich nicht die besten", um anschließend die anhaltende Misere zu entschuldigen: „Wir müssen in erster Linie Betriebe und Wohnungen errichten. Vielleicht lässt sich durch eigene Mittel und Einkünfte des Strafvollzuges manches verbessern."[665] Da der Strafvollzug jedoch nie kostendeckend arbeitete,[666] kann man diese Hoffnung als utopisch bezeichnen.

Nach einem Bericht von 1990 waren zu diesem Zeitpunkt 70 Prozent aller Gebäude über 100 Jahre alt.[667] In der gesamten Zeit der DDR wurden zudem nur zwei Haftanstalten des Innenministeriums komplett neu gebaut – die Strafvollzugsanstalten Berlin Köpenick und Karl-Marx-Stadt.[668] Die meisten Strafvollzugseinrichtungen hatten demnach mit einer völlig überalterten Bausubstanz zu kämpfen. Das Innenministerium hatte zwar den schlechten baulichen Zustand der Haftanstalten zur Kenntnis genommen, jedoch dauerten die baulichen Veränderungen stets lange Zeit, da man die entsprechenden Gelder nur schleppend bewilligte. Daher ziehen sich die Klagen und Mängelauflistungen bezüglich der Bausubstanz durch die gesamte Geschichte des DDR-Strafvollzugs. Von dem „stellenweise sehr schlechten baulichen Zustand der SV-Dienststellen"[669] war schon im Jahresbericht der VSV von 1959 die Rede. In den ersten Jahren lag gemäß der herrschenden Strafvollzugspolitik das Hauptaugenmerk auf der Sicherung der Haftanstalten – die Gefängnismauern wurden erhöht und Alarm- sowie Flutlichtanlagen installiert. Die bauliche Verbesserung der Zellen war dagegen nachrangig. „Im letzten Winter [1953/54] war es in Hoheneck furchtbar. [...] Es wurde nicht geheizt, wir froren wie die Schneider. Meine Hände waren blau vor Frost. – Dann hieß es: [...] es ist kein Wasser da. Um uns überhaupt waschen zu können, nahmen wir auf dem Hof Schnee in unsere Arbeitsschürzen. Den Schnee tauten wir oben mit den Händen auf. Wir

---

664 Bericht der Justizministerin Hilde Benjamin, S. 80.
665 Mielke, Die sozialistische Gesetzlichkeit, S. 377.
666 Vgl. Kapitel V.3.3.
667 Strafvollzug in Sachsen. Einblicke – Ausblicke. Hg. von der Arbeitsgruppe Sachsen im Auftrag der Vereinigung der Leiter der Einrichtungen des Strafvollzugs der DDR e. V., Radebeul 1990, S. 11.
668 Daneben entstanden durch Einsatz von Häftlingen des Lagers X von 1958 bis 1960 der Neubau der MfS-UHA Berlin-Hohenschönhausen und die 1987 eingeweihte MfS-UHA Neubrandenburg.
669 VSV, Abteilung I, Referat 4, Beitrag zum Jahresbericht vom 29.1.1960 (BArch, DO 1/28477/Bl. 8).

stanken durch die Rippen, denn man konnte kaum mal ein Paar Strümpfe oder einen Schlüpfer in dem Schneewasser auswaschen."[670] Noch Mitte der sechziger Jahre beklagen viele Häftlinge die Kälte im Winter. Walter Janka, Ende der fünfziger Jahre in Bautzen II inhaftiert, berichtet: „Die ständige Kälte war eine lautlose Folter. Zumal die Bekleidung völlig unzulänglich war. Richtig erwärmen konnte ich mich in der kalten Jahreszeit überhaupt nicht."[671] Erst Mitte der sechziger Jahre nahm sich die Leitung der Strafvollzugsanstalt Bautzen II der „völlig überalterten Beheizungsanlage des Objektes" an und ordnete an, dass diese „im Jahr 1964 zu projektieren und 1965 neu zu installieren"[672] sei. Dennoch hielt das Klagen über die unzureichende Beheizung der Zellen im Winter an. Da es in der Mangelwirtschaft der DDR weiterhin an Heizmaterial fehlte, wurden in den fünfziger Jahren – auch aus Spargründen – die Zentralheizungen in einigen Fällen nur temporär in Betrieb genommen und fielen selbst in den sechziger Jahren noch teilweise aus.[673] Beispielhaft für den Zustand der Haftgebäude zu Beginn der siebziger Jahre sei ein Bericht über die Haftanstalt Torgau angeführt: „Zur Erhaltung der Gebäude und der baulichen Anlagen liegt keine langfristige Konzeption [...] vor. Der Einsatz der vorhandenen materiellen und finanziellen Mittel erfolgt nicht schwerpunktmäßig. Die gesamte Heizungsanlage ist veraltet. Der Zustand der Gefangenenküche entspricht nicht den Hygienebestimmungen. Die Inneneinrichtung der Verwahrräume ist ungepflegt und zum Teil sogar erheblich beschädigt."[674] Der Erhalt der Gebäude wurde demnach auch langfristig nicht mit eingeplant. So blieb auch in der zweiten Hälfte der siebziger Jahre „der Aufwand für die Erhaltung der Bausubstanz hoch" und führte „nur im begrenzten Umfang zur qualitativen Verbesserung der materiellen Vollzugsbasis".[675] Der bauliche Zustand der Vollzugseinrichtungen konnte auch in den siebziger Jahren nur instand gehalten aber kaum ver-

---

670 Kempowski, Ein Kapitel für sich, S. 339.
671 Janka, Spuren eines Lebens, S. 404. Janka wurde in eine lange nicht genutzte und daher stark verschmutzte Zelle gebracht, in der die Heizung nicht funktionierte (ebd., S. 401 f.). Dagegen konnte sich Wolfgang Harich, zeitgleich in Bautzen II inhaftiert, nicht daran erinnern, „in eine extra kalte Zelle gesperrt worden" zu sein: „Das war nicht besonders warm, das war nicht besonders kalt." (Harich, Ahnenpaß, S. 363). An anderer Stelle beschreibt Janka eindrucksvoll seine Zelle in Bautzen II: „Was unterschied eigentlich meine Zelle von einem mittelalterlichen Verlies? Nichts. Die Wände waren dunkelgrau, fast schwarz gestrichen. Die matte Beleuchtung wurde am Morgen zu früh ab- und am Abend zu spät eingeschaltet. Bald wieder ganz gelöscht. Auch am Tage kam wenig Licht durch das Fenster. Die ständige Dämmerung wechselte mit völliger Finsternis. [...] Das Stillliegen und Frieren auf der sechzig Zentimeter breiten Pritsche war so qualvoll wie das ewige Aufundabgehen am Tage." (Janka, Spuren eines Lebens, S. 405).
672 StVA Bautzen II an Chef der BDVP Dresden, Perspektivplan der StVA Bautzen II bis zum Jahre 1970 vom 15.4.1964 (SächsHStA, 11464/BDVP/23.1/696/Bl. 13).
673 Politische Gefangene in der DDR, S. 40 f. Laut diesem Bericht fiel die Heizung in der StVA Torgau sogar während des gesamten Winters 1962/63 aus.
674 Bericht über den Kontrollgruppeneinsatz der VSV in der StVA und JStA Torgau vom 2.–6.3.1971 vom 22.3.1971 (SächsStAL, 24.1/947/Bl. 45).
675 Vorlage für das Politbüro des ZK der SED, Betr.: Bericht über die Arbeit des Organs Strafvollzug vom 17.3.1977 (SAPMO-BArch, DY 30/J IV 2/2-2054/Bl. 68 f.).

bessert werden, da die Mittel immer noch begrenzt waren. Die BDVP Karl-Marx-Stadt konstatierte Mitte 1974 bezüglich des Bezirks: „Auf dem Gebiet des Bauwesens besteht in fast allen Strafvollzugseinrichtungen ein erheblicher Nachholbedarf, der auch in den nächsten 10 bis 15 Jahren nur teilweise abgedeckt werden kann."[676] Daher wurden die zur Verfügung stehenden Mittel „vor allem auf die Erhöhung der Sicherheit, die zweckmäßigere Gestaltung der Verwahrräume, die Vervollkommnung der sanitär-hygienischen Anlagen konzentriert".[677] Von 1971 bis 1975 investierte das Innenministerium 76,6 Millionen Mark, um die Unterbringung jugendlicher und weiblicher Gefangener zu verbessern und die Volkswirtschaft bot 150 Millionen Mark zur Verbesserung der Arbeitsbereiche der Strafgefangenen auf. Daneben erfolgten hohe Investitionen zur Steigerung der Produktivität. Die langfristige Anlegung der Verbesserungen zeigt sich auch in folgender Aussage: „Die Bedingungen für die Unterbringung der Strafgefangenen werden zielstrebig durch malermäßige Instandsetzung, Beseitigung nicht erforderlicher Verblendungen der Fenster und zweckmäßigere Ausgestaltung der Verwahrräume und Räume für die Durchführung der Erziehungs- und Bildungsmaßnahmen verbessert."

5.2 Materielle Versorgung der Häftlinge

Neben dem schlechten baulichen Zustand stellte auch die materielle Versorgung der Gefängnisse – die Ausstattung der Zellen und die Bekleidung der Häftlinge – ein permanentes Problem der Gefängnisverwaltungen dar. Der katastrophale Zustand in der Nachkriegszeit sowie zu Beginn der fünfziger Jahre wurde bereits beschrieben. Doch auch noch Anfang der sechziger Jahre war aufgrund der Überbelegung „in den SV-Dienststellen [...] in der Versorgung der Gefangenen eine angespannte Situation eingetreten. Der Schwerpunkt besteht vor allem in der Beschaffung von Unterkunftstextilien und Einrichtungsgegenständen für Gefangenenunterkünfte, [...] wobei die Versorgungslage besonders in geschlossenen Anstalten sehr prekär ist."[678] Die Verhältnisse wurden angesichts der ständigen Überbelegung selbst in der zweiten Hälfte der sechziger Jahre nicht besser, sodass sich die Verantwortlichen gezwungen sahen, „in den meisten Vollzugseinrichtungen [...] Räumlichkeiten, welche für die Erziehungs- und Bil-

---

676 BDVP Karl-Marx-Stadt, Abschlussbericht über die durchgeführten Sicherheitskontrollen in den Vollzugseinrichtungen des Bezirkes in der Zeit vom 7.5.1974 bis 20.6.1974 gemäß Weisung 6/74 des Chefs der BDVP vom 4.7.1974 (SächsStAC, 30441-25.1/142/ Bl. 202).
677 Zitat hier und im Folgenden: Vorlage für das Politbüro des ZK der SED, Betr.: Bericht über die Arbeit des Organs Strafvollzug vom 17.3.1977 (SAPMO-BArch, DY 30/J IV 2/2/A-2054/Bl. 68 f.).
678 VSV, Abteilung I, Bericht über die Versorgungslage im Strafvollzug vom 13.3.1962 (BArch, DO 1/28478/Bl. 118). In den Bezirken Dresden und Leipzig fehlten beispielsweise Anfang 1962 4 900 Schlafdecken, 1 900 Stück Bettwäsche, 4 000 Handtücher, 8 000 Paar Unterwäsche, 1 325 Betten, 600 Schemel bzw. Stühle (ebd., Bl. 120).

dungsarbeit bestimmt sind, zur Unterbringung der Inhaftierten zu nutzen. Außerdem mangelt es an Mobiliar und Einrichtungsgegenständen, vor allem Betten, Auflegern und Decken".[679] Erst Ende 1971 gab ein Bericht der Berliner Zentrale bezüglich der materiellen Versorgung der Vollzugseinrichtungen Entwarnung: „Die Ausstattung der Strafvollzugseinrichtungen mit Inneneinrichtung und die Versorgung der Strafgefangenen mit Oberbekleidung und Wäsche war in der Berichtsperiode gewährleistet."[680] Offensichtlich verschlechterte sich in den Folgejahren die Situation erneut, denn noch zum Ende der DDR erfüllten die materiellen Bedingungen in den Gefängnissen nicht die Minimalforderungen der UNO.[681]

5.3 Hygienische Bedingungen

Ein großer Faktor der schlechten Haftbedingungen war durchgehend – jedoch besonders in den fünfziger und sechziger Jahren – die schlechte Luft in den Haftanstalten und in den Zellen. „Den nachhaltigsten Eindruck bei unserem Eintritt in diese Einrichtung [StVA Waldheim, 1955] machte der Geruch. Es war die Art von Gestank, die einem in den großen Affenkäfigen im Zoo entgegenschlägt, nur viel penetranter."[682] Verursacht wurde sie durch die Überbelegung, die mangelnde Hygiene, durch den sich oftmals in der Zelle befindenden „Kübel" für die Verrichtung der Notdurft und durch die schlechte, vieler Orten auch gänzlich unmögliche Lüftung der Zellen. „Ein entscheidender Mangel ist die starke Überbelegung der Objekte. Daraus ergeben sich eine Anzahl anderer Mängel, vor allem auf dem Gebiet der Hygiene."[683] Diese 1953 gewonnene Erkenntnis trifft im Grunde auf den gesamten Untersuchungszeitraum zu. Die hygienischen Bedingungen waren in den fünfziger Jahren katastrophal, aber auch noch in den sechziger Jahren äußerst unzureichend.[684] In den Zellen der fünfziger Jahre gab

---

679 MdI, Leitungsvorlage Nr. 29, Betr.: Stand der Durchsetzung der vorläufigen Strafvollzugsordnung und die sich daraus ergebenden Schlussfolgerungen vom 25.5.1966 (BArch, DO 1/3782, unpag.).
680 Bericht der VSV über die Erfüllung der durch die Direktive 01/71 des Ministers des Innern und Chefs der Deutschen Volkspolizei dem Organ Strafvollzug gestellten Aufgaben vom 11.10.1971 (BArch, DO 1/3783, unpag.). Äußerst fraglich blieb allerdings die Qualität der ausgegebenen Wäsche. So wurden etwa in der StVA Waldheim Anfang 1972 die großen Größen der Unterwäsche benötigt, „da beim Waschen der Unterwäsche eingeht und diese als nächstkleinere Größe ausgegeben werden muss". Vgl. BDVP Leipzig, Protokoll über die Überprüfung der derzeitigen Belegung der SV-Einrichtungen im Bezirk am 3.1.1972 vom 4.1.1972 (SächsStAL, 24.1/611/Bl. 76).
681 Arnold, Vergangenes und Zukünftiges.
682 Johannesmeier, Neun Leben sind nicht genug, S. 183.
683 HA Gesundheitswesen, Quartalsbericht über das 1. Quartal bzgl. Gesundheitswesen/Strafvollzug vom 16.4.1953 (BArch, DO 1/28573/Bl. 165).
684 Ein Bericht über eine Kontrolle der StVA Zwickau vom Ende der fünfziger Jahre gibt ein anschauliches Bild von den Haftbedingungen im „sozialistischen Strafvollzug": „Die Gefangenen laufen teilweise tagelang unrasiert herum, weil die Friseure angeblich nicht

es weder sanitäre Einrichtungen noch fließendes Wasser. Die Häftlinge verfügten lediglich über eine Schüssel oder einen Eimer mit Wasser. Dagegen klingt die Anweisung der Berliner Zentrale von 1951 wie blanker Hohn: „Die Anstaltsdisziplin verlangt von den Gefangenen eine peinliche körperliche Sauberkeit. Die Voraussetzungen wurden durch den Bau von Brause- und Waschanlagen geschaffen."[685] Im Verlauf der fünfziger Jahre änderte sich an den völlig unzureichenden sanitären Anlagen kaum etwas und die hygienischen Bedingungen blieben desolat, wie der Jahresbericht der Abteilung Medizinische Dienste der HVDVP von 1961 zeigt: „Trotz der erreichten Erfolge hat die gesamte Hygiene bei Weitem noch nicht den Stand erreicht, der für unseren heutigen Strafvollzug notwendig ist. In den letzten Monaten musste, bedingt durch die in vielen Anstalten auftretende Überbelegung, sogar ein Rückschritt verzeichnet werden."[686] Daran anschließend wurden diverse Mängel der verschiedenen Vollzugseinrichtungen aufgezählt, wie beispielsweise mangelndes Inventar (etwa Probleme bei der Versorgung mit Bekleidung und Handtüchern) und Schlafen der Gefangenen auf dem Boden infolge der Überbelegungen durch die Verurteilungen nach dem Mauerbau, überalterte Klosettanlagen, Rohrbrüche mit Fäkalien im Baderaum, eine Rattenplage, mangelnde Hygiene in den Küchen oder Körperreinigung auf den Gängen. Entscheidend ist die Schlussfolgerung: „Die im Vorstehenden aufgeführten Beispiele der hygienischen Zustände können in den wesentlichen Punkten auch auf andere SV-Dienststellen erweitert werden. Die Ursachen sind einmal in der derzeitigen Überbelegung und zum Teil auch in der Unterschätzung der hygienischen Probleme durch die Dienststellenleiter zu suchen." Dieser Offenbarungseid zeigt deutlich, dass die oberste Strafvollzugsverwaltung sehr genau über die miserablen hygienischen Zustände in den Gefängnissen Bescheid wusste. Doch wie im Verlauf der Arbeit wiederholt gezeigt, galten die Bemühungen der Verantwortlichen nicht der Verbesserung der Haftbedingungen. Zwar stellte die Berliner Zentrale Ende der fünfziger Jahre fest, dass in „der Mehrzahl der Dienststellen [...] die sanitärhygienischen Einrichtungen ungenügend" seien, weshalb bis Ende 1959 „zur all-

---

ausreichen. Ein großer Mangel ist das Kübeln in den Verwahrhäusern, wodurch ein penetranter Geruch verbreitet wird. In der StVA-Zwickau gibt es Fälle von Wanzen, Läuse und Rattenplage. Die gesamten Anstaltshöfe sind von Ratten unterwühlt. In den Treppenhäusern befindet sich Dreck, auf den Feuerlöschern fingerdick Staub, in den Ecken Gerümpel und auf dem Flur liegen Schuhe herum. Die Dachböden sind mit Gerümpel vollgestopft – Brandschutz nicht gewährleistet. Im Treppenaufgang zum Speisesaal der VP-Angehörigen sind die Lampen mit Staub verhüllt sowie die Bilder von den führenden Genossen des Politbüros. Der Besucherraum ist unsauber. Die Tischdecke ist grau von Schmutz. Die Gardine war heruntergerissen. Das Bild des Genossen Pieck völlig verstaubt und hing schief an der Wand." Vgl. Bericht über die Kontrolle der Strafvollzugsanstalten Bautzen und Zwickau, o. D. [1958/1959] (BArch, DO 1/10306, unpag.).
685 Buddrus, Situation des Strafvollzugs, S. 27. Buddrus zit. hier aus einem Bericht der HA SV vom 1.10.1951. (Signatur nach Buddrus' Angaben: BArch, MdI 3632. Die aktuelle Signatur ist nicht zu ermitteln, da die Angabe des Teilbestands fehlt.)
686 Zitat hier und im Folgenden: Abteilung Medizinische Dienste der HVDVP, Referat SV, Jahresbericht 1961 vom 10.2.1962 (BArch, DO 1/3738, unpag.).

mählichen Beseitigung des Kübelsystems [...] ein Perspektivplan"[687] erarbeitet werden solle, doch dauerte dies über zehn Jahre. Noch Anfang der siebziger Jahre existierten im Strafvollzug die unhygienischen „Kübel": „Zur Verbesserung der sanitär-hygienischen Bedingungen in den Vollzugseinrichtungen wird planmäßig an der Beseitigung des Kübelsystems gearbeitet. Bis zum 31.12.1971 ist die Umstellung auf sanitäre Anlagen bis auf zwei Strafvollzugsanstalten und zwei Untersuchungshaftanstalten abgeschlossen."[688]

Das Schlimmste an den „Kübeln" – etwa 70 cm hohen, runden Gefäßen aus Emaille, später aus Metall, mit Deckel – war der Gestank, der in den überbelegten Zellen und im gesamten Zellentrakt gerade im Sommer unerträglich gewesen sein muss. Dazu kamen die erdrückende Enge und die schlechte Belüftung. „Wenn einer rauf musste [...] stank im Sommer bei 30 Grad Hitze die Zelle eine halbe Stunde, [...] ganz zu schweigen, wenn einer Durchfall hatte oder wir beim Essen waren."[689] Geleert wurden die Kübel ein- bis zweimal täglich. Erich Loest, von 1957 bis 1964 in Bautzen II inhaftiert, beschreibt den Vorgang des sogenannten „Kübelns" sehr anschaulich: „Jeder Häftling trug seinen Kübel in die Spülzelle, kippte ihn in einen Trichter, spülte ihn aus, tat ein Löffelchen Chlor auf den Boden. Die Haltung beim Scheißen auf dem Kübel musste L. erst erlernen. Erfahrung gehörte dazu, nicht zu wenig Chlor zu nehmen, dann stank

---

687 Maßnahmen zur Veränderung der Arbeit im Strafvollzug, o.D. [1959] (BArch, DO 1/28478/Bl. 363).
688 Bericht der VSV über die Erfüllung der durch die Direktive 01/71 des Ministers des Innern und Chefs der Deutschen Volkspolizei dem Organ Strafvollzug gestellten Aufgaben vom 11.10.1971 (BArch, DO 1/3783, unpag.). In der StVA Bautzen II gab es keinen „Kübel", sondern ein „Spülklosett" – ein Toilettentrichter: „Anstelle der Toiletten existierten die Plumpsklos der Jahrhundertwende in völlig verwahrlostem Zustand. Die Sitzflächen und Seitenteile aus Holz waren ebenso abgenutzt und löchrig wie die dicken Steingut-Fallrohre, die an den Wänden herab liefen. Die Deckel waren allesamt durch Überalterung verzogen und beschädigt. Es stank besonders im Sommer wie in einer Jauchegrube." Vgl. Fricke/Klewin, Bautzen II, S. 79. Die Autoren zit. Christen, Winfried: Wege zur politischen Haft in der DDR. Versuch einer Analyse und Erlebnisbericht, unveröffentlichtes Manuskript 1999, S. 28. Diese Toilettentrichter zu ersetzen, dauerte bis Ende der sechziger Jahre. 1964 war im Perspektivplan von Bautzen II davon die Rede, zur „Gewährleistung einwandfreier sanitärer Voraussetzungen [...] die vorhandene Spülklosettanlage infolge völliger Überalterung und sichtbaren Zerfalls generell zu erneuern". Vgl. StVA Bautzen II, Perspektivplan der StVA Bautzen II bis zum Jahre 1970 vom 15.4.1964 (SächsHStA, 11464/BDVP/23.1/696/Bl. 13). Im folgenden Jahr hieß es dann, dass es in diesem Jahr „insbesondere darauf" ankomme, „die materielle Basis für die Strafvollzugsanstalt Bautzen II zu verbessern". Dazu sollten gehören: „der Einbau von Spülklosetts und Waschbecken in die Verwahrräume, Errichtung von Stationsbädern und anschließende Renovierung des gesamten Verwahrhauses sowie die Einrichtung eines Speiseraumes". Vgl. StVA Bautzen II an Chef der BDVP Dresden betr. des Jahresberichts 1964 vom 28.12.1964 (SächsHStA, 11464/BDVP/23.1/696/Bl. 37). Ende 1968 war dies aber immer noch nicht geschafft worden, sodass das neue Ziel hieß: „Zu realisieren sind noch bis 1971: [...] Erneuerung der sanitären Anlagen." Vgl. Analyse der Strafvollzugsanstalt Bautzen II vom 1.10.1968, Bl. 18 (SächsHStA, 11464/BDVP/23.1/696/Bl. 63). Schließlich wurden 1969/1970 neue WC und erstmals auch Waschbecken in die Zellen eingebaut.
689 Fichter, Verflucht sei die Menschenwürde, S. 178.

die Scheiße, und nicht zu viel, dann blubberte der Deckel und das Chlorgas biss in die Nase."[690] „Diese Kloake von den Häftlingen, meist ziemlich schwer von den Sechs-Mann-Zellen, musste bis zum Ende der Zellenetage geschleppt werden und wurde dort in einem großen, runden Trichter, ein Meter Durchmesser, hineingeschüttet. Es spritze, es stank, ein widerlicher Geruch".[691] Dazu kam der stetige Mangel an Toilettenpapier, wofür auch Zeitungspapier verwendet wurde. Noch in den siebziger Jahren war das der Fall. So berichtet eine von November 1973 bis Oktober 1974 in Hoheneck inhaftierte Frau: „Toilettenpapier kannten wir nicht, Zeitungspapier war knapp."[692] Die Folgen dieses Problems, verbunden mit den mangelnden Möglichkeiten sich zu waschen und einer Dusche alle zwei Wochen: „Ich begann [...] langsam zu stinken, denn den Unterkörper konnte ich weder morgens in drei Minuten noch nach dem Stuhlgang waschen. Nach sechs Wochen hatte ich zwischen den Oberschenkeln Ausschlag bekommen."[693]

Einem Bericht von Amnesty International zufolge konnten arbeitende Häftlinge 1967 in der Regel einmal wöchentlich duschen, nicht arbeitende Gefangene teilweise jedoch auch weiterhin nur alle zwei Wochen. Lediglich gefährlich arbeitende oder mit schmutziger Arbeit beschäftigte Gefangene konnten täglich duschen – etwa Tischler oder Heizer.[694] Die sechziger Jahre bedeuteten auch insofern eine Verbesserung, als dass zusätzliche Hygieneartikel in den anstaltseigenen Verkaufsstellen der HO gekauft werden konnten. Doch wie gesehen, lagen die Prioritäten der Anstaltsleitungen nicht bei der Optimierung der sanitären Anlagen, zumal eine Sanierung immer sehr aufwendig und kostenintensiv war. Zudem hatte auch der Strafvollzug mit dem Problem zu kämpfen, mit dem alle Betriebe der sozialistischen Planwirtschaft zu kämpfen hatten: dem Materialmangel. Deshalb gab es Zellen mit Kübel und ohne fließendes Wasser bis in die siebziger Jahre hinein.

In einem im Sommer 2006 durchgeführten eigenen Fragebogenprojekt[695] mit ehemaligen politischen Häftlingen der DDR gab es 133 Angaben zu den

---

690 Loest, Durch die Erde ein Riß, S. 341.
691 Fichter, Verflucht sei die Menschenwürde, S. 190.
692 Lolland/Rödiger (Hg.), Gesicht zur Wand, S. 85.
693 Fichter, Verflucht sei die Menschenwürde, S. 190.
694 Politische Gefangene in der DDR, S. 41 f.
695 Angeschrieben wurden im Sommer 2006 300 ehemalige politische Häftlinge der DDR. Eingegangen sind 130 beantwortete Fragebögen (Rücklaufquote 43,3 %). Die Adressen der ehemaligen politischen Häftlinge stammten aus einer in den Jahren 2003/2004 von der Dokumentationsstelle der Stiftung Sächsische Gedenkstätten sowie der Union der Opferverbände der Kommunistischen Gewaltherrschaft gemeinsam durchgeführten Befragungsaktion, bei der es um die Ermittlung von Angaben zu politischer Haft in der DDR und den daraus folgenden psychischen oder anderen gesundheitlichen Störungen gegangen war. Die dort entstandenen Daten waren eine Quelle der Studie von Beer/ Weißflog, Weiterleben. Auch das Fragebogenprojekt 2006 wurde durch die Dokumentationsstelle der Stiftung Sächsische Gedenkstätten sowie die Gustav-Radbruch-Stiftung unterstützt. Natürlich ist dieses Fragebogenprojekt nicht repräsentativ – allein der geringen Anzahl der Teilnehmer wegen – doch lassen sich hier durchaus Tendenzen erkennen.

hygienischen Bedingungen. Diese ergaben, dass über den gesamten Untersuchungszeitraum hinweg – es waren keine nennenswerten Veränderungen zwischen den fünfziger und den sechziger Jahren festzustellen – 57,2 Prozent der Teilnehmer diese als mangelhaft bis völlig unzureichend einschätzten. Als ausreichend wurden die hygienischen Bedingungen in den Haftanstalten von 24,8 Prozent bewertet, als gut bis befriedigend von 14,3 Prozent der Teilnehmer der Fragebogenaktion. Schlechte und vor allem ungenügende sanitäre Anlagen und in der Folge eine mangelnde Hygiene ziehen sich denn auch kontinuierlich durch die Geschichte des Strafvollzugs der DDR.

5.4 Medizinische Versorgung

Alle Strafanstalten besaßen ein Krankenrevier, in dem kleinere Fälle ambulant oder stationär behandelt wurden. In Leipzig-Kleinmeusdorf befand sich das einzige Haftkrankenhaus der DDR, in dem alle schweren Erkrankungen behandelt wurden – soweit die erkrankten Häftlinge transportfähig waren. Das HKH Leipzig-Kleinmeusdorf verfügte über etwa 800 Betten, die durchschnittliche Verweildauer der eingelieferten Häftlinge betrug etwa einen Monat.[696] Daneben gab es in Waldheim noch eine große Krankenabteilung, in der anfangs Tbc-Erkrankte und psychiatrische Fälle betreut wurden. Bezüglich der medizinischen Versorgung der Häftlinge finden sich in der Memoirenliteratur zu allen Zeiten Klagen. Nachdem es besonders in den ersten Jahren der SBZ praktisch überhaupt keine medizinische Betreuung der Inhaftierten gegeben hatte,[697] änderte sich dieser desolate Zustand langsam nach der Übernahme des Strafvollzugs durch die Volkspolizei. Die ärztliche Versorgung besserte sich auch in den fünfziger Jahren nur allmählich und war stets durch einen besonderen Mangel an Medikamenten, aber auch an genügend geschultem Personal und Ärzten sowie an technischen Geräten gekennzeichnet. Treffend daher eine Bemerkung der Hauptabteilung Gesundheitswesen der HVDVP von 1953: „Die medizinische Betreuung der Inhaftierten entspricht hinsichtlich ihrer Qualität etwa den Verhältnissen des zivilen Sektors."[698] Das Problem im Gesundheitswesen der gesamten DDR lag besonders im ersten Jahrzehnt ihres Bestehens im Medikamenten- und Ärztemangel. Vor allem gab es zu wenige Fachärzte, weil es neben den Facharbeitern der verschiedensten Branchen eben besonders die Ärzte waren, die die DDR in Richtung Bundesrepublik verließen. Daher bestand eines der größten Probleme der Anstaltsleitungen darin, sogenannte „Vertragsärzte" für den Dienst im Strafvollzug zu gewinnen[699] – also allgemeine und Fachärz-

---

696 Politische Gefangene in der DDR, S. 53 f.
697 Ausführungen von Dr. Gentz auf der Besprechung bei der Hauptverwaltung Gesundheitswesen über Fragen der gesundheitlichen Betreuung der Gefängnisse, o. D. [1949] (BArch, DP 1/HA SV/III/137/Bl. 92).
698 HA Gesundheitswesen, Quartalsbericht über das 1. Quartal bzgl. Gesundheitswesen/Strafvollzug vom 16.4.1953 (BArch, DO 1/28573/Bl. 166).
699 Vgl. BArch, DO 1/28573.

te, die entweder ständig in den zu jeder Haftanstalt gehörenden Krankenrevieren arbeiteten oder temporär die Häftlinge betreuen sollten. Zudem war der Dienst im Gefängnis nicht gerade attraktiv. Daher musste die Strafvollzugsverwaltung vor allem in den Anfangsjahren auf Häftlingsärzte zurückgreifen – zumeist politische Häftlinge. Der Ärztemangel führte dazu, dass die vorhandenen Ärzte ein riesiges Arbeitspensum zu bewältigen hatten und völlig überlastet waren. Weit über hundert Patienten pro Tag waren keine Seltenheit. Auch das weitere medizinische Personal, die Pfleger, stammten in der Regel aus dem jeweiligen Gefangenenbestand. Medizinische Vorkenntnisse spielten bei der Rekrutierung keine Rolle.

In dem Fragebogenprojekt von 2006 machten 124 Teilnehmer Angaben zur medizinischen Betreuung. Auch hier ließen sich keine großen Unterschiede zwischen den fünfziger und den sechziger Jahren feststellen. Als mangelhaft bis völlig unzureichend schätzten 58,1 Prozent der Teilnehmer die medizinische Versorgung ein, während 21 Prozent der Teilnehmer diese als ausreichend und 11,3 Prozent als gut bis befriedigend bewerteten. Wie oben erwähnt, verschlechterte sich im Vergleich zu den sechziger Jahren die medizinische Betreuung in den siebziger Jahren. So stellte VSV-Chef Tunnat 1975 fest: „Probleme treten bei der [...] medizinischen Betreuung in einigen StVE (fehlendes medizinisches Personal, insbesondere Ärzte) auf."[700] Zwei Jahre später hatte sich nach Bekunden des Innenministeriums die Lage etwas entspannt: Die „ärztliche Grundversorgung wird gewährleistet. Örtlich bedingte Schwierigkeiten treten bei der fachärztlichen Behandlung auf, die auch durch ein Zusammenwirken mit dem staatlichen Gesundheitswesen noch nicht völlig behoben werden konnten."[701] Wie in anderen Bereichen auch konnten ab den siebziger Jahren die Bemühungen von Amnesty International (AI)[702] ebenso im Gesundheitswesen zu Verbesserungen führen – so geschehen in der Strafvollzugsanstalt Hoheneck nach einer Anfrage des Generalsekretärs von AI bezüglich der Lage in Hoheneck.[703] Anja Mihr schätzt, dass AI bis Ende 1989 etwa 5 000 politische Häftlinge der DDR adoptiert hatte.[704] Zwar bleiben die Schreiben von AI, welche allesamt registriert wurden, generell unbeantwortet, der Einfluss von AI bestand jedoch vor allem darin, dass man sich von DDR-Seite „in jedem Fall [...] eine Prüfung der darin aufgeworfenen Fragen"[705] vorbehielt. So konnten die Interventionen von

---

700 Information des Leiters der VSV, Tunnat, zur Lage im Strafvollzug, Zwischenbericht zum Maßnahmeplan zur Erhöhung der Wirksamkeit der Arbeit im Organ Strafvollzug vom 8.5.1975 (BArch, DO 1/3767).
701 Vorlage für das Politbüro des ZK der SED, Betr.: Bericht über die Arbeit des Organs Strafvollzug vom 17.3.1977 (SAPMO-BArch, DY 30/J IV 2/2/A-2054/Bl. 70).
702 Siehe hierzu vor allem Mihr, Amnesty International; aber auch Ansorg, Politische Häftlinge, S. 237–240.
703 VSV an Bruno Wansierski, ZK der SED, Abteilung für Sicherheitsfragen, am 15.11.1974 (BArch, DO 1/3824, unpag.).
704 Mihr, Amnesty International, S. 75.
705 VSV an Bruno Wansierski, ZK der SED, Abteilung für Sicherheitsfragen, am 15.11.1974 (BArch, DO 1/3824, unpag.).

AI indirekt zur Verbesserung der Haftbedingungen beitragen. Das Dilemma der SED-Spitze bestand darin, dass sie „Amnesty als ‚Feindorganisation'" betrachtete, allerdings „die Anprangerung in der internationalen Öffentlichkeit"[706] fürchtete.

5.5 Verpflegung

Die Verpflegung der Gefangenen blieb, bis auf wenige Ausnahmen, über den gesamten Untersuchungszeitraum minderwertig. Besonders in den ersten Jahren der SBZ/DDR mussten die Gefangenen Hunger leiden. Wie erwähnt, waren sie in dieser Phase existentiell auf die Lebensmittelpakete ihrer Angehörigen angewiesen. Ohne diese Pakete hätte die katastrophale Versorgungslage der Haftanstalten sicher weit mehr Opfer gefordert. Die tägliche Nahrungsration bestand 1950 in Bautzen I lediglich aus „350 Gramm Brot und ¾ Liter Graupen- oder Kohlsuppe".[707] In fast allen Häftlingsberichten wird die vor allem einseitige und vitaminarme Kost beklagt. Dennoch lehnte es die Berliner Zentrale Ende 1952 aus politischen Gründen „prinzipiell" ab, „dass die Kirche Lebensmittel gibt. Das führt nur dazu, dass die Leute dann erzählen, sie werden nicht genügend gefüttert [sic!] und die Kirche ist gezwungen, hier etwas zu geben. Wir werden auch Angebote zentraler Stellen nicht annehmen."[708] Kontinuierlich wurden in den Haftanstalten drei Mahlzeiten pro Tag ausgegeben – außer während einer Arreststrafe –: kalte Morgen- und Abendverpflegung und am Mittag in der Regel eine warme Mahlzeit. Eine Verbesserung der Haftbedingungen bedeutete die nach Einführung der Haftarbeit vorhandene Möglichkeit des Einkaufs von zusätzlichen Lebensmitteln in den anstaltseigenen HO-Läden. Dabei blieb der HO-Einkauf immer eine „Vergünstigung", die jederzeit verweigert werden konnte. Nicht arbeitende Häftlinge waren beispielsweise grundsätzlich vom Einkauf ausgeschlossen. Leonore Ansorg führt zudem aus, dass auch Häftlinge, die geringe Arbeitsleistungen erbrachten oder wegen „schlechter Führung" auffielen, vom Einkauf ausgeschlossen wurden. Häftlingen, die nur durchschnittlich arbeiteten, stand ein eingeschränktes Angebot zur Verfügung. Das gesamte Warenangebot durften lediglich die „progressiven Strafgefangenen" und diejenigen, die die Arbeitsnormen übererfüllten, in Anspruch nehmen.[709] Dahinter stand jedoch keine reine Schikaneabsicht der Anstaltsleitungen, sondern die wohl kalkulierte Absicht der Produktionssteigerung. Die schlechte Verpflegungslage im Strafvollzug wurde dabei bewusst in Kauf genommen, um die Häftlinge regelrecht zu nötigen, sich zusätzliche Lebensmittel zu kaufen. Um das dafür nötige Geld zu verdienen, mussten die Gefangenen arbeiten. So mach-

---

706 Ansorg, Politische Häftlinge, S. 238.
707 Grabe, Vier Stationen in Rot, S. 86.
708 Protokoll des Schlussworts August Mayers auf der Tagung der HA SV in der StVA Torgau am 27. und 28.11.1952 vom 3.12.1952 (BArch, DO 1/28496/Bl. 119).
709 Ansorg, Strafvollzug an politischen Gefangenen, S. 776.

te man aus der Häftlingsarbeit einen „Anreiz" für die Häftlinge, ihre schlechten Haftbedingungen zu verbessern. Wollten die Häftlinge aber am HO-Einkauf teilnehmen, mussten sie die hohen Arbeitsnormen er- und übererfüllen. Schafften die Häftlinge das, konnten sie ein- oder zweimal im Monat – teilweise gar bis zu dreimal im Monat – in der HO-Verkaufsstelle einkaufen. Jedoch war auch das dortige Angebot von der allgemeinen Versorgungslage in der DDR abhängig und spiegelte somit auch die Mangelsituation außerhalb der Gefängnismauern wider.

In der zweiten Hälfte der fünfziger Jahre hatte sich die Ernährungssituation insoweit gebessert, als dass die Gefangenen zwar auch noch Hunger kannten, aber nicht mehr täglich erfahren mussten. Zu diesem Zeitpunkt herrschte teilweise noch Mangel an Brot, was aber, wie die allgemeinen Haftbedingungen generell, von Gefängnis zu Gefängnis differierte. Bezüglich der Gefangenenverpflegung in Hoheneck hieß es Ende 1957 etwa: „Die Gefangenenkost wurde als gut, schmackhaft und ausreichend bezeichnet. Brot und Kartoffeln können nach Bedarf gegessen werden; eine Zuteilung erfolgt nicht."[710] Eine im selben Jahr bei 558 weiblichen Gefangenen durchgeführte Gewichtskontrolle in Hoheneck schien die bessere Versorgungslage zu bestätigen: 43,4 Prozent der gewogenen Frauen waren mehr als fünf Kilogramm übergewichtig, dagegen lediglich 10,4 Prozent mehr als fünf Kilogramm untergewichtig.[711] Den meisten Häftlingsberichten ist jedoch zu entnehmen, dass erst Ende der fünfziger Jahre von einer ausreichenden Brotversorgung gesprochen werden kann. Typisch für diese Zeit ist die Einschätzung Gustav Justs über die Verpflegungssituation in Bautzen II 1958/59: „Die Verpflegung reichte aus, dass ich nicht verhungerte oder Mangelerscheinungen bekam – bis auf Nierensteine, die sich infolge der geringen Trinkmengen bildeten [...]. Brot bekamen wir genug."[712] Letzteres war in den sechziger Jahren offensichtlich das einzige, was es wirklich genügend gab. Erich Loest, der 1959 von Bautzen II noch sagte: „Sie hungerten wieder wie nach dem Krieg", berichtet im folgenden Jahrzehnt von einer Besserung der Versorgungslage, wenn er über die Zeit ab 1961 bemerkt: „Das Mittagessen taugte noch immer nicht viel, aber Brot war reichlich, und vielleicht enthielt alles zusammen sogar, was der Mensch braucht an Vitaminen, Eiweiß und Kohlehydraten."[713] Dem kann aber nur teilweise zugestimmt werden, denn nach einer Analyse der Verpflegungssituation aus dem Jahr 1961 erwies sich „die Verpflegung hinsichtlich der Menge und des Kaloriengehalts" zwar als ausreichend, „nicht aber hinsichtlich tierischer Eiweißstoffe".[714] Recht zynisch argumentierte

---

710 Kontrollbericht über die am 4.12.1957 durchgeführte Kontrolle in der StVA Hoheneck vom 10.12.1957 (BArch, DO 1/28574/Bl. 14).
711 Strafvollzugsanstalt Hoheneck, Abteilung medizinische Dienste, Analyse über die im September 1957 durchgeführten Gewichtskontrollen vom 28.9.1957 (BArch, DO 1/28574/Bl. 20).
712 Just, Zeuge in eigener Sache, S. 181.
713 Loest, Durch die Erde ein Riß, S. 359, 380.
714 Zitat hier und im Folgenden: VSV, Einschätzung der Arbeit des Strafvollzuges nach dem Beschluss des Kollegiums vom 13.1.1961 vom 19.7.1961 (BArch, DO 1/10307, unpag.).

die Berliner Zentrale, dass „keine Notwendigkeit für eine Erhöhung der einzelnen Rationen" gegeben sei, da der Mangel „tierischer Eiweißstoffe erst nach längerer Haftzeit zu Spätfolgen führen kann" und sich die Häftlinge in den anstaltseigenen HO-Läden schließlich selbst versorgen könnten. Zudem müsse die Versorgungslage der DDR berücksichtigt werden.

Damit spannt sich der Bogen vom blanken Hunger in den Jahren vor Gründung der DDR sowie Anfang der fünfziger Jahre bis etwa 1953/54, als die Versorgungslage sich langsam besserte, über eine Unterernährung der Häftlinge in der zweiten Hälfte der fünfziger Jahre bis zu einer mengenmäßig ausreichenden, aber qualitativ schlechten, einseitigen, übermäßig fetten, monotonen und besonders vitaminarmen Verpflegung in den sechziger Jahren, die sich dann bis zum Ende der DDR praktisch kaum veränderte.[715] Abgesehen von Schwankungen in der Versorgungslage und Unterschieden in den diversen Haftanstalten, lässt sich sagen, dass etwa ab den sechziger Jahren lediglich Brot, Zucker und Marmelade im ausreichenden Maße vorhanden waren. Daneben verpflegte man die Gefangene mit Fetten in Form von Margarine, selten Butter und Öl, deren Qualität aber ebenso unterdurchschnittlich war wie die der ausgegebenen Fleisch- und Wurstwaren, die zudem einen überproportional hohen Fettanteil aufwiesen. Frisches Obst und Gemüse bleiben im DDR-Strafvollzug eine Seltenheit. Amnesty International berichtete 1967: „Obst seit 1962 etwa einmal im Monat, im Allgemeinen aber nur während der Obstschwemme. [...] Es ist deutlich, dass diese Ernährung viel zu wenig Vitamine enthält."[716] Angesichts der ständigen Mangelsituation in der Versorgungslage der DDR-Bevölkerung – leere Regale und Warteschlangen vor den Geschäften – konnten die Haftanstalten nicht erwarten, in irgendeiner Weise bevorzugt behandelt zu werden. Im Gegenteil: Die Küchen der Haftanstalten erhielten oftmals Lebensmittel schlechter Qualität und solche, die in den HO-Kaufhallen nicht mehr angeboten werden konnten, da sie zu alt und überlagert waren. So beschwerte sich die Berliner Zentrale 1960, dass die Handelsorgane teilweise die Ansicht vertraten, „dass die Strafvollzugsanstalten die Lebensmittel abnehmen, wenn sie dem zivilen Sektor nicht mehr angeboten werden können".[717]

In dem Fragebogenprojekt von 2006 machten 133 Teilnehmer Angaben zur Verpflegung. Insgesamt befanden 50,3 Prozent der Teilnehmer diese als mangelhaft (36,8 %) bis völlig unzureichend (13,5 %), 34,6 Prozent als ausreichend und 10,5 Prozent als gut bis befriedigend (7,5 %). Zwei Drittel der Teilnehmer hielten demnach die Verpflegung für ausreichend bis mangelhaft, was sich sowohl mit den Häftlingsberichten als auch den staatlichen Quellen deckt. Dass bereits ein Drittel der bis 1955 Inhaftierten die Verpflegung als ausreichend bewertete, zeigt, dass auch hier keine wesentlichen Unterschiede zwischen den Angaben zu den fünfziger bzw. den sechziger Jahren bestehen. Die Subjektivi-

---

715 Siehe Müller, Haftbedingungen, S. 27.
716 Politische Gefangene in der DDR, S. 44.
717 Lektion, Versorgung und Verpflegung der Strafgefangenen von 1960 (BArch, DO 1/1595/Bl. 270).

tät der Angaben solcher Fragenbögen tritt hier offen zutage, da den Häftlingen der späten sechziger Jahre der Vergleich zur Situation Anfang der fünfziger Jahre fehlt.

Die Angaben von Gert Skribanowitz über die Verpflegung in der StVA Cottbus zum Ende der sechziger und zu Beginn der siebziger Jahre sind beispielhaft für den gesamten DDR-Strafvollzug in jener Zeit: Es gab „viermal in der Woche Suppe, dreimal was Festes mit Kartoffeln. Brot, soviel man wollte, Marmelade und Zucker reichlich. [...] Also, gehungert hat niemand." Ein mit inhaftierter Chemiker habe jedoch errechnet, dass in der Verpflegung lediglich Fett und Kohlenhydrate „reichlich" vorhanden waren, „alles andere aber weit unter den Mindestanforderungen. Ich selbst hatte nie soviel Kariesprobleme, wie von der Haftzeit bis in die Mitte der siebziger Jahre hinein."[718] Dabei war den Verantwortlichen das Ernährungsproblem bewusst. So meldete die Versorgungsabteilung der BDVP Leipzig nach Berlin, „dass die Bereitstellung der Kalorien und Grundnährstoffe, außer bei den Krankenkostfolgen, nicht ausreichend zur Verfügung gestellt werden kann und die Bereitstellung von gewissen Schutznahrungsmitteln, wie frisches Obst und Gemüse, bei Weitem unter dem Erforderlichen liegt".[719] Nur die Erhöhung des Kostensatzes für die Verpflegung könne eine Änderung dieser Situation bewirken. Auch in der Berliner Zentrale war man 1970 zu der Einsicht gelangt, „dass die Festlegungen zur Verpflegungsversorgung der Strafgefangenen und Verhafteten gemäß Befehl des Ministers des Innern Nr. 62/63 nicht mehr den neuesten ernährungswissenschaftlichen Erkenntnissen entsprechen".[720] Man hatte in einigen Haftanstalten „Ernährungsbilanzen" erstellt und dabei erkannt, „dass das Angebot bei Eiweiß, besonders von tierischem Eiweiß und Mineralsalzen, insbesondere bei Calcium sowie wasserlöslichen Vitaminen [...] ungenügend ist. Diese Stoffe sind in erster Linie in Eiern, Käse, Quark, Fisch und Gemüse enthalten", welche folglich im DDR-Strafvollzug viel zu selten verabreicht wurden. Ursache waren wiederum die zu geringen Finanzsätze für die Verpflegung der Häftlinge. Daher beschwerten sich bei den Anstaltsleitungen auch „volkseigene Betriebe, in denen Strafgefangene zur Arbeit eingesetzt werden, darüber, dass sie mit den durch die Strafvollzugseinrichtungen gezahlten finanziellen Sätzen von 0,50 M, 0,80 M bzw. 1,– M für das Werkküchenessen nicht mehr in der Lage sind, dieses quantitativ und qualitativ zu gewährleisten". Die Verpflegungssätze betrugen bei Untersuchungs- und nicht arbeitenden Häftlingen 1,30 bzw. 1,20 Mark, womit nur „geringe Möglichkeiten" bestanden, „Lebensmittel, wie Eier, Käse, Quark, Fischwaren und Gemüse, ohne Kürzung der festgelegten Normen von Fleisch- und Wurst-

---

718 Skribanowitz, „Feindlich Eingestellt!", S. 86 f.
719 Stellvertreter des Chefs der BDVP Leipzig für Versorgung an Verwaltung Beschaffung und Versorgung des MdI, Betr.: Erarbeitung von Ernährungsbilanzen im Strafvollzug vom 28.12.1970 (SächsStAL, 24.1/627/Bl. 74).
720 Zitat hier und im Folgenden: VSV, Konzeption zur Erarbeitung von Verpflegungsnormen für Strafgefangene und Verhaftete entsprechend den ernährungswissenschaftlichen und medizinischen Erkenntnissen vom 15.9.1970 (BArch, DO 1/3423, unpag.).

waren auszugeben. Ähnlich sieht es auch bei anderen Normen aus." Dass mit solch niedrigen Tagessätzen keine ausgeglichene Ernährung zu gewährleisten war, musste schließlich selbst die Verwaltung Strafvollzug einsehen. Von diesen hausgemachten Problemen bei der Verpflegung erhielt die oberste Strafvollzugsverwaltung Kenntnis und hob daher in der Folge die Verpflegungssätze an: bei nicht arbeitenden Häftlingen und U-Häftlingen 1971 auf 1,55 Mark und 1973 auf 1,70 Mark. Leichte und mittelschwere Arbeiten verrichtende Häftlinge wurden weiterhin mit 2,15 Mark, mit schweren Arbeiten Beschäftigte nun mit 2,60 Mark (1971: 2,45 M) und Schwerstarbeiter (Tage- und Untertagebau) mit 3,15 Mark (1971: 2,70 M) verköstigt. Dafür musste das Innenministerium ab 1973 jährlich etwa 6,8 Millionen Mark zusätzlich aufwenden.[721] Ende 1976 entfiel schließlich der unterste Verpflegungssatz und allen Strafgefangenen und U-Häftlingen wurde nun „ein Mindestverpflegungssatz von 2,15 M gewährt", was noch einmal Zusatzkosten von jährlich 1,3 Millionen Mark für das Innenministerium bedeutete.[722] Erst zu diesem Zeitpunkt fiel auch die geringere Arrestverpflegung weg, die die besondere Schärfe dieser Disziplinierungsmaßnahme ausgemacht hatte. Denn Arrest bedeutete schmalste Verpflegung: „Das Essen war nach Menge und Qualität auf ein Minimum reduziert, nur jeden dritten Tag gab es eine warme Mahlzeit, zu trinken nur früh und abends etwa einen Viertelliter Malzkaffee."[723] Die Essensrationen im Arrest änderten sich auch im Laufe der sechziger Jahre nicht. Selbst Ende der sechziger Jahre gab es teilweise nur periodisch warme Mahlzeiten, wie ein zu dieser Zeit in Waldheim Inhaftierter berichtet: „Wenn man Arrest hatte, bekam man alle drei Tage warmes Essen, ansonsten zweieinhalb Schnitten trocken und ein Topf mit Malzkaffee. Dieses morgens und abends."[724] Bis Ende 1976 betrug der Verpflegungssatz des strengen Einzelarrests 45 Pfennig am Tag. Erst dann „wurde in Übereinstimmung mit den Maßnahmen zur weiteren Ausprägung des humanen Charakters des Strafvollzuges in der DDR" dieser Verpflegungssatz gestrichen. Schließlich schaffte man mit dem Strafvollzugsgesetz vom April 1977 den strengen Einzelarrest gänzlich ab, auch wenn der Gesetzestext in der Praxis nicht immer eingehalten wurde.[725] Dennoch wird erneut deutlich, dass erst die Einbindung der DDR in internatio-

---

721 Leiter der Versorgungsdienste des MdI an Innenminister und DVP-Chef Dickel sowie dessen Ersten Stellvertreter Grünstein, Betr.: Überarbeitung der Verpflegungsnormen für Strafgefangene und Verhaftete vom 29.6.1971 (BArch, DO 1/62755, unpag.); MdI, Leiter der Versorgungsdienste, Konzeption zur Überarbeitung der Anweisung Nr. 166/71 des Ministers des Innern und Chefs der DVP über die Verpflegungsversorgung Strafgefangener und Verhafteter in den Strafvollzugseinrichtungen und Untersuchungshaftanstalten vom 8.7.1971 vom 7.8.1972 (BArch, DO 1/62800, unpag.).
722 Leiter der Versorgungsdienste des MdI an Innenminister und DVP-Chef Dickel über dessen Stellvertreter Giel, Betr.: Verpflegungsversorgung Strafgefangener vom 3.12.1976 (BArch, DO 1/62956, unpag.).
723 Zeidler, MfS-Sonderhaftanstalt Bautzen II, S. 26.
724 Bericht W.E. (Archiv StSG, Projekt „Politische Verfolgung in der Ära Honecker", Fragebogen-Nr. 73).
725 Müller, Haftbedingungen, S. 71 f.

nale Organisationen und die Sorge der SED-Spitze um das Ansehen ihres Staates zur schrittweisen Verbesserung der Haftbedingungen führte. Dass sich trotz der Erkenntnisse über die schlechte Ernährungslage im Strafvollzug auch in den Folgejahren wenig änderte, zeigen die zahlreichen Häftlingsberichte, die auch bis zum Ende der achtziger Jahre das miserable Essen beklagen. Die direkte Verantwortung für die schlechte Verpflegung lag eindeutig bei der Strafvollzugsverwaltung. Nur war diese von der allgemeinen Versorgungslage in der DDR und natürlich auch vom Etat des Innenministeriums abhängig. Letztlich gab es im Strafvollzug der DDR nur diejenigen Dinge in genügendem Maße, die auch außerhalb der Anstaltsmauern ausreichend vorhanden waren. In einem Kommentar zum Strafvollzugsgesetz von 1980 steht der vielsagende, weil die Verpflegungslage im Strafvollzug der gesamten DDR-Zeit erhellende Satz: „Die Ernährung der Gefangenen entspricht dem in unserer sozialistischen Gesellschaft generell erreichten Entwicklungsstand."[726] Die Mangelwirtschaft außerhalb der Gefängnismauern zementierte geradezu zwangsläufig die minderwertige Verpflegung in den Haftanstalten.

5.6 Häftlingsarbeit

Aufgrund der überragenden Bedeutung der Produktion im Strafvollzugssystem der DDR, wurde der Tagesablauf vom Arbeitseinsatz dominiert. Grundsätzlich bestand für alle Gefangenen Arbeitspflicht. Die Arbeitsnormen blieben durchgehend sehr hoch und das den Häftlingen monatlich zur Verfügung stehende Geld gering. Es stand nie in einem „gesunden Verhältnis zu den tatsächlichen Arbeitsleistungen der Strafgefangenen",[727] wie selbst VSV-Chef Mayer trefflich bemerkt hatte. Die hohen Arbeitsbelastungen waren durch das häufige Arbeiten im Schichten-System und den enormen Druck, verursacht durch die Pflicht der Normerfüllung, geprägt. In den siebziger Jahren existierten unterschiedliche Normen für politische und kriminelle Häftlinge, oder kriminelle Häftlinge erhielten Arbeiten, bei denen eine Übererfüllung der Normen möglich war. Brigadiere, die die Arbeit verteilten, waren in der Regel Kriminelle. Abhängig von der Normerfüllung gab es unterschiedliche Verpflegungsstufen und Auszahlungen für den so wichtigen Einkauf. „Man kann allein hieran sehen, wie wichtig die entsprechende Arbeit war, mit der man eine bestimmte Norm schaffte und welche Druckmittel die unterschiedlich günstigen Arbeiten mit den unterschiedlichen Normenleistungen für die Gefängnisleitungen waren. Hier [...] bestand [...] ein extra kleiner Staat oder eine besonders kleine Gesellschaft mit Armen und Reichen, mit solchen, die arm dran waren und solchen, die besonders pri-

---

726 Weigt/Wittwer, Kommentar zum Strafvollzugsgesetz, S. 197.
727 Leiter der HA SV, August Mayer, an DVP-Chef Maron, Betr.: Vorschlag zur Einführung neuer Entlohnungsprinzipien für beschäftigte Strafgefangene vom 31.7.1953 (BArch, DO 1/28585/Bl. 21).

vilegiert waren."⁷²⁸ Durch dieses System sollte eine gewisse Spannung innerhalb der Häftlingsgesellschaft und ihren Hierarchien aufrechterhalten werden, um so eine Solidarität unter den Gefangenen zu verhindern, was die Arbeit der Anstaltsleitungen erleichterte.

Die Unfallgefahr blieb konstant hoch. Nicht nur in den Haftarbeitslagern – Gerhard Finn zufolge waren Ende der sechziger Jahre in den von ihm aufgeführten 16 Haftarbeitslagern etwa 17 Prozent der dort arbeitenden Strafgefangenen aus politischen Gründen inhaftiert⁷²⁹ –, auch in den Produktionsstätten innerhalb der Haftanstalten war die Verletzungsgefahr aufgrund der oftmals veralteten Maschinen, des unzureichenden Arbeitsschutzes sowie der häufig fehlenden separaten Arbeitsbekleidung verhältnismäßig groß.⁷³⁰ Im Amnesty-International-Bericht von 1967 heißt es beispielsweise, dass an vielen Maschinen Arbeitsschutzvorrichtungen gar nicht vorhanden seien oder oftmals störten, sodass sie von den Häftlingen ignoriert würden, da diese ja die Normen übererfüllen mussten. „Den Gefangenen im Traktorenwerk Burg wurde seinerzeit mitgeteilt, sie hätten die höchste Unfallrate in der ganzen DDR."⁷³¹ Was die Arbeitsbedingungen der Häftlingsarbeit⁷³² zusätzlich verschlechterte, war die Verbindung des verheerend nachlässigen Unfallschutzes mit der unzureichenden medizinischen Betreuung, die sich im Falle eines Unfalls besonders negativ bemerkbar machte. Außerdem verschlechterten auch mangelnde Beleuchtung und Belüftung der Produktionsräume – besonders in den fünfziger Jahren, als vielerorts selbst kleinste und ungeeignete Räume für die Produktion genutzt wurden – die Verhältnisse während der Häftlingsarbeit.

Die Lohnzahlungen, die ausschließlich zwischen Anstalt und Betrieb erfolgten, unterlagen der Willkür. Die Häftlinge erhielten Einsicht in diese Vorgänge.⁷³³ Legte die Verordnung über die Beschäftigung von Strafgefangenen vom 3. April 1952 noch fest, Häftlinge seien gemäß geltenden Kollektivverträgen zu bezahlen, hob die Verordnung über den Arbeitseinsatz von Strafgefangenen vom 10. Juni 1954 obige Verordnung wieder auf. Regelungen über den Arbeitseinsatz wurden nun intern geregelt. Eine Richtlinie der Verwaltung Strafvollzug regelte 1964, dass drei Viertel des von den Betrieben gezahlten Brutto-

---

728 Lolland/Rödiger (Hg.), Gesicht zur Wand, S. 96 f. Siehe auch Thiemann, Stell dich mit den Schergen gut, S. 128 f.
729 Finn, Häftlinge der Sowjetzone, S. 190–195.
730 In dem Fragebogenprojekt von 2006 machten 128 Teilnehmer Angaben zu den Arbeitsschutzbedingungen, wobei sich keine nennenswerten Veränderungen zwischen den fünfziger und den sechziger Jahren feststellen ließen. Als mangelhaft (28,9 %) bis völlig unzureichend (32 %) schätzten 60,9 Prozent der Teilnehmer die Arbeitsschutzbedingungen bei der Häftlingsarbeit ein, während 21,9 Prozent der Teilnehmer diese als ausreichend und 12,5 Prozent als gut bis befriedigend (9,4 %) bewerteten.
731 Politische Gefangene in der DDR, S. 47.
732 Siehe hierzu etwa Vesting, „Mit dem Mut zum gesunden Risiko"; ders., „Da habe ich gedacht, das sind lauter wandelnde Leichen".
733 Walter Janka schildert, wie er, da „der Verdienst im Ermessen des Anstaltsleiters lag", für drei Monate Arbeit, bei denen er die Norm mit durchschnittlich 146 Prozent erfüllt hatte, insgesamt 4,85 Mark „Lohn" erhielt. Janka, Spuren eines Lebens, S. 437.

lohns bei der Anstalt verblieben und lediglich ein Viertel als „Arbeitsbelohnung" galt.[734] Von diesem Viertel wurden dem Häftling lediglich 30 Prozent ausgezahlt, während der Rest für Unterhaltszahlungen, Schulden u. ä. (65 Prozent) und fünf Prozent als Rücklage verwendet werden sollte. Jedoch konnte der Betrag für den persönlichen Verbrauch auch zugunsten von Unterhalts- oder Schuldenzahlungen gekürzt werden. Im Zuge des Strafvollzugs- und Wiedereingliederungsgesetzes erklärte das Ministerium des Innern, dass Lohnzahlungen an Strafgefangene nicht mit jenen der Werktätigen vergleichbar, sondern als Hebel der Erziehung zu verwenden seien. Dementsprechend konnten diese völlig willkürlich bestimmt werden. Schließlich legt die Erste Durchführungsbestimmung zum Strafvollzugsgesetz vom 7. April 1977 fest, dass Strafgefangene lediglich 18 Prozent des Lohns erhielten, den freie Arbeiter als Nettolohn für die gleiche Arbeit bekamen – jedoch nur bei Erfüllung der Normen. Hildigund Neubert hat recherchiert, dass eine Mitte der siebziger Jahre in Hoheneck Inhaftierte monatlich 20 bis 25 Mark erhielt, womit sie im DDR-Durchschnitt lag. Da die Frau freigekauft wurde, waren Rücklagegelder und nicht notwendige Unterhaltszahlungen im Grunde hinfällig, doch behielt die Anstalt am Ende „mindestens 94 % des von dieser Gefangenen erarbeiteten Lohns für den eigenen Haushalt"[735] ein.

Die fast regelmäßig verordneten Amnestien führten immer wieder zu Produktionsausfällen. Da auch die häufige Anwendung der Arreststrafe mit einer hohen Zahl Ausfallstunden in der Produktion zu Buche schlug, wandte sich die oberste Strafvollzugsverwaltung gegen den zu häufigen, da zu schnellen Einsatz dieser Disziplinierungsmaßnahme. Mit einer schweren Arreststrafe hatten gerade diejenigen Häftlinge zu rechnen, die die Arbeit verweigerten. Müller sieht „denn auch das Einfallstor für besondere Härten im Strafvollzug bei Arbeitsverweigerung" in der überragenden Bedeutung der Häftlingsarbeit für den Strafvollzug der DDR.[736] Durch die explizite Benachteiligung der nicht arbeitenden Gefangenen wurden die Häftlinge regelrecht zur Arbeit genötigt. Insassen, die keinen Beitrag zur sozialistischen Produktion leisteten, bekamen weniger Essen, ihre „Vergünstigungen" waren eingeschränkt und ohne durch Arbeit verdientes Geld konnten sie nicht am HO-Einkauf teilnehmen. Das strikt kontrollierte Verbot für die arbeitenden Häftlinge, ihre Lebensmittel mit den nicht arbeitenden zu teilen, stellte einen weiteren Angriff auf die Häftlingssolidarität dar. Die Differenzierung zwischen arbeitenden und nicht arbeitenden Gefangenen bestimmte demnach den Haftalltag in jeder Hinsicht, sodass Amnesty International feststellte, „dass in allen Strafanstalten der DDR ein solcher Druck auf die Gefangenen ausgeübt wird, dass man von einem Zwangsarbeitssystem sprechen muss".[737]

---

734 Siehe hierzu und zum Folgenden: Bastian/Neubert, Schamlos ausgebeutet, S. 66 f.
735 Ebd., S. 103.
736 Müller, Haftbedingungen, S. 27.
737 Politische Gefangene in der DDR, S. 50.

Dem Fragebogenprojekt von 2006 zufolge befanden gut zwei Drittel der 126 Befragten die Häftlingsarbeit als Zwangsarbeit, während immerhin 30,2 Prozent diese Bezeichnung ablehnten. Die Klärung der Frage, ob die Häftlingsarbeit im DDR-Strafvollzug generell als Zwangsarbeit zu bezeichnen ist, gilt in der heutigen Politik als ein heißes Eisen, weil davon mögliche Entschädigungszahlungen abhängig sind. Schließlich haben auch Unternehmen der Bundesrepublik ihre Waren im DDR-Strafvollzug fertigen lassen. Folgt man der Argumentation der neueren Forschung,[738] war jedoch Zwangsarbeit eingeschränkt nur für die politische Inhaftierung nicht rechtens. Gemäß dem Übereinkommen 29 der Internationalen Arbeiterorganisation (ILO) – 1919 gegründet und seit 1946 Sonderorganisation der UNO –, gilt als „‚Zwangs- oder Pflichtarbeit' [...] jede Art von Arbeit oder Dienstleistung, die von einer Person unter Androhung irgendeiner Strafe verlangt wird und für die sie sich nicht freiwillig zur Verfügung gestellt hat".[739] Zudem verpflichtet sich laut Übereinkommen 105 jedes Mitglied der ILO, „die Zwangs- oder Pflichtarbeit zu beseitigen und in keiner Form zu verwenden [...] als Mittel politischen Zwanges oder politischer Erziehung oder als Strafe gegenüber Personen, die gewisse politische Ansichten haben oder äußern oder die ihre ideologische Gegnerschaft gegen die bestehende politische, soziale oder wirtschaftliche Ordnung bekunden". Bezeichnenderweise ist die DDR – obwohl seit 1974 Mitglied der ILO – diesen beiden Übereinkommen nie beigetreten. Zwar gelten die Bestimmungen über Zwangsarbeit nicht, wenn die betreffende Person gerichtlich verurteilt wurde – auch Artikel 12 (3) des Grundgesetzes definiert, dass „Zwangsarbeit [...] nur bei einer gerichtlich angeordneten Freiheitsentziehung zulässig" ist[740] – doch argumentiert Uwe Bastian, dass nach 1990 die meisten politischen Verurteilungen durch die Rehabilitierungsgesetze kassiert wurden und somit „die damals aus politischen Gründen zu Unrecht Verurteilten [...] auch im Sinne der ILO-Übereinkommen zu Unrecht Zwangsarbeit verrichtet" haben. Demnach gilt die Zwangsarbeit im DDR-Strafvollzug nur in Verbindung mit politischer Inhaftierung als Unrecht, denn nur diese Häftlinge wurden in der Regel nach der friedlichen Revolution rehabilitiert. Kriminellen Häftlingen ist dagegen laut Grundgesetz auch in der Bundesrepublik Zwangsarbeit zuzumuten. Die Arbeitsbedingungen im bundesdeutschen Strafvollzug und der Druck, der dort auf die Häftlinge ausgeübt wurde, waren jedoch zu keiner Zeit mit denen im DDR-Strafvollzug vergleichbar.

Wie ist nun die Häftlingsarbeit ökonomisch zu bewerten? Henrik Eberle meint, dass der DDR-Strafvollzug „durchaus die Züge einer prosperierenden Industrie trug".[741] Doch standen beispielsweise 1964 56,1 Millionen Mark an Einnahmen aus der Produktion im Strafvollzug Ausgaben in Höhe von 93,2 Mil-

---

738 Vgl. Bastian/Neubert, Schamlos ausgebeutet. Vgl. hierzu neuerdings auch die Arbeit von Schmidt, Zur Frage der Zwangsarbeit im Strafvollzug der DDR, die leider nicht mehr rezipiert werden konnte.
739 Zitat hier und im Folgenden: ebd., S. 8–11.
740 Grundgesetz für die Bundesrepublik Deutschland, S. 9.
741 Eberle, GULag DDR?, S. 112.

lionen Mark gegenüber. Auch in späteren Jahren betrug die Deckungsquote wohl nicht mehr als zwei Drittel – das Ministerium des Innern musste jeden Häftling jährlich mit einem Betrag im vierstelligen Bereich bezuschussen.[742] Auch der volkswirtschaftliche Nutzen hielt sich laut Eberle in Grenzen: „Der Anteil der Häftlingsarbeit lag also etwa bei 0,5 Prozent des Bruttoproduktes." In der Ära Honecker habe dann der Wert der Häftlingsarbeit „vor allem in der strategischen Arbeitskräftereserve" gelegen.[743] Clemens Heitmann und Marcus Sonntag machen dagegen deutlich, dass dies auch schon davor so gewesen sei, und „die Staatswirtschaft der DDR von Anbeginn durch Mangel und Planungsfehler bestimmt war",[744] was sich auch am ständigen Arbeitskräftemangel zeigte. Dem versuchte man von Anfang an unter anderem durch den Einsatz von Strafgefangenen zu begegnen. Hier wurden demzufolge zwei Fliegen mit einer Klappe geschlagen: Die VEB benötigten dringend Arbeitskräfte und der Strafvollzug musste die Häftlinge „zwecks ihrer ‚Umerziehung' volkswirtschaftlich sinnvoll in Arbeit bringen", wobei oftmals „wirtschaftliche Notwendigkeiten Einwände der Vollzugsbehörde dominierten" und somit „ökonomische Erwägungen andauernd Priorität vor sicherheitspolitischen" hatten. Auch wenn es sich bei der Häftlingsarbeit nie um ein „Gewinngeschäft" gehandelt hatte, heben Heitmann/Sonntag doch hervor, dass „der Arbeitseinsatz Strafgefangener letzten Endes die Parteidiktatur politisch und wirtschaftlich stabilisierte", ja, dass er ebenso wie der Einsatz von Wehrdienstleistenden „eine kaum zu überschätzende Stütze für die leistungsschwache und ineffiziente sozialistische Planökonomie war".

5.7 Haftalltag

Der Haftalltag wurde durch einen immer gleichen, rhythmischen und eintönigen Tagesablauf bestimmt. „Der Gefängnisalltag mit seinem Korsett aus starren Regeln lässt uns wie Marionetten morgens aufstehen, den Tag mehr oder weniger sinnlos herumbringen, bis wir abends wieder auf die Pritsche sinken. Ich habe mich wie die anderen darin eingerichtet.", so ein Bericht aus dem Hohenecker Gefängnis zu Beginn der fünfziger Jahre.[745] Erich Loest schrieb: „Ein Sommer, ein Herbst, kommt eine Amnestie, sind wir zu Weihnachten zu Hause? [...] Ein Jahr bestand aus 365 Tagen, zwölf Briefen, vier Besuchen und zwei bis drei Magengeschwüren. Was soll einer schreiben über solch ein Jahr?"[746] Auch das enge Zusammenleben in den kleinen Zellen stellte die Gefangenen auf eine harte Probe: „Eng war der Raum, auf dem sich die beiden Knastindi-

---

742 Ebd., S. 139.
743 Ebd., S. 140.
744 Zitat hier und im Folgenden: Heitmann/Sonntag, Einsatz in der Produktion, S. 451, 456–458.
745 Riemann, Die Schleife an Stalins Bart, S. 147.
746 Loest, Durch die Erde ein Riß, S. 364, 384.

vidualisten einrichten mussten, sie rieben sich, bauten Gewohnheiten ab, ein Vierteljahr aßen und schliefen und kackten sie auf engstem Raum und krachten sich nicht ein einziges Mal."[747] Man musste sich arrangieren, denn es gab „wenig ähnliche Gelegenheiten im menschlichen Leben, in denen man sich und seinen Nachbarn so gründlich kennenlernt wie im Zuchthaus in solchen Umständen".[748] Eine schnellstmögliche Anpassung an die im Strafvollzug herrschenden Bedingungen war überlebenswichtig: „Das erste Jahr in Haft ist immer das schlimmste. Vor allem im seelischen Bereich, die ganze Lebensumstellung, das Umdenken, Umlernen, das Einfügen in eine andere Lebensgemeinschaft, Sich-Einrichten auf ein Massenquartier. Im Laufe der Zeit wächst man mit der Belastung, mit der Kameradschaft der engeren politischen Freunde. Man wird härter und abgeklärter, man studiert die Charaktere, man sammelt Erfahrungen."[749] Eine besondere Herausforderung für die politischen Häftlinge stellte das Zusammenleben mit kriminellen Mitgefangenen, z. B. mit Mördern, Sexualverbrechern und gewöhnlichen Kriminellen, dar. Hier galt es, sich möglichst schnell eine „harte Haut" zuzulegen und sich zwangsläufig daran zu gewöhnen. „Mit wie vielen Mördern, Totschlägern, Bankräubern habe ich später in den Jahren Strohsack an Strohsack, Bett an Bett geschlafen, zusammengelebt und gearbeitet. [...] Hier im Zuchthaus musste man das Beste draus machen und zusammenleben, genau wie ein Herdentier."[750] Klaus Matzel ergänzt: „Über allen Handlungen lag unausgesprochen das Wissen darum, dass es zunächst die Gefangenen selbst sind, die sich die schwere Zeit erleichtern müssen."[751] Nicht alle Häftlinge waren dem psychischen Druck gewachsen, den das enge Leben in den überbelegten Zellen verursachte: „Gelegentlich kam es vor, dass ein Häftling, der bislang völlig normal gewesen war, von einem Tag auf den anderen total durchdrehte. Ich hatte noch niemals zuvor solche Veränderungen erlebt."[752] Walter Janka schildert die Wut und die Verzweiflung, die ein „Leben" in Einzelhaft mit sich bringen: „Ich begann, Gott und die Welt zu verfluchen. Nie zuvor war ich so verbittert wie in dieser elenden Zelle, in der ich täglich vierundzwanzig Stunden über meine Vergangenheit und Zukunft nachdenken musste."[753]

Der Alltag im Strafvollzug war trist. Vielleicht erinnern sich deshalb viele Häftlinge an vergnügtere Augenblicke. „Wir hatten viel Spaß, haben viel gelacht. Das waren die kurzen Lichtblicke", berichtet Gert Skribanowitz vom Anfang der siebziger Jahre.[754] Auch Erich Loest gibt zu, dass er zu Hause nur „die paar lustigen Geschichten" erzählt habe. In Wirklichkeit füllten die „spaßigen und

---

747 Ebd., S. 402.
748 Matzel, „Gelbes Elend" und „Roter Ochse", S. 15.
749 Fichter, Verflucht sei die Menschenwürde, S. 189 f.
750 Ebd., S. 158.
751 Matzel, „Gelbes Elend" und „Roter Ochse", S. 21.
752 Johannesmeier, Neun Leben sind nicht genug, S. 189.
753 Janka, Spuren eines Lebens, S. 406.
754 Skribanowitz, „Feindlich Eingestellt!", S. 89.

grotesken Begebenheiten [...] kein Promill der Zeit. Dumpfe Wut, Apathie, Streit um Läppisches, bis sich zwei an die Kehle gingen, das gab's öfter."[755] Wie man die Haft bewältigte und wie man sich während der Haft verhielt, hing von verschieden Faktoren ab: Alter, Gesundheit, Unterbringung (Größe der Zelle, Anzahl der Zellengenossen), ob man Arbeit hatte oder nicht oder ob man in Einzelhaft war und wenn ja, wie lang.[756] Klaus-Dieter Müller führt zudem die Umstände der Inhaftierung an – war sie überraschend erfolgt oder erwartet worden –, das Vorhandensein von lebensbedrohenden Situationen, die Anwendung physischer oder psychischer Gewalt, die Dauer der Haft, die Persönlichkeit des Häftlings, das Verhältnis zu den kriminellen Mitgefangenen sowie die Kontakte zur Außenwelt, sei es durch Briefe, Pakete oder Besuche.[757] Ganz entscheidend war auch, inwieweit die Häftlinge das Gefühl der totalen Rechtlosigkeit, des absoluten Ausgeliefertseins belastete. Müller meint zudem, eine langjährige Haftstrafe sei besser zu überstehen gewesen, „wenn man tatsächlich Widerstand gegen das Regime geleistet hatte. Für die meisten Häftlinge trifft dies allerdings nicht zu. Sie saßen nach eigener Überzeugung wie auch nach rechtsstaatlichen Grundsätzen objektiv unbegründet in Haft".[758]

Beeinflusst wurde das Haftleben überdies durch die Tätigkeit von Spitzeln in den Zellen, die die Gefangenen aushorchen sollten – im MfS-Jargon „Zelleninformatoren", von den Häftlingen auch „Zinker" genannt. Besonders neuen Häftlingen begegneten die Gefangenen daher mit Misstrauen. „Alles in allem war jeder Tag für jeden ehrlichen Häftling eine große Gefahr. Wie viele Spitzel gab es in den Zellen, und man neigte im Laufe der Zeit dazu, sein Herz auszuschütten oder sich Luft zu machen. Das konnte jedem zum Verhängnis werden."[759] Durch die Denunziationen erhofften sich die Spitzel Vergünstigungen, Strafmilderung oder gar eine vorzeitige Entlassung. Daher galten die Gefängnisse, aus Sicht des MfS, als „geradezu idealer Raum zur Anwerbung von Spitzeln".[760] Horst Fichter erinnert, dass „viele Spitzel innerhalb der Zuchthausmauern auf uns angesetzt waren. Meistens ging der Spitzel-Ruf diesen Schweinen schon voraus [...]. Man merkte es auch, wenn diese Schmarotzer des Öfteren für ein oder zwei Stunden aus der Zelle geholt wurden, um bei der Stasi-Leitstelle im Verwaltungsgebäude Berichte zu fertigen oder mündlich andere Häftlinge denunzierten."[761] Auch Horst Keferstein, Anfang der fünfziger Jahre in Bautzen I als Pfleger beschäftigt, erinnert sich des zum Strafvollzugssystem der DDR gehörenden Bespitzelungssystems und bezeichnet „Verleumdungen, Denunziationen und von der Volkspolizei gesteuerte Spitzel", als den Haftalltag beeinträchtigende Faktoren.[762] Wunschik zufolge schuf das „Spitzelsystem eine

---

755 Loest, Durch die Erde ein Riß, S. 360 f.
756 Matzel, „Gelbes Elend" und „Roter Ochse", S. 11 f.
757 Müller, Haftbedingungen, S. 30 f.
758 Ebd., S. 30.
759 Bericht Heinz Klaumünzner. In: Knechtel/Fiedler (Hg.), Stalins DDR, S. 42.
760 Wunschik, Staatssicherheit, S. 195.
761 Fichter, Verflucht sei die Menschenwürde, S. 158 f.
762 Keferstein, Unruhige Jahre, S. 293.

Atmosphäre des Misstrauens", steigerte das „Gefühl des Ausgeliefertseins in der Haft" und konnte „letztlich sogar zu moralischer Korruption führen",[763] wenn eben Häftlinge sich als Spitzel anwerben ließen, da auch schon kleine Vergünstigungen große Vorteile bieten konnten. Vor allem bei absehbarer Haftentlassung habe man sich vor den Denunziationen der Spitzel in Acht nehmen müssen, um nicht mit einer zusätzlichen Haftstrafe, dem sogenannten „Nachschlag", bedacht zu werden.[764] Hermann Flade machte bezüglich seiner Haftzeit Ende der fünfziger Jahre in Waldheim darauf aufmerksam, dass die Spitzel übertrieben viele Meldungen bezüglich „staatsfeindlicher Hetze" seitens Strafgefangener meldeten. Doch habe die Staatssicherheit zum einen solche Meldungen benötigt, „um seine revolutionäre Wachsamkeit auch in den Anstalten nachzuweisen" und zum anderen sei das MfS davon überzeugt gewesen, einem „bewussten, fast organisierten Widerstand unter den politischen Gefangenen" gegenüberzustehen, „der überhaupt nicht existierte, während er in früheren Jahren, vielleicht auch noch 1953 und 1954, zum Teil vorhanden war"[765] – aber eben nicht mehr in der zweiten Hälfte der fünfziger Jahre. Dennoch bedienten die Spitzel – offenbar in der Hoffnung auf Vergünstigungen oder bessere Beurteilungen – diese Vorurteile und denunzierten entsprechend viele Mitgefangene. Wie gezeigt, zeugen die Akten über den gesamten Untersuchungszeitraum hinweg vom festen Glauben der Verantwortlichen an die Existenz eines organisierten Widerstands bzw. glaubten diese, es werde einen solchen geben, wenn das Personal nicht permanent an die Arbeit des Klassengegners erinnert und damit zur Wachsamkeit angehalten werde.

Für Abwechslung vom monotonen Haftalltag sorgte lediglich die „arbeitsfreie Zeit". Auf die zu den verschiedenen Zeiten unterschiedliche Gewährung der Freistunde wurde bereits eingegangen. Ab den sechziger Jahren gab es einige Verbesserungen für die in Gruppen vollzogenen Hofgänge. So musste nicht mehr in Kolonne gegangen werden und die Gefangenen durften sich unterhalten. Loest erinnert: „Allerlei war geschehen zum Besseren hin: Auf dem Freistundenhof hatten Häftlinge in Sonderschichten einen maßgerechten Volleyballplatz gebaut."[766] Sport war wie so vieles, was Abwechslung vom eintönigen Haftalltag versprach, eine Vergünstigung für die arbeitenden Häftlinge und bestand bis Ende der sechziger Jahre im Grunde nur aus Volleyball. So hatte Generalstaatsanwalt Streit 1967 ermittelt, dass „bestimmende Faktoren für die Durchführung des Sports mit den Strafgefangenen [...] das dafür notwendige Interesse der Leitung der Einrichtung und zum Teil die Platzkapazität" seien. „Ein festes Programm für die Durchführung des Sports besteht in den meisten Einrichtungen nicht."[767]

763 Wunschik, Staatssicherheit, S. 196.
764 Bericht Heinz Klaumünzner. In: Knechtel/Fiedler (Hg.), Stalins DDR, S. 42.
765 Flade, Deutsche gegen Deutsche, S. 195 f.
766 Loest, Durch die Erde ein Riß, S. 379.
767 Der GStA der DDR, Information über das Ergebnis operativer Untersuchungen in Strafvollzugseinrichtungen der DDR im II. Halbjahr 1967 vom 19.3.1968 (BArch, DP 3/204/Bl. 156).

Bezüglich der Haftarbeitslager schreibt Marcus Sonntag über die fünfziger Jahre: „Begleitende Maßnahmen der politisch-kulturellen Erziehung waren, wenn sie denn überhaupt durchgeführt wurden, nicht mehr als ein Zeitvertreib in den arbeitsfreien Stunden."[768] Das galt, wie gesehen, nicht nur für die Haftarbeitslager. Wie fragwürdig die politisch-ideologischen Umerziehungsversuche durch die „kulturell-erzieherische Arbeit" waren, wurde bereits angesprochen.[769] „Der Versuch, ausgerechnet uns davon überzeugen zu wollen, welch eine segensreiche und zukunftsträchtige, die Menschheit beglückende Einrichtung die DDR darstellt, ist von vornherein zum Scheitern verurteilt",[770] schrieb eine zwischen 1952 und 1962 in Hoheneck Inhaftierte. Den Häftlingsberichten nach verfehlten die politischen Umerziehungsmaßnahmen ihren Zweck völlig, was nicht zuletzt an den häufig offensichtlich unmotivierten Referenten lag: „Von den SED-Kreisleitungen kamen Rote und gaukelten uns was vor, woran sie selber nie glaubten. Wir schliefen oder dösten vor uns hin. Zum Schluss klatschten alle."[771] Gert Skribanowitz erinnert sich an derartige Maßnahmen zu Beginn der siebziger Jahre: „Es wurde noch mehr für unsere gesellschaftspolitische Bildung getan. Zweimal hörten wir in ‚meinem' halben Jahr dort Vorträge. Der eine war recht interessant [...]. Der andere Referent gab so stockdumme Plattheiten von sich, Sprechblasen, jede einzelne hätten wir widerlegen können. Aber zu Diskussionen ließ man es vorsichtshalber gar nicht erst kommen."[772] Offenbar war beiden Seiten die Sinnlosigkeit solcher Versuche bewusst geworden. Die intellektuelle Überlegenheit vieler politischer Häftlinge gegenüber den Vortragenden ließ die vereinzelten Diskussionen häufig nicht die gewünschte Richtung eingeschlagen. So erinnert sich denn auch ein anderer Häftling, dass es lediglich Versuche der Umerziehung gegeben hatte. „Aber nur etwa bis Anfang der siebziger Jahre. Dann nicht mehr."[773] Offenbar resigniert von der Wirkungslosigkeit dieser Maßnahmen beschränkte sich die „Erziehung" schon in der zweiten Hälfte der sechziger Jahre auf Fernsehabende und Filmvorführungen.[774] Mitte der siebziger Jahre gab es beispielsweise in Cottbus nicht einmal mehr diese, zudem keine politischen Diskussionen, Zeitungsschauen,

---

768 Sonntag, DDR-Arbeitslager, S. 215.
769 Anfang der sechziger Jahre hieß es diesbezüglich im MdI: „Es gibt regelmäßig 14tägige Presseinformationen, vierwöchentliche Kinoveranstaltungen sowie vereinzelt Vorträge zu besonderen politischen Ereignissen. Daneben erfolgt die Ausgabe von Zeitungen und Büchern." MdI, Adjutantur/Kontrollgruppe, Bericht über das Ergebnis einiger Kontrollen in Objekten des Strafvollzuges der Bezirke Halle, Dresden, Suhl, Cottbus, Gera und Neubrandenburg vom 28.11.1961 (BArch, DO 1/10306, unpag.).
770 Graul, Farce, S. 193.
771 Bericht K. F. (Archiv StSG, Projekt „Politische Verfolgung in der Ära Honecker", Fragebogen-Nr. 214).
772 Skribanowitz, „Feindlich Eingestellt!" S. 92 f.
773 Bericht H. D. K. (Archiv StSG, Projekt „Politische Verfolgung in der Ära Honecker", Fragebogen-Nr. 293).
774 Generalstaatsanwalt der DDR, Information über das Ergebnis operativer Untersuchungen in Strafvollzugseinrichtungen der DDR im II. Halbjahr 1967 vom 19.3.1968 (BArch, DP 3/204/Bl. 155).

Wandzeitungen, selbst ein Wettbewerb zwischen den verschiedenen Arbeitskollektiven fand nicht mehr statt.[775] „Erziehung" beschränkte sich auf Arbeit. Da war man in der ersten Hälfte der sechziger Jahre engagierter gewesen – jedenfalls den Anweisungen nach. So interessierten sich die damaligen Anstaltsleitungen noch für die politische Meinung ihrer Häftlinge und baten diese in der ersten Hälfte der sechziger Jahre etwa halbjährlich zu einer „Unterredung", um die Haltung der Häftlinge zu ihrer Straftat und zur DDR in Erfahrung zu bringen. Offen wurde etwa Erich Loest gesagt, dass die Einsicht in die Verwerflichkeit seiner Taten, das Bekenntnis zur DDR und zur politischen Linie der SED sich vorteilhaft auf seinen weiteren Haftverlauf und auch den Zeitpunkt seiner Entlassung auswirken könne.[776] Gerade die Umerziehungsversuche politischer Häftlinge und das Verlangen von Bekenntnissen zum Arbeiter-und-Bauern-Staat von Personen, die sich gegen das System gestellt hatten oder die zumindest der Staat als Gegner sah, zeigen die Perfidie des Strafvollzugssystems. In den meisten Fällen bestärkten die politischen Indoktrinationsversuche die Regimegegner jedoch nur in ihrer ablehnenden Haltung zur DDR.[777]

5.8 Kontakte zur Außenwelt

Die Kontakte der Häftlinge zur Außenwelt waren streng reglementiert und wurden ebenso überwacht. Man versuchte jegliche Privatsphäre zu unterbinden. Die Untersuchungs- und Strafgefangenen der von der Deutschen Volkspolizei übernommenen Haftanstalten durften ab 1950 alle acht Wochen einen Brief an „einen der nächsten Angehörigen oder einen Bekannten"[778] schreiben und von diesen im gleichen Zeitraum einen Brief erhalten. Seit Ende 1957 regelte die Hausordnung der Strafvollzugsanstalt Bautzen II: „Jeder Strafgefangene darf monatlich 1mal, grundsätzlich in deutscher Sprache, an einen seiner nächsten Angehörigen schreiben und von demselben Post erhalten. [...] Der Inhalt der Briefpost hat sich auf familiäre Angelegenheiten zu beschränken."[779] Die Zensur prüfte unnachgiebig, dass weder über die Haftbedingungen noch über den Gerichtsprozess oder politische Dinge geschrieben wurde. Andernfalls wurde der Brief zurückgehalten, für einen neuen Brief gab es lediglich eine „Kann-Regelung". Das Gleiche galt für die Angehörigen. Eine feste Kontaktadresse musste benannt werden. Geschrieben wurde auf einem DIN-A4-Bogen, auf dem 20 Zeilen vorgedruckt waren. Nur diese durften beschrieben werden. Selbiges traf auch auf die Angehörigen zu. Ein neuer Brief musste in der Regel gegen den vorherigen eingetauscht werden, sodass die Gefangenen immer nur einen Brief

---

775 Siehe Lolland/Rödiger (Hg.), Gesicht zur Wand, S. 123.
776 Loest, Durch die Erde ein Riß, S. 394–399.
777 Wunschik, Politischer Strafvollzug, S. 496.
778 Dienstanweisung Nr. 16/50 der HVDVP vom 9.3.1950 (BArch, DO 1/56905, unpag.).
779 Hausordnung der StVA Bautzen II vom 4.11.1957. Zit. nach Fricke/Klewin, Bautzen II, S. 203.

bei sich hatten. Ab 1957 durften auch diejenigen Häftlinge Briefe schreiben und empfangen, „die ausschließlich oder teilweise im [kapitalistischen] Ausland wohnhaft sind". Diese Häftlinge sollten allerdings nicht die vorgedruckten Briefbögen verwenden, sondern in „solchen Fällen ist den Gefangenen neutrales Papier zur Verfügung zu stellen".[780] Ende der sechziger Jahre durften bereits zwei Briefe monatlich geschrieben und empfangen werden.[781]

Ebenso streng wie die Briefe wurden die Pakete kontrolliert, die den Gefangenen bis 1955 monatlich, von da an jährlich geschickt werden durften – meist zu Weihnachten, seltener zusätzlich zum Geburtstag. Gerade zu Beginn der fünfziger Jahre wurden die Pakete[782] oft sehr genau kontrolliert: „In Waldheim wurden wohl keine Pakete ausgegeben, bei denen der Kontrollierende dem Empfänger nicht durch maßloses Zerschneiden, Zerkrümeln und Zerstören der liebevoll verpackten Lebensmittel klar machte, welche Rechte der Inhaftierte nicht besaß. Häufig kam [...] noch Neid hinzu, wenn der Schließer in den Paketen aus dem Westen Lebensmittel erblickte, die er selbst niemals kaufen konnte."[783] Den Häftlingsberichten zufolge geschah so etwas aber in den sechziger Jahren nicht mehr. Ende der fünfziger, Anfang der sechziger Jahre konnte man sich „ungefähr zweimal im Jahr ein Paket schicken lassen, ein Ein-Kilo-Paket".[784] „Sinnvollerweise" hatten die Häftlinge auch die Möglichkeit, selbst Pakete an ihre Angehörigen zu schicken. Auch deren Inhalt war vorgeschrieben: „Lebensmittel und Süßwaren, Seifengeschenkpackungen, Bücher, Füllfederhalter und Wäsche."[785] Während einige Häftlinge das zu Weihnachten gern taten,[786] wurde beispielsweise Gustav Just mit Androhung des Verbots des HO-Einkaufs dazu gezwungen, ein Paket nach Hause zu schicken: „Zu Weihnachten durfte ich kein Paket erhalten, musste aber eines nach Hause schicken. Eine solche Perversion hatte sich noch nie eine Zuchthausverwaltung in Deutschland ausgedacht."[787]

Im September 1953 hob DVP-Chef Maron die Beschränkungen der Besuchserlaubnis auf. Nun durften auch SMT-Verurteilte und Häftlinge, deren Angehörige in der Bundesrepublik lebten, Besuch empfangen.[788] Vierteljährlich konn-

---

780 Leiter der VSV, August Mayer, an die Leiter der BVSV, Betr.: Schriftverkehr Strafgefangener mit Angehörigen, die im Ausland wohnhaft sind vom 19.9.1956 (BArch, DO 1/28577/Bl. 303).
781 Skribanowitz, „Feindlich Eingestellt!", S. 76.
782 Das Gewicht der Pakete war auf drei Kilogramm limitiert und deren Inhalt vorgeschrieben. So durften bspw. die Pakete 1952/53 in der StVA Torgau 1 Pfund Obst, 1 Pfund Kekse, 1 Pfund Wurstwaren, 1 Pfund Fett, 1 Pfund Zucker und 1 Pfund Käse enthalten. Vgl. Fichter, Verflucht sei die Menschenwürde, S. 153.
783 Klemke, Geiseln der Rache, S. 417. An anderer Stelle beschreibt Klemke genauer, wie genau sein Paket „kontrolliert" wurde (ebd., S. 383 f).
784 Crüger, Verschwiegene Zeiten, S. 172.
785 Hausordnung der StVA Bautzen II vom 4.11.1957. Zit. nach Fricke/Klewin, Bautzen II, S. 208.
786 Crüger, Verschwiegene Zeiten, S. 174.
787 Just, Zeuge in eigener Sache, S. 180.
788 Dienstanweisung Nr. 35/53 der HVDVP, Betr.: Besuchserlaubnis für Strafgefangene in den der HA SV unmittelbar unterstellten Strafvollzugsanstalten vom 9.9.1953 (BArch, DO 1/57311, unpag.).

ten die Häftlinge Besuch eines ihrer „nächsten Angehörigen" empfangen. Dazu zählten „Ehegatten, Eltern, Kinder über 16 Jahren u. Geschwister. Die Sprechzeit beträgt 30 Minuten."[789] Bei guter Führung und entsprechender Normübererfüllung konnte die Sprechzeit auch verlängert werden – wiederum eine Sonderregelung für arbeitende Häftlinge. Zudem war der Besuch im Allgemeinen eine Vergünstigung, die nur bei guter Führung gewährt wurde. Der Gefangene musste einen Antrag auf Besuchserlaubnis einer festen Kontaktperson stellen, womit die Besuchserlaubnis nicht übertragbar war.[790] Auch während des Besuchs durfte nur über „familiäre Angelegenheiten" gesprochen werden. Erich Loest: „Vorher musste L. sich umziehen, in saubere Klamotten schlüpfte er, sie waren ohne Taschen. Ein Wachtmeister stand dabei, es wäre unmöglich gewesen, einen Kassiber von einem Anzug in den anderen zu schmuggeln. ‚Nur Handschlag ist gestattet', verwarnte der Wachtmeister, ‚und sprechen Sie nur über persönliche Dinge, nichts, was mit Ihrer Straftat zusammenhängt, nichts über die Anstalt, nicht, mit wem Sie zusammen sind und so weiter.'"[791] In der Regel wurden die Häftlinge vor dem Besuch zum Friseur geschickt, die Häftlingskleidung hatte keine Streifen mehr. Der Besuchsraum hatte mitunter Gardinen und auch Bilder hingen wohl oftmals an den Wänden oder gar Speisepläne, die aber mit den tatsächlich verabreichten Mahlzeiten nichts gemein hatten. Besuchter und Besucher saßen sich an einem Tisch gegenüber, an dem immer ein das Gespräch überwachender SV-Angehöriger saß. Umarmungen waren verboten, um ein Überbringen von Nachrichten oder Gegenständen zu verhindern, weshalb unter dem Tisch ein Gitter war. Abhängig vom Aufsichtspersonal konnten Fotos gezeigt werden. „Einerseits waren die Besuche natürlich immer sehr schön, andererseits sehr belastend, denn es konnte ja nie zu einem wirklich offenen Gespräch kommen. Immer war das Wachpersonal dabei."[792] Achim Beyer sagt, wer nach dem Besuch „in die trostlose Zelle zurückkam, vermochte in der folgenden Nacht kaum zu schlafen".[793] Ein Besuch war emotional eine große Belastung – für die Gefangenen genauso wie für die Besuchenden. Ein anderer Häftling bemerkte, man freute sich zwar auf die Besuche, aber merkte auch schnell, dass man in getrennten Welten lebte, sich niemand „draußen" vorstellen könne, wie das Leben im Gefängnis sei, und andererseits die Alltagssorgen für das Leben der Insassen im Gefängnis belanglos erschienen.[794]

---

789 Hausordnung der StVA Bautzen II vom 4.11.1957. Zit. nach Fricke/Klewin, Bautzen II, S. 204.
790 Ebd.
791 Loest, Durch die Erde ein Riß, S. 361.
792 Crüger, Verschwiegene Zeiten, S. 172.
793 Beyer, Prozeß gegen die „Werdauer Oberschüler", S. 95.
794 Johannesmeier, Neun Leben sind nicht genug, S. 193.

5.9 Seelsorgerische Betreuung

Die seelsorgerische Betreuung der Häftlinge rief tiefstes Misstrauen bei den Verantwortlichen hervor.[795] Anfang der fünfziger Jahre förderte nach Ansicht der obersten Gefängnisverwaltung die „Abhaltung kirchlicher Handlungen [...] die Bildung faschistischer Untergrundbewegungen sowie die Übermittlung von Nachrichten an die Außenwelt" und stellte somit „eine außerordentlich große Gefahr dar",[796] weshalb immer besondere Sicherheitsvorkehrungen getroffen wurden. So seien für die Ostergottesdienste 1950 in den ersten von der Volkspolizei übernommenen Haftanstalten „fortschrittliche Pfarrer auszuwählen", die verpflichtet wurden, dafür Sorge zu tragen, „dass diese Gottesdienste keinen versammlungsartigen Charakter annehmen".[797] Auch war es den Pfarrern verboten, mit den Häftlingen zu diskutieren oder gar die Anstalten zu besichtigen. Im Sommer 1950 beschwerte sich der Dresdner Pfarrer Otto Hugo Hänsel bei Ministerpräsident Grotewohl, dass es ihm in Bautzen I untersagt worden war, an die dortigen Häftlinge „Bibel und Gesangbuch, sowie Herrnhuter Losungen" zu verteilen, womit die Regelungen der DDR hinter denen der Besatzungsmacht zurückblieben, die schon 1948 und 1949 die Ausgabe obiger Schriften in den Internierungslagern gestattet hatte.[798] Zu Weihnachten 1950 bat das Commissariat der Fuldaer Bischofskonferenz DVP-Chef Maron, katholische Gottesdienste in den Haftanstalten der Volkspolizei zuzulassen und verwies dabei auf Artikel 46 der DDR-Verfassung, nach der in den Gefängnissen „religiöse Handlungen zugelassen seien, soweit das Bedürfnis nach Gottesdienst und Seelsorge besteht". August Mayer, Chef der obersten Strafvollzugsverwaltung, hielt dem entgegen, dass bislang keine Anfragen nach katholischem Gottesdienst und Seelsorge seitens der Häftlinge eingegangen seien.[799] Jedoch wurden die Häftlinge sicherlich nicht gerade ermuntert oder überhaupt davon in Kenntnis gesetzt, formell Seelsorge nachzufragen. So versuchten die SV-Angehörigen den Gottesdienst zu boykottieren und übten Druck auf die Gefangenen aus, die Seelsorge nicht in Anspruch zu nehmen, etwa indem sie den Gefangenen mit der Nichtberücksichtigung bei einer möglichen Amnestie drohten. „Geschickt" regelten es dann die Anstalten, dass Gottesdienst und Filmvorführungen zeitgleich mit anderen Freizeitaktivitäten stattfanden und sich die Häftlinge ent-

---

795 Siehe hierzu vor allem Beckmann/Kusch, Gott in Bautzen.
796 HVDVP, HA HS, Vorschlag für die Durchführung besonderer Maßnahmen anlässlich der Abhaltung kirchlicher Handlungen vom 22.3.1950 (BArch, DO 1/28572/Bl. 76).
797 HVDVP HA HS, Betr.: Abhalten von Gottesdiensten in den Strafanstalten vom 31.3.1950 (BArch, DO 1/28572/Bl. 72).
798 Pfarrer Dr. Hänsel an Ministerpräsident Grotewohl vom 18.8.1950 (BArch, DO 1/28572/Bl. 64).
799 Commissariat der Fuldaer Bischofskonferenz an DVP-Chef Maron, Betr.: Weihnachtsgottesdienst für die katholischen Häftlinge in den Strafanstalten Luckau, Hoheneck, Bautzen, Waldheim, Niedermassfeld, Torgau und Brandenburg-Görden vom 6.12.1950 (BArch, DO 1/28572/Bl. 93).

scheiden mussten.⁸⁰⁰ Schon im ersten Halbjahr 1951 fanden zwölf evangelische und sieben katholische Gottesdienste in den VP-Haftanstalten statt, jedoch betonte die Berliner Zentrale den geringen Anteil der daran teilnehmenden Häftlinge.⁸⁰¹ Die Bedeutung der Anstaltspfarrer für die Moral der Häftlinge schildert Walter Kempowski eindrücklich.⁸⁰² Bezüglich der Gefangenenseelsorge waren die fünfziger Jahre von den permanenten Versuchen des Innenministeriums geprägt, die Gefangenenseelsorge unter staatliche Kontrolle zu bekommen, was zu heftigen Streitigkeiten mit den Kirchen führte.⁸⁰³ So konstatierte die Verwaltung Strafvollzug im Frühjahr 1957 eine Verschärfung der „Spannungen zwischen Kirche und Staat", weshalb die Gottesdienste in den Anstalten stärker überwacht werden müssten. Gleichzeitig machte die Berliner Zentrale klar, dass dies – sicherlich aus Gründen des öffentlichen Ansehens – nicht bedeute, „dass wir der Kirche im Strafvollzug Schwierigkeiten bereiten. Das Gegenteil muss eintreten."⁸⁰⁴ Beckmann und Kusch schildern anschaulich, welche Probleme etwa der Gefangenenseelsorger Eckart Giebeler hatte: Die Häftlinge misstrauten ihm, da er ein „VP-Pfarrer" war; die Kirche misstraute ihm, weil er sich mit der Staatsmacht eingelassen hatte; und die Volkspolizei misstraute ihm, da er „eben Geistlicher [war], und die Kirche war der Feind".⁸⁰⁵ Erst Anfang der siebziger Jahre wurde Giebeler in der obersten Strafvollzugsverwaltung geachtet und konnte einigermaßen eigenverantwortlich agieren, obgleich seine Tätigkeit immer überwacht wurde. Dabei war Giebeler selbst zugleich auch Inoffizieller Mitarbeiter (IM) des MfS und erstattete regelmäßig Bericht über seine vielen Gespräche mit vornehmlich politischen Gefangenen.⁸⁰⁶

Obwohl die Hausordnung der Haftanstalt Bautzen II ausdrücklich hervorhob, dass „jeder Strafgefangene" das Recht hatte, „an den religiösen Veranstaltungen in der StVA teilzunehmen",⁸⁰⁷ erinnert sich Erich Loest, Ende der fünfziger Jahre bis 1964 dort in Haft, nicht daran, dass eine seelsorgerische Betreuung existierte: „Ein Pfarrer oder eine Bibel tauchten in diesen Jahren in Bautzen II nicht auf."⁸⁰⁸ Fricke und Klewin schreiben diesbezüglich, dass dieses Gefängnis keine Ausnahme im DDR-Strafvollzug darstellte, schon deshalb

---

800 Siehe Beckmann/Kusch, Gott in Bautzen, S. 117 f.
801 Bericht über die Arbeit der HVDVP, HA HS im 1. Quartal 1951 vom 13.7.1951 (BArch, DO 1/28467/Bl. 249).
802 Kempowski, Im Block, S. 217 f., 245 ff.
803 Siehe Beckmann/Kusch, Gott in Bautzen, S. 54–110.
804 VSV, Protokoll über die am 27.5.1957 durchgeführte Arbeitsbesprechung mit den Leitern der BVSV, StVA, JH, HKH, HAL und Standkommandos vom 27.5.1957 (BArch, DO 1/28503/Bl. 154).
805 Beckmann/Kusch, Gott in Bautzen, S. 117.
806 Ebd., S. 111–153. Giebeler schrieb 1992 selbst ein Buch über seine Tätigkeit als Gefängnisseelsorger – freilich ohne seine IM-Tätigkeit zu offenbaren. Vgl. Giebeler, Hinter verschlossenen Türen.
807 Hausordnung der StVA Bautzen II vom 4.11.1957. Zit. nach Fricke/Klewin, Bautzen II, S. 203.
808 Loest, Durch die Erde ein Riß, S. 361.

nicht, weil von „1967 bis 1978 [...] die hauptamtliche religiöse Betreuung aller DDR-Gefängnisse allein in der Hand von Pfarrer Eckart Giebeler" gelegen hatte, „der bereits seit 1949, anfangs noch mit mehreren Kollegen, als Gefängnisseelsorger arbeitete".[809] Im Amnesty-International-Bericht von 1967 hieß es, dass zwar im DDR-Strafvollzug niemand ermuntert werde, an den in der Regel monatlich stattfindenden protestantischen oder katholischen Gottesdiensten teilzunehmen, doch würden die Häftlinge, die den Wunsch geäußert hätten, im Allgemeinen auch nicht daran gehindert, soweit der Gottesdienst nicht mit dem Arbeitseinsatz kollidiere.[810] In Bautzen I nahmen an den katholischen Gottesdiensten 1957/58 schließlich etwa 200 Personen teil; Anfang der sechziger Jahre waren es regelmäßig 25 bis 30 Häftlinge, an Feiertagen mehr. Ab 1970 lag die Teilnehmerzahl bei lediglich acht bis zwölf Häftlingen.[811] Ein in der zweiten Hälfte der sechziger Jahre in Waldheim Inhaftierter schrieb über die seelsorgerische Betreuung: „Sonntags, vierzehntägig, ist Kirchgang. Laut ruft der Wachtmeister die Namen. Nur, wer aufgeschrieben ist, vorher, eine Woche vorher, darf gehen. [...] Dreizehn Mann verteilen sich im Gestühl. [...] Vier Mann beten."[812] Demnach war das Bedürfnis der Häftlinge nach geistlichem Beistand nicht allzu groß und nur wenige nahmen am Kirchgang teil. Nach Recherchen von Giebeler gab es 1977/1978 in den sächsischen Haftanstalten Bautzen I, Waldheim und Hoheneck etwa 100 Häftlinge, welche die Seelsorge in Anspruch nahmen, während in Torgau die religiöse Betreuung nicht nachgefragt wurde – wohl, weil man die Meldungen zum Gottesdienst unterdrückt hatte. Erst 1978 versicherte Honecker – interessiert an guten Beziehungen zur Kirche, weil andernfalls das internationale Ansehen gelitten hätte – in dem sogenannten „Spitzengespräch" mit Bischof Albrecht Schönherr, Vorsitzender des Bundes der Evangelischen Kirchen in der DDR, dass die Kirchen nun in allen Strafanstalten seelsorgerisch tätig sein dürften. Jedoch wurden die Umsetzungsbemühungen der Kirchen auch in der Folge weiter beeinträchtigt, um deren Einfluss so gering wie möglich zu halten.[813]

5.10 Misshandlungen im Strafvollzug

Auch Anfang der siebziger Jahre war das Dasein der Gefangenen in den Haftanstalten rund um die Uhr einem strengen Haftregime unterworfen, dem sich die Häftlinge zu keinem Zeitpunkt entziehen konnten. Der Strafgefangene blieb im DDR-Strafvollzug niemals für sich, es gab keine Privatsphäre, alles war strengstens reglementiert. In der Praxis besaß der Häftling kaum Rechte, auch wenn das Strafvollzugs- und Wiedereingliederungsgesetz sowie die Hausordnun-

---

809 Fricke/Klewin, Bautzen II, S. 99.
810 Politische Gefangene in der DDR, S. 61 f.
811 Seifert, Katholische Gefangenenseelsorge, S. 195.
812 Heinrichs, Vertreibung, S. 43.
813 Beckmann/Kusch, Gott in Bautzen, S. 161–168.

gen der Anstalten ein anderes Bild vermitteln. Durch das Konstrukt der „Einheit von Rechten und Pflichten" wurden in der Praxis die Rechte außer Kraft gesetzt. Nur derjenige hatte Rechte, der seine Pflichten erfüllte.[814] Noch 1987 meinte VSV-Chef Wilfried Lustik: „Abschließend wurde dem Strafgefangenen nochmals klargemacht, dass es zuerst darum geht, die Pflichten voll zu erfüllen, da dies Voraussetzung ist, alle Rechte wahrnehmen zu können."[815] Hier zeigt sich explizit, wie die rechtliche Situation der Strafgefangenen in der Praxis auch noch Ende der achtziger Jahre aussah. Damit wird ebenso offensichtlich, wie die in den Strafvollzugsgesetzen von 1968 und 1977 fixierten Rechte der Strafgefangenen im DDR-Strafvollzugssystem gehandhabt wurden. Zugleich lässt sich erahnen, wie rechtlos die Häftlinge noch davor gewesen waren. Die eben nur „scheinbare Gesetzlichkeit" im DDR-Strafvollzug ab 1968 wird offenkundig.[816]

Wie schwer sich die Anstaltsleitung bei der „Erziehung" ihres Personals tat, zeigt sich auch darin, dass noch 1971 ein „ungenügender politisch-moralischer Zustand"[817] der SV-Angehörigen konstatiert wurde, obgleich man bei den Genossen auch ein „gesundes Hassempfinden gegenüber den Feinden unserer Republik"[818] festgestellt hatte. Obwohl es von der Zentrale niemals schriftlich direkte Anweisungen zur Misshandlung Strafgefangener gegeben hat, wurde doch, wie oben gezeigt, das Klima durch wiederkehrende Anweisungen zu mehr Härte im Strafvollzug und politische Indoktrination des Anstaltspersonals periodisch verschärft[819] – Übergriffe kamen so immer wieder vor. Dazu trug ebenfalls der offensichtliche Frust vieler Strafvollzugsbediensteter bei, denn Versetzungen in den Strafvollzug galten lange Zeit als Strafversetzungen, was der Motivation der SV-Angehörigen nicht eben zugutekam.[820] In diesem Zusammenhang steht ebenso die Tatsache, dass das größte Problem im Strafvollzug der DDR der Alkoholmissbrauch durch SV-Angehörige war.[821] Zur Demorali-

---

814 Laut Ellen Thiemann scherzten daher die Häftlinge in Hoheneck 1973: „Merkt euch eins, hier habt ihr 99 Pflichten und ein Recht. Dieses eine Recht besteht darin, die 99 Pflichten zu erfüllen!" Thiemann, Stell dich mit den Schergen gut, S. 122.
815 Eingabe E 85/87 des Häftlings J. K. aus Waldheim vom 11.4.1987 (BArch, DO 1/3592). Zit. nach Bastian/Neubert, Schamlos ausgebeutet, S. 64.
816 Ansorg, Politische Häftlinge.
817 StVA Bautzen II, Einschätzung des politisch-moralischen Zustandes der Dienststelle vom 26.5.1971 (SächsHStA, 11464/BDVP/23.1/696/Bl. 86).
818 StVA Bautzen II, Stellvertreter für Politische Arbeit, Betr.: Wortbericht zur ideologischen Diversion vom 3.12.1971 (SächsHStA, 11464/BDVP/23.1/696/Bl. 71).
819 So ordnete beispielsweise der Leiter der Haftanstalt Bautzen II 1968 an, den „Staatsfeinden aus Westberlin, der Bundesrepublik und des Auslandes [zu diesem Zeitpunkt waren das 19 Prozent des Gefangenenbestands] [...] die gesamte staatliche Autorität der DDR bewusst zu machen und sie müssen während der Strafhaft begreifen, dass ihre feindlichen Handlungen gegen die DDR nicht unbemerkt bleiben und es sich für ihr weiteres Leben nicht lohnt, Handlanger der Geheimdienste zu sein". StVA Bautzen II, Leiter der Haftanstalt, Analyse der Strafvollzugsanstalt Bautzen II vom 1.10.1968 (SächsHStA, 11464/BDVP/23.1/696/Bl. 53).
820 Finn, Häftlinge der Sowjetzone, S. 115.
821 Beleites, „Feinde bearbeiten wir!", S. 790.

sierung auf Seiten des Personals trug zudem der Häftlingsfreikauf bei. Zwar findet sich in den Akten nichts über den Freikauf, doch berichtet etwa Leonore Ansorg aus der Strafvollzugsanstalt Brandenburg, dass Wärter „irritiert" darüber gewesen seien, als langzeitverurteilte Häftlinge „kommentarlos" abgeholt wurden und diese später „Postkarten diffamierenden Inhalts aus dem Westen" an das VP-Personal schickten.[822] Auf diese Weise destabilisierte der Freikauf das Haftregime und unterwanderte die Vollzugsgestaltung. Auch Amnestien hatten diese Wirkung, da SV-Angehörige auf die vorfristige Entlassung, etwa renitenter Häftlinge und „Staatsfeinde", desillusioniert reagierten.

Die zunehmende internationale Anerkennung der DDR durch Grundlagenvertrag, UNO-Beitritt oder KSZE-Teilnahme sowie zum Teil auch der Häftlingsfreikauf mäßigten das Haftregime. Das Wachpersonal behandelte politische Häftlinge nun teilweise korrekter, da die Gefahr bestand, dass Übergriffe in der Bundesrepublik publik wurden – so Wunschik.[823] So argumentiert auch Meyer: Da aus den entlassenen Gefangenen „sehr schnell Belastungszeugen werden" konnten, hätten sich – quasi als „indirekte Folge des Freikaufs – die Verhältnisse in den Haftanstalten humanisiert".[824] Dagegen macht Gräf darauf aufmerksam, dass nicht der Freikauf an sich zu einem sich sukzessive mäßigenden Haftregime geführt hatte, sondern erst wenn dem Personal bekannt wurde, dass ein bestimmter Häftling dafür vorgesehen war, änderte das Anstaltspersonal gegenüber diesem Häftling sein Verhalten, da der Betreffende auch kurzfristig in die Bundesrepublik kommen konnte.[825] F. K., ab Mitte der sechziger Jahre in Bautzen inhaftiert, erinnert sich: „Man war bestrebt, dass wenig aus der Haftanstalt nach draußen dringt und diese Freikäufe wollte man in Ruhe ablaufen lassen."[826] Daneben wurde die Arbeit der Zentralen Erfassungsstelle der Landesjustizverwaltungen in Salzgitter bekannt, wo die in der Bundesrepublik gemachten polizeilichen Aussagen freigekaufter Häftlinge gesammelt wurden.[827] Teilweise konnten SV-Angehörige durch das ihnen entgegnete Schlagwort „Salzgitter" zu gemäßigterem Verhalten bewegt werden.[828] So antwortete ein Ende der sechziger Jahre Inhaftierter auf die Frage, ob das Wissen um den Freikauf und „Salzgitter" das Verhalten des Personals beeinflusste: „Wegen des Freikaufs nicht. Ich habe argumentiert: Schlagt ruhig fester zu, damit nach Haftentlassung die Narben noch in Salzgitter zu sehen sind!"[829] Jedoch ließen sich nicht alle SV-Angehörigen davon abschrecken und so blieben Misshandlungen weiterhin möglich, wie die Akten der Zentralen Erfassungsstelle zeigen. In dem Frage-

---

822 Ansorg, Strafvollzug an politischen Gefangenen, S. 776.
823 Wunschik, Hinter doppelten Mauern, S. 574.
824 Meyer, Freikauf, S. 187.
825 Gräf, Mißachtung der Menschenrechte, S. 476.
826 Bericht F. K. (Archiv StSG, Projekt „Politische Verfolgung in der Ära Honecker", Fragebogen-Nr. 50).
827 Siehe einführend Schrapel, Zentrale Erfassungsstelle Salzgitter, S. 378; sowie vor allem Sauer/Plumeyer, Salzgitterreport.
828 Raschka, Zwischen Überwachung und Repression, S. 121.
829 Bericht H.D. K. (Archiv StSG, Projekt „Politische Verfolgung in der Ära Honecker". Fragebogen-Nr. 293).

bogenprojekt von 2006 verneinten mehr als zwei Drittel (68,9 %) der ab Mitte der sechziger Jahre inhaftierten Teilnehmer die Frage, ob nach ihren Beobachtungen die Erwartung eines möglichen Freikaufs durch die Bundesregierung oder das Wissen um die Zentrale Erfassungsstelle Salzgitter das Verhalten des Personals beeinflusst habe. Nur 13,3 Prozent bejahten diese Frage, während 17,8 Prozent keine Angaben machten. Demnach war der Einfluss des Häftlingsfreikaufs bzw. die Arbeit der Zentralen Erfassungsstelle auf das Verhalten der SV-Angehörigen und mithin auf das Haftregime weniger groß als beispielsweise von Wunschik beschrieben.

Die Zentrale Erfassungsstelle sammelte ab Anfang der sechziger Jahre Kenntnisse über Gefangenenmisshandlungen im DDR-Strafvollzug. Seit 1961 wurden bis zum Ende der DDR 625 Körperverletzungen und zusätzlich über 2 000 Misshandlungen an politischen Häftlingen im Strafvollzugssystem der DDR erfasst.[830] Zwei Drittel derjenigen, die in dem Fragebogenprojekt von 2006 diesbezügliche Angaben gemacht haben (114 Angaben), verneinen die Frage, ob sie während ihrer Haftzeit misshandelt worden seien, ein Drittel bejahte sie. Von diesem Drittel gaben 70 Prozent an, vom Personal geschlagen worden zu sein, während 30 Prozent mitteilten, die Misshandlungen seien durch Mithäftlinge erfolgt. Auch hier ließen sich keine nennenswerten Unterschiede zwischen den fünfziger und den sechziger Jahren feststellen. Damit wird die Tendenz bestätigt, dass Misshandlungen im DDR-Strafvollzug zu jeder Zeit vorkamen, auch wenn der Großteil der Häftlinge davon nicht betroffen war.

Laut den Aussagen ehemaliger politischer Häftlinge war es ein typisches Vorgehen, dass SV-Angehörige Häftlinge zu provozieren suchten, um behaupten zu können, sie seien herausgefordert oder gar angegriffen worden.[831] Da in der Regel Übergriffe nicht von einzelnen Aufsehern ausgingen, hätte es bei einer eventuellen Überprüfung solcher Vorfälle immer genug „Zeugen" gegeben, die bestätigten, dass der entsprechende Häftling den Aufseher angegriffen habe. „Gewalt beim Brechen von Widerstand oder in Notwehr" war rechtens.[832] Aus den Akten der Zentralen Erfassungsstelle ist erkennbar, dass es in den Vollzugseinrichtungen vielerorts sogenannte „Rollkommandos" gab, Schlägertrupps, die

---

830 Sauer/Plumeyer, Salzgitterreport, S. 195 f.
831 Geschlagen wurde oft wegen geringster Anlässe. E. F. berichtet aus der StVA Cottbus: „Im September 1969 stellte der Polizeimeister G. L. bei einer Zählung fest, dass das Trinkgefäß des Mitgefangenen S. D. noch auf dem Tisch stand. Wegen diesem nichtigen Anlass wurde er vom Polizeimeister L. mehrmals mit den Fäusten ins Gesicht und auf den Oberkörper geschlagen." Vgl. Bericht E. F. vom 30.6.1971 (Zentrale Erfassungsstelle Salzgitter, Sammelakte Cottbus, Kopie .im Archiv StSG,). B. W. berichtet beispielsweise von einem Häftling, der Epileptiker war und Liegeerlaubnis hatte – er durfte sich also auch tagsüber hinlegen. Ein SV-Angehöriger wollte ihn aus dem Bett zerren, wobei er sich an der Tür stieß und daraufhin mehrere Schläger holte. Vgl. Bericht B. W. vom 24.11.1970 (Zentrale Erfassungsstelle Salzgitter, Sammelakte Waldheim, Kopie im Archiv StSG). Das ist sicher ein Extrembeispiel, doch zeigt es die Vorgehensweise schlagender Aufseher sehr deutlich und auch die Nichtigkeiten, die den Misshandelnden zum Vorwand gereichten.
832 Anweisung der HA SV vom 18.8.1952 (BArch, DO 1/28562/Bl. 229).

den Häftling in einer anderen Zelle misshandelten. „In der Strafanstalt Waldheim ist besonders die Zelle 84 als berüchtigt zu bezeichnen. Hier wurden Häftlinge angekettet und geschlagen."[833] Geschlagen wurde mit dem Gummiknüppel, mit einem sogenannten „Totschläger", einer ausziehbaren Stahlrute mit einer harten, kugelförmigen Spitze, oder den stets paraten Schlüsselbunden, an denen große schwere Schlüssel hingen.[834] Misshandlungen waren im Strafvollzug der DDR also immer möglich und das nicht nur in den fünfziger Jahren, gleichwohl sie zu dieser Zeit am häufigsten stattfanden. Die Berichte zeigen, dass das Vorgehen bei diesen Peinigungen System hatte und von den Anstaltsleitungen teilweise gedeckt wurde, „um den ‚guten Ruf' ihrer Dienststelle zu wahren".[835] Allerdings muss angemerkt werden, dass die meisten politischen Häftlinge nie Opfer physischer Misshandlungen wurden, „wenn sie sich unauffällig und angepasst verhielten".[836]

Dass es nach der friedlichen Revolution dennoch nur zu vereinzelten Verurteilungen ehemaliger SV-Angehöriger kam, lag, Leonore Ansorg zufolge, insbesondere an der „Unkenntnis der mit den Strafverfahren befassten Untersuchungsbehörden, Staatsanwälten und Richtern mit der DDR-Wirklichkeit".[837] Die ehemaligen SV-Angehörigen der DDR waren sich für gewöhnlich keiner Vergehen bewusst: „Tatsächlich handelten sie in der Regel auf Befehl und hielten sich darin an die ‚sozialistische Gesetzlichkeit', deren dehnbare Bestimmungen die Verantwortung stets nach oben schoben. Daneben spielten allgemeine – keineswegs nur ‚sozialistisch' begründete – Vorurteile gegen Straftäter eine gewichtige Rolle."[838] Gleichwohl gilt sicherlich der Befund Thomas Ammers für das Ende der fünfziger und den Anfang der sechziger Jahre bezüglich der Strafvollzugsanstalt Brandenburg generell für den Strafvollzug im gesamten Unter-

---

833 Bericht D.M. B. vom 28.2.1969 (Zentrale Erfassungsstelle Salzgitter, Sammelakte Waldheim, Kopie im Archiv StSG).
834 Ein ehemaliger Häftling war beispielsweise Ende der sechziger Jahre in der Krankenabteilung der Haftanstalt Waldheim beschäftigt und berichtete von einem Patienten: „Der 20-Jährige war eingeliefert worden, weil er in der Strafanstalt von der sogenannten Schlägertruppe – sie bestand aus 14 Männern, die mit Schlagstöcken und Handfessel ausgerüstet sind – schwer misshandelt worden war. Ich habe bei ihm Verletzungen an allen Körperteilen feststellen können." Vgl. Bericht B. W. vom 24.11.1970 (Zentrale Erfassungsstelle Salzgitter, Sammelakte Waldheim, Kopie im Archiv StSG). Ähnliches berichtet N. über einen Vorfall im Dezember 1967, als er eine nicht näher definierte Auseinandersetzung mit dem stellvertretenden Stationsleiter der Anstalt hatte: „Daraufhin wurde ich von ihm in den Keller geführt in eine ziemlich dunkle Zelle. Dort kamen noch 3 Mann vom Wachpersonal hinzu und ich wurde von diesen insgesamt 4 Mann in der Zelle zusammengeschlagen. Sie schlugen mich mit ihren ausziehbaren Schlagstöcken auf alle Teile des Körpers und ließen mich dann in der Zelle liegen." Vgl. Bericht H.-J. N. vom 11.3.1970 (Zentrale Erfassungsstelle Salzgitter, Sammelakte Cottbus, Kopie im Archiv StSG).
835 Wunschik, Gefängnisse der DDR, S. 165.
836 Müller, Haftbedingungen, S. 80.
837 Ansorg, juristische Aufarbeitung, S. 595. Siehe dazu auch dies., Politische Häftlinge, S. 370–387; Marxen/Werle, Die strafrechtliche Aufarbeitung.
838 Oleschinski, „Nur für den Dienstgebrauch"?, S. 11.

suchungszeitraum. Ammer zufolge ließen sich innerhalb der SV-Angehörigen drei Gruppen unterscheiden: „Eine kleine Gruppe von Scharfmachern, unter denen die Mannschaftsdienstgrade auch zur Gewalttätigkeit neigten, eine große Gruppe gleichgültiger und bequemer Wachtmeister von mäßiger Intelligenz und mit schlechter Ausbildung [...] und schließlich eine kleine Gruppe sehr korrekter, zuweilen auch entgegenkommender und hilfsbereiter Aufseher."[839] Verallgemeinerungen bezüglich eines durchweg gewaltbereiten Personals sind demnach unzutreffend. Abgesehen vom Anfang der fünfziger Jahre kann man wohl sagen: So, wie nur eine Minderheit Opfer von Übergriffen wurde, war lediglich eine Minderheit der SV-Angehörigen gewaltbereit. Dennoch konnte diese Minderheit genügen, das Leben für die Gefangenen unerträglich zu machen.

5.11 Widerständiges Verhalten

Vor allem in den fünfziger Jahren weckten die unsäglichen Haftbedingungen, die Schikanen und Übergriffe des Wachpersonals die Bereitschaft zum Aufbegehren. Dabei unterschieden sich widerständiges Verhalten oder gar Protest im Strafvollzug der DDR von resistentem Verhalten außerhalb der Gefängnismauern dadurch, dass der resistente Häftling von vornherein mit einer drastischen Bestrafung rechnen musste und der „Rückzug ins Private" ebenso ausgeschlossen war.[840] Dennoch existierten verschiedene Formen des Widerstands, etwa die erwähnten Gedenkminuten in Form von Arbeitsniederlegungen, die alljährlich am 17. Juni und am 13. August vorkamen.[841] Auch die Flucht ist als widerständiges Verhalten zu werten. Doch gelang der Ausbruch Mitte der sechziger Jahre im jährlichen Mittel nur noch 20 bis 30 Häftlingen,[842] zumal nach dem Mauerbau eine weitere Flucht in den Westen sehr schwierig und riskant geworden war und das Strafgesetzbuch von 1968 die Gefangenenselbstbefreiung unter Strafe stellte.[843] Häufiger kam es vor, dass sich Häftlinge gegenüber den SV-Angehörigen zu Aussagen hinreißen ließen oder diese auch ganz bewusst aus

---

839 Ammer, Strafvollzug in der Strafvollzugsanstalt Brandenburg, S. 1006.
840 Wunschik, „Häftlinge aller Länder vereinigt euch!", S. 237. Vgl. auch den mit diesem Aufsatz zu großen Teilen identischen Text Wunschiks: Selbstbehauptung und politischer Protest.
841 In der Sammelakte Cottbus der Zentralen Erfassungsstelle Salzgitter findet sich der Bericht von E. W., der wegen Initiierung einer solchen Protestaktion in der StVA Cottbus erneut verurteilt wurde: „Zur zweiten Verurteilung ist es gekommen, weil ich am 17. Juni 1968 in der Strafvollzugsanstalt Cottbus neunundzwanzig Gefangene und einen Zivilmeister dazu verleitet habe, morgens um 08.00 Uhr bis 08.01 Uhr die Arbeit niederzulegen zur Ehrung der Ereignisse des 17. Juni 1953. Tatsächlich haben fast alle 180 Belegschaftsmitglieder von Pentacon (VEB-Kamerawerke Dresden) an dieser Schweigeminute teilgenommen. Es konnten jedoch nur 29 ermittelt werden." Bericht E. W. vom 13.5.1970.
842 Wunschik, „Häftlinge aller Länder vereinigt euch!", S. 241.
843 Ders., Hinter doppelten Mauern, S. 564.

Protest tätigten, die als „staatsfeindliche Hetze" gewertet wurden und strenge Disziplinarmaßnahmen nach sich zogen, meist Arrest. Im schlimmsten Falle drohte gar eine erneute Verurteilung. Auch konnten solche in Gegenwart von Mithäftlingen gemachten Aussagen durch Zellenspitzel verraten werden. Ebenso hatte die Arbeitsverweigerung in der Regel eine harte Arreststrafe zur Folge, allein schon der abschreckenden Wirkung wegen. Massenproteste waren selten. Wie gezeigt, gab es nur in der ersten Hälfte der fünfziger Jahre angesichts der Haftbedingungen einige wenige – meist in Form von Hungerstreiks, wie etwa in Bautzen I 1950 und Hoheneck 1953. Auch in den folgenden Jahren gab es immer wieder Hungerstreiks, mit denen Häftlinge gegen die Haftbedingungen protestierten.[844] Zwar meint Wunschik, dass es anscheinend in den sechziger Jahren zu einem Abschwung bezüglich renitenten Verhaltens – vor allem was Flucht, Hungerstreiks oder Arbeitsverweigerungen anbelangt – gekommen sei, was seine Ursache besonders in den sich langsam bessernden Haftbedingungen im Zuge der vorsichtigen Liberalisierungen der sich um internationale Anerkennung bemühenden DDR gehabt habe,[845] doch wurde gezeigt, dass dem keineswegs so war: Seit Ende der sechziger Jahre und vor allem in den siebziger Jahren, als die Häftlingszahlen wieder stark angestiegen waren, und sich viele Rückfalltäter im Strafvollzug befanden, wurde zunehmend von sich verstärkt renitent verhaltenden Häftlingen berichtet.[846]

6. Fazit

„Dem Strafvollzug kam in der DDR [...] immer eine Schlüsselrolle als ultima ratio der gesellschaftlichen Problem,lösung' zu. Ob es in den fünfziger Jahren um die brachiale Durchsetzung der Verstaatlichungspolitik, in den Sechzigern um den Kampf gegen die ‚Grenzverletzer' und ‚Republikflüchtigen' oder in den siebziger und achtziger um die Sanktion von Ausreisebegehren und innenpolitischer Opposition aus dem Geiste der Bürgerbewegung ging – stets bot das willfährige Strafrecht der SED einen Weg, Konflikte hinter die Gefängnismauern zu verlegen und damit der öffentlichen Auseinandersetzung zu entziehen."[847] Die Strafvollzugspolitik der DDR war durch einen Wechsel von Phasen eines verschärften Haftregimes und Phasen gemäßigter Haftbedingungen gekennzeichnet, die mit der jeweiligen SED-Politik korrespondierten. Schließlich, so Stefan Wolle, war die „ganze Geschichte der DDR [...] dadurch gekennzeichnet, dass es immer wieder Ansätze zu neuen Kursen gab, die dann wieder abge-

---

844 Ders., „Häftlinge aller Länder vereinigt euch!", S. 247.
845 Ebd., S. 253.
846 So berichtete die VSV etwa 1974: „Die Renitenz unter den Strafgefangenen und gefährliche Angriffe gegen die Sicherheit und Ordnung, teilweise mit Gruppencharakter, nehmen zu." Vgl. VSV, Vorlage für die Abteilung Sicherheitsfragen des ZK, o. D. [Anfang 1974] (BArch, DO 1/3697, unpag.).
847 Oleschinski, Schlimmer als schlimm, S. 255.

bremst wurden. Das war eine ständige Pendelbewegung zwischen Neuaufbruch und Zeiten der Repression."[848] So führte ein verschärftes innenpolitisches Klima zum einen zu vermehrten Verurteilungen bezüglich politischer „Vergehen", was maßgeblich zur Erhöhung der Überbelegung in den Strafvollzugseinrichtungen beitrug. Schon das allein bewirkte eine Verschlechterung der Haftbedingungen. Andererseits kam es in solchen Phasen regelmäßig zu verstärkter Kritik in puncto „Liberalisierungen" und „Versöhnlertum" im Strafvollzug und infolgedessen wiederum zu Verschärfungen des Haftregimes. Neben Anweisungen zu einem strengeren Haftregime ergibt sich aus den Akten der Strafvollzugsverwaltungen der verschiedenen Ebenen aber auch immer wieder das Bild eines Missstände bekämpfenden Strafvollzugs. Periodisch zeugen die Hinterlassenschaften der Berliner Zentrale sowie der Strafvollzugsabteilungen der Bezirke vom Bemühen um die strikte Einhaltung der „demokratischen Gesetzlichkeit", um einen Strafvollzug ohne Misshandlungen und sogar ohne Beschimpfungen der Strafgefangenen.[849] Es finden sich zahlreiche Weisungen und Befehle, die zu einem solchen Strafvollzug führen sollten. Zugleich existieren viele, augenscheinlich wirklichkeitsnahe Berichte und Inspektionsprotokolle, die ein im Vergleich mit den zahlreich vorliegenden Häftlingsberichten realistisches Bild der jeweils aktuellen Situation im Strafvollzug der DDR wiedergaben. Offenbar kaum beschönigend wurden zahlreiche Mängel benannt. Daraus lässt sich schlussfolgern, dass die oberste Strafvollzugsverwaltung über die Lage im Strafvollzug recht genau im Bilde und mithin um Verbesserungen bemüht war. Warum kam es dennoch nur allmählich zu Verbesserungen im Haftregime, immer wieder unterbrochen von Verschärfungen? Wollte die oberste Strafvollzugsverwaltung die Mängel beseitigen, scheiterte aber an der Umsetzung ihrer Befehle in den untergeordneten Instanzen? Lag demnach das Problem eher auf der untersten Ebene, in den einzelnen Strafvollzugseinrichtungen und damit bei den verantwortlichen Leitern der einzelnen Gefängnisse? Oder anders formuliert: An der Differenz zwischen Anweisung und tatsächlicher Umsetzung?

Wunschik zeigt beispielsweise in einer Fallstudie, wie Fritz Ackermann, der die Strafvollzugsanstalten Cottbus (September 1951 bis Dezember 1952), Bützow-Dreibergen (Dezember 1952 bis Herbst 1958)[850] und schließlich fast 25 Jahre die Haftanstalt in Brandenburg-Görden leitete, in „seinen" Haftanstalten ein „autokratisches Regime" führte und beinahe nach Belieben regierte.[851] Ackermann lag häufig im offenen Streit mit den übergeordneten Instanzen und versuchte, Anweisungen „von oben" zu umgehen, „wenn sie ihm nicht genehm waren. [...] Die ungenügende Kontrolle der Zustände in der Haftanstalt Bran-

---

848 „Sich dumm zu stellen, war eine Form von Opposition." Warum war die DDR schon 1953 am Ende?, S. 7. In: BZpB (Hg.): fluter.de, Ausgabe: Die DDR, Datum: 16.7.2009, S. 4–9, URL: http://www.fluter.de/de/78/heft/7851/?tpl=162, Stand: 16.8.2009.
849 Vgl. BArch, DO 1/28466/Bl. 321–327.
850 Wunschik, Die Haftanstalt Bützow-Dreibergen, S. 138.
851 Ders., „Überall wird der Stalinismus beseitigt", S. 321–342.

denburg eröffnete Ackermann die Möglichkeit zu Übergriffen und Eigenmächtigkeiten, später auch zu Bereicherung."[852] Auch waren die Leiter der jeweiligen Haftanstalten „eher als die oberste Gefängnisverwaltung geneigt, Übergriffe zu tolerieren, weil sie vermutlich glaubten, auf diese Weise am einfachsten und sichersten die Disziplin aufrecht erhalten zu können"[853] – wie Wunschik zu bedenken gibt. Das heißt, dass eben nicht alle „besonderen Vorkommnisse" vermerkt und wie befohlen nach „oben" gemeldet wurden – gerade bei Fällen von Misshandlung, weil sich die Gefängnisleitungen nicht noch zusätzliche Probleme schaffen wollten.[854] Die Berichte über Inspektionen und Kontrolleinsätze zeichnen da schon ein realistischeres Bild, jedoch meist nur von den allgemeinen Haftbedingungen, wie materielle Versorgung, Verpflegung, hygienische Bedingungen oder medizinische Versorgung. Die tatsächliche Behandlung der Gefangenen stand nicht im Mittelpunkt, da das Hauptaugenmerk der Leitungsebenen vielmehr auf der Sicherheit und der Steigerung der Arbeitsproduktivität lag. Aus den Häftlingsberichten ist zudem bekannt, dass die Gefängnisleitungen über bevorstehende Inspektionen informiert waren und den Kontrollgruppen häufig nur ausgewählte Bereiche zeigten, sodass die Berichte lückenhaft bleiben mussten. Es drang also trotz zahlreicher Inspektionen der Strafvollzugseinrichtungen nicht alles nach „oben". Zwar glaubte die oberste Strafvollzugsverwaltung, über die allgemeinen Haftbedingungen recht gut im Bilde zu sein, jedoch gaben die Berichte nur eine gefilterte Version der Haftwirklichkeit wieder. Wunschik resümiert treffend: „Die Tendenz, über Mängel einfach hinwegzusehen, war in der DDR häufig zu beobachten, in einem politisch neuralgischen Bereich wie dem Strafvollzug aber natürlich besonders ausgeprägt."[855] Selbst die Staatsanwaltschaft – für die Einhaltung der „demokratischen Gesetzlichkeit" im DDR-Strafvollzug mit einer Aufsichtsfunktion versehen – reihte sich in dieses „System" ein und beschäftigte sich eher mit formalen Fragen der Durchführung des Strafvollzugs, wurde allerdings bei der Verfolgung von Übergriffen von den Anstaltsleitungen und dem MfS auch „mehr oder weniger ausgeschaltet". Wunschik macht deutlich, dass gerade das MfS große Sorgen hatte, Übergriffe könnten publik werden und politischen Schaden anrichten. Aus diesem Grund unterstützte man auf der einen Seite die Anstaltsleitungen bei der Vertuschung von „Vorkommnissen". Andererseits gab es Fälle, in denen das MfS Missstände aufgriff, Fälle der Kriminalpolizei zur weiteren Verfolgung übergab und so für Teilverbesserungen sorgte, um die Stimmung unter den Häftlingen zu verbessern.[856] Jahrelang deckte das MfS auch die Machenschaften des oben erwähnten Fritz Ackermann, obwohl dieser, um seine Machtposition auszubauen, dem MfS die Arbeit erschwerte, wo er nur konnte. Doch scheute das MfS aus poli-

---

852 Ebd., S. 341.
853 Wunschik, Strafvollzugspolitik des SED-Regimes, S. 262.
854 Ebd.
855 Ebd., S. 279.
856 Ebd., S. 279 f.

tischen Gründen seine Absetzung. Ackermann war treues Parteimitglied und genoss lange Zeit die Rückendeckung des Innenministers und VP-Chefs Dickel.[857] Ist das repressive Haftregime also doch vornehmlich der strengen Herrschaft der Anstaltsleiter anzulasten? Mitnichten. Die oberste Strafvollzugsverwaltung hat mit der Vorrangstellung der Sicherheit und periodischen Anweisungen zu „mehr Härte" und Aufforderungen zu mehr Wachsamkeit, gegen Liberalismus und „Versöhnlertum" erst jenes Klima geschaffen, in dem der Häftling seitens des Strafvollzugspersonals als „Gegner" betrachtet wurde. Damit hat die Führungsebene des Strafvollzugssystems einem härteren Durchgreifen und somit auch den Übergriffen zumindest indirekt Vorschub geleistet. Zwar gab es wiederholt Anweisungen, dass sich die SV-Angehörigen an die „demokratische Gesetzlichkeit" zu halten hätten, doch war deren Einhaltung für die Leitungsebenen nur schwer kontrollierbar. Der obersten Strafvollzugsverwaltung fehlte häufig der Wille, die Absichtserklärungen zur Umsetzung eines gemäßigteren Haftregimes tatsächlich zu verwirklichen. Für gewöhnlich blieb es bei Ermahnungen und sporadischen Bestrafungen einzelner SV-Angehöriger, die abschreckend wirken sollten.[858]

Wie sehr sich politische Inhaftierung im Strafvollzug der DDR auf die Betroffenen auswirkte, zeigen die – zugegeben überschaubaren – Studien zu den Haftfolgeschäden, die vor allem psychische Folgeschäden untersucht und ein verstärktes Auftreten der sogenannten posttraumatischen Belastungsstörung (PTSD) diagnostiziert haben.[859] Müllers Auswertung zweier – nicht repräsentativer, gleichwohl Trends anzeigender – Häftlingsbefragungen des Hannah-Arendt-Instituts für Totalitarismusforschung ergeben für eine erste Gruppe von Häftlingen, die zwischen 1945 und 1956 inhaftiert und damit zum Großteil Speziallagerhäftlinge der Besatzungsmacht waren, einen hohen Anteil physischer Schäden. Aufgrund der Haft- und Verhörbedingungen gaben die Befragten am häufigsten „Lungen, Herz-Kreislauf-, Ernährungs- und rheumatische Erkrankungen" an.[860] Zudem beklagten 20 Prozent psychische Folgeschäden. Eine zweite Gruppe in der Honecker-Ära inhaftierter Befragter äußerte vornehmlich psychische Folgeschäden – Schlafstörungen, Ängste, psychosomatische Erkrankungen, Albträume, Depressionen – aber auch körperliche Langzeitschäden, etwa „Herz-Kreislauferkrankungen, Wirbel-, Zahn-, Magen- und Augenerkrankungen". Diese dürften, so Müller, „wahrscheinlich mit der enormen psychischen Belastung der U-Haft und Haft und mit Misshandlungen [durch das Personal und durch Mithäftlinge] [...], aber auch mit dem erhebliche Ansprüche stellen-

---

857 Wunschik, „Überall wird der Stalinismus beseitigt", S. 332–342.
858 Ders., Strafvollzugspolitik des SED-Regimes, S. 262.
859 Siehe hierzu etwa Gesundheitliche Folgen; Müller, Haftbedingungen, S. 127–136; Denis, Posttraumatische Störungen; Eingesperrt und nie mehr frei; Maercker, Psychische Folgen; sowie neuerdings Beer/Weißflog, Weiterleben, die aber generell von politischer Haft sprechen und keine Unterscheidung zwischen U-Haft und Strafvollzug vornehmen, weshalb deren Ergebnisse für die vorliegende Arbeit nur eingeschränkte Aussagekraft haben.
860 Zitat hier und im Folgenden: Müller, Haftbedingungen, S. 127–134.

den Arbeitsregime und der Mangelernährung" zusammenhängen. Dies zeigt, dass auch noch in den siebziger und achtziger Jahren, in denen im Vergleich zu den ersten beiden Jahrzehnten im DDR-Strafvollzug gemäßigtere Haftbedingungen herrschten, „erhebliche Gefahrenpotentiale für psychische und körperliche Schäden vorhanden waren". Dabei ist der Großteil der psychischen Folgeschäden sicherlich den unmenschlichen Bedingungen der MfS-Untersuchungshaft anzulasten. Dennoch waren auch noch im Strafvollzug der Ära Honecker die Haftbedingungen offensichtlich so, dass körperliche Langzeitschäden als Folge der Haft keine Seltenheit waren. Freyberger et alii kommen zu dem Ergebnis, dass schätzungsweise mindestens 300 000 Personen „durch politische Repressionen latent oder manifest psychisch" beeinträchtigt bzw. gestört sind, „wobei zwischen psychischer Traumatisierung durch politische Haft, durch Verhöre und manifeste Repressalien ohne Haft und alltägliche Repressalien zu differenzieren ist. Bei einer konservativen Schätzung ist damit zu rechnen, dass wenigstens 100 000 Personen eine manifeste psychische Störung im Sinne einer posttraumatischen Belastungsstörung oder einer anderen psychischen Störung entwickelt haben und die Anzahl traumabedingter chronifizierter psychischer Erkrankungen auf wenigstens 50 000 zu schätzen ist."[861] Geht es allerdings nach Leistungen aus dem Bundesversorgungsgesetz bzw. dessen Nebengesetz, dem Häftlingshilfegesetz, so beschieden bis 2003 die Versorgungsämter entsprechende Anträge zu 90 Prozent abschlägig.[862] Aufgrund der Gesetze können Versorgungsrenten wegen gesundheitlicher Probleme an ehemalige politische Gefangene nur gezahlt werden, wenn diese, gemäß Strafrechtlichem Rehabilitierungsgesetz, rehabilitiert wurden. Allerdings machte Angelika Seifert schon Mitte der neunziger Jahre darauf aufmerksam, dass bis dato der Ermessensspielraum der in den Versorgungsämtern tätigen Ärzte nicht ausgeschöpft wurde und dass zudem besonders die jüngeren Ärzte „mit der ganzen Problematik infolge von sachlicher Unkenntnis überfordert seien".[863] Ebenso herrschte bis zur Mitte der neunziger Jahre bei den meisten Ärzten Unkenntnis über die Symptome der PTSD. Auch ließen die zuständigen Sozialrichter die notwendige Sachkenntnis vermissen.[864]

Von der nach langem politischen Hin und Her im Sommer 2007 beschlossenen sogenannten Opferpension gemäß Paragraph 17 a des Strafrechtlichen Rehabilitierungsgesetzes (StrRehaG)[865] in der Fassung vom 28. August 2007 waren 2010 etwa 37 000 ehemalige politische Häftlinge der SBZ/DDR begünstigt. Voraussetzung für die maximal 250 Euro monatlicher Zuwendung sind eine politische Haft (genauer: „eine mit wesentlichen Grundsätzen einer freiheit-

---

861 Gesundheitliche Folgen, S. 25 f.
862 Bastian/Neubert, Schamlos ausgebeutet, S. 94.
863 Seifert, Die Opfer nicht vergessen, S. 954.
864 Dies., Auswirkungen politischer Inhaftierung, S. 446.
865 Strafrechtliches Rehabilitierungsgesetz in der Fassung der Bekanntmachung vom 17.12.1999 (BGBl. I, S. 2664), das zuletzt durch Artikel 1 des Gesetzes vom 2.12.2010 (BGBl. I, S. 1744) geändert worden ist.

lichen rechtsstaatlichen Ordnung unvereinbare Freiheitsentziehung"[866]) im Zeitraum vom 8. Mai 1945 bis zum 2. Oktober 1990 von mindestens 180 Tagen und eine gewisse wirtschaftliche Bedürftigkeit. Laut einer dpa-Meldung vom März 2010 wurden die meisten entsprechenden Anträge bis dato in Sachsen bewilligt, wo knapp 9 200 Menschen die Opferpension beziehen. Es folgen Berlin mit 7 250, Sachsen-Anhalt mit 6 000, Thüringen mit 5 935, Brandenburg mit 4 400 und Mecklenburg-Vorpommern mit 4 065 Fällen.[867] Damit sind die Folgen politischer Inhaftierung in der DDR bis in die Gegenwart offensichtlich – auch für den deutschen Steuerzahler.

Dass das repressive Haftregime des ostdeutschen Strafvollzugs eine besonders hohe Suizidrate zur Folge habe, galt unter westdeutschen Fachleuten als sicher.[868] Neuerdings hat jedoch Udo Grashoff diese weit verbreitete Annahme widerlegt – jedenfalls für die Ära Honecker, für die er Zahlen in den Akten der obersten Strafvollzugsverwaltung fand. Demnach lag die Selbsttötungsrate der Strafgefangenen „nahe am DDR-Durchschnitt"[869] und war drei- bis viermal niedriger als im Strafvollzug der Bundesrepublik. Allerdings ergibt sich beim Vergleich der Suizidraten des DDR-Strafvollzugs und der der Gesamtbevölkerung der DDR ein Verhältnis von etwa drei zu eins. Ähnlich verhielt es sich in der Bundesrepublik. Für den Zeitraum vor 1959 und für die Jahre zwischen 1963 und 1972 liegen indes keine statistischen Unterlagen vor, sodass über den Großteil des Bearbeitungszeitraums keine Angaben zur Selbsttötungsrate im DDR-Strafvollzug gemacht werden können. Grashoff betont jedoch, dass die Ursache der im Vergleich zur Bundesrepublik „überraschend niedrigen Selbsttötungsrate […] auf der Ebene der Realisierbarkeit dieser Handlungsintentionen zu suchen" sei. Durch die nahezu vollständige Überwachung der Häftlinge in den ostdeutschen Gefängnissen hätten demzufolge nur wenige ihre Suizidabsichten tatsächlich verwirklichen können. In der DDR, so Grashoff weiter, wurde „die zwangsweise Lebenserhaltung durch Medikamentengabe, Fesselung, Arrest und verschärfte Überwachung ständig ‚perfektioniert'". Auch sei die höhere Selbsttötungsrate in bundesdeutschen Gefängnissen dem größeren Anteil an Untersuchungshäftlingen, bei denen die Suizidrate am höchsten ist, dem höheren Anteil politischer Inhaftierung in der DDR und damit der Hoffnung dieser Häftlinge auf ihren Freikauf, sowie der vorwiegend gemeinsamen Unterbringung im DDR-Strafvollzug – eine einfache Art der Suizidprävention – geschuldet. Daher lässt sich überraschenderweise für den DDR-Strafvollzug „eine im deutsch-deutschen Vergleich besonders niedrige Selbsttötungsrate als Folge repressiver Überwachung und Kontrolle" feststellen. Es wäre daher irrig

---

866 Ebd.
867 Opferrente für knapp 37 000 frühere DDR-Häftlinge. In: www.focus.de vom 13.3.2010, URL: http://www.focus.de/politik/deutschland/geschichte-opferrente-fuer-knapp-37-000-fruehere-ddr-haeftlinge_aid_489277.html, Stand: 2.9.2011.
868 Fricke, Menschen- und Grundrechtssituation, S. 82.
869 Zu diesem Abschnitt: Grashoff, „In einem Anfall von Depression …", S. 55–76.

von der geringeren Suizidrate auf etwaige „humanere" Haftbedingungen im ostdeutschen Strafvollzug zu schließen.

Dass das DDR-Strafvollzugssystem auch „positive Aspekte" hatte, macht Borchert deutlich: Die Häftlinge waren rentenversichert und ihnen wurde nach der Haft Wohnraum und eine Arbeitsstelle bereitgestellt.[870] Auch Kaiser/Schöch zufolge war das DDR-Vollzugsrecht „in der sozialrechtlichen Gleichstellung und in den Anstrengungen zur Wiedereingliederung der Strafgefangenen [...] generell westlichen Regelungen überlegen".[871] Borchert verweist außerdem auf Erfolge bei den Bildungsmaßnahmen, da „jährlich eine beträchtliche Anzahl" an Häftlingen einen Abschluss erlangen konnte, was er allerdings nur für die achtziger Jahre belegen kann. So hätten in der Strafvollzugseinrichtung Torgau etwas mehr als die Hälfte der 679 Häftlinge einen Abschluss im Strafvollzug nachgeholt.[872] Für den Untersuchungszeitraum wurde dagegen gezeigt, dass die Verantwortlichen die Ineffektivität und mangelnde Durchsetzung der Bildungsmaßnahmen kritisierten. Diesbezüglich, so Kai Naumann, reiht sich der DDR-Strafvollzug in die Erfahrungen ein, die auch im Weimarer Strafvollzug und dem der frühen Bundesrepublik gemacht wurden. Zwar war das Idealbild der Erziehung im Strafvollzug „eine umfassende Erziehungstätigkeit [...], die einer zweiten Schulkarriere geähnelt hätte, [doch] beschränkte sie sich in der Realität auf sporadischen Unterricht oder Berufsausbildung und war meist Jugendlichen vorbehalten".[873] Eine 1977 von der Friedrich-Ebert-Stiftung herausgegebene Schrift hob hervor, dass die Bedingungen für die Reintegration in der DDR durch die intensive Entlassenenbetreuung sowie das Recht auf Wohnung und auf Arbeit günstiger seien als in vergleichbaren westlichen Ländern. Des Weiteren attestierte man der DDR Erfolge bei der Vermeidung von Rückfälligkeit – zumindest am Anfang der siebziger Jahre seien die entsprechenden Zahlen auf weniger als 20 Prozent gesunken, während sie in der Bundesrepublik bei über 40 Prozent lägen.[874] Diese teils wohlwollende Beurteilung des DDR-Strafvollzugs scheint entweder der Entspannungspolitik jener Jahre geschuldet zu sein oder schlicht auf falschen Zahlen zu basieren, denn tatsächlich lag die Rückfallquote 1969 im Bezirk Leipzig bei fast 60 Prozent. Ein weiterer Fakt, der die Zahlen der Ebert-Stiftung widerlegt, ist die Mitte der siebziger Jahre aufgrund der enorm gestiegenen Rückfälligkeit eingeführte verschärfte Vollzugsart, die das Haftregime noch strenger werden ließ. Zudem macht Thomas Krause darauf aufmerksam, dass die vielfach gelobte Entlassenenbetreuung „starken Zwangscharakter" hatte,[875] da sie eine Überwachung der ehemaligen Strafgefangenen ermöglichte, was wiederum seit der Zeit des Absolutismus in Polizei-

---

870 Borchert, Erziehung im DDR-Strafvollzug, S. 142.
871 Kaiser/Schöch, Strafvollzug, S. 36.
872 Borchert, Erziehung im DDR-Strafvollzug, S. 144.
873 Naumann, Gefängnis und Gesellschaft, S. 262.
874 Kriminalität, Strafvollzug und Resozialisierung in der DDR, S. 21, 39 f.
875 Krause, Geschichte des Strafvollzugs, S. 90.

staaten Praxis war.[876] Hier zeigt sich erneut, dass die Prinzipien des DDR-Strafvollzugs historische Ursprünge hatten.

Darüber hinaus belegen die insgesamt zwölf Amnestien und Gnadenerlasse der DDR die harte Urteilspraxis des SED-Regimes, die es notwendig machte, in den Gefängnissen durchschnittlich alle 40 Monate qua Entlassungsaktionen neuen Platz zu schaffen. Amnestien und der Häftlingsfreikauf gelten daher als „die nahezu zwangsläufige Kehrseite einer Strafzumessungspolitik, die darauf angewiesen war, dass die Haftanstalten regelmäßig geleert wurden. Sie waren [...] eine Funktionsvoraussetzung dieses Strafzumessungssystems."[877] Interessant ist die demgegenüber geringe Anzahl der Amnestien in der Bundesrepublik: eine anlässlich der Staatsgründung, eine Ende 1953, die explizit politische Straftaten ausschloss, eine weitere 1968 im Zuge der Entschärfung des politischen Strafrechts und die bislang letzte 1970, die infolge der Studentenunruhen gemäß Demonstrations-Strafrecht angeklagte oder verurteilte Personen begünstigte – niemand der Amnestierten saß in Strafhaft.[878]

Dass die Probleme des DDR-Strafvollzugs nicht singulär waren, zeigen die folgenden Beobachtungen. „Wir haben dem Strafvollzug nicht die Menschen gegeben, die er nötig gehabt hätte; wir haben ihm nicht die Mittel zur Verfügung gestellt, die er gebraucht hätte. [...] Die Strafe vor allem als Übel spürbar zu machen – das ist nach wie vor Ziel und Zweck unseres Strafvollzuges. [...] In unserem Strafvollzug wird als besonders zu gewährende ‚Vergünstigung' betrachtet, was für die Rückkehr des Gefangenen in die Gesellschaft dringend erforderlich ist. Unentwegt wird in die Grundrechte der Gefangenen eingegriffen, ohne dass ein formelles Gesetz besteht. Die ‚Einheitlichen Mindestgrundsätze [für die Behandlung der Gefangenen' der UNO von 1955] sehen eine ‚angemessene Entlohnung für die Arbeit der Gefangenen' vor, in unserem Lande müssen sie sich mit einer Groschenbelohnung zufriedengeben. Die Möglichkeiten der Berufsausbildung und Fortbildung in den meisten Anstalten reichen nicht aus. Unsere Gefangenen leben in Strafanstalten, die oft genug Denkmalsschutz verdienen. Unsere Strafanstalten sind überfüllt [...]. Nahezu 20 % aller Häftlinge [sind] zu dritt in Zellen gepfercht, [...] die nur für einen Gefangenen gebaut wurden. An unseren Strafanstalten sind zu wenig Bedienstete tätig und zu viele Bedienstete haben unzureichende Ausbildung und Besoldung. [...] Noch immer erzieht die Mehrzahl unserer Strafanstalten mehr zu Lebensuntüchtigkeit, als dass sie auf das Leben in der Freiheit vorbereitet."[879] Weiter heißt es: „Außenkontakte jeder Art werden vor allem als Gefährdung des Systems der Ordnung und Sicherheit angesehen." Aufgrund dieser „Abkapselung des Strafvollzuges" ist „die Information der Öffentlichkeit über die Realität des Strafvoll-

---

876 Müller-Dietz, Straffälligenhilfe, S. 15 f.
877 Werkentin, Justizkorrekturen, S. 527.
878 Im Einzelnen waren das das StrafFreihG vom 31.12.1949 (BGBl. 1950, S. 37), das StrafFreihG vom 17.7.1954 (BGBl. I, S. 203), das StrafFreihG vom 9.7.1968 (BGBl. I, S. 773) sowie das StrafFreihG vom 20.5.1970 (BGBl. I, S. 509).
879 Rollmann, Vorwort, S. 14.

zuges in Deutschland mangelhaft, ja [...] miserabel. [...] Das Alter der Baulichkeiten, die Ungunst der Raumaufteilung in den häufig fast hundertjährigen Zellenhäusern ist nicht von der Bedeutung, die diesen Umständen oft beigemessen wird. Entscheidend vielmehr ist der Geist, unter dem das Personal dort seine Arbeit verrichtet. Was in Deutschland wohl die Regel ist [...], das sind die Spannungen zwischen Bewachern und Bewachten. In einer Atmosphäre beständigen gegenseitigen Belauerns stehen sich die beiden Gruppen verständnislos oder gar feindselig gegenüber. [...] Die meist schlecht ausgebildeten Beamten sehen sich einer Masse von Gefangenen gegenüber, der sie einfach nicht Herr werden. Die Beamten haben Angst vor den Gefangenen. Und die Gefangenen haben Angst vor den Beamten. Die Beamten wiederum haben Angst vor ihren Vorgesetzten [...] Tatsächlich ist neben dem Grundübel der Überfüllung wohl die aus Verständnis- und Hilflosigkeit resultierende Gegnerschaft zwischen Personal und Insassen der Kern jener unbefriedigenden Situation im deutschen Strafvollzug. Sie ist die Frucht jahrhundertelanger metaphysischer Bekenntnisse der deutschen Strafrechtslehre, die im Freiheitsentzug nichts anderes sehen wollte als Zufügung eines Übels, um das Übel der Straftat auszugleichen."[880] Zu wenig finanzielle Mittel für den Strafvollzug, überfüllte, baufällige Gefängnisse, schlecht bezahlte Häftlingsarbeit, Verfehlung des Strafvollzugsziels der Resozialisierung nicht zuletzt aufgrund fehlenden und zudem schlecht ausgebildeten Personals, feindliches Verhältnis zwischen Beamten und Gefangenen. Was nach allem oben Gezeigtem wie eine Kurzzusammenfassung der Situation im DDR-Strafvollzug anmutet, beschreibt die Lage im Strafvollzug der Bundesrepublik in der zweiten Hälfte der sechziger Jahre. Das Zitat belegt eindrucksvoll, dass sich die fundamentalen Probleme der Strafvollzugssysteme der beiden deutschen Staaten durchaus ähnelten. Auch in der Bundesrepublik stellte die Personalfrage das Hauptproblem dar, die ihre Ursache in der ungenügenden Finanzierung des Strafvollzugs hatte, die wiederum darauf fußte, dass die Bedeutung des Strafvollzugs verkannt wurde und allein Isolation und Vergeltung als dessen Ziel galten.[881] Schon 1962 hatte der Bund der Strafvollzugsbediensteten

---

880 Lehmann, Beobachtungen, S. 152 f.
881 Allerdings sind auch heute noch die Probleme im gesamtdeutschen Strafvollzug ähnlich den oben zitierten: Überbelegung sowie vor allem zu geringe finanzielle Ausstattung des Strafvollzugs, aus der die Personalprobleme resultieren. Das führte dazu, dass Resozialisierung als Strafvollzugsziel in der Regel nur noch auf dem Papier steht, in der Praxis sich Strafvollzug auf den Schutz der Gesellschaft vor den Rechtsbrechern weitgehend beschränkt. Effektiver Strafvollzug kostet viel Geld und da „diese Kosten gescheut werden, wird lieber der Wunderglaube an Härte und Wegsperren gefördert". Zudem ist das Thema aus der öffentlichen Diskussion so gut wie verschwunden. „Strafvollzug kümmert kaum noch jemanden, Resozialisierung ist kein Thema mehr. Es gilt das Motto: aus den Augen, aus dem Sinn." Ergebnis dieser Strafvollzugspolitik ist vor allem im Jugendstrafvollzug eine enorme Rückfallquote: „Drei von vier Jugendlichen werden binnen zwei Jahren rückfällig." Nur ein knappes Drittel der jugendlichen Straftäter erfährt eine tatsächliche und dem Wortsinn nach Betreuung im Strafvollzug Vgl. Heribert Prantl, Strafvollzug in Deutschland. Im Keller der Gesellschaft. In: Süddeutsche Zeitung vom 20.11.2008.

Deutschlands konstatiert: „Der Strafvollzug in der Bundesrepublik Deutschland befindet sich in einer schweren Krise. Er ist zur Zeit nicht in der Lage, die Resozialisierungsaufgaben zu erfüllen. Teilweise bestehen sogar unhaltbare Zustände. Der Vollzug ist in jeder Hinsicht reformbedürftig. Die Ursachen dafür sind: Es fehlt an Haftraum, sonstigen Einrichtungen und Vollzugspersonal. Die vorhandenen Kräfte sind für die Erziehungsaufgaben überhaupt nicht oder zu wenig geschult." Zudem wurden die „mangelhafte Organisation" und die Unterstellung unter „vollzugsfremde Abteilungen" kritisiert, die gravierende Folgen hatten: „Die Gefangenen werden in den Anstalten eher schlechter als besser. [...] Die Arbeit am Menschen kommt viel zu kurz."[882]

Auch in westdeutscher Untersuchungshaft musste sich Hermann Weber 1953 der gleichfalls von ostdeutschen Verhafteten als peinlich empfundenen, im völlig entkleideten Zustand durchgeführten Leibesvisitation unterziehen, nachts wurde jede Stunde das Licht zur Kontrolle angemacht, das „Essen war ein fürchterlicher Fraß", es gab das gleiche „mickrige Frühstück" mit dem gleichen „‚Muckefuck' genannten Ersatzkaffe", die Zelle war spartanisch eingerichtet, graue Wände.[883] Zwar gesteht auch Hermann Weber, dass er die Haftbedingungen als „bedrückend" empfand, doch gleichzeitig macht er deutlich, dass der Gegensatz zwischen der Behandlung politischer Gefangener in Ost und West „drastischer" nicht sein konnte: „Jede Gleichsetzung mit der Unterjochung, Entrechtung oder Tyrannisierung politischer Gefangener in der DDR ist grundfalsch." Weber betont, dass zwar „die historische Furcht vor dem Kommunismus als ebenso übersteigert zu bewerten [ist] wie die harten Maßnahmen gegen die Kommunisten in der Bundesrepublik der 50er und 60er Jahre", die erst die Reform des politischen Strafrechts von 1968 beendet hätte, doch seien die politischen Häftlinge in der Bundesrepublik im Gegensatz zu denen in der DDR vom Rechtsstaat „korrekt" behandelt worden. „Im Allgemeinen war die Behandlung im Gefängnis korrekt und ohne persönliche Schikanen." Weber war es erlaubt, in der U-Haft Besuch zu empfangen, er konnte nach Belieben lesen und schreiben,[884] eigenen Studien nachgehen, Gerda Weber konnte in der U-Haft einen Sprachkurs weiterführen sowie eine Schreibmaschine benutzen. Beide hatten die Möglichkeit, ihre Anwälte zu kontaktieren, während ostdeutsche Untersuchungsgefangene völlig von der Außenwelt isoliert wurden – ganz abgesehen von den ostdeutschen Methoden der „Geständnisproduktion".[885] Weber

---

882 Der Vollzugsdienst. Mitteilungen des Bundes der Strafvollzugsbediensteten Deutschlands, Nr. 3/1966. Zit. nach MdI, VSV vom 8.6.1966 (BArch, DO 1/3382, unpag.).
883 Zitate hier und im Folgenden: Weber, Leben nach dem „Prinzip Links", S. 13–43.
884 Klaus-Dieter Müller schreibt bezüglich der siebziger Jahre, dass bundesdeutsche Häftlinge „unbeschränkt schreiben, telefonieren und Telegramme abschicken konnten". Müller, Haftbedingungen, S. 71.
885 Siehe etwa den Bericht von Fritz Sperling, der über drei Jahre in U-Haft saß und sich schließlich, obwohl überzeugter Kommunist und KPD-Aktivist in den westlichen Besatzungszonen, als Agent des US-Imperialismus bezeichnete. Vgl. Jahnke, Gegen die Allmacht; siehe auch Welsch, Repression und Folter.

spricht von „geradezu liberalen Haftbedingungen" in der Bundesrepublik zu Beginn der fünfziger Jahre und schildert aus einem Gefängnis-Tagebuch, dass damals „geradezu politische Schulungen und Diskussionszirkel" stattfanden, der Jahrestag der Oktoberrevolution gefeiert, die „Internationale" gesungen und Stalin-Zitate vorgetragen wurden.

Zudem gab es eben in der Bundesrepublik ab den sechziger und vor allem in den siebziger Jahren eine öffentliche Debatte über den Strafvollzug. Gleichwohl war diese sehr langwierig und führte erst 1976 zum Beschluss des bundesdeutschen Strafvollzugsgesetzes (StVollzG), welches am 1. Januar 1977 in Kraft trat. Zwar hatte die DDR bereits 1968 ein Strafvollzugs- und Wiedereingliederungsgesetz verabschiedet, welches 1974 und 1977 überarbeitet worden war, doch handelte es sich etwa bei den dort festgelegten Vergünstigungen der Häftlinge keineswegs um gesicherte Mindeststandards. Diese Vergünstigungen konnten jederzeit wieder rückgängig gemacht werden, wie Klaus-Dieter Müller deutlich macht: „Demgegenüber hatten Häftlinge in bundesdeutschen Gefängnissen einen weit über die [...] [in der DDR gewährten] Vergünstigungen hinausgehenden Mindeststandard."[886] Brigitte Oleschinski brachte zum Ausdruck, dass zwar auch der Strafvollzug in der Bundesrepublik in den fünfziger und zum Großteil auch in den sechziger Jahren „in vielem nicht über die Weimarer Ansätze" hinauskam, es aber ab Ende der sechziger und dann vor allem in den siebziger Jahren eine Reformentwicklung gab – bei der an Weimarer Reformkonzepte angeknüpft wurde –, „die im starren System der DDR bis zum Herbst 1989 völlig undenkbar blieb".[887]

Kennzeichnend für das DDR-Strafvollzugssystem war „seine täuschende Fassade, hinter der eine gut organisierte und unterdrückende Bürokratie stand".[888] Schließlich übten die „Strafvollzugsorgane [...] eine Rechtspraxis im Widerspruch zum gesetzten Recht aus".[889] Dies ist ein Hinweis auf Ernst Fraenkels Analyse vom Doppelstaat,[890] welche etwa Hans-Michael Brey zur Untersuchung der Wirkungsmechanismen des SED-Staates verwendet. Brey zufolge deckte das Regime im Strafvollzug des „sozialistischen Doppelstaats" fortwährend Übergriffe, „da sie dem Erziehungsgedanken des politischen Straf-

---

886 Müller, Haftbedingungen, S. 72, Anm. 115.
887 Oleschinski, Strafvollzug in Deutschland, S. 68.
888 Décarpes, DDR-Strafvollzug, S. 91.
889 Gräf, Mißachtung der Menschenrechte, S. 484.
890 Fraenkels Modell zur Analyse der Machtstrukturen des NS-Regimes nach existierten Normenstaat („das Regierungssystem, das mit weitgehenden Herrschaftsbefugnissen zwecks Aufrechterhaltung der Rechtsordnung ausgestattet ist, wie sie in Gesetzen, Gerichtsentscheidungen und Verwaltungsakten der Exekutive zum Ausdruck gelangen") und Maßnahmestaat („das Herrschaftssystem der unbeschränkten Willkür und Gewalt, das durch keinerlei rechtliche Garantien eingeschränkt ist") nebeneinander. Das heißt, der die Gesetze achtende Normenstaat und der diese Gesetze missachtende Maßnahmestaat bestanden nebeneinander. Vgl. Fraenkel, Doppelstaat, S. 21.

vollzugs entsprachen".[891] Heidrun Budde, die ebenfalls Fraenkels Erklärungsansatz ihrer Analyse der Funktionsweise der SED-Diktatur zu Grunde legt, bemerkt bezüglich des Strafvollzugs der siebziger und achtziger Jahre, dass der Normenstaat „mit dem Strafvollzugsgesetz lediglich die inhaltsleere Hülle mit dem Wort ‚Erziehung'" lieferte, dann aber die Häftlinge „der Willkür des Maßnahmestaates"[892] überließ, es also im Strafvollzug der DDR ein systematisches Nebeneinander von Normenstaat und Maßnahmestaat gab. Entscheidend ist also, dass es zwischen den den Strafvollzug regelnden Bestimmungen – der gesetzlichen Grundlage – und der Strafvollzugsrealität einen gravierenden Unterschied gab.

Die Bezeichnung der DDR-Gefängnisse als „totale Institutionen"[893] ist mit Blick auf Falk Bretschneiders Arbeit über das sächsische Gefängniswesens im 18. und 19. Jahrhundert eher zu verneinen. Bretschneider kommt in seiner Untersuchung zu folgendem Ergebnis: „‚Totale Institutionen' und Antipoden des Sozialen im Sinne Erving Goffmans waren die sächsischen Zuchthäuser und Strafanstalten jedoch nicht. In ihnen erstarb das soziale Leben nicht, sondern die Gesellschaft setzte sich in ihnen fort [...]. Die Einsperrung war ein Produkt der Gesellschaft, die sich in ihr spiegelte. [...] Die Einsperrung wurde von konkreten Menschen konzipiert, organisiert und am Leben erhalten. [...] Die Einsperrung wurzelte also in menschlichen Interaktionsbeziehungen, Handlungsverknüpfungen und Auseinandersetzungen. In den sächsischen Zuchthäusern und Strafanstalten [...] wurde Macht behauptet und bestritten, Herrschaft ausgeübt und bezweifelt, diszipliniert und eigensinnig gelebt."[894] Deutlich erkennbar sind die Parallelen zum DDR-Strafvollzug, der soziale Interaktionen – sei es zwischen den Gefangenen selbst oder Gefangenen und Aufsehern – nicht verhindern konnte, in dem die Häftlinge die Macht des Systems massiv zu spüren bekamen, in dem es auch widerständiges Verhalten gab und in dem sich letztlich die Gesellschaft spiegelte. Der Anspruch der totalen Kontrolle der Gefangenen und deren Umerziehung scheiterte an den beschriebenen Realitäten im Strafvollzugssystem. Das verweist neben dem oben ausgeführten Unterschied zwischen Theorie und Praxis, zwischen Anspruch und Wirklichkeit, der zeitlebens für den DDR-Strafvollzug Bestand hatte, auf die „Grenzen der Diktatur",[895] die sich somit selbst im Strafvollzug zeigten.

---

891 Brey, Doppelstaat DDR, S. 241. Auch Werkentin, Politische Strafjustiz, S. 395–404, diskutierte die Anwendbarkeit des Fraenkelschen Denkmodells vom Doppelstaat auf die DDR.
892 Budde, Willkür!, S. 329.
893 Goffman, Asyle, S. 13 ff.
894 Bretschneider, Gefangene Gesellschaft, S. 540.
895 Bessel/Jessen (Hg.), Grenzen der Diktatur, S. 9–17.

VI. Zusammenfassung

Die Jahre des Strafvollzugs durch die Verwaltung des Justizministeriums waren insbesondere durch katastrophale allgemeine Haftbedingungen geprägt. Aufgrund der fatalen Verpflegungslage verhungerten viele Gefangene oder starben an den Folgen der Mangelernährung sowie an Krankheiten. Viele Haftanstalten waren beschädigt und geplündert, mangelhaft ausgestattet und konnten im Winter nur äußerst unzureichend beheizt werden, sodass die Häftlinge, deren Bekleidung sich oftmals in einem schlechten Zustand befand, teilweise erfroren. Zu den äußerst unzureichenden hygienischen und sanitären Bedingungen kam eine minimalen Ansprüchen kaum genügende medizinische Versorgung, die zu einem weiten Umgreifen der Tuberkulose führte. Daher mussten Tausende Gefangene aufgrund attestierter Haftunfähigkeit entlassen werden. In diesen Jahren galten die größten Anstrengungen der Verantwortlichen der Aufrechterhaltung des Anstaltsbetriebs – die Gefangenen kämpften ums bloße Überleben. Nur langsam besserte sich die Situation, stagnierte aber auch, sodass teilweise noch 1949 von einer „fast mittelalterlichen Strafvollziehung" gesprochen wurde.[1] Vor allem auf Druck vonseiten der Sowjetischen Militäradministration, mit der die Verantwortlichen der Justiz häufig in Konflikt gerieten, wurden ab der zweiten Jahreshälfte 1948 die Häftlingsarbeit und die Sicherheit der Anstalten seitens der Justiz stärker betont – nicht ohne Erfolg. Ab 1949 ging die Zahl der Ausbruchquote stark zurück – im Gegensatz zu den Polizeihaftanstalten – und es gelang gegen Ende 1949, vier von fünf Justizstrafgefangene in den Arbeitsprozess einzubinden.

Den desolaten Haftbedingungen, die den Umständen der Zeit geschuldet waren, standen jedoch ein humanes Haftregime und mithin auch einige Erfolge der Reformbestrebungen des Leiters der Abteilung Strafvollzug des Justizressorts, Dr. Werner Gentz, sowie der Verantwortlichen auf Länderebene gegenüber. Dafür steht in Sachsen etwa die Existenz von Gefangenenselbstvertretungen in den selbständigen Haftanstalten und auch einigen Gerichtsgefängnissen. Die Mitwirkung der Öffentlichkeit zwecks demokratischer Kontrolle des Justizstrafvollzugs hatte sich durch die Arbeit der Strafvollzugsausschüsse auf Landtags- sowie Kreistagsebene oder aufgrund verschiedener kritischer Zeitungsartikel in Sachsen relativ gut entwickelt. Selbst die oberste Strafvollzugsverwaltung im Ministerium des Innern attestierte dem Justizstrafvollzug Mitte der fünfziger Jahre, dass er seiner Zeit weit voraus gewesen sei. Der weitgehende Verzicht auf die Arreststrafe zur Disziplinierung der Häftlinge sowie die Gewährung von Hafturlaub zeigen, dass der Anstaltsbetrieb auch ohne militärischen Drill funktionierte. Vor allem hier offenbart sich der Kontrast zum Strafvollzug unter der Verwaltung durch das Innenministerium, in dem bis zuletzt Arreststrafen den

---

1 Anlage zum Schreiben von DJV-Präsidenten Max Fechner an die Justizministerien der Landesregierungen, Betr.: Mitarbeit der demokratischen Organe an des Aufgaben des Strafvollzuges vom 5.4.1949 (BArch, DP 1/HA SV/Nr. III/146, unpag.).

Hauptteil der verhängten Strafen ausmachten und militärische Umgangsformen sowie ein fanatischer Ordnungsglaube den Haftalltag bestimmten. Die Anfänge eines reformierten Strafvollzugs waren gemacht, die Weichen für einen Erziehungsstrafvollzug gestellt. Die Resozialisierung der Häftlinge, das Bemühen um den Gefangenen, in dem primär ein gestrauchelter Mensch gesehen wurde, sollte zentral sein. Auch damit stand der Justizstrafvollzug im Gegensatz zum späteren DDR-Strafvollzug, in dem nicht der Mensch im Mittelpunkt stand, sondern die Interessen des Staates.

Solange der Strafvollzug der Justiz unterstellt war, bemühte man sich um einen menschenwürdigen Umgang mit den Häftlingen. Das lässt sich etwa anhand der Praxis der Haftunfähigkeitserklärungen bei kranken und völlig unterernährten Gefangenen belegen. Zudem wurden bis 1948/49 auch kurzfristig bestrafte, sogenannte unerziehbare und politische Gefangene in den Erziehungsstrafvollzug integriert, ehe die Justiz auf Druck der SMAD sowie des Innenressorts Zugeständnisse machen musste und besagte Häftlingsgruppen vom Reformvollzug ausschloss. Schließlich blieb Gentz und seinen Mitstreitern eine Fortführung ihrer Reformbemühungen versagt. Der Justizstrafvollzug scheiterte an der herrschenden Ideologie, die Häftlinge zu Gegnern erklärte, vor denen die Gesellschaft in erster Linie geschützt werden müsse – mit allen Konsequenzen für das Haftregime. Die Übergabe des Strafvollzugs in den Verantwortungsbereich der Volkspolizei erfolgte mit der Intention der Installierung eines repressiv geprägten Strafvollzugs, da der Staatsführung ein humaner Umgang mit vermeintlichen und echten Feinden in einer Hochphase des Kalten Krieges nicht opportun erschien. Klassen- und Staatsfeinde wollte man nicht der Justiz überlassen, deren erklärtes Ziel die Resozialisierung der Gefangenen war. Das Strafvollzugsziel der Justiz stand den Intentionen des Strafvollzugs des Innenministeriums entgegen. Freilich folgte man mit dieser Richtungsentscheidung zugleich dem sowjetischen Vorbild und zentralisierte das Strafvollzugssystem, dessen Angelegenheiten unter Justizverwaltung noch von den Ländern geregelt wurden, doch maß man der Orientierung am sowjetischen Strafvollzugssystem nicht die höchste Priorität im Umstrukturierungsprozess bei. Zwar rechtfertigten verschiedene Stimmen aus den Reihen der Volkspolizei die Übernahme mit einer angeblichen Überforderung der Justiz, doch hatte die Volkspolizei lange mit den gleichen Problemen zu kämpfen: massiven Personal- und materiellen Problemen sowie einer hohen Überbelegung.

Während im Justizstrafvollzug der SBZ-Zeit und der ersten Jahre der DDR die Gefangenen durch kollektive Arbeit und unter weitreichender Selbstverwaltung resozialisiert werden sollten und der Strafvollzug zudem durch die Mitwirkung der Öffentlichkeit sowie Strafvollzugsausschüsse kontrolliert werden sollte, hatte der DDR-Strafvollzug primär eine staatssichernde und machterhaltende Funktion: Der Strafvollzug sollte die „Feinde" des Arbeiter-und-Bauern-Staats abschrecken und diente insbesondere der Erfüllung von Planzielen, was als „Erziehung durch Arbeit" verbrämt wurde. Die Arbeit blieb mithin zentraler Pfeiler des Strafvollzugs, doch traten extremes Sicherheitsdenken und ideologische Indoktrination hinzu. Der Begriff „Erziehung im Strafvollzug" stellte eine schöne Fassade dar, welche über die hässlichen Hinterhöfe, hier die eigentlichen Ziele des Strafvollzugs, Isolierung, Abschreckung und Abschöpfung der Arbeitskraft der Häftlinge, hinwegtäuschen sollte.

In den ersten Jahren der Polizeiverwaltung hatten die Gefangenen unter härtesten Haftbedingungen zu leiden. Zu den katastrophalen allgemeinen Haftbedingungen kam ein Haftregime, das ausschließlich die Sicherheit und die Isolation der Gefangenen anstrebte, in dem Willkür alltäglich und Übergriffe keine Seltenheit waren, in dem unerfahrene und schlecht ausgebildete Volkspolizisten versuchten, sich Respekt zu verschaffen und mit hartem Durchgreifen Ruhe und Ordnung herzustellen. Anfang der fünfziger Jahre sollte der Strafvollzug durch Isolation und Wegschließen der Häftlinge den politischen Gegner ausschalten und abschrecken.[2] Mit dem Beginn der allgemeinen Einführung der Häftlingsarbeit wurde der Haftalltag erstmals erträglicher. Beachtlich sind einzelne Häftlingsberichte von einem modernen Strafvollzug in der zweiten Jahreshälfte 1953 infolge des „Neuen Kurses". Berichte sprechen von Gefangenenselbstverwaltungen, nur noch nachts verschlossenen Zellen, uneingeschränkt gewährten Freistunden, einer sich zurückhaltenden Volkspolizei und dem Verzicht auf die sonst allgegenwärtige Arreststrafe. Ein Beleg, dass auch unter Polizeiverwaltung zu dieser Zeit ein menschwürdiger Strafvollzug in der DDR prinzipiell möglich war – wenn auch nur für kurze Zeit. Als das SED-Regime seine Macht wieder gefestigt sah, wurden die Neuerungen im Strafvollzug wieder zurückgenommen. Gleiches lässt sich im Zuge des kurzen „Tauwetters" 1956 beobachten, als die Häftlinge verstärkt entsprechend der „demokratischen Gesetzlichkeit" behandelt wurden. Die Verpflegung verbesserte sich, es wurden weniger Disziplinar- und Arreststrafen ausgesprochen und stärker auf „erzieherische Maßnahmen" zurückgegriffen, also auf Erfahrungen des Erziehungsstrafvollzugs der Justiz. Von diesen wandte man sich jedoch im Zuge eines erneuten politischen Kurswechsels wieder ab. Man betonte in der Folge, dass es sich bei den Häftlingen um „unsere Gegner" handele und dass mit der Erfüllung von Produktionsaufträgen, woran in den Anstalten der Stand der Umerziehung „abgelesen" wurde, nicht die Aufgabe des Strafvollzugs gelöst sei. Im Zusammenhang mit der ab 1953 gestellten Hauptaufgabe, alle Strafgefangenen in die Häftlingsarbeit zu integrieren, bekämpfte die Berliner Zentrale eine Entwicklung, die in den Augen der Verantwortlichen die Anstaltsleiter immer mehr zu Leitern von Produktionsbetrieben denn von Gefängnissen gemacht hatte.

Eine Revision des Strafvollzugs 1959 kritisierte insbesondere die Uneinheitlichkeit des Haftregimes und die unzureichende Umerziehung der Gefangenen. Im Mittelpunkt der Kritik standen jedoch nicht sogenanntes „versöhnlerisches Verhalten" und „mangelnde Wachsamkeit" des Personals oder „Liberalisierungserscheinungen", da man die Sicherheit der Verwahrung sowie der Anstal-

---

2 Ansorg, Entwicklung des Strafvollzugs, S. 202.

ten als gewährleistet ansah. Durch die Offenlegung der Probleme des Strafvollzugs wurde ersichtlich, dass sich an den grundsätzlichen Schwierigkeiten, die Gefängnisse angemessen auszustatten und zu versorgen, in fast zehn Jahren DDR-Strafvollzug nichts Wesentliches verändert hatte: Das Innenministerium hatte es mit den gleichen Missständen zu tun, welche die Volkspolizei seinerzeit bei der Justiz so scharf kritisiert hatte. Dass die Ursachen der Versorgungsmängel nicht finanzieller Natur waren oder auf Beschaffungsproblemen basierten, macht deutlich, dass der Gefangene im Strafvollzugssystem an letzter Stelle stand und seine Bedürfnisse und mithin die Notwendigkeit menschenwürdiger Unterbringungen keinen hohen Stellenwert hatten. Zwar hatte man das Gros der Häftlinge in die „gemeinsame produktive Arbeit" integriert, doch diente die Arbeit, nach Auffassung der Kontrolleure, allein der Beschäftigung und führte nicht zur Umerziehung, wie es Artikel 137 der ersten DDR-Verfassung forderte. Als Konsequenz dieser Feststellung drängte man auf eine Steigerung der Arbeitsproduktivität zwecks besserer Erziehung der Häftlinge. Die stärkere Betonung des Erziehungsgedankens bedeutete somit keineswegs eine Verbesserung der Haftbedingungen. Letztlich stellte die Revision des DDR-Strafvollzugs von 1959 die gesamte Arbeit der Berliner Zentrale eines Jahrzehnts in Frage und führte zur Ablösung des Chefs der obersten Strafvollzugsverwaltung, August Mayer. Erneut wurde mit einer mangelnden Durchsetzung der „führenden Rolle der Partei" und der unzureichenden Entwicklung der „politisch-operativen Führungstätigkeit" argumentiert. Maßstab für die Führungskader sollte somit vor allem ihre ideologische Versiertheit sein – fachliche Qualitäten waren nachrangig. Welchen Stellenwert der Strafvollzug im Ministerium des Innern besaß, zeigt sich an der Überlegung, aus gesundheitlichen Gründen untaugliches Personal der Grenz- sowie der Bereitschaftspolizei in den Strafvollzug zu versetzen. Diese Einstellung führte zu dem – aus Sicht der Verantwortlichen – Kardinalproblem des DDR-Strafvollzugs: der Kaderlage. Es stand nie das Personal zur Verfügung, das die Einhaltung der Strafvollzugsgesetze und einen den Dienstanweisungen entsprechenden Strafvollzug hätte gewährleisten können. Wiederholt konstatierten die Leitungsebenen, dass das Gros des Personals für die Aufgaben im Strafvollzug unzureichend ausgebildet sei. Es verfügte in der Regel nur über eine niedrige Allgemeinbildung und war überaltert, weshalb „die permanente Erziehung der Erzieher unabdingbarer Bestandteil staatssozialistischer Polizeiarbeit" darstellte.[3] Somit ergibt sich eine deutliche Diskrepanz zwischen der Funktion des Strafvollzugs als wesentlicher Teil des Repressionsapparats und der Qualifikation des Personals. Immerhin waren die SV-Mitarbeiter das „Instrument der Arbeiterklasse im Kampf gegen seine Feinde und gegen alle Überreste des Kapitalismus im Denken und Handeln der Menschen, ein Instrument der Diktatur des Proletariats, das den Vormarsch der Arbeiterklasse zum Sieg des Sozialismus sichern hilft".[4] Die Verantwortlichen wussten um die zu

---

3 Lindenberger, Volkspolizei, S. 343.
4 VSV, Themenplan für die Lektionen an der Schule des MdI vom 6.8.1958 (BArch, DO 1/28489/ Bl. 207).

geringe Qualifizierung ihres Personals, nur fanden sie kein Mittel dagegen. Zwar stand offiziell im Strafvollzugssystem die Erziehung auf den drei Säulen Ordnung, gemeinsame produktive Arbeit und politisch-kulturelle Erziehung, doch wurde die Häftlingsarbeit immer als „Kernstück der Erziehung" verklausuliert und die Steigerung der Produktionszahlen galt in der Praxis letztlich als wichtigstes Kriterium der „Umerziehung".

Ende der fünfziger Jahre befand sich der Strafvollzug der DDR nach eigenem Verständnis in Phase drei: der „Erziehung durch gemeinsame produktive Arbeit" sowie der „Etappe des Beginns einer umfassenden Erziehungsarbeit unter Beachtung der Sicherheit". Vorausgegangen waren die Phase der Isolierung der Rechtsbrecher bis 1953 und die 1956/57 als abgeschlossen geltende Phase der Schaffung der Grundlagen für Phase drei. Kulturelle „Erziehungsmaßnahmen" waren in der Praxis zum einen Vergünstigungen und zum anderen Anreize, um die Produktion und die Disziplin der Häftlinge zu steigern. Ab 1959/60 hatte unter dem neuen Leiter der Verwaltung Strafvollzug, Alfred Schönherr, die Sicherheit im Strafvollzug wieder Priorität, dieser musste sich auch die Erziehung unterordnen. Das führte dazu, dass die geforderte „Wende" im Strafvollzug eine Verschärfung des Haftregimes bedeutete – insbesondere militärische Prinzipien wurden zur Führung einer Haftanstalt betont. Zwar forderte Schönherr, die Übererfüllung der Produktionspläne dürfe nicht primäres Ziel im Strafvollzug sein, doch schon bald wurden auf Anweisung des Innenministeriums alle neu eingewiesenen Häftlinge wieder unverzüglich zur Arbeit eingeteilt. Den Häftlingen die „Härte des Strafvollzugs" bewusst zu machen, hatte zu große Einbußen bei der Erfüllung des Einnahmesolls zur Folge gehabt. Trotz der Priorität der Sicherheit blieb also der Arbeitseinsatz nach wie vor von größter Bedeutung. Damit änderte sich am Kurs in der Strafvollzugspolitik in der Praxis nichts Wesentliches.

Nach dem Mauerbau verschlechterten sich die Haftbedingungen schon aufgrund der steigenden Häftlingszahlen. Auf den plötzlichen Anstieg der „besonderen Vorkommnisse" reagierte man mit einem verschärften Haftregime. Die Leitungsebenen kritisierten alsbald die zu hohe Zahl an „Überspitzungen" in den Haftanstalten. Es begann eine Phase eines gemäßigteren Haftregimes, das seinerseits bald wegen unerwünschtem „Liberalismus" und „Versöhnlertum" gerügt wurde. Hier zeigt sich der permanente Spagat zwischen „Überspitzungen" und „Liberalismus". Trotz des strengen Haftregimes, der letztlich ungefährdeten Sicherheit der Anstalten und der Vollbeschäftigung bei der Häftlingsarbeit sahen die Verantwortlichen nach wie vor nicht den von ihnen gewünschten Strafvollzug verwirklicht. Generell machte das Innenministerium eine Diskrepanz zwischen Befehlen und Weisungen „von oben" und deren Umsetzung aus – ein Indiz für den sehr langen bürokratischen Weg von der obersten zur untersten Ebene im DDR-Strafvollzugssystem. Unabhängig von der Entwicklung im Strafvollzug hatte ZK-Mitglied Alfred Neumann diesen wichtigen Punkt bereits Ende Oktober 1955 auf der 25. Tagung des ZK der SED angesprochen: Immer wieder träten gleiche Probleme auf, aber es ändere sich nichts.

„Es bleibt alles beim Alten." Damit, so Hermann Weber, legte Neumann „ein Hauptproblem der Führung offen, die immer wieder die gleichen Fragen ansprach, aber über Jahre und Jahrzehnte hinweg kaum etwas bewegte".[5]

Da auf Dauer der Staat nicht auf Terror basieren konnte, sollte nach dem V. SED-Parteitag insgesamt der „Erziehung der Menschen" in der DDR größere Aufmerksamkeit gewidmet werden. So auch im Strafvollzug, in dem zwar die Umerziehung der Gefangenen immer wieder betont wurde, gleichwohl aber das repressive Haftregime bestehen blieb. Dass die DDR durchaus um Verbesserungen im Haftwesen bemüht war, zeigte sich etwa anhand des Anfang der sechziger Jahre fertig gestellten Neubaus der zentralen Untersuchungshaftanstalt des MfS im Berliner Stadtteil Hohenschönhausen, der den unsäglichen Haftbedingungen im sogenannten „U-Boot" ein Ende machte.

Der Rechtspflegeerlass vom 4. April 1963 kann als Ausdruck einer kurzen liberalen Phase angesehen werden, die auch für den Strafvollzug Konsequenzen hatte. Nach dem Freund-Feind-Schema sollte nun deutlicher zwischen politischen Häftlingen und ideologisch zurückgebliebenen Straftätern differenziert und der Erziehungsgedanke stärker betont werden. Schon die Wortwahl des Rechtspflegeerlasses zeigte eine Mäßigung in der DDR-Strafvollzugspolitik. Doch wie in der Vergangenheit blieb der Unterschied zwischen Theorie und Praxis groß, wenn beispielsweise Strafvollzugsbeamte der Haftanstalt Bautzen I die schlecht vorbereitete und durchgeführte Ausbildung und die langweiligen Fachschulungen kritisierten und bemerkten, dass sich trotz wiederholter Anmahnungen nichts ändere. Die Strafvollzugsordnung vom Januar 1965 trug den Vorgaben des Rechtspflegeerlasses Rechnung und beschwor in großen Worten die Einhaltung der sozialistischen Gesetzlichkeit im Strafvollzug sowie die Wahrung und Achtung der Menschenwürde, der Persönlichkeit und der Rechte der Strafgefangenen. Auf dem Papier wurde damit der Wandel im Haftregime ab 1962 bekräftigt. Tatsächlich war es aufgrund der jahrelangen Indoktrination für das Personal äußerst schwer, die richtige Linie zwischen dem stets beanspruchten Primat der Sicherheit und der Achtung der Menschenwürde der Gefangenen zu finden.

Wie in den fünfziger Jahren folgte auch Mitte der sechziger Jahre im Zuge des verschärften innenpolitischen Klimas nach dem sogenannten Kahlschlag-Plenum auf eine Phase gemäßigter Haftbedingungen ein schärferes Haftregime, da man wieder einmal die „üblichen" Tendenzen der „Liberalisierung" festgestellt hatte und sich Berichte über renitente Häftlinge häuften. Daher sei die Wachsamkeit im Strafvollzug zu erhöhen – eine Forderung, die stets das Ende gemäßigter Phasen im Haftregime bedeutete. Nun wurden offen effizientere Disziplinierungsmöglichkeiten gefordert, um aufsässigen Häftlingen Herr werden zu können. Allerdings galten, nach Sicht der Verantwortlichen, die Überbelegung und die Fluktuation der Gefangenen als die größten Hemmnisse bei einer wirkungsvollen Erziehungsarbeit sowie der Ordnung im Strafvollzug, da sie die

---

5 Weber, Geschichte der DDR, S. 247.

beabsichtigte Differenzierung erschwerten. Trotz „der erreichten Fortschritte"[6] kam es nach einer erneuten grundlegenden Untersuchung des DDR-Strafvollzugs im Jahre 1966 nicht zu generellen Veränderungen. Im Vergleich zu den fünfziger Jahren hatte sich die Situation im Strafvollzug jedoch insoweit gewandelt, dass mangelhafte Wachsamkeit und „liberales Verhalten" vom Innenministerium nun kritisiert wurden, weil dadurch der Erziehungsprozess gefährdet werde. Die Denkmuster hatten sich mithin geändert. War es dem Innenministerium in seiner Kritik noch um eine nachhaltige Erziehungsarbeit gegangen, redete bald darauf die Bezirksebene einem stringenteren Haftregime das Wort, wenn die Dresdner Strafvollzugsabteilung eine „Verpädagogisierung des Strafvollzuges" im Bezirk Dresden beklagte.[7] Durch die Strafvollzugsordnung von Januar 1965 seien die Rechte der Häftlinge überbetont worden. Schließlich ordnete Innenminister Dickel im Sommer 1966 endgültig eine härtere Linie im Haftregime an, „um Erscheinungen der Liberalisierung zu überwinden und eine größere Einheitlichkeit und Zielstrebigkeit bei der Umerziehung der Strafgefangenen zu erreichen"[8] – so die für das Innenministerium zuständige ZK-Abteilung Sicherheitsfragen. Die Umerziehung blieb folglich, trotz des sich verschärfenden Haftregimes, offizielles Ziel des Strafvollzugs. Die Einschätzung des Strafvollzugs durch die ZK-Abteilung Sicherheitsfragen im Herbst 1966 fiel für die Verantwortlichen dennoch vernichtend aus: Zwar waren Isolierung und Sicherheit verwirklicht, doch Fortschritte bei der Umerziehung hatte man nach eigenem Bekunden auch eineinhalb Jahrzehnte nach Staatsgründung nicht gemacht. Die Häftlinge ließen sich kaum durch „politisch-kulturelle Veranstaltungen" ideologisch beeinflussen, auch berufliche und allgemeinbildende Qualifizierungsmaßnahmen bewirkten wenig. Trotz des totalen Zugriffs auf die Häftlinge blieben die gewünschten Erfolge aus.

Die Ausführungen der ZK-Abteilung Sicherheitsfragen zeigen, dass es trotz anders lautender Bekundungen bei der Gefangenenarbeit vor allem um den volkswirtschaftlichen Nutzen ging. Die Umerziehung der Häftlinge war nur ein theoretisches Konstrukt, eine ideologische Verbrämung für die möglichst vollständige und effektive Nutzung der Arbeitskraft der Häftlinge für die Volkswirtschaft. Die Häftlinge sollten arbeiten und sich ansonsten ruhig und diszipliniert verhalten. „Staatsbürgerliche und politisch-kulturelle Bildung und Erziehung" hatten daher den Zweck, den Gefangenen ihre „staatsbürgerlichen Pflichten" beizubringen, insbesondere die Arbeitsdisziplin einzuhalten und die sozialistische Gesetzlichkeit zu achten. Zwar gab es Anweisungen, mehr auf die Hebung

---

6   MdI, Leitungsvorlage Nr. 29, Betr.: Stand der Durchsetzung der vorläufigen Strafvollzugsordnung und die sich daraus ergebenden Schlussfolgerungen vom 25.5.1966 (BArch, DO 1/3782, unpag.).
7   BDVP Dresden, Abteilung SV, Betr.: Einschätzung des Bestandes im Organ Strafvollzug, besonders in der StVA I Bautzen vom 15.6.1966 (SächsHStA, 11464/BDVP/23.1/426/ Bl. 51–56).
8   Abteilung für Sicherheitsfragen, Vorlage für das Sekretariat des Zentralkomitees, Betr.: Bericht über die Lage im Strafvollzug vom 2.10.1966 (SAPMO-BArch, DY 30/IV A2/12/124/Bl. 39–69).

der Allgemeinbildung und der beruflichen Qualifizierung der Gefangenen zu achten, doch laut Generalstaatsanwalt Josef Streit bildeten in der zweiten Hälfte der sechziger Jahre „Fernseh- und Filmveranstaltungen den Hauptteil der Bildungs- und Erziehungsarbeit".[9]

Die Analysen des Strafvollzugs 1966 führten zu einer Verschärfung der Strafvollzugspolitik und damit einem strengerem Haftregime – verdeutlicht durch die bereits Mitte 1966 von Dickel verfügte umfangreiche Änderung der Strafvollzugsordnung von Januar 1965. Die erfolgten Maßnahmen – ideologische Festigung des Strafvollzugspersonals, Erhöhung von Ordnung und Sicherheit der Gefängnisse sowie die Verbesserung der Disziplin der Gefangenen durch Verschärfung der Disziplinierungsmaßnahmen und Einschränkung von Vergünstigungen – waren aus den fünfziger Jahren bekannt und verfehlten ihre Wirkung nicht. Doch aufgrund der hohen Überbelegung blieb die Durchsetzung der einzelnen Differenzierungs- und Trennungsgrundsätze schwierig und wegen der vielen Schwankungen im Häftlingsbestand fast unmöglich. Man war dem Häftlingsstrom einfach nicht gewachsen. Daher musste sich die oberste Strafvollzugsverwaltung wiederholt an die Staatsführung wenden, um den Strafvollzug durch Entlassungsaktionen im Zuge von Amnestien zu entlasten. Auf die war das DDR-Strafvollzugssystem zeitlebens angewiesen.

Das am 1. Juli 1968 in Kraft getretene Strafvollzugs- und Wiedereingliederungsgesetz bedeutete insbesondere für die politischen Häftlinge eine Verschärfung, weil nun die zweijährige Strafe mit Freiheitsentzug zum einzigen Kriterium für eine Zuordnung zur strengen Vollzugskategorie festgeschrieben wurde. Ordnete man Mitte 1968 nur knapp zwölf Prozent der Häftlinge der strengen Vollzugskategorie zu, so waren es Mitte 1970 mehr als 50 Prozent. Zwar wurde infolge des Strafvollzugs- und Wiedereingliederungsgesetzes auf mildere Disziplinierungsmaßnahmen hingewirkt, doch monierte die Verwaltung Strafvollzug im Sommer 1969 die fehlende Ausschöpfung der gesetzlichen Möglichkeiten und den noch immer hauptsächlichen Einsatz der Arreststrafe. Generell stünden bei „der Anwendung der Sicherungsmaßnahmen [...] Art und Dauer nicht immer in Übereinstimmung mit dem Grad der Gefährlichkeit des Anlasses".[10] Im Strafvollzug wurde demnach zu viel und zu hart gestraft. Bereits im Frühjahr 1969 hatte VSV-Chef Tunnat bemängelt, dass bei der Durchsetzung des Strafvollzugs- und Wiedereingliederungsgesetzes „noch keine durchgehenden Verbesserungen" festzustellen seien und trotz vieler Befehle und Dienstanordnungen diese nicht in der gewünschten Weise umgesetzt würden.[11] Auch bei der

---

9 Der Generalstaatsanwalt der DDR, Information über das Ergebnis operativer Untersuchungen in Strafvollzugseinrichtungen der DDR im II. Halbjahr 1967 vom 19.3.1968 (BArch, DP 3/204/ Bl. 155).
10 VSV, Einschätzung der Wirksamkeit der gesetzlichen und weisungsmäßigen Bestimmungen über den Straf- und Untersuchungshaftvollzug vom 3.7.1969 (BArch, DO 1/3785, unpag.).
11 Zitat hier und im Folgenden: Ausführungen Tunnats auf der Tagung der VSV am 29.5.1969 (SächsHStA, 11464/BDVP/23.1/424/Bl. 231–234).

Einbeziehung der „gesellschaftlichen Kräfte" stand der DDR-Strafvollzug noch am Anfang, da deren Bedeutung für die Wiedereingliederung lange kaum beachtet worden war und andere Bereiche Priorität genossen. Diesbezüglich war man zwei Dekaden zuvor, im Justizstrafvollzug, weit fortschrittlicher gewesen. Erst als das Problem der Rückfallkriminalität zunehmend virulent wurde, schenkten die Verantwortlichen diesem Thema mehr Beachtung. Doch konterkarierten vor allem die „Hemmungen" ziviler Mitarbeiter der diversen Betriebe im Umgang mit Strafgefangenen die Bemühungen der Verantwortlichen, was ein zentraler Punkt der weitgehenden Erfolglosigkeit bei der Einbindung „gesellschaftlicher Kräfte" war.

Des Weiteren zeigen die Ausführungen des Chefs der obersten Strafvollzugsverwaltung aus dem Jahr 1969, dass das DDR-Strafvollzugssystem mit der „Erziehung der Erzieher" größte Schwierigkeiten hatte, da das Personalschulungssystem nicht funktionierte. Daher hielt man das Personal zum Selbststudium nach Dienstschluss an. Dessen Realisierbarkeit blieb jedoch in Anbetracht der Tatsache, dass ein Viertel des Personals die 8. Schulklasse nicht erreicht hatte, fraglich. So forderte Tunnat auch 1970 die Änderung des „politisch moralischen Zustands [...] in kürzester Zeit",[12] was im DDR-Strafvollzug seit 20 Jahren gefordert worden war. Zudem blieb, trotz anderer Bekundungen, die Steigerung der Produktion weiterhin das Maß der Dinge bei der Häftlingsarbeit – die Betriebe verlangten nach immer mehr Häftlingen als Arbeitskräfte. Obwohl es sich bei Häftlingsarbeit nie um ein „Gewinngeschäft" gehandelt hatte, haben Heitmann und Sonntag jüngst auf die politisch wie ökonomisch stabilisierende Funktion der Gefangenenarbeit hingewiesen.[13] Aufgrund der überragenden Bedeutung der Produktion für den ostdeutschen Strafvollzug stand dieser vor dem Dilemma, dass auf der einen Seite die Gefängnisse überbelegt waren und daher die geforderte Vollbeschäftigung erschwert wurde und andererseits Amnestien und Gnadenaktionen zu Produktionsausfällen führten und die Planziele gefährdeten.

Die Berliner Zentrale hatte im Frühjahr 1969 zudem die ungenügende Differenzierung der Häftlinge, die gehäufte Missachtung der Gefangenenrechte und die weiterhin unzureichende materielle Ausstattung der Haftanstalten bemängelt, sodass sich die Haftwirklichkeit in der DDR auch zwei Jahrzehnte nach Übernahme des Strafvollzugs durch das Innenministerium in einem desolaten Zustand befand. Aufgrund der hohen Rückfälligkeit und den ausbleibenden Erfolgen in der Umerziehung bekundeten die Verantwortlichen erhebliche Zweifel an der Wirksamkeit der Erziehungsmethoden. So musste auch VSV-Chef Tunnat „große Lücken" bei der Erziehung der Häftlinge eingestehen.[14] Den Leitungsebenen wurde bewusst, dass eine tatsächliche Resozialisierung im Strafvollzug gar nicht stattfand, weshalb die Themen Rückfälligkeit und Wieder-

---

12 Auswertung der Beratung der Abteilungs- bzw. Abteilungsgruppenleiter in der VSV am 6.8.1970 (SächsHStA, 11464/BDVP/23.1/424/Bl. 244).
13 Heitmann/Sonntag, Einsatz in der Produktion, S. 458.
14 BDVP Leipzig, Ausführungen des Genossen Tunnat auf der Tagung am 8.1.1970 im MdI, Leipzig vom 13.1.1970 (SächsStAL, 24.1/612/Bl. 165).

eingliederung ab der zweiten Hälfte der sechziger Jahre und verstärkt in den siebziger Jahren auf der Agenda standen. Da die Sicherheit der Verwahrung und die Produktionssteigerung in der Strafvollzugspolitik Priorität genossen hatten, stand man bei den Bemühungen um die Wiedereingliederung der Häftlinge zu Beginn der siebziger Jahre noch am Anfang. In der Praxis fiel das Problem der Wiedereingliederung jedoch nicht in den Aufgabenbereich des Strafvollzugssystems – „Erziehung im Strafvollzug verkam somit zur Anpassung an die notfalls zwangsweise durchgesetzte Anstaltsdisziplin und war abgekoppelt von den Anforderungen sozialer Integration nach der Haftentlassung."[15] Eine Inspektion in Waldheim im März 1971 ergab, dass dort letztlich die gesamten Grundprinzipien des DDR-Strafvollzugs „noch nicht" in der gewünschten Art und Weise wirkten – eine Bankrotterklärung des Strafvollzugssystems.

Auch in den siebziger Jahren blieb die „Durchsetzung einer straffen Disziplin" die „Hauptfrage im Strafvollzug".[16] Die siebziger Jahre waren von einem Anstieg der Häftlingszahlen gekennzeichnet – nur kurz von der Amnestie 1972 unterbrochen. Die durchschnittliche Haftdauer erhöhte sich und der Anteil rückfälliger Straftäter nahm stetig zu, was die Überbelegung sämtlicher Hafteinrichtungen vergrößerte. Offenbar hatte das Strafvollzugssystem seine abschreckende Wirkung zum Teil eingebüßt, da viele DDR-Bürger mit dem Wissen um die Praxis des Häftlingsfreikaufs einen Gefängnisaufenthalt in Kauf nahmen. Auch bei „Berufskriminellen", also mehrfachen Rückfalltätern, funktionierte die Abschreckung nicht in gewünschtem Maße. Das Strafvollzugssystem der DDR taugte mithin nicht zur Bekämpfung der gewöhnlichen Kriminalität.[17]

Aufgrund der Überbelegung wurde das Haftregime in der ersten Hälfte der siebziger Jahre neuerlich verschärft. Dass infolgedessen die Torgauer Anstaltsleitung explizit darauf hinweisen musste, dass die „Anwendung von Gewalt und Drill [...] strikt untersagt"[18] sei, wirft ein bezeichnendes Licht auf die Haftwirklichkeit im Jahr 1973. In der Folge wurden „positive Entwicklungen" im Strafvollzug daran gemessen, dass alle Häftlinge untergebracht und in die Produktion eingegliedert sowie die Arbeits- und Lebensbedingungen des Anstaltspersonals verbessert werden konnten. Denn auch die mangelnde Motivation der SV-Angehörigen stellte für die Leitungsebenen ein anhaltendes Problem dar. Dazu kam die Frustration vieler Strafvollzugsbediensteter, da es sich bei Versetzungen in den Strafvollzug häufig um Strafversetzungen handelte und dieser selbst im Polizeidienst als Abstellgleis angesehen wurde. Ausdruck dessen war das große Alkoholproblem des DDR-Strafvollzugssystems. Auch Entlassungen infolge von Amnestien bzw. der Freikauf von renitenten Häftlingen und „Staatsfeinden" stie-

---

15 Morré, Vom Niedergang des Erziehungsgedankens, S. 253.
16 Protokoll der Ausführungen des Staatssekretärs und 1. Stellvertreters des Innenministers, Grünstein, anlässlich der Auswertung des Kontrolleinsatzes der VSV in der StVA Leipzig am 14.6.1972 (SächsStAL 24.1/611/Bl. 110).
17 Ansorg, Politische Häftlinge, S. 218.
18 StVA Torgau, Auswertung der Tagung in Berlin beim Staatssekretär, Generalleutnant Grünstein, vom 30.8.1973 (SächsStAL, 24.1/943/Bl. 84).

ßen bei den SV-Angehörige immer wieder auf Unverständnis und wirkten somit demotivierend.

Weiteres Kennzeichen der ersten Hälfte der siebziger Jahre waren Berichte über zunehmend renitente Häftlinge sowie die „Erziehungsunwilligkeit" von Häftlingen. Um dem entgegenzuwirken wurde das Strafvollzugs- und Wiedereingliederungsgesetz Ende 1974 geändert und die drei bestehenden Vollzugsarten durch eine vierte, verschärfte Vollzugsart ergänzt, die man speziell für Rückfalltäter konzipiert hatte. Da politische Häftlinge in der Regel weiterhin der strengen Vollzugskategorie zugeteilt blieben, bedeutete die Neuregelung für sie zum Teil eine Verbesserung, weil sie nun von rückfälligen Gefangenen getrennt untergebracht wurden.

Eine Revision des ostdeutschen Strafvollzugs im Jahre 1977 machte deutlich, dass bezüglich der Probleme bei der Erziehung und der Einbindung „gesellschaftlicher Kräfte" immer noch kein entscheidender Fortschritt erzielt und die Differenz zwischen dem Erziehungsanspruch und der Haftwirklichkeit nicht aufgelöst werden konnte. Allerdings hatten sich die allgemeinen Haftbedingungen, die Verpflegung und die sanitären Anlagen verbessert. Das Innenministerium behauptete überdies, die Rechte der Gefangenen würden eingehalten. Auch wurden die Häftlinge in den siebziger Jahren nicht mehr so politisch indoktriniert wie in den vorangegangenen Jahrzehnten. Wie aus den Akten der siebziger Jahre zu entnehmen ist, wirkten sich sowohl die internationale Anerkennung als auch die zunehmende Einbindung der DDR in internationale Institutionen mäßigend auf deren Strafvollzugspolitik aus und ermöglichten bzw. erzwungen eine erhöhte finanzielle Ausstattung des DDR-Strafvollzugs sowie die oben genannten Verbesserungen. Um das Erscheinungsbild im Westen bedacht, bemühte sich die DDR auch um ein verbessertes Bild ihres Strafvollzugs. Vor allem bemühte man sich um die Einhaltung der UNO-Mindeststandards für die Behandlung Gefangener. Weniger der Häftlingsfreikauf denn der Druck, den UNO-Richtlinien zu entsprechen, führte zu Verbesserung der Haftbedingungen. Ausdruck dessen war das neue Strafvollzugsgesetz vom 7. April 1977, welches die vier Vollzugskategorien durch einen allgemeinen und erleichterten Vollzug ersetzte, was internationalen Standards entsprach. Auch der strenge Arrest gehörte nun der Vergangenheit an. Einerseits entsprachen die Bestimmungen nun den UNO-Regeln, andererseits konnte deren praktische Umsetzung von keiner internationalen Institution kontrolliert werden. Es kam lediglich zu Verbesserung sekundärer Haftfaktoren (Freistunde, Kontakte mit der Außenwelt), das eigentliche Haftregime blieb jedoch restriktiv. In den wichtigen Bereichen Unterbringung, Verpflegung und Häftlingsarbeit waren keine kontinuierlichen Fortschritte zu verzeichnen.[19] Zum Teil verschlechterten sich die Haftbedingungen sogar wieder, was mit dem wirtschaftlichen Niedergang der DDR in den achtziger Jahren zusammenhing. Bis zuletzt blieb zudem die Arreststrafe die am meisten verhängte Disziplinierungsmaßnahme.

---

19 Müller, Haftbedingungen, S. 72.

Die Häftlingsarbeit dominierte ab Mitte der fünfziger Jahre den Haftalltag. Kontakte zur Außenwelt waren streng reglementiert und unterstanden rigoroser Überwachung, jegliche Privatsphäre sollte unterbunden werden. Die Untersuchung hat in ihrem Verlauf anhand vieler Beispiele klar belegt, dass sich die Prioritäten des ostdeutschen Strafvollzugssystems – Sicherheit und Ökonomie – zu Lasten der allgemeinen Haftbedingungen ausgewirkt haben: dem baulichen Zustand, der materiell-technischen und medizinischen Versorgung sowie der sanitären und hygienischen Bedingungen und der Verpflegung. Diese Faktoren, die vielmals furchtbaren Bedingungen bei der Häftlingsarbeit, das häufig feindliche Verhältnis zum Strafvollzugspersonal und die Bedrohung durch potentielle Spitzel, die ein omnipräsentes Klima des Misstrauens in den Gefängnissen schufen, machten den oft nur schwer ertragbaren Haftalltag im DDR-Strafvollzug aus. Zudem bedeutete eine Mangelwirtschaft außerhalb der Gefängnisse geradezu zwangsläufig eine Unterversorgung in den Haftanstalten. Die Akten zeigen, dass die Leitungsebenen sehr genau über die teils bis in die siebziger Jahre hinein bestehenden desolaten Zustände in den Gefängnissen Bescheid wussten, doch waren deren Bemühungen zur Verbesserung der Haftbedingungen eher halbherzig, denn das Strafvollzugssystem der DDR blieb stets durch die „Verletzung der Menschenwürde durch Missachtung der Bedürfnisse des Individuums"[20] gekennzeichnet.

Durch das Konstrukt der „Einheit von Rechten und Pflichten" wurde die weitgehende Rechtlosigkeit der Gefangenen in der Haftpraxis offenbar: Denn nur demjenigen Häftling wurden Rechte zugestanden, der seine Pflichten erfüllte – in erster Linie die hohen Arbeitsnormen. Ebenso wird deutlich, welchen Wert die in den Strafvollzugsgesetzen fixierten Rechte in der Praxis hatten, und dass die Bemühungen, den UNO-Mindeststandards zu entsprechen, nur zu einer „scheinbaren Gesetzlichkeit"[21] im DDR-Strafvollzug führten. Willkür des Anstaltspersonals und auch Übergriffe waren stets möglich, da das Klima durch wiederholte Anweisungen zu erhöhter Wachsamkeit und zu mehr Härte im Strafvollzug sowie die permanente politische Indoktrination der SV-Angehörigen periodisch verschärft wurde.

Ein weiteres Kennzeichen des Strafvollzugssystems war die Degradierung der Häftlinge „zum Erziehungsobjekt und zum Gegenstand der Einwirkung". Dies galt nicht nur für die Häftlinge, sondern für die gesamte DDR-Gesellschaft.[22] Denn die Gefängnisse eines Landes sind Spiegelbilder der gesellschaftlichen Wirklichkeit und stehen – unabhängig vom politischen System – nicht außerhalb der sozialen Verhältnisse. Darauf nimmt auch Borchert Bezug, wenn er ausführt: Die DDR-Führung „sah in der Erziehung der Menschen zu entwickelten sozialistischen Persönlichkeiten eine zentrale Aufgabe, die (außerhalb wie innerhalb der Gefängnisse) mittels Arbeit, Ideologie sowie Disziplin und Ordnung verwirklicht werden sollte. [...] Im DDR-Gefängnis waren die Erziehungs-

---

20 Décarpes, DDR-Strafvollzug, S. 95.
21 Ansorg, Politische Häftlinge.
22 Décarpes, DDR-Strafvollzug, S. 96.

elemente vorzufinden, die das Leben im Staat ohnehin prägten."[23] War schon in der Gesellschaft der Herrschafts- und Gestaltungsanspruch der SED-Diktatur total, so trat er in einem so fundamentalen Teil des Repressionsapparates, wie dem Strafvollzug, noch einmal verstärkt zu Tage. Der Anspruch, auch im Strafvollzug einen neuen sozialistischen Menschen zu schaffen, wurde stets aufrechterhalten. Doch zum einen scheiterte dieser Anspruch daran, dass das Haftregime die Ablehnung der Inhaftierten gegen das SED-System eher beförderte, und zum anderen an den Realitäten im Gefängniswesen: am allseitigen Mangel und insbesondere an der Personalsituation. Denn schon die „Erziehung der Erzieher" stellte das ostdeutsche Gefängniswesen vor unüberwindbare Schwierigkeiten. So mussten sich die zuständigen Behörden im Untersuchungszeitraum mehrfach eingestehen, dass die Ziele des Strafvollzugs nicht erreicht wurden. Zudem konnte der alle Bereiche des Haftlebens umfassende totalitäre Anspruch der vollständigen Kontrolle der Häftlinge in der Regel nur tagsüber und außerhalb der Zellen aufrechterhalten werden, denn „wenn am Abend der Verwahrraum abgeschlossen wird, ist unsere Arbeit erledigt, was sich dort abspielt, ist für uns nicht zugänglich".[24] Die länder- und systemübergreifende gefängnistypische Subkultur konnte auch im DDR-Strafvollzugssystem nicht beseitigt werden. Auch wenn die Hierarchisierung der Häftlingsgesellschaft bewusst gefördert wurde, um eine breite Front einer einigen Häftlingsgesellschaft zu verhindern, zeigen sich doch hier die „Grenzen der Diktatur"[25] selbst im Strafvollzug, was keinesfalls eine Bagatellisierung des ostdeutschen Gefängniswesens bedeutet. Daher beschränkte sich die SED-Diktatur im Strafvollzug letztlich auf die Ausbeutung der Arbeitskraft der Häftlinge und wandte Repressionsmaßnahmen nur gegen diejenigen an, die sich nicht diszipliniert und ruhig verhielten – wiederum eine Parallele zur Gesellschaft außerhalb der Anstaltsmauern.

---

23 Borchert, Erziehung im DDR-Strafvollzug, S. 12, 148.
24 Protokoll der 2. Vollzugskonferenz vom 8.12.1965 (SächsHStA, 11464/ BDVP/23.1/ 424/ Bl. 158).
25 Bessel/Jessen (Hg.), Grenzen der Diktatur, S. 9–17.

VII. Anhang

1. Dokument: Referat von Herbert Grünstein am 28. Juni 1967

Ausführungen des Ersten Stellvertreters des Innenministers und DVP-Chefs Dickel, Herbert Grünstein, auf einer Tagung mit den Leitern der selbständigen Vollzugseinrichtungen und den Abteilungsleitern Strafvollzug der BDVP in der StVA Brandenburg am 28.6.1967 (BArch, DO 1/3412, unpag.).

Ich möchte einige Probleme der Kaderarbeit hier behandeln. [...] Es ist klar, dass der Hauptinhalt der Leitungstätigkeit die Arbeit mit dem Menschen ist. Darüber brauchte man eigentlich nicht mehr zu diskutieren, wenn das überall von jedem Leiter bereits so verstanden und gehandhabt würde. Denn wer macht die Arbeit mit den Strafgefangenen, wer fördert ihre Umerziehung, wer nimmt Einfluss auf die Produktion, wer nimmt Einfluss auf die Ordnung und Sicherheit. Das sind doch unsere Menschen und unsere Mitarbeiter. Wenn aber unsere Menschen und Mitarbeiter nicht für diese Aufgabe vorbereitet sind, selber ein niedriges Bildungsniveau haben, politische Unklarheiten, bei einigen sogar mangelndes Klassenbewusstsein zu verzeichnen sind, nicht richtig erzogen, parteilich erzogen, dann können wir unsere Aufgaben nicht erfüllen. Das sind doch unsere Menschen, die diese Aufgaben erfüllen müssen, unsere Menschen, die begeistert sein müssen von ihrer großen humanistischen Aufgabe, die im Strafvollzug durchgeführt wird. Sie müssen auch durchdrungen sein, dass sie an einem besonders schwierigen Abschnitt der Erziehungsarbeit unserer Bürger stehen und dass sie diese Aufgaben erfüllen können, wenn sie sich selber zu sozialistischen Persönlichkeiten entwickeln, die durchdrungen sind von dem großen Klassenauftrag, den sie in der Arbeit im Strafvollzug erhalten haben.

Deswegen ist erforderlich, dass die meiste Zeit der Leiter ihrer Hauptaufgabe, der Qualifizierung und Erziehung, der Arbeit mit ihren Kadern dienen muss, weil sie sonst ihre Aufgabe nicht erfüllen können. Jede Aufgabe, die im Strafvollzug angepackt wird, muss beginnen mit der gründlichen Erläuterung, mit der politischen, fachlichen und gesetzlichen Erläuterung, der Methodik usw. mit den Genossen, die diese Aufgabe durchzuführen haben. Das sind vielleicht Selbstverständlichkeiten, aber leider zeigt die Einschätzung, die Auffassung, die unsere Genossen in den Anstalten gewonnen haben bei ihren Kontrolleinsätzen, dass das leider noch nicht überall der Fall ist.

Es beginnt doch schon mit der ganzen Fluktuation im Strafvollzug. Wann wollen wir damit mal Schluss machen. Wir haben gegenwärtig 7 % Fehlstellen. Gegenüber 1966 gibt es nur geringe Veränderungen. Man muss die Frage stellen, warum? Wir haben eine Verbesserung des Gehaltes, wir sind heute bei der Schutzpolizei seit 1945 zum ersten Mal soweit, dass wir ohne Fehlstellen arbeiten. Ist denn das im Strafvollzug nicht auch möglich? Wenn die Genossen das vielleicht selbst energisch in Angriff nehmen und sich nicht darauf verlassen, was ihnen die Kaderabteilung der BDVP zuschiebt, sondern selbst eigene Pläne aufstellen der Gewinnung hochqualifizierter Kader.

Es kommt aber noch etwas anderes hinzu. Entscheidend ist, wen stelle ich ein. Ich sage ehrlich, ich habe lieber eine Fehlstelle als einen unqualifizierten Mann. Mit der Fehlstelle brauche ich mich nicht rumzuärgern, die brauche ich nicht umerzuerziehen [sic]. Aber mit dem Menschen, den ich einstelle, der keine Voraussetzungen und Eignungen mitbringt, mit dem kann ich mich jahrelang rumärgern, da kann ich erziehen und komme doch nicht zum Ergebnis. Das heißt, die Forderungen des Ministers, die Weisungen, die auf dem Gebiet der qualifizierten Einstellung gegeben werden, gelten genauso gut für den Strafvollzug.

Wie kommt es, dass der Anteil der Neueingestellten mit 7-Klassen-Schulbildung und weniger im Gegensatz zum Vorjahr in einer Reihe von Einrichtungen angestiegen ist. Die Forderung des Ministers, dass wir im Wesentlichen 10-Klassenschüler einstellen, mit Ausnahmen auch noch 8-Klassenschüler, aber besonders für den Vollzugsdienst 10-Klassenschüler, gilt auch für den Strafvollzug. Nehmen wir folgendes Beispiel: StVA Berlin I. Dort wurden übernommen aus anderen Organen [...] von 16 Wachtmeistern 4 mit 7. Klassenabschluss, 5 mit 6., 3 mit 5. Klassenabschluss. Davon ist ein Genosse mit Tauglichkeitsstufe IV mit Hirnschaden, einer betätigt sich nebenberuflich als Aushilfskellner, ein Genosse hat einen Diebstahl begangen.

In der StVA Torgau werden Einstellungen planlos und oberflächlich entgegen der Einstellungsordnung des Ministers vorgenommen.

Von insgesamt 30 Einstellungen im Jahre 1966/67 mussten bereits 6 nach kurzer Zeit wieder entlassen werden. Bei 17 Einstellungen fehlte die Beurteilung der letzten Arbeitsstelle, bei 4 lagen keine Ermittlungsberichte vor. Mit 11 Bewerbern wurden nur kurze und formale Einstellungsgespräche geführt. Bei 10 Genossen wurden seit Januar 1966 noch keine Dienstverträge abgeschlossen. Wie ist das möglich? Man kann nicht sagen, was sollen wir machen, die kriegen wir zugewiesen. Nein, Genossen, die Verantwortung für die Anstalt trägt der Leiter der Anstalt. Wenn also Menschen zugewiesen werden, die nicht den Bedingungen und den Weisungen entsprechen, werden sie nicht aufgenommen. Dann wenden Sie sich an den Kaderleiter der Bezirksbehörde, wenden sich an den Chef der BDVP und sagen ihm, mir wurden Leute zugeschickt, ich nehme die nicht auf, die entsprechen nicht den Bedingungen. Wenn man sie ihnen trotzdem aufdrängen will, dann sagen Sie, ich mache Meldung, weil hier die Befehle des Ministers nicht eingehalten werden. Sie müssen hierzu eine andere Haltung einnehmen. Mich wundert auch, dass die Mitarbeiter der Abteilung SV einen solchen Zustand dulden. Natürlich weiß ich, dass man versucht, immer die schlechtesten abzuschieben, besonders wenn es um Auffüllung von Fehlstellen geht. Natürlich ist klar, dass man dem Strafvollzug auch mal ältere Menschen zuteilen kann, die beispielsweise im schutzpolizeilichen Dienst nicht mehr in der Lage sind, nachts für 8 Stunden auf der Straße Dienst zu tun. Es kann sein. Der Strafvollzug kann im Alter höher liegen als die Schutzpolizei, da sind 18/19-jährige nicht in der Lage, im Vollzugsdienst tätig zu sein. Aber es müssen gesunde Menschen sein, sie müssen auch dem Bildungsniveau entsprechen und politische klare Menschen sein. Das ist Strafvollzug, das ist keine Besserungsanstalt, wo ich die eigenen Leute erst mal bessern muss. Und ich verlange von Ihnen als Leiter, dass Sie eine klare Haltung einnehmen und es am besten ist, wenn Sie sich selber um eine Werbung mit kümmern. [...]

Oder ich werbe in Betrieben nach einem ganz bestimmten Plan und System und kriege Menschen für den Strafvollzug. Ist denn das so kompliziert, dass man dieses Problem nicht lösen kann? Mir scheint, dass die liberale Haltung bei einigen Genossen die Ursache dafür ist, dass wir diese Kaderprobleme bis jetzt noch nicht im Griff haben. Aber damit steht und fällt die Erfüllung unserer Aufgaben. Alles andere ist

Referat von Herbert Grünstein   351

Gerede. Wenn ich nicht einen guten fest ausgebildeten Kaderstamm habe, erfüllen wir unsere Aufgaben nicht. Das ist ganz eindeutig.

Hinzu kommt eines und ich bitte Sie, sich das ernsthaft anzuschauen. Wir haben neben der natürlichen Fluktuation, die im Strafvollzug etwas höher liegt als in anderen Dienststellen der Organe des MdI, eine bestimmte Fluktuation, die deswegen entsteht, weil eine Reihe von Genossen kündigen und kündigen deswegen, weil es ihnen nicht gefällt, sie mit dem Dienst nicht einverstanden sind, nicht richtig mit ihnen umgegangen wird.

Ich bitte Sie in Zukunft, jeden einzelnen Fall der Kündigungen der Genossen sehr große Aufmerksamkeit beizumessen, auch die Politstellvertreter und Parteiorganisationen und die Ursachen aufzudecken, warum gefällt es den Genossen nicht bei uns, was ist los, und in vielen Fällen, das zeigen eine Reihe von Überprüfungen, Eingaben und Beschwerden solcher Genossen, zeigt sich herzloses, administratives, bürokratisches Verhalten der Vorgesetzten. Wir müssen in der Lage sein, die Fluktuation einzuschränken, einen gut qualifizierten Kaderstamm zu halten.

Auch in der Allgemeinbildung, in den Qualifizierungsmaßnahmen wird die Direktive von 1967 nicht zielstrebig durchgesetzt. Die Direktive 1967 ist nicht aufgehoben. Es gibt einige Experten, die reden von Prognose und Perspektive, aber vergessen, die täglichen Aufgaben zu erfüllen. Genau wie in der Volkswirtschaft die Hauptaufgabe gegenwärtig die Erfüllung des Volkswirtschaftsplanes 1967 ist und davon die Perspektive und Prognose abhängt, genauso ist das bei uns. Wir haben eine Reihe Rückstände. Und interessant ist es, dass in den Anstalten, wo schlecht geleitet wird, sich das auf allen Gebieten bemerkbar macht. Man kommt immer wieder zurück zur Leitungstätigkeit.

So wird z. B. die außerschulische Qualifizierung, die in der Direktive festgelegt ist, besonders für die Wachtmeister, die bisher keinen Anwärterlehrgang absolvierten, bis Ende des Jahre durchzuführen ist, sehr schleppend vorangeht. Aber Ende des Jahres sollen Prüfungen stattfinden, d. h. der Genosse muss bis dahin über das Wissen eines Absolventen des Anwärterlehrganges verfügen. Wie soll denn das bis Ende 1967 geschafft werden, wenn bisher sehr wenig getan wurde? Das ist ja schon zeitgemäß kaum noch drin. Jetzt kommt auch noch die Urlaubsperiode dazu. Wir sind also wieder gezwungen, den Abschluss dieser Gesamtaufgabe bis 1968 hinauszuschieben. Wir wollen doch endlich mal zu dem Zustand kommen, dass jeder Genosse, der im Strafvollzug ist, eine gründliche Anwärterausbildung hat. Wir können alle die, die jetzt im Strafvollzug sind und noch nicht die Anwärterschule besucht haben, nicht im Nachholebedarf über die Schule schicken. Da reicht unsere Kapazität nicht. Aber in Zukunft, das sage ich mit aller Deutlichkeit, wird keiner mehr in den Dienst eingestellt, für den nicht gesichert ist, dass er zum nächsten Termin auf die Anwärterschule geht. Damit wir sagen können, jeder, der bei uns als Wachtmeister seinen Dienst versieht, hat seinen Anwärterlehrgang. Somit können wir auch die Weiterqualifizierung auf eine ganz andere Ebene heben, und nicht jahrelang immer dasselbe Thema durchzunehmen. Das ist wie eine Kette ohne Ende auf diesem Gebiet. Also muss man dieser Aufgabe größere Aufmerksamkeit widmen. [...]

Es ist also zu ersehen, welche große Problem im Strafvollzug stehen [sic]. Wir können nicht fordern, dass bis nächstes Jahr jeder den 10-Klassenabschluß hat, das ist nicht drin. Wir können das Problem der Weiterqualifizierung nur dann lösen, wenn in erster Linie der Anstaltsleiter mit seinem Kollektiv eine richtige nüchterne

Einschätzung der Lage vornimmt und unter Ausnutzung der eigenen Möglichkeiten in den Anstalten, dafür gibt es Beispiele, es werden sicherlich in der Diskussion einige Genossen darüber sprechen, die Weiterqualifizierung zu sichern. Darüber hinaus wird auch die Verwaltung Strafvollzug in nächster Zeit klare Konzeptionen fertigstellen für die Weiterentwicklung der Anwärterausbildung, für die Ausbildung der Stationsleiter, für die Offiziersausbildung als auch für die Hochschulausbildung im Strafvollzug. [...]

Bei der ganzen Entwicklung des Bildungssystems, als Teilsystem des entwickelten gesellschaftlichen Systems, spielt die Bildung eine außerordentlich große Rolle, weil es klar ist, dass die komplizierteren Aufgaben beim entwickelten gesellschaftlichen System, bei der Durchführung der wissenschaftlich-technischen Revolution, der höheren Qualität unserer Bürger usw. auch andere Menschen mit höherem Wissen, anderen Fähigkeiten verlangt, das es verlangt, sozialistische Persönlichkeiten heranzubilden. Das heißt, man darf die Kaderarbeit in den Abteilungen nicht als Ressortarbeit betrachten, sondern gemeinsam mit der Partei den Kampf darum führen muss, wie entwickeln wir unsere Menschen zu solchen Persönlichkeiten. Dazu gehört auch die Frage der körperlichen Betätigung, des Dienstsportes, des Dienstsportes in den Sportgemeinschaften Dynamo und vor allen Dingen auch die kulturelle Erziehungsarbeit, die bei unseren Organen leider immer noch unterschätzt wird. Die Rolle der Kultur und Kunst, die Erziehung der Menschen dazu, ihre Bedeutung wächst auch in unseren Organen. Sie fordert die Triebkräfte des Menschen, sie erzieht ihn, sie gibt ihm neue Impulse, sie erweitert seinen Gesichtskreis, sie führt ihn aus einer bestimmten Enge heraus, sie erlaubt ihm, die Problem des Lebens der Gesellschaft mehr zu fassen, sie gibt ihm auch einen größeren Optimismus in der Arbeit, den man besonders im Strafvollzug braucht, damit die Genossen besser sehen, dass das Leben in der Republik nicht durch die Arbeit im Strafvollzug charakterisiert wird, sondern dass es nur ein winziger Teil der Bürger ist, die straffällig werden, aber das diese Arbeit im Strafvollzug eben ein Teil der großen gesellschaftlichen Aufgabe beim Aufbau des Sozialismus darstellt. Deswegen brauche ich auch eine stärkere kulturelle Erziehung unsere Menschen und wir glauben, dass ein wirklicher Leiter sich in Zukunft solchen Problemen mehr zuwenden muss.

Ich möchte damit die Frage des Kaderproblemes abschließen. Man könnte noch mehr Beispiele und Tatsachen bringen, aber mit aller Eindringlichkeit möchte ich nochmals sagen. Die Frage der Erziehung der Menschen, ihre politisch-ideologische Entwicklung, die Erhöhung des Klassenbewusstseins, die Bildung und Entwicklung der Allgemeinbildung, der charakterlichen Bildung, die sportliche Stählung, die kulturelle Bildung, stellt eine der entscheidendsten Aufgaben der Leiter dar, von dem der Erfolg ihrer Arbeit im Wesentlichen abhängt.

2. Diagramme und Organigramme

Diagramm 1:
Gefangenenbestand in den Justizvollzugsanstalten der SBZ von April 1946 bis Januar 1950, unterteilt nach Gesamtbestand, selbständigen Anstalten, Gerichtsgefängnissen und Haftlagern

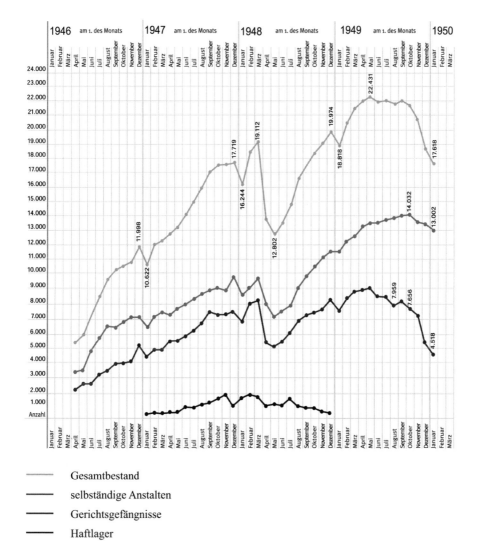

— Gesamtbestand
— selbständige Anstalten
— Gerichtsgefängnisse
— Haftlager

Quelle: BArch, DO 1/25289.

Diagramm 2:
Gefangenenentweichungen in der SBZ – prozentual berechnet nach den Durchgangszahlen der Monate April 1946 bis Dezember 1949, unterteilt nach Gerichtsgefängnissen und selbständigen Anstalten

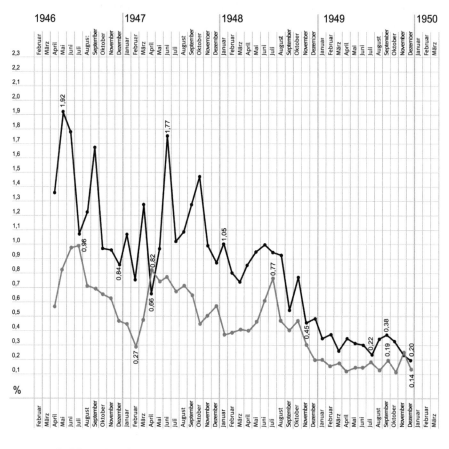

——— Gerichtsgefängnisse

——— selbständige Anstalten

Quelle: BArch, DO 1/25289.

Diagramm 3:
Gesamtzahl der Gefangenenentweichungen in Sachsen von Januar 1948 bis Dezember 1949, unterteilt nach Gerichtsgefängnissen und selbständigen Anstalten

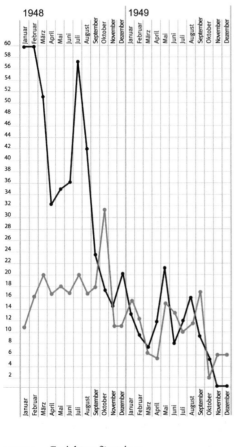

—— Gerichtsgefängnisse

—— selbständige Anstalten

Quelle: BArch, DO 1/25289.

Diagramm 4:
Entwicklung der Gesamtzahl der Strafgefangenen in Strafvollzugseinrichtungen des MdI (1950–1980) sowie der wegen „Staatsverbrechen" Verurteilten (1954–1960)

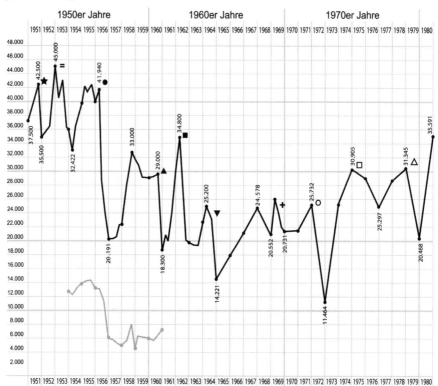

— Strafgefangene

⋯ Verurteilte wegen „Staatsverbrechen"

★ Begnadigung in Waldheim sowie nach Befehl 201, KG 10, KD 38 Verurteilter

= Ministerratsbeschluss vom 11. 6.1953 / „Neuer Kurs"

● Entlassungsaktion infolge des „Tauwetters" nach dem XX. KPdSU-Parteitag

▲ Staatsratsbeschluss vom 4.10.1960

■ Beschluss des Politbüros vom 17. 4.1962 über die verstärkte Anwendung des § 346 StPO (Strafaussetzung auf Bewährung)

▼ Amnestieerlass des Staatsrats vom 3.10.1964

+ verstärkte Anwendung der Strafaussetzung auf Bewährung 1968

○ Amnestie vom 6.10.1972

□ verstärkte Anwendung des § 346 StPO (Strafaussetzung auf Bewährung)

△ Amnestie zum 30. Jahrestag der DDR vom 24. 9.1979

Quelle: BArch, DO 1/3697; Werkentin, Politische Strafjustiz, S. 408–410.

Organigramm 1:
Organisationsstruktur der Hauptabteilung Strafvollzug 1951

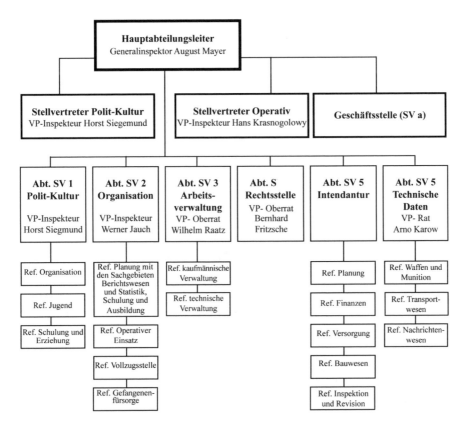

Quelle: Risse, Ministerium des Innern, S. VII.

Organigramm 2:
Organisationsstruktur der Verwaltung Strafvollzug 1965

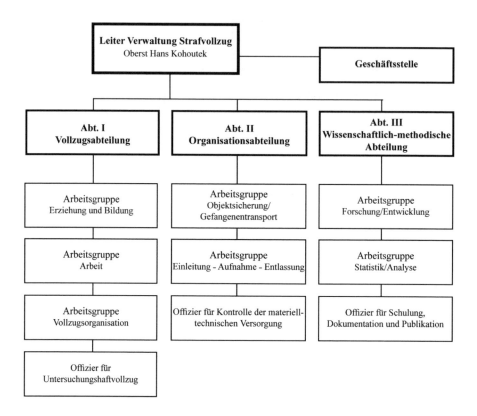

Quelle: Risse, Ministerium des Innern, S. XI.

Organigramm 3:
Organisationsstruktur der Verwaltung Strafvollzug Mitte der siebziger Jahre

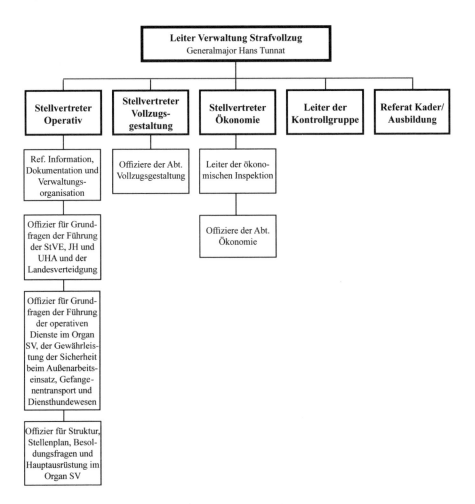

Quelle: Risse, Ministerium des Innern, S. XII.

3. Quellen- und Literaturverzeichnis

3.1 unveröffentlichte Quellen

Bundesarchiv Berlin/Lichterfelde

- Deutsche Verwaltung des Innern, Schutzpolizei, Polizeihaftanstalten (DO 1)
- Ministerium des Inneren der DDR, Verwaltung Strafvollzug (DO 1)
- Ministerium des Inneren der DDR, Büro des Ministers (DO 1)
- Deutsche Zentralverwaltung der Justiz/Ministerium der Justiz, Hauptabteilung Strafvollzug (DP 1/HA SV)
- Generalstaatsanwalt der DDR (DP 3)
- Deutschen Zentralverwaltung für das Gesundheitswesen (DQ 1)

Stiftung Archiv der Parteien und Massenorganisationen der DDR im Bundesarchiv (SAPMO)

- Büro Honecker (DY 30)
- Abteilung für Sicherheitsfragen (DY 30/IV A 2/12)
- Abteilung für Staats- und Rechtsfragen (DY 30/ IV 2/13)
- Politbüro des Zentralkomitees der SED (DY 30/ J IV 2/2)

Sächsisches Hauptstaatsarchiv Dresden

- Landesregierung Sachsen, Ministerium der Justiz und Hauptabteilung Justiz beim Ministerpräsidenten (11380/LRS/MdJ)
- Landesbehörde der Volkspolizei Sachsen (11378/LDVP bzw. LBVPS)
- Bezirksbehörde der Deutschen Volkspolizei Dresden (11464/BDVP/23.1)

Sächsisches Staatsarchiv Chemnitz

- Bezirksbehörde der Deutschen Volkspolizei Karl-Marx-Stadt (30441)

Sächsisches Staatsarchiv Leipzig

- Bezirksbehörde der Deutschen Volkspolizei Leipzig (20250)

Die Bundesbeauftragte für die Unterlagen der Staatssicherheit der ehemaligen DDR

- Zentralarchiv, MfS, Büro des Leiters

3.2 Zeitgenössische Veröffentlichungen, Erlebnisberichte, gedruckte Quellen

Bechler, Margret: Warten auf Antwort. Ein deutsches Schicksal, 17. Auflage Frankfurt a. M. 1992, erstmals München 1978.
Bericht der Justizministerin Hilde Benjamin in der 5. Sitzung des Staatsrates der DDR. In: NJ, 15 (1961), S. 75–80.
Binski, Sigurd (Hg.): Zwischen Waldheim und Workuta. Erlebnisse politischer Häftlinge 1945–1965, Bonn 1967.
Brundert, Willi: Es begann im Theater. „Volksjustiz" hinter dem eisernen Vorhang, Berlin (Ost) 1958.
Buchholz, Erich/Dähn, Ulrich/Weber, Hans: Strafrechtliche Verantwortlichkeit und Strafe, Berlin (Ost) 1982.
Corbat, Hans: „Unserer Entwicklung steht er feindselig gegenüber." Erlebnisse in kommunistischen Lagern und Gefängnissen in Berlin, Torgau und Bautzen 1946–1956, Dresden 2004.
Fechner, Max (Hg.): Beiträge zur Demokratisierung der Justiz, Berlin (Ost) 1948.
Fichter, Horst: Verflucht sei die Menschenwürde. Erlebnisbericht aus den Zuchthäusern der ehemaligen DDR, Frankfurt a. M. 1996.
Flade, Hermann: Deutsche gegen Deutsche. Erlebnisbericht aus dem sowjetzonalen Zuchthaus, Freiburg i. Brsg. 1963.
Das Gelbe Elend. Bautzen-Häftlinge berichten, 1945–1956. Hg. vom Bautzen-Komitee, 2. Auflage München 1997.
Gentz, Werner: Der moderne Strafvollzug. In: ZStW, 37 (1925), S. 129–153.
–: Die praktische Ausgestaltung des Strafvollzuges. In: Frede, Lothar/Grünhut, Max (Hg.): Reform des Strafvollzuges. Kritische Beiträge zum Amtlichen Entwurf eines Strafvollzugsgesetzes, Berlin 1927, S. 55–101.
–: Reform des Strafvollzuges. In: Fechner, Max (Hg.): Beiträge zur Demokratisierung der Justiz, Berlin (Ost) 1948, S. 229–257.
Giebeler, Eckart: Hinter verschlossenen Türen. Vierzig Jahre als Gefängnisseelsorger in der DDR, Wuppertal 1992.
Grabe, Kurt M.: Vier Stationen in Rot. Gefangen in den berüchtigtsten Haftanstalten der DDR, Berlin 1995.
Graul, Elisabeth: Die Farce. Autobiographischer Roman, Magdeburg 1991.
Grundgesetz für die Bundesrepublik Deutschland. Hg. vom BMVg, Bonn 1994.
Grundsätze zum Erlaß des Staatsrates der DDR über die grundsätzlichen Aufgaben und die Arbeitsweise der Organe der Rechtspflege. In: NJ, 16 (1962), S. 757.
Hammer (Oberrichter): Bericht über den Fortbildungslehrgang für Strafvollzug in Ichtershausen vom 26.6. bis 2.7.1949. In: NJ, 3 (1949), S. 219.
Hardegen, Wolfgang: Gefangen in Bautzen. Ein Jugendlicher überlebt acht Jahre im „Gelben Elend", Berlin 2000.
Harich, Wolfgang: Ahnenpaß. Versuch einer Autobiographie, Berlin 1999.
Die Hauptaufgaben des sozialistischen Strafvollzuges im System der Kriminalitätsbekämpfung in der Deutschen Demokratischen Republik. Hg. von Erich Buchholz, Hans Tunnat und Heinrich Mehner, Berlin (Ost) 1969.
Heinrichs, Siegfried: Die Vertreibung oder Skizzen aus einem sozialistischen Gefängnis, Berlin (West) 1980, (als Taschenbuch unter dem Titel: Kassiber, Berlin (West) 1983).

Herling, Gustaw: Welt ohne Erbarmen, München 2000, erstmals 1953.
Honecker, Erich: Reden und Aufsätze, Band 7, Berlin (Ost) 1982.
Hüge, Bernd-Dieter: Mein Knastbuch. Ein Bericht, Berlin 1991.
Jahn, Gustav: Gegen Erscheinungsformen des Liberalismus in der Justiz! In: NJ, 11 (1957), S. 182 f.
Janka, Walter: Schwierigkeiten mit der Wahrheit, Berlin 1990.
–: Spuren eines Lebens, Hamburg 1992.
Johannesmeier, Karl Heinz: Neun Leben sind nicht genug. Mein Weg vom Stasi-Häftling zum Erfolgsunternehmer in Silicon Valley, München 1998.
Just, Gustav: Zeuge in eigener Sache. Die fünfziger Jahre in der DDR, Frankfurt a. M. 1990.
Keferstein, Horst G.: Unruhige Jahre, Münster 2001.
Kempowski, Walter: Ein Kapitel für sich, München 1978, erstmals 1975.
–: Im Block. Ein Haftbericht, München 2004, erstmals 1969.
Kern, Herbert: Die Erziehung im Strafvollzug, Berlin (Ost) 1958.
KgU-Archiv 11/56: Der Strafvollzug in der Sowjetzone, Berlin 1956.
Klein, Manfred: Jugend zwischen den Diktaturen 1945–1956, Mainz 1968.
Klemke, Helmut: Geiseln der Rache. Zehn Jahre in mitteldeutschen Todeslagern. Erlebnis und Bericht, Berg 1995.
Knechtel, Rüdiger/Fiedler, Jürgen (Hg.): Stalins DDR. Berichte politisch Verfolgter, Leipzig 1991.
Kockrow, Wolfgang: „Nicht schuldig!" Der Versuch einer Aufarbeitung von 5 ½ Jahren Zuchthaus in der DDR, Berlin 2000.
Kopelew, Lew: Aufbewahren für alle Zeit!, Göttingen 1996, erstmals 1976.
–: Tröste meine Trauer. Autobiographie 1947–1954, Göttingen 1996, erstmals 1981.
Krebs, Albert: Die Durchführung der Kontrollratsdirektive Nr. 19 in den vier Besatzungszonen Deutschlands, insbesondere in der US-Zone. In: ZfStrVo, 1 (1950) 3, S. 17–29.
Kunze, Kurt: Das Strafvollzugs- und Wiedereingliederungsgesetz – ein wichtiger Bestandteil des sozialistischen Strafrechts. In: NJ, 22 (1968), S. 302–305.
Loest, Erich: Durch die Erde ein Riß. Ein Lebenslauf, München 1999, erstmals 1981.
Löwenthal, Fritz: Der neue Geist von Potsdam, Hamburg 1948.
Lolland, Jörg/Rödiger, Frank S. (Hg.): Gesicht zur Wand. Berichte und Protokolle politischer Häftlinge in der DDR, Stuttgart 1977.
Matzel, Klaus: „Gelbes Elend" und „Roter Ochse", Manuskript, Archiv StSG, ohne Jahr.
Melsheimer, Ernst: Sozialistische Gesetzlichkeit im Strafverfahren. In: NJ, 10 (1956), S. 289–296.
Mielke, Erich: Die sozialistische Gesetzlichkeit dient der weiteren Entfaltung der Demokratie, der Sicherung und Festigung unserer Staatsordnung. In: NJ, 20 (1966), S. 376 f.
Mühlberger, Fritz: Sozialistische Gesetzlichkeit im Strafverfahren, Auszüge eines Referats auf der Konferenz der Richter und Staatsanwälte im Bezirk Karl-Marx-Stadt. In: NJ, 10 (1956), S. 386–389.
Müthel, Eva: Für dich blüht kein Baum, Frankfurt a. M. 1957.
Podolski, Elisabeth: Verlorene Jahre, Kronshagen 1983.

Poelchau, Harald: Arbeit statt Strafe? In: NJ, 2 (1948), S. 191-194.
-: Die Ordnung der Bedrängten. Autobiographisches und Zeitgeschichtliches seit den zwanziger Jahren, Berlin (West) 1963.
Politische Gefangene in der DDR. Hg. von Amnesty International, London 1967.
Riemann, Erika: Die Schleife an Stalins Bart. Ein Mädchenstreich, acht Jahre Haft und die Zeit danach, Hamburg 2002.
Schacht, Ulrich (Hg.): Hohenecker Protokolle. Aussagen zur Geschichte der politischen Verfolgung von Frauen in der DDR, Zürich 1984.
Schalamov, Warlam: Durch den Schnee. Erzählungen aus Kolyma 1, Berlin 2007, erstmals 1978.
Schlosser, Manfred: Die Einbeziehung der Öffentlichkeit in die Erziehungsarbeit des Strafvollzuges. In: NJ, 16 (1962), S. 129.
Semprún, Jorge: Was für ein schöner Sonntag!, München 2004, erstmals 1980.
Szkibik, Heinz: Sozialistischer Strafvollzug. Erziehung durch Arbeit, Berlin (Ost) 1969.
Skribanowitz, Gert: „Feindlich Eingestellt!" Vom Prager Frühling ins deutsche Zuchthaus, Böblingen 1991.
Solschenizyn, Alexander: Der Archipel Gulag, Band 2, Reinbek 1978, erstmals 1974.
-: Ein Tag im Leben des Iwan Denissowitsch, München 1999, erstmals 1963.
Stern, Joachim R.: Und der Westen schweigt. Erlebnisse - Berichte - Dokumente über Mitteldeutschland. 1945-1975, Preußisch Oldendorf 1976.
Streit, Josef: Einige Gedanken zur Vorbereitung der Richterwahl. In: NJ, 13 (1959), S. 37-39.
-: Begründung des Entwurfs des SVWG. In: NJ, 22 (1968), S. 5.
Thiemann, Ellen: Stell dich mit den Schergen gut. Erinnerungen an die DDR, München 1984.
Volker, Hagen (Pseud.): Sibirien liegt in Deutschland, Berlin (West) 1958.
Weber, Gerda/Weber, Hermann: Leben nach dem „Prinzip Links". Erinnerungen aus fünf Jahrzehnten, Berlin 2006.
Weigt, Hubert/Wittwer, Helmut: Kommentar zum Strafvollzugsgesetz, Berlin (Ost) 1980.
Zur Geschichte der Rechtspflege der DDR 1961-1971. Hg. von einem Autorenkollektiv unter Leitung von Hilde Benjamin, Berlin (Ost) 1986.

3.3 Literatur

Alisch, Steffen/Bremberger, Bernhard: Das Zentralgefängnis Cottbus. Vom nationalsozialistischen Frauenzuchthaus zur „Strafvollzugeinrichtung" der DDR, Berlin 2009.
Ammer, Thomas: Strafvollzug in der Strafvollzugsanstalt Brandenburg. In: DA, 35 (2002), S. 1006-1007.
Ansorg, Leonore: Strafvollzug an politischen Gefangenen in der DDR. Die Strafvollzugsanstalt Brandenburg-Görden. In: DA, 35 (2002), S. 769-781.
-: Die Entwicklung des Strafvollzugs und die Gefangenenstruktur in der Haftanstalt Brandenburg-Görden 1949-1989. In: Morsch, Günter/Pasquale, Sylvia de (Hg.)

—: Perspektiven für die Dokumentationsstelle Brandenburg. Beiträge der Tagung in der Justizschule der Justizvollzugsanstalt Brandenburg am 29./30. Oktober 2002, Münster 2004, S. 197-210.

—: Die juristische Aufarbeitung von DDR-Unrecht im Strafvollzug. Ermittlungsverfahren gegen ehemalige Angehörige der Strafvollzugsanstalt Brandenburg nach 1989. In: DA, 38 (2005), S. 589-597.

—: Politische Häftlinge im Strafvollzug der DDR: Die Strafvollzugsanstalt Brandenburg, Berlin 2005.

—: Veränderungen in der Strafvollzugspraxis in den siebziger und achtziger Jahren am Fall der Haftanstalt Brandenburg. In: „Das Land ist still – noch!" Herrschaftswandel und politische Gegenerschaft in der DDR (1971-1989). Hg. von Leonore Ansorg, Bernd Gehrke, Thomas Klein und Danuta Kneipp, Köln 2009, S. 73-91.

—: Politische Haft in zwei Diktaturen. Das Zuchthaus Brandenburg-Görden. In: Hinter Gittern. Zur Geschichte der Inhaftierung zwischen Bestrafung, Besserung und politischen Ausschluss vom 18. Jahrhundert bis zur Gegenwart. Hg. von Silke Klewin, Herbert Reinke und Gerhard Sälter, Leipzig 2010, S. 175-191.

Arnold, Jörg: Vergangenes und Zukünftiges im Strafvollzug der ehemaligen DDR. Ein Untersuchungsbericht. In: ZfStrVo, 48 (1999) 6, S. 327-329.

Bastian, Uwe/Neubert, Hildigund: Schamlos ausgebeutet. Das System der Haftzwangsarbeit politischer Gefangener des SED-Staates, Berlin 2003.

Baumann, Ulrich/Kury, Helmut (Hg.): Politisch motivierte Verfolgung: Opfer von SED-Unrecht, Freiburg i. Brsg. 1998.

Beckert, Rudi: Die erste und letzte Instanz. Schau- und Geheimprozesse vor dem Obersten Gericht der DDR, Goldbach 1995.

Beckmann, Andreas/Kusch, Regina: Gott in Bautzen. Die Gefangenenseelsorge in der DDR, Berlin 1994.

Beer, Kornelia/Weißflog, Gregor: Weiterleben nach politischer Haft in der DDR. Gesundheitliche und soziale Folgen, Göttingen 2011.

Behnken, Klaus/Fuchs, Jürgen (Hg.): Zersetzung der Seele. Psychologie und Psychiatrie im Dienste der Stasi, Berlin 1995.

Beleites, Johannes: Die Rolle des MfS im Bereich des Untersuchungshaft- und Strafvollzugs der DDR. In: Horch und Guck, 7 (1998) 3, S. 46-55.

—: „Feinde bearbeiten wir!" Die Haftbedingungen im Untersuchungshaftvollzug des MfS. In: DA, 32 (1999), S. 787-798.

—: Der Untersuchungshaftvollzug des Ministeriums für Staatssicherheit der DDR. In: Engelmann, Roger/Vollnhals, Clemens (Hg.): Justiz im Dienste der Parteiherrschaft. Rechtspraxis und Staatssicherheit in der DDR, 2. Auflage Berlin 2000, S. 433-465.

—: Schwerin, Demmlerplatz. Die Untersuchungshaftanstalt des Ministeriums für Staatssicherheit in Schwerin, Schwerin 2001.

—: Abteilung XIV: Haftvollzug, Berlin 2004.

Beleites, Michael: Zweigleisig erinnern? Zu Rainer Eckerts Thesen zu „Schuld und Zeitgeschichte". In: DA, 41 (2008), S. 277-283.

Bersch, Falk/Hesse, Hans (Hg.): „Wie ein dumpfer Traum, der die Seele schreckt". DDR-Frauenstrafvollzug in Bützow-Dreibergen, Essen 2006.

Bessel, Richard/Jessen, Ralph (Hg.): Die Grenzen der Diktatur. Staat und Gesellschaft in der DDR, Göttingen 1996.

Beyer, Achim: Der Prozeß gegen die „Werdauer Oberschüler" 1951. Jugendwiderstand in der SBZ/DDR. In: DA, 31 (1998), S. 86-96.
Bilke, Jörg Bernhard: Unerwünschte Erinnerungen. - Gefängnisliteratur 1945/49 bis 1989. In: Materialien der Enquete-Kommission „Aufarbeitung von Geschichte und Folgen der SED-Diktatur in Deutschland. Hg. vom Deutschen Bundestag, Band III/2, Baden-Baden 1995, S. 796-825.
Borchert, Jens: Erziehung im DDR-Strafvollzug. Theoretische und gesetzliche Grundlagen sowie die Durchführung in der Strafvollzugseinrichtung Torgau, Herbolzheim 2002.
Bretschneider, Falk: Gefangene Gesellschaft. Eine Geschichte der Einsperrung in Sachsen im 18. und 19. Jahrhundert, Konstanz 2008.
Brey, Hans-Michael: Doppelstaat DDR. Menschenrechtsverletzungen der Deutschen Volkspolizei, Frankfurt a. M. 1999.
Budde, Heidrun: Willkür! Die Schattenseite der DDR, Rostock 2002.
Buddrus, Michael: „... im Allgemeinen ohne besondere Vorkommnisse". Dokumente zur Situation des Strafvollzugs der DDR nach der Auflösung der sowjetischen Internierungslager 1949-1951. In: DA, 29 (1996), S. 10-33.
Décarpes, Pascal: Der DDR-Strafvollzug vor und nach der Wende. Die Umgestaltung des Gefängnislebens zwischen Herrschaft, Rechtsstaat und Willkür. In: Kott, Sandrine/Droit, Emmanuel (Hg.): Die ostdeutsche Gesellschaft. Eine transnationale Perspektive, Berlin 2006, S. 88-103.
Denis, Doris: Posttraumatische Störungen nach politischer Inhaftierung in der DDR. In: Müller, Klaus-Dieter/Stephan, Annegret (Hg.): Die Vergangenheit läßt uns nicht los: Haftbedingungen politischer Gefangener in der SBZ/DDR und deren gesundheitliche Folgen, Berlin 1998, S. 197-214.
Dirksen, Hans-Hermann: „Keine Gnade den Feinden unserer Republik". Die Verfolgung der Zeugen Jehovas in der SBZ/DDR 1945-1990, Berlin 2003, erstmals 2001.
Eberhardt, Andreas: Verschwiegene Jahre. Biographische Erzählungen von Gefangenschaft und dem Leben danach, Berlin 1998.
Eberle, Henrik: GULag DDR? - Ökonomische Aspekte des Strafvollzugs in den 50er und 60er Jahren. In: Timmermann, Heiner (Hg.): Die DDR - Recht und Justiz als politisches Instrument, Berlin 2000, S. 111-140.
Eingesperrt und nie mehr frei. Psychisches Leiden nach politischer Haft in der DDR. Hg. von Stefan Priebe, Doris Denis und Michael Bauer, Darmstadt 1996.
Eisenfeld, Bernd/Kowalczuk, Ilko-Sascha/Neubert, Ehrhart: Die verdrängte Revolution. Der Platz des 17. Juni 1953 in der deutschen Geschichte, Bremen 2004.
Eisert, Wolfgang: Die Waldheimer Prozesse. Der stalinistische Terror 1950. Ein dunkles Kapitel der DDR-Justiz, München 1993.
Erler, Peter: „Lager X". Das geheime Haftarbeitslager des MfS in Berlin-Hohenschönhausen (1952-1972). Fakten - Dokumente - Personen, Berlin 1997.
Essig, Karin: Die Entwicklung des Strafvollzuges in den neuen Bundesländern. Bestandsaufnahme und Analyse unter besonderer Berücksichtigung der Situation der Strafvollzugsbediensteten aus der ehemaligen DDR, Bad Godesberg 2000.
Finn, Gerhard: Die politischen Häftlinge der Sowjetzone 1945-1959, Reprint, Köln 1989.
-: Hinter dem Eisernen Vorhang. Zur Wahrnehmung der DDR-Gefängnisse in der frühen Bundesrepublik. In: Haase, Norbert/Oleschinski, Brigitte (Hg.): Das Tor-

gau-Tabu: Wehrmachtstrafsystem, NKWD-Speziallager, DDR-Strafvollzug, Leipzig 1998, erstmals 1993, S. 215–221.
–: Häftlinge, politische. In: Lexikon des DDR-Sozialismus. Das Staats- und Gesellschaftssystem der Deutschen Demokratischen Republik. Hg. von Rainer Eppelmann, Horst Möller, Günter Nooke und Dorothee Wilms, Paderborn 1996, S. 274–276.
–/ Fricke, Karl Wilhelm: Politischer Strafvollzug in der DDR, Köln 1981.
Flügge, Christoph: Wie war es wirklich in den DDR-Gefängnissen? Über die Schwierigkeiten mit einer „amtlichen Auskunft". In: ZfStrVo, 45 (1996) 2, S. 100–102.
Fraenkel, Ernst: Der Doppelstaat. Recht und Justiz im „Dritten Reich", Frankfurt a. M. 1984, erstmals in Deutsch 1974, im englischen Original 1941.
Fricke, Karl-Wilhelm: Der Arbeiteraufstand. Vorgeschichte, Verlauf, Folgen. In: ders./Spittmann, Ilse (Hg.): 17. Juni 1953, Arbeiteraufstand in der DDR, Köln 1982, S. 5–22.
–: Zur Menschen- und Grundrechtssituation politischer Gefangener in der DDR, Köln 1986.
–: Politik und Justiz in der DDR. Zur Geschichte der politischen Verfolgung 1945–1968. Bericht und Dokumentation, 2. Auflage Köln 1992, erstmals 1979.
–: Der Strafvollzug in Bautzen während der realsozialistischen Diktatur (1950–1989). In: ders. (Hg.): Humaner Strafvollzug und politischer Mißbrauch. Zur Geschichte der Strafvollzugsanstalten in Bautzen 1904 bis 2000, Dresden 1999, S. 118–186.
–/ Klewin, Silke: Bautzen II. Sonderhaftanstalt unter MfS-Kontrolle, 1956 bis 1989, Leipzig 2001.
Gesundheitliche Folgen politischer Haft in der DDR. Hg. von Harald J. Freyberger, Jörg Frommer, Andreas Maercker und Regina Steil, Dresden 2003.
Goffman, Erving: Asyle. Über die soziale Situation psychiatrischer Patienten und anderer Insassen, 15. Auflage Frankfurt a. M. 2009, erstmals 1961, dt. 1973.
Gräf, Dieter: Die Mißachtung der Menschenrechte und der rechtsstaatlichen Grundsätze durch die Justiz. In: Materialien der Enquete-Kommission „Aufarbeitung von Geschichte und Folgen der SED-Diktatur in Deutschland". Hg. vom Deutschen Bundestag, Band IV, Baden-Baden 1995, S. 451–485.
Grasemann, Hans-Jürgen: Strafvollzug. In: Lexikon des DDR-Sozialismus. Das Staats- und Gesellschaftssystem der Deutschen Demokratischen Republik. Hg. von Rainer Eppelmann, Horst Möller, Günter Nooke und Dorothee Wilms, Paderborn 1996, S. 621–623.
Grashoff, Udo: „In einem Anfall von Depression ..." Selbsttötungen in der DDR, Berlin 2006.
Greiner, Bettina: Verdrängter Terror. Geschichte und Wahrnehmung sowjetischer Speziallager in Deutschland, Hamburg 2010.
Haase, Norbert/Pampel, Bert (Hg.): Die Waldheimer „Prozesse" – fünfzig Jahre danach. Dokumentation der Tagung der Stiftung Sächsische Gedenkstätten am 28. und 29. September 2000 in Waldheim, Baden-Baden 2001.
Haase, Ulrich: Cäcilia im Zuchthaus. Der ökumenische Kirchenchor von 1951–1956 im Bautzener „Gelben Elend". In: Forum Kirchenmusik, 58 (2006) 5, S. 4–17.

Häftlinge, politische. In: DDR. Handbuch, wissenschaftliche Leitung: Peter Christian Ludz unter Mitwirkung von Johannes Kuppe, 2. Auflage Köln 1979, S. 361.

Hagen, Manfred: DDR – Juni '53. Die erste Volkserhebung im Stalinismus, Stuttgart 1992.

Handschuk, Martin: „Die Strafgefangenen erziehen wir nicht zum sozialistischen Bewusstsein sondern zur Arbeit und zur Disziplin" Strafvollzug in Bützow in den Jahren 1945 bis 1989. In: Beiträge zur Geschichte des Strafvollzuges und der politischen Strafjustiz in Mecklenburg-Vorpommern. Hg. von Politische Memoriale e. V. Mecklenburg-Vorpommern, Rostock 2006, S. 123-134.

Heitmann, Clemens/Sonntag, Marcus: Einsatz in der Produktion. Soldaten und Strafgefangene als Stützen der DDR-Staatswirtschaft. In: DA, 42 (2009), S. 451-458.

Herz, Andrea/Fiege, Wolfgang: Untersuchungshaft und Strafverfolgung beim Staatssicherheitsdienst Erfurt/Thüringen, I. Die MfS-Haftanstalt Andreasstr. 37 (1952/52-1989), Erfurt 2000.

Horster, Maximilian: The Trade in Political Prisoners between the Two German States, 1962-89. In: Journal of Contemporary History, 39 (2004), S. 403-424.

Im Namen des Volkes? Über die Justiz im Staat der SED. Wissenschaftlicher Begleitband zur Ausstellung des Bundesministeriums der Justiz. Hg. vom Bundesministerium der Justiz, Leipzig 1994.

Jahnke, Karl Heinz: Gegen die Allmacht der Staatssicherheit. Bericht von Fritz Sperling aus dem Gefängnis, März 1956. In: BzG, 33 (1991), S. 789-803.

Kaiser, Günther/Schöch, Heinz: Strafvollzug, 5. erweiterte Auflage Heidelberg 2002.

Kaven, Ewald: „Denn einmal kommt der Tag, dann sind wir frei ..." DDR-Strafvollzug in Bützow-Dreibergen, Essen 2004.

Klewin, Silke: Bautzen. In: Sabrow, Martin (Hg.): Erinnerungsorte der DDR, München 2009, S. 43-54.

Knabe, Hubertus: Die deutsche Lubjanka. Das zentrale Untersuchungsgefängnis des DDR-Staatssicherheitsdienstes in Berlin-Hohenschönhausen. In: DA, 35 (2002), S. 74-81.

Korzilius, Sven: „Asoziale" und „Parasiten" im Recht der SBZ/DDR. Randgruppen im Sozialismus zwischen Repression und Ausgrenzung, Köln 2005.

Kowalczuk, Ilko-Sascha: 17. 6. 1953: Volksaufstand in der DDR. Ursachen – Abläufe – Folgen, Bremen 2003.

–/Wolle, Stefan: Roter Stern über Deutschland. Sowjetische Truppen in der DDR, Berlin 2001.

Krause, Thomas: Geschichte des Strafvollzugs. Von den Kerkern des Altertums bis zur Gegenwart, Darmstadt 1999.

Krebs, Albert: Begegnungen mit Harald Poelchau. In: ZfStrVo, 38 (1989) 2, S. 76-73.

Kriminalität, Strafvollzug und Resozialisierung in der DDR. Hg. von der Friedrich-Ebert-Stiftung, Bonn-Bad Godesberg 1977.

Kubina, Michael: Briefe aus Bautzen. In: Lexikon Opposition und Widerstand in der SED-Diktatur, Hg. von Hans-Joachim von Veen, Peter Eisenfeld, Hans Michael Kloth, Hubertus Knabe, Peter Maser, Erhart Neubert und Manfred Wilke, München 2000, S. 86 f.

Kühn, Detlef: Häftlingsfreikauf. In: DA, 44 (2011), S. 381-384.

Lehmann, Lutz: Beobachtungen in deutschen und ausländischen Strafanstalten. In: Rollmann, Dietrich (Hg.): Strafvollzug in Deutschland, S. 152-159.

Lindenberger, Thomas: Die Deutsche Volkspolizei (1945-1990). In: Im Dienste der Partei. Handbuch der bewaffneten Organe der DDR. Hg. von Torsten Diedrich, Hans Ehlert und Rüdiger Wenzke, Berlin 1998, S. 97-152.

-: Volkspolizei. Herrschaftspraxis und öffentliche Ordnung im SED-Staat 1952-1968, Köln 2003.

Lindheim, Thomas von: Juristische Probleme beim Freikauf von politischen Häftlingen, 1963-1989. In: DA, 43 (2010), S. 1002-1007.

Maercker, Andreas: Psychische Folgen politischer Inhaftierung in der DDR. In: APuZ, 45 (1995) 38, S. 30-38.

Mählert, Ulrich: Kleine Geschichte der DDR, 4. Auflage München 2004, erstmals 1998.

Marxen, Klaus/Werle, Gerhard: Die strafrechtliche Aufarbeitung von DDR-Unrecht. Eine Bilanz, Berlin 1999.

Mehner, Heinrich: Aspekte zur Entwicklung des Straf- und Untersuchungshaftvollzugs in der ehemaligen sowjetischen Besatzungszone Deutschlands (SBZ) sowie in den Anfangsjahren der DDR. In: ZfStrVo, 41 (1992) 2, S. 91-98.

Meyer, Michael: Freikauf. Menschenhandel in Deutschland, Wien 1978.

Mihr, Anja: Amnesty International in der DDR. Der Einsatz für Menschenrechte im Visier der Stasi, Berlin 2002.

Möbius, Sascha: „Grundsätzlich kann von jedem Beschuldigten ein Geständnis erlangt werden." Die MfS-Untersuchungshaftanstalt Magdeburg-Neustadt von 1957-1970, Magdeburg 1999.

Möhler, Rainer: Der DDR-Strafvollzug zwischen Sowjetisierung und deutscher Tradition: Die Ministerratsverordnung vom 16. November 1950. In: ZfG, 52 (2004) 4, S. 336-357.

Morré, Jörg: Vom Nierdergang der Erziehungsgedankens im Strafvollzug der DDR. In: Hinter Gittern. Zur Geschichte der Inhaftierung zwischen Bestrafung, Besserung und politischen Ausschluss vom 18. Jahrhundert bis zur Gegenwart. Hg. von Silke Klewin, Herbert Reinke und Gerhard Sälter, Leipzig 2010, S. 241-254.

Müller, Jörg: Die Haftbedingungen politischer Häftlinge in der DDR im Spiegel persönlicher Erinnerungen sowie staatlicher Überlieferungen, unveröffentlichte Magisterarbeit, Dresden 2004.

Müller, Klaus-Dieter: Zwischen Hippokrates und Lenin. Gespräche mit ost- und westdeutschen Ärzten über ihre Zeit in der SBZ und DDR, Köln 1994.

-: „Jeder kriminelle Mörder ist mir lieber ..." Haftbedingungen für politische Häftlinge in der Sowjetischen Besatzungszone und der Deutschen Demokratischen Republik und ihre Veränderungen von 1945 bis 1989. In: ders./Stephan, Annegret (Hg.): Die Vergangenheit läßt uns nicht los: Haftbedingungen politischer Gefangener in der SBZ/DDR und deren gesundheitliche Folgen, Berlin 1998, S. 15-137.

Müller-Dietz, Heinz: Straffälligenhilfe in geschichtlicher Perspektive, Karlsruhe 1995.

-: Standort und Bedeutung des Strafvollzugs im „Dritten Reich". In: Jung, Heike/ders. (Hg.): Strafvollzug im „Dritten Reich". Am Beispiel des Saarlandes, unter Mitarbeit von Rainer Möhler und Brigitta Faralisch, Baden-Baden 1996, S. 379-416.

Naumann, Kai: Gefängnis und Gesellschaft. Freiheitsentzug in Deutschland in Wissenschaft und Praxis 1920-1960, Berlin 2006.
Neubert, Ehrhart: Geschichte der Opposition in der DDR 1949-1989, Bonn 2000, erstmals 1997.
Oleschinski, Brigitte: Die Abteilung Strafvollzug der Deutschen Zentralverwaltung Justiz in der SBZ 1945-1949. Ein Einblick in Akten der frühen deutschen Nachkriegsgeschichte. In: ZfStrVo, 41 (1992) 2, S. 83-90.
–: Strafvollzug in Deutschland vor und nach 1945. In: NJ, 46 (1992), S. 65-68.
–: „Heute: Haus der Erziehung". Zur Entwicklung des DDR- Strafvollzugs in Torgau seit 1950. In: Haase, Norbert/Oleschinski, Brigitte (Hg.): Das Torgau-Tabu: Wehrmachtstrafsystem, NKWD-Speziallager, DDR-Strafvollzug, Leipzig 1998, erstmals 1993, S. 203-214.
–: „Nur für den Dienstgebrauch"? Das Tabu Strafvollzug in der DDR. In: Hanusch, Rolf (Hg.): Verriegelte Zeiten. Vom Schweigen über die Gefängnisse in der DDR, Tutzing 1993.
–: Schlimmer als schlimm. Strafvollzug in der DDR. In: Im Namen des Volkes? Über die Justiz im Staat der SED. Wissenschaftlicher Begleitband zur Ausstellung des Bundesministeriums der Justiz. Hg. vom Bundesministerium der Justiz, Leipzig 1994, S. 255-261.
–/ Pampel, Bert: „Nazis", „Spione", „Sowjetfeinde"? Die SMT-Verurteilten im April 1953 in Torgau. In: DA, 28 (1995), S. 456-466.
Perkow, Maxim A.: Rechtsabteilung. In: Möller, Horst/Tschubarjan, Alexandr O. (Hg.): SMAD-Handbuch. Die Sowjetische Militäradministration in Deutschland 1945-1949, München 2009, S. 464-469.
Pingel-Schliemann, Sandra: Zersetzen: Strategie einer Diktatur. Eine Studie, Berlin 2002.
Pötzl, Norbert F.: Ein abstruser Stasi-Vermerk und eine spekulative These. In: DA, 41 (2008), S. 1032-1035.
Pohl, Dieter: Justiz in Brandenburg 1945-1955. Gleichschaltung und Anpassung, München 2001.
Raschka, Johannes: Justizpolitik im SED-Staat. Anpassung und Wandel des Strafrechts während der Amtszeit Honeckers, Köln 2000.
–: Zwischen Überwachung und Repression – Politische Verfolgung in der DDR 1971 bis 1989, Opladen 2001.
–: Politische Hintergründe des Strafvollzugsgesetzes von 1977. Widersprüche der Rechtspolitik während der Amtszeit Erich Honeckers. In: „Das Land ist still - noch!" Herrschaftswandel und politische Gegnerschaft in der DDR (1971-1989). Hg. von Leonore Ansorg, Bernd Gehrke, Thomas Klein und Danuta Kneipp, Köln 2009, S. 57-72.
Rehlinger, Ludwig A.: Freikauf. Die Geschäfte der DDR mit politisch Verfolgten 1963 - 1989, Berlin 1991.
Reitel, Axel: Jugendstrafvollzug in der DDR am Beispiel des Jugendhauses Halle, Berlin 2006.
Risse, Kerstin: Ministerium des Innern, Teil 2: Verwaltung Strafvollzug 1949-1990, Bestand DO 1, Findbücher zu Beständen des Bundesarchivs, Band 114, unter Mitwirkung von Steffen Lamster, Koblenz 2007.
Rollmann, Dietrich: Vorwort des Herausgebers. In: ders. (Hg.): Strafvollzug in Deutschland. Situation und Reform, Frankfurt a. M. 1967, S. 13-16.

Roth, Heidi: Der 17. Juni 1953 in Sachsen, Köln 1999.
Rottleutner, Hubert (Hg.): Steuerung der Justiz in der DDR. Einflußnahme der Politik auf Richter, Staatsanwälte und Rechtsanwälte, Köln 1994.
Rusche, Georg/Kirchheimer, Otto: Sozialstruktur und Strafvollzug, Frankfurt a. M. 1981, erstmals 1939, dt. 1974.
Sauer, Heiner/Plumeyer, Hans-Otto: Der Salzgitterreport. Die Zentrale Erfassungsstelle berichtet über Verbrechen im SED-Staat, Esslingen 1991.
Schmeitzner, Mike: Der Strafvollzug in Bautzen während der Weimarer Republik (1918 bis 1933). In: Humaner Strafvollzug und politischer Mißbrauch. Zur Geschichte der Strafvollzugsanstalten in Bautzen 1904 bis 2000. Hg. vom Sächsischen Staatsministerium der Justiz, Dresden 1999, S. 70-83.
Schmidt, Karin: Zur Frage der Zwangsarbeit im Strafvollzug der DDR. Die „Pflicht zur Arbeit" im Arbeiter- und Bauernstaat, Hildesheim 2011.
Schönefeld, Bärbel: Die Struktur des Strafvollzugs auf dem Territorium der DDR (1945-1950). In: BzG, 32 (1990), S. 808-816.
Schönfeldt, Hans-Andreas: Vom Schiedsmann zur Schiedskommission: Normdurchsetzung durch territoriale gesellschaftliche Gerichte in der DDR, Frankfurt a. M. 2002.
Schrapel, Thomas: Zentrale Erfassungsstelle Salzgitter. In: Lexikon Opposition und Widerstand in der SED-Diktatur, Hg. von Hans-Joachim von Veen, Peter Eisenfeld, Hans Michael Kloth, Hubertus Knabe, Peter Maser, Erhart Neubert und Manfred Wilke, München 2000, S. 378.
Schröder, Wilhelm Heinz/Wilke, Jürgen: Politische Gefangene der DDR. Eine quantitative Analyse. In: Materialien der Enquete-Kommission „Überwindung der Folgen der SED-Diktatur im Prozeß der deutschen Einheit". Hg. vom Deutschen Bundestag, Band VI, 1999, S. 1084-1299.
Schroeder, Friedrich-Christian: Die westdeutsche Wahrnehmung der DDR-Justiz in den siebziger und achtziger Jahren. In: Engelmann, Roger/Vollnhals, Clemens (Hg.): Justiz im Dienste der Parteiherrschaft. Rechtspraxis und Staatssicherheit in der DDR, 2. Auflage Berlin 2000, S. 43-58.
Schuller, Wolfgang: Geschichte und Struktur des politischen Strafrechts bis 1968, Ebelsbach 1980.
Seifert, Angelika: Die Opfer nicht vergessen. Zwei Tagungen in Halle über die Aufarbeitung der SED-Diktatur. In: DA, 29 (1996), S. 951-955.
-: Auswirkungen politischer Inhaftierung in der SBZ/DDR. In: DA, 30 (1997), S. 444-446.
Seifert, Siegfried: Katholische Gefangenenseelsorge in Bautzen von 1904 bis zur Gegenwart. In: Humaner Strafvollzug und politischer Mißbrauch. Zur Geschichte der Strafvollzugsanstalten in Bautzen 1904 bis 2000. Hg. vom Sächsischen Staatsministerium der Justiz, Dresden 1999, S. 187-200.
Sélitrenny, Rita: Die schriftlichen Hinterlassenschaften aus dem DDR-Untersuchungshaft- und -Strafvollzug. In: DA, 34 (2001), S. 801-805.
Sonntag, Marcus: DDR-Arbeitslager - Orte der Schaffung eines „neuen Menschen"? In: DA, 44 (2011), S. 208-215.
-: Die Arbeitslager in der DDR, Essen 2011.
Sowjetische Militärtribunale, Band 2: Die Verurteilung deutscher Zivilisten 1945-1955. Hg. von Andreas Hilger, Mike Schmeitzner und Ute Schmidt, Köln 2003.

Sowjetische Speziallager in Deutschland 1945 bis 1950. Hg. von Sergej Mironenko, Lutz Niethammer und Alexander von Plato, 2 Bände, Berlin 1998.
Die sowjetischen Speziallager in Deutschland 1945–1950. Eine Bibliographie. Hg. von Bodo Ritscher, Rosmarie Hofmann und Gabriele Hammermann, Göttingen 2001.
Sperk, Alexander: Die MfS-Untersuchungshaftanstalt „Roter Ochse" Halle (Saale) von 1950 bis 1989. Eine Dokumentation, Magdeburg 1998.
Spors, Joachim: Der Aufbau des Sicherheitsapparates in Sachsen 1945–1949. Die Gewährleistung von Ordnung und Sicherheit unter den Bedingungen eines politischen Systemwechsels, Frankfurt a. M. 2003.
Stasi-Gefängnis Bautzen II. 1956–1989. Katalog zur Ausstellung der Gedenkstätte Bautzen. Hg. von Susanne Hattig, Silke Klewin, Cornelia Liebold und Jörg Morré, Dresden 2008.
Vesting, Justus: „Mit dem Mut zum gesunden Risiko". Die Arbeitsbedingungen von Strafgefangenen und Bausoldaten in den Betrieben der Region Bitterfeld, Buna und Leuna unter besonderer Berücksichtigung des VEB Chemiekombinat Bitterfeld. Hg. von der LStU Sachsen-Anhalt, Magdeburg 2003.
–: „Da habe ich gedacht, das sind lauter wandelnde Leichen". Haftzwangsarbeit in Bitterfeld. In: Horch und Guck, 17 (2008) 2, S. 32–35.
Wachsmann, Nikolaus: Gefangen unter Hitler. Justizterror und Strafvollzug im NS-Staat, München 2006.
Weber, Hermann: Geschichte der DDR, München 1999.
Weber, Petra: Justiz und Diktatur. Justizverwaltung und politische Strafjustiz in Thüringen 1945–1961, München 2000.
Wedel, Reymar von: Anmerkungen zu Wölbern. In: DA, 42 (2009), S. 475.
Weigelt, Andreas: „Umschulungslager existieren nicht". Zur Geschichte des sowjetischen Speziallagers Nr. 6 in Jamlitz 1945–1947, Potsdam 2001.
Weinke, Annette / Hacke, Gerald: U-Haft am Elbhang. Die Untersuchungshaftanstalt der Bezirksverwaltung des Ministeriums für Staatssicherheit in Dresden 1945–1989/90, Dresden 2004.
Welsch, Wolfgang: Repression und Folter an Untersuchungshäftlingen des MfS. In: Mertens, Lothar / Voigt, Dieter (Hg.): Opfer und Täter im SED-Staat, Berlin 1998, S. 101–113.
Wentker, Hermann: Justiz in der SBZ/DDR 1945–1953. Transformation und Rolle ihrer zentralen Institutionen, München 2001.
Wenzke, Rüdiger: Ab nach Schwedt! Die Geschichte des DDR-Militärstrafvollzugs, Berlin 2011.
Wer war wer in der DDR? Ein biographisches Lexikon. Hg. von Helmut Müller-Enbergs, Jan Wielgohs und Dieter Hoffmann, Berlin 2000.
Werkentin, Falco: Justizkorrekturen als permanenter Prozeß – Gnadenerweise und Amnestien in der Justizgeschichte der DDR. In: NJ, 46 (1992), S. 521–527.
–: Die Reichweite politischer Justiz in der Ära Ulbricht. In: Im Namen des Volkes? Über die Justiz im Staat der SED. Wissenschaftlicher Begleitband zur Ausstellung des Bundesministeriums der Justiz. Hg. vom Bundesministerium der Justiz, Leipzig 1994, S. 179–196.
–: Politische Strafjustiz in der Ära Ulbricht, Berlin 1995.
–: Zur Dimension politischer Inhaftierungen in der DDR 1949–1989. In: Müller, Klaus-Dieter / Stephan, Annegret (Hg.): Die Vergangenheit läßt uns nicht los:

Haftbedingungen politischer Gefangener in der SBZ/DDR und deren gesundheitliche Folgen, Berlin 1998, S. 139-152.
-: Das sozialistische Strafgesetzbuch der DDR vom Januar 1968. In: DA, 41 (2008), S. 645-655.
Widera, Thomas: Dresden 1945-1948. Politik und Gesellschaft unter sowjetischer Besatzungsherrschaft, Göttingen 2004.
Widerstand und Opposition in der DDR. Hg. von Klaus-Dietmar Henke, Peter Steinbach und Johannes Tuchel, Köln 1999.
Wölbern, Jan Philipp: Die Entstehung des „Häftlingsfreikaufs" aus der DDR, 1962-1964. In: DA, 41 (2008), S. 856-867.
-: Problematische Argumentationen. In: DA, 42 (2009), S. 82-86.
Wolle, Stefan: Der Traum von der Revolte. Die DDR 1968, Berlin 2008.
Wunschik, Tobias: Der Strafvollzug als Aufgabe der Deutschen Volkspolizei in den fünfziger Jahren. In: Archiv für Polizeigeschichte, 8 (1997) 3, S. 74-91.
-: Das „Organ Strafvollzug" im Ministerium des Innern der DDR. In: Timmermann, Heiner (Hg.): Die DDR - Politik und Ideologie als Instrument, Berlin 1999, S. 489-505.
-: Der DDR-Strafvollzug unter dem Einfluß der Staatssicherheit in den siebziger und achtziger Jahren. In: Engelmann, Roger/Vollnhals, Clemens (Hg.): Justiz im Dienste der Parteiherrschaft. Rechtspraxis und Staatssicherheit in der DDR, 2. Auflage Berlin 2000, S. 467-493.
-: Politische Häftlinge. In: Lexikon Opposition und Widerstand in der SED-Diktatur, Hg. von Hans-Joachim von Veen, Peter Eisenfeld, Hans Michael Kloth, Hubertus Knabe, Peter Maser, Erhart Neubert und Manfred Wilke, München 2000, S. 282 f.
-: Die Gefängnisse der DDR. Zu den Strukturen des Strafvollzugsapparates und den Haftbedingungen in den fünfziger Jahren. In: Vezenské systémy v Ceskolovensku a ve stredni Evrope 1945-1955, Opava 2001, S. 155-171.
-: „Häftlinge aller Länder vereinigt euch!" Selbstbehauptung und politischer Protest von Gefangenen im DDR-Strafvollzug. In: Timmermann, Heiner (Hg.): Die DDR in Deutschland. Ein Rückblick auf 50 Jahre, Berlin 2001, S. 233-254.
-: Selbstbehauptung und politischer Protest von Gefangenen im DDR-Strafvollzug. In: Neubert, Ehrhart/Eisenfeld, Bernd (Hg.): Macht - Ohnmacht - Gegenmacht. Grundfragen der politischen Gegnerschaft in der DDR, Berlin 2001, S. 267-292.
-: Die Strafvollzugspolitik des SED-Regimes und die Behandlung der Häftlinge in den Gefängnissen der DDR. In: Timmermann, Heiner (Hg.): Deutsche Fragen: von der Teilung zur Einheit, Berlin 2001, S. 257-284.
-: „Überall wird der Stalinismus beseitigt, nur in unserer Dienststelle nicht!" Das autokratische Regime des Leiters der Haftanstalt Brandenburg-Görden Fritz Ackermann. In: Timmermann, Heiner (Hg.): Die DDR - Analysen eines aufgegebenen Staates, Berlin 2001, S. 321-342.
-: Norilsk und Workuta, Cottbus und Hoheneck. Die Proteste der Häftlinge in der Sowjetunion und der DDR nach Stalins Tod im Jahre 1953. In: Timmermann, Heiner (Hg.): Das war die DDR. DDR-Forschung im Fadenkreuz von Herrschaft, Außenbeziehungen, Kultur und Souveränität, Münster 2004, S. 198-218.
-: Politischer Strafvollzug und Haftanstalten in der DDR. In: Orte des Erinnerns. Gedenkzeichen, Gedenkstätten und Museen zur Diktatur in SBZ und DDR. Hg.

von Annette Kaminsky i. A. der Stiftung Aufarbeitung und der Bundeszentrale für politische Bildung, Bonn 2004, S. 494-500.
-: Die Staatssicherheit und ihre Inoffiziellen Mitarbeiter unter den Häftlingen von Brandenburg-Görden. In: Morsch, Günter/de Pasquale, Sylvia (Hg.): Perspektiven für die Dokumentationsstelle Brandenburg. Beiträge der Tagung in der Justizschule der Justizvollzugsanstalt Brandenburg am 29./30. Oktober 2002, Münster 2004, S. 189-196.
-: Die Befreiung der Gefangenen im Juni 1953. In: Engelmann, Roger/Kowalczuk, Ilko-Sascha (Hg.): Volkserhebung gegen den SED-Staat. Eine Bestandsaufnahme zum 17. Juni 1953, Göttingen 2005, S. 175-204.
-: Die Haftanstalt Bützow-Dreibergen und die Staatssicherheit in den fünfziger und sechziger Jahren. In: Beiträge zur Geschichte des Strafvollzuges und der politischen Strafjustiz in Mecklenburg-Vorpommern. Hg. von Politische Memoriale e. V. Mecklenburg-Vorpommern, Rostock 2006, S. 135-147.
-: Ein Regenmantel für Dertinger. Das instabile „Tauwetter" im Gefängniswesen der DDR 1956/57. In: Kommunismus in der Krise. Die Entstalinisierung 1956 und die Folgen. Hg. von Roger Engelmann, Thomas Großbölting und Hermann Wentker, Göttingen 2008, S. 297-325.
-: Hauptabteilung VII: Ministerium des Innern, Deutsche Volkspolizei, Berlin 2009.
-: Der politische Strafvollzug der DDR. Ein „deutscher Sonderweg" im „Jahrhundert der Lager"? In: Hinter Gittern. Zur Geschichte der Inhaftierung zwischen Bestrafung, Besserung und politischen Ausschluss vom 18. Jahrhundert bis zur Gegenwart. Hg. von Silke Klewin, Herbert Reinke und Gerhard Sälter, Leipzig 2010, S. 193-217.
-: Primat der Erziehung oder der Ökonomie? Der Arbeitseinsatz von Gefangenen in der DDR. In: Orte der Verwahrung. Die innere Organisation von Gefängnissen, Hospitälern und Klöstern seit dem Spätmittelalter. Hg. von Gerhard Ammerer, Arthur Brunhart, Martin Scheutz und Alfred Stefan Weiß, Leipzig 2010, S. 149-166.
Zeidler, Manfred: MfS-Sonderhaftanstalt Bautzen II, Dresden 1994.
Ziegler, Thomas: Der Strafvollzug in der DDR. In: Hinter Gittern. Drei Jahrhunderte Strafvollzug in Sachsen. Begleitband zur Ausstellung des Sächsischen Staatsministeriums der Justiz, des Stadtmuseums Dresden und des Strafvollzugsmuseums Ludwigsburg im Stadtmuseum Dresden vom 16.7. bis 15.10.1998, Dresden 1998, S. 34-45.

4. Abkürzungsverzeichnis

Abt.	Abteilung
AEK	Arbeitserziehungskommando
AKE	Arbeitskräfteeinsatz
APuZ	Aus Politik und Zeitgeschichte, Beilage zu „Das Parlament"
BArch	Bundesarchiv
BArchP	Bundesarchiv Potsdam
BDVP	Bezirksbehörde der Deutschen Volkspolizei
BGBl.	Bundesgesetzblatt
BGL	Betriebsgewerkschaftsleitung
BMVg	Bundesministerium der Verteidigung
BRD	Bundesrepublik Deutschland
BStU	Die/Der Bundesbeauftragte für die Unterlagen der Staatssicherheit der ehemaligen Deutschen Demokratischen Republik
BVerwGE	Bundesverwaltungsgericht
BVSV	Bezirksverwaltung Strafvollzug
BzG	Beiträge zur Geschichte der Arbeiterbewegung
BZpB	Bundeszentrale für politische Bildung
CDU	Christlich Demokratische Union
ČSSR	Tschechoslowakische Republik
DA	Deutschland Archiv
DDP	Deutsche Demokratische Partei
DDR	Deutsche Demokratische Republik
DFD	Demokratischer Frauenbund Deutschlands
DJV	Deutsche Zentralverwaltung der Justiz
dpa	Deutsche Presse-Agentur GmbH
DRK	Deutsches Rotes Kreuz
DVP	Deutsche Volkspolizei
DVdI	Deutsche Verwaltung des Innern
DWK	Deutschen Wirtschaftskommission
DZVG	Deutsche Zentralverwaltung für das Gesundheitswesen
FDGB	Freier Deutscher Gewerkschaftsbund
FDJ	Freie Deutsche Jugend
FDP	Freie Demokratische Partei
GBl.	Gesetzblatt der DDR
GG	Gerichtsgefängnis
GStA	Generalstaatsanwalt
GULag	Glavnoje Upravlenije Ispravitelno-trudovych Lagerej i kolonij (Hauptverwaltung der Lager der UdSSR)
HA	Hauptabteilung
HA HS	Hauptabteilung Haftsachen
HAL	Haftarbeitslager
HA SV	Hauptabteilung Strafvollzug
Hg.	Herausgeber
HKH	Haftkrankenhaus
HO	Handelsorganisation
HVDVP	Hauptverwaltung der Deutschen Volkspolizei

Abkürzungsverzeichnis 375

ILO	International Labour Organization (Internationale Arbeiterorganisation)
IM	Inoffizieller Mitarbeiter
JH	Jugendhaus
JHL	Jugendhaftarbeitslager
KD 38	Kontrollratsdirektive Nr. 38
KG 10	Kontrollratsgesetz Nr. 10
KgU	Kampfgruppe gegen Unmenschlichkeit
KPD	Kommunistische Partei Deutschlands
KPdSU	Kommunistische Partei der Sowjetunion
KSZE	Konferenz für Sicherheit und Zusammenarbeit in Europa
KZ	Konzentrationslager
LBdVP	Landesbehörde der Volkspolizei
LBVPS	Landesbehörde der Volkspolizei Sachsen
LDP	Liberal-Demokratische Partei Deutschlands
LDVP	Landesbehörde der Deutschen Volkspolizei
LPG	Landwirtschaftliche Produktionsgenossenschaft
LRS	Landesregierung Sachsen
LStU	Die/Der Landesbeauftragte für die Unterlagen der Staatssicherheit der ehemaligen Deutschen Demokratischen Republik
MdI	Ministerium des Innern
MdJ	Ministerium der Justiz
MdR	Mitglied des Reichstages
MfS	Ministerium für Staatssicherheit
ND	Neues Deutschland, Zentralorgan der SED
NJ	Neue Justiz
NKWD	Narodnyi kommissariat wnutrennych del (Volkskommissariat für Inneres)
NS	Nationalsozialismus
NSDAP	Nationalsozialistische Arbeiterpartei Deutschlands
NVA	Nationale Volksarmee
OG	Oberstes Gericht
OibE	Offizier in besonderem Auftrag
PK	Politkultur
PTSD	Post-traumatic Stress Disorder (Posttraumatische Belastungsstörung)
RM	Reichsmark
SächsHStA	Sächsisches Hauptstaatsarchiv Dresden
SächsStAC	Sächsisches Staatsarchiv Chemnitz
SächsStAL	Sächsisches Staatsarchiv Leipzig
SAPMO	Stiftung Archiv der Parteien und Massenorganisationen der DDR im Bundesarchiv
SfS	Staatssekretariat für Staatssicherheit
SBZ	Sowjetische Besatzungszone
SED	Sozialistische Einheitspartei Deutschlands
SGAK	Strafgefangenenarbeitskommando
SKK	Sowjetische Kontrollkommission
SMA	Sowjetische Militäradministration
SMAD	Sowjetische Militäradministration in Deutschland

SMAS	Sowjetische Militäradministration Sachsens
SMT	Sowjetisches Militärtribunal
SPD	Sozialdemokratische Partei Deutschlands
StEG	Strafergänzungsgesetz
StGB	Strafgesetzbuch
StPO	Strafprozessordnung
StraffreihG	Straffreiheitsgesetz
StrRehaG	Strafrechtliches Rehabilitierungsgesetz
StSG	Stiftung Sächsische Gedenkstätten zur Erinnerung an die Opfer politischer Gewaltherrschaft
StVA	Strafvollzugsanstalt
StVE	Strafvollzugseinrichtung
StVK	Strafvollzugskommando
StVollzG	Strafvollzugsgesetz
SV	Strafvollzug
SVO	Strafvollzugsordnung
SVWG	Strafvollzugs- und Wiedereingliederungsgesetz
UdSSR	Union der Sozialistischen Sowjetrepubliken
UHA	Untersuchungshaftanstalt
USA	United States of America
VdgB	Vereinigung der gegenseitigen Bauernhilfe
VEB	Volkseigener Betrieb
VESchG	Volkseigentumsschutzgesetz
VP	Volkspolizei
VPKA	Volkspolizeikreisamt
VPKÄ	Volkspolizeikreisämter
VSV	Verwaltung Strafvollzug
ZfG	Zeitschrift für Geschichtswissenschaft
ZfStrVo	Zeitschrift für Strafvollzug und Straffälligenhilfe
ZK	Zentralkomitee
ZPA	Zentrales Parteiarchiv der SED
ZStW	Zeitschrift für die gesamte Strafrechtswissenschaft
ZVOBl.	Zentralverordnungsblatt

5. Personenregister

Seitenangaben mit Asteriskus beziehen sich auf Fußnoten.

Ackermann, Fritz 323-325
Alexander, Myrl 27
Ammer, Thomas 320 f.
Ansorg, Leonore 19, 98, 286 f., 297, 318, 320

Bahro, Rudolf 18
Bastian, Uwe 305
Bechler, Margret 175, 188, 190
Beckmann, Andreas 315
Benjamin, Hilde 73, 236, 287 f.
Bettelheim, Bruno 184
Beyer, Achim 313
Borchert, Jens 130, 134, 328, 346
Bretschneider, Falk 333
Brey, Hans-Michael 332
Buchwitz, Otto 93
Budde, Heidrun
Buddrus, Michael 18

Dertinger, Georg 18
Dickel, Friedrich 139 f., 248, 252, 254 f., 261-263, 275, 277, 325, 341 f., 349
Dieckmann, Johannes 40 f., 93, 111

Eberle, Henrik 183 f., 219, 305 f.

Fechner, Max 24, 39, 42, 70-72, 79, 82, 85, 109 f., 113 f., 115-117, 120, 157
Fichter, Horst 175, 308
Finn, Gerhard 17, 25, 160, 162, 164, 169, 175, 303
Fischer, Kurt 109 f., 112, 115, 117, 122
Flade, Hermann 309
Fraenkel, Ernst 332 f.
Freyberger, Harald J. 326
Fricke, Karl Wilhelm 18

Gentz, Werner 13, 29-31, 34-45, 53, 55 f., 61, 63 f., 67-71, 73, 76, 80-83, 85, 87-89, 91, 95-97, 107-110, 113, 116, 119, 124, 189, 236, 238, 335 f.
Gertich, Karl 96, 112 f., 116, 119, 146, 149
Giebeler, Eckart 315 f.
Goffman, Erving 333
Goretzky, Konrad 91
Grabe, Kurt M. 183
Gräf, Dieter 318
Graf, Karl 63
Grashoff, Udo 327
Greiner, Bettina 25
Grotewohl, Otto 314
Grünstein, Herbert 275, 277, 349

Haid, Bruno 199
Hänsel, Otto Hugo 314
Harich, Wolfgang 18, 203
Heitmann, Clemens 306, 343
Hentschel, Hermann 41, 72 f., 75, 80
Herling, Gustaw 123
Hilger, Andreas 25
Honecker, Erich 18, 24, 147, 203 f., 244, 276, 287, 306, 316, 325-327
Horster, Maximilian 244*
Hübener, Erhard 47

Jaeger, Werner 175
Jahn, Gustav 202
Jahn, Rudolf 177 f.
Janka, Walter 18, 98, 203, 289, 307
Jauch, Werner 128-130, 149
Jurich, Rudolf 218, 226
Just, Gustav 298, 312

Kaiser, Günther 328
Keferstein, Horst G. 161, 308
Kempowski, Walter 159 f., 162, 164 f., 315
Klewin, Silke 315
Kohoutek, Johannes 149
Kopelew, Lew 123
Korobow, A. A. 109

Kowalczuk, Ilko-Sascha 25
Krause, Thomas 328
Krebs, Albert 28, 56, 94
Kusch, Regina 315

Leithäuser, Joachim G. 173
Lindenberg, Wladimir 59
Locherer, Paul 48, 64, 95
Loest, Erich 17 f., 293, 298, 306 f., 309, 311, 313, 315
Lustik, Wilfried 149, 317
Lyssiak, Alexandr Kononowitsch 41

Maron, Karl 117, 120, 122, 153, 166, 175 f., 179, 181 f., 186, 195, 199, 312, 314, 338
Marwitz, Georg 52
Marx, Karl 123
Matzel, Klaus 174, 307
Mayer, August 146 f., 149, 171 f., 183, 185-187, 191, 198-203, 213, 257, 302, 314
Mehner, Heinrich 147
Melsheimer, Ernst 129, 198 f.
Meyer, Michael 318
Mielke, Erich 259 f., 288
Mihr, Anja 296
Mühlberger, Fritz 195, 199
Müller, Georg 117
Müller, Klaus-Dieter 18, 25, 184, 304, 308, 325, 332
Müller-Dietz, Heinz 98

Naumann, Kai 28, 328
Neubert, Hildigund 304
Neumann, Alfred 339 f.

Oertel, Werner 149, 257
Oleschinski, Brigitte 18, 25, 40, 99, 162, 167, 184, 332
Opitz, Max 104, 105

Plenikowski, Anton 127 f.
Poelchau, Harald 45, 48, 55 f., 58 f., 61, 110
Protze (Chef der BVSV Dresden) 202 f.

Radbruch, Gustav 29
Raschka, Johannes 18, 285
Rehlinger, Ludwig 281 f.
Reschke, Erich 160, 162
Richter, Wilhelm 53

Schalamow, Warlam 123
Schaudt, Louis 43 f., 86 f.
Schiffer, Eugen 29, 31-34, 39, 48 f., 56, 60, 62, 68
Schmeitzner, Mike 25
Schmidt, Ute 25
Schöch, Heinz 328
Schönefeld, Bärbel 101-103
Schönfeldt, Hans-Andreas 240
Schönherr, Albrecht 316
Schönherr, Alfred 149, 221-223, 257, 339
Schröder, Wilhelm Heinz 25
Schroeder, Friedrich-Christian 17
Schuller, Wolfgang 17
Schulze, Erich 206
Schumann, Kurt 32 f.
Seifert, Angelika 326
Semprún, Jorge 17
Seydewitz, Max 67
Seydewitz, Ruth 67
Skribanowitz, Gert 300, 307, 310
Solschenizyn, Alexander 123
Sonntag, Marcus 144, 306, 310, 343
Spors, Joachim 106
Stange, Jürgen 245*
Starke, Erhard 32
Steinhoff, Karl (Carl) 120
Stoph, Willi 166, 176, 179, 181
Streit, Josef 127, 263, 309, 342
Szkibik, Heinz 261

Trampota, Wendelgard 175, 177
Tunnat, Hans 149, 257, 269-271, 274, 278, 296, 342 f.

Ulbricht, Walter 11, 18, 115 f., 203, 206, 209, 221 f.
Ulich, Franz 53

Vogel, Wolfgang 244*, 245*
Volpert, Heinz 245*

Wachsmann, Nikolaus 28, 99
Weber, Gerda 331
Weber, Hermann 331, 340
Wedel, Reymar von 244*, 245*
Wehner, Herbert 165
Wentker, Hermann 18, 40, 108, 115, 119 f.
Werkentin, Falco 18, 25, 175, 230, 243

Widera, Thomas 105
Wilke, Jürgen 25
Wolle, Stefan 25, 322
Wunschik, Tobias 18, 145, 150, 175, 196, 198, 200, 206, 232, 246, 267, 308, 318 f., 322–324

Ziegler, Thomas 148